도표 · 그림 · 사진으로 풀이한

# 밀교와 한국의 문화유적

이범교 지음 · 이채영 불화 · 혜정정사 감수

민족사

# 밀교와 한국의 문화유적

도표 · 그림 · 사진으로 풀이한

# 머리말

밀교를 처음 접한 것은 『삼국유사의 종합적 해석』을 쓸 때이다. 밀교를 이해하지 못하고서는 『삼국유사』 곳곳의 해석이 불가능하기 때문에 별도로 밀교를 연구하기 시작한 것이 인연이 되었다.

연구를 위해서 먼저 한국에서의 밀교 관련 자료를 수집했으나, 몇 권의 단행본과 약간의 논문이 전부였다. 단행본도 교육용으로 만들어져 그 자체만으로는 이해가 어려웠다. 어쩔 수 없이 일본의 밀교 관련 자료를 최대한 구한 다음 이들 자료를 섭렵하면서 스스로 밀교철학을 이해하고자 노력했다. 그중에서 특히 많은 도움이 된 자료는 다카가미 가쿠쇼〔高神覺昇〕가 지은 『밀교개론(密教槪論)』과 대한불교진각종의 혜정정사가 강의한 『밀교강좌』였다. 이를 바탕으로 밀교를 이해하고 나름대로 체계를 세웠다.

그후 경주박물관회의 고현우 회장님과 김원주 고문님의 강권에 의해 고문님이 해 오시던 『삼국유사』 강독을 이어받게 되었다. 강독의 첫 번째 주제가 『삼국유사』에서 밀교 분야인 신주편과 밀교개론이었다. 강의는 5개월에 걸쳐 30시간 진행되었다. 그 뒤 신라문화원의 진병길 원장의 요청에 의해 밀교강의가 이어지면서 밀교에 대한 종합적인 개론서가 필요하다는 것을 알았다. 왜냐하면 수강생 대부분이 문화재 해설자들이었으나 심오하고 난해한 밀교의 이론을 잘 이해하지 못했을 뿐만 아니라, 국내에는 혼자서 학습할 수 있는 책자도 없었기 때문이다.

또 하나의 이유는 막연히 부정적으로 알고 있던 것과는 다르게 사상과 실천수행이 심오하면서도 상징화되어 있는 밀교가 지금 이 시대의 생활종교로서 적격이라고 생각했기 때문이다.

이렇게 해서 시작된 본서는 몇 가지 특색이 있도록 작업이 진행되었다. 첫째는 밀교 전체를 이해할 수 있는 종합개론서 형태를 만들기로 했다. 둘째는 독자들이 쉽게 이해하도록 도표·그림·사진을 최대한 활용하자는 것이었다. 특히 밀교에서 가장 중요한 분야는 만다라이다. 일본에서 그려진 만다라의 불보살·천신 등의 상들을 자체적으로 그리기로 했다. 물론 형상만다라는 겐로쿠(元祿)본을 그대로 사용했다. 셋째는 밀교교리를 바탕으로 밀교유적에 대한 해설도 넣어서 문화를 이해하는 데 도움이 되도록 하였다.

이처럼 밀교를 이해하는 데 유용한 자료집이 되도록 미력이나마 최선을 다했다. 그러나 워낙 소견도 좁거니와 연구도 일천할뿐더러 참고문헌의 취합 편성도 한정적이었다. 이러한 과정에서 발생한 오류나 미흡한 점이 있다면 독자와 학계 여러분의 비판을 바라 마지않는다.

이 책을 내면서 많은 선생님들의 도움을 받았다. 『삼국유사』 강독 때 보여준 경주박물관회의 김원주 고문님과 고현우 회장님의 끝없는 지도와 격려가 없었다면 본서는 시작할 엄두조차 낼 수 없었을 것이다. 그리고 포항불교대학에 같이 다닌 인연으로 만다라의 불보살·천신 등의 모든 그림을 완벽하게 그려준 이채영 선생님, 또 번거로움을 무릅쓰고 교정과 교열을 해주신 이정희 선생님, 원고를 정리하도록 거처를 마련해 준 테크노코리아 윤상돈 소장님, 끝까지 관심을 보여준 진병길 신라문화원 원장에게도 감사드린다. 특히 보잘것없는 글을 쓰는 것을 적극 지원해 주고 교정까지 봐준 아내 장외숙 님, 물심양면으로 도움을 주신 어머님과 형제자매들에게도 고마움을 선한다.

끝으로 출판을 쾌히 승낙해 주신 도서출판 민족사 윤재승 사장님과 편집부 여러분께도 감사드린다.

2008년 초<br>봉촌(奉村) 이범교 씀

차 례

■ 머리말 5

# 제1편 밀교의 철학

## 제1장 서론

### 제1절 밀교의 의미와 특성
1. 밀교(密敎)란 ·················································17
2. 비밀의 내용과 밀교의 정의 ·······························18
3. 밀교(密敎)의 특성 ···········································23

### 제2절 밀교의 발생과 전개
1. 밀교의 성립 ···················································28
2. 밀교의 지리적 전개 ·········································43
3. 밀교의 신라 전래와 전개 ··································48

### 제3절 밀교 법통(法統)의 상속
1. 밀교 법통의 계보 ············································55
2. 법통상속자들의 개요 ·······································60

## 제2장 밀교의 교판론(敎判論)

### 제1절 교판(敎判)의 발생과 밀교의 성립
    1. 교판의 의의 ················································································78
    2. 현교의 대표적인 교판 : 천태대사 지의(智顗)의 5시8교 교판 ···81
    3. 현밀2교판(顯密二敎判) : 근본적 구별 ··········································86

### 제2절 10주심교판(十住心敎判)
    1. 10주심교판의 개요 ···································································92
    2. 10주심의 내용 ·········································································92

### 제3절 밀교 내에서의 종파
    1. 태장계(胎藏界)와 금강계(金剛界) ················································144
    2. 일본의 밀교종파 : 태밀(台密)과 동밀(東密) ·······························147
    3. 1945년 이후 한국밀교의 교판 : 대한불교진각종 ······················148

## 제3장 밀교의 본체론

### 제1절 밀교사상의 체계
    1. 『대승기신론』에 의한 밀교철학의 체계확립 ·······························164
    2. 밀교의 체계 ············································································168

### 제2절 아자체대설(阿字體大說)
    1. 우주의 언어학적(言語學的) 표현 ···············································169
    2. 아자체대설(阿字體大說) ····························································173
    3. 본불생(本不生)의 종교적 해석 ··················································178

### 제3절 6대체대론(六大體大論)

1. 본체론(本體論)으로서의 6대(六大) ·················186
2. 밀교의 6대 ·················191
3. 아자체대설과 6대체대설의 관계 ·················200
4. 2송8구(二頌八句)에 의한 6대연기 사상 : 6대(六大)・4만(四曼)
   ・3밀(三密) ·················201

## 제4장 밀교의 불타관(佛陀觀)

### 제1절 불타관에서 현교와 밀교의 기본입장

1. 밀교에서의 새로운 석존(釋尊) 해석 ·················202
2. 석존과 법신의 관계 ·················206

### 제2절 대일여래론(大日如來論)

1. 대일여래의 성립 ·················211
2. 대일여래 지혜의 덕 : 제암편명(除闇遍明) ·················214
3. 대일여래 자비의 덕 : 능성중무(能成衆務) ·················230
4. 대일여래 방편의 덕 : 광무생멸(光無生滅) ·················236

### 제3절 대일여래 사상의 발전

1. 5불(五佛)과 본초불(本初佛) ·················237
2. 본지신(本地身)과 가지신(加持身) ·················239

## 제5장 밀교의 인식론(認識論)

### 제1절 밀교의 인식론과 만다라

1. 밀교의 인식론 ·················247
2. 만다라(Maṇḍala)의 정의 및 분류 ·················249

3. 만다라의 표현방법 ················································266
　　4. 만다라의 원류(源流)와 성립 ····································271

### 제2절 양부만다라(兩部曼茶羅)의 개요
　　1. 양부만다라(兩部曼茶羅)와 중관·유식론················273
　　2. 태장계와 금강계의 특징········································276
　　3. 태장계와 금강계만다라의 미술사적 전개 ···············278

### 제3절 태장계만다라(胎藏界曼茶羅)
　　1. 『대일경』과 태장계만다라 ·····································280
　　2. 중대8엽원(中臺八葉院) ········································289
　　3. 제1중(第一重)의 4대원 : 편지원·지명원·관음원·금강수원
　　　 ··············································································295
　　4. 제2중의 6대원 : 석가원·문수원·제개장원·지장원·허공장원·소실지원 ···································································316
　　5. 최외원(最外院) : 외금강부원(外金剛部院)···············340

### 제4절 금강계만다라
　　1. 『금강정경』과 금강계만다라 ··································346
　　2. 성신회(成身會) ·····················································353
　　3. 삼매야회(三昧耶會) ··············································384
　　4. 미세회(微細會) ·····················································389
　　5. 공양회(供養會) ·····················································392
　　6. 4인회(四印會) ······················································394
　　7. 1인회(一印會) ······················································397
　　8. 이취회(理趣會) ·····················································407
　　9. 항삼세갈마회만다라(降三世羯磨會曼茶羅) ············412
　　10. 항삼세삼매야회(降三世三昧耶會)·······················415

### 제5절 만다라의 장식문양

1. 개요 ·················································································· 416
2. 결계(結界) ········································································ 416
3. 문(門) ··············································································· 420
4. 보생초(寶生草)와 모란초(牡丹草) ································· 422
5. 보병(寶甁) ········································································ 424
6. 영지운 ··············································································· 425
7. 만(卍)자 ············································································ 426
8. 삼고계도(三鈷界道) ······················································· 427
9. 오색계도(五色界道) ······················································· 427
10. 중대8엽원 ······································································· 428

## 제6장 성불론(成佛論)

### 제1절 성불의 원리

1. 성불(成佛)의 의미 ························································· 429
2. 밀교수행의 구조 ···························································· 433

### 제2절 수행과 성불의 방법

1. 3구(三句)와 5전(五轉) ··················································· 438
2. 삼밀유가행(三密瑜伽行) ················································ 442
3. 밀교의 관법(觀法) ·························································· 450
4. 성불을 위한 3밀구궐(三密具闕)의 문제 ······················ 457

### 제3절 성불의 단계

1. 번뇌의 제거와 불법의 증득(證得) : 단혹론(斷惑論)과 증리(證理)
   ······································································································ 460
2. 차정문(遮情門) : 3겁(三劫)과 6무외(六無畏) ················ 461

3. 표덕문(表德門)에 의한 단혹 : 10지(十地) ·················469

### 제4절 즉신성불(卽身成佛)
1. 즉신성불(卽身成佛)송 ·····························474
2. 즉신성불의 종류 ·································477

# 제2편 밀교의 유적

## 제1장 『삼국유사』의 기록을 통해서 본 신라시대의 밀교

1. 밀교 전래 이전의 무속신앙과 불교 ·····················483
2. 『삼국유사』 기록으로 본 초기밀교 ······················484
3. 화엄밀교(華嚴密敎)의 전개 ··························500

## 제2장 돌에 새겨진 사방불(四方佛) 유적

1. 사불산(四佛山)과 굴불사지의 사방불 ····················514
2. 경북 영주시 이산면 신암3리 사방불상 ···················521
3. 경주 남산 탑골의 부처바위 ··························522
4. 칠불암의 사방불 ································528
5. 파주 마애사방석불(磨崖四方石佛) ······················535
6. 능지탑 사방불 ··································537
7. 동화사 비로암 삼층석탑 금동사리함의 사방불 ···············538
8. 창림사지 석탑의 앙화(仰花) ·························540
9. 충남 예산군 화전리 사방석불 ························541
10. 당동리 사지 석조여래좌상 사방불 ····················543

## 제3장 탑파(塔婆)의 밀교적 성격

1. 탑파의 기원과 전개 ··················································545
2. 신라석탑의 밀교적 요소 ············································551
3. 석탑의 사방불 ··························································553
4. 『무구정광대다라니경』과 무구정석탑(無垢淨石塔) ·········· 575

## 제4장 불·보살상의 밀교유적

1. 비로자나불(毘盧遮那佛) ············································584
2. 변화 관음보살 ··························································591

- 참고문헌 ···································································594
- 찾아보기 ···································································603

# 제 1 편

# 밀교의 철학

# 제1장 서론

## 제1절 밀교의 의미와 특성

### 1. 밀교(密敎)란

　불교는 밀교(密敎)와 현교(顯敎)로 나눌 수 있다. 현교는 겉으로 드러나 있다는 뜻의 현로불교(顯露佛敎)를 줄인 말이다. 겉으로 드러났다는 것은 역사적 존재로서 화신불(化身佛)인 석가모니에 의한 설법이나 문자를 통한 가르침을 의미한다. 한국에서 현교로는 조계종·천태종·태고종 등이 있다.

　밀교는 비밀불교를 줄인 말이다. 비밀(秘密)에서 비(秘)는 심오(深奧)하다는 의미인 비오(秘奧)의 비(秘)이다. 밀(密)은 겉으로 드러나지 않는다는 의미인 은밀(隱密)의 밀(密)로서, 진리의 본체인 법신불, 즉 비로자나불의 자연실상이다. 심오하고 은밀한 뜻을 지닌 밀교는 통상의 언어·문자에 의한 설법으로는 깨달을 수 없고, 신비적인 직관에 의해서만 체득되는 겉으로 드러나지 않는 불교란 뜻이다. 한국에서의 밀교 종파로는 진각종·총지종·진언종 등이 있다.

〈표 1-1〉 현교와 밀교의 구분

| 불교(佛敎) | |
|---|---|
| 현로불교(顯露佛敎) → 현교(顯敎) | 비밀불교(秘密佛敎) → 밀교(密敎) |
| • 겉으로 드러난 설법 · 경전의 불교<br>• 석가모니불〔化身〕의 설법 | • 겉으로 드러나지 않는 심오한 불교<br>• 진리 자체〔法身〕의 설법 |
| 조계종 · 천태종 · 태고종 · 법화종 | 진각종 · 총지종 · 진언종 |

　비밀불교라는 말이 처음 등장하는 것은 나가르쥬나〔龍樹〕가 지은 『대지도론』에서이다. 『대지도론』 권4에 "불법에는 두 가지가 있다. 하나는 비밀이다. 또 하나는 드러내 보이는 것이다(佛法有二種 一秘密二現示)"라는 기록이 있다. 여기서 말하는 비밀(秘密)은 심오하여 드러나지 않는다는 의미인 듯하다. 비밀불교를 통상 줄여서 밀교라 한다. 밀교가 비밀불교의 약자라는 것은 『대지도론』에서 그 기원을 찾는다. 즉 『대지도론』 권4에는 비밀로 표현되었으나, 권65에는 비밀이 아니라 그냥 밀(密)로 표현되었다.

　일반적으로 비밀이란 '숨기어 남에게 알리지 아니한 것'을 일컫는다. 따라서 밀교를 비밀불교라 할 경우 부정적으로 볼 수밖에 없다. 밀교가 심오한 불교사상을 가지고 있으며, 또 현실생활에서 매우 유익한 실천방법을 지니면서도 부당한 대우를 받은 것은 바로 비밀이라는 말 때문일 것이다.

## 2. 비밀의 내용과 밀교의 정의

　비밀이라는 말의 산스크리트어는 라하샤(rahasya)와 구히야(guhya)이다. 깨달음의 극치〔自內證〕는 표현이 불가능해서 타인에게 전달할 수 없다. 그래서 비밀이다. 이러한 비밀을 라하샤라 한다. 구히야는 덮어서 숨기어 잘 모르게 하는 비밀이다. 즉 공개하지 않는다는 의미의 비밀이다. 라하샤는 중생의 비밀과 관계되며, 구히야는 여래의 비밀과 관련이 있다.

### 2-1. 중생의 비밀과 여래의 비밀

불교에서 자내증(自內證)이라고 하는 깨달음의 세계는 개인적 신비체험의 세계이다. 이것은 말이나 문자로 전달할 수 없는〔言語道斷〕심오한 비밀의 영역이다. 깨닫지 못한 중생은 이러한 신비체험의 비밀세계를 알 수 없다. 밀교에서 비밀세계를 설명할 때 가장 빈번히 사용되는 말 가운데 하나가 즉사이진(卽事而眞)이다. '바로〔卽〕우리가 살고 있는 삼라만상〔事〕이 진리의 세계〔眞〕이다'란 뜻이다. 삼라만상이 여래요, 중생이 여래요, 나도 여래인 것이다. 여래인 온 우주가 중생인 우리에게 설법을 하고 있건만 우리는 이 사실을 알지 못한다. 나 자신이 여래라는 것은 더더욱 모른다. 중생의 무명(無明) 때문이다. 이것을 중생의 비밀이라 한다.

여래의 법이 비밀스럽다는 의미로 선종에는 세 곳에서의 이심전심(以心傳心)을 뜻하는 삼처전심(三處傳心)이 있다. 그중 하나가 염화시중(拈華示衆)의 미소이다. 그 내용은 다음과 같다.

"석가모니부처님이 영축산에서 꽃을 들어 대중들에게 보였다. 대중들 모두 그 뜻을 알지 못하였다. 그러나 마하가섭존자만이 미소를 지었다. 웃는 모습을 본 부처님은 '나에게 정법안장(正法眼藏)과 열반묘심(涅槃妙心) 그리고 실상무상(實相無相)과 미묘법문(微妙法門)이 있으니 이는 불립문자로서 교외별전이다. 이를 마하가섭에게 전하노라'라고 했다."

염화시중(拈華示衆)의 뜻은 깨달음의 경지에 있는 가섭존자와 부처님 사이에서만 알 수 있는 불법이다. 그 자리에 있던 대중들은 의미를 모른다. 두 분에게는 비밀이 아니지만 대중들에게는 비밀이다.

중생이 바로 부처임에도 중생들은 그 사실을 알지 못한다. 무명 때문이다. 이때 여래는 중생들에게 결코 밀교의 법을 가르쳐 주지 않는다. 깨달을 능력이 없는 중생에게 밀교의 불법을 전수해 주면 곡해하여 비방하며 싫어하기 때문이다. 어린이에게 칼을 주는 것과 같이 유해하면서 무익하다는 것이다. 중생들이 현교의 가르침으로 모든 허물을 없앨 때까지 밀교의 법을 비밀로 한다. 이것이 여래의 비밀이다.

2-2. 밀교의 정의

현교에서는 깨달음의 경지인 절대의 세계를 문자나 음성 등의 방법으로 표현할 수 없다. 그러나 밀교에서는 상징의 방법으로 깨달음의 세계를 나타낼 수 있다. 예를 들면 언어에 의한 절대세계의 상징이 진언(眞言)이나 다라니(陀羅尼)이다.

상징을 통하여 중생들은 절대의 세계로 들어갈 수 있다. 중생이 살고 있는 현상의 세계에서 깨달음의 영역인 절대세계로 들어가는 길은 신체[身]와 언어[口]와 마음[意]이다. 이것을 현교에서는 신(身)·구(口)·의(意) 삼업(三業)이라 하고, 밀교에서는 삼밀(三密)이라 한다. 현교에서 신·구·의 삼업은 번뇌에 물든 중생의 업보를 의미한다. 그러나 밀교의 삼밀은 현상계의 중생이 절대존재의 세계로 들어가는 통로이다. 삼밀이라고 하는 세 개의 다리를 통하여 여래의 비밀세계를 해명하는 것이다. 이러한 밀교의 신·구·의는 일상적 사고를 넘어서는 초월적 영역이어서 삼밀(三密)이라고 한다.

현실세계의 중생은 절대자인 붓다와 내면적으로 서로 상응(相應)하여 교감할 수 있다. 상응의 통로가 신·구·의 삼밀(三密)이다. 상응에 의해 중생의 삼업과 붓다의 삼밀이 본질적으로 동일하다는 것을 자각할 때 중생과 붓다는 합일(合一)이 된다. 현실 존재인 중생이 이 몸 이대로 붓다가 된 것이다. 이것을 즉신성불(卽身成佛)이라 한다.

붓다와 상응하여 합일이 되기 위해서는 삼밀수행이 필요하다. 즉 붓다의 행위를 상징하는 수인(手印)을 하고〔身密〕, 붓다의 절대세계를 상징적인 말로 표현하는 진언〔口密〕을 하고, 붓다의 마음인 무아의 경지〔意密 = 三摩地〕에 이르면 중생은 바로 붓다와 일체가 된 것이다.

이상을 종합하여 다음과 같이 밀교를 정의할 수 있다.

'겉으로 드러나지 않는 심오한 철학적 체계를 가진 종교로서, 삼밀수행(三密修行)에 의해서 즉신성불을 목표로 하는 현실적이고 실천적인 불교.'

위에서 설명한 비밀의 내용과 밀교의 정의를 〈표 1-2〉에 요약하였다.

〈표 1-2〉 비밀의 내용과 밀교의 정의

```
                    ┌─────────────┐
                    │  비밀의 내용  │
                    └─────────────┘
                     ↙           ↘
    ┌──────────────────┐    ┌──────────────────┐
    │   중생의 비밀    │    │   여래의 비밀    │
    ├──────────────────┤    ├──────────────────┤
    │• 비자내증(非自內證)│    │• 비공개(非公開)에 │
    │  에 의한 비밀    │    │  의한 비밀       │
    │ - 자기의 내심과  │    │ - 중생이 습득     │
    │   진리를 알지 못함│    │   가능할 때까지   │
    │                  │    │   비공개         │
    └──────────────────┘    └──────────────────┘
              ↓              합일
    ┌──────────────────────┐    ┌──────────────────────┐
    │중생의 삼밀 : 신밀·구밀·의밀│═══│붓다의 삼밀 : 신밀·구밀·의밀│
    └──────────────────────┘    └──────────────────────┘
              ↓
    ┌────────────────────────────────────────┐
    │즉신성불(卽身成佛) : 바로 이 몸 이대로 부처가 된다│
    └────────────────────────────────────────┘
```

2-3. 밀교의 유사용어

### 2-3-1. 비밀승(秘密乘 : Guhya-yāna)

비밀승이란 용어는 인도에서는 보이지 않고 중국에서만 쓰였다. 여기서 승(乘)은 대승(大乘)의 개념인 승(乘)이다. 밀교를 비밀불교로 이해한 것은 중국을 비롯한 동북아시아이며, 인도에서는 비밀승이란 용어가 보이지 않는다. 인도에서 비밀승(Guhya-yāna)이란 말이 없다면 비밀승은 밀교를 대표하는 용어라고 말할 수 없다.

### 2-3-2. 진언승(眞言乘 : Mantra-yāna)

밀교를 나타내는 또 다른 용어로 진언승이 있다. 진언승이란 '진언을 통해서 수행한다'는 의미이다. 진언승이란 용어는 11세기 이후에 나타난다. 따라서 전 시대를 총괄하여 쓰이지는 않았다. 또 밀교의 수행은 진언 이외에도 다른 방법이 있으므로 진언승은 밀교를 대표하는 용어라 할 수 없다.

### 2-3-3. 금강승(金剛乘 : Vajra-yāna)

비밀승이나 진언승 못지않게 자주 쓰이는 용어가 금강승이다. 금강이란 가장 단단한 금속이다. 지혜, 즉 반야는 금강처럼 절대 깨어지지 않는다. 이러한 반야(般若)와 방편과의 일치를 통해 즉신성불을 이루는 것을 금강승이라 말한다. 금강승이란 용어는 초기밀교에는 나타나지 않는다. 그러나 밀교의 양대 경전 중에서『대일경』에는 비로자나불의 제1 전법상승자(傳法相承者)가 금강수비밀주이다. 그후에 성립된『금강정경』에서는 관정이 행해지며 그 관정명에 금강이란 명칭이 붙게 되어 오늘날 금강승이 된 것이다. 따라서 금강승은 밀교의 대표적 용어 중의 하나이다.

2-3-4. 구생승(俱生乘 : Shaja-yāna)

중기 이후의 밀교에 자주 등장하는 용어이다. 구생승이란 반야와 방편을 하나로 융합하여 보리심을 일으키기 위한 의례로 남녀의 성교를 행하는 것을 말한다. 이것은 좌도 탄트리즘으로 밀교를 대표하는 용어가 될 수 없다.

2-3-5. 시륜승(時輪乘 : Kalacakra-yāna)

시륜승은 서장불교에서 신봉되는 밀교 가운데 하나이다. 시륜승은 11세기경 인도에서 일어났다. 이후 서장으로 전해졌다. 현재는 서장 티베트 밀교의 4파 중 하나일 뿐 밀교를 대표하지 못한다.

## 3. 밀교(密敎)의 특성

### 3-1. 현실긍정 · 현세이익의 추구

불교의 근본적인 목적은 정신적 행복의 추구이다. 이를 위해 세속을 떠나 금욕적 생활로 해탈을 하는 것이 출가자들인 승려이다. 즉 번뇌와 업장을 소멸하여 적멸(寂滅)의 도를 추구하는 것이 불교 중에서 현교이다.

밀교는 적멸(寂滅)의 도를 기본으로 하되 세속적인 행복도 중시한다. 부를 축적하거나 출세하여 명성을 얻는 것도 중요하다는 것이다. 밀교에서는 주문을 외우는 진언 수행법을 통해 번뇌와 재앙을 없애고 복을 불러들인다. 이것은 해탈을 통한 영원한 미래의 행복뿐만 아니라 지금 이 시간의 이익과 행복을 추구하는 것이다. 이것이 현교와 다른 밀교의 특성 중 하나이다.

현교와 밀교가 추구하는 것을 〈표 1-3〉에 요약하였다.

〈표 1-3〉 현교와 밀교의 행복 추구

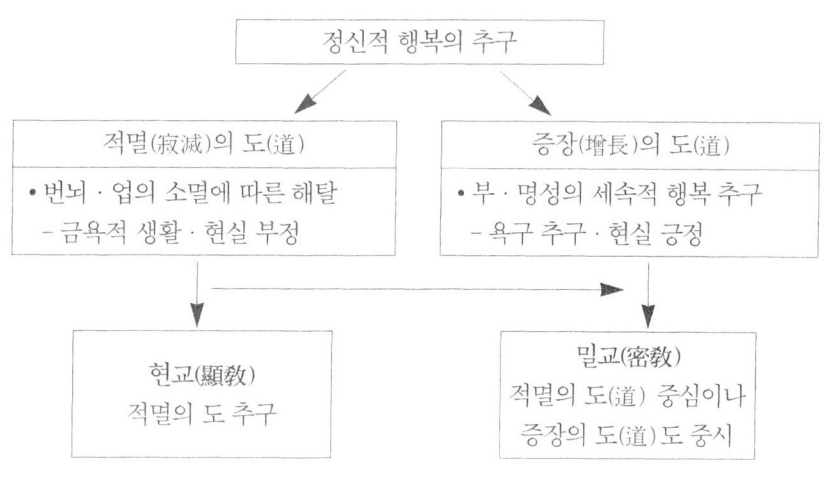

3-2. 즉물적(卽物的) · 상징적(象徵的) · 의례적(儀禮的)

3-2-1. 즉물적(卽物的)

밀교의 대일여래(일본 고야산)

초기 대승불교는 재가신자의 적극적인 참여로 불교의 전성기를 구가했다. 그러나 중기 대승불교 때부터 차원 높은 불교 이론인 유식설과 중론 등이 제시되면서, 불교는 출가자 중심의 전문적인 학문연구로 변하였다. 학문과는 거리가 먼 재가신자들은 불교로부터 점차 이탈하여 새로이 등장한 힌두교로 전환하였다. 그러자 불교에서는 재가신자들의 참여를 유도하기 위해 밀교가 성립되었다.

밀교가 추구하는 것은 대승불교의 고차원적인 이론을 재가신자들이 쉽게 이해할 수 있도록 하는 것이다. 즉 불교교리를 눈으로 볼 수 있는 그림 또는 물건으로 표현하면 일반인늘은 쉽게 접근할 수 있다. 예를 들면 밀교의 주불은 법신불인 비로자나불이다. 비로자나의 원래 뜻은 '넓게 비추다'이다. 이 의미를 가장 정확하게 나타낼 수 있는 물질은 태양[日]이다. 즉 밀교에서 태양을 의미하는 대일여래는 법신불 사상을 형상화한 것이다.

십일면천수천안관음보살상(기림사)

### 3-2-2. 상징적(象徵的)

밀교의 심오한 교리는 상징화된 힘과 성격을 가진 인격으로 표현된다. 예를 들면 현교의 존상은 경주 석굴암의 본존불처럼 인간적인 모습으로 만든다. 그러나 밀교의 존상은 대체로 현교처럼 정상적인 인간의 모습이 아니다. 밀교의 십일면천수천안관음보살은 붓다 또는 보살의 서원을 표현한 것이다. 11개의 얼굴 그리고 천 개의 손과 눈은 고통 받는 중생을 구하려는 붓다의 서원을 상징한 것이다. 밀교의 가장 큰 특징 중의 하나는 분노상인 명왕(明王)이다. 명왕은 진언을 인격화한 것이다. 즉 분노상이란 중생들이 자신이 곧 부처임을 알지 못하고 어리석게 행동하고 말하고 생각하는 것에 대한 자비 분노상이다. 즉 자비로운 마음을 가지면서 화가 난 인간의 형상으로 나타낸 것이다. 분노의 모습은 중생의 번뇌를 굴복시키는 것을 상징한다.

집단적 종교행위인 의례도 물질·언어·행위 등의 상징물로 성스러움을 표현한다. 예를 들면 요령이라고 부르는 금강령(金剛鈴)의 상징은 중생들에게 잠들어 있는 불성을 깨우는 것이다. 또 '옴마니반메훔'이란 진언은 붓다·보살·중생들의 본심을 상징한다. 의례에서 옴마니반메훔을 염송하는 것은 붓다의 세계로 들어가 신비체험을 하기 위함이다.

### 3-2-3. 의례적(儀禮的)

불교 중에서 현교는 적멸(寂滅)의 도, 즉 해탈을 성취하는 것이다. 현교의 해탈은 개인적인 수행을 통해 이루어진다. 밀교의 일부 종파는 개인적 수행뿐만 아니라 의례라고 하는 집단적 종교행위도 중시한다. '외적 장치'인 의례의 도움을 빌려 정신적 지복(至福)을 신속하게 이루는 것이 이러한 밀교종파의 특성이기도 하다. 해탈의 수단으로 집단적 종교 실천행위인 호마법·불공법·관정법 등의 의례가 주로 활용된다.

### 3-3. 신비적(神秘的) : 자아(自我)와 우주본질의 합일

밀교에서 신비적(神秘的)이란 일상의 생활과 동떨어진 세계를 뜻하는 것이 아니다. 또 보통의 사람들이 접할 수 없는 세계를 의미하는 것도 아니다. 신비란 대우주인 삼라만상과 소우주인 인간[自我]의 합일을 뜻한다. 절대적 존재인 진리와 상대적 존재인 자아가 근원적으로 같음을 느낄 때가 합일이며 신비체험이다.

이것은 자기[自我]를 중심으로 세계를 보는 것이 아니라 우주적인 관점에서 자기를 바라보는 것이다. 자아의 집착을 버리면 우주와 동질인 자신을 발견할 수 있다. 절대적 진리인 대우주가 자기 안에 있다는 의미와 같다. 즉 신비체험이란 자신이 바로 부처라는 것을 아는 것이다[如實知自心]. 신비체험, 즉 우주와 자아가 합일에 이르는 방법은 구밀(口密)·의밀

(意密)·신밀(身密)의 삼밀(三密)이다.

아래의 〈표 1-4〉는 신비체험의 의미를 요약한 것이다.

〈표 1-4〉 신비체험에 이르는 길

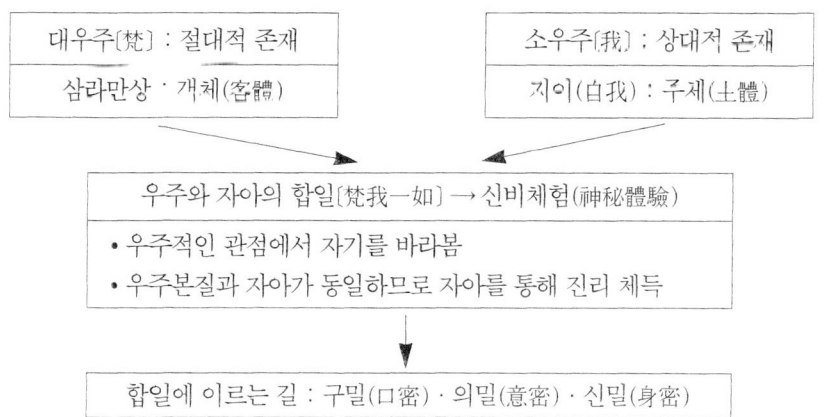

3-4. 즉신성불(卽身成佛) : 지금 이 몸 그대로 성불

현교의 성불 중에서 삼아승기겁(三阿僧祇劫)을 수행해서 성불한다는 삼세성불(三世成佛)이 있다. 또 자기의 성품을 보아서 성불한다는 견성성불, 아미타불의 명호를 불러서 성불한다는 왕생성불 등 여러 가지 수행법이 있다.

이러한 수행법은 긴 시간이 소요된다. 예를 들면 삼세성불은 삼아승기겁 동안 수행해야 한다. 사방 4천 km에 높이 4천 km인 바위에 하늘의 선녀가 4백 년마다 내려올 때 선녀의 옷자락에 의해 바위가 닳아 없어지는 기간이 아승기겁이다. 삼아승기겁이니 큰 바위가 세 번 닳도록 수행해야 성불하는 것이다.

밀교의 궁극적인 목표는, 이 몸 그대로 지금 바로 성불하는 즉신성불(卽

身成佛)이다. 중생은 태어날 때부터 그 본체는 부처이다. 단지 현실에 미혹하여 범부의 생활을 할 뿐이다. 그러나 삼밀유가관행법(三密瑜伽觀行法)에 의해 절대적 진리와 합일을 이룰 때 바로 성불하게 된다. 여기서 유가(瑜伽)는 산스크리트어 요가(yoga)의 음독(音讀)으로 소우주인 자아와 대우주인 진리가 서로 상응(相應)하는 것을 의미한다.

삼밀 중에서 구밀에 의한 합일의 경우를 보자. 현교에서 주로 염송하는 경전은 '수리 수리 마하수리 수수리 사바하'로 시작되는 밀교 계통의 『천수경』이다. 『천수경』의 중심인 신묘장구대다라니 및 진언은 의미와 관념보다는 소리 그 자체가 중요하다. 의미와 관념은 분별이 근간이어서 번뇌가 일어난다. 그러나 분별이 없는 소리에 주의력을 집중하면 자아의 중심은 소리로 이동한다. 즉 자아는 떨림과 느낌으로 진리 속으로 들어간 것이다〔我入於佛 : 자아가 부처의 세계에 들어가다〕. 그리고 자아는 텅 비고〔空〕소리 자체도 없어진다. 자아의 텅 빈 공간에 우주의 진리가 들어온다〔佛入於我〕. 이것이 자아와 진리의 상응(相應)이요, 유가(瑜伽)이며, 신비체험이다. 이때 성불이 이루어진다. 이것이 현교와는 다른 밀교의 즉신성불이다.

다음의 〈표 1-5〉에 소리에 의한 즉신성불의 방법에 대해 요약했다.

## 제2절 밀교의 발생과 전개

### 1. 밀교의 성립

#### 1-1. 밀교의 기원

밀교의 기원은 인더스문명에서 찾을 수 있다. 인더스문명은 B.C. 3000

<표 1-5> 소리에 의한 즉신성불

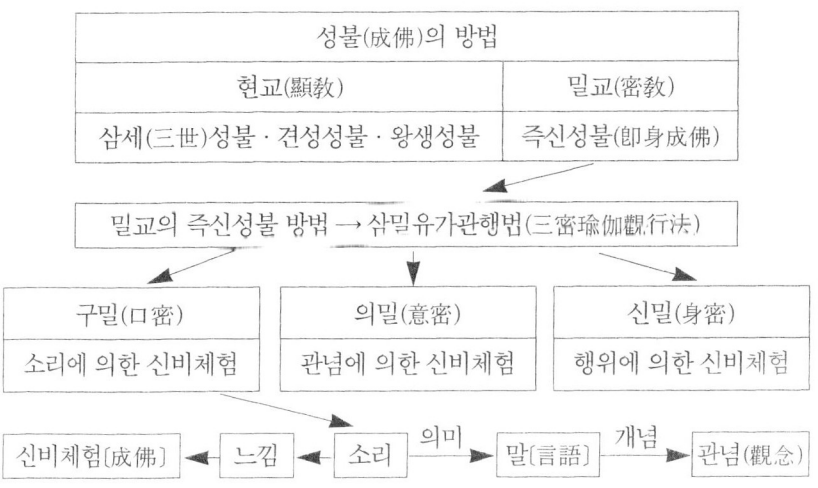

~B.C.1500년경에 드라비다족과 문다족에 의해 세워졌다. 그들이 세운 인더스문명의 유물 유적에는 시바신의 원형으로 보이는 수주(獸主 : 동물의 지배자)상이 있다. 파슈파티라고 하는 이 상은 종교적인 실천법으로 요가를 행하는 수행자의 자세를 하고 있어 선정·요가의 기원을 추정하게 한다. 링가(남성 성기)와 요니(여성 성기)를 숭배하는 모습도 있다. 성기 숭배와 요가는 힌두밀교의 원형적 요소이다. 또한 그들이 일상생활에서 현세이익을 위하여 주술을 했다고 대부분의 학자들은 주장하고 있다. 이 주술은 밀교의 주요 요소 중 하나이다.

4대 문명의 하나인 인더스문명이 쇠퇴해 갈 무렵인 기원전 13세기에 아리아인이 힌두쿠시산맥을 넘어 인도를 침략하였다. 침략한 아리아인은 종교적 민족이었다. 그들은 현세이익을 위해 대규모의 제사를 지내고, 신에 대한 찬가를 지어 바쳤다. 제사의례에 관계되는 어구나 문장을 모아 편찬한 것이 바라문교의 성전(聖典)인 베다(Veda)이다. 베다 중에서 가장 오래된 것이 리그-베다(Rig-veda)로서 리그(Rig)는 찬가의 의미이며, 베다

시바신의 원형으로 여겨지는 파슈파티

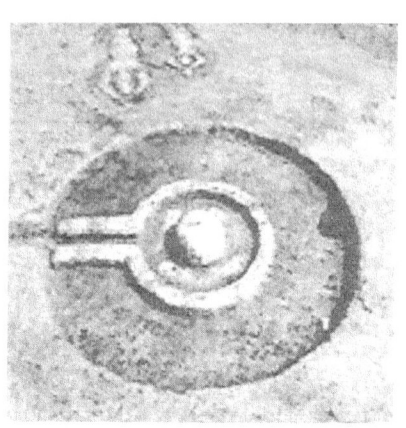
여성 성기를 상징하는 요니와 신앙자

(veda)는 지식을 뜻한다.

리그-베다를 성전으로 하는 아리아인의 종교는 다신교이다. 그들은 자연계 요소와 현상, 그 배후에 존재하는 지배력을 신격화하여 숭배의 대상으로 삼았다. 예를 들면 천신(天神)·태양신(Sūrya)·뇌정신(雷霆神 : Indra)·폭풍신(暴風神 : Rudra) 등의 자연계 요소와 현상을 신격화하여 숭배했다는 것이다. 이러한 리그-베다의 신들은 토착신들과 결합·변용되어 밀교 만다라의 구성 요소가 된다. 즉 태양신인 수리야(Sūrya)는 비로자나로, 뇌정신(雷霆神)인 인드라(Indra)는 제석천으로 변용된다. 또한 리그-베다에는 신들을 찬양하는 1,017개의 찬가가 있다. 찬가는 신들에게 제사를 지내는 의식을 행할 때 바치는 노래로 신들을 찬양하는 내용으로 구성되어 있다. 그중에서 천지창조와 관련된 30여 개의 만트라(Mantra)는 밀교진언의 근원으로 볼 수 있다.

1-2. 밀교의 형성 과정

리그-베다시대로부터 불교 발생까지를 네 시기로 나눌 수 있는데, 제1

기가 리그-베다시대이다. 이 시대는 삼라만상에 신성이 깃들었다고 생각하여 자연현상을 신으로 숭배하였다. 제2기는 후기 베다시대이다. 이 때에 아리아족이 인더스강 유역에서 갠지스강 상류지방으로 이동하였다. 그들은 정착생활을 하면서 사성계급제도(四姓階級制度)를 확립하고 종교적 의식을 제정하였다. 즉 브라만교가 확립된 시기이다. 제3기는 우파니샤드 시기이다. 우파니샤드는 이전의 베다사상을 계승하면서도 자아를 중심으로 모든 것을 해결하려는 시대이다. 즉 자아철학(自我哲學)이 확립된 인도 사상계의 일대 전환기라 할 수 있다. 제4기는 갠지스강 하류지역에서 왕족 또는 무사계급인 크샤트리아계급에 의해 일어난 자유사상시대이다. 이 시기에 불교가 발생했다.

석굴암의 제석천

  불교가 발생한 것은 아리아인들이 갠지스강으로 이동하여 농업과 상공업이 번창했을 때이다. 즉 아리아인들은 인더스강에서 갠지스강으로, 또 갠지스강 중류로 이동하면서 농업의 최적지인 인도 대평원에 이르게 된다. 이에 따라 생활양식이 반유목에서 농경생활로 전환하였다. 아리아인에 의한 인도의 농경사회는 기원전 6세기에 성숙하여 물자유통을 촉진했다. 이로써 농업뿐만 아니라 상공업이 번창하여 급속한 경제성장이 이루어졌다. 이를 바탕으로 지역마다 도시가 생기고, 군소 국가가 난립한 뒤 차례로 병합되어 모두 16개 국가로 성장했다.

  새로운 사회가 신선한 사상을 요구하자 브라만교는 지하로 숨어버리고 왕이나 무사들인 크샤트리아계층이 사회의 일선에 나서게 되었다. 불교도 브라만교를 부인하는 이들의 새로운 사상 중의 하나이다. 크샤트리아

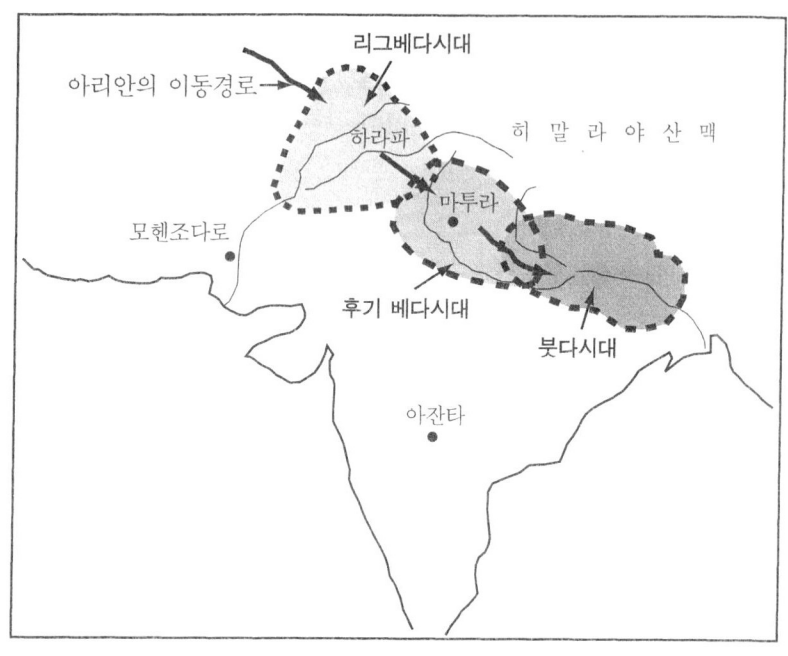

〈그림 1-1〉 아리안의 이동경로

계층인 고타마 싯다르타에 의해 성립한 불교는 브라만교의 주술적인 요소를 부정했다. 즉 브라만교에서 행해지던 제사의식이나 주술을 하지 못하도록 했다. 『아함경』에 의하면 석가모니불은 제자들에게 세속의 주술을 행하는 것을 엄밀히 금하고, 만약 이를 어길 경우에는 파계할 것이라고 했다. 또 주술은 축생의 학문이라고 강하게 꾸짖었다.

그러나 인간의 삶에서 일어나는 질병과 자연재해는 신앙만으로 해결할 수 없는 것이다. 승려나 신자들도 예외가 아니다. 그들의 일상적인 삶에서 일어나는 치통(齒痛)이나 복통(腹痛) 그리고 독의 중독에 대한 해결은 가장 중요한 문제의 하나였다. 결국 석가모니불로 하여금 고대로부터 내려오는 해결방법인 주술의 사용을 인정하게 할 수밖에 없었다. 자기의 몸을 보호하기 위한 주술을 허용한 이후, 주문의 신비로운 힘에 의해 재앙을 물리치는 비법이 불교교단에 일반화되었다. 또 주문이 불교경전에 수용됨으로써 밀교가 성립될 수 있는 기반이 조성되었다.

석가모니불이 입멸한 후 얼마 되지 않은 시기에 석존의 가르침이 흩어져 없어지거나 왜곡·곡해되는 것을 방지하기 위해 제1결집이 이루어졌다. 그후에도 이러한 결집이 몇 번 집행되었다. 여기서 결집이란 종합·교정·편집을 의미하는 말이다. 제1결집 후 100여 년 뒤 계율의 해석을 둘러싸고 교단 내부에 의견 대립이 생겨 제2결집이 이루어졌다. 이러한 의견 대립으로 제2결집에서 해결을 못 하자 교단이 분열되기 시작했다. 먼저 전통을 중요시하는 상좌부(上座部)와 혁신을 주장하는 대중부(大衆部)로 양분되었다. 이 분열을 근본분열이라 한다. 석가모니시대부터 근본분열 때까지를 근본불교 또는 초기불교라고 한다.

이러한 최초의 교단분열에서 다시 재분열을 거듭하게 되는데 이를 지말분열(枝末分裂)이라 부른다. 지말분열은 기원전 300년경부터 100년경까지 약 200년에 걸쳐 계속되었다. 이때 생긴 부파는 정확하지는 않으나 상좌부와 대중부를 합쳐 20여 개가 된다. 이때의 불교를 부파불교 또는 아비달마불교라고도 한다.

부파불교시대에 밀교와 관련된 문헌은 찬불문학(讚佛文學)이다. 찬불문학은 석가모니불에 대한 찬양이 지나쳐 일종의 초인화 과정을 거치면서 문학작품으로 창작된 것을 말한다. 이를 통상 자타카라고 한다. 자타카에서 붓다의 모습은 시간과 공간의 한계를 초월한 절대적인 존재로 묘사되었다. 우주적이고 절대적 존재인 붓다는 대승경전인 『화엄경』에서 법신불인 비로자나불로 구체화된다. 비로자나불은 후대에 성립하는 밀교의 주불인 대비로자나불로 구현된다.

또 자타카에는 시간적으로 초월적인 붓다가 묘사되어 있다. 즉 과거의 붓다인 과거6불과 미래의 붓다인 미륵불이 자타카에 등장한다. 시간적으로 표현된 다불(多佛)사상은 공간적인 확대도 필연적이다. 동서남북 각

2세기경 간다라 불상

지역에 붓다가 출현한 것이다. 즉 동방에 아축불, 남방에 보생불, 서방에 아미타불, 북방에 미묘성불이 등장한다. 이 부처들은 밀교의 만다라에 수용되어 사방불로 발전한다. 이와 같이 부파불교시대에 나타난 불신론(佛身論)은 대승불교시대로 이어진다. 이것은 후에 밀교의 불신관 형성에 결정적으로 기여하게 된다.

대승불교의 본격적인 시작은 『소품반야경』이 성립되는 기원후 1세기경으로 추정된다. 대승불교가 성립되는 가장 중요한 요인은 부파불교에서 출가자 중심의 폐쇄적인 독점성에 있다. 그리고 고답적인 이론 위주의 교의만을 고집한 결과이기도 하다. 재가신자들은 이러한 문제점을 지적하고 찬불과 불전을 중심으로 하는 여러 문학작품에 의해 새로운 불교운동을 전개해 나갔다.

기원전 2세기경부터 그리스의 철학사상과 조형미술이 도입되었다. 그 후 1세기경에 서북인도의 간다라 지방을 중심으로 불상의 제작이 이루어진다. 그 이전에는 붓다를 세속적인 인간의 모습으로 표현하는 것은 바람직하지 않다는 이유로 불상 제작을 금기시하였다. 그러나 인도전통 미술을 유지하던 마투라 지역에서도 불상을 조성하게 되었다. 이러한 불상 제작은 불탑신앙보다 더 구체적인 신앙형태, 즉 예배와 의례를 형성하였을 것이다. 이 무렵의 경전인 『화적다라니신주경』에 "향(香) · 화(花) · 등촉(燈燭)으로 부처님의 형상에 공양하고 더불어 화적다라니신주를 염송하면 그 사람은 그날 밤 꿈에 부처님을 뵙게 된다"고 하여 불상에 대한 예배법과 다라니에 의한 수행법이 행해졌다.

불상에 대한 예배와 다라니의 독송은 점차 대승불교의 일반적인 현상으로 발전하여 갔다. 이는 불교경전이 의례적·주술적·신비적인 색채가 농후해져 감을 의미한다. 초기의 밀교경전은 이러한 대승경전을 채용하면서 비롯된 것이다. 따라서 밀교경전은 불상에 관련된 예배법과 의식에 관한 내용이 중심이었다. 이러한 의식은 인도의 전통적인 수행법에서 유래한 종교의례이다. 즉 밀교는 대승불교의 교리와 고대인도 및 브라만교의 수행법을 융합한 것으로 볼 수 있다. 다시 말하면 대승불교의 추상적·관념적·이론적인 교리를 고대인도 및 브라만의 구체적이고도 실천적인 의례로 재구성한 것이다.

### 1-3. 밀교의 성립

밀교는 통상 초기밀교, 중기밀교, 후기밀교인 탄트라의 3종으로 분류한다(일본 선승인 구카이(空海)는 초기밀교를 잡밀, 중기밀교를 순밀이라고 하였다).

#### 1-3-1. 인도 초기밀교 : 잡밀(雜密)

인도에서 가장 먼저 성립한 밀교는 잡밀(雜密)이다. 잡부밀교(雜部密敎)를 줄여서 잡밀이라 한다. 명칭에서 보듯이 밀교로서 완전히 정비되지 않은 잡스러운 밀교라는 의미이다. 즉 주술적 관념과 의례 중심이어서 경전은 아직 체계화되지 못하였고, 사상과 의례도 융합되지 못했다. 밀교사적으로 이러한 밀교를 인도 초기밀교라 한다.

잡밀은 인도의 중기밀교인 순밀과는 세 가지 점에서 다르다. 첫째는 잡밀은 불교의 근본목적인 해탈과 성불을 추구하지 않는다. 단지 현세이익을 추구하는 밀교이다. 둘째는 순밀은 본존이 비로자나불이나 잡밀은 석가여래나 약사여래이다. 혹 여래가 아닌 십일면·천수천안·불공견삭 등의 변화관음을 본존으로 모시기도 한다. 셋째는 밀교의 삼밀, 즉 구밀·의밀·신밀 중 구밀만 확립되어 있다. 따라서 밀교의 인식론이요, 세계관인 만다라도 없다.

잡밀이 등장하는 배경은 힌두교에서 찾을 수 있다. 불교의 융성으로 쇠퇴하던 브라만교가 인도민중의 밑바탕이었던 일상의례를 받아들여 힌두교로 새롭게 재편하였다. 이에 따라 힌두교가 크게 신장하고 불교는 오히려 힘을 잃게 되었다. 그러자 불교에서는 힌두교의 교리 중에서 민중들의 현실생활에 관련된 불교적 요소를 받아들였다. 이때 흡수한 것은 현세이익 중심이었다. 즉 진언과 다라니로 병을 치료하는 방법이 불교교단의 공인을 받게 된다. 비를 오게 하거나 그치기를 기원하는 의례가 『대방등무상경(大方等無想經)』에 설해져 있다. 이 경전은 4세기에 성립된 것으로 보인다. 이 외에도 붓다에 대한 공양법, 기원의례의 방법, 호마법 등이 불교도 사이에 널리 확산되었다. 이러한 것들은 잡밀, 즉 초기밀교에 해당한다.

초기밀교에는 산스크리트어로 된 밀교경전이 없다. 단지 한역경전만이 있다. 3세기 초엽에 번역된 경전인 『마등가경(摩登伽經)』에는 진언문과 호마작법이 있다. 또 462년에 담요(曇曜)가 번역한 『대길의신주경(大吉義神呪經)』에는 『마등가경』보다 체계화된 밀교 수행법이 나와 있다. 6세기경에 번역된 『모리만다라주경(牟梨曼陀羅呪經)』에는 완비된 의궤(儀軌)가 있으며, 본존의 좌우에 관음과 금강수보살의 삼존불이 배치되고 있다. 4세기경에 성립한 『금광명경(金光明經)』과 『관불삼매해경(觀佛三昧海經)』에서 사방불(四方佛)을 설하고 있다. 이 경전은 후대에 만다라가 성립하는 데 기여했다고 볼 수 있다.

## 1-3-2. 인도 중기밀교 : 순밀(純密)

부파불교시대의 불교교단은 상공업자와 왕족들의 보시로 경제적 기반이 안정되어 외형적으로 번영하였다. 안정된 생활을 바탕으로 사찰의 깊은 곳에서 아비달마교학이 극히 치밀하게 연구되었다. 이렇게 학문연구가 진전되자 실천은 형식화되었다. 즉 출가자 중심의 학문에만 치중한 것이다. 그러자 재가신사들은 불교교단을 떠났다. 재가신자가 떠난 불교는 침체되기 시작했다.

이러한 상황에서 반성과 반발에 의해 출현한 것이 대승불교운동이다. 기원전 1세기경부터이다. 대승불교운동에서 강조된 것은 학문적으로 분석하는 법의 해석이 아니라 실천수행이다. 대승불교에서 가장 중요한 실천수행은 이타행(利他行)이며 이를 실천하는 사람을 보살이라 한다. 그러나 대승불교도 4, 5세기에 이르면 중론 · 유식론 · 여래장 등의 학문불교에 치중하게 된다. 그러자 재가신자들은 소외되기 시작했다. 또한 브라만교가 인도의 민간신앙을 받아들여 힌두교로 발전하자 불교신자들은 학문적인 불교를 떠나 힌두교로 전환하여 갔다.

이렇게 되자 불교교단에서는 힌두적인 요소를 대폭적으로 수용하였다. 힌두교의 신들, 예를 들면 변화관음, 사천왕을 비롯한 천신(天神)들도 불교에 수용되었다. 그들에 대한 예배 및 기원의례가 확립됨과 동시에 현세이익을 목적으로 하는 여러 의례가 점차 경전으로 나타났다. 이러한 주술적인 현세이익 의례들은 이 시기에 불교도 사이에 널리 확산되었고 교단으로부터 공인도 받았다. 이것은 불교가 일반 민중의 요청을 받아들였다는 것을 의미한다.

굽타 말기인 6세기경부터 초기밀교인 현세이익적 의례와 주술적 요소가 열반 · 성불을 위한 수행법으로 승화 · 순화되는 현상이 나타났다. 순수밀교(純粹密敎) 또는 순정밀교(純正密敎)를 뜻하는 순밀(純密), 즉 중기밀교가 출현한 것이다. 세간(世間) 차원이 출세간(出世間) 차원으로 승

힌두적 분위기의 관음상

화된 것이다. 다시 말하면 불교화한 힌두적 요소인 현세이익적 의례와 대승의 중관·유식사상이 합하여진 새로운 실천체계가 중기밀교이다. 중기밀교는 7세기와 8세기에 걸쳐 『대일경(大日經)』과 『금강정경(金剛頂經)』에 의해 성립되었다.

『대일경』은 본격적인 밀교경전의 효시이다. 7세기에 성립한 『대일경』은 대승불교의 중관사상과 의례를 융합하여 체계화한 것이다. 이 경전의 내용은 크게 세 부분으로 나눌 수 있다. 첫 번째 부분인 입진언문주심품(入眞言門住心品)은 대승불교의 교리를 밀교적으로 정비한 것이다. 두 번째 부분은 제2품인 입만다라구연진언품(入曼茶羅具緣眞言品)에서 31품인 촉루품(囑累品)까지이다. 여기서 태장계만다라의 세계를 체득하기 위한 관상법과 수행법을 설하고 있다. 세 번째 부분인 32품에서 36품까지는 공양법의 의궤(儀軌)를 나타내었다. 결국 교리는 36품 중에서 제1품뿐이며, 나머지는 밀교의 결인법(結印法)·진언 염송법·존격과 실천체계인 호마법·공양법·관정법 등으로 설해져 있다. 따라서 『대일경』의 중심은 교리가 아니라 실천이다.

7세기에서 8세기에 걸쳐 성립한 『금강정경』은 단일경전이 아닌 여러 경전의 집대성이다. 그중에서 첫 번째 경전이 『진실섭경(眞實攝經)』인데 일반적으로 『진실섭경』을 『금강정경』이라 한다. 『진실섭경』은 대승불교의 유식사상과 의례를 융합하여 체계화한 것이다. 이 경은 교리부분과 의궤부분으로 구성되어 있다. 그중에서 교리는 극히 적은 일부분이고 대부분은 의궤에 관한 것으로, 금강계만다라의 세계를 체득하기 위한 실천수행 중심으로 구성되어 있다. 중기밀교, 즉 순밀의 또 하나의 중심을 이루는 『금강정경』은 밀교경전으로서는 다소 불안전한 『대일경』을 대신해서 인도밀교의 주류를 형성했다.

### 1-3 3. 인도 후기밀교 : 탄트라

탄트라란 '지식을 넓힌다'는 뜻이나, 종교적 해석은 우주의 진리에 관한 과학을 의미한다. 즉 우주의 본질과 자아의 합일을 추구하는 것이 탄트라이다.

탄트라의 기원은 비아리안계 원주민이 이룩한 인더스문명에서 찾을 수 있다. 인더스문명에서 출토된 유물에서 숭배의 중심은 여신상이다. 여신상(女神像)은 샥티신앙(女神崇拜)과 관련된다. 이 시바와 샥티신앙 속에는 탄트라의 기원으로 보이는 행법이 행해지고 있었다. 유물에서 보이는 요가 자세의 시바신과 여신상인 샥티가 그것을 증명한다. 시바신앙은 후일 남근(男根)인 링가를 숭배하는 것과, 샥티신앙은 여근인 요니를 숭배하는 것과 밀접하게 연결된다.

이러한 고대 인도인의 탄트라 행법과 아리아인의 신비주의가 자연스럽게 가까워져 후기 베다사상과 신앙에 큰 영향을 미치게 되었다. 이때의 탄트라가 추구하는 것은 진리와 물질, 존재와 현상의 일체화에 있었다. 이러한 탄트리즘은 인도문화의 배경으로 발전한다. 즉 탄트리즘은 인도인의 잡다한 일상생활의 복합체가 기저이며, 그 담당자들은 사회 저변에 깔려있는 최하위의 사람들이다.

기원전 4, 5세기부터 농경에서 상공업으로 사회구조가 변경되기 시작했다. 비옥한 토지에서 생산된 물자가 풍부해지면서 상공업이 발달하기 시작했다. 물질적 풍요로 도덕의 퇴폐가 두드러지게 나타났다. 또한 이들은 브라만의 종교를 단순한 미신으로 보았다. 이러한 상황에서 성립된 불

카쥬라호사원과 사원의 조각상

교를 비롯한 신흥종교가 엄격한 도덕을 요구함과 동시에 주술을 금하였다. 이에 따라 탄트라 주술의 필요성도 감소하였다.

그러나 기원후 1세기경에 브라만교가 비(非)아리안 계통의 탄트리즘을 흡수하여 힌두교로 전환했다. 굽타왕조에 이르러 힌두교는 비약적인 발전을 하면서 탄트라의 사상체계가 완비된다. 즉 탄트라는 우주의 근본원리요, 우주적인 에너지인 샥티와 자아를 의미하는 시바가 결합한 것이다. 이는 우주[梵]와 자아[我]의 일치를 의미한다. 결국 탄트라 수행자의 목표는 내재하는 샥티를 통해서 시바와 결합하는 것이다. 이것은 남녀의 성적 결합으로도 상징된다.

힌두교의 비약적인 성장으로 인도에서 쇠퇴한 불교는 동남아, 중국 등지로 전해져서 그 지역에서 불교문화를 꽃피운다. 한편 인도에서는 불교에 힌두교의 탄트리즘을 도입하여 불교탄트라를 성립시킨다. 이때가 8세기이다. 불교단트라는 서로 대립하는 원리를 일원화함으로써 성불을 한다는 것이다. 자아와 타인, 청정과 부정, 깨달음과 번뇌는 본질적으로 하나임을 추구하는 것이다.

이러한 관계를 아래 〈표 1-6〉에 나타냈다.

〈표 1-6〉 탄트라의 형성과 전개

| 탄트라의 여명 : 인더스문명(하라파 · 모헨조다로문명) |
| --- |
| 기원전 3000년경~기원전 1500년경 |
| • 탄트라신앙의 구성 요소인 시바와 샥티신앙과 관련된 유적 발굴<br> - 숭배의 중심이 여신상 → 샥티숭배(여신신앙)<br> - 링가, 즉 남근 숭배와 관련된 요가행자의 자세를 취함 → 시바신의 전단계<br>• 신비주의와 탄트라의 행법이 1500년경 아리아 민족의 후기베다 사상과 신앙에 영향 |

↓

| 탄트리즘이 인도문화의 배경으로 발전 |
| --- |
| 기원전 1500년 이후 |
| • 탄트리즘 : 진리와 물질의 일체화<br>*탄트리즘은 인도인의 잡다한 일상생활의 복합체를 기저로, 그 담당자들은 사회 저변에 깔려 있는 최하위 사람들임 |

| 사회구조 변혁과 불교의 성립에 따른 탄트리즘의 정체 |
| --- |
| 기원전 4, 5세기~3세기 |
| 불교 등 신흥종교의 엄격한 도덕 요구로 탄트라 주술의 필요성 감소 |

| 탄트라의 사상체계 완비와 부흥 : 우주의 본질과 자아의 합일 추구 |
| --- |
| 기원후 4, 6세기~14세기 |
| • 굽타왕조가 브라만교를 힌두교로 전환 후 부흥운동 전개로 비약적 발전<br>• 우주적 자연에너지와 자아라는 두 원리의 결합<br>  - 시바 : 청정하고 부동한 정신인 자아를 나타냄<br>  - 샥티 : 우주의 근본원리이며, 우주신적(宇宙神的)인 에너지<br>• 대립하는 요소의 일원화 : 탄트라 수행자의 목표는 내재하는 샥티를 통해서 시바와 결합하는 것 → 남녀의 성적 결합으로 상징<br>  * 남녀교합상을 완벽한 예술로 승화 → 카주라호사원의 남녀교합상<br>  * 힌두교의 비약적 발전으로 불교는 인도에서 그 변방으로 이동 |

| 불교 탄트라의 성립 |
| --- |
| 기원후 8세기 이후 |
| • 불교교리와 의례 속에 힌두교의 풍습과 농경주술이 흡수되어 나타남<br>  - 힌두의 모든 신들이 불교의 세계로 흡수되어 불보살·명왕·제천(諸天) 등으로 환생<br>• 서로 대립하는 원리의 일원화 : 자(自)와 타(他), 청정과 부정, 주체와 객체, 깨달음과 번뇌 등은 본질적으로 하나임을 추구 |

## 2. 밀교의 지리적 전개

### 2-1. 중국밀교

인도에서 성립한 밀교는 동남아시아를 비롯해 동아시아의 중국·한국·일본으로 전해진다. 또 인도의 주변국인 네팔과 티베트에도 전파되었다. 밀교의 전파 경로는 크게 세 개의 코스로 나눌 수 있다. 그 첫째는 중앙아시아를 통과하는 실크로드이다. 이 길은 북서인도를 경유하여 히말라야산맥을 우회하기 때문에 거리가 멀다는 단점이 있다. 그러나 육로가 다소 안전하기 때문에 많은 밀교 승려들이 실크로드를 이용했다. 둘째 코스는 해로(海路)를 통해서 중국으로 들어가는 방법이 있다. 이 루트는 벵골만을 지나 말라카해협을 통과하여 중국으로 들어가는 방법이다. 셋째는 네팔과 티베트 그리고 몽고로 전파되는 경로이다. 티베트는 지리적으로 인접한 북서인도의 카슈미르 지역을 통해서 8세기 중엽에 밀교가 전해진다. 몽고는 13세기에 티베트 승려인 파크파에 의해서 라마교가 전달되었다.

중국에서는 초기밀교·중기밀교·후기(탄트라)밀교가 각각 다른 시기에 전달되었다. 초기밀교의 공식적인 전달시기는 동진시대(東晉時代, 317~420)인 4, 5세기로 잡고 있다. 중기밀교는 당나라 현종 때인 8세기 초로 보고 있다. 중기밀교의 근본경전 중 하나인 『대일경』은 당나라 때인 716년에 인도의 승려 선무외삼장(善無畏三藏)이 중국에 들어와 번역했다. 또 중기밀교의 『금강정경』은 719년에 역시 인도의 승려 금강지삼장(金剛智三藏)이 바닷길로 중국에 들어와 번역했다. 이때부터 중국에서 중기밀교가 전개된다.

후기밀교인 탄트라밀교는 인도에서 8세기 이후부터 크게 발전하기 시작한다. 밀교는 13세기에 이슬람교의 침략으로 쇠퇴의 길을 걷지만 탄트라밀교는 각지로 전파되는데, 중국에 전해진 시기는 송나라 때이다. 그 당시 탄트라 경전이 한역되었으나 예의를 벗어난 성적 행위에 의한 수행으로 기피되었다.

중국에 전해진 모든 밀교는 제대로 정착하지 못하였다. 그 이유는 중국에서의 불교탄압이었는데, 대표적인 것은 회창법난(會昌法難, 842~845)이었다. 이때의 탄압에 의해 모든 종파가 크게 손실을 입었다. 그중에서 밀교의 피해가 가장 컸다. 그 이유는 밀교수행에 반드시 필요한 도구를 잃어버렸기 때문이다. 법난이 종료된 후에 도구의 재연에는 많은 시간과 노력이 필요하다. 또 밀교는 스승과 제자의 법맥(法脈)으로 연결되는데 한 번 단절되면 다시 연결하기 어렵다. 그 외의 원인은 밀교와 정치권력의 유착에 있었다. 즉 정치권과 밀월일 때는 크게 신장하나 정치권력이 바뀌면 그 세력이 약화될 수밖에 없었다. 이러한 이유로 중국의 밀교는 당나라 때 약 100년이라는 극히 짧은 기간에만 꽃을 피웠다.

### 2-2. 티베트밀교

티베트에 밀교가 최초로 전달된 것은 7세기경에 네팔을 통해서이다. 본격적으로 전달된 시기는 754년으로서 인도의 밀교 승려인 샨타라크쉬타〔寂護〕가 탄트라밀교를 전했다. 또 북인도의 파드마삼바바〔蓮花生〕가 초빙되어 밀교를 전했다. 그의 가르침은 티베트의 전통신앙인 본(Bon)교와 융합하여 라마교가 되었다. 이후 밀교는 티베트에 뿌리를 내림과 동시에 탄트라계 밀교경전의 번역도 활발해져 티베트불교의 중심이 되었다.

9세기 이후 티베트의 정치적 혼란으로 밀교도 점차 타락해져 갔다. 14세기에 이르러 타락한 밀교를 개혁하기 위한 운동이 일어났다. 종교개혁을 일으킨 쫑카파(1357~1419)가 타락한 불교를 엄격한 계율을 통해 정화하자 당시 사람들은 크게 환영하였다. 쫑카파의 후계자인 다르마린첸부터 달라이라마라고 칭해졌다. 제5대 달라이라마가 정치와 종교를 장악한 후 1960년 중국이 티베트를 자치구로서 병합할 때까지 달라이라마 정권은 계속되었다.

2-3. 몽고밀교

13세기 초에 티베트의 승려 파크파에 의해 밀교가 몽고, 즉 원나라에 전해진다. 원나라의 쿠빌라이칸은 파크파를 국사로 삼고 밀교를 수용했다. 원나라의 밀교를 라마교라 하는데, 이것은 티베트에서 밀교의 스승을 뜻하는 구루(Guru)가 라마로 음역(音譯)되면서 붙여진 명칭이다. 이 밀교는 원나라가 망한 이후 오늘날까지 유지되고 있다.

사이쵸[最澄]

2-4. 일본밀교

인도에서 성립한 밀교가 지금까지 활발하게 전개되고 있는 곳은 티베트와 일본이다. 일본은 나라시대인 8세기 무렵에 초기밀교가 있었다. 이때의 밀교는 일본의 민족종교인 신도(神道)와 유사한 것으로 널리 수용되었다. 즉 주술적인 기능으로 재앙을 없애고 복을 불러들이는 것이었다.

중기밀교는 9세기 초에 사이쵸[最澄]와 구카이[空海]에 의해 전래된다. 사이쵸(767~822)는 중국의 천태교학을 배우기 위해 804년에 당나라로 들어갔다. 그는 천태종의 총본산인 국청사에서 8개월간 천태교의를 배웠고, 귀국하기 전 1개월간 월주에 있는 용흥사(龍興寺)에서 밀교의 승려 순효(順曉)로부터 태장계밀교를 전수받았다. 순효는 신라 승려 의림(義林)의 제자인데, 귀국하고 나서는 806년에 히에이산(比叡山)에 엔랴쿠지(延曆寺)를 세우고 천태·선·율·밀교를 종합한 천태밀교를 개창(開創)했다. 히에이산의 천태밀교를 일본에서는 태밀이라고 한다.

천태밀교를 확립한 승려는 사이쵸의 수제자 엔닌(円仁)이다. 그는 838년에 장보고가 운영했던 적산법화원의 도움으로 당나라에 유학을 갔다. 장안의 대흥선사에서 금강계 관정(灌頂)을 받고, 청룡사에서 태장계 관정을 받았다. 엔닌은 밀교뿐만 아니라 천태교법까지 전해 받은 뒤 귀국해서는 제3대 천태좌주가 되어 천태밀교를 확립했다.

구카이(空海)는 31세 때인 804년에 당나라에 들어가 청룡사에서 당대 최고의 밀교 승려인 혜과(惠果)를 만났다. 구카이는 혜과로부터 밀교의

엔랴쿠지 근본중당

구카이[空海]　　　　　　고야산(高野山)의 근본대탑

일체를 전수받고, 밀교전적·불상·만다라·밀교법구 등을 가지고 2년 만에 귀국했다. 구카이는 귀국 후 입경이 허락되지 않아 큐슈의 간세온지〔觀世音寺〕에 머물다가 2년 뒤인 36세 때 교토의 타카오산지〔高雄山寺〕에서 주석하게 되었다.

구카이가 43세 되던 816년에 고야산(高野山)에 수련도량을 건립해도 좋다는 허가를 받아 사찰창건의 대사업을 시작했다. 착공한 지 3년 만인 819년에 공사를 완료했다. 고야산 위에는 다보탑·강당·승방 등이 건립되어 곤고부지〔金剛峯寺〕로 이름붙였다. 그 뒤 근본대탑·서탑도 건립되어 진언종의 근본도량으로 삼았다.

구카이의 교단활동에서 중요한 것 중의 하나는 천황으로부터 도우지〔東寺〕를 받아, 교토에서 진언종의 근본도량으로 삼은 것이다. 도우지는 헤이안 천도 직후인 794년에 착공한 사찰이다. 이것을 823년에 구카이에게 주었다. 구카이가 여기서 많은 진언계통의 승려들을 배출함으로써 진언종이 유력한 종단이 되었다. 그후 관정당·5층탑·종루·장경각이 완성되면서 도우지를 교왕호국사(敎王護國寺)라 칭하여 진호국가의 호국도

도우지[東寺]

량으로 삼았다. 구카이의 밀교를 동밀(東密)이라 하는데 여기서 동은 도우지[東寺]의 東을 의미한다. 동밀은 순수밀교로서 현재도 큰 교세를 유지하고 있다.

## 3. 밀교의 신라 전래와 전개

### 3-1. 밀교의 전래 : 신라시대

#### 3-1-1. 초기밀교의 전래

『삼국유사』에는 진흥왕 22년인 561년에 경주시 안강읍에 있는 삼기산에서 주술수행을 했던 밀교승과 원광법사에 관한 설화가 기록되어 있다. 이 기록이 사실이라면 신라에 밀교가 처음 전래된 것은 6세기이다. 또 『해동고승전』에 의하면 진평왕 건복 42년인 625년에 안홍법사가 서역승 세 사람과 황룡사에서 『전단향화성광묘녀경(栴檀香火星光妙女經)』을 번역해 출판한 것으로 전한다. 이 경의 명칭으로 보면 밀교계 경전으로 보인다. 이 경이 밀교경전이라면 신라에 밀교가 정식으로 소개된 것은 진평

밀본이 머물렀던 금곡사

왕 때인 625년이다. 이때에 전래된 밀교는 주술을 중심으로 한 초기밀교이다.

또 삼기산 금곡사에 머물렀던 밀본(密本)법사도 밀교승이다. 그는 선덕여왕의 병을 치료하였다. 『약사경』을 외우는 주술을 이용했으니 초기밀교이다.

밀본법사 뒤에 명랑(明朗)법사가 7세기 중반에 당나라로 들어가 밀교를 공부했다. 귀국해서 자기 집을 희사하여 금광사를 세웠고, 670년경에는 신인비법(神印秘法)인 문두루비법(文豆婁秘法)을 써서 당나라 대군을 물리쳤다. 이로 인해서 그는 신인종(神印宗)의 시조가 되었다. 이 비법은 단순한 주술이 아니라 신밀(身密)과 관련된 의궤작법(儀軌作法)으로 보인다. 즉 문두루비법은 『불설관정복마봉인대신주경(佛說灌頂伏魔封印大神呪經)』의 사상과 교법에 의한 것이다. 이것은 8세기 초에 전래되었던 선무외삼장의 가르침과는 다르다. 즉 주술 중심의 구밀은 아니나 성불이 목적은 아니므로 명랑이 전한 밀교는 초기밀교로 볼 수 있다.

고려 태조가 나라를 세울 즈음에 해적이 나타나 소란을 피웠다. 그러자 안혜와 낭융의 후예인 광학과 대연스님이 비법으로 이들을 진압시켰다.

이들은 모두 신인종의 시조인 명랑의 계통을 이어받은 것이다. 신인종이란 신인비법, 즉 문두루비법에 근거를 둔 밀교의 종파이다. 문두루란 둥근 나무에 오방신(五方神)의 이름을 써넣은 것을 말한다. 문두루비법이란 문두루라는 신상(神像)을 만들고 주술의 힘을 통한 기원이 주를 이루는 수법(修法)이다.

### 3-1-2. 중기밀교의 전래

혜통(惠通)은 명랑과 같은 시대의 밀교승려였다. 혜통은 당나라로 가서 무외삼장(無畏三藏 : 밀교승인 善無畏三藏과는 시대가 다름)에게서 가르침을 받았다. 그가 배운 밀교는 구밀인 신주작법(神呪作法)이다. 그는 주술로 당나라 공주의 병을 치료했으며, 신문왕의 등창도 주문을 외어 낫게 했다. 그는 명랑의 신인종과 더불어 밀교의 또 하나의 종파인 총지종(總持宗)의 시조가 되었다. 총지란 산스크리트어로 다라니(dhāranī)이다. 즉 다라니의 주문을 통해 재앙을 물리치고 복을 불러들이며 질병을 치유하는 구밀을 말한다. 총지종은 혜통을 시조로 명효(明曉), 불가사의(不可思議), 의림(義林), 현초(玄超), 혜일(惠日) 등으로 이어진다.

중기밀교 사상이 처음 신라에 소개된 것은 700년경 명효(明曉)에 의해서이다. 명효는 당나라에서 귀국할 때『불공견삭다라니경(不空羂索陀羅尼經)』을 가지고 왔다. 이 경은 중기밀교의『대일경』이나『금강정경』사상의 일부를 계승한 것이므로 이때 중기밀교가 신라에 알려진 것으로 볼 수 있다. 또『삼국유사』「관동풍악발연수석기」조에서의 순제(順濟)법사가 진표에게 준 공양차제비법(供養次第秘法)은『대일경』제7권인 공양차제법으로 보인다. 즉 순제법사도 중기밀교의『대일경』사상을 부분적으로 도입한 것으로 보인다.

명효나 순제는 중기밀교의 일부분을 신라에 소개했을 뿐이다. 정통적인 중기밀교의 사상을 신라에 도입한 분은 의림선사(義林禪師)일 것이다.

그는 726년부터 735년 사이에 선무외삼장으로부터 태장계 중기밀교를 전수받고 8세기 중엽에 귀국하여 밀교를 전한 것으로 알려져 있다.

의림선사가 신라에 수용한 중기밀교는 오대산신앙에 깊은 영향을 끼쳤다. 원래 신라 오대산신앙은 선덕여왕시대(632~646)의 자장율사로부터 시작되었다. 『삼국유사』에 의하면 자장율사는 636년에 당나라 오대산에서 문수보살로부터 "신라의 오대산에 문수보살이 있으니 만나 보아라"라는 말을 듣는다. 그 뒤 자장은 오대산에서 문수보살을 만나기도 하나 최후에는 자장의 분별심으로 문수보살은 떠나가고 자장은 입적하게 된다. 아마도 그 의미는 자장에 의해 오대산신앙이 도입되기는 하나 크게 발전하거나 정착되지 못했다는 의미일 것이다. 그러나 『삼국유사』의 「대산오만진신」조에서 오대산신앙은 보천에 의해 본격적으로 전개된다. 이때 전개된 오대산 만다라는 중기밀교이다. 중기밀교 사상을 전개한 보천은 신문왕의 태자로 687년에 태어났다. 그리고 오대산에 들어가 50년을 살았으니 8세기 중엽에 오대산신앙, 즉 중기밀교 사상을 구체화시킨 것이 된다.

3-2. 밀교의 전성기 : 고려시대

신라 때 전래된 밀교가 꽃을 피운 것은 고려시대이다. 고려를 세운 태조 왕건부터 밀교와 깊은 관계가 있다. 그는 즉위 초에 해적이 침입하였을 때 명랑의 계통을 이어받은 광학과 대연이라는 밀교승려의 작법(作法)으로 해적을 물리쳤다. 또 왕건은 연등회나 팔관회와 같은 불교행사도 적극적으로 행하였다. 원래 연등회와 팔관회는 밀교의식이 깊이 가미된 불교의례이다. 왕건에 의해 개성에 세워진 법왕사(法王寺)·일월사(日月寺)·내제석원(內帝釋院)·외제석원(外帝釋院) 등도 모두 밀교와 깊은 관련이 있는 사찰이다. 이렇듯 적극적인 밀교의식과 사찰건립은 밀교적인 사상을 근간으로 하여 개인적·사회적·국가적인 내외의 어려움을 극복하기 위함이었다. 즉 태조 왕건은 밀교정신에 입각하여 나라의 기틀을 세운 것이다.

　태조 왕건의 밀교에 입각한 통치이념은 그의 후대 왕들에게도 계승되고 있다. 목종을 비롯한 고려 왕들은 나라의 평화와 백성들의 안녕을 위해 다라니를 불탑에 봉안하기도 하며, 고려대장경에 많은 밀교경전을 넣기도 했다. 특히 불교를 좋아했던 충숙왕은 밀교대장경 130권을 간행할 정도로 밀교에 대한 신앙이 매우 철저했던 왕이기도 하다.

　고려 왕실의 밀교에 대한 신앙은 사찰건립이나 밀교경전의 간행만이 아니다. 그들은 밀교의 의궤(儀軌)에 의한 구체적인 실천도 왕성하게 행하였다. 그들에 의해 실시된 불교의식은 약 80여 종이나 되었다. 그중에서 문두루도량·인왕도량·공작명왕도량·금광명도량·관정도량·만다라도량 등과 같은 순수한 밀교의례가 대부분이었다. 이러한 밀교의식은 역대 왕실을 중심으로 매년, 매월 행해졌다. 밀교신앙이 두터웠던 왕들은 즉위식까지도 관정의례(灌頂儀禮)라고 하는 밀교의식의 전통적 방법에 따라 거행한 경우도 있었다.

　이렇듯 고려는 밀교의 전성기라고 할 수 있다. 전성기를 열어간 밀교의 종파는 신인종(神印宗)과 총지종(總持宗)으로 보인다. 원래 신인종은 신라밀교 중에서 명랑(明朗)의 문두루비법(文豆婁秘法)에서 시작되었다. 이 문두루, 즉 신인비법(神印秘法)은 사회와 국가의 난제를 극복하려는 데 그 목적이 있었다. 반면 신라 혜통으로부터 시작되는 총지종은 개인적인 치병을 비롯한 양재초복(禳災招福)에 목적이 있었다. 신라밀교의 이와 같은 두 흐름은 고려에도 이어져 신인종과 총지종이라는 밀교의 종파로까지 발전했다.

　신인종은 명랑, 안혜·낭융, 광학·대연으로 이어져 왔다. 고려 태조가 현성사를 세운 뒤에 그곳을 바탕으로 신인종이라는 밀교종파가 성립한 것이다. 신인종은 태조 때 세워진 이후 조선조 태종 때까지 계속 유지된 것으로 보인다. 총지종은 신라시대의 혜통, 불가사의, 의림, 현초, 혜일 등과 관련이 깊다. 고려조에 들어와서는 총지종 승려들이 주술을 이용한 치병에 종사한 것으로 추정된다. 총시종도 조선조 태종 때까지 계속 유지되었다.

3-3. 조선조의 밀교

조선조 밀교는 유교를 숭상하고 불교를 억압하는 숭유억불(崇儒抑佛)이라는 정치이념으로 500년 동안 배척당하는 고통을 겪어야 했다. 불교 특히 밀교가 가장 큰 타격을 받은 것은 태종 때이다. 태종은 불교에 주었던 면세의 특전을 없애고 사원노비의 숫자를 줄였다. 그 결과 사원에 속하는 농토도 줄어들 수밖에 없었다. 태종은 이와 같이 대대적으로 사원의 토지·노비에 대한 감축을 시행하면서 불교종단의 통폐합정책도 단행했다. 즉 태종 7년인 1407년에 밀교의 총지종과 신인종이 현교의 남산종(南山宗)과 중도종(中道宗)에 통합되어 총남종(摠南宗)과 중신종(中神宗)이 되었다.

종단 폐합을 단행한 태종은 다라니경이나 진언집 등 밀교 관계 경전을 불살라버렸다. 단지 기우(祈雨)에 필요한 것만 남겨놓았다. 세종도 그 당시까지 시행되던 모든 밀교의례를 없애는 동시에 조계종·천태종·총남종을 합쳐 선종으로 하고, 화엄종·자은종·중신종·시흥종을 합쳐 교종으로 통폐합시켰다. 종래의 7종이 선종과 교종의 양종으로 통합됨과 동시에 사찰의 수나 승려의 수도 감축되었다. 그후 억불은 성종 때에도 계속되었다.

조선조에서 발생한 여러 가지 문제 중에는 유교나 성리학으로 해결할 수 없고 불교에 의지해야 하는 부분도 있었다. 예를 들면 무병장수나 죽은 자에 대한 기원, 그리고 외적의 침략이나 전염병의 만연과 홍수나 한발에 대한 심정적 해결은 불교가 적격이었다. 이런 연유로 지도층들은 비록 표면적으로는 불교를 배척했지만 내면적으로는 불교를 신봉하였다. 억불정책의 태종만 하더라도 한발이나 홍수를 없애기 위한 불교의례를 40여 회나 개최하였다. 병을 고치기 위한 의례와 죽은 선왕들의 명복을 빌기 위한 천도재도 시행했다. 이들 의식은 대부분 밀교적인 의례이다. 위정자들의 이러한 신불(信佛)과 밀교에 대한 의식으로 억불치하에서도 밀교는 그 명맥을 유지하였다. 또한 조선조 태종 때 밀교와 현교가 통합된 후 선종이 불교를 대표하지만, 선종사찰에서 행하는 의례는 대부분 밀교의례였다. 그뿐만 아니라 믿음의 방법도 밀교와 선(禪)이 결합된 부분도 있었다. 예를 들면 밀교경전인 『천수경』이 지금의 현교에서 가장 많이 염송되는데, 이것은 다라니의 염송, 즉 밀교의 구밀을 통한 깨달음과 현교의 염송을 통한 깨달음이 일치되는 것으로 보인다. 이를 보면 밀교가 현교 속에서 살아 숨쉬고 있다는 것을 알 수 있다.

### 3-4. 광복 이후 밀교

전중배는 『회당사상과 밀교』에서 광복 이후 한국의 밀교에 대해 다음과 같이 기술했다.

> 광복이 되면서 밀교종단이 재차 창종되었다. 즉 1947년 회당(悔堂) 손규상(孫珪祥, 1902~1963)에 의해 『금강정경』·『대일경』·『대승장엄보왕경(大乘莊嚴寶王經)』 등을 소의경전으로 하는 대한불교진각종이 만들어지게 된다. 회당은 재가불교의 기치를 내걸고 불상 대신 대일여래의 심인(心印)인 '옴마니반메훔'을 본존으로 모신 밀교에서도 독특한 종단을 창종한 것이다. 이후 진각종에서 분파된 대한불교진언종이 54년에, 불교총지종이 63년에 창종된다. 이들 밀교 종단들이 생기면서 밀

교가 다시 종파화된 것이며, 밀교종단이 생김으로써 누구나 쉽게 밀교에 접근할 수 있게 되었고, 주술적으로 인식되어 오던 것을 교리적으로 체계화시키는 계기가 되었다.

# 제3절 밀교 법통(法統)의 상속

## 1. 밀교 법통의 계보

### 1-1. 밀교에서의 법통상속

불교의 법통상속은 스승과 제자의 관계로 전해진다. 법통상속의 증거물은 스승의 가사와 바리때이다. 6조 대사 혜능(惠能)도 5조 홍인(弘忍)대사가 가사와 바리때를 주면서 "자네를 제6대 조사로 삼겠다. …… 가사는 그 증거로 주는 것이다.……"라 했다. 혜능은 스승 홍인대사의 가사와 바리때를 받아서 법통을 상속받은 것이다. 밀교의 법통상속도 스승과 제자에 의해서 전해진다. 신비주의적인 밀교에서는 스승의 존재는 절대적이다.

특히 후기밀교인 탄트라밀교에서 불교의 불법승(佛法僧) 삼보(三寶)에 스승인 구루(guru)를 더하여 사보(四寶)로 일컫는 것도 그러한 이유이다. 스승 없이는 불법의 전달과 수행은 물론 신비체험도 할 수 없다. 오로지 스승인 구루의 지도와 인도에 의해서만 가능하다. 티베트나 몽고의 밀교를 라마교라고 하는데 라마가 스승을 뜻하는 구루에서 왔다는 것만 보아도 스승의 중요성을 알 수 있다. 통상 밀교에서는 스승을 아사리(阿闍梨 : ācārya)라 한다.

고대 인도에서는 왕위(王位)를 계승할 때 관정의식(灌頂儀式)을 행하였다. 관정의식이란 왕위계승자의 이마에 물을 붓는 것에 의해 왕위의 상

밀교의 관정의식

속이 완료되는 것을 말한다. 밀교에서는 이것을 그대로 차용하여 밀교 법통상속의 의식으로 사용하고 있다. 원래 밀교에서 관정의식의 의미는 병속의 물을 다른 병 속으로 한 방울도 남김없이 옮겨 담는 것을 뜻한다. 즉 스승의 법을 제자에게 그대로 전한다는 의미이다. 이때 문자나 언어로 전해주는 것이 아니라 자격을 갖춘 스승인 아사리와 제자가 서로 대면하여 비법을 전수받는다. 밀교는 신비체험에 기반을 두기 때문이다.

1-2. 밀교 법통상속의 계보

밀교 법통상속의 계보는 일본에 밀교를 전래한 승려들의 기록에 남아 있다. 가장 대표적인 것이 진언밀교(眞言密敎)의 계보와 천태밀교(天台密敎)의 계보이다.

### 1-2-1. 일본 진언밀교의 법통상속

진언밀교에는 두 계통의 상속계보가 있다. 하나는 부법(付法)의 8조(祖)이고 또 하나는 전지(傳持)의 8조(祖)이다. 부법(付法)의 8조(祖)란 아래의 〈표 1-7〉과 같이 대일여래(大日如來)로부터 혜과아사리(惠果阿闍梨)까지의 7조에 구카이(空海)를 더하여 8조가 됨을 말한다.

〈표 1-7〉 부법(付法)의 8조(祖)

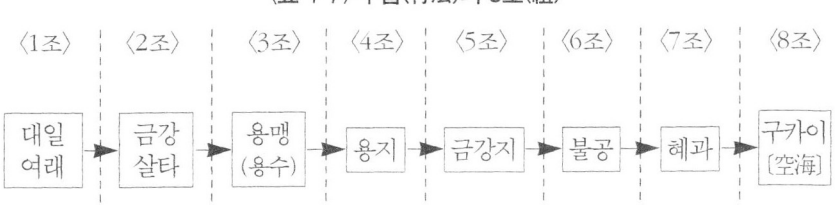

부법(付法)의 8조(祖)는 『금강정경』 즉 금강계밀교 계통이다. 따라서 『대일경』의 태장계 계통은 제외되어 있다. 진언밀교는 금강계와 태장계가 통합된 밀교이므로 부법(付法)의 8조(祖)에 『대일경』 계통을 보완할 필요가 있었다. 이에 따라 만들어진 전지(傳持)의 8조(祖)는 역사상의 인물이 아닌 대일여래(大日如來)와 금강살타(金剛薩埵)를 제외하고 『대일경』을 한역한 선무외(善無畏)와 『대일경』의 주석서인 『대일경소』를 쓴 일행(一行)을 넣어 8조로 한 것이다.

다음의 〈표 1-8〉은 전지의 8조를, 〈표 1-9〉는 신라 밀교승과 전지 8조의 관계를 나타낸 것이다.

### 1-2-2. 천태밀교(天台密敎)의 법통상속

● 금선호수설(金善互授說)

일본 진언종은 『금강정경』의 금강계밀교와 『대일경』의 태장계밀교의

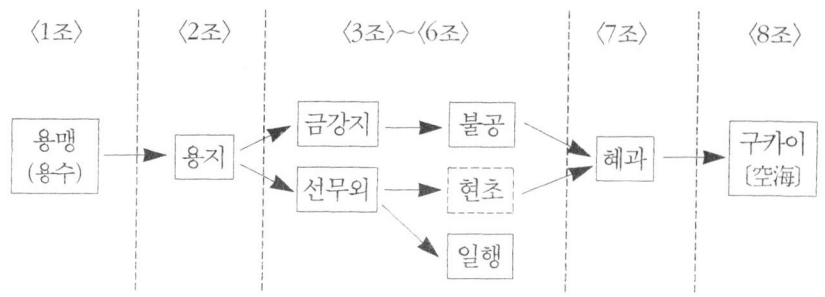

〈표 1-8〉 전지(傳持)의 8조(祖)

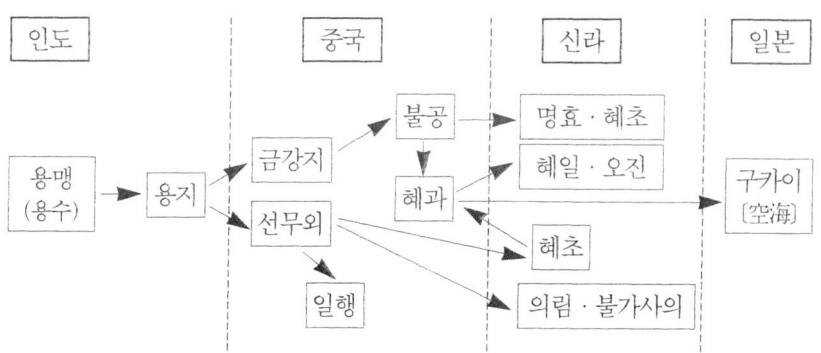

〈표 1-9〉 신라의 밀교승과 전지(傳持) 8조(祖)의 관계

*금강지·선무외·불공은 인도인으로 중국으로 들어가 밀교를 전파함.

법통을 함께 상속받는다. 두 계통은 표리일체(表裏一體)의 관계이기 때문이다. 그러나 천태밀교(天台密敎)에서는 『금강정경』의 계통과 『대일경』의 태장계 계통은 따로따로 상속된다는 것이다. 즉 금강지는 금강계를, 선무외는 태장계를 전하였다. 단지 금강지는 금강계를 선무외에게, 선무외는 태장계를 금강지에게 서로 전했다는 것이 금선호수설(金善互授說)이다. 금선호수설은 834년에 해운(海雲)이 쓴 『부법기(付法記)』에 있다.

다음의 〈표 1-10〉은 금선호수설의 금강계 법통상속도이고, 〈표 1-11〉은 금선호수설의 태장계 법통상속도이며, 〈표 1-12〉는 천태밀교에서 사이쵸[最澄]의 법통상속도이다.

〈표 1-10〉 금선호수설(金善互授說)의 금강계 법통상속도

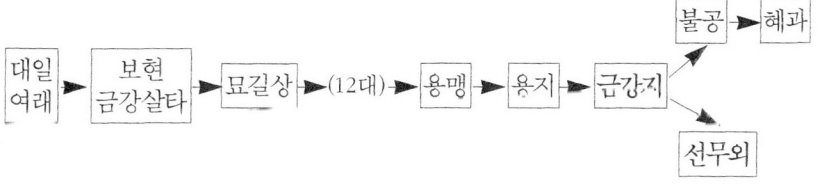

〈표 1-11〉 금선호수설(金善互授說)의 태장계 법통상속도

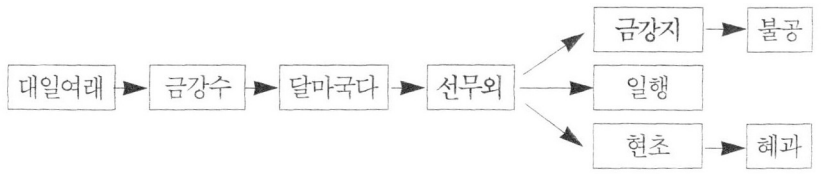

〈표 1-12〉 천태밀교에서 사이쵸[最澄]의 법통상속도

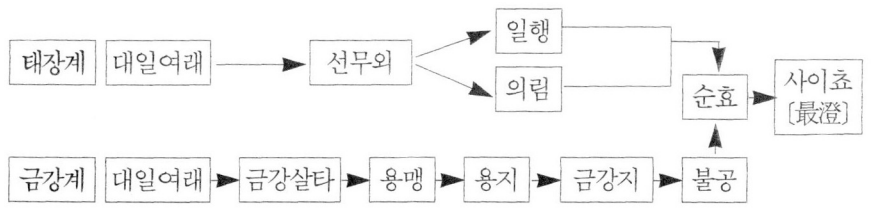

 사이쵸[最澄]의 법통상속도에서 보듯이 금강계의 대일여래에서 불공까지 6조(祖)는 진언밀교와 동일하다. 그러나 태장계는 대일여래에 의해 선무외에게 직접 전해졌다는 것이다. 그리고 일행과 의림을 거친 태장계와 금강계의 불공에 의해 순효(順曉)에서 하나로 합쳐진 후 사이쵸[最澄]에게 법통이 상속된다.

제1장 서론 59

### 1-2-3. 한국밀교의 법통

한국밀교는 조선조 태종 때에 신인종과 총지종이 현교와 통합되면서 사실상 밀교의 법통이 끊어졌다고 볼 수 있다. 그후 1947년에 회당 손규상 대종사(大宗師)가 새로이 진각종을 창종(創宗)했다. 불교 특히 밀교의 법통상속은 스승과 제자에 의해 전해지는 것이 원칙이다. 그러나 대한불교진각종은 회당대종사가 스스로 깨달음을 얻어 창종했다. 또 진언종과 총지종의 창종주도 회당의 제자였다. 대한불교진각종 혜정(惠淨)은 다음과 같이 말한다.

> 진각종의 창종주 회당대종사께서는 흥왕하던 밀교의 법맥이 끊어진지 오래되었으되 그 자취를 찾을 길이 없게 되었다. 그래서 스스로 육자심인(六字心印)의 묘득을 증득하였다. 즉 법신 비로자나불로부터 금강살타를 거쳐 용수보살로 이어지는 심인정법(心印正法)인 밀교법을 농림촌에서 육자진언을 염송하는 100일 정진 중에 전수받게 된 것이다. 이로써 한국에서 그 맥이 끊어진 밀법(密法)을 회당대종사께서 새롭게 잇게 된 것이다.

### 2. 법통상속자들의 개요

밀교법통의 상속은 크게 세 부분으로 나누어 볼 수 있다. 첫 단계는 비로자나불과 금강살타이다. 이들은 진리의 구현자이다. 이분들은 역사적 인물이 아니다. 두 번째는 구현된 밀교의 진리가 인도에서 상속되는 단계이다. 세 번째는 금강지와 선무외에 의해 인도에서 중국으로 밀교가 전달되면서 상속되는 단계이다.

2-1. 교리상의 법통상속(진리의 구현자)

2-1-1. 비로자나불
우주적 원리를 인격화한 것으로 밀교의 교주이며 설법자이다.

2-1-2. 금강살타(金剛薩埵)
밀교의 금강살타(金剛薩埵)는 현교(顯教)의 보리살타(菩提薩埵), 즉 보살(菩薩)과 대비되는 말이다. 현교에서 보리(菩提)는 '깨달은 것'을, 살타(薩埵)는 '중생'을 의미하므로 보리살타(菩提薩埵)는 '깨달은 중생'의 뜻이다. 밀교에서 금강은 진리 또는 실존(實存)을 의미한다. sattva(사트바)의 음역인 살타(薩埵)는 현교와 동일하게 중생을 뜻한다. 그러므로 금강살타란 비로자나불의 진리설법인 금강으로 관정을 받은 중생이다. 즉 비로자나불의 법을 받은 분이다. 따라서 밀교의 제2조(祖)가 되나 실존하는 인물은 아니다.

밀교의 법통상속은 현교처럼 역사상의 인물인 석가모니불의 가르침을 스승이 그 제자에게 전달하는 형식이 아니다. 진리 그 자체의 인격화인 비

비로자나불

금강살타

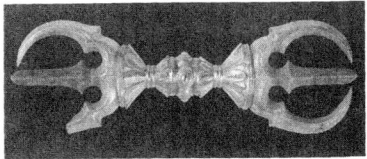

금강저

제1장 서론 61

보현금강살타

로자나불의 가르침이 현재의 우리들에게 전해지기 위해서는 용맹(용수)·용지·금강지·선무외·불공 등의 실존하는 인물이 필요하다. 이때 진리 자체인 비로자나불과 역사상의 인물인 용맹(용수)을 연결하는 분이 금강살타이다. 따라서 금강살타는 가상적인 인물이다.

2-1-3. 금강수(金剛手)

일반적으로 금강살타와 금강수는 같은 성격의 보살이다. 단지 등장하는 경전이 다르다. 즉 금강살타는 『금강정경』의 금강계밀교, 금강수는 『대일경』의 태장계밀교의 보살이다. 또 『대일경』에서 손에 금강저(金剛杵)를 든 것을 집금강(執金剛)이라 한다. 집금강 중에서 금강수는 대표격이다.

2-1-4. 보현금강살타(普賢金剛薩埵)

『대일경』에서는 보현보살과 금강수보살을 다른 존상(尊像)으로 표현하였다. 즉 보현보살은 모든 보살을 대표하고, 금강수보살은 여러 집금강보살을 대표한다. 그러나 『금강정경』에서는 보현보살의 지위가 상승하여 금강살타와 동체(同體)로 취급했다. 『금강정경』에서 보리심을 상징하는 존상인 보현보살이 설법의 주체가 된다. 이 경우 보현보살은 대일여래와 동격이다. 그 이유는 보현(普賢)의 보(普)는 일체세간 중에 보편적으로 존재하고 또 보리심을 상징하는데, 이는 바로 법신 대일여래와 성격이 일치하기 때문이다.

### 2-2. 교리상의 개조와 실존자의 중간자적 법통상속(인도에서의 법통상속)

#### 2-2-1. 용맹보살(龍猛菩薩) 또는 용수보살(龍樹菩薩)

● 세3소 용맹보살과 제4조 용지보살(龍智菩薩)의 의미

  인도에서는 불교와 힌두교의 신비주의적·의례적·주술적인 요소가 대승불교 중의 밀교에서 승화 발전하였다. 이렇게 밀교가 일어남으로써 특정의 교조(教祖)라 할 수 있는 역사적인 인물이 없다. 그러나 일본에서는 밀교가 진언종이라든가 천태종이라는 종파가 성립되면서 그 개조(開祖)가 필요하였다. 따라서 대일여래나 금강살타와 같은 교의상(教義上)의 개조보다도 역사상의 인물을 원하게 된 것이다. 그래서 인도에서 밀교를 대성한 사람을 찾았는데 그분이 용맹보살(龍猛菩薩) 또는 용수보살(龍樹菩薩)이다. 이분은 밀교의 제3조(祖)인 동시에 실제적인 개조이다. 그리고 밀교의 제4조는 용지보살이다.

  밀교의 제5조는 금강지(金剛智)이다. 금강지는 8세기에 활동한 역사상의 확실한 인물이다. 그러나 제3조인 용맹 또는 용수보살은 3세기의 인물이다. 그 중간에 용지보살이 있으나 3조와 5조의 시간적인 차이는 약 500년이다. 이것은 교의상의 교조인 대일여래·금강살타와 역사적 인물인 금강지를 연결하는 것으로만 생각할 수 있다. 따라서 용맹과 용지는 실존성과 함께 신화적·종교적인 성격을 띠고 있다. 밀교의 상속자들 중에서 용수와 용지에게만 보살이라는 호칭을 붙인다. 이것도 신비적인 의미인 보살을 사용함으로써 신화적·종교적인 상징성을 내포하기 위함이다.

용맹 또는 용수보살

● 용맹(龍猛)과 용수(龍樹)

용맹과 용수는 같은 사람으로 본다. 그 이유는 그의 본이름인 나가르쥬나(Nāgārjuna)를 의역(意譯)하는 데서 생겼다. 나가(Nāgā)는 뱀인 코브라, 즉 용(龍)이다. 아르쥬나(arjuna)는 백색(白色)·공작(孔雀)·나무의 이름〔樹〕·서사시의 영웅의 이름〔猛〕등의 의미가 있다. 즉 용맹(龍猛)은 용(龍) 과 영웅의 이름〔猛〕으로, 용수(龍樹) 는 용(龍)과 나무의 이름〔樹〕으로 의역한 것이다.

● 용수(龍樹)에 관한 기록

용수에 관한 기록 중에서는 4, 5세기에 활약한 구마라집(鳩摩羅什)이 쓴 『용수보살전』이 대표적이다. 그 자료에 다음과 같은 내용이 있다.

> 용수는 남인도의 바라문의 아들로 태어나 어릴 때부터 바라문의 학문을 기본으로 여러 분야를 공부하였다. …… 청년이 되어 친구 세 사람과 은신의 술법으로 왕궁에 들어가 여관(女官)을 범하였다. 이것이 발각되어 용수만이 살아남았다. 그후 정욕이 고통의 근원임을 깨달아 출가하여 계를 받았다. 90일간 소승경전을 모두 읽고 히말라야산 중의 불탑에서 한 사람의 노승으로부터 대승경전을 받았으나 그 의미를 잘 알지 못하였다. 그후 대룡보살이 해저의 용궁으로 데리고 들어갔다. 거기서 대승의 경전을 받아서 90일간 공부하여 처음으로 대승의 깊은 뜻을 알았다. …… 용수가 이 세상을 떠난 지 100년이 지났어도 남인도에서는 그의 사당〔廟〕을 세우고 부처와 같이 숭배했다.

또 구카이(空海)가 쓴 『부법전(付法傳)』에 남인도(南天)의 철탑(鐵塔)에 관한 내용이 다음과 같이 기술되어 있다.

> 위에는 사왕(四王)의 자재처(自在處)에 놀며, 아래는 바다 속의 용궁으로 들어가 일체의 법문을 송지(誦持)했다. 그후 남인도(南天)의 철탑 속으로 들어가 친히 금강살타로부터 관정(灌頂)을 받았으며, 비밀쇠상의 만다라교(曼茶羅敎=밀교)를 송지하여 인간에게 전했다.

● 용수에 의한 용궁과 철탑설화의 의미

용궁에 비장된 대승불교 경전을 용수가 처음으로 전수받았다. 또 남인도(南天) 철탑에서 금강살타로부터 밀교의 경전을 용수가 처음으로 받아서 인간에게 전했다. 여기서 용궁설화의 의미는 대승경전은 사실상 석가모니의 설법과 관련이 없다는 설(大乘佛敎非佛說)을 부정하는 것이다. 즉 용궁의 설화를 통해 석가모니불이 설한 후 비장(秘藏)된 대승경전을 용수

남천축의 철탑이 있었던 장소로 비정되는 아마라바티(Amaravatī)

보살이 처음으로 그 의미를 이해했다는 것을 상징으로 나타냈다. 즉 대승경전도 석가모니불이 설했다는 뜻이다.

또 용수보살이 남인도〔南天〕의 철탑에서 금강살타로부터 밀교를 전수받았다. 밀교가 현실의 인물이 아닌 금강살타로부터 실존하는 인간에게 전달되기 위해서는 현실의 탑으로도, 공상의 탑으로도 이해될 수 있는 중간적인 매개가 필요하다. 결국 철탑이란 교의상(敎義上)의 개조(開祖)인 금강살타와 역사상의 인물인 용수를 연결하는 매개물의 상징인 것이다.

● 용수와 밀교의 관계

제2부처라고 불리는 용수보살은 밀교뿐만 아니라 대승불교의 모든 종파의 중흥조(中興祖)이며, 법맥의 중간 상속자이다. 이러한 용수가 과연 밀교를 설하여 밀교의 제3조가 되었는가는 의문스럽다. 사실상 용수가 지은 밀교경전이나 논서가 발견된 것은 없다. 단지 용수의 대표작인 『대지도론』에서 불교는 현교와 밀교가 있다고 했다. 또 용수는 중관불교(中觀佛敎)를 대표한다. 중관불교를 발전시킨 것이 밀교의 『대일경』이다. 따라서 용수는 밀교와 직접적인 관련은 없으나 밀교의 시발점은 되었다고 보는 것이다.

● 용수(龍樹)의 의미는 무엇인가

용수가 살았던 시기에 용수를 후원한 종족은 나가〔龍〕족이었다. 나가족은 나가, 즉 용(龍)을 숭배하는 종족이다. 우리의 옛말에 용(龍)을 '미르'라고 풀이하고 있는데 '미르'는 물을 뜻한다. 결국 용은 물을 상징한다. 농경생활을 하는 나가족에서 나가, 즉 용을 숭배한다는 의미는 물이 가장 중요하다는 것을 뜻한다. 밀교의 주법(呪法) 중에 용을 구사하여 비가 오기를 기원하는 기우제도 이러한 인도 원주민이 숭배한 나가〔龍〕와 관계가 있다.

용수(龍樹)에서 수(樹)는 나무를 의미한다. 나무는 산치대탑에서 나무의 정령(精靈)인 야쿠시의 풍만한 육체가 보여주듯이 생명력과 생산성을 상징한다. 또 수목(樹)은 가을에 죽고 봄에 다시 태어나는 탄생과 부활을 뜻한다. 이것은 종교적으로 깨달음을 의미한다.

깨달음을 상징하는 수목(樹)은 그것을 기르는 물(龍)이 있어야만 한다. 이것을 상징하는 것이 용수(龍樹)이다. 결국 용수란 '깨달았다'는 일반명사일 수 있다. 그러므

산치대탑에 조각된 나무의 정령 야쿠시

로 용수나 미륵계 경전에 나오는 용화수(龍華樹)는 다 같이 깨달음을 뜻하는 것으로 볼 수 있다. 용수라는 이름을 가진 불교의 승려들이 한두 사람이 아니라 매우 많이 있는 이유도 여기에 있다고 생각된다.

### 2-2-2. 용지보살(龍智菩薩)

용수의 제자로는 데바(提婆) · 난다(難陀) · 나가보디(Nāgabodhi : 龍智) 등이 있다. 나가보디, 즉 용지보살이 확실하게 용맹보살로부터 밀교를 상속받았다는 기록은 불공(不空)이 번역한 『37존출생의(三七尊出生義)』이다. 일본의 진언종(眞言宗)에서 이 설을 이어받은 것이다. 자료들에 의하면 대략 다음과 같다.

용지보살은 용수보살의 제자로서 수백 년 동안 살았다. 그는 남인도에 살면서 밀교의 여러 경전과 밀교의 비법에 정통하였다. 이러한 모든

용지보살

것을 금강지삼장에게 전수하였다.

용지보살이 수백 년 살았다고 한 것은 3세기의 용수와 7, 8세기의 금강지를 연결하기 위해서이다. 용수로부터 용지로 이어지는 법통상속은 스승과 제자로서 직접 전한 것이 아니라 그의 사상을 계승했다고 보는 것이 합리적이라고 볼 수 있다. 밀교에서는 비밀스럽게 불법을 전달하기도 하고 가지·계시로도 전달할 수 있다. 즉 밀교의 법통상속은 반드시 시간적으로 연결된 스승과 제자에 의하지 않고 가지(加持)·계시(啓示)라는 종교체험의 매개를 통해서도 가능하다는 것이다.

2-3. 실존인물의 법통상속(중국에서의 법통상속)

2-3-1. 『금강정경』 계통

● 금강지삼장(金剛智三藏, 671~741)

금강지(金剛智)는 산스크리트어인 빠즈라보디(Vajira-bodhi)를 의역한 것이다. 즉 빠즈라(Vajira)는 가장 단단한 금강석(金剛石)을 의미하고 보디(bodhi)는 깨달음을 뜻하므로 지혜〔智〕로 의역했다. 삼장(三藏)이란 원래 경장(經藏)·율장(律藏)·논장(論藏)의 삼장(三藏)에 통달한 승려를 지칭한다. 밀교에서의 삼장이란 삼장에 능통함과 동시에 밀교의 스승인 아사리(阿闍梨)를 의미한다.

금강지는 남인도에서 브라만의 아들로 태어났다. 중인도의 이사나발마왕의 셋째 아들로 태어났다는 설도 있다. 그는 10세 때 나란다대학에 출가하여 적정지(寂靜智)에게 학문을 배웠다. 그후 율·중관·유식에 관한 학문을 닦았다. 31세 때 남인도에서 용지로부터 밀교를 배운 뒤 관정(灌頂)을 받고, 밀교 제5조가 되었다. 밀교의 상속자가 된 금강지는 보타락가산에서 관음보살의 계시를 받

금강지삼장

고, 8인의 제자와 함께 스리랑카를 거쳐 중국으로 들어왔다.

스리랑카를 떠난 금강지는 수마트라에 도착하여 국왕의 환대를 받으며 5개월간 머무른 뒤 중국으로 출항했다. 그들은 3년간의 무수한 어려움을 극복하고 중국의 광주(廣州)지역에 도착했다. 드디어 719년에 수도인 장안에 도착하여 자은사(慈恩寺)를 거쳐 천복사(薦福寺)에서 밀교의식을 위한 도량을 만들었다. 그가 적극적으로 밀교를 전파하니 일행(一行)·불공(佛空) 등이 그의 제자가 되었다.

금강지가 중국으로 올 때 동중국해에서 폭풍우를 만났다. 이때 배를 가볍게 하기 위해 금강지가 가지고 오던 10만 송(頌)의 방대한 분량의 『금강정경』을 무지한 뱃사공이 바다에 버려서 일부분만 남았다. 이것을 번역하였으니 『금강정유가중략출염송법(金剛頂瑜伽中略出念誦法)』 4권·『금강정경만수실리보살오자심다라니품(金剛頂經曼殊室利菩薩五字心陀羅尼品)』·『금강정경유가수습비로자나삼마지법(金剛頂經瑜伽修習毘盧遮那三摩地法)』·『대비심다라니주법(大悲心陀羅尼呪法)』 등이다.

금강지는 『금강정경』을 최초로 중국으로 가져와 번역하였으며 제자인

금강지·선무외가 학문을 닦은 나란다대학의 유적

불공에게 밀교를 법통상속하고 나서 741년에 허락을 얻어 인도로 돌아가려 했으나 낙양의 광복사(廣福寺)에서 입적했다.

다음의 〈그림 1-2〉는 금강지와 선무외가 중국으로 들어온 길을 나타낸 것이다.

● 불공삼장(佛空三藏, 705~774)

불공(佛空)은 산스크리트어 아모가(Amogha)의 의역이다. 불공삼장은 북인도의 브라만의 가정에서 태어나 10세 때 그의 숙부를 따라 중국의 감숙성으로 들어왔다. 14세 때부터 장안에서 금강지에게 학문을 배웠다. 스승인 금강지가 입적한 후에는 그의 유언에 따라 스리랑카와 인도로 갔다. 부족한 『금강정경』 계통의 밀교 자료 입수를 위한 것으로 추정된다. 필요한 자료를 수집한 불공은 746년에 다시 중국으로 돌아왔다.

금강지와 선무외에 의해 인도에서 중기밀교가 도입된 이후 중국에서의

← 선부외는 이런 모습으로 갔을까?

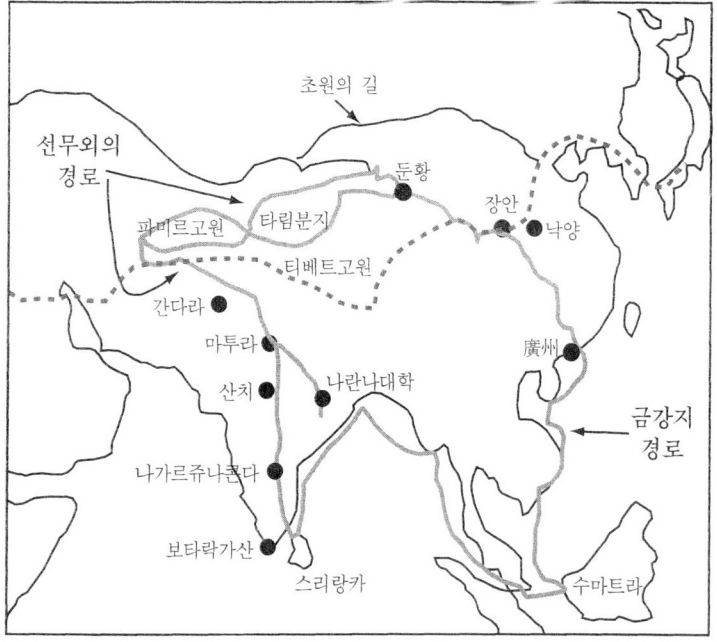

〈그림 1-2〉 금강지와 선무외가 중국으로 들어온 길

페르시아만으로부터 광주(廣州)
사이를 왕래했던 다우선 →

불공삼장

밀교전파는 불공에 의해 이루어졌다. 불공은 구마라집과 현장법사와 더불어 중국의 삼대(三大) 번역가로 꼽힐 만큼 그의 밀교경전 번역은 왕성하였다. 그가 번역한 경전은 인도에서 746년에 새로 가지고 온 것으로 『금강정일체여래진실섭대승현증대교왕경(金剛頂一切如來眞實攝大乘現證大敎王經)』을 비롯한 110부 143권이다.

당나라에서 왕실이나 귀족들의 종교에 대한 관심은 불교나 도교를 불문하고 현세이익을 추구하는 것이었다. 따라서 그들은 주술적인 기능을 원하였다. 이로 인해 불교교단은 귀족과 결탁하여 스스로 타락의 길로 들어섰다. 이에 현종(玄宗)은 불교와 정치의 유착을 제거하고자 714년에 불교금지령을 내렸다. 이것은 불교를 금지하는 것이 아니라 왕실의 권력을 강화하는 것이 주목적이었다. 권력 강화라는 현세이익은 불교를 대신한 밀교가 적합하였다. 이에 따라 금강지와 선무외가 중용되었으며, 금강지를 이어받은 불공은 현종(玄宗) · 숙종(肅宗) · 대종(代宗)의 3대에 걸쳐 밀교를 당나라에 정착시켰다.

중앙집권적인 국가체제를 강화하기 위한 조치에 불교, 즉 밀교도 영합했다. 8세기 이후에 번역된 밀교경전에 호국사상이 들어가는 것도 이러한 경향을 반영한 것이다. 불공에 이르러 호국에 관한 조직적인 밀교경전의 사상적 배경으로 밀교는 확고한 기반을 잡았다. 호국경전의 대표격인 『인왕경(仁王經)』을 765년에 불공이 다시 번역하여 조정에 진상하고 강론하기도 했다. 특히 안록산의 난이 일어난 현종 때부터 3대에 걸친 황제의 시대에 역적을 진압하는 불공의 주술적인 기능은 당나라에 지대한 영향을 끼쳤다.

　불공삼장은 단순히 밀교를 중국에 전달하고 경전을 번역만 한 것이 아니다. 명석한 두뇌, 기민한 행동, 그리고 주술적인 능력으로 황제를 비롯한 귀족들의 두터운 신임으로 밀교를 국가불교의 지위로 올리는 데 성공했다. 774년 70세의 불공은 불멸의 업적을 뒤로하고 입적했다. 그의 가장 뛰어난 제자로는 숭복사의 혜랑(慧朗), 청룡사의 혜과, 신라의 혜초, 금각사(金閣寺)의 함광(含光), 보수사(保壽寺)의 원교(元皎) 등이 있다.

## 2-3-2. 『대일경』 계통

● 선무외삼장(善無畏三藏, 637~735)

　선무외는 산스크리트어인 슈바카라심하(Śubhakarasiṃha)를 의역한 것이다. 즉 슈바카라(Śubhakara)는 선(善)하다는 뜻이며, 심하(siṃha)는 사자(獅子)이다. 사자는 두려움이 없는 맹수이므로, 두려움이 없다는 뜻인 무외(無畏)로 의역했다.

　선무외는 동인도의 오릿사국의 왕자로 태어났다(중인도의 마가다국이라는 설도 있음). 그는 13세 때 왕위를 계승했으나 형제들이 반란을 일으켰다. 반란을 진압한 뒤 반란을 일으킨 형에게 왕위를 양위하고 출가하여 나란다사의 달마국다(達磨鞠多)를 스승으로 삼아 밀교를 전수받았다. 현장법사의 전기에 의하면 달마국다는 30세의 얼굴 모습이나 실제는 700세라고 묘사하였다. 이러한 내용은 용맹보살의 제자 용지보살이 몇 백 년 살았다는 것과 같다. 그래서 용지보살과 달마국다가 동일인물이라는 설이 있기도 하다. 이렇게 되면 선무외삼장은 용지보살의 제자로 금강지삼장과 동문이 될 수 있다.

　선무외는 달마국다로부터 밀교에 관한 모든 학문을 배우고 관정을 받았다. 이로써 선무외는 금강지처럼 『대일경』 계통에 있어 신화상의 교조

선무외삼장

인 달마국다로부터 실존인물로서 교조를 이어받았다. 그는 달마국다의 권고에 따라 나란다대학을 출발하여 간다라지방을 통과하고 중앙아시아로 가서 비단길을 따라 중국으로 들어갔다. 불경을 낙타에 싣고 사막을 넘는 고통을 참아가며 밀교 전파를 위해 중국으로 간 선무외는 716년에 장안에 도착했다.

처음에는 홍복사(興福寺)에 있었으나 칙명에 의해 서명사(西明寺)에 머물면서 번역을 시작했다. 번역서로는 밀교의 근본경전인『대비로자나성불신변가지경(大毘盧遮那成佛神變加持經)』, 즉『대일경』7권을 비롯한『허공장구문지경(虛空藏求聞持經)』등을 번역했다. 그가 번역한『대일경』은 10만송(頌)이라는 방대한 경전이었다. 그러므로『대일경』은 광본(廣本)인 10만송(頌)을 발췌했다고『개원록(開元錄)』에 기록되어 있다. 그러나 광본의 존재는 사실상 의심스러우며, 신앙상으로 전해지고 있다는 것이 통설이다.

선무외는 732년에 고국으로 돌아가려 했으나 황제가 허락하지 않았다. 그 3년 뒤인 735년에 99세의 나이로 입적했다.

● 일행 선사(一行禪師, 673~727)

금강지 · 불공 · 선무외는 직접 인도에서 밀교를 도입한 승려들이다. 선무외에게서 밀교를 배운 일행선사는 중국에서 태어나 중국불교를 기반으로 새롭게 전래된 밀교를 받아들여 적극적으로 중국화시켰다.

일행선사는 하북성 출신으로 북종선(北宗禪)인 신수(神秀)의 법을 이은 숭산(崇山)의 보적(普寂)으로부터 선(禪)의 학문을 배웠다. 보적은 북종선의 제7조이다. 그의 호칭이 선사(禪師)인 것도 선종에서 출가함을 의미한다. 그후 계율과 천태의 경전을 깊이 있게 공부하였을 뿐만 아니라 도교·음양학·천문 등에도 능통했고 금강지삼장에게서 『금강정경』계통을, 선무외삼장에게서 『대일경』계통의 밀교를 배웠다. 특히 선무외와 함께 『대일경』을 번역

일행선사

하기도 했으며, 『대일경소(大日經疏)』를 저술함으로써 『대일경』계통의 전문가로 인정 받았다. 그러나 그가 저술한 『대일경소』에 『금강정경』의 뜻뿐만 아니라 천태사상과 선사상도 들어간 것을 보면 불교의 여러 경전에 통달한 것으로 보인다.

그가 저술한 『대일경소』의 다음과 같은 글에서 그의 사상적 추이를 볼 수 있다.

…… 제법실상(諸法實相)이란 마음의 실상을 말한다. 마음의 실상이란 깨달음을 뜻한다. …… 세존은 우선 모든 번뇌의 더러움을 맑게 하고 …… 중생들을 위해서 즉심(卽心)의 인(印)을 설한다. …… 인간의 육신은 물보라나 거품 등과 같이 실체를 가지지 않는다. 스스로 본질을 구해도 손에 넣을 수도 없다. 하물며 마음은 말할 필요도 없다. …… 모든 것은 인연에서 생기는 것임을 알 수 있다. 따라서 즉공(卽空)·즉가(卽假)·즉중(卽中)이며, 잘못된 의론(議論)·인식을 떠나서 본불생(本不生)의 세계에 도달한다. 본불생의 세계란 자성청정심(自性淸淨心)이

다. 자성청정심이란 아자문(阿字門)이다. ……

이 글에서 즉공(卽空)·즉가(卽假)·즉중(卽中)은 천태교학의 진리관이며, 마음의 실상, 즉심(卽心) 등은 선사상에 가까운 말이다. 이런 것을 보면 일행선사는 북종선에서 천태로, 천태에서 밀교로 옮겨갔음을 엿볼 수 있다.

금강지와 선무외가 중기밀교를 인도에서 도입했다면 불공과 일행선사는 밀교를 중국에 정착시킨 인물로 평가받는다. 금강지·선무외·불공삼장이 전부 인도인들이었으나 일행선사만이 중국인이었다. 특히 그는 중국전통의 모든 사상에 조예가 깊어 밀교를 중국인의 사상과 접목을 시키는 데 가장 큰 기여를 했다. 일행선사는 단명하여 금강지나 선무외보다 일찍 입적했으므로 스승들의 업적을 계승·발전시켰다고 말할 수 없다. 또 일행선사를 이을 제자도 없었다. 그러나 단기간에 이룩한 업적이 뛰어나 그가 입적하자 현종이 직접 그의 비명(碑銘)을 쓸 정도였다.

### 2-3-3. 『금강정경』과 『대일경』계통을 합한 법통상속

● 혜과화상(惠果和尙, 746~805)

장안에서 태어난 혜과의 스승은 불공삼장이다. 17세 때 불공을 만나 학문을 배웠으며, 19세 때 불공삼장으로부터 관정(灌頂)을 받았다. 원래 불공은 제자가 많았다. 황제와 귀족을 비롯하여 관정을 받은 사람만 해도 수천 명에 이른다. 많은 제자 중에서 가장 뛰어난 제자는 혜과를 비롯한 여섯 명이다. 그중에서 숭복사의 혜랑(慧郞)이 첫째로 꼽히는데, 그는 불공의 뒤를 이어 7조라고도 한다. 그러나 일본의 진언밀교에서는 불공이 입적할 때 29세였던 혜과를 7조로 하고 있다.

혜과화상은 22세 때 불공삼장으로부터 『금강정경』계통의 밀교를 배웠다. 이어서 선무외삼장의 제자였던 신라인인 현초화상(玄超和尙)으로부터『대일경』계통의 밀교를 전수받았다. 이로써『금강정경』과『대일경』계통을 합한 법통상속이 이루어졌다.

775년에 청룡사동탑원(青龍寺東塔院)을 하사받고는 이를 근거로 중국의 많은 승려들을 길러냈으며, 신라의 혜일(惠日)·오진(悟眞)과 일본의 구카이(空海) 등의 뛰어난 제자들을 양성하여 금강지와 불공의 밀교를 동아시아에 전파하는 데 지대한 공헌을 했다.

혜과화상

청룡사(青龍寺)

# 제2장 밀교의 교판론(教判論)

## 제1절 교판(教判)의 발생과 밀교의 성립

### 1. 교판의 의의

　중국불교의 가장 큰 특징은 격의불교(格義佛敎)와 종파불교(宗派佛敎)이다. 격의불교란 인도에서 처음 들어온 불교가 중국인에게는 생소한 것인 만큼 이것을 중국인이 쉽게 알 수 있는 언어로 연관시켜 이해하는 것을 말한다. 예를 들면 중국인들은 불교가 처음 소개되었을 때 연기(緣起), 즉 공(空)사상을 이해할 수 없었다. 그래서 그들이 쉽게 이해할 수 있도록 공(空)을 중국의 전통사상인 도교의 무(無)로 설명하였다. 이와 같은 것을 격의불교(格義佛敎)라 한다.
　또 하나의 특징은 종파불교이다. 종파불교는 교판에서부터 출발한다. 교판이란 교상판석(教相判釋)을 줄인 말이다. 즉 모든 교리(教理)의 내용을 분류하거나 분석하고 비판하여 교리의 우수와 열등, 깊고 얕음을 구분하는 것을 말한다. 다시 말하면 자기가 구극이라고 확신을 갖는 교학으로 종파를 세우고 그 종파의 입장에 서서 다른 종파의 교학을 비판하는 것이 교판의 근본 의미이다. 이러한 교판에 의해 중국불교를 삼론종·천태종·화엄종·법상종 등으로 나누는 것이다.

원래 석가모니불이 설법한 불법에는 우열천심(優劣淺深)이 없다. 그러나 사람의 지능은 높고 낮음이 있으며 성실함과 그렇지 못한 경우가 있다. 즉 근기(根機)가 사람마다 다르다. 근기가 다른 사람을 위해서는 방편설법이 필요하다. 여기서 방편의 설법이란 중생들의 근기가 낮으면 쉬운 경전으로, 근기가 높으면 구극의 경전으로 설법하는 것을 말한다. 또한 근기뿐만 아니라 설법을 한 시기에 따라서도 내용이 다르다.

이러한 경전들이 기원 전후로 한꺼번에 한나라에 들어오기 시작해서 2세기 때부터 본격적인 번역이 시작되었다. 이 시대의 대표적인 번역승은 안세고(安世高)와 지루가참(支婁迦讖)이다. 안세고는 안식 출신으로 147년에 중국으로 들어와 『전법륜경(轉法輪經)』·『사제경(四諦經)』 등 근본경전 40권을 번역했다. 지루가참은 월씨 출신으로 150년에 중국으로 와서 『수능엄경(首楞嚴經)』·『반주삼매경(般舟三昧經)』 등 대승경전 27권을 번역했다.

안세고와 지루가참이 번역한 경전들은 근본경전(根本經典)과 대승경전이어서 내용에 많은 차이가 있다. 또 인도에서 성립된 경전이 시기와 관계없이 무작위(無作爲)로 중국에 도입되어, 경전의 성립순서나 상호관련과는 관계없이 번역되었다. 이 때문에 중국인들은 어리둥절함과 의혹을 느꼈을 것이다. 그래서 그들은 어떤 경전이 구극(究極)의 진리를 설하는 것이고 어떤 경전이 방편인가를 판정하고 해석하려 했다. 또 방편을 설하는 경전도 우열천심에 따라 체계적으로 이해하고자 했다. 즉 교상판석(敎相判釋)을 시작하게 되었다.

중국에서 교판을 제시한 학자와 승려들은 20여 명이나 된다. 그중에서 혜관(慧觀)·유규(劉叫)·담란(曇鸞)·길장(吉藏)·지의(智顗)·법장(法藏) 등의 교판이 가장 유명하다. 이들은 여래(如來) 출생의 근본 의미와 부처가 깨달은 내용이 무엇인가를 연구하였다. 그리고 발견된 원리를 근거로 불교사상의 체계를 구축했다. 그 체계의 정점에 그들이 구극의 불전

(佛典)이라고 주장하는 경전을 배치했다. 즉 혜관은 『화엄경』과 『열반경』을, 유규는 『법화경』과 『열반경』을, 담란은 『관무량수경』을, 길장은 『화엄경』과 『법화경』을, 지의는 『법화경』을, 법장은 『화엄경』이 최고의 경전이라 했다. 이러한 교판에 따라 종파가 성립되었다.

예를 들면 길장의 교판에 의해 삼론종(三論宗)이 성립했고, 담란의 교판에 의해 정토종(淨土宗)이 세워졌다. 또 지의에 의해 설립된 5시8교(五時八敎)의 교판으로 천태종(天台宗)이, 법장에 의해 세워진 5교10종(五敎十宗) 교판으로 화엄종(華嚴宗)이 성립했다. 또 밀교의 대표적 교판은 구카이[空海]의 십주심교판(十住心敎判)이다. 이러한 교판은 종파 성립의 기초작업인 동시에 반드시 필요한 조건이기도 하다.

위의 내용을 아래의 〈표 2-1〉에 요약했다.

〈표 2-1〉 교판의 발생 원인과 그 결과

| 발생 원인 | 결과 | 대표적 교판 |
| --- | --- | --- |
| *인도경전 : 듣는 사람의 근기와 상황에 따라 설함 → 비체계적<br>• 인도경전이 동시에 중국 전래 → 중국인들 혼란<br>• 모든 경전을 우열천심에 따라 체계화할 필요성 대두 | • 체계적인 불법의 이해와 수행의 기준 확립<br>• 개인별 가치판단에 따른 분별로 교단의 갈등과 분열 → 종파 발생<br>*교판은 종파 설립의 기초작업이며, 각 종파의 필수 불가결한 기본 입장 | • 현교(顯敎)<br>- 천태종의 5시8교 교판<br>- 화엄종의 5교10종 교판<br>• 밀교(密敎)<br>- 현밀이교판<br>- 십주심교판 |

## 2. 현교의 대표적인 교판 : 천태대사 지의(智顗)의 5시8교 교판

### 2-1. 화의4교(化儀四敎)와 화법4교(化法四敎)의 8교(八敎)

여러 교판 중에서 수나라의 천태 지자대사 지의(智顗, 538~597)와 가상대사 길장(吉藏, 549~623)의 교판이 대표적이다. 이들의 교판을 대부분의 중국 불교계가 받아들이면서 이후의 불교는 거의 이 교판을 따르게 된다. 특히 지의의 설을 기원으로 하는 5시8교(五時八敎)의 교판은 천태종의 융성을 가져옴과 동시에 중국불교 전체에 널리 수용되었으며, 이를 그대로 도입한 한국·일본불교에서도 5시8교는 부동의 기본 교판이 되었다. 5시8교 교판의 기원은 지의가 설한 '오중현의(五重玄義)'이다. 이것을 고려의 체관(諦觀)이 정리한 것이 『체관록(諦觀錄)』이라고도 하는 『천태사교의(天台四敎義)』이다. 이것이 중국을 비롯해 한국과 일본에 널리 보급된 것이다.

5시8교(五時八敎)는 먼저 8교(八敎)에서부터 시작된다. 8교는 화의4교(化儀四敎)와 화법4교(化法四敎)를 합한 것이다. 화의4교란 돈교(頓敎)·점교(漸敎)·부정교(不定敎)·비밀교(秘密敎)를 말하며, 화법4교란 장교(藏敎)·통교(通敎)·별교(別敎)·원교(圓敎)를 말한다.

화의4교(化儀四敎)는 혜관(慧觀)의 교판에서부터 출발한다. 혜관은 불교 전체를 돈교(頓敎)와 점교(漸敎)로 나누었다. 그후에 부정교(不定敎)와 비밀교(秘密敎)가 합해져서 화의4교가 되었다. 그중에서 돈교는 단번에 대승의 심오한 이법(理法)을 설하는 것을 말한다. 점교란 근본불교의 『아함경』과 같이 쉬운 것에서부터 대승의 『법화경』처럼 어려운 데까지 점진적으로 설법함을 말한다. 부정교는 불법을 듣는 사람의 근기에 따라 『아함경』이나 『법화경』을 설법할 수 있음을 말한다. 비밀교란 설법의 주제나 내용이 무엇인지 알 수 없는 가르침을 말한다. 여기서 비밀교는 밀교를 의미하는 것은 아니다.

화의4교는 설법의 방법과 형식에 따라 분류한 것이지만, 화법4교(化法四教)는 불경의 사상과 내용을 기계적으로 배열한 것이다. 불경을 구극의 진리에 가까운 순서대로 체계를 세운 것으로, 가장 낮은 단계가 장교(藏教)이다. 장교란 경장(經藏)·율장(律藏)·논장(論藏)의 3장(三藏)을 의미한다. 즉 근본불교 또는 부파불교의 초보적 단계의 교리를 말한다. 장교는 사물이 생겨나고 없어지는 성주이멸(成住異滅)의 과정에서는 유(有)이되 전체로 보면 무상(無常)이다. 즉 장교는 전체를 무(無)로 보지만 과정마다 생멸(生滅)이 있는 것[有]으로 파악한다(非有의 有). 장교는 브라만, 즉 성문승(聲聞僧)의 교리이다.

장교는 사물을 분석적으로 관찰하여 생멸을 존재하는 것으로 파악한다. 그러나 두 번째 단계인 통교(通教)는 전체도 무(無)이고, 성주이멸(成住異滅)의 과정도 무(無)로 본다. 즉 통교는 사물의 당체(當體)가 그대로 공(空)이라는 것을 깨닫게 하는 교리이다. 이것은 성문·연각·보살에 공통하는 교리이다. 불경 중에서 『반야경』이 통교를 대표한다.

통교는 공(空)을 무생무멸(無生無滅)로 파악하여 무에 고착되어 버렸다. 세 번째 단계인 별교(別教)에서는 통교의 고착된 무, 즉 공(空)으로부터 현실세계인 가(假)로 나아가 자유자재하게 대응함을 가르친다. 그러나 현실인 가(假)에 집착됨을 버리기 위해 다시 중도[中]를 향하여 나아가는 것이다. 이 단계의 대표적인 경전은 『화엄경』으로 오로지 보살만을 대상으로 한 특별한 가르침이다. 그래서 별교라 한다.

별교에 있어서 공(空)·가(假)·중(中)은 원융상즉(圓融相卽)에까지 이르지 못한다. 원융상즉이란 일체의 자연현상은 상호관련을 가지며, 그 작용에 있어서는 하나가 전체[一卽一切]이고 전체가 하나[一切卽一]라는 것이다. 예를 들면 수많은 강물이 흘러서 모인 바닷물 한 방울의 맛은 수많은 강물의 맛을 모두 가지고 있으며, 모든 바닷물의 맛 또한 가지고 있다. 즉 한 방울의 맛은 전체의 물인 바닷물의 맛이다〔一卽一切〕. 또 일체인 바닷물의 맛은 한 방울의 물맛이다〔一切卽一〕. 따라서 한 방울의 물〔一塵〕로 바닷물〔一切法〕을 볼 수 있다. 즉 일체법(一切法)에 일진(一塵)이 들어가고 일진(一塵)에 일체법(一切法)이 들어가니 이것이 곧 원융상즉이다. 여기서 별교는 바닷물 전체를 보는 것이 아니라 한 방울의 물, 즉 일(一)을 중요시한다. 삽스러움이 섞이지 않은 순일(純一)을 내세우는 것이 별교의 『화엄경』이다.

마지막 단계가 원교(圓敎)이다. 원교란 원융·원만한 가르침이란 의미이다. 별교가 내세우는 순일(純一)을 지양하고 전체를 보는 것이다. 즉 한 방울의 물보다 전체인 바닷물을 보는 것이 원교이다. 이때가 원융상즉이며 진공묘유(眞空妙有)이다. 원교의 대표적 경전은 『법화경』이다.

화법4교(化法四敎)를 〈표 2-2〉로 요약하였다.

2-2. 5시(五時)

5시(五時)는 석가모니부처님이 행한 설법을 다섯 시기로 구분하여 독자적인 명칭을 붙인 것이다. 시간을 다섯 단계로 구분하는 방법은 구마라집이 번역한 『법화경』 제4장 신해품의 궁자비유(窮子譬喩)에 근거한다. 궁자비유와 5시를 연결하면 아래와 같다.

① 아버지와 아들이 서로 헤어졌다가 거지가 된 아들을 만났으나 아들이 도망을 치니(『화엄경』을 처음 설한 것은 중생의 근기에 맞지 않음을 상징) ② 아버지가 사람을 시켜 아들을 속이고 데려와 똥을 치게 한 뒤(근기에 맞추기 위해 아함시로 방편을 써서 번뇌를 끊어 근기가 높아지기를 기다리는 시기) ③ 점차 중요한 일을 하게 하고(방등시로 근기가 높아지기를 기다리는 시기) ④ 나중에 전 재산을 맡기나 아버지를 몰라보고(반야시로

〈표 2-2〉 화법4교(化法四教)

| 원교(圓敎) |
|---|
| • 대승불교의 교리로 전체를 보는 원융상즉의 최고 단계<br>• 중도[中]의 진공묘유(眞空妙有)의 세계<br>• 『법화경』이 대표적 경전 |

| 별교(別敎) |
|---|
| • 대승불교의 교리이나 순일(純一)로 원융상즉에는 이르지 못함<br>• 가(假)의 세계로 현실에 자유자재하게 대응<br>• 보살을 대상으로 하며 『화엄경』이 대표적 경전 |

| 통교(通敎) |
|---|
| • 대승불교 초기 단계의 교리<br>• 공(空)의 세계로 모든 것은 무(無) → 무(無)에 고착<br>• 성문 · 연각 · 보살을 대상으로 하며 『반야경』 등 대승경전 |

| 장교(藏敎) |
|---|
| • 근본 · 부파불교의 초보적 단계의 교리<br>• 가(假)의 세계로 전체는 무(無), 성주이멸(成住異滅)별 유(有)<br>• 성문승 대상으로 『아함경』이 대표적 경전 |

근기가 더 높아지기를 기다리는 시기) ⑤ 40년을 기다려서야 아버지임을 알고 전 재산을 물려받음(법화시로 중생의 근기가 성숙되어 『법화경』을 설하는 시기가 되었다는 것).

5시에 설해진 기간과 대표적인 경전은 다음의 〈표 2-3〉과 같다.

〈표 2-3〉 5시(五時)에 설해진 기간과 대표적인 경전

| 구분 | 설법 기간 | 대표적 경전 |
| --- | --- | --- |
| ① 화엄시(華嚴時) | 21일간 | 『화엄경』 |
| ② 녹원시(鹿苑時) | 12년 | 『아함경』 |
| ③ 방등시(方等時) | 8년 | 『유마경』·『금광명경』 등의 대승경전 |
| ④ 반야시(般若時) | 22년 | 『반야심경』·『금강경』 등의 제반야경 |
| ⑤ 법화(法華)·열반시(涅槃時) | 8년 | 『법화경』, 『열반경』(하루만 설법) |

*5시는 위의 〈표 2-3〉처럼 설법 순서에 따라 분류하였으나 문헌고증학의 발달로 경전의 성립 연대가 판명되고 있다. 이 고증에 의하면 천태지의의 5시 배열은 사실과 어긋난다. 이는 천태대사 지의가 무지(無知)해서라기보다는 그의 불교관을 표명하여 천태철학을 체계화하기 위한 것으로 보인다.

### 2-3. 5시8교(五時八敎)의 전체적인 체계

천태 지의대사는 5시와 앞의 8교를 결합하여 5시8교의 교판을 성립시켰다. 5시의 첫째는 화엄시이다. 화엄시를 대표하는 『화엄경』은 석가모니불이 깨달은 직후 진리를 순수순일(純粹純一)한 형태로 직접 설했다. 이것을 화의4교(化儀四敎)로 보면 돈교(頓敎)이다. 또 『화엄경』은 순일은 하나 원융상즉하지 못하고 보살을 대상으로 하여 화법4교(化法四敎)로 보면 원교(圓敎)이다.

5시의 두 번째인 녹원시는 『아함경』을 설법한 시기라 하여 아함시라고도 한다. 석가모니불이 최초로 설법한 장소가 녹야원이며 그때 설법한 경전이 『아함경』이었다. 이 경전은 이해력이 가장 낮은 사람을 위한 최초의 경전이니, 화의4교로 보면 점교(漸敎)이다. 또 『아함경』은 근본경전 또는 원시경전으로 불리는 초보적 교리로서 설법의 대상은 성문승(聲聞僧)이

니, 화법4교로 보면 장교(藏敎)이다.

　세 번째인 『방등경』은 대승경전의 총칭으로 점교 안에서 중간 단계에 속하며, 화법4교로 보면 통교(通敎)이다. 제4시인 『반야경』도 통교이나, 점교 안에서는 『방등경』보다 높은 단계이다.

　최후의 5시는 『법화경』과 『열반경』이다. 『법화경』은 최고의 진리, 즉 붓다 구극의 진리를 설한 내용이다. 종합적이고 통일적인 진리이므로 설법의 방법과 형식, 즉 화의4교인 돈교·점교·부정교·비밀교를 총합한 것이다. 또 원융상즉의 교리이니, 화법4교로 보면 원교(圓敎)이다. 『열반경』은 석가모니불이 입적할 때 하루밤낮을 설법했던 내용이다. 이 경은 『법화경』에 빠진 것을 추가하여 설했으므로 『법화경』과 동등한 가르침으로 간주했다.

　천태대사 지의의 설인 5시8교의 교판 이후 법상종의 10종(宗), 화엄종의 5교10종(五敎十宗), 일본 진언밀교의 10주심설(十住心說)과 같은 탁월한 교판이 성립된다. 특히 화엄의 5교10종(五敎十宗)은 천태철학을 참조한 흔적이 보이지만 진리의 순일·무잡성을 중요시하여 『화엄경』을 최고의 위치에 놓았다. 또 일본 진언밀교의 창시자인 구카이(空海)가 세운 10주심설(十住心說)은 천태의 5시8교와 화엄의 5교10종설(五敎十宗說)을 종합하여 한 단계 높은 차원에서 전개한 것이다.


## 3. 현밀2교판(顯密二敎判) : 근본적 구별

### 3-1. 현교와 밀교의 비교

　밀교의 교판은 밀교의 종파를 세우기 위함이다. 즉 현교와 밀교를 비교하고 분석하여 현교를 비판한 뒤 밀교의 우수성을 내세우는 것이 밀교의 교판이다. 이것이 현밀2교판(顯密二敎判)으로, 현교와 밀교를 구분하는 근본 교판이다.

현밀교판의 기원은 용수가 지은 『대지도론』권4의 "불법에는 두 가지가 있다. 하나는 비밀이요, 또 하나는 드러내 보이는 것이다(佛法有二種 一秘密二現示)"라는 대목과 『보리심론(菩提心論)』의 "오직 진언법에만 즉신성불이 있으므로 이것을 삼마지법이라 한다. 다른 현교에서는 빠져서 기록된 것이 없다(惟眞言法中 卽身成佛故 是說三摩地法 於諸教中 闕而不書)"라는 대목이다. 그 외에 선무외삼장이 번역한 『대일경』의 "설법에는 네 종류가 있는데 현교인 대승 셋과 비밀승이다(說法有三種 謂三乘及秘密乘)"도 현교와 밀교를 구분하는 교판이다.

현교와 밀교를 체계적으로 비교 분석한 것은 9세기에 구카이(空海)가 지은 『변현밀2교론(辨顯密二教論)』이다. 그에 의해 제시된 비교방법은 다음과 같이 몇 가지로 나누어 분석했다. 첫 번째가 설법의 교주, 즉 '설법을 누가 하는가?'이다. 두 번째는 설법의 방법과 내용이며, 세 번째가 수행의 방법, 네 번째가 성불의 빠르기이다. 이것을 통해서 법상종·삼론종·천태종·화엄종을 비롯한 현로불교는 밀교에 비해서 열등하다고 주장한다. 이에 따라 밀교가 성립하여 종파가 세워지는 것이다.

3-2. 설법의 교주

현교에서 설법의 교주는 언제나 응신(應身)·화신(化身)이신 역사상의 실존 인물인 석가모니불이다. 석가모니불이 직접 설법한 『아함경』을 비롯하여 정토종의 『정토삼부경』도 보신(報身)인 무량수불이 설법하는 것이 아니라 석가모니불이다. 미륵세계를 설한 『미륵삼부경』도 설법의 주체는 미륵불이 아니라 석존이다. 법신불이 주관하는 연화장세계를 설한 『화엄경』의 설법 주체도 결코 법신불이 아니다.

현교에서는 법신 비로자나불을 진리·진여(眞如)·법(Dharma)의 인격

제2장 밀교의 교판론(教判論) 87

화로 본다. 따라서 법신은 무색(無色)이고 무형(無形)이어서 설법을 할 수 없다. 그러나 밀교에서의 법신은 분명히 색채가 있으며 형태도 있으므로 설법을 할 수 있다는 것이다. 그 한 예를 서산대사가 깨달은 과정에서 찾을 수 있다.

서산대사가 어느 여름날에 길을 가고 있었다. 햇빛이 내리쬐는 뜨거운 한낮은 마치 시간이 멎은 듯이 조용하였다. 어디선가 닭이 우는 소리가 들렸다. 이때 서산대사는 득도했다. 서산대사를 깨닫게 한 것은 닭의 소리이다. 닭의 소리에 의해 그 스스로 깨달은 것이다. 밀교에서 흔히 말하는 '뭇 생명의 노랫소리는 부처님의 설법이다' 라는 뜻과 합치하는 것이다.

### 3-3. 설법의 방법과 내용

현교의 설법은 인분(因分)의 가르침, 즉 인분가설(因分可說 : 깨달음의 단계에 따라서 설법을 할 수 있다는 의미)의 입장이다. 인분이라는 것은 깨달음에 이르는 수행의 단계를 말한다. 즉 수행의 프로세스이다. 인분가설을 방편설법이라고도 한다. 응신불인 석가모니불의 설법은 방편(方便)의 설법이다. 석가모니의 설법에 따라 수행하는 것이다. 이것을 수타의설(隨他意說)이라고도 한다. 비록 천태 지의대사가 5시8교의 교판에서 『법화경』·『열반경』이 구극의 진리를 설한다고 했으나 밀교에서는 『법화경』·『열반경』도 방편설법이라는 것이다.

진리의 세계, 즉 깨달음의 세계는 언어로도 표현할 수 없으며, 말로도 표현할 수 없다. 즉 불립문자(不立文字)의 세계이며, 언어도단(言語道斷)의 세계이다. 현교의 경전은 문자이며, 부처님의 설법은 말로 이루어졌다. 언어나 말로 표현된 경전은 구극의 세계를 설한 것이 아니라 그 세계로 올라가는 방편일 뿐이다.

밀교의 설법은 현교와는 달리 과분(果分)의 가르침인 과분가설(果分可說)이다. 과분이란 깨달음의 내용, 깨달음의 경지를 설하는 것을 말한다. 이것은 부처님의 설법으로 이루어지는 것이 아니라 자기 자신의 지혜에 의해 깨달음을 얻어야 한다. 이것은 자내증법(自內證法), 법신의 증법(證法), 수자의설(隨自意說) 등으로 불린다. 자내증법의 가르침은 진실로 비밀의 가르침이다. 감각기관·언어·문자로는 깨달을 수 없고, 신비적인 직관에 의해서만 체득되는 것이다.

3-4. 수행(修行)의 방법

현교에서 수행방법은 6바라밀(六波羅蜜)의 수행이다. 『반야바라밀다심경』에 등장하는 6바라밀은 보시(布施)·지계(持戒)·인욕(忍辱)·정진(精進)·선정(禪定)·지혜(智慧)이다. 6바라밀의 수행에 의해 피안인 부처의 세계에 이르도록 하는 것이 현교의 방법이다. 즉 현교는 이 6바라밀을 수행의 중심으로 삼고 있다.

밀교는 삼밀가지(三密加持)의 수행이다. 삼밀가지란 부처와 내가 일체가 되는 것을 말한다. 부처가 나에게 들어오고[佛入於我], 내가 부처에게 들어가는[我入於佛] 가지감응(加持感應)으로 부처와 내가 일체가 되는 수행의 방법이다. 현교에서 볼 수 없는 아자관(阿字觀)이나 월륜관(月輪觀) 같은 밀교의 수법(修法)과 관법(觀法)은 바로 부처와 내가 일체를 이루기 위한 방법인 것이다.

부처님이 중생들에게 달을 보라고 손가락으로 가리키면 중생은 달을 보지 않고 손가락을 보면서 그것을 달로 인식한다. 즉 현교는 손가락 끝까지 또는 달에 이르는 경로만을 가르친다. 6바라밀의 수행은 부처의 세계에 이르도록 하는 과정을 말하는 것이다. 그러나 밀교는 삼밀가지의 수행에 의해 부처와 내가 일체가 되는 것이니, 부처의 세계를 뜻하는 달 그 자체가 자신에게 있다는 것을 가르치고 스스로 찾게 하는 것이다.

### 3-5. 성불(成佛)의 빠르기

현교 중에서 남전불교(아함경)에서는 무한한 시간 동안 수행을 해야만 부처가 된다는 3겁성불(三劫成佛)이라는 말을 사용한다. 즉 3아승기겁(三阿僧祇劫)의 수행이라는 긴 시간이 필요하다. 결국 이 세상에서의 수행으로 성불은 불가능하다. 또 화엄종에서는 신만성불(信滿成佛)·증만성불(證滿成佛)로 성불한다. 이것은 수행의 단계를 거쳐야만 성불한다는 의미이다. 현교의 정토종(淨土宗)은 왕생성불(往生成佛)이다. 이것 또한 저 세상에 가야만 이루어지는 것이다. 선종에서는 자심(自心)의 불성(佛性)을 꿰뚫어보아 성불한다는 견성성불(見性成佛)을 주장한다. 그러나 밀교에서는 삼밀관행(三密觀行)에 의해 이 몸 이대로 지금 바로 성불하는 즉신성불(卽身成佛)이다.

현밀2교판(顯密二敎判)에 대해서 구카이[空海]는 말하기를 현밀(顯密)은 '사람에 있다'고 했다. 즉 현교의 교리는 현교의 경전에 있고, 밀교의 교리는 밀교의 경전에 있을지라도, 불법(佛法)을 접하는 사람의 사고(思考)에 따라서 현교의 경전이 될 수도, 밀교의 경전이 될 수도 있다는 뜻이다. 이 말은 현밀(顯密)의 구분은 있어도 결국은 종교적 주체성의 자각(自覺) 문제임을 의미하는 것이다.

위의 내용을 다음의 〈표 2-4〉에 요약하였다.

〈표 2-4〉 현교와 밀교의 비교

| 구분 | 설법교주 | 설법방법 · 내용 | 수행방법 | 성불의 빠르기 |
|---|---|---|---|---|
| 현교<br>(顯敎) | 서가모니불<br>〔應身·化身〕 | • 설법방법 : 방편의 가르침<br>　- 근기의 우열천심에 응해서 설법 → 수타의설(隨他意說)<br>• 설법내용 : 구극(究極)의 과정<br>　- 불과(佛果) 전의 인분(因分)만 설법 → 인분가설(因分可說) | 바라밀에 의한 수행 | • 남전불교 : 3아승기겁(阿勝祇劫)을 거친 후 성불<br>• 화엄종 : 단계직 성불인 신만성불(信滿成佛)<br>• 정토종 : 왕생성불(往生成佛)<br>• 선종(禪宗) : 견성성불(見性成佛) |
| 밀교<br>(密敎) | 비로자나불<br>〔法身〕 | • 설법방법 : 법신의 증법(證法)에 의한 가르침 → 수자의설(隨自意說)<br>• 설법내용 : 구극(究極)의 세계<br>　- 불과(佛果)의 극치를 설함 → 과분가설(果分可說) | 삼밀가지(三密加持)에 의한 수행 | 이 몸 그대로 성불 → 즉신성불(卽身成佛) |

\* 인분(因分) : 연기인분(緣起因分)의 약칭. 불도를 수행하는 사람으로 아직 불과(佛果)에 이르기 전의 수행자가 이해할 수 있는 경지
\* 과분(果分) : 사람의 언설(言說)과 사려(思慮)로써 생각하고 의논할 수 없는 구극(究極)의 경지
\* 법신의 증법(證法) : 자기 자신의 올바른 지혜로써 깨달음을 얻도록 하는 가르침

## 제2절 10주심교판(十住心教判)

### 1. 10주심교판의 개요

현교와 밀교의 구분은 가로[橫]의 교판과 세로[竪]의 교판으로 불리는 두 가지 방법이 있다. 가로의 교판은 위에서 기술한 현교와 밀교의 중요한 차이점을 비교한 것이다. 세로의 교판은 10주심(十住心)으로 밀교가 현교에 비해 더 심오하다는 것을 구체적으로 제시한 것이다.

10주심은 『대일경』의 첫 번째 품(品)인 입진언문십주심품(入眞言門十住心品)에서 인용한 것이다. 주심(住心)이라는 것은 산스크리트어 치타스타파나(cittasthāpana)를 번역한 것으로 '우리들의 종교의식'을 의미한다. 즉 10주심(十住心)이란 우리들 인간의 마음속에 있는 종교의식을 10단계의 가치로 설정하여 설명한 것이다. 다시 말하면 마음[心]의 존재형태 또는 세계관을 10개의 가치단계로 구분한 것이다.

### 2. 10주심의 내용

#### 2-1. 제1주심(第一住心) : 이생저양심(異生羝羊心)

이생저양심(異生羝羊心)에서 이생(異生)이란 인간과 다른 동물을 뜻하며, 저양(羝羊)은 숫양이다. 즉 동물인 숫양이 원하는 것은 먹는 것[食慾]과 암컷을 찾는 것[色慾]이다. 동물적인 본능만을 추구하는 어리석고 무지한 인간을 비유한 것이다. 이러한 인간은 비윤리적으로 인간의 생활에서 인과(因果)의 법칙을 믿지 않는다.

정신적 생활이 없는 동물 같은 생활을 영위하면서 인과의 법칙을 믿지 않는 근본적 원인은 생사(生死)에 대한 자각(自覺)이 없기 때문이다. 구카이[空海]는 중생이 생사에 자각이 없이 살아가는 것을 이생저양심의 삶이라 하였다.

구카이는 말하기를 "인간은 자기가 좋아서 태어나는 것이 아니며, 죽는 것이 싫어서 죽음을 회피할 수 있는 것도 아니다. 그럼에도 태어나 이리저리 세상을 방황하며 살아간다. 자신이 태어나게 된 유래(由來)도 알지 못하며 죽어서 가는 곳도 모른다. 생과 사(死)의 인과법칙[理法]이 명명백백(明明白白)한데도 숫양[羝羊]처럼 밤낮으로 분주하게 식색(食色)의 지옥에 빠져 있다. 동물은 약육강식과 본능의 세계일 뿐 생사에 대한 자각이 있을 수 없다. 인간도 태어나서 생명을 영위하기 위해서는 유정(有情)이든 무정(無情)이든 다른 생명체를 죽여야 하니 동물과 마찬가지로 약육강식의 세계이다. 이러한 죄악을 저지르면 파멸의 구렁텅이에 빠지는 반면 선(善)한 행위는 무상(無上)의 행복으로 인도한다는 인과의 법칙을 중생은 알지 못한다"라고 했다.

인과의 법칙을 알지 못하는 근본적인 이유는 죽음에 대한 인식에서 출발한다. 죽은 후에 인간은 어떻게 되는가라는 두 가지의 견해가 오래전부터 있어 왔다. 첫째는 죽으면 정신이든 육체든 흩어져 아무것도 남아 있는 것이 없다는 설이다. 이 경우 현세의 삶에 대한 도덕적 책임은 죽음 그 자체로 모든 것이 해결된다. 도척(논어에 언급된 사람 이름)처럼 산 사람의 간을 회로 쳐서 먹는 극악한 행동을 하여도 죽으면 그 죄과가 소멸된다는 것이다. 이 경우 행위와 그 결과에는 도덕적 인과의 법칙이 있을 수 없다. 또 하나의 설은 인간은 죽으면 신체는 없어지나 영혼인 자아의 본체는 불멸한다는 것이다. 이때에도 영혼은 현세의 모든 행위의 책임에서 벗어나 저 세상에 살아 있으니 윤리적 인과의 법칙이 적용되지 않는다.

구카이가 10주심의 출발점인 1주심을 이생저양심으로 한 데에는 특별한 의미가 있는 듯하다. 통상 정신과 육체를 분리하여 정신을 육체의 우위에 두는 경향이 있다. 이때 정신노동과 육체노동으로 분리가 이루어지며 정신노동이 상위에 서게 된다. 이러한 사고가 노예제도를 만들어내는 등의 해악을 끼치면서 정신우위의 사상은 몰락하게 된다. 불교의 중관론과 이것을 이어받은 밀교는 육체와 정신이 불가분(不可分)의 관계임을 강조한다. 밀교가 구극의 이상으로 추구하는 즉신성불(卽身成佛)도 현세의 육체를 부정하고 정신만을 구제하는 것이 아니다. 선종에서 주장하는 곧 마음이 부처라는 즉심시불(卽心是佛)은 마음만을 구제하는 것이다. 그러나 밀교에서는 즉심(卽心)이 아니라 즉신(卽身)이다. 여기서 '바로'를 뜻하는 즉(卽)이란 정신적인 관념이 아니라 실천을 의미한다. 또 신(身)이란 정신을 포함한 육체이니 몸과 마음을 다 중요시하는 것이다.

밀교에서 제1주심의 근본인 몸을 중요시하는 입장은 이생저양심(異生羝羊心)의 1주심과 비밀장엄심(秘密莊嚴心)인 10주심은 상응(相應)한다고 보는 것이다. 밀교에서는 관념이 아니라 인간의 몸을 통해서 깨달음의 세계로 들어간다. 즉 몸은 비밀장엄심으로 들어가는 통로이다.

중생들은 전생에 쌓은 공덕에 따라 여섯 개의 세계를 윤회한다. 그 의미의 하나는 도덕적 인과의 법칙이 적용된다는 것이다. 또 다른 의미는 모든 남성은 나의 아버지이고 아들이며, 모든 여성은 어머니요 딸이라는 뜻을 내포하고 있다. 뿐만 아니라 모든 유정(有情)은 나의 아버지 또는 나의 어머니요, 아들이며 딸들이 되는 것이다. 즉 모든 생명체는 동일하다는 자각에 이르면 이해를 초월한 절대적 사랑의 세계로 들어간다. 이때 이생저양심(異生羝羊心)은 그대로 비밀장엄심(秘密莊嚴心)의 세계이다.

위의 내용을 다음과 같이 〈표 2-5〉로 요약하였다.

### 2-2. 제2주심(第二住心) : 우동지재심(愚童持齋心)

우동지재심(愚童持齋心)에서 우동(愚童)이란 산스크리트어 발라(bāla)를 의역한 것으로 어리석은 아이를 뜻하니, 제1주심의 이양(異羊)과 똑같

⟨표 2-5⟩ 제1주심의 구성

| 제1주심 : 이생저양심(異生羝羊心 : 동물인 숫양의 마음) |
|---|
| • 비윤리적(非倫理的) 생활로 인과의 법칙을 믿지 않음<br>　- 동물적 본능만을 추구하는 어리석은 중생 |

↓

| 인과의 법칙을 믿지 않는 근본원인 : 생사(生死)에 대한 무자각(無自覺) |
|---|

| • 현세만 존재 : 사후(死後)세계는 없음<br>• 사후 육체는 없어지나 영혼은 불멸 |  | 죽음에 의해 죄악은 소멸하므로 현세에서 비윤리적 생활 |

↓

| 죽음에 대한 종교적 자각 |
|---|
| • 정신과 육체의 가치는 동일하며 불가분의 관계 → 밀교의 현실긍정 입장<br>• 사후에 육도윤회(六道輪廻) → 모든 유정의 생명일체관(生命一體觀) |

↓

| 절대적 사랑을 통해 이생저양심은 제10주심인 비밀장엄심으로 전환 |
|---|

은 범부이다. 지재(持齋)에서 재(齋)는 산스크리트어 우포스다(uposdha)를 의역한 것이다. 근본불교시대에는 정오 이전에만 식사를 하여야 하는데 이것을 재(齋)라 하며, 지재(持齋)는 이것을 지킨다는 것을 말한다. 여기서의 재(齋)는 계율을 의미하므로 지재(持齋)는 계율을 지킨다는 뜻이다. 즉 범부와 같은 어리석은 아이〔愚童〕가 음식·행동·생각 등의 일상의 행위에 대해 반성하고 인간다운 마음을 일으키는 것이 제2주심이다.

『대일경』에서는 제1주심에서 제2주심으로의 전개를 마치 종자가 땅에 뿌려져 결실을 맺을 때까지로 설명했다. 제1주심인 이생저양심(異生羝羊心)이 동물적인 마음으로 윤리 이전의 세계라면 제2주심인 우동지재심(愚童持齋心)은 윤리의 세계이다. 종자를 땅에 뿌리는 것은 윤리세계의 출발을 의미한다. 가장 초보적인 윤리로서 5계(五戒)와 10선계(十善戒)가 있다. 이것은 유교의 5상(五常)과 유사하다. 유교의 5상은 인의예지신(仁義禮智信)이다. 유교의 인(仁)에 해당하는 것은 5계(五戒) 중에서 살생을 하지 마라[不殺生]이다. 유교의 의(義)에 해당하는 것은 도둑질을 하지 마라[不偸盜]이며, 예(禮)에 해당하는 것은 남녀의 도(道)를 어지럽히는 음행을 하지 마라[不邪淫]이다. 지(智)에 해당하는 것은 지혜를 흩트리는 술을 먹지 마라[不飮酒]이며, 신(信)에 해당하는 것은 남에게 믿음을 주지 못하는 언행을 하지 마라[不妄語]이다.

또 『대일경』에서는 "왕자 및 백성들은 5계와 10선(十善)을 반드시 행하여…… 육도윤회(六道輪廻)에 떨어지지 말아야 한다. 봄에 씨를 뿌려 가을에 수확을 얻듯이"라고 했다. 여기서 10선계(十善戒)는 다음과 같이 열 가지 악을 범하지 않는 것을 말한다.

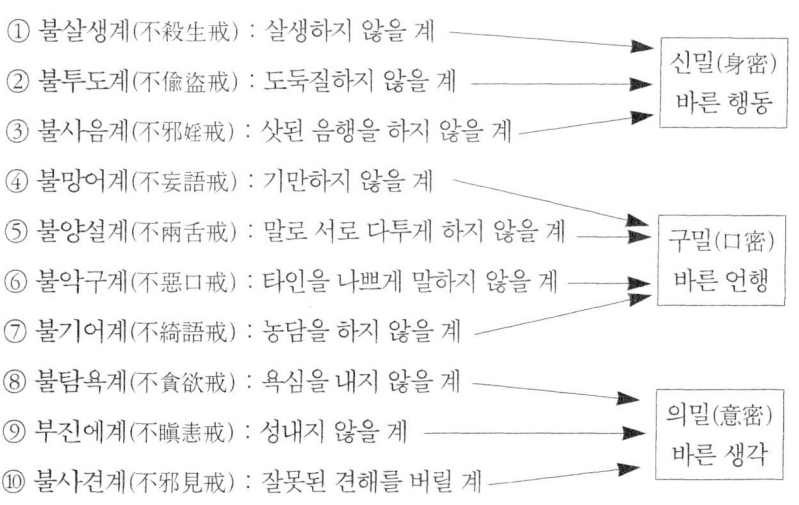

10선계(十善戒)는 윤리적인 인간이라면 반드시 실천해야 할 항목들이다. 여기서 ①~③은 바른 행동이고, ④~⑦은 바른 언행이며, ⑧~⑩은 바른 생각이다. 이러한 10선계의 수행에 의해 밀교의 10주심까지 도달할

수 있으므로 밀교에서는 이것을 신밀(身密)·구밀(口密)·의밀(意密)의 삼밀행(三密行)이라고 한다.

『대일경』주심품(住心品)에서는 인간의 종교심이 점차로 커 가는 것을 아래와 같이 나무의 종자가 성장하는 것에 비유하고 있다.

> 어리석은 사람도 어떤 때에는 선한 생각이 떠오르는 경우가 있다. 소위 지재(持齋)가 된다. …… 비밀주(秘密主)여 이것은 선업(善業)의 가능성이 처음으로 생기는 것이다. 그 처음의 6재일(달의 8·14·15·23·29·30일)에 부모를 위하여 베푸는 것[布施]은 종자를 뿌리는 것과 같다. 또 친척들에게 베푸는 것은 두 번째 단계로서 싹이 트는 아(芽)이다. 친척이 아닌 타인에게 베푸는 것은 세 번째 단계로서 꽃봉오리가 맺히는 뇌(蕾)이다. …… 네 번째가 잎이 무성한 엽(葉)이며, …… 다섯 번째가 꽃이 피는 화(花)이며, …… 여섯 번째 보시(布施)에 의해 애정과 사랑의 마음이 싹트는데 이 마음을 모든 사람에게 주는 것이 여섯 번째 단계로서 열매가 맺히는 실(實)이다.

『대일경』에서는 윤리의 세계인 제2주심의 가장 중요한 요소를 보시(布施)로 보고 있는 듯하다. 보시는 원래 고대 인도의 공동생활체에서 협동으로 생산한 뒤 그 결과를 분배하는 양식이었다. 이것은 평등의 이념을 밑바탕에 깔고 있다. 이러한 보시는 자기가 원하는 것을 포기하고 타인에게 주는 것으로 구체화되었고, 『십주심론(十住心論)』에서는 불·법·승의 삼보에 귀의하는 삼귀계(三歸戒)와 5계(五戒) 그리고 10선(十善)으로 설명하였다.

윤리나 도덕은 우리가 살고 있는 사회와 국가에 연관되어 있다. 구카이 [空海]도 즉신성불(卽身成佛)과 진호국가(鎭護國家)를 밀교에서 중요한 요소로 생각하였다. 원래 호국사상(護國思想)이라는 것은 지금처럼 나라

기림사의 진남루(남쪽의 왜를 눌러 진호국가를 이루자는 뜻인 듯함)

를 지킨다는 의미가 아니라 불법승을 숭배하고 존경하여 평화사회를 구현함을 뜻한다. 고대에는 불·법·승을 국가라고 불렀다. 결국 진호국가란 마음(心)과 마음(心)이 서로 맞아서 평화사회를 실현하는 것을 말한다. 이것을 구카이는 밀엄국토(密嚴國土)라 했다. 밀엄국토라는 것은 자기의 내부에 건설하는 국토이다. 이때 인간이라는 개개인의 존재와 국가사회는 실존적인 교섭이 이루어질 수 있다.

결론적으로 말하면 우리들의 윤리적인 자각과 실천을 통하여 도리(道理)가 실현되는 정법국가(正法國家)가 이루어질 때 제2주심인 우동지재심(愚童持齋心)의 세계가 열린다. 제1주심이 이기와 전쟁, 그리고 착취와 폭력으로 이루어진 동물의 세계라면 제2주심은 이타(利他)와 평화, 그리고 보시와 자애의 정신으로 이루어진 윤리의 세계이다. 그러나 제2주심의 우동(愚童)은 어린아이, 즉 범부이다. 이것은 윤리를 지킨다 하더라도 깨달음의 길인 종교적인 각성에 비하면 어린아이에 불과하다는 의미일 것이다. 결국 제2주심에서 제3주심으로의 발전은 윤리에서 종교적 전환이 이루어지는 것이다.

제2주심의 구성을 아래 〈표 2-6〉으로 요약하였다.

〈표 2-6〉 제2주심의 구성

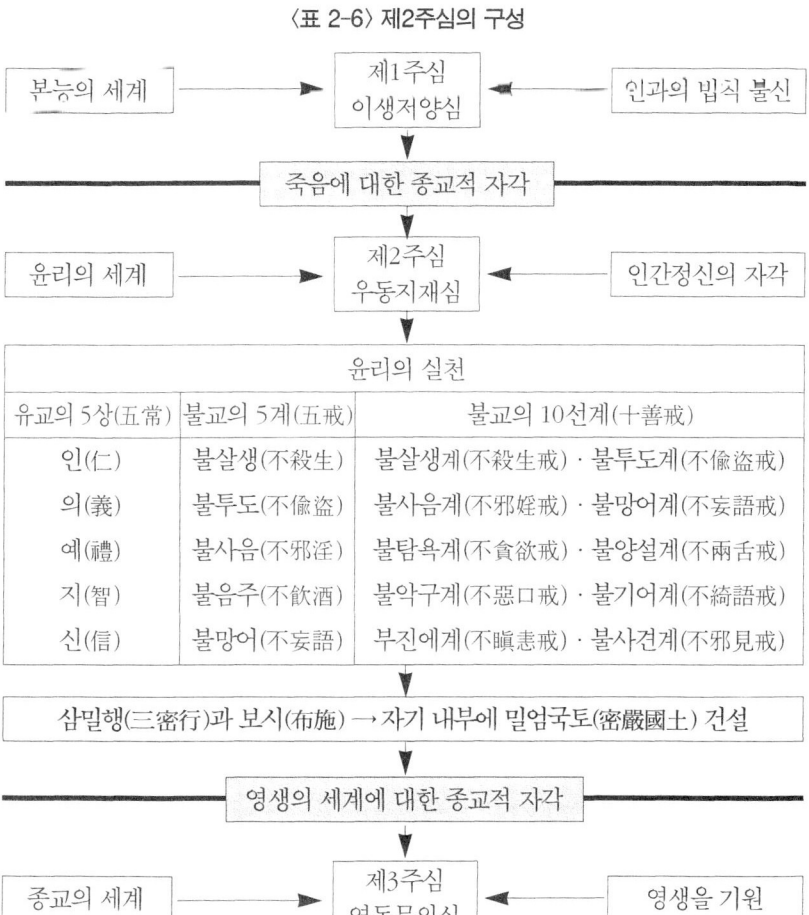

제2장 밀교의 교판론(敎判論) 99

## 2-3. 제3주심(第三住心) : 영동무외심(嬰童無畏心)

영동(嬰童)이란 어린아이의 뜻이며, 무외(無畏)는 두려움이 없는 것을 의미한다. 따라서 제3주심인 영동무외심은 어린 아기가 어머니 품에 안겨 걱정이 없는 모습의 태평한 마음을 뜻한다. 이것은 차안(此岸)에서 생을 다한 후 피안(彼岸)의 세계 혹은 하늘에서 새로이 태어난다고 생각하여 죽음의 두려움에서 벗어난 것이다. 영원히 죽지 않는 생〔永生〕을 얻었으나, 진실로 구극(究極)의 종교적 이상의 실현이라는 관점에서 보면 영생은 어린아이에 불과하다.

제2주심인 우동지재심은 윤리의 세계이다. 이 세계는 선악(善惡)이라고 하는 도덕적 가치판단의 문제로서 상대적 개념이다. 따라서 절대적 개념인 생사(生死)에 관한 문제는 도덕으로는 해결하지 못하고 종교로써만 가능하다. 종교의 출발점은 생사의 문제이다. 죽지 않고 신선이 된다는 도교, 하늘에서 다시 태어난다는 브라만교, 극락정토에 다시 태어난다는 아미타신앙, 천당에 다시 태어난다는 기독교 등은 차안에서 생을 다한 후 피안에서 영생한다고 말한다. 이러한 개념은 10주심교판에서 보면 제3주심인 영동무외심이다.

브라만교에서는 우리가 살고 있는 현상계는 신(神), 즉 아트만이 없으나 천계에는 최고의 신이 존재한다고 말한다. 이것은 자기 이외에 다른 최고신이 있다고 주장하는 것으로 불교의 입장과 다르다. 불교는 인연의 중도설(中道說)을 취하고 있다. 인연은 원인과 조건에 의해 모든 것이 성립되므로 생멸변화(生滅變化)되지 않는 것이 없다. 따라서 영원한 존재는 없는 것이다.

천상(天上)에 태어난다는 브라만교에서는 천계(天界)에 신(神)이 실지로 있다고 주장한다. 또 아미타신앙이나 기독교신앙도 저 세상에는 신(神)이 있다고 말한다. 현상계에서는 신(神), 즉 아트만이 없다고 말하므로 불교의 비유비무(非有非無)의 가르침과 같다. 그러나 자기 자신 이외에 천계에 신이 있다고 하니 이것은 불교에서의 제법무상(諸法無常)과는 다르며, 대승불교의 중요한 이론인 중도설과도 다르다. 불교의 중도설은 실천체계의 근간으로 만상이 공(空)이라는 입장도 아니며, 유(有)라는 입장도 아니다. 또 사후(死後)의 세계가 없다고도 하지 않으며, 영원성에 대해서도 집착하지 않는다. 그 어느 것에도 집착하지 않으면서 우리들의 현실생활을 충실히 할 때 진실로 가치가 있는 일이라고 주장한다. 이것이 비유비무(非有非無)의 중도설이라고 구카이는 말했다. 결국 유무(有無)의 현실세계가 아닌 진리의 세계, 즉 법계(法界)이며 깨달음의 세계가 바로 중도의 세계인 것이다.

석굴암의 범천

구카이는 인간이 죽어서 천계에 다시 태어난다는 승천설(昇天說)을 구극적(究極的)으로 긍정하지 않는다. 단지 근본교리와 저촉되지 않는 범위 내에서 다른 종교·종파의 승천설을 비롯한 윤회설, 지옥설 등의 학설을 취하여 밀교의 체계를 세웠다. 즉 계(戒)를 지켜서 천상계(天上界)에 태어난 자로서는 ①브라만(아라한), ②성문승·연각승, ③보살, ④밀교에서의 불보살 등으로 체계를 세웠다. 또한 아미타신앙인 극락왕생설도 구카이는 밀교의 진실문(眞實門)에 대한 방편문(方便門)으로 본다. 방편이라는 것은 진실의 세계로 인도하기 위한 수단과 방법이다. 사후에 극락정토에 왕생하는 정토관(淨土觀)에 대하여 밀교에서는 밀엄정토(密嚴淨土)를 설한다. 밀엄정토란 현세와 내세(來世) 그리고 동서남북 어떤 방향도 묻지 않고 지금 눈앞에 펼쳐지는 이 세상이야말로 정토라는 시방정토설(十方淨土說)을 말한다.

아래의 〈표 2-7〉은 수미산 중심의 우주구조와 계를 지켜 천상에 태어난 자들의 위치를 나타낸 것이다.

〈표 2-7〉 구카이가 말하는 수미산 중심의 우주구조와 승천의 위계

| 구 분 | 주심(住心) | 내 용 | | 계(界) |
|---|---|---|---|---|
| 오계 (悟界) | 제4주심~ 제10주심 | 성문승 · 연각승 · 보살 · 불(佛) | | 깨달음의 세계 |
| 미계 (迷界) | 제3주심 | 4천 : 공무변처천 · 식무변처천 · 무소유처천 · 비상비비상처천 | | 무색계 (無色界) |
| | | 4선천 : 무운천 · 복생천 · 광과천 · 무번천 · 무열천 · 선현천 · 선견천 · 색구경천 | | 색계 (色界) |
| | | 3선천 : 소정천 · 무량정천 · 변정천 | | |
| | | 2선천 : 소광천 · 무량광천 · 광음천 | | |
| | | 초선천 : 범종천 · 범중천 · 범보천 · 대범천 | | |
| | | 6천 : 사왕천 · 도리천 · 야마천 · 도솔천 · 화락천 · 타화자재천 | | 욕계 (欲界) |
| | 제2주심 | 인간 | | |
| | 제1주심 | 지옥 · 아귀 · 축생 · 수라 | | |

제3주심으로 분류되는 브라만교 · 도교 · 아미타신앙 · 기독교 등은 타력신앙(他力信仰)이다. 브라만의 교도는 좌선명상(坐禪瞑想)에 의해 범천(梵天)을 만나기도 하고 대화도 하며 죽어서는 범천(梵天)에 의해 승천을 한다. 도교는 육신을 닦아 영원히 죽지 않는 신선이 된다. 아미타신앙인 정토종은 나무아미타불이라는 염불만 하면 극락왕생하며, 기독교는 하느님의 구원에 의해 영생을 얻는다. 이러한 종교적 행위는 주술신앙과

도 통한다. 즉 승천하기 위한 인간의 노력에 대한 결과이기 때문이다. 원래 종교의 동기는 외부적·우연적인 어떠한 목적을 가져서는 안 된다. 순수하지 않으면 구극의 진리에 노달할 수 없다. 그러나 승천하여 영생을 얻는 구원의 종교, 즉 타력신앙은 이기적인 목적을 가지고 있으므로 10주심에서 낮은 단계인 제3주심에 배치한 것이다.

아미타불상

불교에서 정토종(淨土宗)은 구원의 신앙인 타력신앙을 믿는 종파이다. 그러나 정토종은 진실문의 불법이 아니라 방편문의 교설이다. 즉 석가모니불이 입적한 후 1500년이 지나면 말법의 시대가 도래한다. 이때가 되면 중생들의 근기가 낮아져서 경전이나 불상에 의한 성불은 불가능하게 된다. 따라서 방편을 써서 불법의 세계로 인도하자는 것이다. 즉 나무아미타불을 열 번만 염송하면 어떤 사람이라도 극락왕생한다고 설한다. 이것은 자기 스스로 깨달아서 성불하는 불교의 근본과는 다르다.

구카이도 이러한 구원의 신앙을 종교로 인정하지 않았다. 단지 교리의 우열천심을 모두 섭취하여 10주심으로 체계화시킨 것이다. 이때 피안이나 정토는 실존하는 것이 아니라 현실의 세계가 피안이요, 정토이다. 지옥도 따로 있는 것이 아니라 현실 속에 있다. 이러한 사실을 직시(直視)하도록 하여 영원의 세계를 스스로 깨닫게 해야만 한다. 그것은 종교적 개안(開眼)으로 구카이가 영동무외심을 제3주심에 배치한 뜻일 것이다.

제3주심의 구성을 아래의 〈표 2-8〉로 요약하였다.

〈표 2-8〉 제3주심의 구성

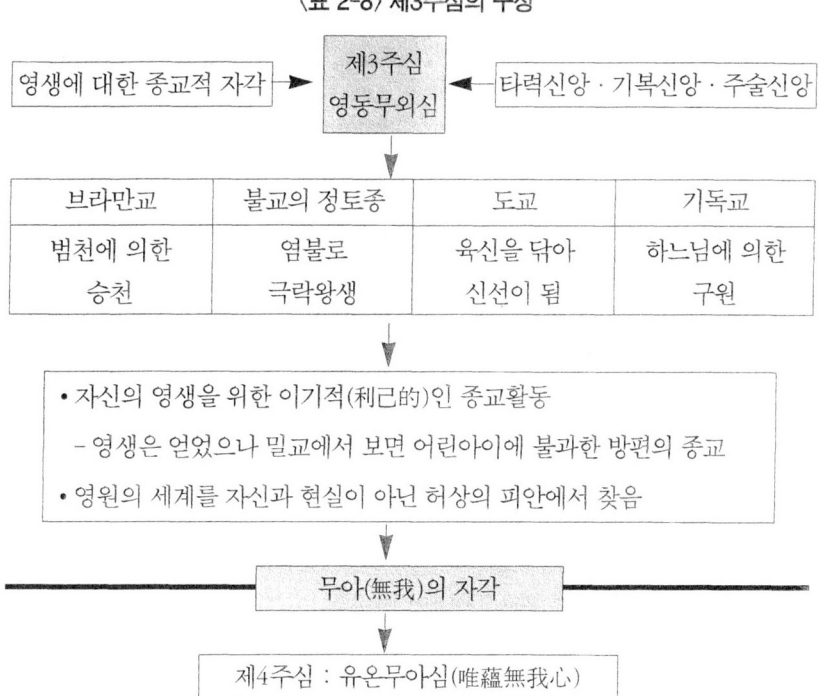

● 10주심 체계에서의 삼교지귀(三敎指歸)

구카이는 불교를 비롯하여 유교와 도교의 우열천심(優劣淺深)을 기준으로 10주심교판을 구성하였다. 이 교판의 제1에서 제3주심까지를 세간3개주심(世間三個住心)이라 칭한다. 제1주심은 오로지 악행만을 행하는〔一向行惡〕 본능적인 인간의 의식을 말한다. 제2주심은 윤리적인 5계를 지키는 인간으로 인승(人乘)이라고 한다. 승(乘)은 탈것을 의미하는데 인승이란 5계를 타고서 인취(人趣 : 인간세계)에 태어나는 것이다. 제3주심은 영생을 얻는 것으로 천승(天乘)이라 한다. 천승은 수행에 의해 욕계(欲

界)・색계(色界)・무색계(無色界) 등 하늘[天]에 태어남을 말한다.

10주심은 유교・도교・불교의 3교(三敎)로 구분하여 체계를 세웠다. 구카이가 지은 『삼교지귀(三敎指歸)』에서는 제2주심은 유교, 제3주심은 도교, 제4주심부터는 불교인데, 그중 최상위에 있는 10주심을 불교 중 밀교로 보았다. 이것은 밀교행자의 종교의식이 점점 상승하여 최후로 밀교의 경지에 도달하는 과정을 나타낸 것이다. 따라서 밀교의 10주심 앞에 배치된 9개의 주심은 밀교와 다른 것이 아니라 밀교의 체계 안에 전부 포용되는 것이다.

10주심의 체계 중에서 유교가 도교보다 낮은 2주심에 배치되었다. 그것은 유교의 발전사를 보면 쉽게 납득할 수 있다. 유교는 종교의 성격을 가지고 있다. 종교의 성격 없이 학문으로 볼 때 유교는 유학이 된다. 공자(B.C. 551~479)가 확립한 유학은 한나라 무제(武帝)에 이르러 동중서가 천인상관론(天人相關論)을 주장하면서 종교의 성격을 띤 유교가 된다. 그러나 유학 또는 유교는 가치론이라 할 수 있는 인성론에 치우쳐 있다. 철학의 체계가 존재론・인식론・가치론으로 이루어지나, 유교는 존재론과 인식론이 결여된 반쪽 철학에 불과하여 도교나 불교를 따르지 못하고 있었다. 이러한 이유로 유교를 도교나 불교보다 낮은 단계인 제2주심에 배치한 듯하다. 유교가 이 열세를 극복하고 불노(佛老)와 같은 철학체계를 갖추기 위해 모색한 것이 11세기에 주돈이로부터 전개되어 12세기에 주희가 완성한 성리학이다.

도교의 중심사상은 신선설(神仙說)이다. 신선설은 영생을 목적으로 도인(導引)・벽곡(辟穀)・단약 복용・제사 등을 수단으로 사용했다. 이것은 무속신앙을 그 본질로 하므로 고급의 사유체계는 아니다. 이 점은 유교와 불교에 비해 도교가 갖는 결정적이고 치명적인 약점이었다. 이 때문에 노장사상(老莊思想)을 끌어들여 존재론・인식론・가치론이 완비된 도교의 철학체계를 구성했다. 도교의 사상체계가 완성되어 5, 6세기에 융성기를 맞이하였다. 따라서 유교에 없는 영생과 관련된 신선설과 완비된 사상체계로 도교가 제3주심에 배치된 것으로 보인다.

아래의 〈표 2-9〉에 삼교시귀(三敎指歸)에 관한 내용을 요약하였다.

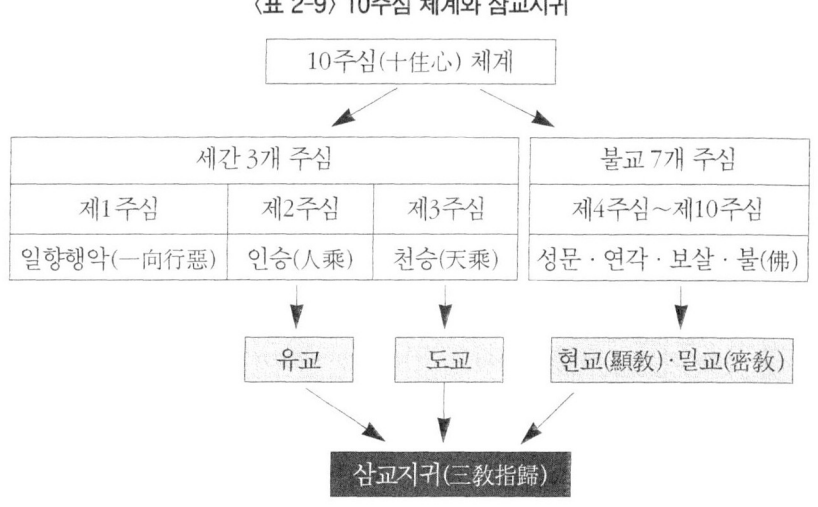

〈표 2-9〉 10주심 체계와 삼교지귀

## 2-4. 제4주심(第四住心) : 유온무아심(唯蘊無我心)

유온무아심(唯蘊無我心)을 다른 말로 표현하면 법유인공(法有人空)이다. 여기서 법(法)이란 인식주체인 인간이 바라보는 삼라만상, 즉 인식객체이며, 인(人)은 인간의 자아관념(自我觀念)을 말한다. 따라서 제4주심은 물질의 존재는 있다고 하나, 개체존재(個體存在)인 자아(自我)의 실체성(實體性)은 없다고 주장한다.

제3주심인 영동무외심은 자아의 실체를 인정하여 영생을 위해 승천(昇天)을 추구한다. 그러나 제4주심은 고정적인 자아를 부정하고 무아(無我)의 경지에 이르렀으나 인식객체인 물질은 그 실체가 있다고 하는 단계이다. 나라고 하는 아(我)는 통상의 사람들은 있는 것같이 생각하지만 실은 오온(五蘊)이 집합한 것에 불과하다고 보는 것이다. 오(五)는 색(色)·수(受)·상(想)·행(行)·식(識)이며, 온(蘊)은 집적(集積)의 뜻이다. 오온 중에서 색은 객관적으로 보이는 물체이다. 나의 몸이라고 하는 것도 물질의 집합체로서 원소와 원소가 집합하여 된 것이다. 즉 안(眼)·이(耳)·비(鼻)·설(舌)·신(身)을 비롯한 우리의 몸은 지(地)·수(水)·화(火)·풍(風)이라는 4개의 원소로 이루어져 있다.

인간의 정신인 심(心)은 수(受)·상(想)·행(行)·식(識)의 집합이다. 수(受)는 받아들인다는 뜻이다. 눈으로 색을 보고 귀로 소리를 듣는 등 감각작용을 의미한다. 상(想)은 수(受)에 의해 받아들인 것을 생각하는 작용이다. 행(行)은 마음으로 생각한 바를 몸으로 행동하는 것을 말하며, 식(識)은 사물을 분별하는 의식이다. 결국 심(心)이라는 것은 수·상·행·식의 작용인 것이다. 우리의 몸과 마음에서 몸은 지수화풍의 4대 요소로 이루어져 있고 마음(心)은 수상행식(受想行識)에 불과하다. 결국 존재하는 것은 지수화풍의 4대 요소와 색수상행식의 오온뿐이며 자아의 실체성은 존재하지 않는다는 것이 제4주심의 단계이다. 이것을 아래의 〈표 2-10〉으로 요약하였다.

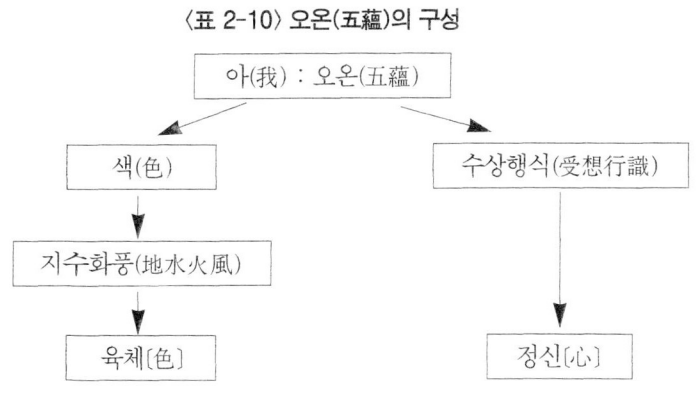

〈표 2-10〉 오온(五蘊)의 구성

제4주심의 주제인 무아(無我)는 불교의 출발점이다. 『아함경』에서는 무아를 '집착의 부정' 또는 '얽매이지 않는 것'으로 표현하였다. 주체적인 자기에 의해 집착으로부터 벗어날 때가 무아이다. 자기 자신을 등불로 삼고 자기 자신에게 귀의하여, 법을 등불로 삼아 법에 귀의[自燈明·自歸依, 法燈明·法歸依]하는 것이야말로 무아이다. 그러므로 무아는 이론이 아니라 실천해야 할 과제이다. 이러한 무아를 수행하는 당사자를 성문승(聲聞僧)이라고 말한다. 성문승이란 산스크리트어 쉬라바까(śrāvaka)를 의역한 것으로 근본불교시대에 석존의 제자들을 일컫는 말이었다. 그후에는 부처님의 설법을 듣고 고집멸도(苦集滅道)의 사제(四諦)를 깨우치고 오랜 기간 동안 수행한 결과 아라한(阿羅漢)의 단계에 도달한 사람을 말한다.

성문승이 깨우쳐야 할 네 가지 진리인 사제(四諦)는 고제(苦諦)·집제(集諦)·멸제(滅諦)·도제(道諦)이다. 이것을 정확히 표현하면 '고'와 '고의 집(성립)', '고의 멸', 그리고 '고의 멸에 이르는 도'이다. 따라서 사제(四諦)의 본질은 고에 관한 것이다. 고의 근본은 자기 자신에게 집착하는 데 있다. 집착은 고의 근본 원인이다. 집착은 욕망의 뿌리에 잠복해 있으면서 혼돈의 저변에 가라앉은 채 기회를 엿보다가 하나하나의 욕망을 낳는다. 이러한 집착 내지 집착의 덩어리가 바로 자아이다. 즉 고의 본질인 집착은 자기에 기인하는 것이며, 그것은 자기모순 및 자기 부정으로 작용한다. 이러한 집착으로부터 벗어나게 해주는 것이 제4주심의 주제인 무아이다.

제4주심인 유온무아심(唯蘊無我心)의 내용을 다음의 〈표 2-11〉에 요약하였다.

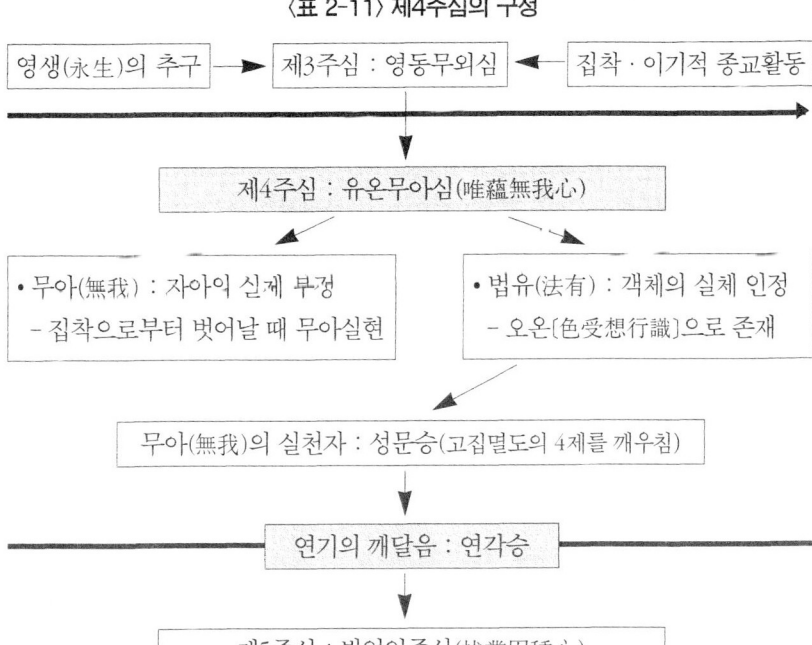

〈표 2-11〉 제4주심의 구성

2-5. 제5주심(第五住心) : 발업인종심(拔業因種心)

　　제4주심은 법유무아(法有無我)이나 제5주심은 모든 것은 연기에 의해 이루어졌다는 것을 깨달은 단계로, 제4주심보다 깨달음의 경지가 깊다. 즉 제4주심의 성문승은 인간고(人間苦)의 근본인 업(業)의 종자에 의해 태어나는 단계이다. 제5주심인 발업인종심(拔業因種心)이란 업인(業因)의 종자를 없앤 마음을 말한다. 업인(業因)이란 이 몸을 받게 된 인연이다. 만물은 모두 자기의 의지와는 전혀 관계없이 업인에 따라 태어난다. 따라서 업인의 종자를 없앤다는 것은 인간이 태어날 때의 근원적인 원인을 제거한다는 의미이다. 이때는 업인에 관계없이 자신의 의지대로 어디서든 태어날 수 있다.

이 단계에 도달한 사람은 연각승(緣覺僧) 또는 독각승(獨覺僧)으로 불린다. 연각이란 인연에 의해 혼자서 깨달음을 얻은 사람이다. 구카이는 연각에는 부행독각(部行獨覺)과 인각독각(麟角獨覺)이 있다고 했다. 부행독각이란 최고의 수행에 달한 성문승이 가르침을 떠나 다른 수행자들과 함께 깊은 깨달음을 이룬 것을 말한다. 인각독각이란 혼자서 스승도 없이 깨달음을 얻은 연각승을 말한다.

이들의 깨달음의 대상이 되는 것은 불교의 근본원리인 12인연이다. 12인연은 인간의 출생원인을 추구하여 근본을 찾아보면 그 원리를 알 수 있다. 12인연의 근본은 첫 번째인 무명(無明)이다. 무명이란 진리를 바로 보지 못하는 미망(迷妄)으로서 번뇌 또는 혹(惑)이라고도 한다. 번뇌가 근본이 되어 선악의 행위를 짓게 한다. 이것을 두 번째의 행(行)이라고 하는데 첫째의 무명인 혹과 둘째의 행위인 업(業)이 생사(生死)의 근본원천이다. 이것에 의해 심식(心識)을 어머니의 태(胎)에 임신하게 된다. 이것이 세 번째인 식(識)이다. 어머니의 태내에서 육체가 이루어지면 심신(心身)의 둘이 합하여진다. 이것을 네 번째 단계인 명색(名色)이라고 부르는데, 명은 마음[心]이며 색은 육체[身]이다. 이때에는 아직 눈[眼]·귀[耳]·코[鼻]·혀[舌]·몸[身]·분별식[意] 등의 6근(六根)이 생기지 못하였다. 이것이 완비된 단계가 제5의 6입(六入)이다. 6입이 완성된 후 만기가 되어 출생하면 세상과 접촉한다. 이 단계가 제6의 촉(觸)이다. 세속과 접촉하여 고통과 쾌락을 통해 그것을 분별하는 단계가 제7의 수(受)이다. 고통과 쾌락에 의해 사랑[愛]과 증오[憎] 그리고 좋아함[好]과 싫어함[惡]의 마음이 일어나는 단계가 제8의 애(愛)이다. 다시 좋아하는 것을 취하려는 집착이 생긴다. 이것을 제9의 취(取)라고 한다. 애(愛)와 취(取)를 합하여 혹(惑)이라고 한다. 혹에 의해 제10의 유(有)가 만들어지는데, 유란 업(業)을 보존하는 것이다. 이것에 의해 미래의 고락(苦樂)에 관한 업이 생기는 것이다. 혹과 업에 의해 살아가는 것이 제11의 생(生)이다. 삶[生]이 있는 이상 늙어 죽는 것〔老死〕을 피할 수 없다. 생과 노사는 항상 고(苦)를 수반한다.

이러한 12인연을 아래의 〈표 2-12〉로 요약하였다.

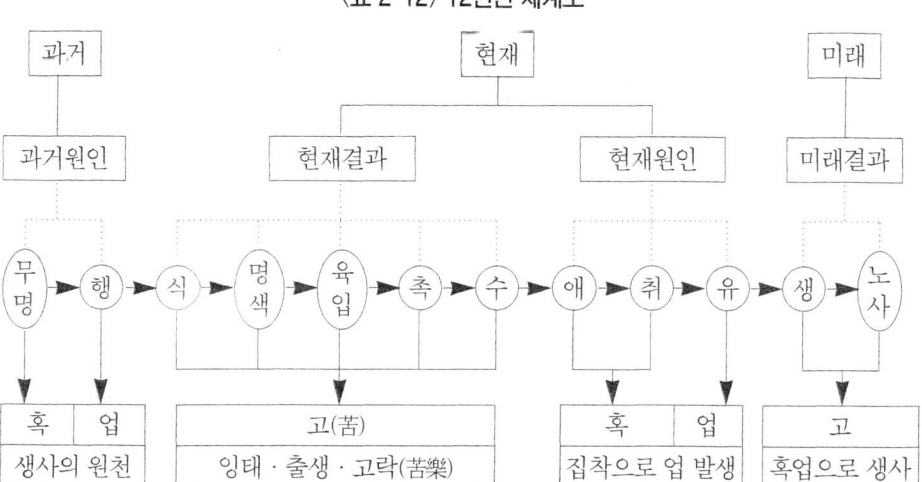

〈표 2-12〉 12인연 체계도

〈표 2-12〉에서 보듯이 과거의 원인은 현재의 결과가 되고 현재의 원인은 미래의 결과가 되어 순환하는 것이 인생이다. 우리들은 혹(惑)에 의해 업(業)을 짓고 업에 의해 고(苦)가 생기며, 다시 고에 의해 혹을 만들고 혹에 의해 업을 지으며 업에 의해 고가 만들어진다. 이렇게 혹·업·고가 순환하며 굴러가는데, 이 순환이 생사유전(生死流轉)이다. 이러한 12연기의 구조를 바르게 통찰하는 것이 연각이다. 제4주심의 성문승은 일체만물의 실체성(實體性)을 인정했으나 제5주심의 연각승은 만물은 연기에 의해 존재할 뿐이라는 공무(空無)의 관법(觀法)이다. 따라서 연각은 성문승보다는 좀더 높은 단계의 관법이다.

연각승은 스승도 없이 모든 것을 혼자서 깨달은 사람이다. 연각승은 일체만유(一體萬有)가 연기에 의함을 체득하여 스스로 세속적인 삶을 초월한 단계이다. 그는 지식도 풍부하고 예리하나 자비심이 부족하다. 즉 자기 자신만을 위한 독선(獨善)의 군자이다. 그러나 연각승이 깨달은 무아와 12연기는 자비를 실천할 행동양식을 결정한다는 의미를 가지고 있다. 무아와 12연기에 의해서 자기를 극복했을 때 자비의 마음이 생기는 것이다. 제4주심과 제5주심이 자기만의 깨달음을 추구하는 남전불교 계통(속칭 소승불교)의 사상이라면 제6주심부터 자비의 실천이 이루어지는 대승불교의 사상이 전개된다.

아래의 〈표 2-13〉은 제5주심인 발업인종심(拔業因種心)의 내용을 요약한 것이다.

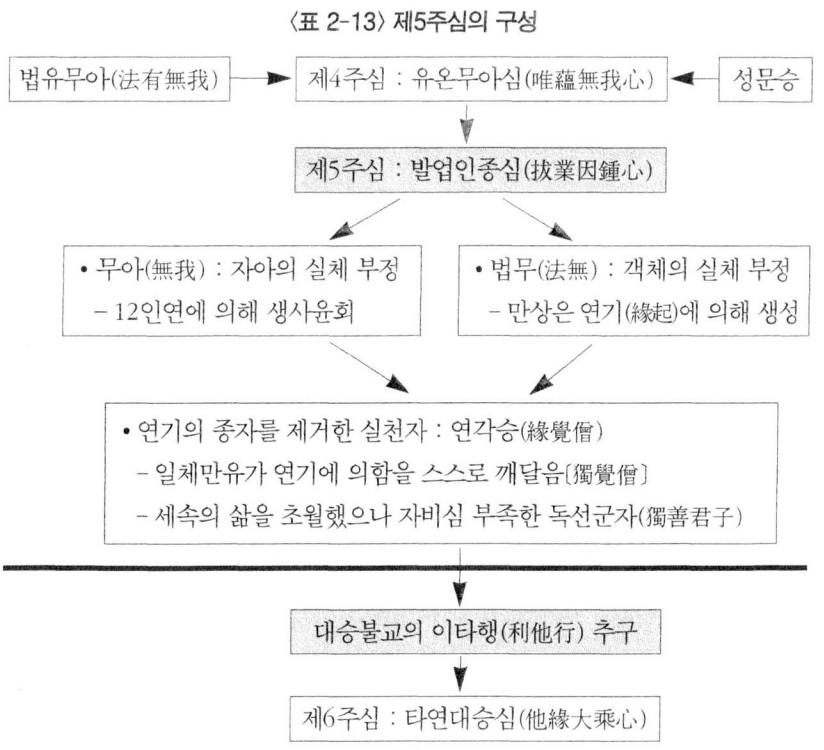

〈표 2-13〉 제5주심의 구성

## 2-6. 제6주심(第六住心) : 타연대승심(他緣大乘心)

타연(他緣)에서 타(他)는 산스크리트어 망발라(莽鉢羅)에서 나온 것으로 망발라는 타(他)와 무(無)의 뜻이다. 따라서 타연과 무연(無緣)의 의미는 동일하다. 타연대승심(他緣大乘心)이란 큰 서원을 세워 나와 관계없는 [無緣] 중생을 위해 보살도(菩薩道)를 행하는 것을 말한다. 즉 모든 사람들을 구제하는 대승의 근본정신으로 제4·제5주심은 자리(自利), 즉 자신의 해탈이 목적이지만, 제6주심은 이타(利他)를 주목적으로 하는 보살심(菩薩心)이다.

구카이는 6주심의 보살심을 유식종(唯識宗)의 3성설(三性說)로 설명했다. 3성설에 의하면 만법(萬法)은 모두 유식의 소산이라는 것이다. 그런데 만법이 마음 밖에 있는 것같이 보이는 것은 인간[我]의 미망(迷妄) 때문이다. 이 미망을 3성 중의 변계소집성(遍計所執性)이라 한다. 예를 들면 길을 가다가 갑자기 뱀을 보고 깜짝 놀랐는데 자세히 보니 뱀이 아니라 짚으로 꼬아 만든 새끼줄이었다. 새끼줄을 보고 뱀이라고 본 것은 모두 미망(迷妄) 때문이니, 이를 변계소집성이라 한다. 그런데 이 새끼줄도 실체가 있는 것이 아니다. 사람이 짚을 꼬아서 만들어낸 인연의 화합으로부터 생긴 것이다. 즉 실체가 아니라 인연에 따라 생긴 허상[假存在物]으로서 타(他)에 의해 발생한 것에 불과하다. 그래서 이것을 의타기성(依他起性)이라 한다. 새끼줄의 실상이 짚인 것처럼 의타기성의 근본이 되는 만유의 실상은 진여법성(眞如法性)이다. 이것은 삼라만상의 본체로서 진실을 모두 완비한 원만·성취·진실을 뜻하는 원성실성(圓成實性)이다. 변계소집성·의타기성·원성실성을 3성이라 한다. 3성설은 중관사상의 공(空)·가(假)·중(中)을 유식사상으로 해석한 것이다.

다음의 〈표 2-14〉에 3성설의 체계를 요약하였다.

〈표 2-14〉 3성설(三性說)의 체계

| 우주만유 | | |
|---|---|---|
| 현상(現象) | | 본체(本體) |
| 변계소집성 | 의타기성 | 원성실성 |
| 미망(迷妄)에 의해 허상을 실상으로 여김 | 인연에 의한 상(相)을 실체로 여김 | 삼라만상의 본체로서 진여법성(眞如法性) |

　위의 3성설은 유식파의 학설이다. 이들의 설에 의하면 삼라만상은 식(識), 즉 마음에 지나지 않는다고 주장한다. 따라서 모든 것이 공이니 집착과 욕심을 버리고 모든 중생들에게 안락을 주고〔慈〕, 고통을 없애주며〔悲〕, 그에 더하여 기쁨을 주고〔喜〕, 모든 것을 평등하게 하여 증오를 버리게 하는〔捨〕 4무량심(四無量心)이 보살심이다. 또 중생들을 위하여 보시(布施)와 친근하게 대하는 애어(愛語), 그리고 이익을 주는 이행(利行)과 중생들과 똑같이 함께 일하는 동사(同事)의 4섭사(四攝事)는 보살의 실천행이다.

　보살도가 실행되는 제6주심이 제5주심보다 더 깊은 뜻이 있는 것은 일체중생이라는 존재의 발견이다. 일체중생이란 생명 있는 모든 것을 말한다. 일체중생은 불법이 행해지는 실천의 장이다. 중생의 이익을 위해 실천할 때만이 대승불교의 가치가 있는 것이다. 제6주심은 이러한 대승의 구도자인 보살이 도달하는 위계이다.

　구카이는 이러한 내용의 제6주심을 법상종(法相宗)의 유식철학으로 배치하였다. 이에 의하면 우리들의 근원적 의식 중에는 인격형성이 선천적으로 정해져 있다는 것이다. 근기가 낮은 ①성문승 인격으로부터 ②연각승, ③보살승, 그리고 ①②③의 가능성을 모두 가지고 있는 ④부정성(不定性)과 깨달음을 얻지 못하는 ⑤무성(無性)으로 구분하고 있다. 이 설은 어떤 특정한 사람만이 보살이 된다는 것으로, 일체중생에 불성이 있다는 대승불교의 근본에 상충된다. 이러한 점에서 제6주심은 한계가 있다.

제4주심은 인식주체인 아(我)를 부정(無我)하면서 인식객체인 만물은 그 실체가 있다고 한다. 제6주심은 무아(無我)와 존재의 실체성(實體性)을 부정하면서 마음(心)의 실체는 있다고 주장한다. 즉 인식주관인 마음을 공(空)으로 하지 않고 자각의 당체(當體)로 삼는다. 또 유식파(唯識派) 중에는 객체인 삼라만상에 대하여 변계소집성과 의타기성에 의한 가(假)는 공(空)이요 무(無)이지만, 가의 기반이 되는 사물의 세계는 존재한다고 주장한다. 이런 면에서 본다면 법상종은 인식주체와 객체를 절대공 또는 진공묘유(眞空妙有)를 관점으로 하는 대승종교(大乘終敎)에 비해 대승의 입문(大乘始敎)에 불과하다.

대승시교로 대표되는 유마힐거사 좌상(일본 延曆寺)

제6주심의 한계를 극복하기 위해서는 분별적 인식을 타파하고 어디에도 집착하지 않는 상태여야 한다. 즉 자심(自心)의 본불생(本不生 : 不生不滅)을 깨달을 때 제7주심의 세계가 열린다.

제6주심인 타연대승심(他緣大乘心)의 내용을 다음의 〈표 2-15〉에 요약하였다.

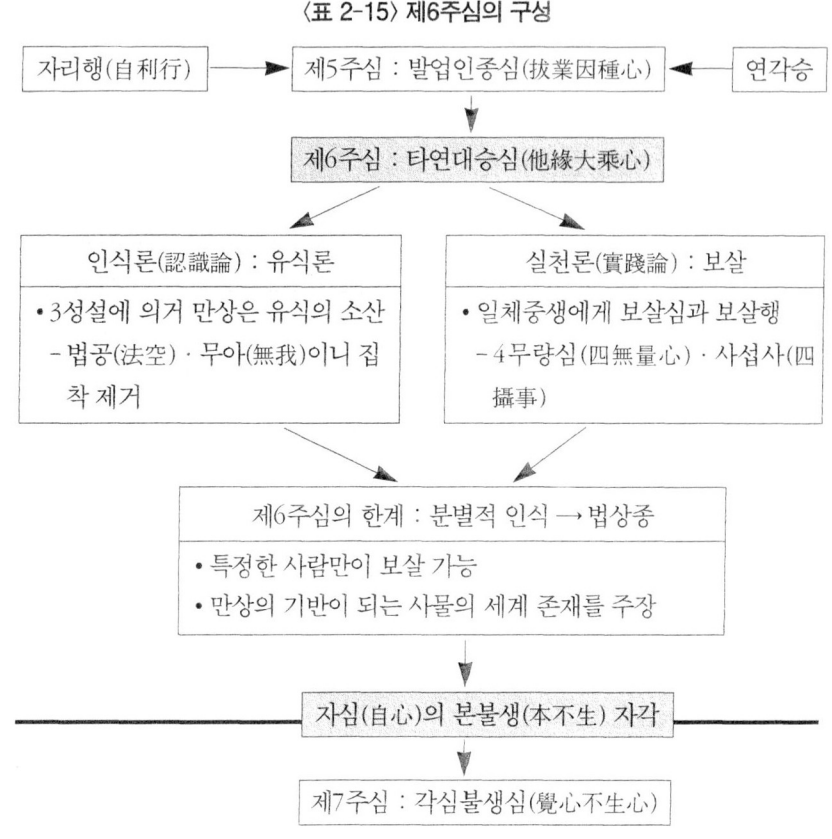

〈표 2-15〉 제6주심의 구성

## 2-7. 제7주심(第七住心) : 각심불생심(覺心不生心)

각심불생심(覺心不生心)이란 마음의 불생(不生)을 깨닫는다는 의미이다. 불생(不生)이란 본불생(本不生)을 줄인 말이다. 본불생을 부정적으로 해석하면 제법(諸法)은 본래 생기지도 않고 없어지지도 않는다는 의미인 불생불멸(不生不滅)이다. 긍정적으로 해석하면 제법의 실체는 본래부터 항상 존재한다는 본유상주(本有常住)이다. 즉 불생이란 제법은 공(空)도 아니요, 가(假)도 아닌 중도(中道)란 뜻이다. 따라서 각심불생심(覺心不

生心)이란 중도를 깨닫는 단계의 마음이다.

제6주심은 인식객체, 즉 삼라만상의 실체는 없으나 인식주체인 마음은 그 실체가 있다고 하는 단계이다. 이 단계에서는 만상을 개념적으로 고정화하여 그것을 자기의 마음으로 해석함으로써 자기 자신이 대상물에 집착하는 결과를 낳고 만다. 이 경우 중생을 위하여 보살행을 하더라도 그것은 이기적인 자아(自我)의 입장을 버리지 못한다. 그러니 제7주심은 개념적인 인식 또는 고정된 지식을 타파하여 이기적인 자아를 버린다. 이 단계에 이른 보살은 일체는 절대 평등하다는 진실의 지혜로 중생을 이롭게 한다.

여기서 진실의 지혜란 중도의 진리를 말한다. 중도의 진리는 삼론종(三論宗)의 종지이다. 삼론종은 『중론(中論)』·『백론(百論)』 등의 연구를 중심으로 형성된 학파이다. 삼론종의 법통은 용수 → 제파…구마라집…도생(道生) → 담제(曇濟) → 도랑(道郎) → 승전(僧詮) → 법랑(法郎) → 길장(吉藏)으로 이어졌다. 즉 용수에서 시작하여 길장에 의해 완성되었다.

삼론종의 중관사상을 공관(空觀)과 유관사상(有觀思想)과 비교하여 아래의 〈표 2-16〉에 요약하였다.

〈표 2-16〉 공관·유관·중관사상의 개요

| 공관사상(空觀思想) | 유관사상(有觀思想) |
|---|---|
| • 소승(小乘) : 우주의 만상은 색·수·상·행·식의 오온에 의해서 잠시 화합하여 생기는 허상<br>  - 비유비무(非有非無)의 비(非)를 고정하여 공(空)을 무(無)로 인식 → 실재관(實在觀)의 배제<br>• 대승(大乘) : 차별적으로 나타나는 세속의 만상을 긍정하며, 차별계 | • 눈앞에 전개된 삼라만상은 부정할 수 없는 실존적(實存的)인 대상<br>  - 만상은 본체가 있으며[圓成實性]<br>  - 이 본체가 인연에 의해서 우리에게 인식되며[依他起性]<br>  - 인연에 의한 현상계(現象界)를 주관적인 망념(妄念)·망상(妄想)에 의해 허상을 실재로 인식 |

| (差別界)를 평등한 본체(本體)면에서 부정해서 관찰하는 방법<br>- 비유비무(非有非無)의 비(非)를 고정하지 않고 고정적·한정적 실체관(實體觀)만 배제 | 〔遍計所執性〕<br>* 물체의 의미내용이 무위계(無爲界)·유위계(有爲界)·주관계(主觀界)가 서로 다르더라도 모두 유(有) |
|---|---|
| 부부일체(夫婦一體)에서 부부 두 사람이 지아비도 아니고 지어미도 아니다라는 것은 소승공관(小乘空觀)이며, 지아비는 지아비로서 지어미는 지어미로서 각각의 역할을 발휘하면서 둘이 아니라는 것이 대승공관(大乘空觀)임 | 여인이 밤중에 두려운 마음으로 길을 가다가 새끼줄을 보고 뱀으로 착각〔遍計所執性〕했으나 잘 보니 뱀이 아니라 새끼줄이었음〔依他起性〕. 새끼줄을 분석해 보니 새끼줄이 아니라 마(麻)였음〔圓成實性〕 |

### 중관사상(中觀思想)

- 유가(瑜伽)·유식(唯識)의 중관사상 : 대승(大乘)의 공관사상
- 삼론종의 중관사상 : 만상의 절대평등
  - 진리의 측면에서의 중(中)·부중(不中)의 의미 : 제법의 진실한 모습은 중(中)도 아니며, 그 부정으로서의 부중(不中)도 아닌 언어·개념을 초월한 것임
  - 상호적 해석의 측면은 중은 치우침〔偏〕의 의미이며, 편(偏)은 중(中)의 의미. 왜냐하면 중(中)과 편(偏)은 상호관련해서 성립하는 개념이기 때문
  - 초월적 해석의 측면은 중(中)은 물질〔色〕의 의미이며, 마음의 의미
* 유정무정(有情無情)의 삼라만상은 그대로 진리를 드러낸 것이니, 유(有)는 유(有)로서 무(無)는 무(無)로서 일면에서 관찰하는 것이 아니고 유(有)라 해도 무(無)를 포섭하고, 무라 해도 유를 버리지 않는 둥글어 걸림이 없고 상즉상입(相卽相入)의 입장에서 종교적 실천생활을 행하는 것

구카이는 대승의 2대 사상 중의 하나인 유식의 법상종은 제6주심으로, 또 하나의 대승사상인 중론의 삼론종은 제7주심에 배정했다. 법상종은 마

음[心]에 의해 삼라만상[現象界]이 성립한다고 주장한다. 즉 일체의 현상의 실재를 부정하는 것이 유식이다. 그러나 삼론종은 유식도 부정하여 절대공(絶對空)을 설한다. 일체의 현상을 개념적으로 고정화하는 인식을 버리는 것이다. 구카이는 이러한 삼론종을 법상종보다 높은 단계에 두었다.

일체 공을 뜻하는 원상(화엄사)

삼론종에서는 일체를 부정하는 것을 8불(八不)로 표현했다. 법은 생하는 것도 없고 멸하는 것도 없으며[不生不滅], 가는 것도 없고 오는 것도 없으며[不去不來], 하나가 아니나 하나와 다르지 않고[不一不異], 끊어짐도 없고 계속됨도 없다[不斷不常]. 이것을 8불(八不)이라 한다. 8불은 일체의 상대적인 개념적 지식을 부정한다. 즉 삼론종은 8불에 의하여 일체의 분별적 지식을 끊고 무소득공(無所得空)의 경지에 도달하는 것을 이상으로 하는 종파이다. 여기서 무소득(無所得)이란 차별과 분별이 없는 것을 의미한다. 그러므로 무소득공이란 분별이 없는 지혜를 뜻한다.

제6주심은 인식의 객체와 주체를 대립적으로 설정했다. 즉 사람의 마음인 의식[唯識]에 의해서만 삼라만상인 현상이 존재한다고 본 것이다. 이에 반해 주객(主客)의 대립적 유식을 부정하고 인간의 진실한 절대의 주체성을 확립한 것이 제7주심이다. 생사(生死)의 구별이 없고 번뇌가 곧 깨달음[菩提]이요, 부처와 중생이 따로 없다는 것이야말로 대립이 없는 진실한 존재의 발견이다. 7주심은 공(空)의 철학이다. 공으로 시작해서 공으로 끝난다. 우리가 살고 있는 세상은 끊임없이 변화한다. 따라서 고정화된 객체가 아니다. 그러니 인식의 대상이 될 수 없다. 이것을 공에 의한 부정으로 상징한 것이다. 즉 부정에 부정을 거듭하여 그 극한점에서 대긍정(大肯定)의 세계, 진실의 세계에 접근하는 것이다. 이때의 세계는 결코 개념적이요, 이론적인 진리의 세계가 아니라 중생을 위한 실천활동이어야 한다. 공의 이론이 실재의 현실사회에 적용될 때만이 공리공론(空理空論)이 아닌 살아 있는 대승불교가 되는 것이다.

이러한 제7주심도 구카이는 구극(究極)의 깨달음이라고 하지 않았다. 부정의 극치인 공의 지혜로는 일체중생의 존엄한 모습을 볼 수 없다는 것이다. 삼론종에서는 진리의 세계를 무소득공(無所得空)이라고 말하면서 공이 그대로 유(有)이다라고 말한다. 소위 진공묘유(眞空妙有)의 원리를 아직 적극적으로 설하지 않고 있다. 진공묘유를 깨달을 때 모든 것이 진리이며, 일체중생이 부처임을 볼 수 있다. 이 단계가 제8주심이다.

제7주심인 각심불생심(覺心不生心)의 내용을 다음의 〈표 2-17〉에 요약하였다.

### 2-8. 제8주심(第八住心) : 일도무위심(一道無爲心)

#### 2-8-1. 일도무위심의 개념

일도무위심(一道無爲心)이란 인연의 조작이 없는 절대의 진리를 깨닫는 마음이다. 일도(一道)란 유일(一)의 도(道)인 절대진리, 즉 진여(眞如)를 의미한다. 무위(無爲)는 노자철학의 핵심적 사상을 이루는 개념으로 '저절로 갖추어진 것'을 뜻한다. 불교에서는 인연의 조작이 없는 것을 말하며, 진리의 다른 이름이다. 구카이는 제8주심의 일도무위심을 여실지자심(如實知自心) 또는 공성무경심(空性無境心)이라 했다. 여실지자심을 『대일경』에서는 "진실한 깨달음을 얻었다는 것을 아는 마음"이라 했다. 다시 말하면 밀교에서는 '자기의 마음 중에 발견한 일도무위(一道無爲)

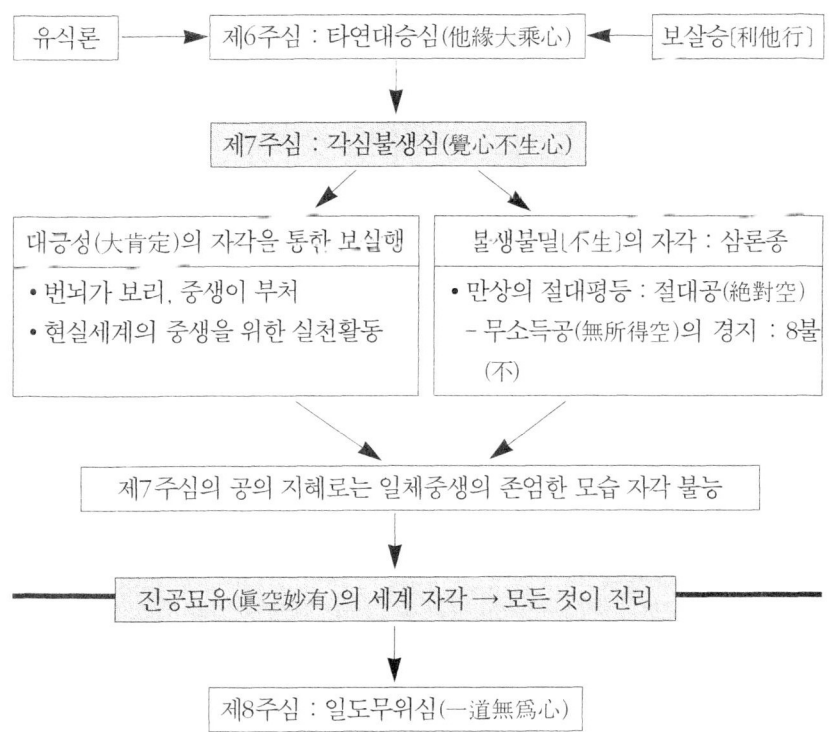

〈표 2-17〉 제8주심의 구성

의 깨달음', 즉 '진여는 진실로 자기의 마음을 아는 것'을 의미한다. 공성무경심(空性無境心)에서 공성(空性)은 감각기관도 인식대상도 떠났으며 형태도 없고 언설을 초월한 대공(大空)인 일실중도(一實中道)를 의미한다. 무경심(無境心)은 무위진여(無爲眞如)를 관(觀)하는 마음이다. 따라서 공성무경심은 일도무위심과 같은 의미이다.

제8주심인 일도무위심은 원래 천태교학(天台敎學)이 말하는 중도(中道)의 마음이다. 중도를 이해하기 위해 천태사상의 개요를 알 필요가 있다.

2-8-2. 천태사상의 개요

● 중국 천태사상의 계보

천태사상은 지의(智顗)대사가 『법화경』을 근본으로 확립한 사상이다. 그로부터 시작된 천태종은 다음의 〈표 2-18〉과 같이 법통이 이어졌다.

〈표 2-18〉 천태종의 법통

| 초조<br>(初祖) | 2대조<br>(二代祖) | 3대조<br>(三代祖) | 4대조<br>(四代祖) | 5대조<br>(五代祖) | 6대조<br>(六代祖) |
|---|---|---|---|---|---|
| 지의(智顗)<br>538~597 | 관정(灌頂)<br>561~632 | 지위(智威)<br>?~680 | 혜위(慧威)<br>634~713 | 현명(玄明)<br>673~754 | 담연(湛然)<br>711~782 |

천태(天台)란 중국의 절강성(浙江省) 천태현(天台縣)에 있는 산 이름이다. 지의대사가 천태산에 계셨다고 하여 산 이름을 따서 천태대사라 하고 대사의 이 종파를 천태종이라 부른다.

● 천태사상의 진리관 : 우주만유의 관찰법

- 삼제원융(三諦圓融) : 일심삼관(一心三觀)

삼제원융(三諦圓融)은 용수(龍樹)의 『중론』에 나오는 "연기라는 것은 공성(空性)을 뜻하며 그것은 가명(假名)이고 중도(中道)이다"에서 출발한다. 삼제(三諦)란 공(空)·가(假)·중(中)의 진리를 의미한다. 모든 존재하는 것을 공(空)이라고 관(觀)하는 것이 공제(空諦)이다. 공제의 입장은 모든 존재의 입장을 부정하고 그 부정에서 모든 것을 동일한 것으로 간주한다. 그러나 그것만으로는 소극적인 삶을 살게 되므로 가제(假諦)가 필요하다. 가제란 공제에 의해 일단 부정된 것을 한층 고차원의 입장에서 긍정하는 것이다. 그리고 다시 이 가제에 집착해서 현실의 전면적인 긍정에 머무르는 위험을 경계하여 가제와 공제를 상호 부정하게 되는데 이를 중제(中諦)라고 한다. 또한 이 삼제(三諦)는 서로 호구(互具)하고 있으니, 세 가지 존재의 자리가 혼연하여 일체가 된 곳에 삼제원융(三諦圓融)의 경지가 전개되는 것이다. 이렇게 인간의 한 마음이 그대로 원융삼제(圓融三諦)라고 관(觀)하는 것을 일심삼관(一心三觀)이라고 한다.

천태대사 좌상(일본 瀧山寺)

모든 존재가 있는 그대로 제법실상의 진리라고 보는 근거는 여기에 있는 것이며 천태사상의 기본이 되는 실천의 요체이다.

● 세계관 : 존재의 상태와 가치
  - 일념삼천설(一念三千說) : 색심실상론(色心實相論)

이는 천태의 독자적인 세계관으로 일념삼천(一念三千)의 일념은 일찰나(一刹那)의 한 마음을 의미하는데, 그 일념 가운데는 삼천의 우주만유가 갖추어져 있다는 뜻이다. 또한 모든 세계는 그 내면에 모든 다른 세계를 갖추고 있다는 것이기도 하다. 여기에서 인간은 무한하고 다양한 가능성을 갖고 있다는 것을 밝히고 있다.

〈표 2-19〉에 일념삼천설의 구성을 나타내었다.

\* 색심실상론(色心實相論)

인간은 육체(色)와 정신(心) 사이의 이중성으로부터 성립되었으나 색(色) · 심(心)은 둘이 아닌 것에 의해[空觀] 육체와 정신은 분열되지 않는

### 〈표 2-19〉 일념삼천설의 구성

| 존재의 상태〔十如是〕 | 존재의 위치〔百界〕 | | 삼세간(三世間) | |
|---|---|---|---|---|
| | 십계 | 십계호구 | | |
| 1.如是相(외적 양상) | 1.불(佛) | 1.불(佛) | 1. 주체 : 衆生世間 십계의 중생이 활동하는 것 | |
| 2.如是性(내적 성질) | 2.보살 | 2.보살 | | |
| 3.如是體(상과 성의 합) | 3.연각 | 3.연각 | | |
| 4.如是力(잠재 능력) | 4.성문 | 4.성문 | 2. 구성 : 五陰世間 色·受·想·行·識으로 이루어진 중생의 개체 | 三千의 法 |
| 5.如是作(나타나는 작용) | 5.천상 | 5.천상 | | |
| 6.如是因(사물의 발생 원인) | 6.인간 | 6.인간 | | |
| 7.如是緣(인을 돕는 원인) | 7.아수라 | 7.아수라 | | |
| 8.如是果(연에 의한 결과) | 8.축생 | 8.축생 | 3. 환경 : 國土世間 십계의 중생이 거주하는 장소 | |
| 9.如是報(결과 표출) | 9.아귀 | 9.아귀 | | |
| 10.如是本末究竟(1의 相으로부터 9의 報까지 연관하여 일관되게 존재하는 것) | 10.지옥 | 10.지옥 | | |

연산: ×  ×  × = 

* 三千의 法＝十如是×百界(十界×十界)×三世
• 존재의 상태를 나타내는 십여시(十如是)는 제법의 실상을 나타낸 것임.
• 존재의 위치는 지옥에서 불(佛)까지 10단계를 가치적으로 배열한 것임. 그중 지옥에서 천상까지는 미혹과 욕망의 세계이고, 성문에서 보살까지는 색계(色界)이며, 불(佛)은 무색계(無色界), 즉 깨달음의 세계임.
• 십계호구(十界互具)란 지옥·아귀·중생 또는 불(佛)의 세계에도 또한 각각 지옥·아귀에서 불(佛)까지 십계(十界)가 있다는 것임. 즉 중생 안에도 부처가 있고 축생도 있으므로 중생의 일념 중에서 부처도 될 수 있고 축생도 될 수 있음. 미오불이(迷悟不二)·선악일여(善惡一如)·색심불이(色心不二)도 십계호구의 사상과 동일.

다. 그러나 육체와 정신이 둘〔假觀〕이라는 인간계 현실상은 공관(空觀)이 활발하게 활동하는 모습이다. 따라서 육체를 버리고 정신만을 추구할 때 구원이 달성되는 것이 아니라 정신과 육체가 서로 관계〔相卽〕하는 곳에 영원한 깨달음과 구원이 존재〔中道〕한다. 선(善)·악(惡) 및 미(迷)·오

(悟) 관계에서도 선(善)·오(悟) 한쪽만을 추구하는 것이 아니라 서로 관계하는 곳에 진실한 영원상이 수립된다라고 보는 것이 색심실상론이다.

● 천태사상의 실천론 : 지관법(止觀法)

천태사상의 실천론은 지관(止觀), 두 글자로 요약된다. 지(止)란 주체의 확립으로 보는 현상에 마음이 산란·동요하는 것을 멈추고 참는 것을 뜻한다. 관(觀)이란 모든 현상을 전체적·객관적으로 관찰하고 적확하게 판단을 내려 자유자재하게 대처하는 것을 의미한다.

지(止)는 공문(空門)과 진여문(眞如門)에 속한다. 즉 무위(無爲)의 진여를 깨달아 삼라만상이 연기에 의한 공이라는 것을 아는 것이다. 관(觀)은 유문(有門)과 생멸문(生滅門)에 속한다. 다시 말하면 유위(有爲)의 현실상에 진리가 있음을 깨달아 지혜를 발달시키는 것이다. 거울을 비유하면 거울을 닦는 것은 지(止)이고, 닦고 나면 거울의 체가 모든 더러움을 없애고 깨끗한 만상이 나타나니 이것을 관(觀)이라 한다.

지관에 의해 체득되고 실천되는 진리의 내용은 오직 공·가·중의 3제이다. 이 3제를 즉공·즉가·즉중으로 실천·체득하는 것이 지관의 구극이다.

2-8-3. 제8주심에서의 천태사상의 의의

제7주심의 삼론종은 절대적인 진리를 공으로 보았다. 이때의 절대적 진리는 보편적인 것으로 현상에서 아득하게 멀리 떨어진 저쪽에 있다. 본질인 보편적인 진리는 추상적이라는 것이다. 현실이 중시되면서 보편적인 진리가 바로 추상적이라는 것에 대하여 비판이 가해지게 되었다. 즉 보편적인 진리는 현실과 서로 관계를 가질 때〔相卽〕만이 성립한다. 진리는 항상 구체적이며, 추상적인 진리는 존재하지 않는다는 것이다. 불교에서 구체적인 보편을 주장하는 것이 천태사상이다. 천태사상가들은 절대의 보편적 진리, 즉 일승묘법(一乘妙法)은 구체적인 현실에 합치해야만 한다고 주장했다.

일승묘법이란 『법화경』에서 공의 진리를 적극적으로 표현한 것이다. 즉 모든 존재는 고정적인 실체를 소유한 것이 아니라 서로 관계할 때만 생긴다. 정신과 육체, 여자와 남자는 서로 작용하며 영향을 미치고 존재한다. 여자가 있기 때문에 남자를 알 수 있고 남자가 있기 때문에 여자를 알 수 있다. 각각은 어느 한 쪽이 독립 고정된 실체가 아니다. 지의대사는 이런 경우를 공이라고 했다.

남녀의 불이(不二) · 공(空)이라고 하는 진리는 남녀의 두 가지 현실〔假〕을 버리고 별도로 수립된 것이 아니다. 남녀의 현실상을 있는 그대로 나타낸 그 자체가 진리요, 본래의 상태이다. 이것을 불교에서는 진여(眞如) 또는 여(如 : 있는 그대로)라고 부른다. 또한 부처를 여래라고 부르는 이유도 여기에 있다. 천태지의는 이러한 것을 공 · 가 · 중이라는 삼제원융(三諦圓融)으로 해석한 것이다.

천태사상은 인간존재를 대립의 통합체로 해석했다. 즉 인간존재는 선과 악, 정신과 육체의 이중성으로부터 성립된 것이다. 이 이중성이라는 인간계의 현실상은 사실은 둘이 아니라 진여가 활동하는 모습이다. 따라서 악을 없애고 선(善)만을 구하거나, 육체를 버리고 정신만을 추구할 때 영원한 진리가 얻어지는 것이 아니다. 선과 악, 정신과 육체가 서로 관계하는 곳에 진리의 세계가 존재한다. 이것이 대립의 통합이다. 선과 악, 정신과 육체는 대립하면서 통합되어 있다.

천태사상은 뛰어난 대승불교의 사상이지만 구극의 깨달음은 아니라고 구카이는 보았다. 그것은 아마도 진리의 생성과 발전의 문제로 보인다. 천태지의는 차별적이고 다양한 구체적인 현실에 보편적인 절대의 진리가 있음을 강조했다. 천태사상에서 총합과 통일, 원융(圓融)과 상즉(相卽)을 강조한 나머지 부정과 대립이 사라진 것이다. 그 결과 발전의 역동성이 사라지는 결과를 낳았다. 따라서 구카이는 진리의 순일성에 따르는 역동성이 풍부한 화엄철학을 제9주심에 배치한 것으로 보인다.

제8주심인 일도무위심(一道無爲心)의 내용을 다음의 〈표 2-20〉에 요약하였다.

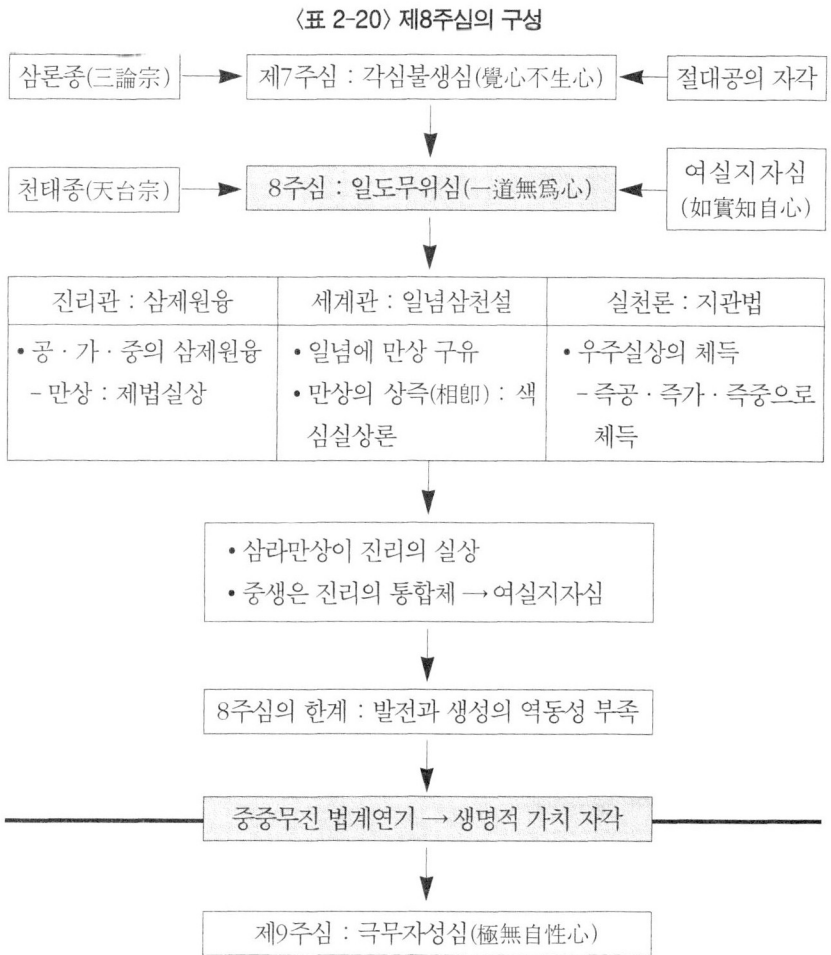

## 2-9. 제9주심(第九住心) : 극무자성심(極無自性心)

### 2-9-1. 극무자성심의 개요

극무자성심 중에서 극(極)이란 인간의 깨달음이 제법(諸法)의 본질에 극한(極限)까지 이르렀음[本體至極]을 의미한다. 즉 극은 본체지극(本體至極)으로서 진여의 세계이다. 진여의 세계는 항상 일체의 인연에 따라 연기(緣起)하므로 자성이 없다. 이것을 무자성(無自性)이라 한다. 결국 극무자성심(極無自性心)이란 화엄종의 근본교리인 무진연기(無盡緣起)의 사상을 나타낸 것이다.

천태종과 화엄종은 동일하게, 모든 생명은 존엄하다는 생명적 세계관을 전개하고 있다. 그중에서 천태가 모든 생명에는 진리가 있다고 설한다면, 화엄은 생명의 가치에 대해서 설한다. 화엄사상에 의하면 하나의 가치 있는 생명체가 태어나기 위해서는 온 우주의 생명력이 모든 공간과 시간에 걸쳐 작용해야만 가능하다. 이것을 화엄의 무진연기라 한다. 서정주 시인의 '국화 옆에서'란 시는 바로 무진연기를 나타낸 것이다.

한 송이 국화꽃을 피우기 위해
봄부터 소쩍새는
그렇게 울었나 보다

한 송이 국화꽃을 피우기 위해
천둥은 먹구름 속에서
또 그렇게 울었나 보다

그립고 아쉬움에 가슴 조이던
머언 먼 젊음의 뒤안길에서

인제는 돌아와 거울 앞에 선
내 누님같이 생긴 꽃이여

노오란 네 꽃잎이 피려고
간밤엔 무서리가 저리 내리고
내게는 잠도 오지 않았나 보다

한 송이의 국화꽃을 피우기 위해 봄부터 소쩍새가 울고 천둥이 치고 무서리가 내렸다고 시인은 노래하고 있다. 이 시의 내용은 비과학적이요, 비현실적인 듯이 보인다. 국화꽃이 피는 것하고 소쩍새와 천둥 그리고 무서리는 아무런 관계가 없다고 보는 것이 보통 사람의 생각이기 때문이다. 그러나 그것이 진실이 될 수 있는 것은, 이렇게 하잘것없는 하나의 생명체라도 그것의 탄생을 위해서는 온 우주의 참여가 있어야 한다는, 생명의 존엄과 가치에 대한 시인의 표현이기 때문이다. 이것이 바로 화엄종의 무진연기이다. 무진연기에 의해 한 송이의 국화꽃을 피울 때 생명적 가치가 끝없이 실현되며, 그 생명은 전체 세계가 되는 것이다. 이것을 화엄에서는 일즉다(一卽多), 다즉일(多卽一)이라고 한다.

이러한 생명의 가치와 관계된 화엄사상에 대해서 알아보겠다.

## 2-9-2. 화엄사상의 개요

● 성립과 발전

〈표 2-21〉 인도와 중국 화엄의 계보

| 인 도 | | 중 국 | | | | |
|---|---|---|---|---|---|---|
| 초조<br>(初祖) | 2代祖 | 初祖<br>(3代祖) | 2代祖<br>(4代祖) | 3代祖<br>(5代祖) | 4代祖<br>(6代祖) | 5代祖<br>(7代祖) |
| 마명<br>(馬鳴) | 용수<br>(龍樹) | 帝心杜順 | 雲華智儼 | 賢首法藏<br>*의상법사 | 淸凉澄觀 | 主峰宗密 |
| - | - | 理事無碍觀<br>周遍含容觀 | 法界緣起 | 六相·十玄 | 一心思想 | 敎禪一致 |

*화엄종의 초조는 7조설(七祖說)에 의하면 마명(馬鳴)이 되지만 학문의 입장에서는 7조설의 3조인 두순(杜順).

● 신라화엄종의 계보

의상(海東華嚴初祖) → 표훈(表訓) 등 의상의 십대 제자(十大弟子) → 신림(神琳) → 법융(法融)·순응(順應) 등 → 범체(梵體)·이정(利貞) 등 → 윤현(潤玄)·진수(眞秀)·순범(順梵) 등.

● 화엄경(원명 : 大方廣佛華嚴經)

- 대방광불화엄경(大方廣佛華嚴經) : 성도(成道)하신 불타(佛陀)가 깨달은 세계[法]를 그대로 표명한 경전.
- 대방광(大方廣) : 대(大)는 체(體)가 포함됨을 의미하며, 대방광(大方廣)은 깨달은 자가 인식하는 세계[法].
- 불(佛) : 진리(眞理)를 깨달은 불타.
- 화엄(華嚴) : 불타의 꽃과 같은 덕행[華]으로 이 세상을 장엄[嚴]하게

하는 것.
- 경(經) : 불타가 깨달은 세상의 이치를 말이나 문자로 표현한 것.

〈표 2-22〉 현존 화엄경전의 종류

| 구 분 | 60화엄경 | 80화엄경 |
|---|---|---|
| 번역·편집사 | 동진(東晋)의 불타발타라<br>(佛馱跋陀羅) | 당(唐)의 실차난타<br>(實叉難陀) |
| 설법장소 | 마갈타국 적멸도량 등 7곳 | 좌 동 |
| 설법횟수 | 8회(보광법당에서 2회) | 9회(보광명전에서 3회) |
| 품의 구성 | 34품 | 39품 |

*현존 화엄경 중 티베트어로 된 『장역화엄(藏譯華嚴)』이 있으며, 『40화엄경』은 이 경의 마지막 품인 「입법계품(入法界品)」만을 떼어서 편성한 것.

● 화엄경의 내용(60화엄경)
① 적멸도량회(寂滅道場會, 1·2품) : 화엄경의 서분으로 보현보살이 설함.
  - 석가모니불이 정각을 이루었을 때 34종류의 화엄신중(華嚴神衆)을 비롯한 수많은 대중 앞에 앉으시자 노래로써 붓다를 찬탄하며, 보현보살이 설법을 함.
  - 비로자나불(노사나불)이 자리행(自利行)과 이타행(利他行)으로 정각을 이룸과 화엄장세계 설명.
② 보광법당회(普光法堂會, 3~8품) : 보살이 닦아야 할 10신(十信)에 대해 문수보살이 설법.
③ 도리천궁회(忉利天宮會, 9~14품) : 보살이 실천해야 할 10주(十住)에 대해 법혜보살이 설법.
④ 야마천궁회(夜摩天宮會, 15~18품) : 보살이 법계에 들어가기 위해

닦아야 할 10행(行)을 공덕림보살이 설법.
⑤ 도솔천궁회(兜率天宮會, 19~21품) : 보살이 닦은 공덕을 회향해서 중생들을 교화하기 위한 10가지의 마음가짐[10廻向]을 금강당보살(金剛幢菩薩)이 설법.
⑥ 타화자재천궁회(他化自在天宮會, 22~32품) : 보살이 정각을 향해 수행할 단계인 10지를 금강장보살(金剛藏菩薩)이 설함.
⑦ 보광법당회(普光法堂會, 33품) : 보살의 행법(行法)에 관해 보현보살이 설함.
⑧ 서다원림회(逝多園林會, 34 입법계품) : 선재동자(善財童子)의 구법행기(求法行記). 설주는 문수보살·보현보살을 위시한 선지식.

●화엄사상의 요지
화엄사상의 구성은 아래의 〈표 2-23〉과 같다.

〈표 2-23〉 화엄사상의 구성

| 구분 | 화엄의 우주관 (총설) | 우주의 관찰법 | 우주만물의 상관적 묘리 |
|---|---|---|---|
| 내용 | 일심법계관 (一心法界觀) | 사법계관(四法界觀) | 사사무애법계관 (事事無碍法界觀) |
| | • 성기론(性起論) • 해인삼매(海印三昧) | 사법계관(事法界觀)·이법계관(理法界觀)·이사무애법계관(理事無碍法界觀)·사사무애법계관(事事無碍法界觀) | 6상(六相)·10현(十玄)·상즉상입(相卽相入)·중중무진(重重無盡) |

●우주관(宇宙觀) : 일심 법계관(一心法界觀)
화엄철학의 총설이요 골자로 일심법계관(一心法界觀)을 들 수 있다.
이 일심법계에 대한 설명으로 죽음이 멀지 않은 문둥병 환자가 깨달아 세상을 보는 것을 예로 설명해 보자.

문둥병 환자는 피부가 문드러지고 손가락·발가락이 떨어져나가며 그 얼마 후 죽음을 맞게 된다. 그러한 실상을 바르게 깨달아 알고 있는 현명한 그는 아름다움·추함·더러움·깨끗함 그리고 삶과 죽음에 대해서도 벗어날 수 있다. 이처럼 나[我]로부터 벗어난 것이니 깨달음의 상태, 즉 부처가 된 것이다. 깨달은 그가 세상을 바라보는 대상은 인연에 따라 변하는 아름다움과 추함[緣起論]이 아니다. 산도 그냥 산이요, 물도 그냥 물이다. 그가 바라보는 우주만상은 어떤 가식도 없는 본체[性起論]이다. 그가 보는 세상은 마치 파도가 없는 맑은 바다에 도장이 찍히듯이 그 본체가 선명하게 각인된다[海印三昧]. 여기서 중생으로서의 환자나 부처가 된 환자나 실제의 부처는 본질상에서 아무런 구별도 차별도 없다[一心].

일심법계에서 심(心)이라는 것은 깨달은 문둥이라 할 수 있다. 법계는 깨달은 문둥이가 바라보는 삼라만상이다. 삼라만상과 문둥이는 본질상에서 조금도 차별과 위반됨이 없는 '한가지로 동일(同一)하게' 된다. 하나로 동일하게 된다는 것은 결국 무명(無明)이 없어질 때 나타나는바 이 세계가 일심법계이다. 『화엄경』에서 석가모니불이 성도(成道)하여 처음 설법하는 적멸도량회(寂滅道場會)에서 세존이 바라보는 세계가 일심법계이다.

● 우주의 관찰법(觀察法) : 4법계관(四法界觀)

4법계관(四法界觀)은 화엄철학에서 우주를 관찰하는 4단(四段)의 방법이다. 4법계관은 사법계관(事法界觀), 이법계관(理法界觀), 이사무애법계관(理事無碍法界觀), 사사무애법계관(事事無碍法界觀)이다. 사법계관이라는 것은 우주만상을 차별된 그대로 보는 관찰로 우리가 보는 경험계·현상계이다. 즉 사물은 사물대로, 사람은 사람으로, 꽃은 꽃으로 보는 것이다. 이법계관은 차별로 보이는 현상계의 본질·본체는 동일하다고 보는 관찰법이다. 이사무애법계관은 사법계(事法界)의 현상과 이법계(理法界)의 본체가 고립된 것이 아니라 장애 없이 서로 원융(圓融)하는 것으로, 현상이 본체요 본체가 현상이라고 보는 관찰법이다. 바다[本體]에 파도[現象]가 칠 때 바다와 파도는 동일한 물일뿐더러 파도가 다시 바다로 되며, 바다가 다시 파도로 된다. 즉 바다와 파도가 아무런 장애 없이 서로 원융하는 것이 이사무애법계관이다. 사사무애법계관(事事無碍法界觀)은 현상과 본체가 원융무애(圓融無碍)할 뿐 아니라 차별이 있는 현상계(現象界)도 서로 원융무애하다고 보는 관찰방법이다. 바다와 파도가 무애(無碍)한 것과 같이 파도와 파도도 서로 원융무애한 것으로 보는 사사무애법계관은 우주만상의 상관적(相關的) 묘리(妙理)를 설하는 화엄사상의 핵심이다.

● 우주만물의 상관적(相關的) 묘리(妙理):
　**사사무애법계관(事事無碍法界觀)**
　① 사사무애법계[法界緣起]의 체계

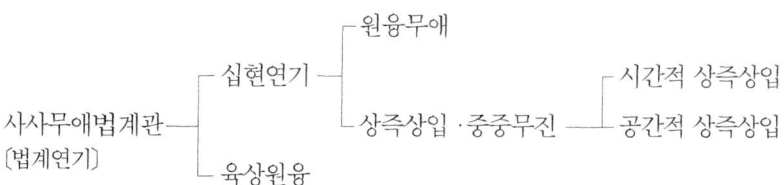

　우주만물은 상호 연결되어 서로 의존한다는 사실을 『화엄경』에서는 상즉상입(相卽相入)이라는 말로써 설명하고 있다. 상즉이라는 것은 바다와 파도가 상호일체의 관계인 것과 같은 것을 말하며, 상입이라는 것은 바다와 파도의 작용이 서로 의지하는 관계를 말한다. 이에 관한 자세한 설명이 십현연기(十玄緣起)와 육상원융(六相圓融)이다.

② 십현연기(十玄緣起)

일체의 사물·현상이 시간과 공간의 연기관계[相卽相入]에 의하여 생멸변화(生滅變化)하는 것을 십현연기라 한다. 십현연기 중 원융무애(圓融無碍)는 일(一)과 일체(一切)의 상호관계를 설명하며, 상즉상입(相卽相入)·중중무진(重重無盡)은 모든 현상이 물질적·생물적·심리적·문화적으로 상호연결·상호의존 관계임을 설명한다.

③ 원융무애(圓融無碍)

일체의 자연현상[一切諸法]은 그 작용에 있어서 하나가 전체[一卽一切]이며, 전체가 하나[一切卽一]이다. 예를 들면 한 송이의 국화는 수많은 인연의 결과로 꽃이 피었다. 따라서 한 송이 국화는 삼라만상을 상징한다. 이것을 일즉일체(一卽一切)라 한다. 또 일체만상의 인연 결과로 한 송이의 국화꽃을 피웠으므로 만상은 바로 국화꽃이다. 이것을 일체즉일(一切卽一)이라 한다. 따라서 한 송이 국화[一塵]로 만상[一切法]을 볼 수 있다. 이것을 일진(一塵)에 일체법(一切法)이 들어간다고 한다. 또 만상에 의해서 국화꽃도 볼 수 있다. 이것을 일체법에 일진이 들어간다고 하는 것이다. 즉 일체법에 일진이 들어가고 일진에 일체법이 들어가니 이것이 곧 원융무애이다.

④ 상즉상입(相卽相入)·중중무진(重重無盡)

일체제법은 상즉상입하여 중중무진의 관계를 맺고 있다. 즉 만상은 시간적·공간적으로 상호관련[相卽]을 가짐과 동시에 상호의존[相入]하여 중첩되고 끝없는 중중무진(重重無盡)의 법계연기로 구성되어 있다. 예를 들면 사방이 작은 거울로 채워진 이발소에 들어갔다고 하자. 그러면 나의 모습은 모든 거울에서 볼 수 있으며, 또 거울에 비친 허상은 또 다른 거울들에 비치어 무수한 영상을 만들어낸다. 거울이 만들어낸 중첩된 허상은 상호관련[相卽]을 가지며, 상호의존[相入]하는 중중무진연기(重重無盡緣起)이다. 즉 이 우주에는 어느 하나도 고립된 것이 없다. 그들은 서로 의

지할 뿐만 아니라 서로를 포함하고 있다. 모든 것은 동시에 한 이미지이며 다른 모든 것의 반사물이다.

⑤ 육상원융(六相圓融)

십현사상(十玄思想)은 본질과 현상의 관계에서 종축과 횡축의 쌍방으로 무애(無碍)한 연기를 밝히는 것이었다. 6상(六相)은 횡축, 즉 전체와 부분의 무애한 관계를 밝히는 것으로 모든 존재 하나하나가 갖고 있는 여섯 가지 상(相)을 말하는데, 10현(十玄)과 함께 화엄종의 중요한 교의이다. 그래서 10현6상(十玄六相)이라고도 한다. 이는 모든 존재가 시간적·공간적으로 연기(緣起)로 연결되어 우주 전체가 하나의 통일적 화합체라는 것을 설명하고 있다. 지엄의 견해를 이은 현수법장(賢首法藏)은 이를 건물에 비유하여 설파하였다.

6상(六相)의 첫째는 총상(總相)으로 만유의 모든 법을 체(體)로 잡아 평등하게 관찰하는 것이다. 건물에서 대들보·서까래·기둥·기와 등이 총합된 전체를 하나의 건물이라 함을 총상이라 한다. 둘째 별상(別相)은 부분적으로 차별화해서 관찰하는 것으로, 가옥을 구성하는 대들보·서까래·기둥·기와 등을 낱낱이 떼어서 별개로 보는 것이다. 셋째 동상(同相)은 낱낱의 차별이 동일한 목적을 위하여 서로 협력, 조화하여 통일적인 것으로, 대들보·서까래·기둥·기와 등이 협력, 조화하여 건축물을 구성하는 것과 같다. 넷째 이상(異相)은 모든 법이 제자리를 지키며 피차의 고유한 상태를 잃지 않고 서로 다른 모습을 가지고 있는 것이다. 마치 대들보는 횡으로, 기둥은 수직으로

의상대사의 화엄일승법계도(해인사)

제각기 본분을 지키어 서로 다른 것과 같은 것이다. 다섯째 성상(成相)은 모든 존재가 낱낱이 서로 의지하여 동일체의 관계를 이루는 것이다. 즉 대들보·서까래·기둥·기와 등이 서로 의지하여 건물을 이루는 것을 말한다. 여섯째 괴상(壞相)은 모든 것이 동일체(同一體)이면서도 각자의 본위를 잃지 않는 것이다. 마치 기둥과 대들보가 서로 의지하여 한 집을 이루면서도 각각 자신의 본위(本位)를 잃지 않는 것과 같다. 육상원융(六相圓融)은 이러한 여섯 상이 서로 원만하게 융화되어 있는 상태를 말한다.

10현(十玄)은 만상이 상호 연결되어 상호 의지하는 것을 말하며(相卽相入), 6상(六相)은 전체와 부분의 원융무애함을 관찰하는 것이다. 이 6상 중에 총상과 별상이 일대(一對)를 이루고 이상과 동상이 일대를 이루며 성상과 괴상이 일대를 이루어 세 쌍이 된다. 이 세 쌍에서 다시 총상·동상·성상은 평등상(平等上)으로 본 것이며, 별상·이상·괴상은 차별상(差別上)으로 본 것이다. 가옥의 예에서 보듯이 만유는 평등과 차별이 원융무애한바, 이것이 바로 사사무애의 묘리(妙理)라 하겠다.

〈표 2-24〉 육상원융(六相圓融)의 구조

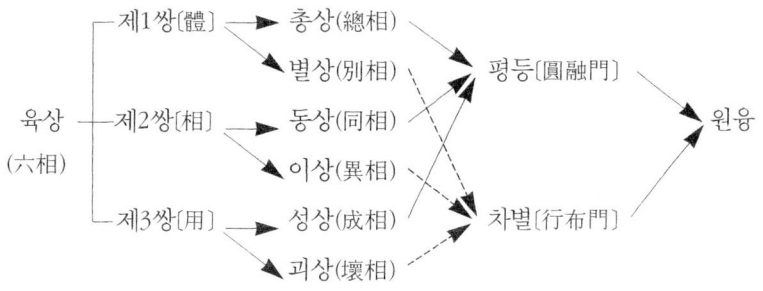

2-9-3. 제9주심에서의 화엄사상의 의의

천태와 화엄 모두가 일즉다(一卽多)·다즉일(多卽一)을 내세웠으나,

천태는 다즉일에 역점을 두었고 화엄은 일즉다에 역점을 두었다. 천태가 중점을 둔 다즉일이란 절대진리는 다(多)에 있다는 것으로 현실세계에 중점을 둔 것이다. 현실인 다(多)를 통해서 진리인 일(一)을 보려 한다. 이것은 긍정적이며 상즉적(相卽的)인 세계관이다. 반면 화엄의 일즉다(一卽多)는 일(一)에 중점을 둔 것이다. 순일(純一)·무잡(無雜)한 진리인 일(一)을 통해서 현실세계인 다(多)를 보려 한다. 이것은 부정적·대립적인 세계관으로 변증법적 발전과 생성을 초래하는 요인이 되어, 구카이는 천태보다 높은 단계인 9주심에 배치한 것이다.

화엄사상의 중중무진(重重無盡)의 법계연기(法界緣起)는 생명의 가치적 세계관을 설한 것이다. 한 송이의 국화꽃은 중중무진의 모든 만물이 관여할 때만 만들어지듯이 우주만상은 하나하나 매우 소중한 가치를 지니고 있다는 것이 화엄사상의 핵심이다. 이러한 세계관을 지닌 화엄이라 하더라도 그것은 철학일 뿐 지고절대(至高絶對)의 종교적 깨달음은 아니다. 제9심까지는 구도자(求道者)의 최종단계인 보살에 지나지 않으며, 이 경지는 인분(因分)만 설할 수 있을 뿐 과분(果分)은 설할 수 없다. 이것을 인분가설(因分可說), 과분불가설(果分不可說)이라고 한다. 인분가설이란 부처가 되지 못한 사람도 부처가 깨달은 내용을 사람들의 능력에 따라 세분하여 설명할 수 있다는 뜻이다. 과분불가설이란 부처가 되지 못한 보살 이하의 사람들은 부처가 깨달은 그 자체의 세계는 설명할 수 없다는 의미이다. 다시 말하면 9주심까지의 현교는 부처의 깨달음의 경계를 설할 수 없으며, 과분 즉 부처의 세계를 설하는 것이 제10주심인 비밀장엄심(秘密莊嚴心)이다.

제9주심인 극무자성심(極無自性心)의 내용을 다음의 〈표 2-25〉에 요약하였다.

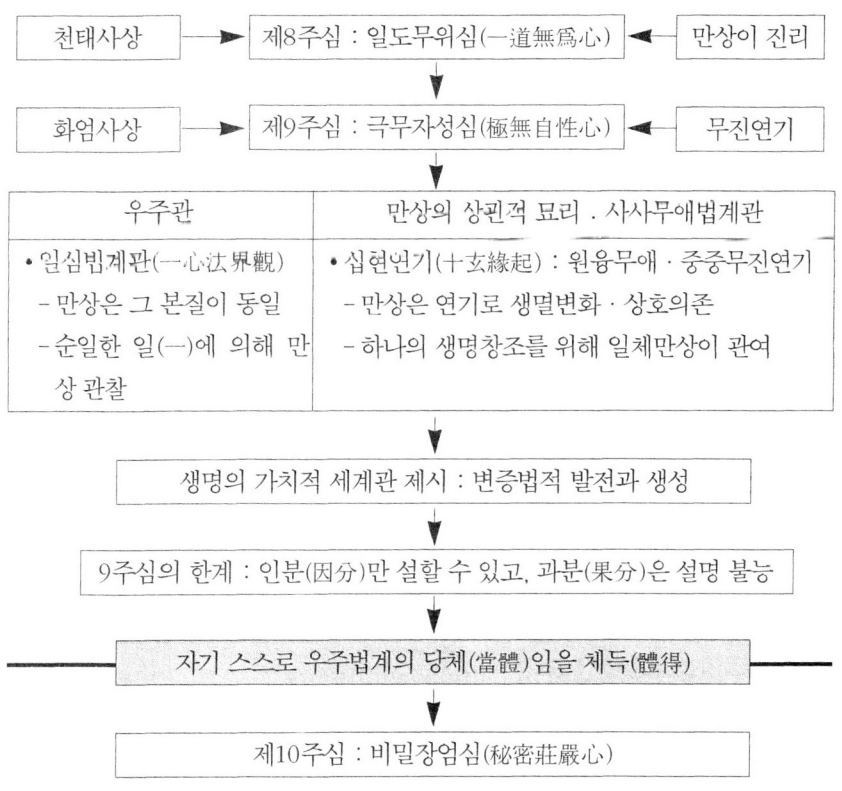

## 2-10. 제10주심(第十住心) : 비밀장엄심(秘密莊嚴心)

비밀장엄심(秘密莊嚴心)이란 진실한 부처의 세계인 우주의 생명적 가치를 깨닫는 마음이다. 여기서 비밀이란 덮어서 감추어졌다는 의미이다. 즉 엄연히 존재하는 부처의 세계, 진여의 세계를 깨닫지 못하는 중생들에게는 비밀이라는 것이다. 결국 서론에서 말했듯이 비밀(秘密)의 비(秘)는 심오(深奧)하다는 의미인 비오(秘奧)의 비(秘)이며, 밀(密)은 겉으로 드러나지 않는다는 의미인 은밀(隱密)의 밀(密)이다. 또 장엄(莊嚴)이란 말은 '충분하게 장식했다'는 의미의 산스크리트어 알람카라(alaṃkāra)를 번역한 것이다. 그러므로 비밀장엄이란 절대자인 법신 대일여래를 중심으로 무수한 불보살이 존재하는 우주법계(宇宙法界)의 만다라세계를 의미한다.

우주법계는 중생이 스스로 부처임을 깨달을 때, 그가 바라다보는 세계이다. 이 세계는 신구의(身口意)의 삼밀(三密)에 의해 장엄(莊嚴)되어 있다. 이 의미는 범부(凡夫)가 진리의 당체(當體)이며, 부처의 당체라는 것이다. 이것을 체험하는 것, 즉 신구의 3밀로 장엄의 세계를 열고 들어가 만상이 부처의 세계라는 것을 체득하는 것이 밀교의 본질이다.

지금까지 설명한 제9주심까지의 것은 관념의 철학이요, 이론의 가르침이다. 8주심의 천태나 9주심의 화엄사상도 생명적 세계관을 설한 심원한 철학일 뿐이다. 철학으로서는 부처의 세계를 설명은 할 수 있어도 그 속으로 직접 들어갈 수는 없다. 오로지 삼밀(三密)에 의한 신비체험으로만 비밀장엄인 부처세계의 문을 열 수가 있다. 그래서 구카이[空海]는 『보약(寶鑰)』에서 "현교의 가르침으로 먼지를 털어내고 진언밀교의 가르침으로 보물창고의 문을 여니 지금껏 보지도 듣지도 못했던 비보(秘寶 : 중생이 모두 가지고 있는 五智)가 눈앞에 펼쳐졌다"라고 했다. 이 의미는 9종의 주심(住心)은 현교의 이론철학으로는 오직 먼지, 즉 번뇌를 제거하는 방편설법을 위주로 한다. 그러나 밀교는 철학적으로는 즉사이진(卽事而眞)을 목표로 하고, 종교적으로는 즉신성불(卽身成佛)을 위해 삼밀의 묘행을 행한다. 그러므로 밀교야말로 철학의 종교화·실천화를 지향한다고 볼 수 있다.

구카이는 비밀장엄의 세계를 아래의 시[韻]로 표현했다.

점차로 심묘(深妙)한 단계로 들어가니,
그 어떤 것도 전자(前者)가 후자(後者)의 인(因)이로다.

최고 차원의 진언밀교는 우주생명의 인격화이신 대일여래의 설법이니,
그 가르침은 심오하고 영원하므로 세상에 없는 진리이어라.
5상성신(五相成身)·5지(五智)·6대체대(六大體大)·4만다라(四曼多羅)가 있으니
이것들은 10주심의 핵심이니라.
무수한 부처님들은 모두 우리 마음속의 부처들이며,
바다의 물방울과 같이 무수한 보살들도 우리의 몸에 다름이 아니로다.
(하략)

삼밀행과 오상성신관(五相成身觀) 등에 의해 깨달음에 이르면 자신의 당체가 그대로 무수히 존재하는 제불(諸佛)과 동등하게 된다. 그 세계는 범부도 부처도 다르지 않으며, 정토(淨土)와 예토(穢土)의 구별도 없다. 공간적으로는 지옥·아귀·축생·수라·인·천의 6도유정(六道有情)과 성문·연각·보살의 3승(三乘)의 원인과 실천 그리고 결과[因·行·果]에도 분별이 없다. 시간적으로는 우주가 생성되던 과거부터 우주가 파괴되어 없어질 때까지 일어났던 모든 것도 차별이 없다. 그 모든 것이 대일여래의 몸이요, 그것이 내 마음이라는 것을 체득할 때 범부는 우주법계가 된다. 이 단계에서 스스로를 이롭게 할 뿐만 아니라 타인도 이롭게 하는 보살행을 실천한다. 이것이 비밀장엄의 세계이다.

1주심부터 제10주심까지 점차 심묘(深妙)한 단계로 올라간다. 그리고 앞의 단계는 뒤의 단계의 인(因)이 된다. 따라서 1주심부터 9주심까지는 각각의 인(因)이 되므로 구극의 깨달음이 될 수 없다. 즉 전단계(前段階)는 후단계(後段階)에 비하면 허망한 인식에 지나지 않는다. 각각의 주심은 각 단계의 사상에 고정된 것이 아니다. 이것을 무자성(無自性)이라 한다. 그러나 10주심은 우주의 인격화인 법신불의 세계이고, 법신불인 대일여래의 설법이며, 구극의 깨달음의 세계이다. 결국 9주심까지의 9종의 주

심은 최종단계인 10주심의 밀교진리를 체득하여 복을 누리기 위해 대일여래가 여러 모습[他受用應化身]으로 나타나 설법을 한 것이다. 그러나 10주심에서 진언밀교를 설한 법신 대일여래는 진리의 세계에 거주하며 비밀인 영원한 가르침을 설하고 있다. 즉 밀교의 가르침은 다른 어떤 가르침을 초월하여 구극의 진실법을 제시하고 있다는 것이다.

아래의 〈표 2-26〉으로 제10주심의 구성을 나타내었다.

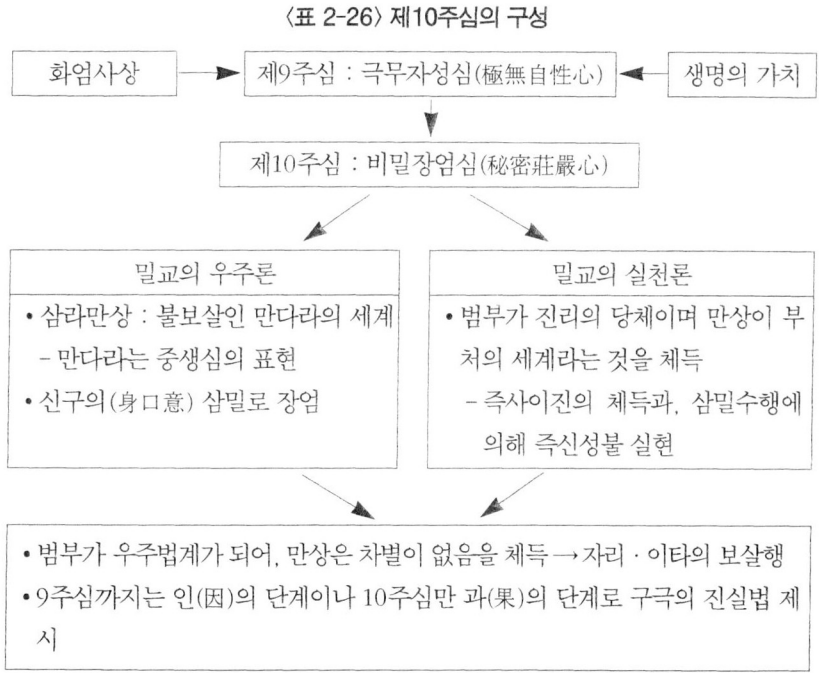

〈표 2-26〉 제10주심의 구성

● 10주심의 체계 요약

이상에서 살펴본 바와 같이 밀교의 교판은 두 종류로 체계화시켰다. 하나는 가로의 교판인 '현밀2교판(顯密二敎判)'이며, 또 하나는 세로의 교판인 '10주심교판'이다. '현밀2교판'에서는 불교를 현교와 밀교로 크게 분류하여 현교의 교리는 열등하고 밀교의 교리는 우수하다는 것을 나타내었다. 세로의 교판인 '10주심교판'은 유교와 도교를 포함하여 현교와 밀교의 관계를 체계적으로 정립한 것이다.

아래의 〈표 2-27〉은 10주심교판을 요약한 것이다.

〈표 2-27〉 10주심교판 요약

| 구 분 | | | 교 판 | |
|---|---|---|---|---|
| 현 교 | 世間 三個住心 | 一向 行惡 | 제1주심 이생저양심(異生羝羊心) | 범부가 동물인 숫양처럼 오직 식욕과 색욕에만 정신을 쏟는 마음 |
| | | 人乘 | 제2주심 우동지제심(遇童持齊心) | 인간의 도덕성에 눈뜨는 것으로 종교적 생활의 제일보의 단계 |
| | | 天乘 | 제3주심 영동무외심(嬰童無畏心) | 어린 아기나 송아지가 엄마 품에 안기듯이 두려움 없이 천국에 태어날 수 있다고 믿는 단계 |
| | 小乘 (二乘) | 聲聞僧 | 제4주심 유온무아심(唯蘊無我心) | 주관적인 아(我)는 없다고 믿어도 객관적 대상인 법(法)의 존재는 있다고 믿는 단계 |
| | | 緣覺僧 | 제5주심 발업인종심(拔業因種心) | 12연기를 닦아 무명(無明) 및 업(業)을 끊었으나 이타행〔菩薩〕은 못 하는 단계 |
| | 權大乘 (三乘) | 唯識 | 제6주심 타연대승심(他緣大乘心) | 절대의 자비심으로 대중을 구제하나 일체만유(一切萬有)에 대한 인식이 유식(唯識)으로 낮은 단계 |
| | | 三論 | 제7주심 각심불생심(覺心不生心) | 마음의 실상을 인식(일체의 상대적인 지식의 부정)하나, 진공묘유(眞空妙有)의 도리를 알지 못하는 단계 |
| | 實大乘 (一乘) | 天台 | 제8주심 일도무위심(一道無爲心) | 일체가 무(無)도 아니며 유(有)도 아닌 중도(中道)임〔三諦圓融〕을 아는 것이나 절대적인 명(明)의 단계에는 못 미침 |
| | | 華嚴 | 제9주심 극무자성심(極無自性心) | 무진연기(無盡緣起)·법계연기(法界緣起)의 경지로 인(因)이 되는 수행의 위치를 설할 수 있는 단계 |

| 밀교 | 佛乘 | 眞言 | 제10주심<br>비밀장엄심(秘密莊嚴心) | 중생이 곧 대일여래이며 우리의 현실이 곧 진리임을 여실하게 아는 마음으로 불(佛)의 경지를 설할 수 있는 단계 |

## 제3절 밀교 내에서의 종파

### 1. 태장계(胎藏界)와 금강계(金剛界)

밀교의 사상체계는 태장계와 금강계로 나눌 수 있다. 이것은 밀교의 우주관에 근거한다. 밀교는 인식의 대상인 법계(法界)와 인식의 주체인 아(我)로 나눈다. 이때 객체인 법계를 대상으로 하는 것이 태장계이며, 주체인 인간의 마음〔識〕의 단계를 대상으로 하는 것이 금강계이다.

#### 1-1. 태장계(胎藏界)

태장계의 근본경전은 『대일경(大日經)』이다. 『대일경』은 대승사상의 중론(中論)을 계승·발전시킨 것이다. 중론은 공(空)·가(假)·중(中)이라는 삼제원융(三諦圓融)의 진리를 의미한다. 공제(空諦)는 모든 존재의 입장을 부정하고 그 부정에서 모든 것을 동일한 것으로 간주한다. 이것은 소극적인 것이므로 가제(假諦)가 필요하다. 가제란 공제에 의해 일단 부정된 것을 한층 고차원의 입장에서 긍정하는 것이다. 그리고 다시 이 가제에 집착해서 현실의 전면적인 긍정에 머무르는 위험을 경계하여 가제와 공제를 상호 부정하게 되는데 이를 중제(中諦)라고 한다.

중론에서 주장하는 삼라만상의 실체는 진공묘유(眞空妙有)이다. 일체는 연기로 이루어져 자성이 없는 공(空)이나 묘하게 존재한다는 것이 진공묘유이다. 묘하게 존재하는 삼라만상의 성불(成佛)은 보리심(菩提心)

태장계 대일여래

태장계만다라

을 인(因)으로 하고 대비(大悲)를 근(根)으로 하며 방편을 구극(究極)으로 한다. 이것이 태장계의 근본사상이다. 태장(胎藏)이라는 것은 대일여래가 보리심과 대비(大悲)로 중생의 성불을 돕는 것이 마치 태아가 어머니의 태내에서 성장하는 것을 돕는 것과 같다는 의미이다. 이것을 만다라로 표현한 것이 태장계만다라이다.

1-2. 금강계(金剛界)

금강계의 근본경전은 『금강정경(金剛頂經)』이다. 『금강정경』은 대승사상의 유식사상을 계승·발전시킨 것이다. 유식론(唯識論)은 대체로 다음과 같이 설명된다. 우리들은 주위의 사물이나 외계가 그대로 실재한다고 생각한다. 그러나 유식설은 이것을 정면으로 부정하여 객체인 일체의 만유는 단지 식별에 지나지 않는다고 했다. 이들은 모두 공(空)으로 그 실체

금강계 대일여래

금강계만다라

가 존재하지 않는데 식별로 인해 존재하는 것처럼 보일 뿐이다. 이러한 주장을 발전시켜 인간의 마음에는 네 가지 단계가 있다고 주장했다. 즉 인간이 객체를 인식했을 때 나타나는 인간마음의 제반현상을 네 가지 단계로 분석한 것이 유식사상(唯識思想)이다.

유식론에서는 만상은 오로지 인간의 인식에 지나지 않는다고 주장했다. 이러한 인식은 금강(金剛)과 같은 단단한 지혜에 의해서 번뇌를 소멸하여 성불할 수 있다. 다시 말하면 금강이신 법신 대일여래의 지혜가 일체의 무명을 깨고 일체중생을 제도하는 것이 금강계의 근본사상이다. 이것을 만다라로 표현한 것이 금강계만다라이다.

## 2. 일본의 밀교종파 : 태밀(台密)과 동밀(東密)

### 2-1. 태밀(台密)

일본밀교는 태밀과 동밀로 크게 나눌 수 있다. 그것은 교판의 차이 때문이다. 이 구별은 일본의 호관사련(虎關師練, 1278~1346)으로부터 시작되었다.

태밀(台密)이란 천태밀교(天台密敎)를 줄인 말로 일본천태종의 밀교화를 의미한다. 즉 천태교학과 밀교의 융합으로 천태법화원교(天台法華圓敎)와 밀교의 일치를 설한 것이 태밀의 교학적 특색이나 실제는 밀교의 천태화(天台化)이다.

태밀과 동밀의 교판상 가장 큰 차이점은 우주의 본체는 무엇인가이다. 태밀은 우주의 본체는 아(阿)자라고 하여 아자체대설(阿字體大說)을 주장한다. 아자는 부정과 긍정의 뜻을 동시에 가지므로 두 요소가 승화하여 우주의 본체가 되는 것이다. 이것은 천태사상의 3제원융인 공(空)·가(假)·중(中)과 동일하며, 이 사상을 받아들인 것이 『대일경』이다. 따라서 태밀의 주요 소의경전은 『대일경』이다.

### 2-2. 동밀(東密)

동밀은 동사밀교(東寺密敎)를 줄인 말이다. 동사(東寺)는 교토에 있는 도우지(東寺)라는 사찰이다. 동밀은 구카이(空海)가 교판을 확립한 밀교이다. 구카이에 의하면 우주는 지·수·화·풍·공·식의 여섯 요소로 이루어졌다고 했다. 이것을 6대체대설(六大體大說)이라 한다. 6대체대설은 아자체대설을 전체적·경험적·인식론적으로 발전시킨 것이다. 따라서 동밀의 주요 소의경전은 『대일경』과 『금강정경』이다.

## 3. 1945년 이후 한국밀교의 교판 : 대한불교진각종

해방 이후의 한국밀교는 회당(悔堂) 손규상대종사(孫珪祥大宗師, 1902~1963)로부터 시작된다. 회당에 의해 1947년에 대한불교진각종이 창종된 후, 진각종에서 분파된 대한불교진언종이 1954년에, 대한불교총지종이 1963년에 설립된다. 진언종과 총지종은 근본적 교판이 아닌 수행상의 문제로 진각종에서 분리된 듯하므로 여기서는 진각종의 교판에 대해서만 서술하겠다.

### 3-1. 회당(悔堂)의 정신세계

#### 3-1-1. 근본사상 : 회말이취본(會末而就本)

회당의 근본정신은 '지말(枝末)의 활동을 통하여 근본을 실현한다'는 회말이취본(會末而就本)이다. 진각종에서는 회말이취본이 함축하고 있는 의미를 다음과 같이 세 가지로 정리하고 있다.

첫째는 본말선후(本末先後)로 '근본을 먼저 세우고 지말(枝末)은 뒤에 따른다'는 이치를 의미한다. 회당은 "불법은 체요 세간법은 그림자가 되나니, 체가 곧으면 그림자도 곧고 체가 굽으면 그림자도 굽는 것이다"라고 했다. 즉 근본인 체를 바로잡아야 지말인 세간의 생활도 바르게 된다는 의미이다.

둘째는 섭말귀본(攝末歸本)으로 '현상적 사실을 통하여 진리를 실현할 수 있다'는 의미이다. 이것은 즉사이진(卽事而眞)의 뜻을 내포하면서 실천에 중점을 두었다. 회당에 의하면 현상적 사실을 당체(當體)로 정의하면서, 당체는 그대로 법신불의 설법이라는 것이다. 따라서 현상이 진여(眞如), 즉 세속적인 삶 속에 진리가 있다면 세간의 생활을 통하여 수행하는 생활불교는 가장 가치 있는 불도(佛道)의 실천이 된다고 본 듯하다.

셋째는 본말(本末)의 이이불이(二而不二)이다. 본(本)은 보편적인 정신이요, 말(末)은 세간현상의 특수관계이다. 보편은 하나[一]의 원리이고, 특수는 보편이 다양하게 전개된 모습[多]이다. 보편적인 근본원리는 다양한 현상 속에 내재하여 있고, 특수한 지말은 보편적 원리의 구체적 활동상이다. 따라서 보편적 근본원리는 특수한 지말이 없이는 나타날 수 없고, 특수한 지말현상은 보편적 근본원리가 없이는 존재할 수 없다. 이러한 근본과 지말의 관계는 둘이면서 둘이 아닌 관계이다. 이것은 일즉다(一卽多), 다즉일(多卽一)의 원융무애(圓融無碍)와 동일한 개념으로 보인다.

회당의 근본사상인 회말이취본(會末而就本)은 밀교의 근본이념인 즉사이진(卽事而眞 : 우리가 살고 있는 현실[事]이 진리의 세계이다.)과 당상즉도(當相卽道 : 현상은 곧 진리이다.)의 개념을 내포하면서 보다 폭넓은 의미로 전개하였다. 또한 즉사이진이나 당상즉도가 관념적이라면 회말이취본은 실천수행에 중점을 두었다는 것에 특징이 있다.

이러한 관계를 다음의 〈표 2-28〉에 요약했다.

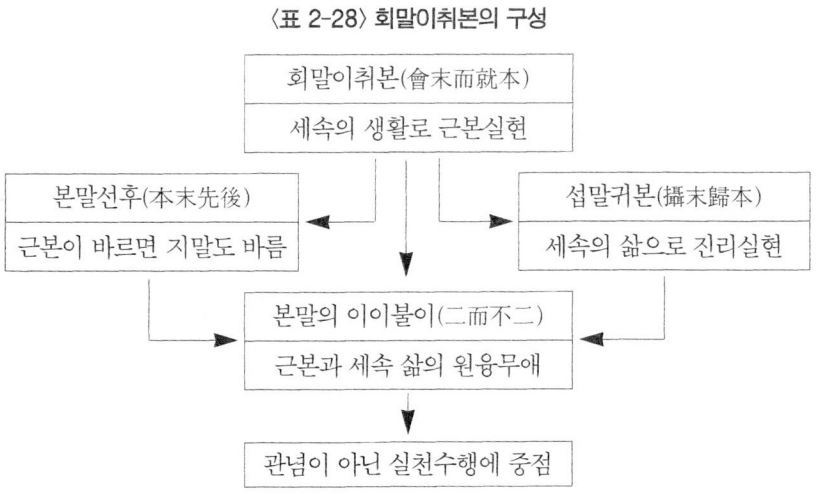

〈표 2-28〉 회말이취본의 구성

제2장 밀교의 교판론(敎判論) 149

### 3-1-2. 실행론(實行論) : 이원원리(二元原理)

회당의 회말이취본은 관념적인 이론이 아니라, 일상생활 중에서 실천을 강조한 것이다. 즉 지말의 활동을 통하여 근본을 실현한다는 것으로, 실천의 중심은 지말(枝末)인 세속의 활동이다. 지말의 활동을 바람직하게 하는 것이 근본의 이상을 실현하는 것이다. 그러므로 지말의 활동은 항상 근본을 지향하는 것이어야 한다. 여기서 근본은 평등한 보편성이고 지말은 차별적 특수상이다. 지말은 현상의 세계이다. 이 세계는 다양하고 차별적이다. 이러한 현상세계의 양상과 속성을 회당은 이원원리(二元原理)라는 술어로 표현했다. 여기서의 이원이란 본체론적인 이원이 아니라 다양한 현상의 상대성을 말하는 것으로 헤겔의 변증법적 사고이다.

회당은 이원원리가 다양한 세속의 속성을 나타낸다고 하면서 이 속성에 따라 생활해야 한다는 것을 강조하고 있다. 이원원리란 실천원리로, 회당은 세 가지 단계가 있다고 했다. 그 첫 번째가 이원상대원리(二元相對原理)이다. 이것은 화엄의 무진연기(無盡緣起)처럼 독존적(獨尊的)이며, 획일적인 것은 있을 수 없다는 의미이다. 그래서 회당은 획일이 아니라 상대를 세우라고 했다. 이때의 상대는 다양성이다. 둘째는 이원전문원리(二元專門原理)이다. 연기적 현상을 표현한 이원은 반드시 특수한 가치를 가지는 것을 말한다. 서로 특수한 가치를 가지므로 이원전문은 종속적인 관계가 아니라 평등한 관계가 된다. 세속의 모든 다양한 현상에서의 상대는 존립할 고유의 가치와 중심이 있기 때문에 분화와 협동이 가능하여 전체적으로 조화로운 발전을 이룰 수 있다. 셋째는 이원상보원리(二元相補原理)로, 보편과 특수는 상호보완적인 관계를 가진다는 의미이다. 이것을 회당은 '상호반영 상호영향'이라 말하고 있다. 이것은 부족한 부분을 채워주는 긍정적인 발전, 그리고 조화와 공존을 지향하는 정신이다.

이러한 관계를 다음의 〈표 2-29〉에 요약했다.

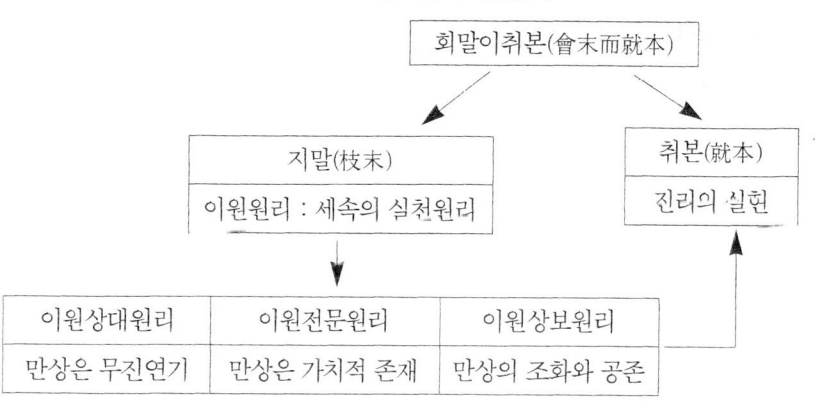

〈표 2-29〉 회당사상의 이원원리

3-2. 회당사상의 체계

　회당은 회말이취본(會末而就本)과 이원원리를 불교의 불신관(佛身觀)에 적용하여 기존의 현교와 밀교와는 다른 근본적인 변화를 추구하였다. 현교에는 불·법·승 삼보가 있다. 이때 불(佛)은 일체의 부처이고, 법(法)은 부처님이 설한 교법(敎法)이며, 승(僧)은 교법에 따라 수행하는 스님을 말한다. 그러나 진각종에서의 불(佛)은 법신의 정신이고, 법(法)은 법신으로부터 전개되는 당체설법(當體說法)이며, 승(僧)은 법신의 구체적인 활동체인 자성법신(自性法身)이다. 따라서 자성법신의 실현을 통해 법신정신을 구현할 수 있다.

　자성법신은 회당의 『실행론』에 다음과 같이 언급되어 있다. "비로자나 부처님은 시방삼세 하나이라, 온 우주에 충만하여 없는 곳이 없으므로 가까이 곧 내 마음에 있는 것을 먼저 알라." 이렇듯 바로 내 마음에 계시는 부처님이 자성법신이라는 것을 피력하였다. 이때의 자성법신을 중생의 입장에서 심인(心印)이라 부른다. 심인은 참회에서부터 시작된다. 즉 현실의 고통인 병(病)·가난〔貧〕·투쟁〔爭〕이라는 문제의 해결을 위해 참회를 한다. 참회에 의해 밝혀지는 마음의 경지, 또는 인간심성의 본성을 심인이라 하여 교화의 중심개념으로 정립하였다.

심인 또는 자성법신이라는 말은 개념적이요, 관념적이다. 밀교에서는 관념적인 것을 지양하여 구체적인 모습으로 나타낸다. 그래서 회당은 심인의 구체적 양식에 대해서 다음과 같이 말했다. "심인은 곧 다라니를 내 마음에 새겨 있는 불심인인 삼매왕을 가리켜서 말함이요, 삼밀로써 내 마음에 항상 심인을 새겨 가져 실상같이 자심 알아 내 잘못을 깨달아서 진심으로 참회하고 실천함이 정도이니라." 여기서 심인을 다라니(다라니는 긴 문장, 진언은 짧은 문장으로 구분하나 여기서는 동일한 뜻으로 사용)로 구체화한 것이다.

심인(心印)에서 심(心)이란 중생에게 본래부터 갖추어진[本具] 법신을 뜻한다. 또 법신인 비로자나불의 지혜를 구분하여 네 분의 부처로 상징하였으니, 심(心)은 비로자나불을 포함하여 다섯 분의 부처로 형상화하였다. 이러한 오불(五佛)의 세계는 인간심성의 본성이고, 진리·진여이며, 이판(理判)의 세계이다.

밀교에서 인(印)이란 법계의 표치(標識)이다. 즉 우주의 실상을 상징하는 것이다. 그러나 진각종에서는 심인에서 인(印)은 중생이 본래부터 갖춘 법신에 도달하려는 방법을 뜻한다. 그 수단으로서 진언이 사용된다. 진언은 두 가지의 의미가 있다. 첫째는 부처세계의 상징으로 진언이 사용된다. 진리·진여인 부처의 세계는 말이나 글로써 표현할 수 없다[言語道斷 不立文字]. 따라서 진언이라는 상징으로 나타낼 수밖에 없다. 진언의 둘째 의미는 세속의 중생을 부처의 세계로 인도하는 역할이다. 회당은 진언을 진여의 세계, 즉 법신불로 인도하는 상징으로 사용하였다.

인(印)의 정적인 상태를 삼매왕(三昧王)이라 한다. 삼매란 산스크리트어로 삼마지(samādhi)이다. 사마디, 삼매의 뜻은 '마음을 한곳에 머물게 하여 산란하지 않는 마음', 즉 정신통일이다. 삼매왕이란 삼매 중의 왕이란 뜻으로 좌선(坐禪) 또는 염불을 말하기도 한다. 결국 진각종에서 인(印)이란 좌선과 진언을 통해 깨달음[覺]의 세계인 본심으로 들어가게 한다. 다시 말하면 세속생활[事]을 하면서 '옴마니반메훔'이라는 육자진언[印]을 통해 나의 본심[眞]인 심(心)과 일체[覺]가 되었을 때 진각(眞覺)이 된다. 결국 진각이란 심인에 의해 성취되는 수행의 가장 바람직한 상태이다. 이것을 인격적 개념으로 보아서 진각님이라 기도하는데, 법신부처님과 같은 뜻이다.

이로써 회당은 심인을 수행의 중심개념으로 하면서 진각을 교화의 목표로 내세웠다. 즉 진각이란 심인을 밝힘으로써 성취되는 깨달음의 상태이다. 이때의 진각이 존재론[體]·인식론[相]·가치론[用]의 사상을 갖춤으로써 진각종의 밀교적 체계가 완성된다. 여기서 존재론인 체(體)는 진(眞)의 의미로 본각(本覺)이다. 이때 진은 진여법성(眞如法性), 즉 법신의 경지 그 자체로서 법계진각님으로 기도한다. 인식론인 상(相)의 진각은 깨달음의 상태이다. 가치론인 용(用)의 진각은 화신으로서 성불의 경지를 의미하며, 이를 인격화하여 자성법신이라 부른다.

이 관계를 〈표 2-30〉으로 나타내었다.

### 3-3. 진각종(眞覺宗)의 교판

#### 3-3-1. 현밀2교판 : 근본교판

위와 같은 회당사상의 확립에 의해 진각종의 교상판석을 확립할 근간이 마련되었다. 종파를 세우기 위한 교판에서 우선으로 해야 할 것은 현교와 밀교를 구분하는 근본교판이다. 이에 따라 1957년 회당은 진각종이 밀교임을 선언했다. 즉 교주를 법신 비로자나불로 하고, 육대(六大)·사만(四曼)·삼밀(三密)을 체(體)·상(相)·용(用)으로 하는 밀교의 교리체계를 확립했다. 회당의 사상에 의하면 설법의 교주는 비로자나 부처이다. 진

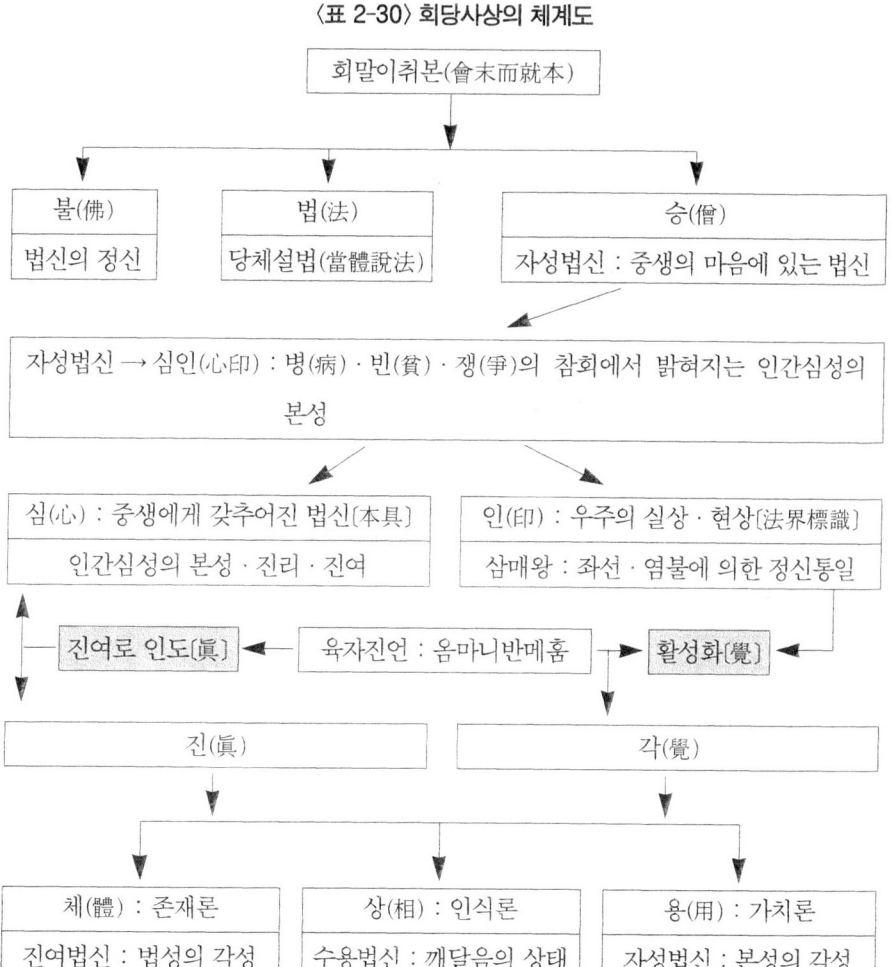

〈표 2-30〉 회당사상의 체계도

각종의 설법방법은 부처님의 설법으로 이루어지는 것이 아니라 자기 자신의 지혜에 의해 깨달음을 얻는다. 이것은 과분가설(果分可說)이요, 자내증법(自內證法)의 가르침이니 진실로 비밀의 가르침이다. 수행의 방법은 밀교의 삼밀가지(三密加持)를 택하였다. 신밀에 의한 지권인(智拳印)과 좌선, 그리고 구밀(口密)에 의한 옴마니반메훔의 육자진언과 관법을 통해 부처(心·眞)와 내(印·覺)가 일체가 되는 수행의 방법을 취한 것이다. 성불의 빠르기도 밀교의 삼밀관행(三密觀行)을 취하여 이 몸 이대로, 지금 바로 성불하는 즉신성불(卽身成佛)이다. 이것을 종합하면 진각종은 밀교의 교판을 취하고 있다.

참고로 현교와 진각종의 교판을 아래의 〈표 2-31〉에 비교해 놓았다.

〈표 2-31〉 현교와 밀교인 진각종의 비교

| 구 분 | 설법교주 | 설법의 방법 | 수행의 방법 | 성불의 빠르기 |
|---|---|---|---|---|
| 현 교 | 석가모니불 〔化身〕 | 방편설법· 인분가설 | 6바라밀수행 | 신만·왕생· 견성성불 |
| 진각종 | 비로자나불 〔法身〕 | 자내증법· 과분가설 | 삼밀가지수행 | 즉신성불 |

### 3-3-2. 밀교 내에서의 교판

● 진각종의 소의경론(所依經論)

종단의 소의경전과 논장(論藏)은 그 종단의 교리체계를 밝혀주는 근거이다. 진각종의 소의경전은 『대일경(大日經)』·『금강정경(金剛頂經)』·『대승장엄보왕경(大乘莊嚴寶王經)』이며, 논장은 『보리심론(菩提心論)』·『실행론』·『종조법전』이다.

원명이 『대비로자나성불신변가지경(大毘盧遮那成佛神變伽持經)』인 『대일경』은 밀교종단의 교판 확립에서 교리의 근간을 제공하고 있다. 『대일경』은 크게 세 부분으로 나뉜다. 첫째 부분은 총괄적 교리인 정보리심(正菩提心)과 3구사상(三句思想)을 설했다. 둘째 부분은 여래의 세계를 태장만다라로 나타내고, 불보살의 진언과 아자체대관 및 인계에 의한 불법의 표현을 나타내었다. 셋째 부분은 삼매법과 호마법 등 수행에 관해 설하고 있다. 이러한 내용의 『대일경』에서 진각종의 교판으로 삼은 것은 밀교에 관한 일반적 교리라고 추정된다.

『금강정경』이란 단일경전이 아니라, 18곳의 다른 장소에서 설했던 10만 송의 내용들을 집대성한 것이다. 그중에서 첫 번째 경전이 『진실섭경(眞實攝經)』이다. 이 경전을 일반적으로 『금강정경』이라 부른다. 『금강정경』은 교리와 의궤로 구성되어 있다. 교리는 유가행(瑜伽行) 유식(唯識)의 법리를 계승하고 있으며, 의궤는 금강계만다라의 세계를 체득하기 위한 관상법과 실수법을 설하고 있다. 또 의궤 안에는 지권인(『대일경』은 선정인의 비로자나불)의 비로자나불과 5불(五佛) 37존, 그리고 각종 진언과 관법, 삼밀행 등의 내용이 들어 있다. 이러한 『금강정경』의 내용 중에서 대비로자나불을 비롯한 5불 및 37존의 의궤와 수행법을 중심으로 진각종의 교리가 형성되었다.

『대승장엄보왕경』이 진각종의 소의경전으로 채택된 것은 진각종의 본존(本尊)인 옴마니반메훔이라는 육자대명왕진언(六字大明王眞言)의 기원을 밝혀주는 최초의 경전이기 때문이다.

『보리심론』은 『열반경』·『무량수경』·『화엄경』 등 현교경전을 인용하여 보리심의 실체를 정의하고, 『대일경』·『금강정경』의 밀교경전에서 설하는 삼밀(三密)·아자관(阿字觀)·월륜관(月輪觀)·오상성신관(五相成身觀) 등을 인용해서 보리심의 구체적인 체득방법을 제시하고 있다. 따라서 이 논은 진각종의 교판에서 현교와 밀교의 역할을 규정짓게 하는 근거를 제공하고 있다.

『실행론』은 회당대종사가 육자심인을 깨친 후 가난과 병고의 불화(不和)의 고통에서 중생들을 해탈시키기 위하여 교화하는 중에 설한 『법구경』 형태의 법문집이다. 『실행론』은 부처님의 진실한 법은 일상생활 속에 그대로 있다는 것을 강조한 내용으로 구성되어 있다.

『종조법전』은 회당대종사가 육자진언의 묘리를 중심으로 밀교 중흥과 현세정화를 위하여 설한 서술식의 법문집이다.

이와 같은 경론들에 의해 육자진언염송으로부터 육대·사만·삼밀의 체·상·용의 교리체계와 금강계삼십칠존 예참과 보리심의 체득법을 제시하면서 진각종의 교판확립이 이루어지게 되었다.

참고로 대한불교진각종과 일본 진언종의 소의경전을 아래의 〈표 2-32〉에 제시하였다.

〈표 2-32〉 진각종과 진언종의 소의경론

| 경론(經論) | 대한불교진각종 | 진언종(일본) |
|---|---|---|
| 경(經) | 『대일경』·『금강정경』·『대승장엄보왕경』 | 『대일경』·『금강정경』·『소실지경』·『유지경』·『요략염송경』 |
| 논(論) | 『보리심론』·『실행론』·『종조법전』 | 『보리심론』·『석마하연론』 |

● 진각종의 교판

밀교의 형이상학(形而上學)은 존재론인 체(體)와 인식론인 상(相)과 가치론인 용(用)으로 체계를 세운다. 체상용 3대설(三大說)은 아슈바고샤[馬鳴]가 편찬한 『대승기신론(大乘起信論)』을 밀교적으로 해석한 『석마하연론(釋摩訶衍論)』에 언급되어 있다.

밀교의 체(體)는 유식(唯識)의 『금강정경』 및 중관사상(中觀思想)의 『대일경』을 종합한 6대체대설(六大體大說)과 중관사상의 아자체대설(阿字體大說)이 있다. 진각종은 대비로자나불을 중심으로 5불(五佛)·5지(五智)의 교설을 채용하면서 6대체대설을 체(體)로 수용하였다. 6대체대설에서 체(體)는 부처의 세계이다. 부처의 세계가 현상으로 나타나는 것이 인식론인 상(相)이다. 진각종의 상(相)은 부처의 세계를 4개의 만다라로 표현한 4만상대론이다. 부처의 활동[用], 즉 작용은 가치론이다. 진각종에서의 용(用)은 3밀용대론(三密用大論)이다.
이러한 관계를 아래의 〈표 2-33〉으로 요약하였다.

**〈표 2-33〉 진각종의 세계관**

| 체(體 : 본체) | 상(相 : 현상) | 용(用 : 작용) |
|---|---|---|
| 존재론 → 불신론(佛身論) | 인식론 → 만다라 | 가치론 → 수행론·성불론 |
| 6대체대설(六大體大說) | 4만상대론(四曼相大論) | 3밀용대론(三密用大論) |

위 세 영역은 모두 '진각종의 형이상학적(形而上學的) 체계'에 속한다.

 진각종은 이러한 밀교의 체계와 수행법을 채용했으나 일본의 진언종을 비롯한 기존 밀교의 복잡하고 다양한 수행법과 의례의식은 회당이 전개한 진각종과는 거리가 있다는 것을 알았다. 그래서 회당은 사상체계와 신앙양식을 새로이 조직했다. 즉 심인정법에 적합한 관법과 수행법을 창안한 것이다. 회당이 창안한 수행법은 『대승장엄보왕경』을 받아들여 육자진언(六字眞言)과 금강지권인을 요소로 하는 방법이다.
 진각종의 불신(佛身)은 다른 종파와 다르게 교주(敎主)와 본존(本尊)으로 구분하였다. 교주는 대비로자나불이며, 본존은 수행본존으로 육자진언이다. 진각종의 교주는 중생에게 본래부터 갖추어진 본성[心]이다. 이것은 우주만상의 본성인 법(法), 즉 진여의 세계와 동일하다. 교주인 우주만상의 법계[法]는 체상용으로 형성되어 있다. 체(體)는 법신불인 자성법신이며, 상(相)은 법신불의 설법인 당체설법이다. 용(用)은 법신불의 자각인 즉신성불이다.
 진각종에서는 육자진언을 수행본존으로 모신다. 원래 본존은 본유(本有)라고도 하는데 산스크리트어 스바데바(svadeva)를 의역한 것이다. 이 말은 '출세간(出世間)에서 가장 뛰어나서 최고로 존경하는 분'이란 뜻이다. 구카이[空海]가 말하기를 "자신의 마음이 실상이며 실상은 본존이니 본존불은 곧 나 자신의 마음이다"라고 했다. 진각종에서도 교주와 본존을 구분하여 교주를 만상의 본성·본심 그 자체로 하고, 본존은 본심진언인 옴마니반메훔으로 하였다. 혜정은 『밀교강좌』에서 "옴마니반메훔은 원래 법신불의 본심진언이다. 그러나 본심진언은 법신불의 소리이면서 우주자연의 소리이기 때문에 온 우주에 충만하여 천지에 아니 산 곳이 없다. 따라서 이 소리는 보살의 본심진언이요, 중생의 본심진언이기도 하다"라고 했다. 즉 부처님이 말씀하시기를 "삼라만상은 곧 나요, 내가 곧 삼라만상이다"라고 했으니, 삼라만상이요 당체의 일원인 수행자도 본심진언이 있을 수밖에 없다. 그러므로 법신불의 본심진언이 나의 진언이며, 나의 소리가 곧 법신불의 소리가 되는 것이다.

진각종에서 육자진언을 본존불로 했을 때 그 성격은 중생의 본심진언이다. 이때 옴마니반메훔 그 자체는 중생의 본체가 되며, 육자진언의 내용은 본심이 나타난 현상이다. 만상이 부처의 설법이라 했듯이 육자진언은 부처의 설법이면서 그 여섯 자 안에 모든 불경의 내용을 가지고 있다. 그래서 육자총지문(六字總持門)이라 하는 것이다. 육자관(六字觀)은 중생의 용(用)으로 관념과 수행을 위해 조직된 것이다.

〈그림 2-1〉은 진각종의 육자관념도(六字觀念圖)를 나타낸 것이다.

육자관념도는 중생의 마음속에 있는 자성부처[印]와 삼라만상의 법신부처[心]를 일치시키기 위해 사용된다. 즉 법계의 모든 부처와 집금강보살을 수행자의 몸에 정좌시키기 위하여 명호를 부르면서 자기 몸의 여섯 부위에 점안을 한다. 이것은 법계의 모든 불보살과 중생 내심의 불보살을 일치시킨다는 의미이다.

5불(五佛)과 제집금강보살(諸執金剛菩薩)을 점안하여 모시는 순서는 우리 몸의 중앙인 배꼽 부분에 비로자나불, 그 왼편에 아축불, 명문에 보생불, 오른편에 아미타불, 단전에 불공성취불, 그리고 인후에 금강보살을

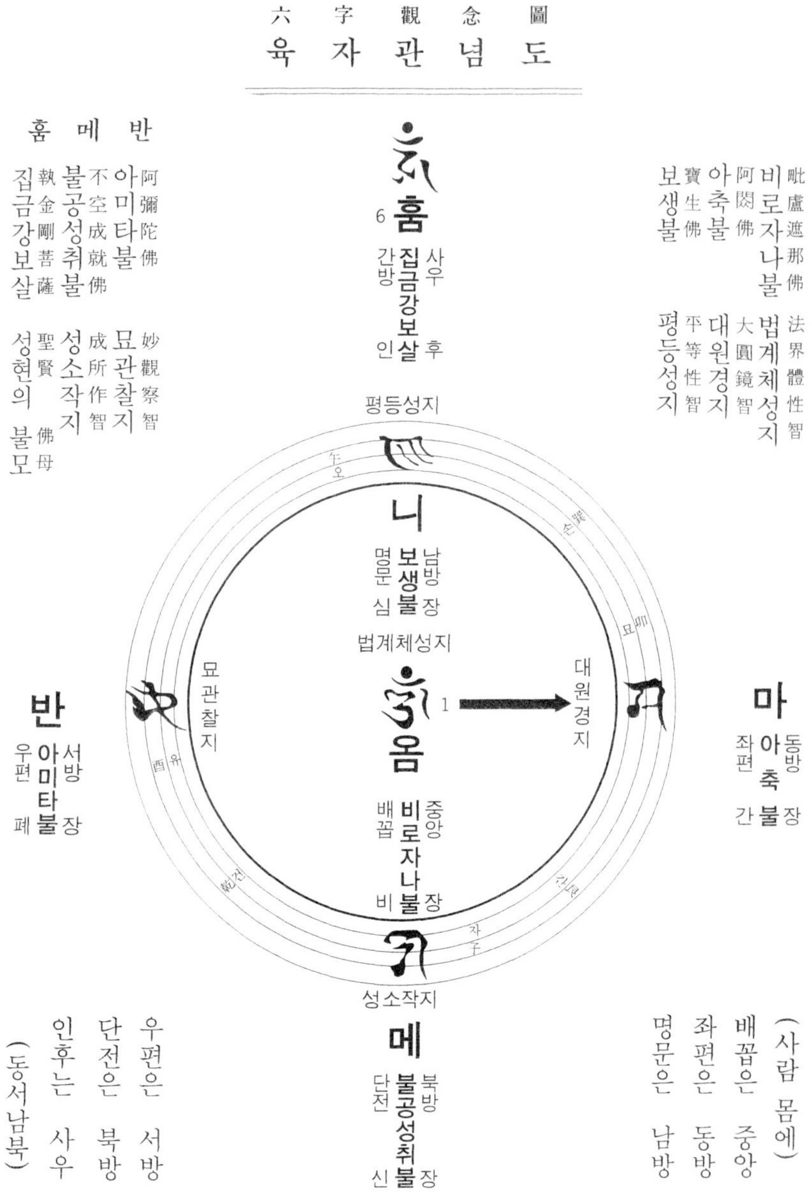

## 六字觀念圖
## 육자관념도

**훔 메 반**

집금강보살 執金剛菩薩
불공성취불 不空成就佛
아미타불 阿彌陀佛

성현의 불모 聖賢의 佛母
성소작지 成所作智
묘관찰지 妙觀察智

**훔** 6
간방 집금강보살 사우 인후

평등성지

**니**
명문 보생불 남방 심장

법계체성지

**옴** 1 → 대원경지

배꼽 비로자나불 중앙 비로자나불장

**메**
단전 불공성취불 북방 신장

성소작지

**반**
우편 아미타불 서방 폐장

**마**
좌편 아축불 동방 간장

비로자나불 毘盧遮那佛
아축불 阿閦佛
보생불 寶生佛

법계체성지 法界體性智
대원경지 大圓鏡智
평등성지 平等性智

(사람 몸에)
배꼽은 중앙
좌편은 동방
명문은 남방

우편은 서방
단전은 북방
인후는 사우
(동서남북)

〈그림 2-1〉 육자관념도

부르면서 각각 점지한다. 이것은 법신으로 화현하신 다섯 부처와 제집금강보살들을 관행(觀行)하는 나 자신이 하나 됨을 뜻하는 것이다.

이러한 관계를 아래의 〈표 2-34〉로 요약하였다.

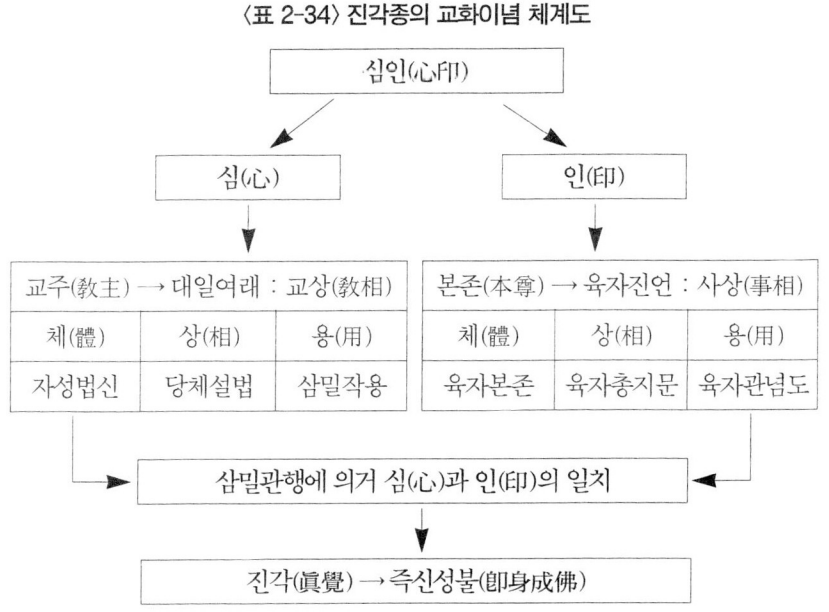

〈표 2-34〉 진각종의 교화이념 체계도

회당은 석가모니불이 입멸할 때의 유언인 자등명(自燈明)·법등명(法燈明)의 근본불교 사상을 추구하였다. 자등명·법등명이란 석가모니불의 다음과 같은 말에서 나왔다.

"아난다여, 자기를 근거로 하고 자기를 의지처로 하여 남을 의지하지 말 것이며, 법(法)을 근거로 하고 법을 의지처로 하여 다른 것을 의지함이 없도록 하라."

석가모니불의 유언에 의하면 의지처의 대상으로 불상을 만들지 말고 오로지 불법과 자신 속에 있는 불성을 의지처로 하라는 뜻일 것이다. 또 이러

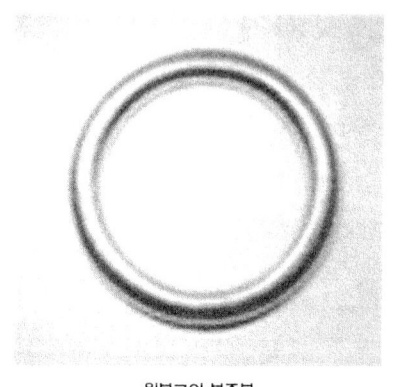
원불교의 본존불

진각종의 본존불

한 사상은 『금강경』과 『화엄경』의 4구게(四句偈)에서도 계승되고 있다.

『금강경』 4구게

| | | |
|---|---|---|
| 범소유상 | (凡所有相) | 무릇 있는 바의 형상이 |
| 개시허망 | (皆是虛妄) | 모두 허망한 것이니, |
| 약견제상비상 | (若見諸相非相) | 만약 모든 형상이 형상이 아님을 보면 |
| 즉견여래 | (卽見如來) | 곧 여래를 보리라. |

『화엄경』 4구게

| | |
|---|---|
| 약인욕료지(若人欲了知) | 만일 어떤 사람이 |
| 삼세일체불(三世一切佛) | 삼세 일체 부처님을 알고자 한다면, |
| 응관법계성(應觀法界性) | 마땅히 법계의 본성을 관해서 |
| 일체유심조(一切唯心造) | 모든 것은 오직 마음[因緣]이 지었음을 알아야 한다. |

※ 여기서 심(心)은 마음으로 해석하나 마음의 모든 것을 만든다면 마음이 유일신이 되므로 『화엄경』의 법(法) 또는 인연(因緣)이 되어야 할 것이다.

4구게에 의하면 나무로 만든 목불(木佛)이나 돌로 만든 석불(石佛) 등은 진실한 부처의 모습이 아니다. 이러한 불상을 보아야 신심을 일으키는 사람들은 근기가 낮은 중생일 뿐이다. 불상은 하나의 방편에 지나지 않는다. 따라서 모든 부처는 마음으로 보아야만 한다. 이러한 원리에 의하면 법당에 모신 법신불이 참으로 법신이라면 사람의 형상을 하고 있는 등신불(等身佛)일 필요가 없다. 그래서 과감하고도 혁신적인 발상으로 등신불을 추상화히여 원불교에서는 원(圓)으로, 진각종에서는 옴마니반메훔을 본존불로 하고 있다. 이것이야말로 석가모니불이 말한 자등명(自燈明)·법등명(法燈明)에 충실한 것으로 믿어 의심하지 않는다.

# 제3장 밀교의 본체론

## 제1절 밀교사상의 체계

### 1. 『대승기신론』에 의한 밀교철학의 체계확립

불교의 중심관념은 다르마(法)의 사상이다. 산스크리트어 다르마(Dharma)는 네 가지의 의미가 있다. 첫째는 법칙 또는 질서이며, 둘째는 존재 또는 대상이다. 셋째는 교리 또는 교훈이며, 넷째는 진리 또는 진여의 의미이다. 여기서 말하는 법의 본질적 의미는 넷째인 진여의 의미이다. 대승불교 특히 밀교는 법(法)의 관념에 의해 발전했기 때문에 법을 이해하는 것이 가장 중요하다. 이 법에 대해서 가장 합리적이고 명쾌한 해답을 주는 것이 『대승기신론』이다. 따라서 지금부터 『대승기신론』에 의거 밀교사상의 체계를 분석한다.

#### 1-1. 『대승기신론』의 저자와 원효의 소(疎)·별기(別記)

『대승기신론』은 인도 또는 중국의 누구에 의해 찬술된 것인가 하는 논쟁이 있지만 대체로 인도의 아슈바고샤(馬鳴)가 저술한 것으로 알려져 있다. 찬술한 시기도 이설이 많으나 현재 남아 있는 『대승기신론』 한역본(漢

譯本)의 관계자들 모두 똑같이 불멸 후 600년 설을 주장하고 있다. 따라서 아슈바고샤는 나가르쥬나(龍樹, 150~250)보다 다소 앞선 것으로 추정된다. 『대승기신론』은 산스크리트어로 된 책은 없고 다음과 같이 두 종류의 한역본이 남아 있다.

① 구역(舊譯) 『대승기신론』: 진제(眞諦)가 550년에 번역.
② 신역(新譯) 『대승기신론』: 실차난타(實叉難陀)가 8세기 초에 번역.

『대승기신론』은 진제가 번역한 후 이에 대한 주석서를 낸 것은 수나라의 담연(曇延)을 효시로 하여 혜원·지엄 등이 있다고 전해진다. 『대승기신론』의 주석서로서 가장 뛰어난 것은 원효대사의 소(疏)·별기(別記)이다.

1-2. 『대승기신론』의 체계

1-2-1. 『대승기신론(大乘起信論)』의 의미
원효는 『대승기신론』의 의미를 다음과 같이 풀이했다.
- 대(大) : 널리 모든 것을 포용한다는 의미.
- 승(乘) : 진리를 수레로 비유한 것.
- 기(起) : 사람들로 하여금 믿음(信)을 일으키게 하는 것.
- 신(信) : 결정적으로 '그러하다' 하고 말함을 가리킴.
- 론(論) : 사람들이 그것을 기준으로 삼아 따라갈 만한 설명문.
이것을 종합하면 대승(大乘)이란 '두루 모든 것에 미치는 진리는 중생을 차안에서 피안으로 실어 나른다'는 의미로서 이 논의 체(體)이다. '믿음을 일어나게 한다'는 기신(起信)은 '논(論)'의 수승(殊勝)한 기능으로

원효대사 영정

용(用)에 해당한다. 결국 대승기신론(大乘起信論)이란 책명은 불교의 체용(體用)을 나타낸 것이다.

### 1-2-2. 『대승기신론(大乘起信論)』의 체계

원효는 대승에 대해서 다음과 같이 말했다. "일체의 사물현상들은 모두 별개의 실체를 가진 것이 아니라 마음을 씀에 따라 그것이 나타난다. 그러므로 대승의 본질은 중생의 마음〔衆生心〕이라고 하는 것이다." 즉『대승기신론』은 마음의 이치를 풀이하는 것이다.

『대승기신론(大乘起信論)』에서는 마음〔一心＝法〕을 진여문(眞如門)과 생멸문(生滅門)의 두 가지 측면으로 나눈다. 대승의 본질은 우리들 중생에게 감추어진 부처의 마음〔如來藏心〕 그 자체이다. 그 마음에는 확고부동(確固不動)한 본체와 변화하는 현상의 두 가지 측면이 있다. 이때 본체를 진여문이라 하고, 현상을 생멸문이라고 한다. 두 문(門) 중에서 진여문은 다시 체대(體大)와 상대(相大)로 나누며, 생멸문은 용대(用大)로 보는 것이다. 이것을 일심(一心) 이문(二門) 삼대(三大)라 한다.

〈표 3-1〉에 『대승기신론(大乘起信論)』의 체계를 나타내었다.

체(體)란 참되고 한결같은 근원이라는 뜻이다. 근원으로부터 일체의 현상이 나온다. 일심(一心)이라는 큰 수레〔大乘〕는 그 본체가 크다. 그래서 체대(體大)라 한다. 즉 체대(體大)에서 대(大)는 주변(周遍)이란 뜻으로 진여는 법계(法界)에 두루 미치지 않는 것이 없다는 의미이다. 일심(一心)의 본체는 일체의 사물과 더불어 있으며 순수하고 영원히 변하지 않는다. 언제나 하나이고 늘어나거나 줄어드는 일도 없으며〔不增不減〕, 어떠

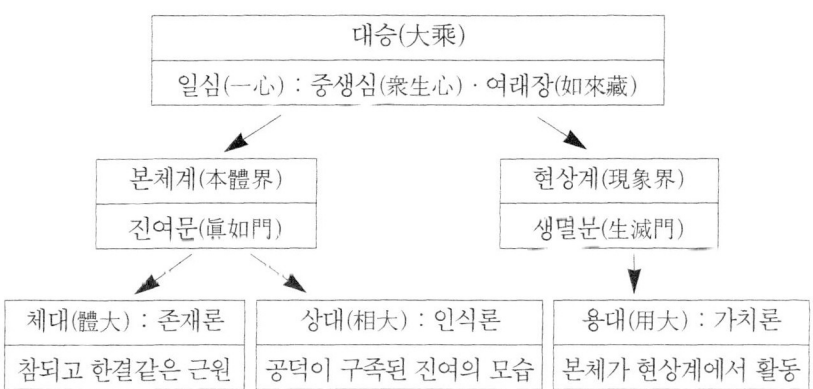

〈표 3-1〉 일심(一心) 이문(二門) 삼대(三大)의 체계

한 차별도 없다.

　우주[一心]의 모습인 상(相)은 그 모양이 커서 상대(相大)라 한다. 그래서 상(相)을 "한없이 많은 공덕이 구족(具足)되어 있는 것이며, 그것은 여래장이다"라고 『대승기신론』 본문에서는 말했다. 이것은 절대계(絶對界)인 체(體)의 속성 또는 모습[樣相]을 말한 것이다. 원래 상(相)은 세속을 떠난 체의 속성이어서 언어로 표현할 수 없으나 세속적인 조건에 의해 상상하여 설명할 수밖에 없다. 그래서 원효는 마음의 근원적인 모습을 ① 대지혜(大智慧), ② 만상을 남김없이 비추는 것, ③ 있는 그대로 진실히 분별하고 아는 것, ④ 그 본성이 깨끗하고 변함이 없는 것, ⑤ 그 스스로 존재하는 것으로 묘사하고 있다.

　본체인 우주[一心]가 현상계에 나타나 생명력의 발동을 일으키는 것을 용(用)이라 한다. 체(體)의 움직임인 용(用)은 그 능력이 커서 용대(用大)라 한다. 그것은 중생의 마음속에 깊숙이 숨어 있으면서 외계의 사물을 통하여 물질은 물론 정신적인 모든 훌륭한 작용을 다 일으킨다. 따라서 용(用)은 어느 객체로부터 오는 것이 아니라 우리 마음의 본체인 중생심(衆生心)에서 솟구쳐 올라와 우리를 진리의 세계로 인도해 주는 것이다.

결론적으로 말하면 중생의 마음에는 체·상·용의 삼대(三大)가 있다. 이 삼대는 중생을 진여(眞如)의 세계로 날라다주는 큰 탈것〔大乘〕으로 바로 중생심을 말한다. 따라서 나 자신에게 있는 중생심을 의지처〔大乘〕로 삼아 성불(成佛)로 이끄는 것이 『대승기신론(大乘起信論)』이다.

2. 밀교의 체계

모든 종교 또는 철학사상은 존재론〔體〕·인식론〔相〕·가치론〔用〕으로 체계를 세운다. 밀교도 『대승기신론』에서 확립한 체(體)·상(相)·용(用)에 의거하여 체계가 세워진다.

밀교의 체는 아자체대설(阿字體大說)과 6대체대설(六大體大說)로 나누어진다. 아자체대설은 대승불교의 중관사상을 이어받은 『대일경』 계통의 설로 일본의 태밀(台密)에서 도입하였다. 6대체대설은 유식사상을 이어받은 『금강정경』 계통의 설로 일본의 동밀에서 채용한 것이다. 즉 동밀은 6대체대설을 존재론인 체(體)로 삼고, 4만상대론(四曼相大論)을 인식론인 상(相)으로 삼고, 3밀용대론(三密用大論)을 가치론인 용(用)으로 삼았다.

아래의 〈표 3-2〉에 밀교의 체계를 요약하였다.

〈표 3-2〉 밀교의 체계

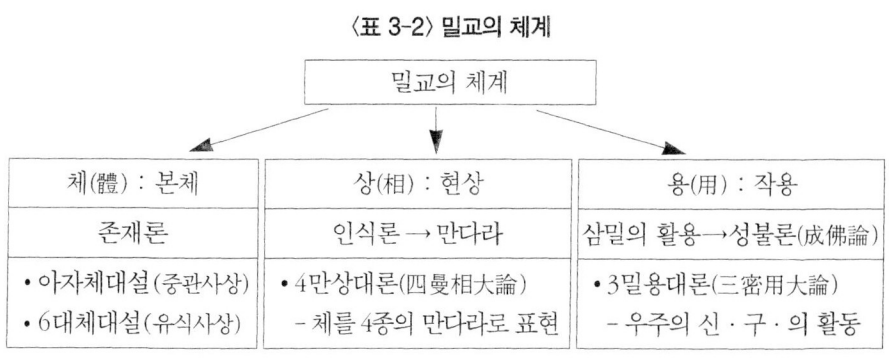

## 제2절 아자체대설(阿字體大說)

1. 우주의 언어학적(言語學的) 표현

1-1. 고대 인도인의 우주창조 신화

우주의 본체론적 설명은 진리의 세계와 마찬가지로 정상적인 언어나 문자로 표현할 수 없다. 때문에 설화나 신화를 통한 상징으로 우주에 관한 철학적 성찰(省察)을 하게 되는 것이다. 고대의 인도인들도 신화에 많은 신들을 등장시켜 신화적 세계관을 전개하는 한편 신화의 배후에 있는 세계원리를 추구하고 있다.

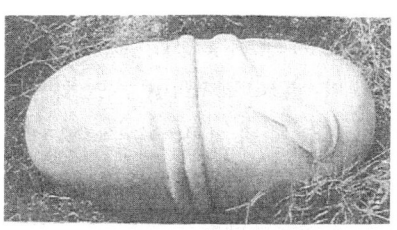

우주란(宇宙卵)

리그-베다 중에서 황금색 우주의 알에 관한 신화는 우주창조를 내용으로 한다. 이 신화에 등장하는 황금색 우주알은 불의 상징이다. 이 알이 1000년 동안 물 위를 떠다니고 있다가 알이 깨지면서 우주의 지배자가 나타난다. 그는 불사(不死)의 인간형상으로 우주의 성령과 동일하다. 그는 최초의 불로써 모든 죄악을 파괴했기 때문에 푸루샤(puruṣa)로 불리었다. 우주의 유일한 존재인 푸루샤는 자기 이외의 누군가를 갈망하여 자신을 둘로 갈라 반쪽은 남

양성적으로 합일한 시바와 샥티

제3장 밀교의 본체론 169

성, 반쪽은 여성으로 만들었다. 푸루샤의 부인이 된 여성은 인류라는 자손을 낳았다. 그후 자신이 분리되었던 것을 느낀 푸루샤는 자신의 반쪽인 부인 비라즈(Viraj)와 결합했다. 결합된 이들은 소·말·당나귀·양 그리고 개미에 이르기까지 모든 동물의 모습을 띠었다. 그리고 그들은 각각 자손을 낳았다.

또 다른 푸루샤의 찬가에는 다음과 같은 신화가 있다.

> 최초의 인간이었던 푸루샤는 거인의 형상을 하고 있었다. 푸루샤는 천 개의 머리와 천 개의 눈 그리고 천 개의 다리가 있는데, 그는 온 우주와 일체였다. 신들이 푸루샤를 희생수(犧牲獸)로 하여 제식(祭式)을 행할 때 네 개의 계급(카스트)이 푸루샤에서 나왔다. 즉 그의 입에서 브라만 계급이 태어나며, 그의 양 팔목에서 왕족 계급이, 그의 두 눈에서 서민이, 그의 양발에서 노예가 태어났다. 달은 그의 심장에서, 태양은 그의 눈에서, 인드라와 아그니는 그의 입에서, 바람의 신인 바유는 그의 호흡에서 생겼다. 그의 배꼽에서 공계(空界)가, 머리에서 천계(天界)가, 발에서 지계(地界)가, 귀에서 방위가 생겼다.

이러한 고대 인도인의 신화는 신(神)과 인간을 분리하는 것보다는 인간과 우주를 일체화시키는 것이다. 인간이나 신은 우주의 일부분이다. 우리의 몸과 마음은 우주의 부분이며 우주의 연장이다. 신과 인간을 동일시하는 우주는 무시광대겁(無始廣大劫)부터 이렇게 유구하게 존재하고 있다. 이러한 전체와 개체의 일체관은 밀교의 기본사상으로 전개된다.

### 1-2. 언어에 의한 우주의 표현

인도인은 인간과 우주, 즉 개체와 전체가 일체(一體)라고 생각했다. 따라서 하나의 개체로 우주 전체를 표현할 수 있는 것이다. 특히 인도인들은 존재를 구성하고 있는 기본적인 단위를 소리라고 생각해 왔다. 현대과학에서는 전기가 모든 것을 움직이는 원천이라고 생각하나, 인도인들은 소리를 동력(動力)의 원천이라고 간주한다. 예를 들면 긴 다리를 군대가 지나갈 때 행진곡이나 군가 없이 조용히 지나간다. 왜냐하면 군가나 행진곡에 의한 소리와 다리의 소리가 공진(共振)을 일으키면 다리가 무너지기 때문이다. 알리바바의 이야기 중에서 '열려라 참깨' 하면 바위가 움직인다는 것도 소리가 모든 것을 움직이는 원천이라는 비유이다. 이러한 소리는 삼라만상을 지배하며 온 우주에 없는 곳이 없다. 그러므로 소리는 경험적인 지각을 초월한 진리 그 자체라고 고대 인도인들은 생각했다.

이와 같이 소리[個]가 우주의 원천이므로 인도인들은 우주 전체[全]를 소리로 표현하고자 했다. 원래 전(全)과 개(個)의 일체관은 우파니샤드 철학에서 브라만[梵]과 아트만[我]이 일치한다는 범아일여(梵我一如)로 체계화되었다. 이때의 브라만[梵]은 주력(呪力)을 가진 베다, 즉 소리인 것이다. 베다의 찬가·제사(祭詞)·주사(呪詞)에 내재된 신비력이 브라만이다. 브라만 계급이 패권을 확립하자 브라만[梵]이 특히 중시되어 이 세계의 근본원리라는 명칭으로 불리었다. 이처럼 브라만[梵]에 의한 우주의 해명이 진행되자, 이와 병행하여 문자나 언어로 우주를 철학적으로 해석하기 시작했다.

예를 들면 우파니샤드에서는 옴(oṃ)을 가장 근본이 되는 소리로 여긴다. '옴(oṃ)'은 기독교의 아멘과 같은 뜻으로 사용되는데 A-U-M 세 개의 발음이 합쳐져서 하나의 소리를 이룬다. 그리고 모든 소리들은 이 세 가지 소리의 결합에서 나온다. 이 세 가지 소리는 존재·인식·가치 또는 법신·보신·화신을 상징하기도 한다. 이러한 옴(oṃ)은 절대의 진리에 가장 가까운 것으로 알려져 있다. 이와 같이 고대 인도인들은 언어나 소리를 종교적 숭배로 승화시켰다.

석굴암의 아금강역사상　　　　　석굴암의 훔금강역사상

　언어를 형상화하여 종교적으로 숭배하는 것은 우리의 사찰에서도 볼 수 있다. 한국사찰의 금강역사상·사천왕상·용·사자 등은 입을 벌린 모습과 입을 다문 모습이 쌍으로 배치되어 있다. 입을 벌린 금강역사상을 '아금강역사'라 하고, 입을 다물고 있으면 '훔금강역사'라 한다. 이때 '아'는 산스크리트어의 첫 글자로서 시작을 뜻하고 '훔'은 마지막 글자로서 끝을 의미한다. 그래서 두 금강역사는 처음부터 끝까지 사찰을 지킨다고 한다. 그러나 좀더 깊이 풀어보면 옴마니반메훔(부처님의 지혜와 자비로써 번뇌를 없애주소서)이라는 진언을 형상화한 것으로 보인다. 즉 '아'는 A로서 옴(A-U-M)을 대표하여 우주의 진리이신 부처님을 상징한다. 훔은 진언의 마지막 글자 훔으로서 '번뇌를 없애달라'는 뜻일 것이다.

### 1-3. 아사(阿字) 음(音)의 숭배

언어에 의한 우주의 형이상학적 해명은 밀교의 본체론 해석에 주요한 위치를 점하고 있다. 특히 언어 중에서 A음[阿字]은 다음과 같은 몇 가지 이유로 중요시되고 있다. 첫째, A자는 산스크리트어나 라틴어 계통에서 가장 앞자리에 위치하며 모든 자음의 근거가 된다. 둘째, 산스크리트어와 라틴어에서 A가 접두사로 오면 부정의 의미를 띤다. 예를 들면 더 배울 것이 없는 사람을 뜻하는 아라한의 '아'나 측정할 수 없다는 아미타의 '아'는 부정의 의미이다. 이러한 부정의 특성은 후에 아자본불생(阿字本不生)이라고 하는 밀교의 중요한 본체론으로 결실을 맺는다.

## 2. 아자체대설(阿字體大說)

### 2-1. 아자체대설(阿字體大說)의 성립

अ(아)자의 사상은 밀교의 경전뿐만 아니라 현교의 경전에도 널리 설해져 있는 사상이다. 현교의 경전에서 가장 대표적인 것은 『화엄경』 입법계품(入法界品)과 『대품반야경』 광승품(廣乘品)의 42자

아자체대설의 아자

문 사상이다. 『화엄경』 입법계품에서 44번째 만나는 선지중예(善知衆藝) 선지식(先知識)이 말하기를 "아자로부터 시작되는 42자를 하나하나 부를 때마다 반야바라밀문에 들어간다. 특히 아자를 부를 때 반야바라밀문에 들어간다. 왜냐하면 제법(諸法)은 본래 아자의 의미인 불생(不生)이기 때문이다"라고 했다. 즉 아자본불생(阿字本不生)이라는 뜻이다. 또 『대품반야경』에서는 아자를 처음으로 하고 다자(茶字)를 마지막으로 하는 42자의 문을 설하면서, 이 42자를 송지(誦持)하는 것은 20종의 공덕이 있다고 했다.

나가르쥬나[龍樹]는 『대지도론』에서 42자는 모든 글자의 근본이라고 말하면서 아자는 제법(諸法)의 본초불생(本初不生)이며 42자에서 최초의 글자라고 했다. 따라서 이 42자문은 삼론종·천태종 등의 교학에 응용될 뿐만 아니라 보살 수행의 과정인 42위에도 배당된다. 42위란 10주(住)·10행(行)·10회향(廻向)·10지(地)·등각·묘각이다. 이때 아자는 본초불생의 뜻이므로 무소득공(無所得空)의 상징이 된다. 아자는 무소득(無所得), 즉 공(空)이라는 사상이다.

우파니샤드에서의 아자는 모든 음의 첫째 위치임과 동시에 얻는다[得: āpti]는 의미로 해석된다. 이것은 대승불교가 아자를 무소득(無所得)인 공(空)이라고 해석하는 것과는 다르다. 이렇게 서로 다른 점을 밀교에서는 변증법적으로 발전시켜 아자체대설(阿字體大說)을 성립시켰다.

다음의 〈표 3-3〉에 아자체대설의 성립에 관한 내용을 요약하였다.

2-2. 밀교의 아자체대설(阿字體大說)

밀교의 아자 해석은 대승불교처럼 우주를 부정적으로 표현하는 것도 아니고, 우파니샤드처럼 긍정적으로 해석하는 것도 아니다. 부정의 공(空)과 긍정의 유(有)를 지양(止揚)하여 불생(不生)이라는 밀교의 독특한

### 〈표 3-3〉 아자체대설의 성립

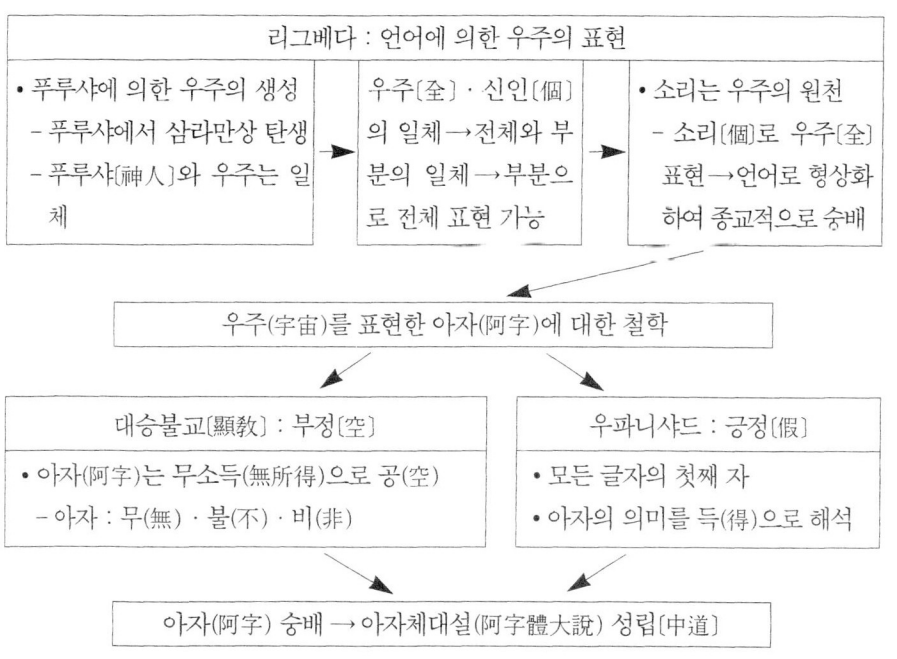

아자의 철학을 수립했다.

이러한 부정과 긍정을 지양하여 제시한 것은 『대일경』 구연품(具緣品)이다.

> 진언교법(眞言敎法)에서 아자문은 일체제법(一切諸法)이라고 말했다. 그것은 본불생(本不生)이기 때문이다.

아자가 본불생(本不生)이라는 사상은 『대일경』의 주석서인 『대일경소(大日經疏)』에 다음과 같이 발전하여 나타났다.

> 아자는 일체제법의 근본이며, 무릇 최초로 입에서 나오는 음이다. 모

든 음은 아가 있으며, 아가 없으면 일체의 언설(言說)이 없다. 그러므로 아자는 모든 음의 모(母)가 된다. 일체의 언설은 아자문에 진실한 뜻이 있음을 알아야 한다. 또 언설을 일체법이라고 보면, 일체법의 뜻이 아자문에 있음을 안다. 아자문에 일체법이 있는 이유는 일체법이 중중무진 연기로 이루어졌으니 무엇을 근본으로 하겠는가? 이것을 잘 관찰해 보면 바로 본불생(本不生)이 만법의 근본임을 알 수 있다. 일체의 말을 들을 때 그것이 바로 아자의 소리라는 것을 아는 것과 같다. 또 일체법을 볼 때에 이것이 바로 본불생의 의미를 보는 것과 같으며, 만약 본불생의 의미를 본다면 그것은 바로 여실하게 자신의 마음을 아는 것이다. 여실하게 자신의 마음을 안다는 것은 일체지자(一切智者)가 된 것이다. 그런 까닭에 비로자나는 오직 아자 하나를 진언으로 삼았다. …… 아자에는 세 가지 뜻이 있다. 이른바 유(有)·공(空)·불생(不生)의 뜻이다.

또 『범자(梵字)』·『실담자모병석의(悉曇字母竝釋義)』 등에서는 아자(阿字)를 다음과 같이 해석했다.

अ(아)자의 음은 아(A)이다. 뜻은 무(無)·불(不)·비(非)이다. 아자라는 것은 일체법의 근본이다. …… 또 일체제법은 본불생(本不生)이라는 뜻이다.

또 『훔자의(吽字義)』와 『성자실상의(聲字實相義)』에서는 아자(阿字)를 다음과 같이 해석했다.

이와 같이 관찰해 보면 본불생의 뜻을 안다는 것이 만법의 근본이다. 일체의 모든 말을 듣는다는 것은 바로 아 소리를 듣는 것과 같다.

『훔자의』

아자를 어떤 이름으로 부를까? 법신(法身)이라는 이름으로 나타내자. 소위 법신이라는 것은 제법이 본불생(本不生)이라는 뜻이다.

『성자실상의』

위에서 인용한 바와 같이 밀교에서는 아자를 철학적 원리뿐만 아니라 종교적 실재로서 법신으로 해석한다. 현교인 대승불교에서는 아자를 무(無)·불(不)·비(非)로 해석하여 부정적으로만 보고 있다. 그러나 밀교에서는 아자를 유(有)·공(空)·불생(不生)의 뜻으로 해석하여 철학적·종교적 의미를 부여하고 있다.

유(有)·공(空)·불생(不生)은 천태삼관(天台三觀)의 가(假)·공(空)·중(中) 사상이 발전된 것이다. 우리 눈에 보이는 삼라만상은 있기는 있으나 자성이 없다. 그러므로 가유(假有)이다. 또 만상은 인연에 의해서 이루어진 세계이므로 실체는 없다. 따라서 공(空)이다. 그러나 진실의 세계는 유(有)도 아니고 가(假)도 아닌 진공묘유(眞空妙有)이다. 이것이 천태삼관에서는 중도(中道)이다.

천태삼관의 가(假)를 밀교에서는 본초(本初)라 한다. 본초는 인연법이기 때문에 가유이다. 공(空)은 아자에 무(無)의 뜻이 있으므로 무생(無生)이라 한다. 중도(中道)는 밀교에서 불생(不生)으로 해석한다. 불생은 원래 불생불멸(不生不滅)을 줄인 것이다. 불생불멸은 바로 불유불공(不有不空)이고 불유불공이 진공묘유인데, 이것이 중도이다. 따라서 유(有)·공(空)·불생(不生)의 세 뜻은 모두 아자에 귀결되어 아자가 바로 우주법계를 상징한다. 즉 일체는 아자에 통일됨과 동시에 모두 아자에서 전개된 것이다.

아자즉일체(阿字卽一切 : 아자가 바로 일체이다.) 일체즉아자(一切卽阿字 : 일체가 바로 아자이다.)로 표현되는 우주관은 유(有)·공(空)·불생(不生)의 통일원리이다. 특히 불생은 유와 공을 지양한 것이므로 불생불멸의 뜻을 가진 불생이야말로 아자의 상징적 세계관을 대표한다. 불생을 더 자세히 말하면 본불생(本不生)이다. 여기서 본(本)은 중(中)이고, 불(不)은 공(空)이며, 생(生)은 유(有)이다. 따라서 본불생은 밀교교리의 근본인 아자의 참뜻을 단적으로 표현한 것이라고 말할 수 있다.

## 3. 본불생(本不生)의 종교적 해석

### 3-1. 본불생의 해석 방법

구카이(空海)의 『아자비석(阿字秘釋)』에서는 본불생을 다음과 같이 해석하였다.

본(本)이란 본래라고 하는 뜻이다. 또 근본·자기·본성·본체·본원·본초(本初)·근본 등을 말한다. 불(不)이란 공(空)·없음(無)·아님(非)·멀리 떨어짐·단절 등을 뜻한다. 생(生)이란 발생·출생·있음·존재 등의 뜻을 가지고 있다.

또 본불생을 차정(遮情)과 표덕(表德)의 두 방면으로 해석하기도 한다. 차정은 소극적·부정적인 방법, 표덕은 적극적·긍정적인 입장에서 본불생을 해석하는 것이다. 본불생을 차정적으로 해석하면 무자성공(無自性空)이 되며, 표덕적으로 해석하면 본유상주(本有常住)이다. 구카이는 본불생을 부정적인 차정과 긍정적인 표덕 두 방면으로 해석하였다.

먼저 본불생을 부정적(遮情)인 면에서 둘로 나누어 분석했다. 첫 번째는 우리의 눈에 보이는 일체의 현상은 인연에 의해 성립된 것이므로 가유(假有)이며, 무자성(無自性)이다. 결국 공(空)이다. 다시 말하면 모든 번뇌를 일으키는 세상사는 그 자체에 본체가 없는 공(空)이다. 본체에 자성

(自性)이 없을뿐더러 생(生)하는 것도 없기 때문에 불생(不生)이라 할 수 있다. 즉 진리·진여의 입장에서 말하면 세속의 삼라만상은 불생불멸이다. 이것이 본불생이다. 둘째는 더러움[染]과 깨끗함[淨], 깨닫지 못함[迷]과 깨달음[悟]과 같은 구별은 모두 상대적인 이분법(二分法)이다. 본래는 구별이 없는 일체이다. 즉 염정(染淨)과 미오(迷悟)는 그 실체가 없는 무자성으로 공(空)이다. 현상과 실재(實在)는 일체이므로 눈앞에 전개되는 모든 현상이 무자성으로 공이라면 실재도 또한 무자성으로 공(空)이 되어야만 한다. 현상만 비실재(非實在)이고 실재(實在)만 실재라는 것도 아니다. 그리고 그 역도 아니다. 이러한 실재가 무자성이라는 것을 본불생이라 한다.

긍정적[表德]인 면으로 본불생을 해석하면 본유상주(本有常住)이다. 구카이는 말하기를 "본불생에는 말할 수 없을 정도로 많은[無量] 뜻이 있다. 너무나 깊고 많아서 부처조차 진력하여 설하여도 끝을 맺지 못한다. 하물며 평범한 사람이 본불생을 설명할 수 있을 것인가!"라고 하면서 10가지로 요약하여 본불생의 뜻을 해석하고 있다.

아래의 〈표 3-4〉에 아자의 체계를 요약하였다.

〈표 3-4〉 아자의 부정적·긍정적 해석

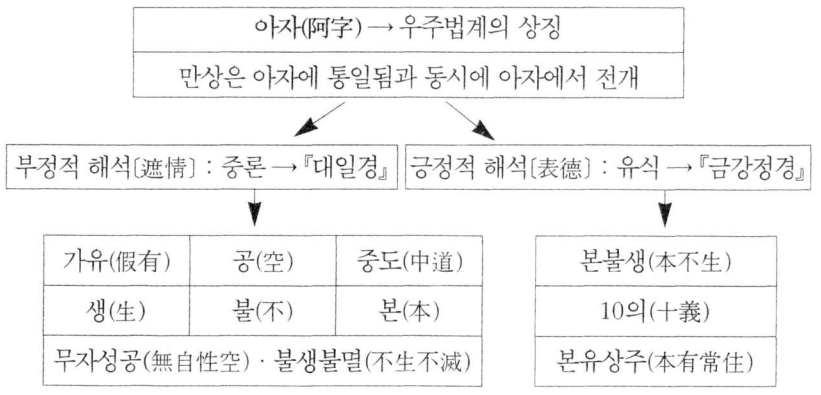

## 3-2. 긍정적 해석인 본불생(本不生)의 10의(十義)

### 3-2-1. 여실지자심(如實知自心)

여실지자심이란 여래(如來)의 지견(智見 : 인과의 理法에 대한 바른 인식)이 여실(如實)하게 자기의 지견임을 아는 것을 말한다. 이 의미는 자기 자신을 중생이 아닌 여래로 보는 것이다. 밀교에서는 여실지자심, 즉 현재의 내가 중생이 아니라 여래라고 하는 것을 가장 중요시한다.

여실지자심은 10의(義) 중에서 총론에 해당하며 나머지 9개는 각론이다. 밀교의 근본경전인 『대일경』과 『금강정경』에서 가장 중요하게 여기는 구절이 여실지자심이다. 여실지자심으로 밀교의 철학을 논(論)하고 설(說)한다. 그래서 밀교사상가들 모두가 여실지자심을 중점적으로 논한다. 그 대표적인 예를 아래에 기록하였다.

> 자신의 마음[自心]을 아는 것은 부처의 마음[佛心]을 아는 것이며 부처의 마음을 아는 것은 중생들의 마음[衆生心]을 아는 것이다. 자심(自心)·불심(佛心)·중생심(衆生心)이 평등하다는 것을 아는 것이 대각(大覺)이다. 『변조발휘성령집(遍照發揮性靈集)』·『홍전(弘全)』

> 자신의 마음이 실상(實相)이며 실상은 본존(本尊)이니 본존불(本尊佛)은 곧 나 자신의 마음이다. …… 나의 일심법계(一心法界) 중에 대일여래를 비롯한 일체의 부처가 가부좌를 하고 앉아 계시다. …… 본래 자성청정(自性淸淨)한 내 마음은 가장 존귀한 것이기 때문에 본존(本尊)이라 하는 것이다. 『홍전(弘全)』

여실지자심의 근본은 본불생의 세계[境界]를 보는 것이다. 본불생의 체험 그 자체가 여실지자심의 세계이며, 일체지지(一切智智 : 부처의 지혜)

의 세계이다. 따라서 본불생의 근원적인 뜻은 여실지자심이다.

### 3-2-2. 중생본래불(衆生本來佛)

밀교의 근본사상은 산하(山河)와 대지(大地)를 비롯한 삼라만상은 법신불이며, 일체중생은 그 스스로 안에 법신불을 갖춘 부처라고 본다. 다시 말하면 내가 바로 부처요, 중생이 본래 부처라는 것은 밀교의 **근본**적 입장이다. 따라서 중생이야말로 상대를 초월한 구극(究極)의 경지이므로 본래부터 중생이 아니다[本不生 : 이때의 不生은 중생이 아니라는 뜻이다].

### 3-2-3. 일실경계(一實境界)

일실경계에서 일실(一實)은 진여(眞如)를 말하며, 경계(境界)란 세력이 미치는 범위, 또는 내가 얻는 과보(果報)의 대상을 의미한다. 따라서 일실경계란 중생심의 본체가 불생불멸하며 자성이 청정하여 부처와 같음을 뜻한다.

일체의 제법(諸法)은 생(生)한다는 것은 편견이다. 또 멸(滅)한다고 보는 것도 올바른 생각이 아니다. 불생불멸이라고 보는 것이 정확하다. 결국은 생(生)에 입각한 멸(滅), 멸(滅)에 입각한 생(生)으로 보는 불생불멸이 밀교의 입장이다. 이것이 중도(中道)의 사상이다. 다시 말하면 불생(不生)을 불생불멸로 보아 중도의 입장에서 본불생을 보는 것이다.

### 3-2-4. 정각등지(正覺等持)

정각(正覺)이란 산스크리트어로 삼보디(sambodhi)인데 이것을 의역하면 등정각(等正覺)이다. 이것을 줄여서 정각(正覺)이라 한다. 그 뜻은 부처가 일체제법의 실상을 깨달은 지혜이다. 등지(等持)란 산스크리트어 사마디(samādhi)의 의역이다. 사마디는 삼마지(三摩地) 또는 삼매(三昧)로 음역된다. 뜻은 마음이 산란하지 않고 평등하게 유지하는 상태를 말한다.

밀교에서의 삼마지는 내가 바로 대일여래[我卽大日如來]라고 생각하는 의밀(意密)을 뜻한다. 현교에서의 정각등지(正覺等持)는 부처가 삼매에 든 경지이다. 그러나 밀교에서는 중생인 내가 바로 일체제법의 실상을 깨달은 대일여래라고 생각하는 것이다. 본불생이란 생하지도 않고 멸하지도 않으면서 그 본체가 항상 상주한다. 따라서 본불생을 깨닫는다는 것은 내 안에 부처가 상주한다는 것으로, 이것이 정각등지(正覺等持)이다.

### 3-2-5. 자체청정(自體淸淨)

자체(自體)란 일체제법의 본체를 의미한다. 청정이란 더러움[染]과 깨끗함[淨]의 분별이 없고, 미혹[迷]과 깨달음[悟]의 분별도 없음을 뜻한다. 자체청정이란 일체제법의 본체는 염정(染淨)과 미오(迷悟)가 없다는 것을 말한다. 염정과 미오는 중생의 분별의식에 의해서 만들어졌을 뿐이다.

밀교에서는 우주만물 그 자체가 법신이다. 법신은 청정성 그 자체이다. 삼라만상은 본래 그 자체에 항상 청정성을 가지고 있다[本有常住]. 본유상주(本有常住)이니 본불생(本不生)이다. 따라서 물은 산이므로 물을 물로 알지 말고 산은 물이므로 산을 산으로 알지 말 것이며, 동시에 산과 물을 부처로 알아야 되는 것이 밀교의 근본사상이다.

### 3-2-6. 삼구(三句)

『대일경』에서 성불사상(成佛思想)의 핵심은 삼구(三句)이다. 3구란 인(因)·근(根)·구경(究竟)이다. 인(因)이란 성불의 첫째 조건으로 보리심(菩提心)을 일으키는 것이다. 깨닫기 위한 마음을 일으키는 보리심이 성불의 원인이다[菩提心爲因]. 이때 보리심을 일으키는 것은 자기 자신을 이롭게 하는 자리(自利)의 정신이다. 근(根)이란 보리심을 일으킨 뒤 실천 수행을 해야 할 근본을 말한다. 보리심의 실천은 타인을 이롭게 하는 대비(大悲)의 마음이 그 근본이다[大悲爲根]. 이것은 타리(他利)의 정신이다.

자리(自利)의 본원은 이타(利他)에 있음을 말한다. 구경(究竟)이란 자리(自利)와 이타(利他)가 완성된 경지로서 성불의 궁극(窮極)을 말한다. 구경의 세계는 부처의 나라이다. 그 나라는 중생과 동떨어져 멀리 있는 것이 아니라 우리가 살고 있는 현실세계가 부처의 세계이다. 이때의 현실세계를 방편(方便)이라 하며, 방편이야말로 우리가 추구하는 구경이다〔方便爲究竟〕.

인(因)·근(根)·구경(究竟)의 삼구(三句)에서 인(因)은 본불생(本不生)의 본(本)에 해당하며, 근(根)은 불(不)에, 구경(究竟)은 생(生)에 해당한다. 그러므로 삼구는 결국 본불생의 아자(阿字)에 환원됨을 말하는 것이다.

### 3-2-7. 삼신(三身)

삼신(三身)이란 법신·보신·화신을 말한다. 삼신에서 법신은 삼라만상의 본체요, 진리의 본체이기 때문에 본불생(本不生)의 본(本)에 해당한다. 보신은 법신이 10지 이상의 보살에 응하여 현현(顯現)하는 부처이다. 보신은 법신이 우리 앞에 전개되는 현상이므로 공(空)의 성질을 띤다. 그러므로 본불생의 불(不)에 해당한다. 화신은 법신의 작용이며 법신의 변화이니 생(生)의 의미를 가지고 있다. 결국 법보화(法報化) 삼신(三身)은 삼신이 상즉(相卽)하여 본불생의 아자(阿字)에 환원되는 것이다.

### 3-2-8. 삼제(三諦)

삼제(三諦)란 천태사상에서 말하는 공(空)·가(假)·중(中)의 원리이다. 삼제를 요약해서 본불생으로 바라보는 것이다. 본(本)은 근본·본성·본원을 뜻하므로 중제(中諦)에 해당하며, 불(不)은 '아니다·없다'의 뜻이므로 공제(空諦)에, 생(生)은 '있다'의 뜻이므로 가제(假諦)에 해당한다.

### 3-2-9. 삼밀(三密)

삼밀(三密)이란 밀교의 수행으로, 신밀(身密)·구밀(口密)·의밀(意密)을 말한다. 신밀의 수행에서는 통상 손으로 인(印)을 맺어서 우리들의 신업(身業)이 부처의 신밀(身密)과 똑같게 하는 것이다. 이것은 부처의 이상세계인 본서(本誓)를 상징하므로 본불생의 본(本)에 해당한다. 구밀은 입으로 진언을 외워서 우리들의 구업(口業)으로 하여금 부처의 구밀과 똑같게 하는 것이다. 우리들이 부처의 진언을 부르는 구밀은 오직 염송(念誦)이다. 원래 구밀은 공대(空大)로 본다. 따라서 본·불·생의 불(不)에 해당한다. 의밀은 우리들의 의업(意業)을 부처의 의밀과 같게 하는 것으로 삼마지(三摩地) 상태에 머무는 것이다. 삼마지란 동요가 없는 정신통일의 상태이며, 생불불이(生佛不二 : 중생과 부처는 둘이 아니다.)의 관념에 머무는 것이다. 이러한 의밀에서 신밀과 구밀 등이 발생하므로 본불생의 생(生)에 해당한다.

### 3-2-10. 체·상·용(體相用)

진리의 본체를 체(體)라 하고, 그 현상을 상(相)이라 하며, 진리의 작용을 용(用)이라 한다. 진리의 본체는 본·불·생의 본(本)에 해당한다. 현상은 인연에 의해 나타나므로 공(空)이다. 그러므로 본·불·생의 불(不)에 해당한다. 용(用)은 진리의 작용으로 진리는 어느 객체로부터 오는 것이 아니라 우리 마음의 본체인 중생심(衆生心)에서 솟구쳐 올라온다. 그러므로 본·불·생의 생(生)에 해당한다.

이상이 구카이[空海]의 『아자비석(阿字秘釋)』에서 언급된 내용이다. 결론적으로 아자가 무엇을 뜻하는가를 설명한 것이다. 결국 아자는 본불생으로 불생불멸이며, 본유상주이다. 특히 일본의 진언밀교에서는 모든 법의 본체는 아자라고 말한다. 아자야말로 제법의 근원이어서 모든 법은 아자로부터 나온다. 따라서 아자는 진리의 근원인 대일여래이다. 그러므로 아자는 단순한 법이 아닌 법에 입각한 사람이다. 아자를 객관적 진리로 말하면 이법신(理法身)인 태장계 대일여래이며, 주관적 진리로 말하면 지법신(智法身)인 금강계 대일여래이다. 그러므로 아자는 이지불이(理智不二)·금태양부(金胎兩部)의 대일여래이다. 그래서 『성자의(聲字義)』에 "아 소리는 무엇을 의미하는가? 법신의 이름을 나타낸다. 법신이라는 것은 제법실상(諸法實相)의 의미인 본불생(本不生)을 뜻한다"라고 표현했다.

지금까지 설명한 아자의 참뜻을 체험하면 여실하게 자신의 마음을 알게 된다. 따라서 여실지자심(如實知自心)이 아자이며, 아자는 법신 대일여래의 진언으로 그 세계를 체득하는 것이다.

대한불교진각종의 회당대종사도 『실행론』 중의 「자성법신」편에서 본불생의 의미를 다음과 같이 설하였다.

> '비로자나부처님은 시방삼세 하나이라. 온 우주에 충만하여 없는 곳이 없으므로 가까이 내 마음에 있는 것을 먼저 알라.' 이것은 자신이 곧 법신이고 법신이 곧 삼라만상이며, 삼라만상이 곧 자신이다. 고로 자신이 생도 멸도 없는 본체의 불(佛)이라는 뜻이다.

이렇게 설한 것은 우주법계의 중심인 나는 불생불멸이지만 망상전도에 의하여 자신의 본불생을 잃고 살아가고 있을 뿐이라는 것을 깨우치게 하기 위한 것이다.

## 제3절 6대체대론(六大體大論)

### 1. 본체론(本體論)으로서의 6대(六大)

#### 1-1. 6대(六大)의 의미

불교에서는 우주의 본체를 법(法) 또는 진여(眞如)로 설정하고 이것에 의해 교리 전체를 해석한다. 따라서 법과 진여는 유일절대의 실재이다. 모든 현상은 우주의 본체인 법이 현현(顯現)한 것이며, 모든 작용은 우주본체가 활동한 것으로 보는 것이다. 즉 우주는 본체론에 입각해서 설명하고 해명한다. 이 때문에 우주의 본체가 현현한 현상이나 활동보다는 우주의 근본원리가 주이며[理勝事劣], 물질보다 마음이 주가 된다[心本色末]. 따라서 법과 진여에 대한 설명도 관념적이고 추상적일 수밖에 없다. 이처럼 추상적으로 우주의 본체를 해석하는 것이 아자체대설이다. 이러한 관념적인 아자체대설을 발전시켜 적극적·구체적·경험적으로 우주의 원리를 설명하게 된 것이 6대체대설이다.

밀교에서 추상적인 아자체대설과는 달리 구체적인 지수화풍공식의 6대가 우주의 본체라는 것이 6대체대설이다. 우주의 본체를 구체적으로 제시했다는 것은 원리나 이치를 추구하는 것이 아니라, 현상과 존재를 중심으로 수행을 전개하는 종교성을 염두에 둔 것이다. 다시 말하면 이승사열(理勝事劣)이나 심본색말(心本色末)이 아니라 사승이열(事勝理劣)·색본심말(色本心末)을 중시하는 것이 6대체대설이다.

대한불교진각종이나 일본 진언종에서 본체로 내세우는 6대란 '여섯 개의 근원적인 것'으로, 지(地)·수(水)·화(火)·풍(風)·공(空)·식(識)을 말한다. '여섯 개의 근원적인 것'은 산스크리트어 사드-마하-부타니(Ṣad-mahā-bhūtāni)를 의역한 것이다. 원래는 '여섯 개의 큰 종(種)' 또는

'여섯 개의 큰 원소'로 번역된다. 즉 사드(Ṣaḍ)는 여섯이고, 마하(mahā)는 크다는 뜻이며, 부타니(bhūtāni)는 종(種) 또는 원소이다.

6대 중에서 지·수·화·풍·공을 전5대(前五大)라 한다. 이것은 진리의 객체인 우주의 구성요소이다. 이것을 불교에서는 색(色)으로 표현한다. 6대 중에서 식대(識大)는 진리의 주체인 소우주, 즉 인간의 마음(心)이다. 옛날부터 우주의 본체는 색(色)이냐 심(心)이냐? 하는 논쟁이 있어 왔다. 대체로 물질을 중심에 두는 유물론은 색(色)이 우주의 본체라고 하는 반면, 마음을 중시하는 유심론에서는 마음이 우주의 본체라고 주장했다. 삼라만상의 참모습은 사물과 마음의 융합으로 존재한다고 보아야 한다. 전5대의 색(色)을 떠나 식대(識大)의 심(心)이 있을 수 없다. 동시에 식대(心)를 떠나 색(色)도 없다. 따라서 색심(色心)은 떨어져 있는 것도 아니며 붙어 있는 것도 아닌 둘이면서 하나이다. 고로 이것을 보다 높이 승화시켜 나가는 것이 색심불이론(色心不二論)이다. 이것은 물심불이론(物心不二論)에서 색심불이론으로 전개된 것이다. 이것의 결합에 의해서 대한불교진각종의 이원론(二元論)이 형성되었다. 즉 색심(色心)이 둘이면서 하나, 하나이면서 둘인 6대가 우주의 참모습이요, 삼라만상의 본체로 보는 것이 6대체대설의 근본적 입장이다.

이상의 내용을 아래의 〈표 3-5〉로 요약하였다.

〈표 3-5〉 6대의 의미

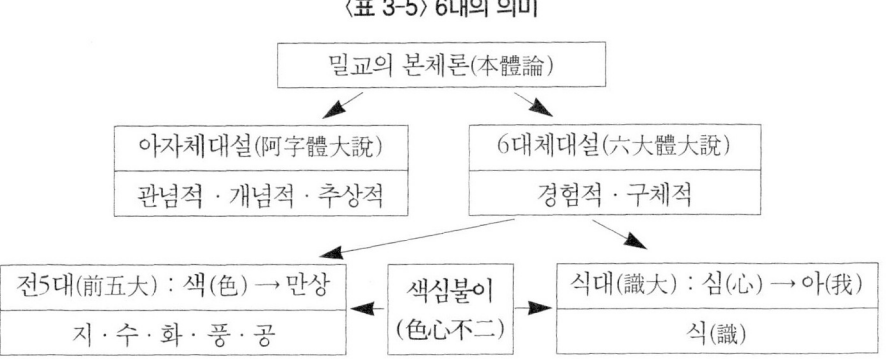

## 1-2. 4대·5대설과 6대설

옛날부터 그리스의 철학자들은 우주가 지·수·화·풍의 4원소로 이루어졌다는 학설을 주장했다. 인도의 철학자나 종교인들은 우주의 구성요소로 4대설·5대설 혹은 6대설을 주장하였다. 그들에 의하면 지·수·화·풍의 4대 요소가 독립적으로 존재하며, 4요소가 활동하는 장소로서 허공의 존재도 인정했다. 그러나 허공은 원소로서의 4요소와는 구별하였다.

인도에서 인간의 구성요소가 4개의 원소로 되어 있다는 설은 유물론자인 아지타(Ajita)에 의해 전개되었다. 그에 의하면 인간이 죽으면 인간을 구성했던 4요소 중에서 땅과 같이 단단한 요소는 땅으로 돌아가고, 물은 우주의 물로 돌아간다. 또 불과 같이 따뜻한 기운은 우주의 불의 요소로 돌아가고, 인간 내부의 바람[風]의 기운은 우주의 바람[風]으로 돌아가는데, 돌아가는 장소는 허공이다. 인간이 죽으면 신체의 구성요소였던 원소만이 사후에도 독립적으로 존재하나 영혼은 남아 있지 않다. 인간의 신체를 화장하면 남는 것은 한 줌의 재이다. 이것을 땅에 뿌리면 모든 것은 사라지고 만다. 따라서 현세도 내세도 존재하지 아니하고 선업(善業)도 악업(惡業)도 없으며 과보를 받지도 않는다. 어떠한 것도 존재하지 않으므로 제사도 아무런 의미가 없다. 이러한 유물론의 사상을 인도에서는 순세파(順世派 : 세간에 종속하여 사는 인간)라 부른다.

아지타를 비롯한 순세파의 주장에서 알 수 있듯이 4대 원소가 객체인 우주와 주체인 인간을 구성하는 것이다. 이 4대는 물체를 구성함과 동시에 유기적인 기관(器官)의 능력도 가지고 있다. 따라서 4대는 개별적인 물질을 표현하는 동시에 전체적인 존재 또는 전체적인 진실도 나타낸다.

4대설에서 발전된 5대설은 많은 사상가들에 의해 주장되었다. 그중에서 인도의 샹키야(Sānkhya)학파가 대표적이다. 샹키야의 학자들은 우파니샤드의 사상을 비판적으로 개혁하여 유일한 존재 대신 두 개의 실체적

원리를 상정하였다. 물론 영구히 실존하는 것이다. 하나는 정신적 원리로서 푸루샤(puruṣa : 神我), 즉 아트만(atman)이라는 순수정신이다. 순수정신의 본질은 지(知) 또는 사(思)이다. 그것은 어떤 활동도 하지 않고 근본원질(根本原質)을 관조만 하므로 비활동자(非活動者)로 불리었다. 그 자체는 상주불변(常住不變)인 순수정신이며, 생사(生死)·윤회·해탈 등의 일체는 순수정신과는 아무런 관계가 없다.

순수정신과 다른 물질은 프라크르티(prakṛti : 自性)라는 근본원질(根本原質)이다. 이것은 현상세계를 전개하는 근본요소로서 '변하지 않는다'는 뜻을 가지고 있다. 근본원질은 질료인(質料因)으로 그 구성요소가 상호 평형을 유지하면 활동을 하지 않으나, 평형이 깨어지면 활동이 전개된다. 즉 순수정신인 동력인(動力因)이 물질요소[質料因]인 근본원질에 자극을 줄 때 근원적 사유기능(思惟機能)이 최초로 발생한다. 이 활동으로 세계의 전개가 개시되면서 사유(思惟 : 覺)와 자아의식이 발생한다. 사유와 자아의식에서 11개의 기관과 5개 대상영역의 미세한 요소인 5유(五唯)가 생긴다. 이 5유에 대응하여 5대(五大)가 생기는데 그 대응관계는 아래의 〈표 3-6〉과 같다.

〈표 3-6〉 5유(五唯)와 5대(五大)의 관계

| 5유(五唯) | | 5대(五大) |
|---|---|---|
| 성유(聲唯) | 음성이라고 하는 대상영역의 근원적인 요소 | 공대(空大) |
| 촉유(觸唯) | 접촉 〃 〃 〃 〃 〃 | 풍대(風大) |
| 색유(色唯) | 눈에 보이는 영역의 근원적인 요소 | 화대(火大) |
| 미유(味唯) | 맛을 느끼는 〃 〃 〃 | 수대(水大) |
| 향유(香唯) | 향을 〃 〃 〃 〃 | 지대(地大) |

이 5유(五唯)에서 유(唯)는 대상영역[境]을 의미한다. 5대(五大)는 우

리들의 인식에 떠오르는 다섯 개의 대상영역(境)에 의해서 얻어지는 결과를 말한다. 또는 5유(五唯)를 원인으로 해서 발생하는 다섯 개의 현상으로 이해된다. 5유와 5대는 모두 자아의식에 의해 전개되므로 물질적 요소로 생각할 수 없고, 우리들의 인식능력에 대응하여 일어나는 것이다. 또한 인간의 감각·지각·사고·의욕 등의 제작용(諸作用)은 정신에 속하는 것이 아니라 물질에 속한다는 것이 샹키야학파의 주장이다.

5대설에서 발전된 지·수·화·풍·공·식의 6대설은 결코 밀교 사상가가 독창적으로 만들어낸 것이 아니다. 6대설은 6계(六界) 또는 6법(六法)이라는 이름으로 이미 근본불교 때부터 활발하게 전개된 이론이다. 현교에서 전개된 6대설은 현상론적 원소설이며, 본체론적 실체설이 아니다. 존재와 당위(法爾)로서의 6대가 아니라 생멸변화(生滅變化)하는 현상으로서의 6대이다. 즉 만상은 인연에 따른 현상이므로 6대도 인연에 따른 공(空)으로 본 것이다. 이것을 수연(隨緣)이라 한다. 이것에 대해서 밀교의 6대설은 원소로서의 6대가 아니라 실재로서의 6대이다. 실재의 상징이며 본체의 구체적 내용으로서의 6대가 밀교의 6대이다.

현교에서 현상으로 본 지·수·화·풍·공의 5대를 밀교에서는 제법의 본체인 법(法)으로 본다. 이 의미는 삼라만상은 여래의 본서(本誓)·표치(標識)라는 것이다. 우리가 보는 모든 현상을 눈에 보이지 않는 진리가 현실에서 활동하는 모습으로 보는 것이 밀교이다. 여래법신의 무상삼밀(無相三密)의 참모습(標識)과 법신의 근본서약(本誓)인 삼매야(三昧耶)를 6대로 나타낸 것이다.

이러한 밀교의 6대는 적극적 행동원리이다. 6대가 공(空)에 의해 수동적으로 나타났다는 소극적 원리가 아니다. 6대에서부터 일체의 것이 발생하였다는 적극적 원리에 의해 구카이가 제창한 것이 '6대연기설(六大緣起說)'이다.

이상의 6대설에 관한 현교와 밀교의 차이점을 다음의 〈표 3-7〉에 요약하였다.

〈표 3-7〉 6대에 관한 현교와 밀교의 비교

| 현교(顯敎) | 밀교(密敎) |
|---|---|
| • 6대는 유위(有爲)·무상(無常)의 현상<br>  - 지·수·화·풍·공·식은 현상론적 원소 | • 6대는 우주의 본체<br>  - 유물론·인식론으로 우주의 실재 |
| • 인연에 따른[隨緣] 6대<br>  - 만상의 실재·현상은 공(空)의 소현(所現) | • 실재[法爾]로서의 6대<br>  - 온 우주·전인격체의 본체 : 능현(能現) |
| • 소극적 행동원리<br>  - 삼라만상 : 5대 원소에 의한 현상 | • 적극적 행동원리 : 6대연기설<br>  - 삼라만상 : 법신의 본서(本誓)·표치(標識) |

## 2. 밀교의 6대

### 2-1. 수연(隨緣)과 법이(法爾)의 관계

6대를 인연에 의해 생겼다고 보는 수연(隨緣)은 원래 대승불교에서 주장했다. 이러한 수연(隨緣)의 6대는 신(神)이 만든 결과이므로 소산자연(所産自然) 또는 소조(所造)라고 한다. 6대는 수연이 아니라 우주의 실체이며 법신의 모습이라고 하는 법이(法爾)는 밀교의 주장이다. 법이의 6대는 삼라만상의 근원으로 관찰한 자연이므로 능산자연(能産自然) 또는 능조(能造)라고 한다.

구카이는 능조(能造)와 소조(所造)를 합쳐 능소(能所)라고 하면서 『즉신성불의(卽身成佛義)』에서 다음과 같이 말했다. "능소(能所)에 두 가지가 생(生)한다 할지라도 모두 능소를 끊는다. 법이의 도리에 어떤 조작도 없다." 여기서 능소는 마치 달과 달빛의 관계와 같다. 거기에는 능조와 소조의 구별이 있을 수 없다. 즉 수연의 당체가 법이이며, 법이의 당체가 그대로 수연이라는 의미이다. 따라서 법이의 6대를 떠나 수연의 6대가 있는 것이 아니며, 수연의 6대를 떠나 법이의 6대가 있는 것도 아니다. 구카이는 이처럼 현교와 밀교의 6대설을 지양하여 진언밀교의 6대체대설을 전개하였다.

2-2. 6대의 속성과 내용

6대의 속성과 내용을 아래의 〈표 3-8〉로 요약하였다.

〈표 3-8〉 6대의 속성과 내용

| 6대 | 종자(種子) | | | 종자의 뜻 | 성덕(性德) | 업용(業用) | 형태 | 색채 |
|---|---|---|---|---|---|---|---|---|
| 지대 | a | 阿 | 아 | 본불생(本不生) | 견고함(堅) | 보유(持) | 사각형 | 황색 |
| 수대 | va | 縛 | 바 | 이언설(離言說) | 습함(濕) | 섭수(攝) | 원 | 백색 |
| 화대 | ra | 羅 | 라 | 무구진(無垢塵) | 따뜻함(煖) | 성숙(熱) | 삼각형 | 적색 |
| 풍대 | ha | 訶 | 하 | 이인연(離因緣) | 움직임(動) | 양육(長養) | 반월(半月) | 흑색 |
| 공대 | kha | 呿 | 카 | 등허공(等虛空) | 무애(無碍) | 포용(不障) | 보주형(團) | 청색 |
| 식대 | hūm | 吽 | 훔 | 요의불가득(了義不可得) | 분별(了義) | 결단(決斷) | 여러 형태(圓) | 여러 색(白) |

2-2-1. 지대(地大)

땅(地)은 만물의 근원이므로 우주의 본체적 성격을 가지고 있다. 그래서 종자(種子)는 아자체대설의 아자(a 阿 𑖀)로 지대를 상징한다. 𑖀자는 산스크리트어의 아자이다. 여기서 종자란 각 개체들이 갖는 특성을 언어나 문자로 상징한 것을 말한다. 아자는 앞에서 설명한 바와 같이 그 뜻은 본불생(本不生)이다. 땅은 그 성질이 견고하면서도 만물을 잘 유지하고 있다. 그 형태는 가장 안전한 모양인 사각형이며, 땅의 색채는 황색으로 오행(五行)의 색과 동일하다.

아자(阿字)

### 2-2-2. 수대(水大)

물은 수시로 변하여 언어나 말로 물의 형태를 규정할 수 없다. 그래서 실담자(悉曇字) 50자 중에서 일체법의 언어도단(言語道斷)의 뜻을 지닌 바자(va 縛 𑖪)로 수대를 상징한다. 수대에서 언어도단을 다른 말로 표현하면 이언설(離言說)이다. 물은 그 성질이 습하며, 만물을 잘 받아들이는 섭수(攝受)의 기능이 탁월하다. 그 형태는 정해지지는 않았으나 모나지 않아 원만하여 원으로 상징되며, 색채는 백색이다.

바자(縛字)

### 2-2-3. 화대(火大)

불은 모든 것을 태워서 청정하게 하는 작용을 한다. 그래서 실담자 중에서 더러움과 먼지가 없는 뜻을 지닌 라자(ra 羅 𑖨)로 화대를 상징한다. 따라서 종자의 뜻은 무구진(無垢塵)이다. 불은 그 성질이 따뜻하여 만물을 성숙시킨다. 화대를 상징하는 형태는 불꽃이 타오르는 모양인 삼각형이다. 색깔은 따뜻함을 뜻하는 적색이다.

라자(羅字)

## 2-2-4. 풍대(風大)

하자(訶字)

바람은 잘 움직이므로 인연이 생기지 않아서 실담자 중에서 번뇌와 욕심을 여의는 뜻인 하자(ha 訶 𑖮)로 풍대를 상징한다. 그러므로 종자의 뜻은 이인연(離因緣)이다. 바람은 일체의 인연 없는 중생을 방편으로 섭수하여 아무런 장애 없이 만물을 양육시킨다. 풍대를 상징하는 형태는 반월형(半月形)이다. 반월은 부동(不動)의 사각형과 움직임을 뜻하는 원형(圓形)이 교차하는 형태이다. 색채도 불변이면서 모든 색을 포용하는 흑색이다.

## 2-2-5. 공대(空大)

카자(呿字)

공(空)은 허공을 의미한다. 산스크리트어로 허공의 뜻이 있는 카자(kha 呿 𑖎)가 공대의 종자이다. 따라서 종자의 뜻은 허공과 같다는 의미의 등허공(等虛空)이다. 허공은 무차별 평등이면서 걸림이 없이 섭입하여 일체를 포용[不障]하고 장애가 없다[無碍]. 형태도 방형(方形)과 원형(圓形)이 결합한[方圓不二] 보주형(寶珠形)이다. 색채는 청색이다.

## 2-2-6. 식대(識大)

훔자(吽字)

식(識)은 헤아려서 안다는 뜻이다. 식대의 종자는 훔(hūṃ 吽 𑖮ཱུཾ)이다. 범어 훔(훔)은 온갖 교양을 다 갖추어서 결단 또는 판단을 하는 요의(了義)의 뜻이 있다. 동시에 번뇌를 꺾고 부수므로 최파(摧破)의 뜻도 있다. 형태는 여러 가지 모습이나 잠시 원형(圓形)으로 한다. 색채도 여러 색(色)이나 일단 백색으로 하였다.

2-3. 6대의 상호관계 : 이류무애(異類無礙)와 동류무애(同類無礙)

지·수·화·풍·공·식의 6대는 서로가 서로를 받아들여[攝入] 끝없는 원융(圓融 : 원만히 융통함)의 관계를 형성한다. 이것을 이류무애(異類無礙)와 동류무애(同類無礙)라 한다. 이류무애란 지대와 수대가 서로 걸림 없이 섭입(攝入)하고, 수대와 풍대가 섭입하는 것을 뜻한다. 6대 중에서 서로 다른 종류끼리 서로 걸림 없이 섭입하는 것을 뜻한다. 동류무애란 갑의 지대(地大)와 을의 지대(地大), 부처의 지대와 중생의 지대가 원융무애(圓融無礙)함을 말한다. 다시 말하면 다른 종류끼리 서로 걸림 없이 섭입하는 것을 의미한다.

6대의 상호관계에서 호구(互具)와 각구(各具)도 이해되어야 한다. 호구란 6대가 서로 원융무애하더라도 하나가 주(主)가 되면 다른 것은 반(半)이 된다는 것을 말한다. 물론 또 다른 것이 주가 되면 나머지는 반이 된다. 이것은 우주의 본체와 작용이 서로 상호관련[相卽]을 가짐과 동시에 상호의존[相入]하여 중첩되고 끝없는[重重無盡] 법계연기로 구성되어 있다는 것을 의미한다. 각구(各具)란 6대가 서로 원융무애하면서 각자 자성을 가지므로 그 성질을 잃어버리지 않는 것을 말한다. 따라서 호구의 사상은 우주의 보편성을 나타내고, 각구의 사상은 우주의 특수성을 나타낸다.

이류무애와 동류무애 그리고 보편과 특수의 관계는 우리 인간을 예로 들 수 있다. 한 사람의 인간은 눈·귀·코·혀·팔·다리·심장·피·의식 등등으로 구성되었으나 근본요소는 지·수·화·풍·공·식의 6대이다. 인간에게 있는 습기인 수대(水大)는 단단한 성질을 갖고 있는 뼈대에 원융무애하게 섭입되며, 따뜻한 기운인 화대(火大)도 인간의 다른 모든 부분에 장애 없이 섭입된다. 이것이 이류무애이다. 또 인간이 고기를 먹으면 수대(水大)인 고기의 피는 인간의 피(水大)로 가며, 고기의 화대의 따뜻한 기운은 인간의 화대(火大)로 간다. 이것을 동류무애라 할 수 있다.

또 인간을 구성하는 지·수·화·풍·공·식의 요소들은 단순한 집합체가 아니라 인간 전체로 통일이 이루어졌다. 집합체인 인간은 부분으로서의 가치가 발휘되면서[各具] 각 부분이 통일되었을 때[互具] 성장하는 것이다. 우주의 삼라만상도 각 부분이 고유의 성질과 가치를 가지면서 하나로 통일을 이룰 때 새로운 생명의 활동이 전개되는 것이다.

## 2-4. 6대법신(六大法身)과 오륜탑파(五輪塔婆)

6대의 상호관계의 원리에 입각하여 생각해보면 우주의 삼라만상은 인연에 의해 형성된 일대체계인 것이다. 따라서 모든 일체의 사물에는 인간과 동일한 생명의 가치가 존재한다. 이러한 인식이 6대연기(六大緣起)의 근본사상이다. 본래 형이상학으로부터 발전된 6대설이 단순한 분석철학으로 끝나지 않고, 우주는 진리·법신이 나타난 것이라는 상징주의로 전개되었다. 이러한 6대연기 사상에 의해서 우주의 모든 것에 참다운 생명이 내재되었다는 적극적인 생명의 종교인 밀교가 탄생하였다.

6대체대설은 6대연기를 거쳐 구카이에 의해 6대법신(六大法身) 사상으로 발전한다. 6대법신이란 6대를 단순히 법(法)이라고 보지 않고 사람과 법이 일치한 법신으로 바라보는 것이다. 6대법신이라는 명칭은 구카이[空海]의 『즉신성불의(卽身成佛義)』와 그의 후학인 가쿠반의 『5륜9자비석(五輪九字秘釋)』에서부터 시작되었다.

부처는 설하기를 6대는 법계체성(法界體性)이라고 하셨다. 모든 현교에서는 4대[地水火風]는 정(情)이 없는 것이라고 했으나, 밀교에서는 여래의 깨달은 모습〔三摩耶〕이라고 설하셨다. 『즉신성불의』

　법신에는 5종이 있으니 앞의 4법신에 법계신(法界身)을 더한다. 그러므로 만다라에 5종이 있는 것은 앞의 4만다라에 법계만다라를 더하기 때문이다. …… 이것에 의하면 4법신 이외에 법계신이 있다. 법계신을 합하면 6대법신이다. 『5륜9자비석』

　위에서 4법신에 법계신을 더하여 6대법신이 된다는 것은 법계신이 이법계신(理法界身)과 지법계신(智法界身)의 둘이기 때문이다.
　5대 또는 6대로 구성된 우주는 단순한 자연이 아니고, 현상도 아니다. 이들은 모두 여래의 모습〔三摩耶身〕이며, 법신의 현현(顯現)이다. 즉 우주의 본체인 지·수·화·풍·공·식의 6대 모두 법신이다. 6대 중에서 전5대(前五大)인 지·수·화·풍·공은 인식주체인 인간이 바라다보는 객관적 실체이다. 이것을 이법신(理法身)이라 한다. 6대 중의 식대(識大)는 인식주체인 인간의 무분별(無分別) 지혜에 해당한다. 이러한 식대(識大)를 지법신(智法身)이라 한다.
　6대법신은 우주의 모든 것을 단순한 존재가 아닌 생명의 활기가 넘치는 법신으로 보는 사상이다. 물질적인 것과 정신적인 것을 묻지 않고 모든 것을 지극한 가치가 있는 존재로 보는 것이다. 통상 무정물(無情物)이라고 생각하는 지·수·화·풍·공의 전5대는 밀교에서 이법신으로 보아 태장계만다라를 구성한다. 유정물(有情物)의 정신적 존재인 식대(識大)는 지법신(智法身)으로 금강계만다라를 구성한다. 또 이법신(理法身)을 대우주라 하고 지법신을 소우주라고도 한다. 그러므로 인간의 인식을 제외한 우주의 모든 것은 대우주·이법신·태장계만다라가 되며, 인간의 인식은 소우주·지법신·금강계만다라가 되는 것이다. 동시에 인간의 신체는 전5대의 근원적 요소로 되어 있어 이법신이다. 또 인식주체이기도 하므로

고야산 오쿠노인의 5륜탑파

지법신을 가지고 있다. 그러므로 인간은 금강계와 태장계의 양부(兩部) 만다라임과 동시에 이지불이(理智不二)의 법신 대일여래인 것이다.

6대의 상징적인 속성, 즉 종자·형태·색채와 6대법신 사상이 합하여져 5륜탑파(五輪塔婆) 사상이 확립된다. 5륜(五輪) 사상은 고대 인도의 우주관이다. 지수화풍공에 의해 우주가 생성 변화하는 것이 5륜설이다. 이것이 밀교의 5대설과 합하여져 여래의 삼마야신의 상징이 되었다. 이것이 구체적으로 6대법신을 상징하는 5륜탑의 사상이 생기도록 한 것이다. 여기서의 륜(輪)은 '원만하고 완전한 뜻'을 의미한다.

일본의 묘지에 가면 수많은 5륜탑파를 볼 수 있다. 이 5륜탑파는 금강계와 태장계의 만다라이다. 다음의 그림에서 보듯이 5륜탑파는 아래로부터 사각형, 그 위에 원형, 그 위에 삼각형, 그 위에 반원형, 또 그 위에 보주형이 있다.

사각형은 땅을 상징하고 원형은 하늘을 상징한다. 그러므로 땅을 지만다라(地曼多羅)라고 하며, 하늘을 천만다라(天曼多羅)라고 한다. 또 사각형과 원형으로 상징되는 천지(天地)는 이 세상에 실재하는 것이다. 그 위의 삼각형과 반원형 그리고 보주형은 우주에 일어나는 현상을 상징한다. 물질과 정신의 실재계를 표현하는 사각형과 원형은 현상계로 가면 삼각

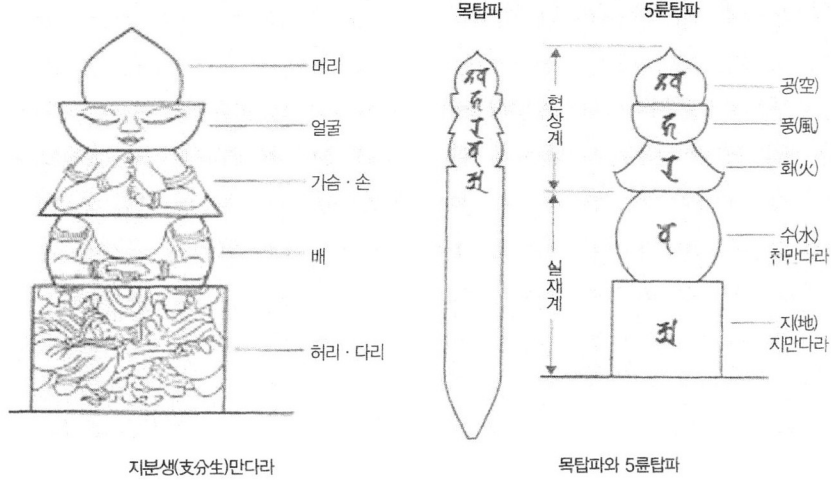

지분생(支分生)만다라　　　　　목탑파와 5륜탑파

형·반월형·보주형으로 변화한다. 그러나 사각형이 두 개의 삼각형으로 나누어지거나 원이 반원으로 나누어져도 그 질량은 변하지 않는다. 여기에서 현상, 즉 실재라는 원리가 생긴다.

우주의 허공은 아무것도 없이 비어져 있는 것처럼 보이나 실재는 무엇인가 가득 차 있다. 이것을 무일물중무진장(無一物中無盡藏 : 형태 없는 하나의 물체에 수많은 것이 들어 있는 것)이라 하며, 이 상태를 진공묘유(眞空妙有)라 할 수 있다. 결국 거기에는 기(氣)가 있으며, 그 기(氣)는 바로 대일여래인 것이다. 대일여래가 활동하면 빛과 열이 나온다. 이것이 불(火)이다. 불은 땅(地)을, 땅은 허공(空)을, 허공은 바람(風)을 만든다. 이렇게 하여 지수화풍공이라고 하는 5륜탑파의 사상이 확립되었다. 5륜탑파를 인간의 몸에 적용시킨 것을 지분생(支分生)만다라 한다.

이러한 5륜탑파는 6대법신의 상징이다. 겉으로 드러난 지수화풍공의 5대법신은 태장계의 이법신이다. 그리고 내부의 식대(心)는 금강계의 지법신이다. 이로써 존재할 수 있는 6대법신이 실재로 존재하는 사람과 결합하였다. 이것은 철학이 종교로 변한 것을 의미한다.

## 3. 아자체대설과 6대체대설의 관계

밀교의 본체론은 아자체대설의 아자와 6대체대설의 6대의 두 가지 흐름이 있다. 그중에서 아자에 의한 우주의 형이상학적 해명은 『대일경』을 주로 하고 인도·중국의 밀교가인 선무외를 우두머리로 해서 전개되었다. 옛날부터 이 흐름을 『대일경』의 주석서인 『대일경소(大日經疏)』에 연유하여 소가계통(疏家系統)이라고 했다. 소가계통의 아자체대설은 우주의 본체인 아자를 본불생(本不生)으로 설명했다. 본불생은 소극적인 면과 적극적인 면이 있다고 했으나 다소 중관적(中觀的)·부정적인 경향이 강하다.

6대체대설을 주장한 구카이 계통을 종가(宗家)라 부른다. 아마도 6대체대설이 일본밀교의 주류가 되었기 때문에 종가(宗家)로 불린 듯하다. 종가인 6대체대설을 주장한 구카이의 입장은 소가의 아자체대설을 전면적으로 부정하는 것은 아니다. 그것은 6대체대설의 근거인 『금강정경』이 아자체대설의 『대일경』을 종합하여 발전시켰기 때문이다. 구카이는 『대일경』에서 지수화풍공의 5대설을 취하고 『금강정경』에서 식대설(識大說)을 취하여 6대설로 종합한 것이다.

선무외는 우주법계를 아자에 의해서 실상론적(實相論的)으로 해명하려 했다. 그러나 구카이는 6대체대론에 의해 연기론적으로 설명하려 한 것이다. 그래서 선무외의 아자는 중관불교계에 속하여 일법계(一法界)를 나타낸다. 구카이의 6대는 유가행유식불교계(瑜伽行唯識佛教系)에 속하고 다법계(多法界)를 나타낸 것이다.

## 4. 2송8구(二頌八句)에 의한 6대연기 사상 : 6대(六大) · 4만(四曼) · 3밀(三密)

구카이에 의해 집대성된 밀교의 체계인 6대 · 4만 · 3밀의 근거는 8조상승(八祖相承)의 게송이라고 말하는 2송8구(二頌八句)에 있다. 4만은 6대로부터 생기(生起)한 현상의 모습을 네 가지 형태로 분류한 것이다. 그리고 3밀은 우주의 본체인 6대가 활동하는 모습을 신구의(身口意) 세 가지로 분류한 것이다.

구카이는 『대승기신론』과 이것의 번역서인 『석마하연론(釋摩訶衍論)』의 체상용 3대설에 입각해서 『즉신성불의(卽身成佛義)』에 있는 2송8구를 6대 · 4만 · 3밀로 구성했다. 일본 진언밀교와 대한불교진언종의 사상체계는 6대 · 4만 · 3밀이다. 4만은 인식론에서, 『즉신성불의』에 있는 2송8구와 3밀은 성불론에서 설명한다.

# 제4장 밀교의 불타관(佛陀觀)

## 제1절 불타관에서 현교와 밀교의 기본입장

### 1. 밀교에서의 새로운 석존(釋尊) 해석

불타관이라는 것은 불교에서 어떠한 부처를 숭배하는가를 관(觀)하는 것이다. 무엇을 신앙의 대상으로 삼는가 하는 문제가 불타관이다. 불교를 비롯한 기독교나 이슬람교 등의 모든 종교에서 가장 중요한 부분은 신앙의 대상이다. 이러한 의미에서 밀교도 신앙의 대상에 대해 검토할 필요가 있다.

다카가미 가쿠쇼〔高神覺昇〕는 『밀교개론』에서 밀교의 불신론(佛身論)에 대해 다음과 같이 기록했다.

> 불신론(佛身論)은 부처란 무엇인가를 취급하는 것이다. 이것은 불교학에서 매우 중요한 문제라고 생각된다. 밀교에서는 처음부터 불신론이 가장 중요한 위치를 차지하였다. 특히 밀교의 불신론이 다른 현교의 종파와는 달리 어떤 특수한 색채를 띠고 있는 것은 분명하다. 밀교의 교리가 현교와 현격하게 다른 것은 불신론이다. 따라서 밀교는 불신론에 시종하고 있다 하여도 과언이 아니다.

밀교에서는 우주를 6대법신의 활동이라고 보아서, 우주를 인격적으로 실재한다고 주장한다. 따라서 6대·4만·3밀의 교리는 단순한 교리가 아니다. 그것은 대일법신의 설명이다. 환언하면 밀교가 6대·4만·3밀의 3대설에 입각해서 우주의 본체를 6대, 그 현상을 4만, 그 활동을 3밀로 설명하는 것은 단편적인 견해이다.

그것을 심도 있게 고찰해보면 6대·4만·3밀의 사상은 그대로 종교적 실재인 대일여래의 설명이라는 것이다. 말할 것도 없이 밀교에서는 철학적 본체를 직접 종교적 실재로 보는 것이다. 즉 현교가 진여(眞如) 또는 법(法)을 단순한 철학으로 분석하는 것에 대해서, 밀교는 종교적 실재인 부처로 보는 것이다. 스피노자를 대표로 하는 범신론(汎神論)에서는 신즉일체(神卽一切), 일체즉신(一切卽神)이라고 말한다. 즉 신과 자연은 하나라는 것이다. 그러나 밀교에서는 불즉일체(佛卽一切), 일체즉불(一切卽佛)이라고 주장한다. 부처〔佛〕인 대일여래를 떠나서 일체는 없으며, 일체는 바로 대일여래이다. 일체는 부처에서 나와서 부처로 돌아가는 것이다. 대일은 일체의 처음임과 동시에 마지막이다. 대일여래야말로 일체생명의 근원임과 동시에 일체는 대일여래에 의해서만 생명이 있다. (중략)

현교에 있어서의 불신론의 중심은 말할 것도 없이 석존이다. 35세에 성불하여 80세에 입멸한 석존, 즉 역사상의 석존이 불타론(佛陀論)의 기조이다. 이것에 대해서 밀교는 이상상의 부처요, 초역사상의 부처인 법신 대일여래로서 불타론의 핵심을 이루고 있다. 그러므로 현교와 밀교의 근본적 차이는 석존 중심이냐, 대일여래 중심이냐의 구별에 있다. 이런 의미로 보아 밀교에 있어서 불신론의 고찰은 결국 대일여래에 대한 연구임에 틀림이 없는 것이다.

위에서 본 바와 같이 밀교는 역사상의 불타인 석가모니불과는 다른 신격(神格)인 대일여래를 숭배의 대상으로 삼았다. 그렇다고 해서 역사적인 석존과 완전히 결별한 것이 아니라, 입멸한 역사적인 석존에 새로운 생명을 불어넣어 영원한 불타관을 수립하는 것이다. 이러한 작업은 석존이 입멸한 후, 그의 후계자들에 의해 여러 가지 형태로 시도되었다. 그 주된 내용은 입멸한 역사상의 석존 대신 영구불멸(永久不滅)하는 불타와 세상 어디에나 존재하는 불타를 구하는 것이다. 다시 말하면 시간적으로는 과거·현재·미래 어느 때라도 존재해야 하며, 공간적으로는 어느 곳이라도 불타는 존재해야 한다.

시간적인 영원불은 과거7불과 미래불 사상이다. 과거7불 사상에 의하면 역사적인 석존은 과거6불인 비바시불 → 시기불 → 비사부불 → 구류손불 → 구나함모니불 → 가섭불의 뒤를 이어 이 세상에 나타나신 분이다. 이에 의하면 역사적인 불타의 출현은 결코 일회성도 아니고 우연도 아닌 전 인류적으로 필연성과 숙명성을 가진 사상임이 분명하다. 이 숙명을 현실화시킨 힘은 과거의 6불을 통하여 맥맥히 흐르는 불(佛)이라고 하는 것이다.

과거불 사상에 뒤따라 당연히 등장하는 것은 미래불 사상이다. 도솔천에 계신 미래불인 미륵불은 56억 7천만 년 이후에 나타날 부처이다. 따라서 미륵에 관한 경전은 머나먼 미래의 이상세계를 그리고 있으며, 그 중심에 미륵불을 위치시키고 있다. 이 부처는 석존에게서 구원을 받지 못한 중생들을 전부 구원한다고 설해져 있다. 뿐만 아니라 미래불은 마침내 미륵불 말고도 5불·천불·3천불 등으로 전개된다.

이리하여 현재불에서 과거불 및 미래불이라는 3세불(三世佛)로 확대된 부처는 계속 늘어나게 되고, 이른바 시간을 횡으로 하고 다시 공간적으로 투영되어 4방(동서남북)·8방(4방+4방의 중간 방위)·시방(8방+상하)에 현재불이 등장함으로써 다방불(多方佛)사상으로 발전한다.

이처럼 역사적인 석존에 새로운 생명을 불어넣음으로써 시공(時空)을 초월한 불타관(佛陀觀)이 성립하였다. 밀교에서 불타론의 연원은 이처럼 석존에게 새로운 역사성을 부여하는 것으로부터 시작되었다. 위대한 석존에게 일어나는 기적 또는 신화와 같은 사건은 교묘한 상징이라고 말할 수 있다. 예를 들면 흰 코끼리에 의한 임신과 탄생, 그리고 7보(七步)를 걸으면서 천상천하유아독존(天上天下唯我獨尊)이라고 선언한 말 등등은 진리 또는 법이 중생구제를 위하여 임시로 석존이라는 인간의 형을 빌려서 나타난 것을 상징화한 것으로 볼 수 있다. 즉 법(法)이라고 하는 이상상(理想上)의 부처가 석존이라는 역사상의 부처로 탄생한 것이다.

새로운 불타관은 나가르쥬나, 즉 용수(龍樹)가 확립한 열반(涅槃)의 개념에서부터 시작되었다. 용수에 의하면 불타와 열반은 같은데 단지 두 이름으로 불리었을 뿐이라는 것이다. 불타라고 하는 것은 모든 번뇌와 무명을 타파한 것을 말한다. 근본불교시대에는 열반이 죽음을 뜻하나, 대승불교에서의 열반은 번뇌와 무명을 타파한 후 진리의 세계로 돌아감을 의미한다. 열반인 진리의 세계로 돌아간 불타가 무수한 부처와 보살의 모습으로 다시 등장한 것이다. 그러므로 복수의 신격(神格)이 등장하는 것은 근원적인 유일원리(唯一原理)의 표현이다. 이러한 제불보살(諸佛菩薩)은 진리를 인격화한 것이며 열반의 구현자(具現者)들이다.

또 하나는 불보살의 성격 문제이다. 즉 무수한 불보살은 범신론적(汎神論的)인가 일신론적(一神論的)인가 하는 문제이다. 이것에 대해서는 인도의 사상적 배경이 된 리그-베다에서 찾을 수 있다. 리그-베다에는 무수한 신들이 등장한다[多神敎]. 그 신들의 상호관계나 개성은 불분명하다. 신들의 개성이 없어지자 그들의 속성과 호칭 그리고 업적을 공유하면서 신들의 위계가 정해지지 않았다. 제사에서 최상급의 찬사를 받는 신(神)이 있는 것을 보면 이 종교는 단일신교(單一神敎)이다. 그러나 다른 제사에서는 다른 신이 최상급이 되어 찬사를 받는다. 최고의 신이 교체된 것이다. 이때는 유일신교, 즉 단일신교가 아니다. 일본의 불교학자인 나카무라[中村]는 『인도사상사』에서 이것을 교체신교(交替神敎)라 했다.

대승불교에서 다수의 불보살은 공(空)이라고 하는 유일원리(唯一原理)를 다양하게 나타낸 것이다. 그것의 정신적 기반은 고대 인도에 등장하는 교체신교에 있다. 즉 공이라는 일원(一元 : 하나의 사상)으로 우주의 구성원리를 설명한 것이다. 공의 이론으로 각각의 삼라만상과 인간은 개별적이 아니라 하나라는 통일의 원리가 제시되었다〔多卽一〕. 다신사상(多神思想)이 일신사상(一神思想)으로 전환된 것이다. 일신사상인 통일원리가 인격화되면서 법신사상이 발생하였다.

법신의 성격 중 첫째는 절대적 통일원리의 인격화이다. 둘째는 공(空)이라는 통일원리가 무수한 불보살로 구상화(具象化)하는 것이다. 우주적 인격화가 법신이며, 법신이 화현(化現)하여 보신과 화신이 될 때 완전한 체계를 갖춘 법신이 되는 것이다. 불교에서 법(dharma)이라는 것은 '진리'와 '사물'이라는 두 가지의 뜻이 있다. 따라서 진리를 인격화하여 사물에 내재시키면 우주의 삼라만상은 모두 법신이 되는 것이다.

위의 내용을 다음의 〈표 4-1〉로 요약하였다.

## 2. 석존과 법신의 관계

법신(dharma-kāya)이란 법의 신체인 몸 자체가 법이라는 뜻이다. 여기에서의 법은 물론 불교에서 말하는 진리이다. 중생과 같은 육신을 지니고 진리를 깨달아 부처가 된 석존이 열반에 들자 불제자들은 불신(佛身)의 영원성을 추구했다. 그들은 불타의 본질은 석존이 깨달은 진리인 법에 있다고 보았다. 진리의 법을 인격화시킨 것이 불타라고 생각하기에 이른 것이다. 육신을 지니고 우리에게 잠시 나타나 가르침을 펼치고 열반에 드신 역사상의 석존을 생신이라 보고, 그가 깨달은 영원불멸의 보편적 진리를 법신이라 부르게 된 것이다.

역사상의 부처인 석가모니불과 진리를 인격화시킨 법신불(法身佛)의

〈표 4-1〉 석존의 법신화

```
┌─────────────────────────────────────────────────┐
│ 석가모니불의 법신화(法身化) : 시공(時空)을 초월한 영원한 부처 │
└─────────────────────────────────────────────────┘
         ↙                              ↘
┌────────────────────────┐    ┌────────────────────────┐
│      시간의 초월          │    │      공간의 초월          │
│ 삼세불(三世佛)사상 : 삼세에 │    │ 다방불(多方佛)사상 : 우주에 │
│ 부처 충만                │    │ 부처 충만                │
└────────────────────────┘    └────────────────────────┘
         ↘                              ↙
┌─────────────────────────────────────────────────┐
│ 법신사상 확립 : 근원적 유일원리인 공(空)·법(法)을 인격화 → 통일의 원리 │
│ • 무수한 불보살의 출현으로 법의 구상화(具象化) → 법신의 화현(化現) │
│ • 우주의 만상은 법신의 현현(顯現)                        │
└─────────────────────────────────────────────────┘
```

관계는 밀교의 성격을 규명하는 데 대단히 중요한 문제이다. 현교에서 부처라고 하면 누구나 석가모니부처라고 할 것이다. 현교는 처음부터 끝까지 석존을 기조로 하여 발전했기 때문이다. 그러나 밀교에서는 석존을 떠나 법신불인 대일여래를 주존(主尊)으로 모시고 있다. 즉 현교에서는 석존이 주불로서 설법을 하며, 밀교에서는 대일여래가 주불로서 설법을 한다. 이 구별이 현교와 밀교를 분류하는 하나의 기준이 된다.

이때 생신인 석존과 법신인 대일여래가 전혀 다른 부처라고 하면 밀교는 불교가 될 수 없다. 생신인 석존이 없으면 불교가 성립할 수 없기 때문이다. 또 석존과 대일여래가 같은 부처라고 한다면 현교와 밀교는 같아서 별도의 밀교가 성립할 수 없다. 그래서 석존과 대일여래의 관계에 대해서 대석동체설(大釋同體說)과 대석별체설(大釋別體說)의 두 가지 학설로 논쟁이 되어 왔다.

## 2-1. 대석동체설(大釋同體說)과 대석별체설(大釋別體說)

### 2-1-1. 대석동체설(大釋同體說)

대석동체설은 대일과 석존을 동일한 인격으로 보는 것이다. 즉 석존을 떠나 대일은 없고 대일을 떠나 석존은 없다. 대일과 석존은 명칭만 다를 뿐 그 내용은 같다고 보는 것이 대석동체설이다. 이 설은 예로부터 인도와 중국의 밀교가들이 주장했으며, 일본에서는 태밀(台密) 계통에서 주장하였다.

대석동체설은 법신과 생신의 일치를 주장하지만 사실은 석존에 기반을 두고 대일여래를 바라보는 것이다. 이것은 석존 중심이며 나머지 부처의 존재는 석존으로 환원하여 보는 것이다. 즉 생신이 유일한 부처이며 법신을 비롯한 모든 부처는 석존의 자각 내용을 이상화하거나 방편으로 설정한 부처들이라는 것이다. 이 설은 석존이 중심이다. 그것은 역사적으로 타당하고 모든 사람들이 인정할 수 있는 설이다. 그러나 석존 중심으로 불교를 보면 현교와 밀교의 설법교주는 모두 석존이어야 한다. 그러면 밀교의 교판이 성립될 수가 없다.

### 2-1-2. 대석별체설(大釋別體說)

이 설은 대일과 석존은 근본적으로 다른 부처라는 것이다. 대일은 법신이며, 석존은 생신이다. 석존은 현교의 교주이고 대일은 밀교의 교주이다. 동시에 대일은 어디에나 자유자재로 활동하는 보문(普門)의 부처이고, 석존은 대일의 한 부분의 덕성을 보여주는 일문(一門)의 부처이다. 이러한 대석별체설은 일본의 구카이가 개조(開祖)인 동밀(東密)에서 주장한 설이다.

대석별체설(大釋別體說)은 생신을 법신의 한 부분으로 보는 것이다. 따라서 법신 중심이므로 법신 이외의 모든 부처는 보문에 대한 일문의 부처이다. 대일만이 모든 성덕을 갖춘 부처라는 것이다. 이것은 모든 부처를 대일여래로 통합하고, 생신인 석존은 대일법신의 시현으로 본다. 어디까지나 법신인 대일여래가 본(本)이고 석존은 말(末)이다〔大本釋末〕. 이 설은 밀교에서의 종교적 의의는 있으나 현교에서 인정할 수 없는 설이며, 역사적으로도 타당하지 않다. 대석별체설이나 대석동체설 모두 약간의 문제가 있으므로 이것을 지양한 회통설(會通說)이 대두되었다.

2-2. 두 개의 설을 통합한 회통설(會通說)

대석동체설이 갖고 있는 밀교교판의 문제는 대승불교비불설(大乘佛敎非佛說)의 분석으로 해결이 가능하다. 대승불교비불설이란 『아함경』을 제외한 모든 대승경전은 석존의 직접적인 가르침이 아니라는 설이다. 사실상 대승불교는 석존의 입으로 직접 설한 것이라고 할 수 없다. 그러나 부처는 고유명사가 아니라 깨달은 사람이라는 일반명사이다. 따라서 한 사람이 아닌 여러 명이다. 다수의 부처를 맞아들여 이들 부처들에 의해 각 경전이 성립된다. 이때의 부처는 본체인 법을 체득한 생신이다. 그러므로 대승경전도 석존이 설한 것이 되는 것이다.

보리수나무 아래서 성도(成道)한 석존은 진리의 법(法)을 깨달은 사람이다. 따라서 석존은 법이며, 법신이다. 석존이 80세를 일기로 열반에 들었다 하여도 법신으로 항상 설법을 하고 계신다. 그래서 석가탑을 석가여래상주설법탑(釋迦如來常住說法塔)이라고 하지 않는가. 단지 모습이 없는 상태로 설법하니 무영탑(無影塔)이다. 때로는 법신의 세계인 무영탑에서 다시 나와〔如來〕 설법을 하실 것이다. 결국 법신의 작용이 생신(生身)이요, 생신의 본체가 법신이다. 법신이 전체요, 생신(生身)은 부분이니 대일과 석존의 관계는 전체와 부분의 관계이다. 결국 밀교는 생신의 본체인 법신이 설한 것이다.

일본의 동밀에서 주장한 대석별체설은 교리의 깊고 얕음에 의해 현교와 밀교를 구분하는 데 사용되었다. 현교와 밀교를 크게 구분하는 현밀대변(顯密對辯)의 추론문(麤論門)에서는 대석별체설을 취한다. 대석동체설은 역사적 사실을 기준으로 설립된 것으로, 인도와 중국 그리고 태밀에서 주장하였다. 현교와 밀교를 구체적이고 조직적으로 분석하여 밀교의 교리가 현교보다 수승한 것을 밝히는 밀밀대변(密密對辯)의 세밀문(細密門)에서는 대석동체설을 취한다.

아래의 〈표 4-2〉에 대일과 석존의 관계를 요약하였다.

〈표 4-2〉 대일과 석존의 관계

```
           밀교의 불신관(佛身觀) : 대일과 석존의 관계
           ↙                              ↘
  대일여래[法身] : 밀교의 교주        석가모니불[生身] : 현교의 교주
  우주[法]·진리의 인격화              육신을 지닌 역사상의 부처
           ↓                              ↓
  대석별체설(大釋別體說)              대석동체설(大釋同體說)
  • 대일과 석존은 근본적으로 다른 인격   • 대일과 석존은 동일한 인격
   - 대일 중심 : 석존은 대일의 시현      - 석존 중심 : 석존이 유일한 부처
           ↘                              ↙
      동체와 별체를 통합한 회통설 : 대일은 전체, 석존은 부분
        • 대일[法身] : 석존의 본체
        • 석존[生身] : 법을 깨달은 분으로 그 자체가 법
```

## 제2절 대일여래론(大日如來論)

### 1. 대일여래의 성립

#### 1-1. 대일여래의 연원

대일여래의 어원은 '널리 비춘다'는 뜻의 산스크리트어 바이로차나(Vairocana)에서 왔다. 이 말에서 바이(Vai)는 '넓은·많은'이라는 뜻이며, 로차나(rocana)는 '빛나다·비추다'라는 의미이다. 바이로차나가 비로자나(毘盧遮那)로 음역되었다. 다시 말하면 불교에서 법신불(法身佛)을 나타내는 비로자나불의 원어는 바이로차나이다.

밀교에서는 법신 비로자나를 대일(大日)이라고 부른다. 밀교경전에 나타나는 비로자나불의 원어는 마하-바이로차나(Mahā-Vairocana)이다. 이것이 대일로 불리게 된 것은 중국에 처음으로 체계적인 밀교를 전한 선무외삼장(善無畏三藏)에서부터 연유한다. 그가 『대일경소』에서 마하-바이로차나-타타가타(Mahā-Vairocana-tathāgata)를 대일여래로 번역했기 때문이다.

선무외는 대일여래라고 의역한 이유에 대해, 비로자나가 세간의 태양과 비교될 수는 없지만 유사성을 취했기 때문에 대(大)라는 이름을 붙여 대일여래라 한 것이라고 했다. 사실 이렇게 태양으로 표현한 것은 밀교의 즉물성(卽物性)에 기인한다. 밀교가 추구하는 것은 대승불교의 고차원적인 이론을 재가신자들이 쉽게 이해할 수 있도록 하는 것이다. 즉 불교교리를 눈으로 볼 수 있는 그림 또는 물건으로 표현하면 일반인들이 쉽게 접근할 수 있기 때문이다.

## 1-2. 『대일경』 계통의 불타관

대일여래란 진여 · 법신의 세계를 태양에 비유하여 상징적으로 나타낸 것이다. 이것을 선무외는 『대일경소』에서 태양의 속성으로 다음과 같이 세 방면에 걸쳐 설명하고 있다.

① 제암편명(除闇遍明) : 어둠을 제거하고 두루 밝게 한다는 의미이다. 이것을 『대일경소』에서 다음과 같이 해설했다.

> 세간의 태양은 바깥을 비출 때는 안에까지 빛이 미치지 못한다. 한쪽이 밝으면 다른 쪽은 어둡다. 또 낮에는 빛이 있으나 밤에는 없다. 그러나 여래가 가지고 있는 지혜의 빛은 이와는 달리 두루 모든 곳에 큰 빛을 비춘다.

이것은 태양이 어둠을 몰아내는 것처럼 시공을 초월한 대일여래의 광명이 법계에 널리 비쳐 무명을 제거하는 것을 말한다. 이것은 대일여래의 무한한 지혜의 덕을 밝힌 것이다.

② 능성중무(能成衆務) : 모든 것을 이루어지게 한다는 의미이다. 『대일경소』에

> 태양이 인간세상(閻浮提)을 비추니 모든 초목이 그 성질을 따라 자라나듯이 세간의 모든 일이 이로 인해 이루어진다. 여래의 빛이 두루 법계를 비추면 무량중생의 여러 가지 선근(善根)을 평등하게 계발할 수 있고 세간(世間) · 출세간(出世間)의 모든 일들이 그로 인해 이루어지지 않는 것이 없다.

라 했다. 이것은 대일여래가 모든 중생의 선근(善根)을 자라나게 하여 불

성이 드러나게 하는 활동이다. 이것은 대일여래의 무한한 자비의 덕을 밝힌 것이다.

③ 광무생멸(光無生滅) : 영원하게 빛난다는 의미이다. 『대일경소』에

> 두꺼운 구름이 태양을 가리어 태양이 보이지 않아도 태양은 없어지는 것이 아니다. 바람이 불어 구름을 거두어 태양이 밝게 비추어도 새로 생겨난 것이 아닌 것처럼 불심(佛心)의 태양 또한 이와 같다. 비록 무명·번뇌·희론(戲論)의 두꺼운 구름에 가리어도 줄어든 것이 아니며, 제법의 실상삼매를 구경(究竟)하여 밝고 원만함이 끝이 없을지라도 늘어난 것이 아니다.

라 했다. 이것은 여래의 지혜와 자비가 태양처럼 시방삼세(十方三世)에 두루 비쳐 부증불감(不增不減)·불생불멸(不生不滅)임을 나타낸 것이다. 즉 중생을 위하여 이 법을 설하고 있는 여래의 영원불멸성과 한없는 방편 활동을 나타낸 것이다.

대일여래의 성립에 관한 내용을 아래의 〈표 4-3〉에 요약하였다.

〈표 4-3〉 대일여래의 어원과 속성

| 대일여래의 어원 | 『대일경소』에서의 해설 | 대일여래의 속성 |
|---|---|---|
| Mahā-Vairocana-Tathāgata 대(大) - 일(日) - 여래(如來) | 법신불은 세간의 태양과 유사하여 태양에 대자를 붙여 대일여래라 함 | ① 제암편명 : 지혜의 덕 ② 능성중무 : 자비의 덕 ③ 광무생멸 : 방편의 덕 |

## 2. 대일여래 지혜의 덕 : 제암편명(除闇遍明)

### 2-1. 밀교에서의 중관과 유식사상의 교학적 수용

#### 2-1-1. 중관과 유식사상

우주는 인식의 객체인 삼라만상과 인식의 주체인 인간의 정신활동으로 나누어 볼 수 있다. 객체인 만상[法]은 그 본질이 모두 연기의 작용에 의한 것이므로 그 실체가 없다[空]. 그러므로 우주의 삼라만상[法]이 공(空)이라고 하는 것이 불교의 교리이다. 이것을 법공(法空) 또는 법무아(法無我)라 한다. 또한 사물을 인식하는 인간[我]의 정신작용도 고정된 실체가 없다[無]. 이것을 무아(無我) 또는 인무아(人無我)라 한다.

대승불교에서는 객체인 삼라만상을 중관사상으로 해석하였다. 10주심 교판에서 설명하였듯이 현상계 그 자체는 실체가 없는 공이지만 중생을 인도하기 위해 현상계를 긍정한다. 이것이 가(假)이다. 그러나 실상은 공(空)도 아니며 가(假)도 아닌 중도라는 것이 중관사상이다. 다시 말하면 중도는 부처께서 중생을 위하여 깨달음의 세계[空 : 勝義諦]인 공성(空性)을 현실세계[假 : 世俗諦]로 나타낸 것이다. 이러한 연기의 실체를 바르게 보는 것이 중도이다. 즉 우주의 본체인 법[空]은 중생을 구제하기 위한 방편으로 삼라만상[現象界]이라는 형태로 표현되었다는 것이다.

객체인 삼라만상을 인식하는 주체가 식(識)이라고 보는 것이 유식학이다. 깨달음의 눈으로 바라보는 우주는 아무런 분별도 없는 해인(海印)의 세계이다[勝義諦]. 해인의 세계를 중생이 인식할 때는 더러움과 깨끗함, 선함과 악함 등을 분별한다[世俗諦]. 분별하는 마음인 식(識)을 수행에 의해 지혜로 전환하는 것이 유식학파의 목적이다. 이것을 전식득지(轉識得智)라 한다.

대승불교에서 용수를 중심으로 한 중관학과 미륵을 대표로 하는 유식학은 서로 대립하여 논쟁을 전개하였다. 그 결과 대승불교는 학문으로 크게 발달했으나 대중적 지지기반을 잃어버렸다. 이 때문에 5, 6세기에 이르러 유식파 및 중관학파의 대승불교 세력은 점차 약해져 갔다. 그러자 중관파에서는 심오한 학문 중심이었던 중관과 유식사상을 종합하여 수행 중심으로 전환하려 했다. 그 당시 대승불교는 지혜 중심의 학문이었다. 이에 대한 각성으로 지혜와 더불어 자비에 의한 실천행의 시도로 중관과 유식을 종합한 것이다. 지혜와 자비에 의한 수행실천의 취지를 아래의 유가중관파(瑜伽中觀派)인 연화계(蓮花戒)의 글에서 살펴볼 수 있다.

> 수행자는 그에게 나타나는 모든 것은 외부 존재가 아니라 마음에 의함을 알아야 한다. 그가 인식하는 모든 것은 어떠한 물질적인 존재와 결부되었다는 생각을 버려야 한다. 이렇게 물질적인 존재가 성립되지 않는다는 비존재(非存在)에 도달하면 오로지 유식(唯識)에 대하여 생각해야 한다. 대상이 없으면 주체도 있을 수 없다. 왜냐하면 대상과 주체는 하나이기 때문이다. 이렇게 생각하면 마음[心]은 둘이 아니라 하나라는 결론에 도달한다. …… 방편과 지혜는 보살의 길이다. (지혜에 의해)물질의 비존재를 보고 (방편에 의해)세속을 인정함으로써 대자비(大慈悲)를 선도하여 중생을 이익되게 한다.

### 2-1-2. 『대일경』과 『금강정경』의 중관·유식사상

대승불교의 중관과 유식사상을 수행법으로 체계화하여 나타낸 경전이 밀교의 『대일경』과 『금강정경』이다. 그중에서 『대일경』은 주심품에서 일체지지(一切智智)인 보리심(菩提心)에 대해 논하고 있다. 법신의 지혜인 일체지지를 보리(菩提)와 심(心)으로 나누어, 보리(菩提)란 여실지자심(如實知自心) 그 자체이며 심(心)이란 여실지자심을 찾는 것을 뜻하였다.

여기서 보리란 우주에 자성이 없다는 것을 깨닫는 것이다. 따라서 보리인 여실지자심은 중관사상을 바탕으로 한 것이며, 그것을 찾는 마음인 자심(自心)의 세계는 유식의 입장을 채용한 것이다.

『대일경』에서 보리(虛空界)와 자심(自心)은 하나라는 것을 밝힘으로써 보리, 즉 여실지자심은 중관의 깨달은 상태(勝義諦)에 해당한다. 또 보리에서 비롯되어(菩提心爲因) 대비를 근(大悲爲根)으로, 현실세계(世俗諦)인 방편을 구극의 세계로 한다고 하였다. 이것이 『대일경』의 중심사상이다. 또 깨달음에 이르는 자심은 유식의 방법을 응용한다. 이것에 의해 삼밀관행법(三密觀行法)을 체계화하여, 밀교의 독자적인 상징적 수행법을 형성하였다.

보리는 여실지자심(如實知自心)이다. 보리와 대응되는 자심(自心)을 『금강정경』에서는 삼마지에 머물러 진실을 관찰하는 것이라 했다. 자심은 청정한 빛이나 더러움이 혼합된 아뢰야식을 함께 논하고 있다. 특히 『금강정경』은 자심의 특성을 밀교의 독특한 특성인 물건으로 상징화하여 월륜(月輪)으로 나타내었다. 월륜에 의한 수행법이 오상성신관(五相成身觀)이다. 삼마지에 머물러 수행하여 여래와 일체가 되었을 때 자심에 다섯 가지 지혜를 상징하는 5불(五佛)이 나타난다.

이상을 요약하여 다음의 〈표 4-4〉에 나타내었다.

### 2-2. 대일여래 지혜의 실천원리

#### 2-2-1. 유식에서의 현교 실천원리

현상계를 바라보는 방법은 두 가지가 있다고 유식학파는 말한다. 하나는 인식대상인 우주의 삼라만상이다. 또 하나는 인식대상을 구체적으로 감각·지각·사고하는 마음의 작용이다. 마음의 작용을 심왕(心王)이라고 하는데 8식(識)이 있다. 8식(識)을 분류하면 전5식(前五識)에 안식(眼

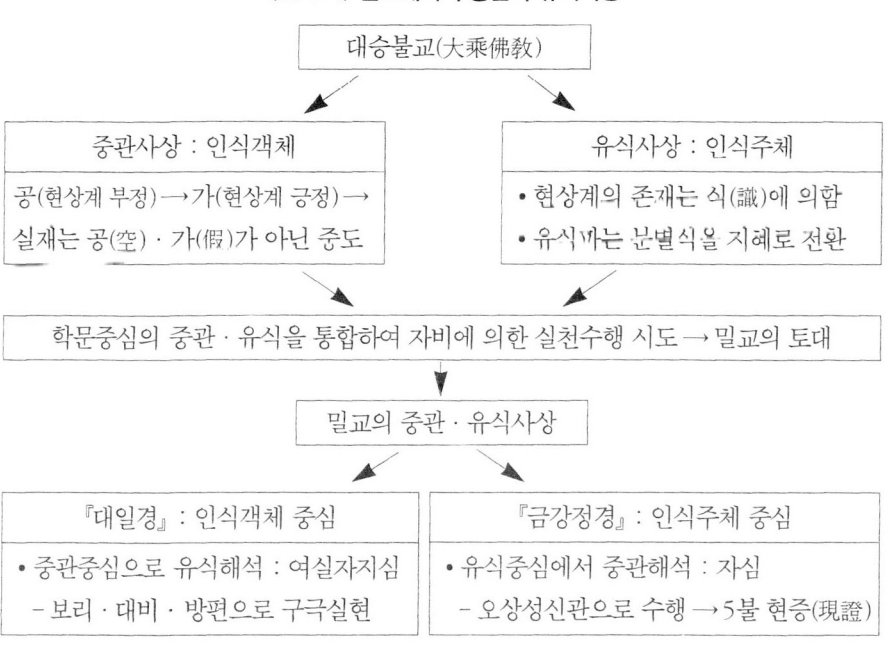

〈표 4-4〉 밀교에서의 중관과 유식사상

識) · 이식(耳識) · 비식(鼻識) · 설식(舌識) · 신식(身識)의 다섯 개의 식(識)이 있으며, 6식(識)인 의식(意識), 7식(識)인 말나식(末那識), 8식(識)인 아뢰야식(阿賴耶識)으로 구분된다.

안이비설신(眼耳鼻舌身)의 5식(識)을 통해서 객체가 6식에 전달된다. 이때 감각작용인 5식은 창구 역할만 가능하다. 예를 들면 눈으로 사물을 볼 때 눈은 형태를 파악하지 못하고 단지 6식으로 전달만 할 뿐이다. 전5식으로부터 정보를 받은 6식은 그 정보에 대한 현상을 파악하고 상상하며 추리하는 역할을 한다. 6식을 식(識)이라고도 하는데 식별 · 분별의 의미이다. 이것은 7식에 기인해서 작용한다.

7식은 말나식(末那識) 또는 의식(意識) 또는 사량식(思量識)이라 한다. 말나란 산스크리트어 마나스(manas)를 음역한 것으로 자아의식이다. 자아의식이란 항상 나를 중심으로 모든 것을 생각하는 것을 말한다. 이것은 8식에 의해서 작용된다.

8식은 아뢰야식(阿賴耶識) 또는 심식(心識) 또는 장식(藏識)이라 한다. 산스크리트어 아뢰야(ālaya)는 저장하다(藏)의 뜻이 있다. 그래서 장식(藏識)으로 의역한 것이다. 8식이 저장하는 것은 종자(種子)이다. 이 종자는 정신현상과 물질현상을 일으키는 근원적인 에너지이다. 현대심리학으로 말하면 잠재의식이다.

● 전식득지(轉識得智)

전식득지(轉識得智)란 식(識)을 전환하여 지혜를 얻는다는 뜻이다. 이것이 유식의 궁극적 목적이다. 즉 유식관을 통해 진리를 깨달아 분별심을 없애고 지혜를 얻는 것을 말한다. 분별심을 없애기 위해서는 인식의 대상과 주체가 모두 공이라는 것을 깨달아야 한다. 법공(法空 : 인식대상이 공)을 깨달을 때 대상으로부터 일어나는 번뇌인 소지장(所知障)이 사라진다. 또 무아(無我 : 인식주체가 공)를 깨달을 때 인식주체에서 일어나는 번뇌인 번뇌장(煩惱障)이 없어진다. 이때 소지장이 전환되어 무상각(無上覺)이 이루어지고, 번뇌장이 전환하여 대열반(大涅槃)이 실현된다.

무상각과 대열반이 성취될 때 8식은 대원경지(大圓鏡智), 7식은 평등성지(平等性智), 6식은 묘관찰지(妙觀察智), 5식은 성소작지(成所作智)로 전환된다. 식(識)이 지혜로 전환한 것이다. 이것이 전식득지(轉識得智)이다.

● 네 가지 지혜

네 가지 지혜의 의미는 다음과 같다.

① 대원경지(大圓鏡智) : 거울이 모든 모습을 정확하게 비쳐주듯이, 일체를 있는 그대로 아는 지혜이다. 부처의 지혜를 청정한 거울에 비유

하여 말한 것이다. 대원경지는 초경험적·종합적·통일적인 지혜의 성격이 있다. 이 지혜는 8식인 아뢰야식(阿賴耶識)이 변하여 얻어지는 지혜이다.

② 평등성지(平等性智) : 일체의 제법은 천차만별이나, 그 차별의 밑바탕에 있는 평등을 아는 지혜이다. 이성의 종합적인 방향을 보여주는 지혜로서 7식이 변하여 얻어지는 지혜이다.

③ 묘관찰지(妙觀察智) : 제법(諸法)의 차별을 관찰하는 지혜이다. 일체는 평등하다고 말하더라도 그 나타난 현상은 천차만별이다. 일체는 평등에 입각한 차별을 여실하게 아는 지혜로서 6식이 변하여 얻어지는 지혜이다.

④ 성소작지(成所作智) : 소작(所作)을 이루는 지혜이다. 소작이란 지혜의 실천적 능력을 말한다. 인간의 육체와 경험을 통하여 발동되는 지혜로서 많은 유정을 이롭고 안락하게 한다. 안이비설신의 5식이 변하여 얻어지는 지혜이다.

위의 4지혜(밀교에 등장하는 법계체성지를 합하면 5지혜)에 대해 구카이는 『비장기(秘藏記)』에서 다음과 같이 설명했다.

> 다섯 가지 지혜가 있다. 첫째를 법계체성지(法界體性智)라 하는데, 이 지혜는 삼라만상의 본체가 되기 때문에 붙여진 이름이다. 법계(法界)란 깨달은 사람이 바라보는 세계이며, 체(體)는 삼라만상의 본체를 뜻한다. 제법(諸法)은 항상 그 본성을 가진다는 의미로 성(性)을 붙인다. 무명을 없앨 때 얻어지는 것이 지(智)이다. 대원경지는 물의 성질이 맑고 고요하여 일체의 색상이 현현(顯現)하는 것을 의미한다. 일체의 만상이 물에 그림자처럼 나타나 높고 낮음이 없이 평등하다. 이것은 평등성지에 비유된다. 그 물 가운데 모든 색상의 차별을 분명하게 비추어 나타낸다. 이것은 묘관찰지에 비유된다. 일체의 유정·무정들이 물속에

서 잘 번식한다. 이것은 성소작지에 비유된다.

유식의 실천원리를 아래의 〈표 4-5〉로 요약하였다.

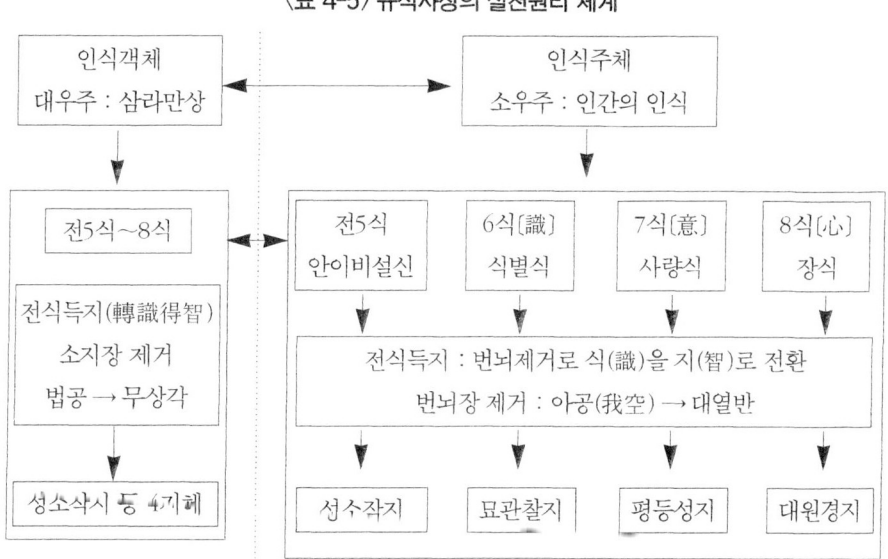

〈표 4-5〉 유식사상의 실천원리 체계

*인식객체[梵]와 인식주체[我]는 둘이 아닌 하나[梵我一如]이므로 대우주도 번뇌인 소지장만 제거하면 4식이 4지혜로 전환된다.

2-2-2. 유식에서의 밀교 실천원리

●9식인 아말라(amala)식의 등장과 법계체성지(法界體性智)
제8식인 아뢰야식은 유식학을 설명하는 가장 근원적인 잠재의식이다. 또한 일체의 근원이 될 종자를 저장하고 있다. 우리의 현실존재는 아뢰야식의 종자가 전개하는 것에 불과하다. 이러한 8식에는 아(我)의 집착에 의해 나타나는 허망분별상(虛妄分別相)과 청정의 세계가 혼합되어 있다.

이 같은 유식이론은 세친(世親)의 『불성론(佛性論)』에서 일체중생은 모두 불성(佛性)이 있다는 여래장(如來藏)사상의 전거(典據)로 나타난다. 8식의 본성이 분별상과 청정상(淸淨相)이라면 여래장의 본성은 청정을 의미한다. 8식의 본성이 변화함으로써 중생은 어두움에서 벗어나 여래의 세계로 들어갈 가능성을 발견하게 된 것이다. 이에 따라 진여문(眞如門)의 순수 여래장인 제9식 아말라식(阿摩羅識)이 등장하게 된다.

아말라(阿摩羅)는 청정(淸淨)의 의미인 산스크리트어 아말라(amala)의 음역이다. 밀교의궤(密敎儀軌)에서 말하기를 "9식은 본체이고 8식은 용(用)이므로 9식은 만유의 근원이다. 8식을 변용시켜 만법을 포용하므로 만법이 9식으로 귀일(歸一)된다"라고 했다.

제9식인 아말라식(阿摩羅識)은 깨달은 세계[法界]를 본체로 하는 지혜로 전환이 이루어진다. 이것을 법계체성지(法界體性智)라 한다. 이것은 지혜의 본체이기 때문에 앞에서 설명했던 4지혜를 총괄하는 지혜이다. 그러므로 모든 지혜가 법계체성지(法界體性智)에서 나온다.

제8식과 9식의 관계를 아래의 〈표 4-6〉으로 요약하였다.

〈표 4-6〉 8식과 9식의 관계

| 현교(顯敎) | 밀교(密敎) |
|---|---|
| • 전5식~8식<br>• 제8식 : 아뢰야식(ālaya識)<br> - 허망분별상+청정상(淸淨相) | • 전5식~8식+9식<br>• 제9식 : 아말라식(amala識)<br> - 청정상 → 법계체성지(法界體性智) |

2-3. 5불(五佛)

### 2-3-1. 금강계 5불(五佛)

불교의 세계는 인식객체와 인식주체로 나누어진다. 인식의 객체인 현상계에서 일어나는 번뇌인 소지장을 제거하면 전5식~9식(識)이 지혜로 전환된다. 이 지혜를 인격화시킨 것이 태장계 5불(五佛)이다. 인식의 주체에서 일어나는 번뇌장을 제거하면 식(識)이 지혜로 전환된다. 이 지혜를 인격화시킨 것이 금강계 5불이다.

① 대일여래(大日如來)

먼저 금강계 5불에 대해서 설명하겠다. 제9식인 아말라식은 법계체성지로 전환된다. 법계체성지는 보문(普門)의 지혜로서 5지혜의 전체이며, 네 가지 지혜는 일문(一門)의 지혜로서 법계체성지의 작용에 의해 나타나는 지혜이다. 이러한 특성을 가진 법계체성지를 인격화시킨 것이 대일여래이다.

밀교의 가장 중심이 되는 부처는 대일여래이다. 현교에서 법신불인 미로자나불은 원래 일체의 장식이 없다. 그러나 밀교의 법신인 대일여래는 화려한 보관을 쓰고 몸에는 보석과 귀금속으로 된 영락으로, 손발에는 장신구로 치장을 한다. 그 이유는 밀교는 현교와는 달리 세속의 행복도 추구하기 때문이다. 또 수인은 지권인으로 오른손은 지수화풍공(五大)·물질·이(理)·여자·대(大)우주·불(佛)을 상징하고, 왼손은 식대(識大)·정신·지(智)·남자·소우주·중생을 상징한다. 즉 지권인은 금태불이(金胎不二)·이지불이(理智不二)·불중생불이(佛衆生不二)를 나타내는 중도합일상(中道合一相)의 표현이다.

금강계 대일여래

아축여래

② 아축여래(阿閦如來)

제8식인 장식(藏識)은 대원경지(大圓鏡智)로 전환된다. 이것을 인격화시킨 것이 아축불(阿閦佛)이다. 아축불은 법계의 제법을 맑은 거울에 비추듯이 명료하게 나타내어 중생의 번뇌를 없앤다. 이로 인해 중생이 본래 갖추고 있는 보리심을 일으켜 대일여래를 제외한 다른 부처를 종합하는 부처이다.

아축은 범어 악쇼비야(Akṣobhya)의 음역이다. 뜻은 무동(無動)·부동이다. 경전에 의하면 아축불은 동방에서 대일여래와 함께 수행하다가 깨달은 후 동방묘희세계에 계신다. 그래서 아축불은 동방불이다. 왼손은 옷자락을 잡고 오른손은 펴서 땅을 가리킨다.

③ 보생여래(寶生如來)

제7식인 사량식(思量識)은 평등성지(平等性智)로 전환된다. 이것을 인격화시킨 것이 보생여래(寶生如來)이다. 이 부처는 일체의 중생들을 위해

보생여래            아미타여래

여러 가지 보물을 비 오듯이 하고, 중생들의 서원(誓願)을 만족시킨다.

보생은 산스크리트어 라트나-삼바바(Ratna-saṃbhava)의 의역이다. 남방에 계시는 부처이다. 오른손은 손바닥을 위로 향한 상태에서 손을 쉬고 배 앞에 두었으며, 왼손은 다섯 손가락을 펴서 손바닥이 올라오도록 하여 무릎에 올린 자세이다.

④ 아미타여래(阿彌陀如來)

제6식인 분별식은 묘관찰지(妙觀察智)로 전환된다. 이것을 인격화시킨 것이 아미타불이다. 아미타불은 설법으로 중생들의 의심을 끊게 하고 자비(慈悲)로 일체중생을 제도하는 부처이다.

아미타는 산스크리트어 아미타유스(Amitayus)의 음역으로 무량(無量)의 뜻이다. 밀교의 아미타불은 현교처럼 서방에 계시나 현교의 아미타부처와는 성격이 다르다. 그 이유는 밀교에서는 현세를 대상으로 하기 때문이다. 수인은 아미타정인이다.

⑤ 불공성취여래(不空成就如來)

전5식은 성소작지(成所作智)로 전환된다. 이것을 인격화시킨 것이 불공성취여래(不空成就如來)이다. 불공성취여래는 이 땅에 오셔서 일체중생을 교화시키는 부처이다. 석가모니불과 동일한 역할을 하며, 북방에 계신다.

불공성취는 산스크리트어 아모가-시디(Amogha-siddhi)를 의역한 것이다. 자리(自利)와 이타의 사업을 성

불공성취여래

취하지 않음이 없다는 뜻이다. 수인은 왼손은 보생불과 동일하게 하고, 오른손은 다섯 손가락을 펴서 가슴에 댄다.

이상의 금강계 5불을 요약하면 아래의 〈표 4-7〉과 같다.

〈표 4-7〉 5지와 5불의 의미

| 5지(智) | 5불(佛) | 5불의 의미 |
|---|---|---|
| 법계체성지(法界體性智) | 대일여래(大日如來) | 5불을 총괄하는 부처 |
| 대원경지(大圓鏡智) | 아축여래(阿閦如來) | 중생의 번뇌를 없애는 부처 |
| 평등성지(平等成智) | 보생여래(寶生如來) | 중생의 서원을 만족시키는 부처 |
| 묘관찰지(妙觀察智) | 아미타여래(阿彌陀如來) | 자비로 중생을 제도하는 부처 |
| 성소작지(成所作智) | 불공성취여래(不空成就如來) | 자리와 이타를 성취하는 부처 |

5불(五佛)은 대일여래의 활동을 인격적·경험적으로 분석한 것이다. 앞에서 말했듯이 대일은 전체이며, 4불은 대일의 역할을 부분으로 나눈 것이다. 그 진행과정은 대일의 절대지(絶對智)가 8 → 7 → 6 → 5지혜의 순으로 현실과 교섭을 가진다. 이때 제5의 지혜는 실천의 지혜로 나타날 경우 감각지각(感覺知覺)이 되어 중생의 절대지와 교통(交通)한다. 이 절대지의 신비로운 직관은 이성(理性) → 오성(悟性) → 감성(感性)의 순서로 현실과 접촉한다.

다음의 〈표 4-8〉은 이 관계를 나타낸 것이다.

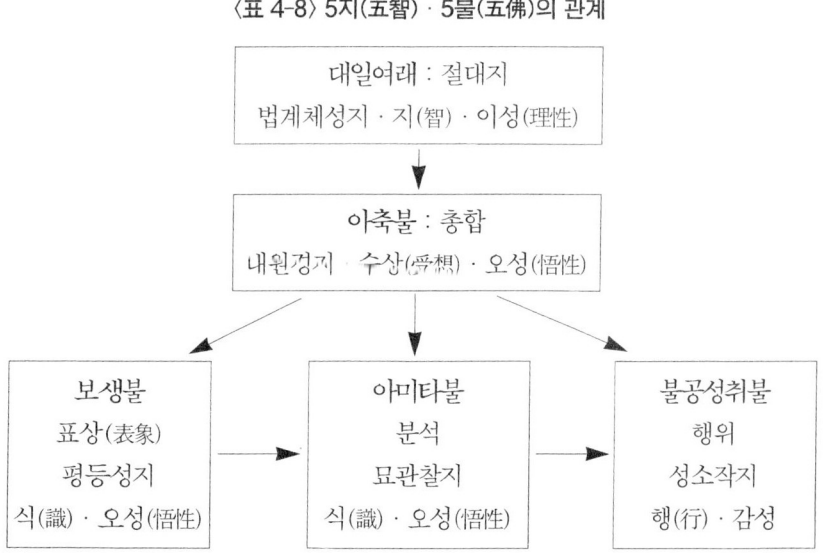

〈표 4-8〉 5지(五智)·5불(五佛)의 관계

2-3-2. 태장계(胎藏界) 5불(五佛)

① 대일여래

태장계 5불(五佛)은 인식객체의 5지를 인격화시킨 것이다. 태장계의

태장계 대일여래

보당여래

가장 중심이 되는 부처는 역시 대일여래이다. 금강계와 다른 점은 수인에 있다. 즉 금강계는 지권인이나 태장계는 법계정인(法界定印)이다. 법계란 부처님의 세계를 의미하니 곧 삼라만상이 다 부처님이 된다. 정인(定印)은 중생들이 부처님의 법계를 마음 가운데 새겨서 안정된 생활을 하겠다는 약속을 뜻한다. 왼손 다섯 손가락은 중생의 5대를, 오른손의 다섯 손가락은 부처의 5대를 상징한다. 법계정인은 중생의 5대와 부처의 5대는 불이이체(不二二體)라는 것을 나타낸다. 이것은 또한 대일의 신체에서 광명을 내보내어 보문 방편인 큰 지혜의 광명을 나타내 널리 중생계를 비친다는 뜻이다.

### ② 보당여래(寶幢如來)

태장계에서 대원경지를 인격화시킨 것이 보당여래(寶幢如來)이다. 원래 보당(寶幢)이란 왕이나 장군의 깃발이나, 여기서는 부처를 상징한다. 장군이 마치 부하들을 통솔하기 위해 깃발을 사용하듯이 부처가 중생을 제도하기 위해 보리심을 발한다는 의미이다. 동방에 위치한 부처로 아침

개부화왕여래　　　　아미타여래

에 태양이 동쪽에 떠오르듯이 깨달음의 시작은 발보리심(發菩提心)이다.

③ 개부화왕여래(開敷華王如來)

개부화왕(開敷華王)이란 크게 생장(生長)해서 아름다운 꽃이 피어난다는 의미이다. 개부화왕불(開敷華王佛)은 보당불의 보리심 종자와 대비(大悲)에 의해 만덕(萬德)을 개화시키는 부처이다. 즉 중생의 깨달음을 열게 한다.

④ 아미타여래(阿彌陀如來)

아미타불은 대일여래의 방편지(方便智)이다. 중생계가 끝이 없으므로 제불(諸佛)의 대비방편(大悲方便)도 끝이 없다. 그러므로 아미타, 즉 무량수(無量數)라는 이름을 붙였다. 꽃이 피어 결실을 맺는 것과 같이 원만한 인격이 형성되니 무량(無量)의 기쁨이 있다. 마음은 항상 안락하며 영원한 생명을 얻을 수 있다. 이러한 대비의 서원을 가지고 교화에 힘쓰는 부처이다. 물론 현교의 아미타불과는 성격이 다른 부처이다.

⑤ 천고뢰음여래(天鼓雷音如來)

천고뢰음여래는 청량(淸凉)하여 적정(寂靜)에 머무는 싱으로 열반지(涅槃智)이다. 천고뢰음(天鼓雷音)은 하늘에서 울려 오는 우레와 같은 일체의 법음(法音)을 뜻한다. 천고(天鼓)는 어떠한 형상도 없고, 머무는 곳도 없으며, 실재는 소리가 없으니 대열반의 적멸과 같아서 열반지라 한다.

천고뢰음여래

적정의 마음에 떠오르는 만상의 모습은 그 자체가 하늘에서 울려 오는 묘음(妙音)이다. 소리 없는 묘음으로 잠자고 있는 불심을 일깨워 새 생명을 불어넣는다. 그 묘음이 자기의 마음 깊숙이 울려 깨달음이 용트림하게 하는 부처가 천고뢰음여래이다.

이상의 태장계 5불을 요약하면 아래의 〈표 4-9〉와 같다.

〈표 4-9〉 태장계 5불의 의미

| 태장계 5불 | 태장계 5불의 의미 | 대응되는 금강계 5불 |
|---|---|---|
| 대일여래(禪定印) | 5불을 총괄하는 부처 : 보문의 부처 | 대일여래(智拳印) |
| 보당여래 | 중생제도를 위해 보리심을 내는 부처 | 아축여래 |
| 개부화왕여래 | 대비로 중생을 깨닫게 하는 부처 | 보생여래 |
| 아미타여래 | 끝없는 대비방편으로 결실을 맺게 하는 부처 | 아미타여래 |
| 천고뢰음여래 | 묘음으로 열반지를 이루게 하는 부처 | 불공성취여래 |

## 3. 대일여래 자비의 덕 : 능성중무(能成衆務)

### 3-1. 법신(法身)의 개념

　대일여래의 지혜가 중생들에게 구체적인 활동으로 나타나는 것은 자비(慈悲)이다. 사실 불교에서 말하는 자비는 지혜와 같은 말이다. 우주의 본체로 보면 지혜이고 그 본체가 현실세계에 작용을 하면 자비이다. 즉 여래의 자비란 여래의 지혜가 현현하는 것이다. 지혜의 현현에 의해 중생들이 본래 가지고 있던 불성(佛性)을 발휘할 수 있도록 하는 것이 능성중무(能成衆務)이다.
　부처의 자비로운 활동은 구체적이어야 한다. 구체적이라 함은 부처의 몸〔佛身〕이 중생의 필요에 따라 모습을 달리하여 나타나 설법함을 의미한다. 이것은 불신론(佛身論)을 뜻하며, 각각의 중생들이 요구하는 부처가 다르므로 불신(佛身)은 참으로 다채롭게 전개된다. 불교 특히 밀교에서 등장하는 많은 부처는 결국 법신의 현현이라는 것을 알아야 한다.
　많은 학자들이 주장하는 것처럼 밀교의 법신설은 일신다불(一身多佛)인 동시에 다불일신(多佛一身)이다. 이것이 때로는 밀교가 일신교(一神敎)인가 다신교(多神敎)인가라는 논쟁을 일으키기도 한다. 즉 밀교의 법사상은 마치 교체신교(交替神敎 : 최고의 신과 하급의 신의 위치가 바뀌는 것)처럼 신들의 관계가 불명확하다. 그래서 밀교의 불신(佛身)을 우주신적(宇宙神的)이라고 하는 학자도 있다.
　이러한 절대자인 법신의 성격 그 자체는 상대적 표현을 할 수 없다. 그러나 현실세계에서는 법신을 받아들이는 능력에 따라 여러 각도에서 논하게 된다. 그래서 법신설(佛身說) 특히 밀교의 불신설은 매우 다채롭게 전개되는 것이다. 불신론(佛身論)은 예로부터 1신설(一身說)·2신설(二身說)·3신설(三身說)·4신설(四身說)·5신설(五身說)이 있어

왔다.

## 3-2. 법신론(法身論)의 전개

### 3-2-1. 현교에서의 3신론(三身論)

석가모니불에게서 불타의 영원성을 추구하려는 시도는 시방삼세(十方三世)의 제법(諸法)에 두루 존재하는 법신불사상을 가져왔다. 이렇게 하여 석가모니불인 생신(生身), 즉 화신(化身)과 법신의 2신불(二身佛) 사상이 확립되었다.

우주의 본체인 법신과 법신의 작용인 화신만으로는 제법의 본체 모습을 정확히 인식할 수가 없다. 이런 이유로 형성된 것이 보신불(報身佛) 개념이다. 보신불은 산스크리트어 삼보가-카야(Saṃbhoga-kāya)를 의역한 것이다. 삼보가(Saṃbhoga)라는 말은 향수(享受 : 어떤 혜택을 받아 누림)라는 의미가 있기 때문에 수용(受用)이라고도 의역된다. 또 향수가 보답을 받는다는 의미가 있어서 보(報)로 해석하는 것이다. 카야(kāya)는 인간의 몸을 뜻하는 신(身)이다. 차원이 높은 신(神)으로 하지 않고 신(身)으로 쓴 것은 중생이 곧 부처, 또는 중생도 깨닫기만 하면 이 몸 이대로 부처라는 의미일 것이다.

법신·보신·화신에 대한 개념은 『대승기신론』을 통해서 체계화되었다. 『대승기신론』에 의하면 우리가 피안의 세계로 타고 가야 할 큰 수레인 대승(大乘)은 중생의 마음이라고 했다. 중생의 참되고 한결같은 마음은 진여(眞如)의 마음이며, 깨달은 마음이다. 이 마음이 부처의 마음이며, 부처의 몸인 법신(法身)이다. 결국 법신은 중생의 한결같은 마음이라는 것이다. 따라서 지금부터 언급되는 법신을 비롯한 불신(佛身)들은 인간 외부의 이상향에 있는 것이 아니라 중생의 마음 안에 있다는 의미이다. 이 법신을 체(體)·상(相)·용(用) 세 가지 면에서 검토하는 것이 『대승기신론』의 중심 테마 중의 하나이다.

　우주의 보이지 않는 근원을 체(體)라 하는데, 그 체는 진여로서 깨달은 중생의 마음에 의해서만 실현시킬 수 있다. 그 체를 인격화시킨 것이 법신(法身)이다. 보이지 않는 세계인 체가 볼 수 있는 모습으로 나타난 것이 상(相)과 용(用)이다. 상(相)은 현상과 동일한 의미이다. 상(相)을 인격화시킨 것이 보신(報身)이다. 체(體)가 기능적으로 활동하는 것이 용(用)이다. 용(用)은 작용과 같은 말이다. 용(用)을 인격화시킨 것이 화신(化身)이다. 여기서 체·상·용은 분리할 수 없는 하나의 마음[一心 : 우주의 삼라만상]의 세 가지 표현이다.

　체상용에 대한 것을 아래의 〈표 4-10〉으로 요약하였다.

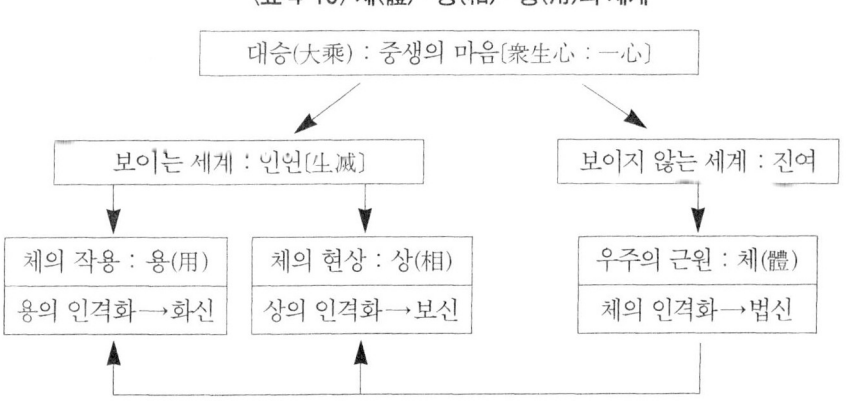

〈표 4-10〉 체(體)·상(相)·용(用)의 체계

＊화신을 응신이라고도 하는데, 원래의 뜻은 '추측 또는 추정하는 바에 따라 변화하는 부처'로서 범부·성문승·연각승 또는 10지 이전의 보살에게 나타나는 부처이다. 보신은 수행이 10지 이상인 보살에게만 보이는 부처라고도 하며, 아미타불이나 약사불과 같이 과보에 의해 부처가 된 것을 말하기도 한다.

보신불        법신불        화신불 : 석존

＊위의 사진처럼 부처님 세 분을 모시면 삼신불(三身佛)이라 한다. 특히 석존을 중심으로 왼쪽에 약사불, 오른쪽에 아미타불을 모실 때는 삼계불(三界佛)이라 한다. 또 석존을 중심으로 협시보살을 모시면 삼존불(三尊佛)이라 하며, 특히 석존을 중심으로 미륵보살과 제화갈라보살을 모시면 삼세불(三世佛)이라 한다.

### 3-2-2. 밀교에서의 불신건립(佛身建立)

밀교에서 불신(佛身)의 전통적인 분류방법은 1신설(一身說)·2신설(二身說)·3신설(三身說)·4신설(四身說)·5신설(五身說)이 있다.

① 1신설(一身說)

대일여래 단 한 분의 법신을 세우고 나머지 모든 부처는 대일여래법신의 신체(身體)로 보는 것이다.

② 2신설(二身說)

태장계만다라의 법신과 금강계만다라의 법신을 말한다. 태장계는 인식 객체인 대우주가 대상이다. 대우주의 구성원소인 지·수·화·풍·공의 전5대(前五大)를 인격화시킨 것이 태장계법신이다. 이때의 법신을 이법신(理法身)이라 한다. 인식주체인 식대(識大)를 인격화시킨 것이 금강계법신이다. 이때의 법신을 지법신(智法身)이라 한다. 이법신과 지법신은 대일여래인데 대일에 이지(理智) 두 법신이 상대적으로 있는 것은 아니다. 원래 이지법신(理智法身)은 하나이면서 둘이고 둘이면서 하나이다.

③ 3신설(三身說)

3신설(三身說)은 자성법신(自性法身)·수용법신(受用法身)·변화법신(變化法身)의 셋으로 분류한 것이다. 그중 자성법신(自性法身)은 진리 자체이다. 자성법신은 일체제법의 본체임과 동시에 3세상주(三世常住)의 불신이다. 모든 부처의 근본이 되는 부처로 대일여래를 가리킨다.

수용법신은 절대 자성(自性)의 세계에서 상대의 세계에 나타난 법신이다. 수용법신은 현교의 보신불과 성격이 유사하다. 아축·보생·아미타·불공성취의 금강계 4법신과 보당·개부화왕·아미타·천고뢰음의 태장계 4법신은 통상 수용법신이라 말한다. 수용법신에는 자수용법신(自受用法身)과 타수용법신(他受用法身)이 있다. 자수용법신이란 스스로 수용하여 깨닫게〔自證〕되는 법신이다. 스스로 자증의 경지를 홀로 즐기는 법신으로 자증삼매(自證三昧)에 있는 불신이다. 타수용법신은 타인에게도 즐거움을 받게 하려는 법신이다. 타수용법신은 자성법신의 세계를 교화하기 위해 설법을 하나, 10지의 보살을 위해 설법하므로 성문·연각을 비롯한 10지 미만의 보살은 들을 수 없다.

변화법신이란 현교의 화신 또는 응신으로서 진리의 작용에 의해 나타난 법신을 말한다. 이 법신은 10지 미만의 보살과 성문·연각·범부를 위해 법을 설한다.

④ 4신설(四身說)

3신설에 등류법신(等類法身)을 더한 것이 4신설이다. 등류법신이란 부처의 몸이 변화하여 사람·하늘·귀신·짐승·나무 등과 같은 유(類)의 모습에 따라서 나타난 부처이다. 이렇게 나타나는 이유는 중생의 근기에 따라서 제도하기 위함이다. 예를 들면 어떤 중생이 부처의 모습을 보아야 제도가 된다면 법신불은 부처의 모습으로 나타나고, 축생의 모습을 보아야 제도된다면 축생으로 나타난다. 이처럼 중생이 원하는 것이라면 유정(有情)이든 무정(無情)이든 원하는 모습으로 나타나는 법신을 등류법신이라 한다. 등류법신은 변화법신에서 분류된 것이다.

등류법신을 포함한 4종법신(四種法身)은 우리들의 수행정도에 따라 진리를 습득하는 단계를 나타낸 것이다.

⑤ 5신설(五身說)

위의 4종법신(四種法身)에 그 총체로서 법계법신 또는 6대법신을 더한 것을 5신설(五身說)이라 한다. 5신설은 구카이의 후학인 가쿠반이 제창한 것으로 자성법신의 존재를 부정하게 되는 결점을 가지고 있다.

이상과 같이 밀교에서의 불신론(佛身論)에 대해서 설명하였다. 밀교의 부처는 수없이 많으면서 대일여래 한 부처로 귀일(歸一)된다. 그리고 한 부처인 대일여래로부터 4종 또는 5종으로 분류한다. 이것은 보문의 부처인 대일여래의 자비의 모습을 네 방면으로 바라보는 것이다. 또 그것은 대일여래가 중생을 위해서 자비를 베푸는 모습이기도 하다.

밀교의 불신건립에 관한 내용을 다음의 〈표 4-11〉로 요약하였다.

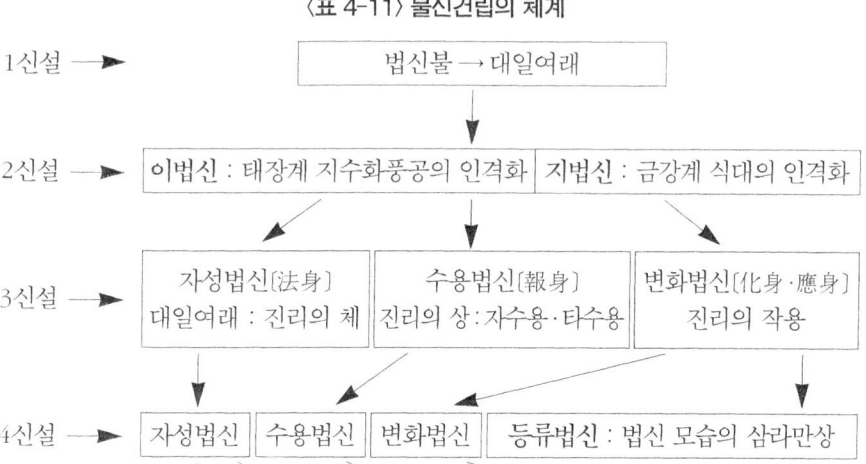

〈표 4-11〉 불신건립의 체계

## 4. 대일여래 방편의 덕 : 광무생멸(光無生滅)

대일여래는 중생들에게 보이지 않는 무상법신(無相法身)이다. 난시 중생제도를 위해 그들의 근기에 따라 변화법신으로 나타난다. 수많은 근기가 있듯이 변화법신도 한량이 없어 온 우주에 충만하다. 모든 불보살·명왕을 비롯한 그들의 권속은 대일여래가 근원이다. 이들은 대일여래가 중생을 제도하기 위해 현현(顯現)하는 방편화현(方便化現)이다.

이처럼 여래의 방편에 의해 나타나는 변화법신은 어느 먼 곳에서 온 것도 아니고, 또 사라지는 것도 아니다. 모든 곳 모든 때에, 즉 시공(時空)을 초월하여 법계에 상주한다. 이것이 광무생멸(光無生滅)이고 본유상주(本有常住)이다.

중생이 자신의 마음을 바로 볼 줄 아는 지혜를 가지게 되면 대일여래의 방편에 의해 현현한 불보살과 그들의 권속을 만날 것이다. 이들을 통해 대일여래인 깨달음의 세계로 들어간다. 다시 말하면 여래의 본체는 하나이지만 여래를 보는 중생의 근기에 따라 여래는 방편으로 무수한 변화의 모습으로 나타날 수 있다. 그러나 깨달음을 얻어 지혜의 눈을 가질 때, 법신 대일여래는 그 모습을 드러낸다. 이때 중생은 대일여래의 세계로 들어가는 것이다.

## 제3절 대일여래 사상의 발전

### 1. 5불(五佛)과 본초불(本初佛)

5지(五智)의 인격화로 인해 제법의 본체인 대일여래를 중심으로 아축불·보생불·아미타불·불공성취불의 5불이 성립되었다. 이것에 의하여 완전한 진리가 구현되었다고 보았다. 그후 5불의 완전성에 의문이 생기면서 5불의 각각에 샥티(śakti)라고 하는 명비(明妃)를 배치하는 사상이 나타났다. 5불과 명비를 5온(五蘊)과 5대(五大)에 대응시켜 좀더 구상화(具象化)를 높이는 쪽으로 진행되었다.

명비(明妃)에 대해『대일경소』에서는 "명(明)은 대혜광명(大慧光明)의 뜻이고 비(妃)는 삼매의 뜻이니, 바로 대비태장삼매(大悲胎藏三昧)를 가리킴이다. …… 비(妃)는 세상의 여인들이 능히 남자와 여자를 생산하여 그 종족이 끊이지 않게 한다. 이것은 여래가 일체의 공덕을 생장(生長)하는 뜻과 같아서 비(妃)라 한다"라고 했다. 이처럼 5불과 명비로부터 다수의 불타가 유출되어 세계의 창조에 기여하게 되었다. 또 5불과 명비에 의해 태어난 여덟 분의 보살은 각각 인간불(人間佛)을 거느리면서 그들로 하여금 세상에 출현토록 하여 가르침을 베풀어 중생을 제도해서 해탈을 얻도록 하는 것이다.

명비를 포옹하고 있는 명왕(明王)

5불(五佛)이 명비를 얻어 다수의 불보살을 출생하도록 한다는 사고방식은 세계 창조의 원리를 나타낸 것이다. 세계 창조의 근원으로서 본초불 사상이 도입되었다. 본초불이란 네팔이나 티베트의 불교에서 신봉되고 있는 우주의 근원이 되는 부처이다. 5불로부터 본초불로의 발전은 여래장(如來藏) 사상과 연관되어 있다.

여래장이란 중생이 가지고 있는 마음이다. 불성(佛性)이라는 이름으로 불리는데 그것은 부처가 될 가능성을 표시하는 것이다. 따라서 불성인 중생심은 본래 청정(淸淨)해야만 한다. 이러한 중생심은 공(空)·진여(眞如)·법계(法界)와 같은 것이며, 금강불괴(金剛不壞)이고, 온 우주에 충만한 구극적 실재이다. 이러한 의미의 중생심은 본초불의 원형이다. 중생심인 본초불로부터 제불보살(諸佛菩薩)이 유출되어 일체의 세계가 생산된다고 보는 것이 밀교적 사상이다.

이것은 여래장 사상과 병행 또는 뒤섞여서[混淆] 나타난 것이다. 중국에서 한역된 밀교에서도 본초불은 5지여래(五智如來)로 전해졌다. 이것이 후대로 오면서 5불을 통일하는 원리로 본초불 사상이 제시되었다. 5선정불(五禪定佛)과 수많은 금강살타나 지금강(持金剛) 등이 본초불이다. 이러한 본초불은 보살형이며 모두 샥티를 포옹하고 있는데, 이것은 생산의 의미로 설명된다.

## 2. 본지신(本地身)과 가지신(加持身)

### 2-1. 법신설법의 성격

앞에서도 설명하였듯이 현교와 밀교의 차이점은 설법의 주체가 다르다는 점이다. 즉 밀교는 대비로자나불 중에서 자성법신이 설법을 한다. 그러나 현교는 화신·응신(밀교에서는 변화법신에 해당)인 석가모니불만이 설법을 할 수 있다. 현교에서는 우주의 진리인 법신은 이치로서의 부처라고 말한다. 따라서 법신은 형태도 없고 색깔도 없으며 말도 할 수 없다. 그러니 법신의 설법이란 있을 수가 없다.

현교는 깨달음을 얻기 위한 방편설법이나, 밀교는 대일여래가 스스로 깨달은 바를 바로 설법한다. 즉 대비로자나불 스스로 깨달은 세계의 즐거움〔自受法樂〕을 중생들에게 말하는 것이다. 이때 설법은 자성법신·수용법신·변화법신·등류법신도 가능하나 그중에서 자성법신이 중심이라는 것이 밀교의 근본 입장이다.

밀교는 현교와는 달리 자성법신이 형태도 있고, 색상도 있으며, 생각과 말도 할 수 있다는 것이다. 법신인 대비로자나불의 본체는 지수화풍공식의 6대로 이루어졌고, 그 형태와 색상은 4개의 만다라이다. 또 그 작용은 신·구·의 3밀이니 당연히 중생들에게 나타나서 설법을 한다는 것이 밀교의 기본 입장이다. 단지 우리가 대일여래의 모습을 고정된 틀로 상상하여 바라보기 때문에 볼 수도 들을 수도 없다고 밀교에서는 주장한다.

밀교에서 설법의 중심은 대비로자나불 중에서 자성법신이라 하였다. 이때 자성법신은 본지신(本地身)이라는 설과 가지신(加持身)이라는 설이 일본에서 전개되었다. 먼저 본지신은 법신을 말한다. 법신은 만상의 근본이고 대지(大地)는 만물의 근본인데 본지(本地)가 법신의 의미와 유사하므로 법신을 본지신이라 한 것이다. 원래 일본에서 만들어진 본지(本地)란 말은 외래의 불교가 전통의 신(神)들과 융합한다는 본지수적설(本地垂迹說)에서부터 나왔다. 신(神)과 불(佛)이 평화 공존한다는 신불습합(神佛習合)은 밀교가 유행함에 따라 일본사회에 폭넓게 수용되었다. 만상이 부처라는 밀교와 모든 것이 신(神)이라는 일본의 신도(神道)는 서로 용이하게 융합되었다. 이때 본체[本地]인 부처가 신도의 신(神)의 모습을 한다는 것[垂迹]이 본지수적설(本地垂迹說)이다. 여기서 말하는 본지신이란 우주만상의 본체인 자성법신을 말한다. 본지설의 근본 입장은 이치로 존재하는 본지법신(本地法身)이 직접 중생들에게 설법한다는 것이다.

　가지(加持)의 의미에 대해 구카이는 『즉신성불의(卽身成佛義)』에서 "가지란 여래의 자비심과 중생의 신심(信心)을 말한다. 여래의 광명이 중생에게 있는 마음의 호수에 비쳐주는 것을 가(加)라 하고, 행자(行者)가 그의 마음의 호수에 여래의 광명을 잘 받아들이는 것을 지(持)라 한다"라고 정의했다. 다시 말하면 가(加)는 부처의 가피(加被 : 불보살이 자비의 힘을 베풀어 중생을 이롭게 하는 것)이며, 지(持)는 수행자의 임지(任持 : 수행자가 행해야 할 일)인 신심이다. 결국 가지신(加持身)이란 가지(加持)에 의해 나타난 불신(佛身)을 말한다. 현교로 말하면 응신이나 화신과 같이, 중생을 제도하기 위해 본지신이 방편으로 중생들의 근기에 알맞게 몸을 나타내어 설법하는 변화신을 말한다.

　설법의 주체가 본지신인가 가지신인가 하는 논쟁은 밀교 법신설의 독특한 구조에 기인한다. 밀교에서는 법신이 삼라만상으로 전개되어 우주 전체에 법신이 충만하면서도 궁극적 진리에 귀일(歸一)되는 구조이다. 즉 자성법신에 모든 것이 귀일되면서 사람들의 능력과 수행 정도에 따라 다른 법신으로 전개된다. 대한불교진각종의 회당대종사도 이러한 의미로 "비로자나부처님은 시방삼세 하나이라. 온 우주에 충만하여 없는 곳이 없으므로 가까이 곧 내 마음에 있는 것을 먼저 알라"라고 하였다. 또한 회당은 자성법신의 설법에 관하여는 "시방삼세에 나타나는 모든 사실들과 내가 체험하고 있는 좋고 나쁜 모든 일은 법신불의 당체로서 활동하는 설법이다"라고 했다.

이러한 자성법신의 거립에 의해 현교와는 다른 밀교가 성립된 것이다. 자성법신은 전체적 원리인 동시에 우리들에게 내재(內在)된 이성이다. 우주신적(宇宙神的)인 동시에 인간신적(人間神的)이다. 우주신과 인간신이 서로 감응하여 하나가 되는 자각이 일어날 때가 바로 밀교의 밀(密)이다. 따라서 밀교의 경지에 이르기 위해서는 전체성과 개인의 감응을 통한 융합이 이루어져야 한다.

이러한 감응을 위해서는 전체적 진리인 자성법신과 우리들의 상즉상입(相卽相入)이 문제가 된다. 자성법신인 진리 그 자체는 우리들 내부에 있는 청정한 이성이다. 이러한 자성법신이 우리들을 감응시키면 이것은 본지신이다. 그러나 우리들의 근기에 따라 자성법신 중에서 변화된 법신이 우리들을 감응시키면 이것은 가지신이다.

설법하는 자성법신이 본지신인가 가지신인가 하는 발단은 선무외(善無畏)가 『대일경소』에서 교주를 다음과 같이 번역하면서부터이다. 본지신으로 해석한 부분은 "바가범(薄伽梵 : 덕을 성취하였다는 뜻)은 바로 비로자나법신이다"이며, 가지신으로 해석한 부분은 "이때 세존께서 옛날부터 대비원(大悲願)을 가지고 계셨으므로 다음과 같이 염원을 하셨다. '만약 내가 이와 같은 깨달음의 세계에 머무르면 모든 유정은 이 때문에 이익을 얻지 못한다. 그러므로 자재신력가지삼매(自在神力加持三昧 : 대일여래가 삼매에서 갖가지 몸을 나타내어 법을 설하여 중생이 해탈토록 하는 것)에 머물러 널리 일체중생을 위하여 갖가지 모든 세계에 몸을 나타낸다"이다.

위에서 기술한 법신설법의 성격을 다음의 〈표 4-12〉로 요약하였다.

<표 4-12> 법신설법의 성격

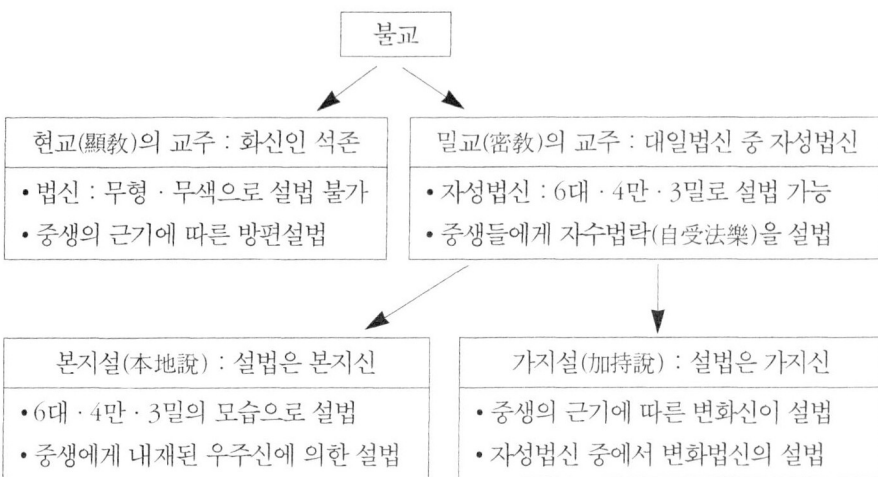

2-2. 본지설과 가지설의 전개

일본에서 본지설을 주장하는 학자는 많지만 그중에서 대표적인 학자는 구카이의 후학인 유쾌(宥快, 1345~1416)이다. 그에 의하면 설법을 하는 법신은 가지신이 아니라 본지신이라는 것이다. 본지신이란 자성법신으로 중생이 자증(自證: 스스로 깨달은 상태)이 될 때 마음속에 나타나는 법신이다. 이때 우주 본체 그대로의 상태[法爾]가 6대·4만·3밀의 3대로 뚜렷하게 나타나서 설법하는 것이다. 3대에 의해 설법하는 불신(佛身)이 본지신인데 이것을 능현(能現)이라 한다. 수용·변화·등류의 3법신은 가지신이라고 말한다. 본지설에서의 가지신은 소현(所現), 즉 설법을 듣는 불신(佛身)으로 본다.

본지설에서는 6대법신을 본지법신이라 말한다. 자증의 위치에서 6대법신은 6대·4만·3밀의 모습으로 존재하기 때문에 설법을 한다고 말한다. 그러나 6대는 성질이라는 덕성만 있을 뿐 무색이면서 무형이다. 따라서 본지신에 미묘한 형색이 있다는 것은 4만상대(四曼相大)에서 논해야 한다고 주장한다. 이러한 의미에서 본지설은 스스로 깨달은 상태[自證]와 가지세계[四曼相大]의 둘로 나누어 설명한다.

밀교에서 설법을 하는 교주는 본지신이 아니라 가지신이라고 주장하는 것이 가지설이다. 가지설의 제창자는 뢰유(賴瑜, 1226~1304)이다. 그에 의하면 여래가 깨달은 상태에서는 언어로 설할 수도 없으며, 설하는 것을 관(觀)하는 사람도 그것을 볼 수가 없다. 즉 본지신의 말을 들을 수도 그 모습을 볼 수도 없다는 것이다. 따라서 여래가 깨달은 절대의 경지에서는 여래의 불가사의한 가지력으로 설법을 한다고 주장한다. 이때의 가지신은 자성법신 중에서 수용·변화·등류법신의 3신(三身)을 말한다. 이것은 본지설과는 다르게 자성법신을 본지신과 가지신으로 나눈 것이다. 그러나 대한불교진각종의 혜정정사는 자성법신·수용법신·변화법신·등류법신의 4종법신을 억지로 본지신과 가지신으로 나눈다면 자성법신은 본지신과 가지신을 함유한 법신이며, 그 외 3종법신은 가지신이라고 보고 있다.

본지설에서는 자증과 가지세계의 둘로 나누었으나, 가지설에서는 자증(自證)·가지문(加持門)·가지세계(加持世界)의 셋으로 나눈다. 여기서 가지문이란 본지불이 중생에게 설법하기 위해 미묘한 작용으로 나타나는 수용·변화·등류법신의 3신(三身)을 말한다. 그리고 가지세계란 본지법신이 타수용가지신(他受用加持身)을 나타내어 설법을 하는 주처(住處)이다. 이때 자증이란 부처의 절대세계이며, 가지문이란 절대의 상대세계이다. 수용·변화·등류법신의 3신은 중생의 근기에 따라 상대의 세계를 나타낸 모습이다. 이 둘을 자성법신으로 인정한다. 또한 모든 것은 자성법신의 활동으로 볼 수 있으나, 수용·변화·등류법신은 분야별로 보기 때문에 자성법신의 공능을 나누어 가진 법신이다.

위에서 살펴본 본지설과 가지설에 대해서 양설의 조화를 주장한 학자들이 많이 나타났다. 그중에서 대표적인 학자가 법주(法住, 1722~1800)이다.

　법주는 일다법계설(一多法界說)에 의해 두 설의 조화를 꾀했다. 일다법계설은 일구설(一具說)과 다구설(多具說)을 말한다. 일구설(一具說)이란 우주의 본체인 6대체대는 견고(지대의 성덕)하다든가 습(수대의 성덕)하다든가 하는 성덕뿐이라는 설이다. 일구설을 일법계설(一法界說)이라 한다. 일법계란 진여의 근본 체를 말한다. 일(一)이란 유일무이(唯一無二)의 일(一)이다. 일법계설에 의하면 실재의 세계인 이법계(理法界)는 모두 평등하며, 일체의 상(相)도 없고 생멸(生滅)도 없는 유일무이(唯一無二)의 본체의 세계로 본다. 다구설(多具說)은 우주의 본체인 지수화풍공식의 6대는 성덕만이 아니라 여러 가지 속성이 있다는 설이다. 다구설을 다법계설(多法界說)이라 한다. 다법계설은 우주의 실재는 차별적으로 존재한다는 설이다. 이때의 세계는 일체의 상(相)도 있으며 생멸(生滅)도 있다.

　일법계설은 중관파의 『대일경』 계통으로서 실상론에 입각한 학설이다. 이러한 일법계설에 의해 우주를 바라보면 본지신은 설법을 할 수 없고, 가지신만이 설법을 한다. 이것이 가지설이다. 다법계설은 유가파의 『금강정경』 계통으로 연기론에 입각한 학설이다. 다법계설을 기조로 하여 바라보면 본지신은 설법을 할 수 있다.

　결국 이 두 설은 하나의 법(法)에 두 가지 뜻이 있다는 것에 불과하다. 이 의미는 밀교의 근본이념인 당상즉도(當相卽道)와 즉사이진(卽事而眞)으로 설명할 수 있다. 즉 우리 눈앞에 펼쳐진 현상과 세상의 일들이 바로 도(道)이며 진리이며 실재이다. 하나로 표현되는 우주의 본체인 실재가 바로 삼라만상이라는 것이다. 이것을 일즉일체(一卽一切)라 한다. 동시에 우주의 삼라만상은 실재 그 자체이다. 이것을 일체즉일(一切卽一)이라 한다. 이것은 실재를 떠나서 현상은 없고 현상을 떠나서 실재는 없다는 뜻이다. 실재 그대로가 현상이며, 현상 그대로가 실재이다. 그러므로 현상을 중심으로 보면 다법계(多法界)이며, 실재를 중심으로 보면 일법계(一法界)이다. 일법계와 다법계는 관점의 차이일 뿐이라는 주장으로 법주(法住)는 본지설과 가지설의 조화를 도모했다. 즉 법주는 일법계와 다법계는 둘이 아니라는 입장에서 본지와 가지의 두 이론의 통합을 시도한 것이다.

본지신과 가지신을 다음 글에 의해서 구체적으로 알아보겠나.

> 서산스님은 한여름날 조용히 길을 가다가 낮닭이 천지의 고요를 깨는 울음소리를 듣고 깨달음을 얻었으며, 어느 선사는 밤사이에 내린 눈이 대나무에 쌓여 새벽이 되었을 때 그 무게를 이기지 못하여 '딱' 하고 부러지는 소리에 지금까지 화두로 쌓은 의심의 뭉치가 터져서 깨달음을 얻었다고 한다. 고요한 가운데 지금까지의 의심이 사라지고 어둠이 걷히면서 마음의 눈을 뜨게 된 것이다.
>
> 혜정,『밀교강좌』에서

위의 글에서 서산대사는 닭의 울음소리로, 또 어떤 선사는 대나무 터지는 소리로 깨달음을 얻었다. 이때 닭과 대나무 또는 닭 울음소리와 대나무 터지는 소리는 본지신일까 가지신일까 하는 것이 문제이다.

먼저 본지설의 입장에서 보면 우주는 6대 · 4만 · 3밀의 3대로 구성되어 있다. 닭이나 대나무의 본체는 지수화풍공식의 6대이고, 닭과 대나무의 모습은 4개의 만다라로 나타난다. 그리고 본체의 작용은 닭이나 대나무의 신구의(身口意)이다. 따라서 닭과 대나무의 소리는 본체의 작용이 되는 것이다. 이때 닭과 대나무는 등류법신으로 가지신이다. 본지설에 의하면 가지신은 설법을 할 수 없으므로 닭과 대나무가 설법을 하는 것이 아니다. 단지 그 소리는 본지신인 자성법신이 자수법락의 상태를 분명하게 내보인 것에 불과하다. 자성법신의 자수법락의 모습인 닭 울음소리는 중생들에게 내재된 청정한 이성이기도 하다. 이성과 중생심이 감응할 때 깨달음이 일어난 것이다.

가지설에서는 설법을 본지신이 아닌 가지신이 한다고 주장한다. 이때의 가지신은 중생의 근기에 따라 절대의 세계(自證)가 현현한 상대의 세계인 수용·변화·등류법신의 3신(三身)이다. 위의 글에서 닭이나 대나무는 가지신이기 때문에 설법을 하는 것이다. 그러나 닭이나 대나무를 부처로 보는 것이 아니라, 자비로운 본지법신이 중생이 필요로 하는 모습으로 나타난 것이다.

법주(法住)가 주장하는 조화설의 입장에서 보면 본지신인 우주의 진리는 이상세계에 있는 것이 아니라 닭이나 대나무를 비롯한 삼라만상에 있다. 또 삼라만상은 그 자체가 진리이다. 그러니 닭이나 대나무는 가지신이면서 본지신이라는 것이 조화설이다.

이상의 본지설과 가지설의 전개를 아래의 〈표 4-13〉으로 요약하였다.

〈표 4-13〉 본지설과 가지설의 전개

| 본지설 : 자증에서 설법 | | 가지설 : 가지문에서 설법 | | |
|---|---|---|---|---|
| • 본지신[自證] : 능현<br>- 설법하는 불신 | • 가지신 : 소현<br>- 법을 듣는 신 | • 자증<br>(自證) | • 가지문<br>- 수용·변화·등류법신 | • 가지세계<br>- 설법의 주처 |

| 다법계설=다구설<br>본지신만 설법 | → | 조화설 : 일법계·다법계의 통합<br>실재[一法界]와 현상[多法界]은<br>상즉불이(相卽不二) | ← | 일법계설=일구설<br>가지신만 설법 |

# 제5장 밀교의 인식론(認識論)

## 제1절 밀교의 인식론과 만다라

1. 밀교의 인식론

인식론이란 진리·진실·지식의 본질에 관한 학문이다. 철학적·종교적 연구의 중심과제이기도 한 인식론은 영어로 에피스테몰로지(epistemology)이다. 이것은 지식을 뜻하는 그리스어 에피스테메(episteme)와 이론을 뜻하는 로고스(logos)를 합하여 만든 글자이다. 즉 인식론이란 '지식을 연구하는 이론'이라는 뜻이다.

인간의 사유(思惟)는 세 가지 요소로 이루어진다. 사유대상·사유주관·사유내용이 그것이다. 사유대상은 우주의 본체인 삼라만상이다. 이것은 창조론·존재론에 관한 문제이다. 사유주관은 사유의 주체인 인간의 심리 또는 마음이다. 이것은 가치론에 관한 문제이다. 사유내용은 우주의 본체가 활동한 것을 주체인 인간이 경험을 통해 형성한 논리이다. 이것을 다른 말로 하면 인식론이라 할 수 있겠다. 여기서 인식론의 주된 문제는 우주의 본체인 삼라만상과 본체를 바라보는 사유의 주체인 인간의 상관관계를 밝히는 것이다.

종교에서 인식론은 매우 중요한 문제이다. 모든 철학이 존재론·인식론·가치론으로 체계를 잡았듯이 종교도 반드시 이러한 체계를 갖추어야만 종교로서의 역할을 수행할 수 있다. 이러한 체계의 중요성은 유교에서도 찾을 수 있다. 공자에 의해 성립된 유학이 한나라에 이르러 유교라는 종교의 성격을 띠게 된다. 그러나 이때의 유교는 가치론 중심이어서 존재론·인식론·가치론의 체계를 갖춘 불교나 도교에 항상 열세가 될 수밖에 없었다. 이처럼 가치론에 편중된 유교에 인식론과 존재론을 보완하기 위해 성립된 학문이 성리학이라는 것만 보아도 인식론의 중요성을 알 수 있다.

불교에서의 인식론은 부파불교시대부터 집중적으로 논의되었던 과제였다. 이것이 결실을 맺은 것은 1세기 전후에 아슈바고샤[馬鳴]가 편찬한 『대승기신론』이다. 『대승기신론』은 아래의 〈표 5-1〉과 같이 체·상·용으로 체계를 잡았다. 그중 상(相)이 인식론에 해당한다.

〈표 5-1〉 『대승기신론』의 체·상·용

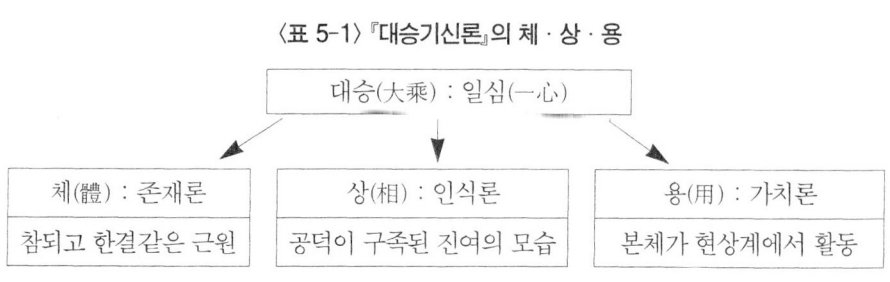

『대승기신론』에서 체(體)는 우주의 본체를 의미한다. 체(體)란 참되고 한결같은 존재의 근원이라는 뜻이다. 근원인 체로부터 일체의 현상이 나온다. 이것은 인식의 대상이 된다. 또 현상계에서 일어나는 모든 작용은 본체가 현상계에서 활동하는 것이다. 이것은 본체가 중생들을 위하여 가치 있게 활동하는 모습이다.

『대승기신론』의 체·상·용은 밀교에서도 그대로 적용된다. 밀교에서는 아자체대설과 6대체대설로 우주의 본체를 해명했다. 본체가 현상으로 나타난 것을 4개의 만다라로 표현한다. 이것을 4만상대론(四曼相大論)이라 한다. 밀교의 체계에서 우주를 인식하여 표현한 것은 만다라이다. 또 본체가 활동하는 모습이 신구의 3밀이다.

아래의 〈표 5-2〉에 밀교의 체계를 요약하였다.

〈표 5-2〉 밀교의 체계

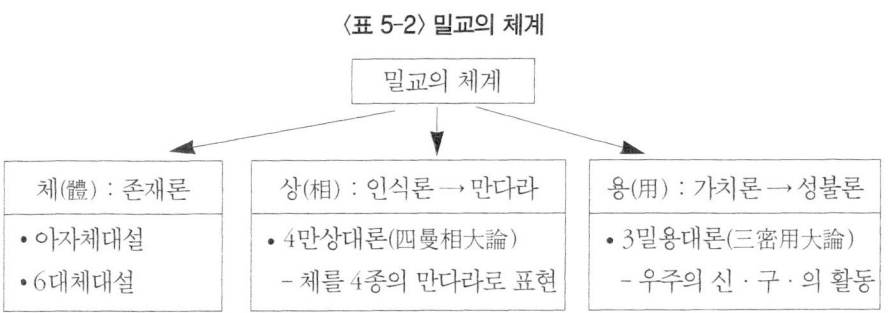

## 2. 만다라(Maṇḍala)의 정의 및 분류

### 2-1. 만다라의 정의

만다라(Maṇḍala)란 산스크리트어로 '본질' 이라는 뜻의 만다(Maṇḍa)와 '성취' 라는 의미의 라(la)가 합하여 이루어진 말이다. 즉 '본질의 성취' 라는 뜻이다. 고대 인도에서는 만다라가 여러 가지 의미로 쓰였다. 예를 들면 브라만교의 리그-베다 찬가를 만다라라고 불렀고, 인도의 서사시『마하바라타』에서는 군대(軍隊)의 의미로도 쓰였다. 또 불교에서는 원륜(圓輪)·원단(圓壇)의 의미로 쓰였다. 밀교에서는 대체로 단(壇)·도량(道場)·원륜구족(圓輪具足)과 우주본질의 표현으로 쓰인다. 여기서 단(壇)·도량(道場)은 깨달음의 대지(大地)를 의미하며, 원륜구족은 조화를 뜻한다. 만다라의 불교적·밀교적 의미와 사용처를 좀더 세분하면 다음과 같다.

    ① 부처의 세계인 대우주와 중생의 세계인 소우주의 관계를 도상화.
    ② 일체세계의 도상화(圖像化) : 불·중생·진제·속제 등 일체 모든 존재들의 종교적·불교적 표현.
    ③ 대일여래가 시방세계(十方世界)에 활동하고 있는 모습의 도상화.
    ④ 불교교리와 의례·수행과정을 한데 집약한 종합적이고 복합적인 불교세계의 집약처.

2-2. 만다라의 특징

첫 번째 특징으로 만다라는 공간·영역·장(場)의 개념을 가지고 있다. 대한불교진각종의 혜정정사는 『밀교수행』에서 "만다라는 공간에서 전개되는 점과 선의 활동이다. 즉 보이지 않는 공간의 세계에 보이는 점을 시작으로 변화무상한 활동을 선으로 표현한 것이다. 이로써 심인(心印)의 본체인 만물의 전개도 이와 같다. 이러한 만다라의 원류에서 여러 가지 특징들이 나타난다"라고 했다. 즉 점과 선에 의한 전개로 지정된 공간의 내외(內外)는 성(聖)과 속(俗)이라고 하는 의미의 이차원(二次元) 관계가 항상 형성된다. 이것의 영향으로 불교 또는 밀교의식에서 결계(結界)를 행하여 인위적으로 성스러운 공간을 설정하는 것이다.

만다라의 두 번째 특징은 복잡성이다. 만다라는 우주의 본체인 삼라만상을 그림으로 나타내어야 한다. 우주는 간단하고 투명한 세계가 아니므로 만다라도 복잡할 수밖에 없다.

세 번째 특징은 중심에 초점을 맞춘 것이다. 인도·티베트·일본 등의 모든 만다라는 중앙에 본존을 배치하여 성스러운 세계를 대표하도록 한다. 중심을 가진다는 것은 밀교의 형상으로 나타낸 가시적(可視的)인 만다라에 한정된 것이 아니다. 우리가 살고 있는 국가도 만다라이며, 마을도 만다라이다. 우리의 신체도 하나의 만다라이다. 이러한 소우주적(小宇宙的) 만다라에도 반드시 초점이 되는 중심이 있다는 것이다.

네 번째 특징으로 조화성이라고 하는 것도 빼놓을 수 없다. 우주의 모든 것을 표현한 만다라는 확실히 복잡하다. 그러나 복잡한 가운데에서도 금강계나 태장계만다라에서 보듯이 다종다양(多種多樣)한 존격이 질서정연하게 배치되어 있음을 볼 수 있다. 다수의 존격 중에는 부처나 보살 외에 분노한 모습의 명왕(明王)과 고대 인도에서 기원한 천부(天部)의 신(神)들이 빼곡하게 그려져 있다. 이들 천신들은 원래 불교에 적대적이었던 신들이지만 만다라에서 불교의 존격과 나란히 그려진 것은 조화로운 공존을 상징하는 것이다. 이처럼 만다라는 이질적인 요소를 포함시켜 조화로운 세계를 구성함으로써 전체적으로 보다 고차원의 가치관을 실현하는 것이다.

다섯 번째 특징으로 만다라는 정적인 것이 아니라 동적으로 흘러가는 형태이다. 예를 들면 존격을 표현하는 원칙으로는 중앙의 본존이 가장 크게 묘사되고 주변으로 갈수록 존격의 크기가 작아진다. 이것은 단순히 크고 작은 것의 문제가 아니고 제불보살(諸佛菩薩)과 천신들이 상징하는 의미에 의해 차별을 두는 것이다. 즉 중앙 본존의 힘이 주변의 존격에 순차적으로 파급되는 것을 나타냄과 동시에 주변의 존격은 내부의 본존을 향하여 구심점으로 귀의하는 것을 상징한 것이다. 이러한 주변으로의 흐름과 중심으로의 흐름은 역으로도 전개된다. 그러므로 만다라는 고정화된 존재는 없고, 힘의 움직임과 흐름을 나타내는 역동성이 있을 뿐이다.

여섯 번째 특징은 교체성(交替性)이다. 만다라에는 성격과 역할이 주어진 여러 부처가 각각의 위치에 등장한다. 그러나 각존의 위치가 영구히 그대로 존속되는 것은 아니다. 만다라의 각존(各尊)은 가치적으로 순위가 있으나 어떤 시점에서는 그 가치가 변하여 다른 성격을 가진 부처가 중존(中尊)의 자리에 배치된다.

일곱 번째의 특징은 전체성(全體性)이다. 만다라에서는 사소한 바깥부분도 조화로움을 잃어버리기 때문에 끊어낼 수가 없다. 만다라에서 부분은 항상 전체에 꼭 필요한 요소이기 때문이다. 이럴 때 부분과 전체는 표리일체(表裏一體)가 되는 것이다. 만다라에서는 중앙의 대일여래와 주변의 명왕이나 사천왕들도 동일한 하나의 만다라를 형성하는 중요 요소임을 알아야 한다.

이상의 만다라 특징을 아래의 〈표 5-3〉에 요약하였다.

〈표 5-3〉 만다라의 특징

| 구 분 | 특 징 |
| --- | --- |
| 공간성 | 성(聖)과 속(俗)의 이차원(二次元) 관계 형성 |
| 복잡성 | 우주의 본체인 삼라만상의 표현이므로 복잡 |
| 중심성 | 중앙에 본존을 배치함으로써 성스러운 세계를 대표 |
| 조화성 | 불교 외적인 존상과의 조화로운 공존으로 차원 높은 가치관 형성 |
| 역동성 | 중존에서 주변으로 힘이 흐르고 주변은 중존에 귀의하는 흐름의 상징 |
| 교체성 | 중존의 위치는 절대불변이 아닌 가변적임 |
| 전체성 | 부분과 전체는 표리일체(表裏一體)로 전체성 확보 |

2-3. 광의(廣義)의 만다라 분류

만다라가 성립된 것은 밀교경전에 설해진 성스러운 세계를 표현하고자 하는 노력의 결과이다. 인도에서 7~9세기에 밀교학자들의 노력에 의해 『법만다라경(法曼茶羅經)』이 만들어지면서 자성만다라 · 관상만다라 · 형상만다라의 3단계 만다라가 성립되었다.

### 2-3-1. 자성만다라(自性曼茶羅)

우주에 존재하는 모든 것은 성스러운 부처의 모습이다. 이것을 만다라로 표현한 것이 자성만다라(自性曼茶羅)이다. 여기서 자성(自性)은 우주의 본체를 의미한다. 불교에서 삼라만상은 연기에 의한 것으로 자성(自性)이 없다고 했다. 이렇게 공(空)으로 표현되는 단계에서는 만상의 진리를 그림으로 표현할 수 없었다. 그러나 자성이 존재한다는 진공묘유의 진리관일 때에는 우주의 본체를 그림으로 나타낼 수 있게 된다.

불교에서 깨달음의 경지는 아무런 분별 없이 만물을 긍정하는 것이다. 이것을 대한불교진각종의 혜정정사는 『밀교수행』에서 다음과 같이 기술했다.

> 우주본체의 그림은 한 점(點)에 의한 것이다. 이 한 점은 본래부터 마음에 존재하는 표현의 점이다. 고로 심(心)의 본구점시(本具點示)라 하였다. 마음에 점이 없었다면 형상의 점도 없다. 근본이 없는데 지말의 활동을 할 수 없는 것이다. 깨달음에 대한 긍정도 만물에는 본래부터 불성(佛性)이 있기 때문이다. 그 불성을 인증(認證)하는 것이 깨달음의 긍정이다. 즉 '본래부터 있었구나' 하는 긍정이다.

이러한 긍정, 즉 물은 그냥 물이요, 산은 그냥 산이다. 이때 천지는 그야말로 한 권의 경전이 된다. 즉 모든 산천(山川)과 동식물(動植物)의 유정무정(有情無情)은 모두 성불(成佛)한 모습이다. 『2만5천송의 반야』와 『대지도론』에서도 이와 같은 묘유의 진리관이 전개된다. 또 6세기에 번역된 『금강상미다라니경(金剛上味陀羅尼經)』 등에서도 세간법(世間法) 모두는 부처가 올바른 지혜로 진리를 깨달은 현상을 표현한 것이라고 했다. 이러한 관념에 의거한 것이 자성만다라로서 모든 만다라사상의 근원이다.

### 2-3-2. 관상만다라(觀想曼茶羅)

우주는 구극적(究極的) 실재(實在)이며 우주 그대로가 부처의 세계라는 것을 중생은 알지 못한다. 중생은 있는 그대로를 볼 뿐 성스럽다는 생각을 할 수 없다. 이들에게 우주를 어떤 의미 있는 모습으로 나타내 줄 때 성스런 것을 지각할 수 있다. 우주 자체를 성스런 만다라로 생각하는 것이 관상만다라(觀想曼茶羅)이다. 대한불교진각종의 회당은 "밀(密)은 색(色)을 이(理)로 하여 일체세간 현상대로 불(佛)의 법(法)과 일치하게 체득함이 교리이니 체험이 곧 법문(法門)이요, 사실이 곧 경전이다"라고 했다. 이것이 관상만다라를 자각하는 모습이다. 그러나 중생은 전체를 보지 못하기 때문에 한 부분만을 표현할 수밖에 없다. 따라서 밀교 관법(觀法)의 세계는 모든 세계를 만다라로 관상(觀想)하여야 하며, 그렇게 하는 것이

관상만다라의 일종인 『관무량수경』의 일상관

능설만다라인 영산회상

밀교의 뜻을 아는 것이다.

관상만다라는 본래 수행자의 관법(觀法)을 위해 만들어진 것이다. 『관무량수경』에 나타난 일상관(日想觀)·수상관(水想觀)·본존관(本尊觀) 등의 16상관(十六想觀)은 관상만다라의 일종이다.

### 2-3-3. 형상만다라(形象曼茶羅)

관상만다라는 일상관(日想觀)에서 보듯이 부분적이다. 부분적인 것으로는 우주 전체를 파악할 수 없다. 또한 부분적이면서도 상징적이고 가상적인 만다라를 보고 전체의 실상을 이해한다는 것은 더욱 곤란한 문제이다. 밀교에서는 우주 전체가 부처의 세계라 했다. 그렇다면 밀교가 보편화된 종교가 되기 위해서는 누구나 객관적으로 우주가 부처의 세계임을 분명히 이해하도록 해주어야만 한다. 이러한 목적으로 만들어진 만다라가 형상만다라(形象曼茶羅)이다.

성스런 모습을 나타낸 형상만다라를 다시 그 형태에 따라 분류하면 능설만다라(能說曼茶羅)와 소설만다라(所說曼茶羅)로 나누어진다. 능설만다라는 설회만다라(說會曼茶羅)라고 하는 바와 같이 부처가 보살들에게 둘러싸여 법(法)을 설(說)하고 있는 모습을 말한다. 대체로 경전의 서론 부분에 부처의 설법을 듣기 위해 참석한 보살과 제천신(諸天神)의 모습을 그린 만다라가 능설만다라이다. 소설만다라(所說曼茶羅)는 경전 중의 내용을 묘사한 만다라이다. 소설만다라에는 대만다라·삼매야만다라·법만다라·갈만만다라라고 하는 4개의 만다라가 있다.

형태에 따라 분류한 4만다라를 다시 내용에 따라 분류하면 ① 태장계·금강계의 양부(兩部)만다라, ② 별존만다라(別尊曼茶羅), ③ 정토만다라, ④ 수적만다라(垂迹曼茶羅)로 나누어진다.

이상의 만다라의 분류를 다음의 〈표 5-4〉로 요약하였다.

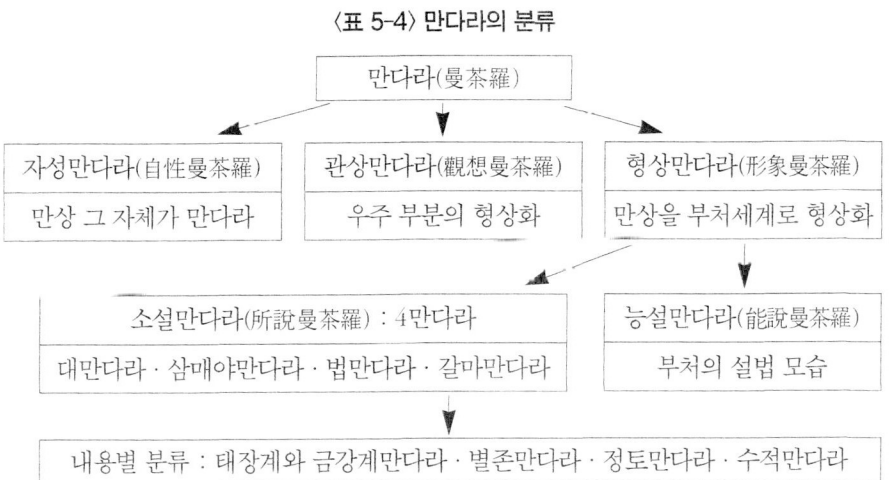

〈표 5-4〉 만다라의 분류

2-4. 협의(狹義)의 만다라 분류

2-4-1. 기능 · 형태에 의한 분류 : 4만다라(四曼茶羅)

● 4만다라설(四曼茶羅說)의 개요

4만다라라는 말은 『대일경』을 근거로 구카이에 의해 처음 쓰였다. 이것은 우주의 본체론인 6대체대설에 대하여 사용된 말이다. 6대체대로 된 우주의 본체가 4만상대로 형상화된 것이다. 그러므로 6대와 4만은 본래 하나인 우주를 다른 각도로 본 것에 지나지 않는다.

4만(四曼)은 철학적인 것과 종교적인 것으로 나누어 생각할 수 있다. 철학적으로는 6대에 의해 생긴 우주의 만상을 4종류의 방면으로 분류하여 고찰하는 것이다. 종교적으로는 부처의 세계이며, 6대법신의 세계인 우주의 본체를 4종의 그림 형태로 표현한 것이다. 결국 4만다라는 우주를 기능 또는 형태별로 분류한 것이다.

이러한 4만다라의 종교적 · 철학적 특성은 다음과 같다.

● 대만다라(大曼茶羅)

대만다라(大曼茶羅)의 대(大)는 주변(周遍)·보편(普遍)의 의미와 지수화풍공의 5대(大)의 색깔을 뜻하기도 한다. 대(大)를 주변의 전체라는 뜻으로 해석하면 대만다라는 우주의 보편적 형상인 전체상을 표현한 것이다. 이것은 철학적으로 관찰한 것이다.

크게 보면 생명이 있는 것은 모두 대만다라이다. 이러한 우주를 불보살의 모습으로 나타낸 것이다. 그래서 대만다라를 존상만다라(尊像曼茶羅)라고도 한다. 이 경우 대(大)는 지수화풍공의 5대(大)의 의미이다. 따라서 조각·회화·불상도 대만다라로 볼 수 있다. 그러나 넓은 뜻으로 해석하면 우주의 일체는 6대법신의 당체(當體)이기 때문에 오늘날 사용되는 만다라는 5대의 대(大)와 보편이라는 두 가지 뜻이 합쳐진 것이다.

● 삼매야만다라(三昧耶曼茶羅)

삼매야(三昧耶)는 산스크리트어 삼마야(samaya)를 음역한 것이다. 그

금강계 대만다라

태장계 대만다라

뜻은 평등·본서(本誓)·제장(除障)·경각(警覺)의 네 가지가 있다. 여기서는 본서(本誓), 즉 부처의 서원을 뜻한다. 대만다라가 우주 전체의 상을 나타내는 보편적인 모습인 데 비해 삼매야만다라는 우주의 한 부분을 나타내는 특수상이다. 우주의 모든 각 요소들은 차별

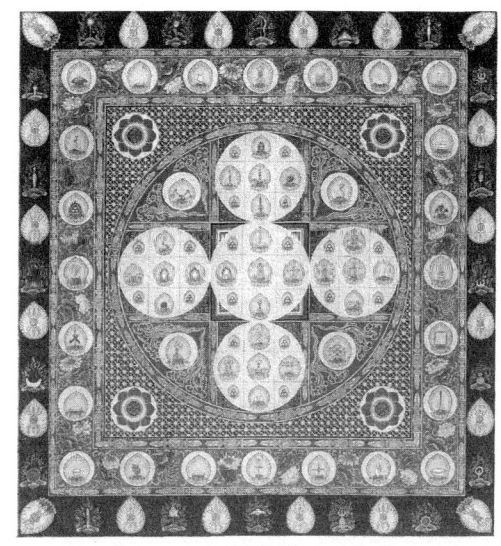

삼매야만다라

의 상을 이루고 있다. 이러한 차별의 상이 아무런 의미 없이 존재하는 것은 하나도 없다. 삼라만상은 모두 존재의 가치와 생명의 가치를 가지고 있다. 이것은 삼매야만다라를 철학적인 면으로 본 것이다.

　삼매야만다라를 종교적으로 보면 불보살의 서원을 나타낸 것이다. 불보살이 소지한 연꽃·칼·보배·끈·화살 등의 법구(法具)와 수인(手印) 등을 삼매야라 하는데, 이것은 불보살의 서원을 상징한다. 연꽃은 자비로 중생을 제도하겠다는 것이며, 칼은 중생의 번뇌를 베어 없애겠다는 부처의 서원이다. 철학적인 것과 종교적인 것을 통합하여 해석하면 존재와 생명의 가치를 가지고 있는 산천초목을 비롯한 모든 무정(無情)과 유정(有情)은 부처의 서원을 상징하는 삼매야의 모습이다. 이러한 부처의 서원인 삼라만상의 모습을 불보살의 소지품과 수인으로 나타낸 것이다.

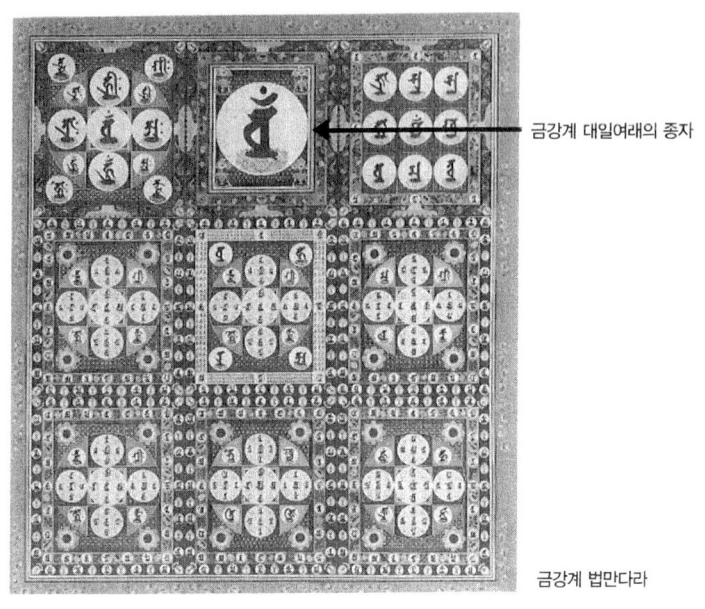

금강계 대일여래의 종자

금강계 법만다라

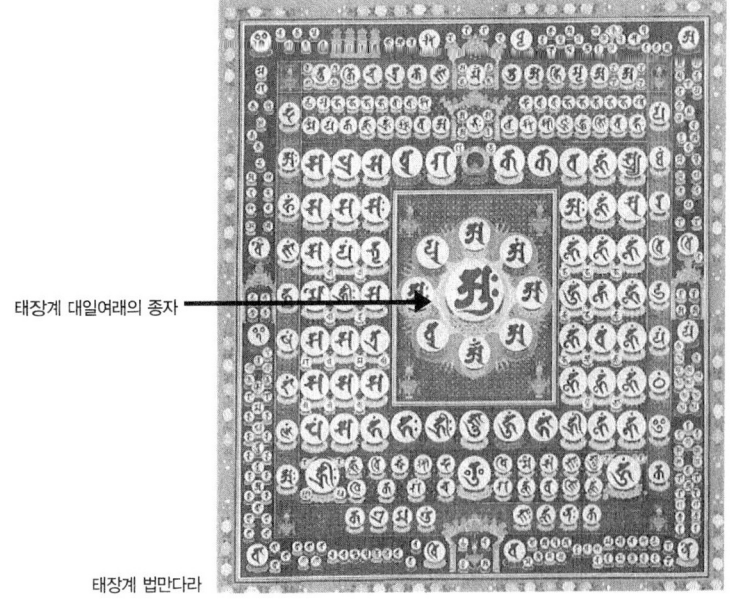

태장계 대일여래의 종자

태장계 법만다라

● 법만다라(法曼茶羅)

법(法)은 산스크리트어 다르마(dharma)를 의역한 것이다. 여기서 법은 진여·진리를 의미한다. 따라서 법만다라는 진리를 나타낸 만다라인데, 밀교에서는 현상이 곧 실재이며 진리이다. 언어로 표현되는 현상도 실재이며 진리이다. 그래서 성자즉실상(聲字卽實相)이라 하여 소리나 글자로 나타나는 현상을 우주의 실상으로 보고 있다.

철학적인 면에서 법만다라는 일체의 언어·음성·문자·명칭 등을 가리키는 것이다. 즉 존재와 생명의 가치를 지닌 일체의 사물은 언어로 표현된다. 사실을 서술하는 언어는 그 자체가 진실이며 진리이다. 이때 언어는 문자만의 의미가 아니고, 소리는 소리만의 의미가 아니라, 언어나 소리에 가탁(假託)하여 상징적이고 특수한 의미가 생긴다.

종교적인 면에서 보면 법만다라는 불보살의 종자(種子)이다. 종자란 식물의 종자와 같이 제법(諸法)을 출생시킨다는 의미를 가지고 있다. 밀교에서 말하는 종자는 함장(含藏)과 출생의 두 가지 뜻이 있다. 함장이란 세간의 종자 안에는 뿌리와 줄기가 간직되어 있듯이 범자(梵字)의 한 자에는 무량(無量)·무변(無邊)의 공덕이 들어 있다는 의미이다. 또 출생이라는 것은 종자가 비와 영양소 등으로 인해 출생하듯이, 인연이 닿아서 종자 안에 함장된 모든 공덕이 드러나게 된다는 것을 뜻한다.

이와 같은 문자관에 의해 밀교에서는 범자의 신비적 의미를 인정하고 불보살의 명칭이나 진언의 첫째 자나 끝 자를 종자로 삼는다. 예를 들면 금강계 대일여래의 진언은 ॐ वज्र ध्रः (옴·바·자라·다·드·반)이다. 따라서 금강계 대일여래의 종자는 진언의 끝 자인 ॐ(반)이 되는 것이다.

● 갈마만다라(羯磨曼茶羅)

갈마(羯磨)는 산스크리트어 카르마(karma)를 음역한 것이다. 카르마는

고야산 근본대탑 내부의 갈마만다라

업(業) 또는 작업(作業)의 뜻이다. 우주의 사물은 움직이고 동작한다. 이러한 만상의 활동을 실재의 상징으로 보는 것이 갈마만다라이다.

갈마만다라를 종교적으로 보면 불보살들이 활동하며 변화하는 모습을 말한다. 즉 불보살들이 자신의 법락(法樂)을 나타내는 위의(威儀)와 중생들을 교화시키기 위해 행하는 일체의 모든 작업을 갈마만다라라고 한다. 부처의 활동을 구상화(具象化)하여 정형화한 도상(圖像)과 조소(彫塑)도 갈마만다라가 발전된 것으로 본다.

● 4만다라(四曼茶羅)의 상호관계

4만다라는 우주의 일체 현상을 4종류의 만다라로 나누어 그 형상을 설명한 것이다. 우주의 본체론인 6대체대가 종교적 인격으로 화하여 6대법신이 되는 것처럼 6대법신이 현상으로 나타난 것이 일체의 사물이다. 우리들 앞에 펼쳐지는 만물은 모두 대일여래의 원만한 모습을 4만으로 분류하여 표현한 것이다. 즉 대만다라는 우주의 전체 상이며, 갈마만다라 · 법만다라 · 삼매야만다라는 진체에 대한 부분을 나타낸 것이다. 부분 중에서 여래의 활동을 의미하는 갈마만다라는 신밀(身密)이며, 여래의 말씀을 의미하는 법만다라는 구밀(口密)이다. 또 여래의 생각하는 모습이 삼매야만다라이니 이것은 의밀(意密)이 되는 것이다.

이러한 관계를 아래의 〈표 5-5〉로 나타내었다.

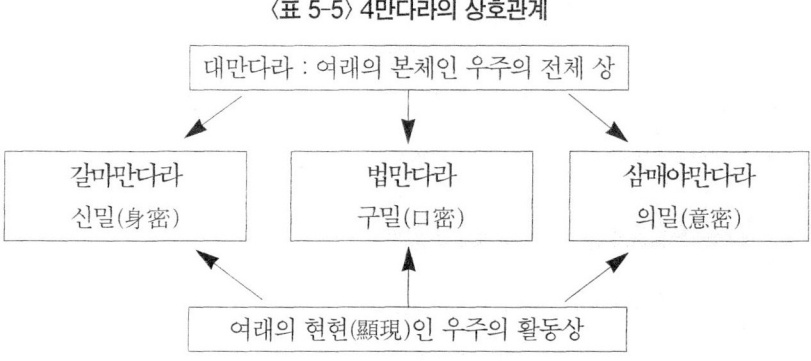

〈표 5-5〉 4만다라의 상호관계

우주의 일체를 4종의 만다라로 분류하지만, 4만은 독립된 것이 아니라 항상 밀접한 관계를 가진다. 4만은 서로 고립해서 독립할 수도 없고 서로 떠날 수도 없다. 이러한 관계를 인간에게 적용시킬 수 있다. 소우주인 인간은 4종류의 만다라를 가지고 있다. 즉 살아 있는 우리 몸 전체는 대만다라이다. 우리가 항상 생각하는 것은 삼매야만다라이다. 또 우리의 몸 부위마다 붙여진 이름은 법만다라이며, 몸을 구성하고 있는 6근(六根)과 피부 등의 육신은 활동하는 갈마만다라이다. 이러한 네 부분 중에서 하나라도 없으면 인간으로 존재할 수 없다.

또 4만다라를 6대체대설의 동류무애(同類無礙)와 이류무애(異類無礙)

와 같은 의미인 동류불이(同類不離)와 이류불이(異類不離)로 묘사한다. 동류불이란 법만다라와 법만다라가 서로 받아들여 끝없는 원융의 관계가 형성됨을 말한다. 이류불이란 다른 만다라가 서로 섭입(攝入)하여 원융무애함을 의미하는 말이다.

### 2-4-2. 내용에 의한 만다라의 분류

만다라를 내용에 따라 분류하면 태장계와 금강계만다라·별존만다라·정토만다라·수적만다라로 나눌 수 있다.

● 태장계와 금강계만다라

밀교 근본경전 중에서 『대일경』의 내용에 따라 만들어진 것이 태장계만다라이며, 『금강정경』의 설법에 따라 만든 것이 금강계만다라이다. 그 상세한 내용은 별도로 설명한다.

● 별존만다라(別尊曼茶羅)

태장계와 금강계만다라 모두 대일여래를 본존으로 하는 데 대하여 대일여래 이외의 존격을 본존으로 하는 만다라를 별존만다라라고 한다. 이 만다라는 주로 어려움

일자금륜만다라

정토만다라

을 제거하기 위한 식재(息災)나 보다 나은 상태를 이루기 위한 증익(增益) 등의 수법에 사용된다. 또 안산(安産)이나 조복(調伏) 등의 수법(修法)에도 별존만다라가 이용된다. 이 만다라는 티베트문화권이나 일본 등에서 만들어졌다.

별존만다라의 일종인 일자금륜만다라(一字金輪曼茶羅)는 주로 고귀한 사람의 식재를 위한 수법에 사용된다.

● 정토만다라(淨土曼茶羅)

정토만다라란 극락세계의 부처인 아미타여래를 중심으로 제보살과 천신이 집합한 모습을 그린 그림이다. 이러한 극락세계의 모습은 하나의 완결된 세계를 형성하므로 만다라로 볼 수 있다. 정토만다라는 밀교에서 엄밀하게 규정하면 만다라가 아니지만 넓은 의미로 보면 정토만다라도 일종의 만다라이다.

수적만다라

● 수적만다라(垂迹曼茶羅)

수적만다라는 일본에서 붙여진 이름으로 불교의 부처와 신도의 신이 습합하여 나타난 만다라이다.

## 3. 만다라의 표현방법

### 3-1. 만다라의 구성요소인 형(形)과 색(色)

만다라 전체의 구조는 원[點]과 정사각형[線]이 중심이다. 특히 인도와 티베트의 만다라는 원칙적으로 원형이 기본구조이다. 원형은 원만(圓滿)이라고 하는 말에서 알 수 있듯이 도형 중에서 가장 완전한 형이다. 또한 만다라(Maṇḍala)라고 하는 말도 형용사로 사용될 때는 '원만한'의 뜻을 가지고 있다.

산치대탑

만다라에서의 원형은 성스러운 것을 상징한다. 예를 들면 인도와 티베트에서는 불탑(佛塔)을 원형으로 나타낸다. 불탑은 석존의 유골을 매장한 일종의 공양탑(供養塔)이나, 무여열반(無餘涅槃)의 개념이 도입되면서 성스런 세계를 상징하게 되었다.

시바와 샥티의 원리가 내포된 얀트라

정사각형은 완전성에서는 원형에 뒤지나 안전성에서는 가장 뛰어나다. 그러므로 평면공간에서 매우 중요한 구성요소이다. 만다라에서도 빈번하게 사용되는 것도 공간배치에서 안전성이 필수이기 때문이다. 비록 사각형의 사(四)는 한국이나 일본에서는 죽을 사(死)와 발음이 같아서 기피하는 숫자이나 인도에서는 4천왕이나 4성제에서 사용되듯이 매우 상서로운 숫자에 속한다.

반월(半月)과 삼각형은 불완전한 것을 상징하는 동시에 발전적 요소를 가지고 있다. 특히 반월은 움직이는 것을 표현할 수 있으므로 5륜탑파에서 바람(風)을 상징하였다. 삼각형은 힘이나 에너지가 어떤 방향으로 흐르는 것을 나타낸다. 또 삼각관계라는 말이 있듯이 공격적인 의미가 농후하다. 밀교와 관련이 깊은 힌두 탄트리즘에서는 상향의 삼각형은 링가(男根)를 상징하여 시바를, 역삼각형은 요니(女根)를 상징하여 샥티를 나타낸다. 이와 같은 삼각형을 조합한 만다라를 얀트라라고 한다. 보주형(寶珠形)은 삼각형과 반월형을 합친 성질을 가지고 있다.

색채의 상징도 밀교에서는 중요하다. 우선 백색은 가장 기본적인 색채로서 안정과 정숙을 상징한다. 그래서 식재(息災)를 위한 기원을 할 때 주로 쓰이는 색이다. 황색은 따뜻한 감을 주는 색으로 발전을 상징하므로 증익(增益)을 기원할 때 쓰인다.

부동명왕상(고야산 곤고부지)

적색은 존경과 애정을 상징하여 만다라에서는 애염명왕(愛染明王)의 신체 색이기도 하다. 마지막으로 조복(調伏)은 청색 또는 흑색에 의해 상징된다. 이것은 상대를 타파하기 위한 것으로 분노를 나타낼 때는 청색이 가장 잘 어울린다. 분노를 나타내는 부동명왕이나 항삼세명왕의 신체 색깔은 청색이다.

형태와 색채를 아래의 〈그림 5-1〉과 〈표 5-6〉에 나타내었다.

〈표 5-6〉 만다라에서의 형과 색의 상징

|  | 형 태 | 색 채 |  |
|---|---|---|---|
| 보주 | 삼각형+반원형 | 청색 | – |
| 반원 | 불완전·새로운 전개 | 청·흑 | 분노·타파 |
| 삼각형 | 힘·에너지의 방향 | 적색 | 존경·애정 |
| 원형 | 완전성·성스런 세계 상징 | 백색 | 안정·정숙 |
| 사각형 | 안정·공간배치의 기본 | 황색 | 따뜻함·발전 |

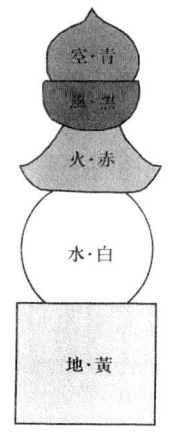

〈그림 5-1〉 오륜탑파의 형과 색

### 3-2. 만다라의 구도(構圖)로 본 표현 의도

만다라의 원형 요소를 가장 충실하게 간직한 것은 티베트계 만다라이다. 이들 만다라는 거의 예외 없이 원륜(圓輪)에 의해 주위와 차단되어 있다. 그 원륜도 2중 또는 3중으로 구성되어 있으며, 가장 바깥에 있는 원륜에는 불꽃이 타오르고 있다. 또 원륜 사이에는 고대 인도의 무기였던 금강저(金剛杵)가 놓여 있다. 이러한 구조는 원륜 바깥의 세속세계와 원륜 안의 성스런 부처의 세계를 구분하기 위함이다. 그리고 원륜의 가장 내부에는 연꽃의 꽃잎이 방사선 모양으로 펼쳐져 있다.

다음의 〈그림 5-2〉와 〈그림 5-3〉은 티베트계 만다라의 기본 구조와 구성이다.

〈그림 5-2〉 티베트계 만다라의 기본 구조

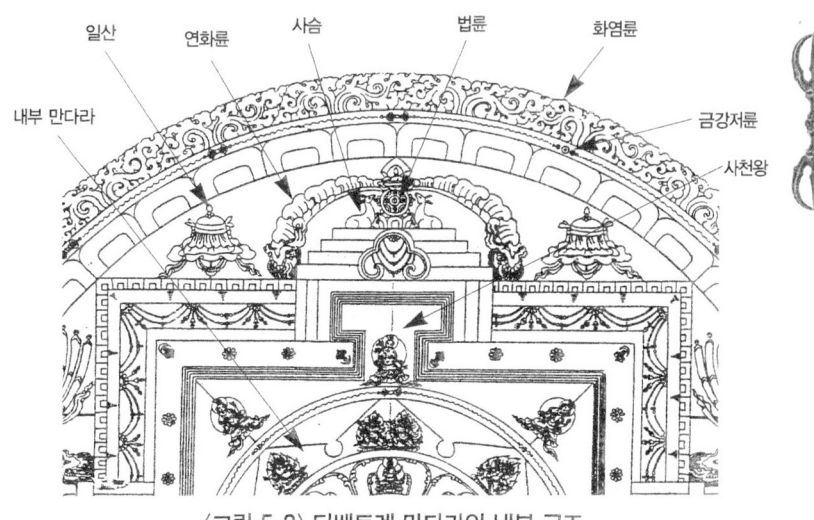

〈그림 5-3〉 티베트계 만다라의 내부 구조

- **화염륜** : 외부로부터의 적을 막아 성스러운 공간을 확보한다는 의미이나, 사실은 우리들의 번뇌를 막아 정신적인 안정의 확보를 상징.
- **금강저륜** : 화염륜과 동일 목적.
- **연하륜** : 신비적인 생사·출산·여섯 요소의 상징.
- **정방형** : 성곽 구조로 그 내부는 부처님들이 거주하는 궁전.
- **정방형** 성곽의 외부는 무의식의 세계이며, 내부는 의식의 세계로 해석.
- **사슴과 법륜** : 석존이 초전법륜(최초의 설법)을 하였던 녹아원을 상징.
- **번당·일산** 등은 불전을 장엄하게 하는 요소.
- **사천왕** : 마적 존재의 침입 저지.

\* 통상 만다라는 주로 성곽 안의 내부 모습만 표현.

## 4. 만다라의 원류(源流)와 성립

인도에서 만다라와 관련된 4불의 개념이 문헌상으로 처음 등장하는 것은 4세기경에 성립된 『금광명경(金光明經)』에서이다. 또 5세기에 성립된 『모리만다라주경(牟梨曼茶羅呪經)』에 토단만다라(土壇曼茶羅)에 대한 기록이 있다. 이것에 의하면 밀교의식을 행할 때 토단(土壇)의 만다라를 축성하였다가 그 의식이 끝나면 쌓은 단(壇)을 허물어 버린다. 특히 장엄한 채색과 결계의 방법이 그림 만다라에 수용되었다. 그후 7세기에 성립된 『다라니집경(陀羅尼集經)』에서는 태장부만다라의 제존(諸尊)에 대해서 언급하고 있다.

중국에서 8세기에 『대일경』과 『금강정경』이 번역되면서 태장계와 금강계만다라가 완성된 것으로 보인다. 그러나 지금까지 남아 있는 것으로는 9세기 중엽에 중국에 유학 갔던 엔친[円珍]과 종예(宗叡)가 일본으로 가

판조태장계만다라(板彫胎藏界曼茶羅)

판조금강계만다라(板彫金剛界曼茶羅)

티베트의 모래로 만든 만다라

목판으로 만든 금강살타만다라

탕가 형식의 삼매야만다라

네팔 시바파
사원의 탕가

지고 온 오부심관(五部心觀)과 소실지의궤계인도(蘇悉地儀軌契印圖)가 있다. 또 중국에서 제작된 것으로 보이는 판조양계만다라(板彫兩界曼茶羅)가 고야산 곤고부지에 소장되어 있다. 이 만다라는 현재 사용되고 있는 만다라와 일부분만 차이가 있다.

  티베트지역은 일본과 함께 현재에도 밀교가 성행하는 곳이다. 따라서 만다라의 표현형태도 매우 다양하다. 그중에서 가장 많이 활용되고 있는 것은 순백(純白)의 벽면에 그려진 벽화만다라(壁畵曼茶羅)이다. 즉 사원 내부의 양 벽면에 무수한 만다라를 그려 무한한 신비의 세계를 만드는 방법을 쓴다. 그것의 대부분은 금강계만다라이며, 구성은 인도의 밀교를 충실하게 계승한 것으로 보인다.

  티베트의 독특한 탕가(thaṅ-ka)라는 불화도 만다라의 일종이다. 탕가라는 말의 언어적인 뜻은 '둘둘 말아서 올려진 것'이다. 탕가는 라마 승려가 각자의 수호존(守護尊)인 탕가를 앞에 두고 명상에 의하여 신격(神格)을 불러낼 때 반드시 있어야 하는 용구이다. 또한 사원을 장엄(莊嚴)할 때와 일반인들을 교화하기 위해서도 사용된다.

## 제2절 양부만다라(兩部曼茶羅)의 개요

### 1. 양부만다라(兩部曼茶羅)와 중관·유식론

  만다라는 심오한 밀교의 교리를 그림으로 표현한 것이다. 본래 현교와는 달리 공개성이 없는 밀교가 그 전체의 체계를 완전히 공개한 것이 만다라다. 따라서 만다라는 밀교의 교리 그 자체라 할 수 있다. 그래서 구카이는 말하기를 "비밀장엄(秘密莊嚴)의 세계는 그윽하고 현묘(玄妙)해서 문자로 말하기 어렵다. 그래서 그림으로 깨닫지 못한 것을 나타낸다"라고 했다. 우리가 살고 있는 현실을 밀교에서는 비밀장엄의 세계라 한다. 이 세계는 여래의 자내증(自內證 : 여래가 자기 내심을 깨달은 것)의 세계여서 중생들에게는 비밀이다. 여래가 깨달은 모습인 비밀의 세계를 만다라가 여실하게 공개하는 것이라고 구카이는 말한 것이다.

여래의 세계를 나타내는 만다라로는 태장계와 금강계의 두 개의 만다라가 사용된다. 두 개가 사용되었다는 것은 진리를 두 부분으로 나타낸 것을 의미한다. 대체로 진리는 유일절대의 하나를 추구한다. 그래서 기독교는 유일신(唯一神)이다. 불교도 일심(一心)이다. 그러나 반드시 하나만 추구하는 것은 아니다. 예를 들면 고대 인도 철학사상의 하나인 샹키야학파에서는 구극(究極)의 원리를 두 개로 분리했다. 하나는 정신적 원리인 푸루샤(puruṣa : 神我)이고 또 하나는 물질적 원리인 프라크르티(prakṣti : 自性)이다.

두 개의 원리에 의해서 진리를 표현하는 것은 대승불교에서도 이어진다. 대승불교의 큰 흐름인 중관(中觀)과 유가행유식(瑜伽行唯識)은 우주를 이원론적으로 사색하는 것이다. 밀교는 중관과 유식의 두 흐름을 계승하여 발전시킨 것이다. 이것이 밀교의 만다라가 태장계와 금강계의 이원론적 성격을 갖는 이유이다.

중관사상은 인식객체인 우주를 어떻게 보는가 하는 것이다. 우주는 공(空)도 아니고 가(假)도 아닌 중도(中道)라는 것이 중관(中觀)이다. 이러한 세계는 인식론적 조작에 의해 성립되는 세계가 아니라 직관적인 예지에 의해 바라보는 세계이다. 이러한 계통으로는 『법화경』・『유마경』・『열반경』 등의 경전이 있다.

밀교에서 이원의 하나인 태장의 세계는 중관의 사상적 계보를 계승한 것이다. 태장(胎藏)이란 어머니의 태(胎) 안에 모든 것을 함장(含藏)한다는 의미이다. 진리를 함장한 우주는 보리를 인으로, 자비를 근으로 하여, 현실세계인 방편을 구극의 세계로 키워 나가는 것이다. 이러한 진리를 함장한 대우주는 지수화풍공의 5대로 이루어졌다. 5대를 이법신(理法身)이라 한다. 이치로 보면 법신이란 뜻이다. 색계(色界)인 우주를 부처로 구현한 것이다.

밀교에서 이원 중 또 하나인 금강의 세계는 대승불교의 유식사상을 계승한 것이다. 우주를 오직 인식에 의해서 나타난 세계로 보는 것이 유식파이다. 이렇게 인식된 것에서 번뇌만 제거하면 지혜로 바뀐다[轉識得智]. 즉 다섯 가지 지혜인 대원경지(大圓鏡智)・평등성지(平等性智)・묘관찰지(妙觀察智)・성소작지(成所作智)・법계체성지(法界體性智)로 변하는 것이다. 이것이 금강인 지혜의 세계이다. 이것을 지법신(智法身)이라 부른다. 심계(心界)로서 소우주인 인간의 마음을 부처로 구현한 것이다.

이것을 아래의 〈그림 5-4〉로 요약하였다.

〈그림 5-4〉 태장계와 금강계의 관계

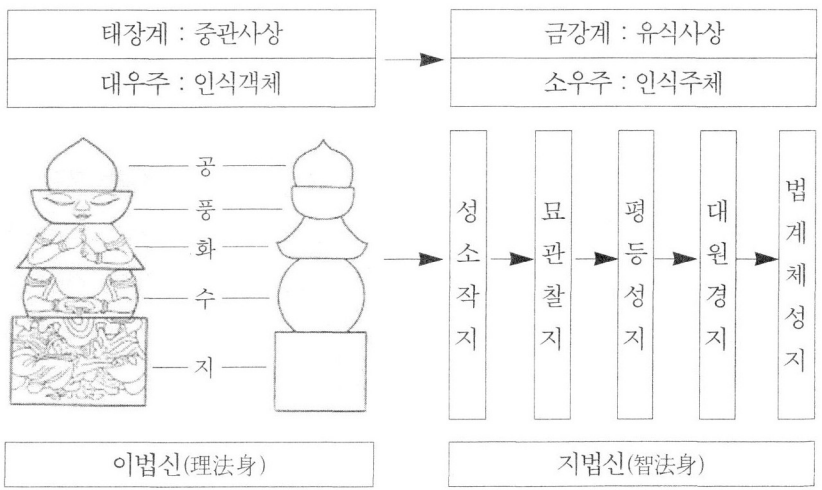

## 2. 태장계와 금강계의 특징

한국의 진각종이나 일본의 진언밀교에서는 우주의 본체를 6대로 본다. 그 6대를 다시 종교적으로 인격화시켜 6대법신으로 보는 것이다. 따라서 깨달은 눈으로 보면 법계는 6대법신이 현현(顯現)한 것이다. 6대를 대우주〔色界〕와 소우주〔心界〕로 나누면 지수화풍공의 5대는 색(色)이며, 식대(識大)는 마음〔心〕이다.

밀교에서 우주의 진리를 태장계와 금강계로 이원화했지만 앞에서 서술했듯이 절대진리는 하나를 지향한다. 밀교에서도 하나를 지향한다. 즉 우주를 색계(色界)와 심계(心界)로 나누어 이법신(理法身)과 지법신(智法身)으로 인격화했다. 그러나 색(色)을 떠난 심(心)이 없으며, 심(心)을 떠난 색(色)도 없다. 색심(色心)은 하나이다. 색심(色心)이 둘이 아닌데 이법신과 지법신도 둘일 수 없다. 이지법신(理智法身)이 통합된 것이 바로 6대법신인 대일여래이다.

우주는 6대법신이 현현한 모습인데 중생은 알지 못한다. 현상으로 나타난 세계가 부처의 세계라는 것을 무지한 중생에게 알리는 방법이 만다라라는 그림이다. 그러므로 만다라의 그림은 상징으로 표현해야만 한다. 그런데 대일여래의 이지(理智)는 우리들 중생의 색심(色心)이다. 색심(色心)의 실상을 예술적·상징적으로 표현한 것이 태장계와 금강계만다라이다. 그러면 왜 이법신의 세계를 상징한 것을 태장계라 하고, 지법신을 상징한 것을 금강계라 하는지에 대해서 검토해 보자.

태장계는 원래 이름인 대비태장생(大悲胎藏生 : Mahā-karuṇā-garbha-kosa-udbhava)에서 태장(garbha-kosa)만 따온 것이다. 여기서 가르바(garbha)는 모태(母胎)의 뜻이며, 코사(kosa)는 저장의 의미이다. 지금은 태장계라고도 사용하지만 처음에는 태장생이었다. 구카이의 진언밀교에서는 『대일경』과 『금강정경』을 총칭하여 양부(兩部)로 호칭하면서 태장계와 금강계만다라를 양부(兩部)만다라로 불렀다. 이와 동시에 태장계의 구성요소인 불부(佛部)·금강부·연화부 등의 이름에 의해 태장부로 불리었다. 그후 일본의 천태밀교에서 금강계라는 호칭을 사용하자, 진언밀교는 이 영향을 받아 태장계라고 명명하였다. 이후 밀교의 서적이나 밀교 미술품 등에 양계(兩界)만다라라는 호칭이 폭넓게 사용되었다.

태장에는 2종류의 뜻이 있다. 하나는 연화태장(蓮花胎藏)이다. 그 의미는 연화의 열매가 꽃과 잎에 의하여 태장되면서 점차로 성장하는 것이, 마치 중생에게 태장된 보리심이 대비(大悲)에 의해 점차 생겨나는 것과 같음을 비유한 것이다. 또 하나는 포태태장(胞胎胎藏)이다. 이것은 태아가 어머니의 자궁 속에서 보육되어 점차로 성장하다 탄생하는 것과 같이 중생의 보리심도 대비의 만행에 의해 태장되고 육성되어 대비방편의 활동을 시작하는 것에 비유한 것이다.

금강계는 산스크리트어로 바즈라-다투(Vajra-dhātu)인데 여기서 바즈라(Vajra)는 금강을 뜻하고, 다투(dhātu)는 계(界)를 뜻한다. 바즈라는 여래의 지혜의 본체가 금강석과 같이 견고함을 비유한 것이다. 또 다투는 차별의 뜻이다. 태장계가 처음에는 태장생·태장부로 쓰였던 것과는 달리 금강계는 처음부터 계(界)를 사용하였다. 『대일경』보다 약간 늦게 성립한 『금강정경』에는 5단계의 성불관상법(成佛觀想法)에 의해 대우주적 존재와 합일한 금강계 대일여래가, 아축여래 등의 4불(四佛)이나 금강살타를 시작으로 16대 보살 등의 금강계 37존을 유출한다는 내용이 있다. 이에 따라 금강계라 불린 것이다.

여래의 이성(理性)을 나타내는 태장계에 대해서 여래의 지성(智性)을 나타내는 것이 금강계이다. 일체의 중생은 여래의 지혜를 가지고 있다. 이 지혜를 9식(九識) 또는 5지(五智)라고 말한다. 결국 금강계만다라란 법신 대일여래의 깊고 깊은 지혜의 세계를 그림으로 상징한 것이다.

태장계와 금강계만다라의 특징을 요약하면 다음의 〈표 5-7〉과 같다.

⟨표 5-7⟩ 태장계와 금강계만다라의 특징

| 구분 | 태장계만다라(胎藏界曼茶羅) | 금강계만다라(金剛界曼茶羅) |
|---|---|---|
| 어원 | Mahā-karuṇā-garbha-kosa-udbhava-만다라<br>大-悲-胎藏-生-만다라 | Vajra-dhātu-만다라<br>金剛-界-만다라 |
| 의미 | • 대일여래가 자비로 중생을 제도하는 모습을 그린 것<br>• 우주만상은 법신인 대일여래의 세계를 표현한 것 | • 대일여래가 지(智)로 중생을 제도하는 모습을 그린 것<br>• 금강살타가 된 행자가 중생을 제도하는 모습을 표현한 것 |
| 원리 | • 여성원리 : 모성(母性)세계의 표현 | • 남성원리 : 부성(父性)세계의 표현 |
| 구성 | • 물질의 세계〔五大 : 地水火風空〕<br>  - 감성과 육신의 세계〔色〕<br>• 대우주·법성(法性)의 세계<br>  - 평등의 세계 | • 정신의 세계〔識大〕<br>  - 지성과 마음의 세계〔心〕<br>• 소우주·자성(自性)의 세계<br>  - 차별의 세계 |

## 3. 태장계와 금강계만다라의 미술사적 전개

태장계와 금강계만다라를 세트로 하여 양부(兩部)·양계(兩界)라고 부르는 것이 누구에 의해 시작되었는지는 알 수 없다. 그러나 선무외삼장이나 금강지 그리고 불공삼장 등 인도에서 밀교경전을 전하고 번역까지 한 그들은 이러한 용어를 쓰지 않았다. 또 인도나 티베트의 밀교에서는 『대일경』과 『금강정경』과는 다른 밀교경전이 많으며, 양자를 하나로 묶어서 교의(教義)를 확립한 것은 없다.

그러나 구카이가 당나라에서 가지고 온 목록에는 대비태장만다라와 금강계9회만다라가 기록되어 있다. 결국 구카이는 양계만다라를 확실하게 인식하고 있었다. 이는 그의 스승인 혜과도 양부(兩部)·양계(兩界)의 사상을 가지고 있었음이 분명하다. 구카이가 요청하여 가지고 온 양부만다라의 원본은 존재하지 않으나 몇 번의 전사를 거쳐 교토에 있는 도우지〔東寺〕에 전하여져 내려왔다. 이 양부만다라를 현도만다라(現圖曼茶羅)라고 한다.

한국의 밀교종파인 진언종과 총지종 그리고 일본의 진언밀교에서 사용하고 있는 만다라는 1693년 일본에서 만들어진 것이다. 그 과정을 보면 다음과 같다.

구카이 이래 일본 진언밀교의 총본산인 도우지〔東寺〕에는 10여 점이 넘는 만다라가 전해져 왔다. 그중에서 양부(兩部)만다라가 훼손되어 821년 새롭게 전사본(轉寫本)이 작성되었다. 홍인본(弘仁本)이라고 하는 이 만다라는 지금은 소실되어 전해지지 않지만, 고웅만다라(高雄曼茶羅)의 원본으로 추정된다. 고웅만다라는 현존하는 만다라 중에서 가장 오래된 것으로 824~834년에 전사된 것으로 추정된다. 이것을 건구본(建久本)이라 한다. 구카이가 사망한 후 그의 제자들에 의해 밀교사찰이 세워지자 양부만다라의 수요가 많아지게 되었다. 이 때문에 고웅만다라의 도상(圖像)을 모델로 하여 몇 번인가 전사(轉寫)가 이루어진다.

1150년에 죠묘〔常明〕라는 승려가 다시 그렸는데 이것을 구안본(久安本) 또는 혈만다라(血曼茶羅)라고 한다. 1149년에 고야산에 낙뢰로 근본대탑(根本大塔) 및 금당과 만다라가 소실되었을 때 다시 만든 것이 혈만다라이다. 이 만다라는 구카이가 당나라에 청하여 가지고 온 태장계와 금강계만다라의 모습을 도상적(圖像的)으로 재현한 것으로 알려졌다.

건구본의 뒤를 이어받아 전사된 것이 1259년에 만들어진 만다라로서 영인본(永仁本)이다. 이것을 제3전사본이라고 한다. 이것을 이어받아 전사한 것이 제4전사본인 겐로쿠본〔元祿本〕이다. 겐로쿠본은 1693년에 일본 구슈온인〔久修園院〕의 승려인 종각(宗覺)이 그린 것이다. 이 만다라가 현재 한국불교의 진언종과 총지종 그리고 일본의 진언밀교에서 활용되고 있는 태장계와 금강계만다라이다.

일본에서 이루어진 만다라의 미술사적 전개를 아래의 〈표 5-8〉로 요약하였다.

〈표 5-8〉 만다라의 미술사적 전개(일본)

| 현도만다라 | 홍인본(弘仁本) | 건구본(建久本) | 영인본 | 겐로쿠본(元祿本) |
|---|---|---|---|---|
| 806년 | 821년 | 824~834 | 1259년 | 1693년 |
| 구카이가 당에서 가지고 온 만다라 | 구카이가 가져온 만다라의 1차 전사본 | 고웅만다라로 불리며 현존 만다라 중 가장 오래된 것 | - | • 구슈온인〔久修園院〕의 승려 종각(宗覺)이 제작<br>• 진언종 · 총지종 · 일본 진언밀교에서 활용 |

## 제3절 태장계만다라(胎藏界曼茶羅)

1. 『대일경』과 태장계만다라

1-1. 밀교경전과 의례의 성립

1-1-1. 밀교교리의 성립

밀교는 신 · 구 · 의 삼밀에 의해 수행한다. 행자(行者)가 인계(印契)와 진언 그리고 삼마지의 세 요소를 관법 속에 서로 연결하여 일체화시켜, 즉신성불이 가능하도록 한다. 이러한 삼밀이 경전에 나타난 순서로 말한다면 구밀인 진언 · 주(呪) · 다라니가 가장 먼저이다. 중기밀교 이후의 밀교에서는 진언과 주 그리고 다라니가 같은 의미로 쓰인다. 그러나 그 기원을 찾아보면 진언 · 주(呪) · 다라니는 서로 별개의 원천과 발전과정을 가지고 있다.

진언(眞言)은 산스크리트어 만트라의 의역이다. 만트라는 브라만교의 성전인 리그-베다에서 신들에 대한 찬가로 나타나고 있다. 또 아타르바-베다에서 재앙을 없애고 복을 불러들이는 주법(呪法)의 만트라도 보인다. 이들이 그대로 밀교경전 속에서 진언(眞言)으로 화하여 재앙을 없애는 주문으로 나타난다.

산스크리트어 비드야(vidyā)는 명주(明呪)로 한역된다. 명주는 과학과 학문으로의 명(明)과 주법의 주(呪)를 합한 의미로서 비드야(vidyā)가 지닌 두 가지 의미를 적절하게 해석한 것이다. 『반야경』에는 그 본질이 대명주(大明呪)라 하여 반야바라밀의 수지에 의해 재해를 모면하는 예가 나타나고 있다. 즉 불타의 지혜를 응축한 주문으로 재앙을 피할 수 있다는 것 때문에 대승경전의 독송신앙이 생겼다.

다라니(dhāraṇi)는 원래 정신을 통일하고 마음을 집중한다는 의미를 지닌다. 정신집중의 결과로 기억력이 증진되고, 경전의 문구나 내용을 기억에 잘 묶어두는 것도 가능하게 된다. 그래서 초기경전에서는 다라니를 억지(憶持) · 문지(聞持)의 의미로 사용하는 것이 많았다.

정신통일과 억지(憶持)를 위한 다라니와 재앙을 피하기 위한 주문의 결합이 3세기경 인도에서 진행되었다. 즉 본래 선정에서의 정신통일을 의미하던 다라니는 그것을 수지하는 것에 의해 부처님의 지혜를 얻게 된다. 또 다라니는 불법 그 자체를 나타내는 것으로 받아들여지게 되어, 그것이 지닌 염력과 지혜의 힘에 의해 번뇌와 재해라는 내외의 마(魔)를 정복한다는 것이다. 다시 말하면 다라니는 정신을 통일하고 불법을 억지(憶持)한다고 하는 의미 외에도 재난을 피하는 기능이 부가된 것이다.

초기밀교에서는 주로 다라니의 독송에 의해 치병 · 부귀 · 기우 · 연명 등 현세이익에 집중되어 있었다. 그러나 7세기에 성립된 중기밀교의 『대일경』과 『금강정경』에서는 성불과 현세이익(現世利益)이 결합된 즉신성불이 중심과제가 된다. 즉 다라니가 지닌 억지의 기능은 발보리심이나 성불이라는 불교의 본래 목적과 결부되며, 재앙을 피하는 기능은 현세이익과 관련을 맺는다.

위의 내용을 아래의 〈표 5-9〉로 요약하였다.

〈표 5-9〉 밀교교리의 성립 과정

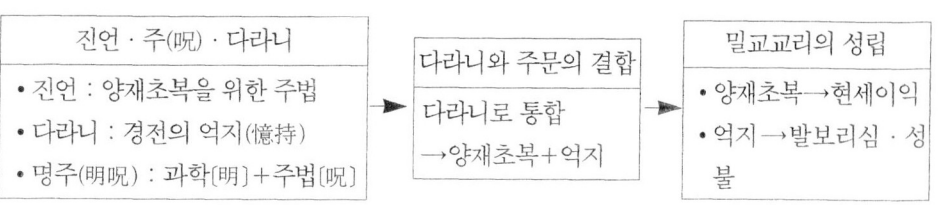

1-1-2. 밀교의례의 형성

일상생활에서의 현세이익적 욕구와 성불이라는 종교목적을 위하여 진언·주(呪)·다라니의 수지·독송이 이루어졌다. 그와 함께 확실한 효과를 얻기 위해서 그것을 행위로 나타내는 종교의례가 실행되었다.

종교의례에서 예배의식과 밀접하게 결부된 것은 불상이다. 불상의 제작에 대하여 최초로 언급한 경전은 지루가참(支婁迦讖)이 한역한 『반주삼매경(般舟三昧經)』이다. 또 지겸이 번역한 『화적다라니신주경』에는 향·화·등·촉으로 형상 앞에서 공양하고, 다라니를 독송한다는 의례가 소개되어 있다.

4세기 초에 불타발타라가 번역한 것으로 관불법(觀佛法)을 최초로 설한 『관불삼매해경(觀佛三昧海經)』에는 향화·공양·오체투지법에 대한 내용이 등장한다. 6세기에 실역이 한역한 『모리만다라주경(牟梨曼荼羅呪經)』에는 작단법(作壇法)·호마법이 정리되어 있으며, 만다라의 시작이라고 할 만한 화상법이 설명되어 있다. 또한 부처를 중심으로 왼쪽에 12

비금강상을, 오른쪽에 4면12비보살상을 그린 삼존 형식의 다면다비상이 처음으로 보인다. 그 외에 인계(印契)가 처음 소개된 것을 통해 구밀과 신밀이 이 경전에서 결합되었음을 알 수 있다.

6세기에 야사굴다(耶舍崛多)가 번역한 『십일면관세음신주경』과 『천안천비관세음보살다라니신주경』에서는 존형(尊形)·단법·결인·화상법을 비롯한 밀교의 의궤가 거의 완성되었다. 7세기에 한역된 『다라니집경(陀羅尼集經)』에 밀교의 제불보살이 대부분 등장하고 『대일경』의 선구성전으로 보이는 『소실지경』 등에서 식재·증익·조복의 3종 호마법이 확립되는가 하면 수법관계의 내용이 정비됨으로써 『대일경』을 위시한 인도 중기의 조직적인 밀교경전이 성립될 준비단계가 완료되었다.

### 1-2. 『대일경』 개요

#### 1-2-1. 개요
- **원명** : 『대비로자나성불신변가지경(大毘盧遮那成佛神變伽持經)』.
- **뜻** : 대일여래가 스스로 깨달은 진실의 세계가 나에게 들어오고 나를 그 세계에 들어가게 하는 말씀.
- **경의 성립** : 7세기 중반 이후에 인도에서 성립한 것으로 추정되며, 선무외(善無畏)가 724년에 한역.
- *현재 한역 대일경과 티베트 대일경, 그리고 한역 주석서가 있으나 산스크리트어 원전은 없음.
- 『대일경』 설법의 무대 : 금강법계궁(실존의 장소가 아닌 시공을 초월한 장소).
- **설법의 방법** : 상상의 보살인 금강살타가 물으면 만상의 진리인 비로자나불이 대답하는 형태.
- **구성** : 전체 36품 중 이론 1품과 의궤·수행 35품으로 수행 중심.

### 1-2-2. 『대일경』의 내용

| 구분 | 품(品) | 내용 |
|---|---|---|
| 이론편 | 제1품<br>주심품<br>(住心品) | • 보리심(菩提心)을 밝힘 →심상(心像)만다라<br>- 주심품의 보리심 : 우리들 본래의 마음이 청정하고 공심(空心)이며 보리라는 것을 자각하는 마음[如實知自心]이 우리가 머물러야 할 마음<br>• 깨달음의 길 : 3구사상(三句思想)<br>- 보리를 원인[菩提爲因]으로 하고, 대비를 근원[大悲爲根]으로 삼고, 방편을 구경[方便爲究境]으로 한다고 설함 |
| 의궤·수행편 | 제2품<br>구연품<br>(具緣品)<br>~<br>제31품<br>촉루품<br>(囑累品) | • 만다라세계 전개→도상(圖像)만다라<br>- 현상이 진리의 세계[方便爲究境]임을 그림으로 밝힘<br>- 여래의 세계를 태장생만다라로 표상화<br>• 불보살들의 진언 119가지를 열거한 후 그 종자진언인 아자의 의미와 성취법을 설함<br>• 인계로써 불법을 표현하는 방법 40가지 소개<br>• 100자 진언·자관법(字觀法)·삼매법·호마법을 설함 |
| | 제32품<br>공양차법<br>(供養次法)<br>~<br>제36품<br>진언사업품 | • 공양법<br>『대일경』의 역자인 선무외가 체득하고 있었던 공양법의 절차에 대해서 부가설명 |

### 1-3. 태장계만다라의 구성

『대일경』을 소의경전(所衣經典)으로 하여 그린 태장계만다라는 13대원으로 조직되어 있다. 13대원이란 중대8엽원(中臺八葉院)을 중심으로 편지원(遍知院)·관음원(觀音院)·지명원(持明院)·금강수원(金剛手院)·석가원(釋迦院)·문수원(文殊院)·제개장원(除蓋障院)·지장원(地藏院)·허공장원(虛空藏院)·소실지원(蘇悉地院)·외금강부원(外金剛部院)·4대호원(四大護院)을 말한다. 구카이가 가지고 온 현도만다라는 13대원에서 4대호원(四大護院)이 없는 12대원으로 조직되어 있다.

〈그림 5-5〉 태장계만다라

〈그림 5-5〉는 태장계만다라이다. 그 아래의 〈그림 5-6〉은 태장계만다라의 각 부분의 이름을 기록한 것이다.

태장계만다라는 총 410존(尊)을 각각의 원(院)에 배치하였다. 여기서 원(院)이란 사찰 또는 사찰의 전각을 의미한다.

태장계만다라는 『대일경』의 원리에 의한 구성과 현도만다라의 구성과는 다소 상이한 점이 있다. 먼저 『대일

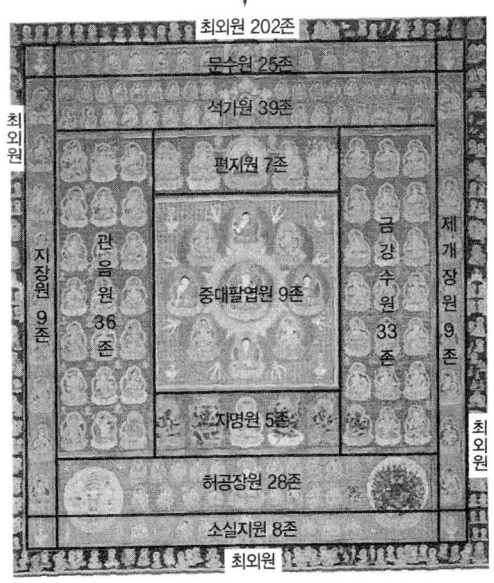

〈그림 5-6〉 현도태장계만다라의 구조

제5장 밀교의 인식론(認識論) 285

경』의 원리에 의한 구조를 보자.

태장계만다라는 중대8엽원을 중심으로 동심방형(同心方形)으로 둘러싸인 형태이다. 이 동심방형은 『대일경』의 중심교리인 3구사상(三句思想)을 전개한 것이다. 즉 중대8엽원을 둘러싼 초중방형(初重方形)은 보리심을 나타낸다. 초중방형에 속하는 것은 편지원·지명원·관음원·금강수원의 4대원(四大院)이다. 보리심의 인(因)이 자비(慈悲)에 작용한다. 자비가 근원이 되는 것이다. 여기서 자비는 제2중(第二重)의 방형(方形)이다. 제2중의 방형에 속하는 것은 석가원·문수원·허공장원·소실지원·지장원·제개장원의 6대원이다. 보리심과 자비에 의해 전개되는 방편은 결국 우리가 궁극적으로 추구하는 구극(究極)이 된다. 여기서 방편은 제3중(第三重)의 방형이다. 제3중의 최외원은 모든 유정(有情)에게서 자비의 영향을 받아 방편의 덕을 나타낸 것이다. 이것을 밀교사상가들은 3중건립(三重建立)이라 한다.

아래의 〈그림 5-7〉에 3중건립(三重建立)을 나타내었다.

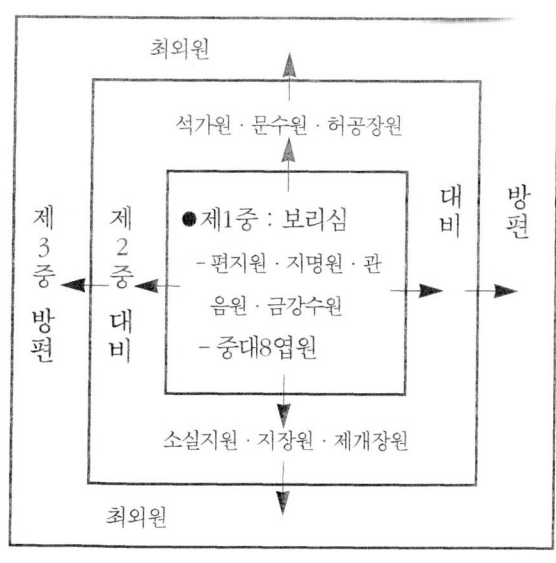

〈그림 5-7〉 태장계만다라의 3중건립

현도만다라는 4중건립(四重建立)이라고 말한다. 현도만다라에서 중대8엽원의 좌우(左右)는 『대일경』과 같이 3중이나 상하(上下)는 4중이다. 즉 위쪽으로 1중(一重)에 중대8엽원, 2중(二重)에 석가원, 3중(三重)에 문수원, 4중(四重)에 최외원이 조직되어서 4중건립이 된다. 아래쪽으로는 1중에 중대8엽원, 2중에 허공장원, 3중에 소실지원, 4중에 최외원으로 조직되어 역시 4중건립이다.

아래의 〈그림 5-8〉에 현도만다라의 4중건립도(四重建立圖)를 그렸다.

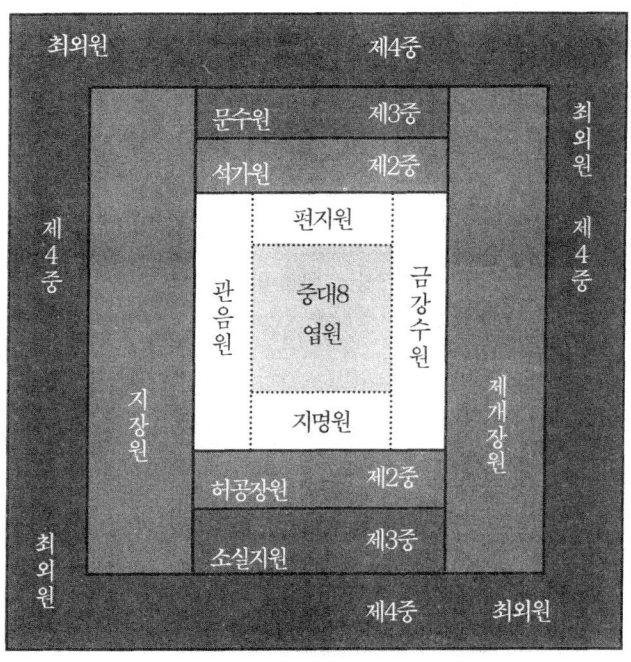

〈그림 5-8〉 현도만다라에 의한 4중건립도

앞에서 설명한 3중건립은 『대일경』의 인(因)·근(根)·방편(方便)의 전개임과 동시에 불신(佛身)에서 법신·보신·화신의 3신(三身)사상의 전개이다. 4중의 조직은 4신건립(四身建立)의 원리에 따른 것으로 보인다. 즉 중대8엽원과 4원의 1중은 자성법신에, 석가원을 비롯한 4원의 2중은 수용법신에 배치된다. 그리고 문수원과 소실지원의 제3중은 변화법신에, 제4중인 최외원은 등류법신에 배치된다.

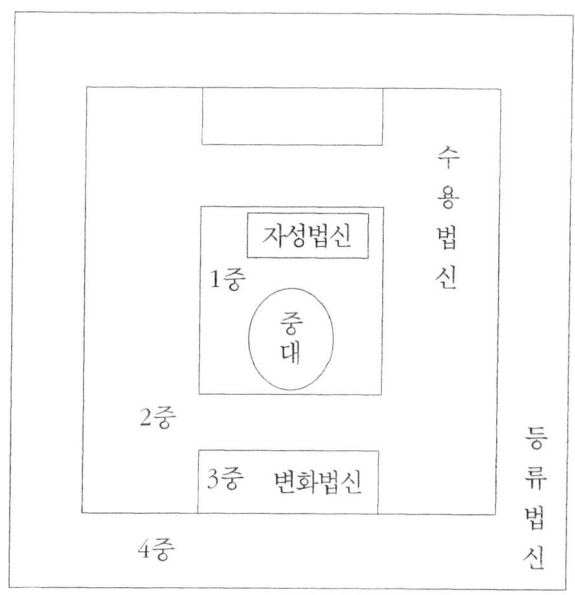

〈그림 5-9〉 4중4신의 구성도

『대일경』「주심품」에 의하면 4중의 건립은 대일여래가 중생을 4종류의 근기로 나누어 각각의 근기에 맞는 곳으로 인도하기 위하여 유현(流現)한 것이라고 볼 수 있다. 이에 의하면 제4중 최외원은 초겁(初劫)에도 들어가지 않은 초심의 근기를 가진 중생을 들어가게 하기 위해 나타낸 것이다. 제2중(3중인 소실지원은 허공장의 권속이어서 2중에 넣는다.)은 2겁의 근기를 가진 중생에게, 1중(一重)은 제3겁의 근기를 위해 나타낸 것이다. 이상은 지전(地前)의 근기를 위해서 나타난 것이며, 중대8엽원은 십지(十地)의 근기를 위해 출현한 것이다. 밀교의 성불론에서는 3겁과 10지의 4종의 계급을 모두 제도하는 것이 태장계만다라이다. 이러한 내용은 제6장 성불론에서 다시 기술한다.

〈그림 5-9〉는 4중4신의 구성도를 나타낸 것이다.

또 태장계 12원의 상징의미를 간략하게 아래의 〈표 5-10〉으로 요약하였다.

〈표 5-10〉 태장계 12원의 개략적 의미

| 순서 | 구 분 | 상징 의미 |
|---|---|---|
| 1 | 중대8엽원 | 근본이 되는 대생명·빛의 세계의 실현·청정심의 육성 |
| 2 | 편지원 | 여래의 지혜를 발현시켜 부처의 세계를 실현하는 것 |
| 3 | 지명원 | 여래의 지혜는 명왕에 의해 번뇌를 타파하는 것 |
| 4 | 관음원 | 여래 자비의 덕이 관음으로 현현하여 중생제도 |
| 5 | 금강수원 | 여래 지혜의 덕이 금강수보살로 현현하여 중생제도 |
| 6 | 석가원 | 상구보리(上求菩提) 하화중생(下化衆生)의 보살도 실천 |
| 7 | 문수원 | 반야 지혜의 활동 |
| 8 | 제개장원 | 마음의 번뇌를 제거하여 청정심의 현현(顯現) 실현 |
| 9 | 지장원 | 깊은 곳에 비장된 마음의 대지를 보물과 같이 실현 |
| 10 | 허공장원 | 공(空)의 체득(體得) |
| 11 | 소실지원 | 공의 체득에 의한 진리의 성취 |
| 12 | 최외원 | 힌두신의 신(神) |

## 2. 중대8엽원(中臺八葉院)

### 2-1. 구성과 상징 의미

중대8엽원은 태장계만다라의 근본으로 중앙에 위치한다. 여기서 8엽이란 여덟 개의 잎으로 된 연꽃이다. 연꽃은 고대 인도에서는 창조의 신

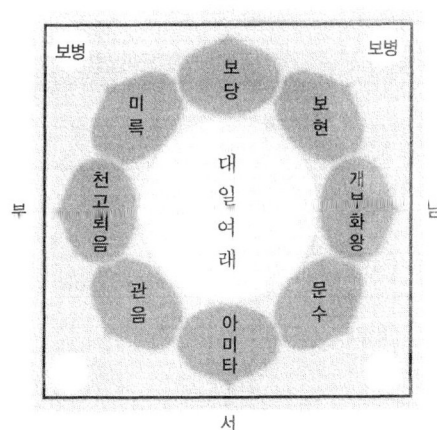

〈그림 5-10〉 중대8엽원과 구조

브라만의 상징이며, 무한한 생명을 생산해서 양육하는 여성의 상징이기도 하다. 또 연꽃은 더러운 연못(중생의 세계)에서 깨끗한 꽃을 피우듯이(중생제도) 대비심으로 어떠한 더러운 세계에서도 청정심을 나타내는 상징이다. 이러한 여러 가지 덕을 가진 중대8엽원의 연화는 태장만다라의 세계를 핵심으로 나타내는 부분이다.

연화의 잎에 의해 유출된 금강저는 청정심에 의해 생기는 진실인 지혜를 상징한다. 연꽃의 대비와 금강저의 지혜로 구극에는 원만한 인격이 형성된다. 이것을 네 귀퉁이에 그려진 보병(寶甁)으로 상징한 것이다.

중대8엽원의 중앙에 대일여래가 위치하고, 동서남북 네 방위에 있는 연꽃잎에는 보당불을 비롯한 4불(四佛)이 안치되어 있다. 각각의 4불 사이에 있는 연꽃잎에는 4보살이 배치된다.

인간의 심장모양인 중대8엽원은 중생의 마음[識]을 상징한다. 마음을 뜻하는 식(識)은 전5식·6식·7식·8식·9식으로서 여기서 번뇌만 제거하면 다섯 개의 식은 지혜로 전환된다〔轉識得智〕. 이 지혜를 인격화시킨 것이 5불이라고 불타론에서 설명했다.

중대8엽원에서 대일여래·4불·4보살의 9존은 결국 범부의 9식이다. 범부의 9식이 그대로 5부처, 4보살의 당체가 되는 것이다. 여기서 4보살은 4부처가 이룬 결과에 대한 원인이 되는 행동을 상징한다. 따라서 4보살의 모든 것은 대일여래를 나타내는 것이다. 대일여래는 보문(普門)의 덕을 가지고 있다. 이 덕은 4보살 각각의 인행(因行)에 의해서 이루어진 덕이다. 일문(一門)의 덕을 지닌 보살의 특성에 대해서도 알아둘 필요가 있다.

### 2-1-1. 보현보살(普賢菩薩)

대일여래의 동남방에 있는 보살이다. 이 보살의 수인인 삼업묘선인(三業妙善印)은 미혹된 마음을 모두 없애고 불과(佛果)를 체득하여 가는 보리심의 활동을 상징한다. 이것은 동방의 보당여래에 속하여 그가 원하는 마음의 실현을 강조하는 것이다. 현교에서의 보현보살은 보편적인 근본의 원리인 '이(理)'와 정신통일을 이루는 '정(定)'과 보살행(行)에 의해 깨달음을 열어 가는 부처의 덕을 상징함으로써 밀교와는 의미가 다소 다르다.

월륜(月輪)을 상징하는 큰 둥근 원은 보리심을 가리킨다. 통상 보현보살은 왼손에 5고령(五鈷鈴), 오른손에 5고저(五鈷杵)를 가지나 여기서는 칼을 가지고 있다. 칼로 번뇌를 자른다는 의미일 것이다.

### 2-1-2. 문수보살(文殊菩薩)

대일여래의 서남방에 있는 보살이다. 개부화왕여래에 속하여 수행문에 있어서 지혜의 덕을 맡고 있다. 문수는 오른손에 경전, 왼손에 청련(靑蓮)

을 들고 있으며, 청련 위에 3고(三鈷)의 금강저가 있다. 경전은 반야의 지혜를, 청련(靑蓮)은 문수보살 자체를 상징한다. 이 연은 예리한 돌기가 있는 꽃잎으로 모든 것을 관통시키는 힘이 있다. 이 힘이 진실한 지혜로 번뇌를 관철시키는 것이니 지혜의 보살 문수를 상징하는 것이다. 청련 위에 있는 3고저는 지혜가 위로 향상되는 것을 의미한다.

〈그림 5-11〉 문수보살

2-1-3. 관자재보살(觀自在菩薩)

서북방에 있는 보살이다. 아미타여래의 이상을 실현하기 위해 활동하는 보살로 보리의 덕을 맡고 있다. 관세음 또는 관음이나 불리는 관자재는 오른손에 활짝 편 연화를 들고 있고 왼손은 시무외인이다. 연(蓮)은 본성의 청정함을 나타내는 것이다. 이 청정심은 세간의 진실을 관찰하는 눈을 열리게 한다. 이 청정심이 확고하게 생기는 쪽으로 인도하여 영원의 생명을 열어 가도록 하는 보살이다.

2-1-4. 미륵보살(彌勒菩薩)

동북방에 있는 보살이다. 천고뢰음여래의 이상을 실현하기 위한 보살로 열반의 덕을 맡고 있다. 이 보살은 오른손에 연꽃을 들고 있고 그 위에 물병을 놓아두었다. 물병은 자비로운 감로수를 모아 중생의 마음을 적셔 주어 번뇌의 마구니들을 없애버린다. 미륵은 이러한 교화의 활동을 상징

〈그림 5-12〉 관자재보살    〈그림 5-13〉 미륵보살

한다. 물론 현교의 미륵보살과는 의미가 다르다.

2-2. 4불(四佛)과 4보살(四菩薩)의 상호관계

중대8엽원의 중심은 대일여래이다. 보문의 대일로부터 일문별덕(一門別德)의 4불로 유출된다. 대일은 이상세계이며, 우주의 본체이다. 4불은 대일의 이상을 실현하기 위한 현상이며, 현실의 세계이다. 중생들이 깨달음에 이르기 위한 방법으로 중인발심설(中因發心說)과 동인발심설(東因發心說)이 있다.

중인발심설은 동밀에서 주장하는 것으로 중생을 이롭게 하기 위해 아래로 향하는 것이다〔利他向下〕. 즉 대일여래가 보당불을 통하여 중생에게 보리심을 발하게 한다. 이것을 발심(發心)이라 한다. 다음에 개부화왕여래에 의해 보리심을 육성하여 꽃을 피운다. 아미타여래에서 깨달음을 얻고, 천고뢰음여래에서 적정열반에 이른다.

동인발심설은 자기 스스로 깨달음에 이르는 것이다〔自利向上〕. 중인발심설은 대일부터 시작하지만 동인발심설은 동쪽의 보당불에서부터 시작한다. 보당불에서 군대의 깃발이 펄럭이는 듯이 보리심이 발하여지고, 개부화왕불에서 수행을 한다. 그리고 아미타불에서 깨달음을 얻고, 천고뢰음에서 열반적정에 들어가는 것이 동인발심설이다. 중인발심설과 동인발심설을 아래의 〈그림 5-14〉와 〈그림 5-15〉에 나타내었다.

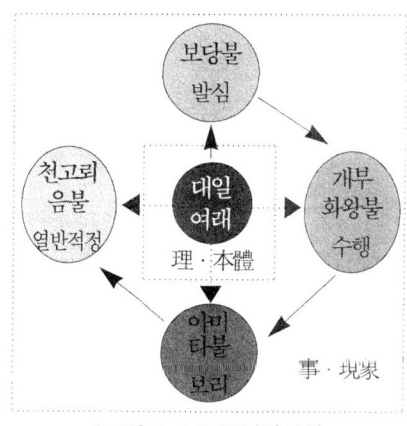
〈그림 5-14〉 중인발심설

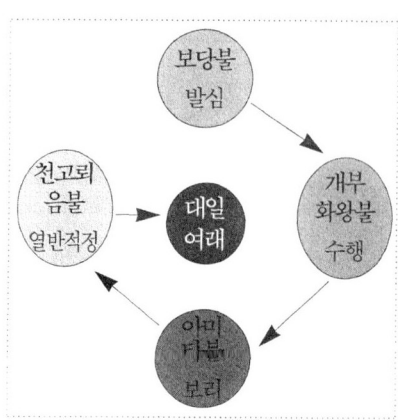
〈그림 5-15〉 동인발심설

4불(四佛)과 4보살의 관계는 다음의 〈그림 5-16〉과 같다.

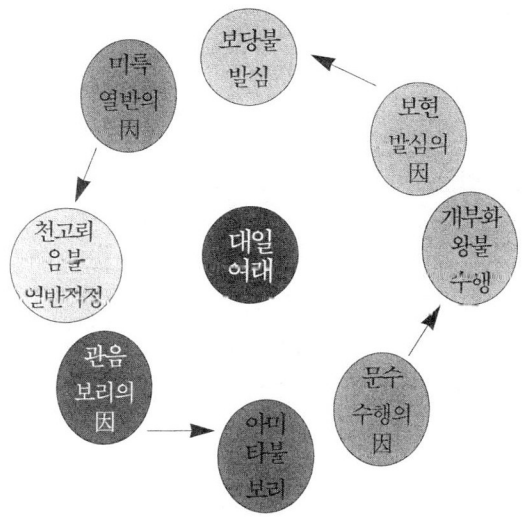

〈그림 5-16〉 4불과 4보살의 관계도

## 3. 제1중(第一重)의 4대원 : 편지원·지명원·관음원·금강수원

### 3-1. 편지원(遍知院)

#### 3-1-1. 편지원의 개요

중앙에 삼각형의 편지인(遍知印)이 그려져 있어서 편지원이라 한다. 편지원은 태양이 만물을 생육(生育)시켜 생명을 주는 것을 대일여래의 활동에 비유한 것이다. 편지원은 삼각인(三角印)을 중심으로 좌우에 지혜의 눈을 열어 제불(諸佛)의 세계를 만들어내는 불안불모(佛眼佛母)와 청순한 본성을 나타내어 제불(諸佛)을 창조하는 대용맹보살(大勇猛菩薩)이 그려져 있다. 또 덕을 발전적으로 증진시키기 위한 준제관음(准提觀音)과 금강계만다라의 제존(諸尊)을 만들어내는 보현연명보살(普賢延命菩薩)이 배치되어 있다.

1 준제관음
2 불안불모
3 편지인
4 대용맹보살
5 보현연명보살
→ 편지원

〈그림 5-17〉 태장계 만다라의 편지원

### 3-1-2. 편지원 존상의 상징 의미

① 편지인(遍知印) : 삼각형의 일체 여래지인(如來智印)

〈그림 5-18〉 편지원의 편지인

삼각인은 연화대좌 위에 5색의 선으로 삼각형을 이루고 그 위에는 오색의 화염이 이글거린다. 삼각형의 중앙에는 만(卍)자가 그려져 있다.

삼각형은 이집트의 피라미드처럼 태양을 상징한다. 태양은 광명과 생명체로서 모든 것을 창조·육성하며, 화염으로 모든 것을 태워서 정화한다. 즉 편지인은 부처의 지혜를 상징한 것이다. 상세히 말하면 안의 3광염(三光焰) 및 3중(三重)의 3각은 3부(불부·연화부·금강부) 내증(內證)의 지혜를 나타낸다. 안의 만(卍)은 평등무애주변법계(平等無礙周遍法界)의 의미로 자수용지신(自受用智身)을 나타낸다. 연화좌는 자타수용(自他受用)의 공덕을 상징한다. 삼각형이 지혜를 나타내는 것에 대해서 연화좌는 자비를 나타낸다. 결국 삼각형·화염·만(卍)은 태양에 의탁해서 대일의 위대한 활동을 나타낸 것이다.

〈그림 5-19〉 불안불모

② 불안불모(佛眼佛母) : 허공안(虛空眼) → 불부(佛部)

불안(佛眼)이란 청순한 지혜에 의해 진리의 세계에 눈이 떠짐을 의미한다. 자기의 심안(心眼)을 열어 불타가 유출되므로 불모(佛母)라 하는 것이다. 불타란 공을 체득하는 것이므로 공으로 인도하는 눈[眼]이라는 의미로 허공안(虛空眼)이라고도 한다. 결국 불안불모란 창조적 지혜의 활동을 신격화한 것이다.

③ 준제관음(准提觀音) → 연화부(蓮花部)

7구지불모(七俱胝佛母)라고도 하는 준제관음은 제불(諸佛) 제존(諸尊)을 유출하는 부처라는 의미이다. 구지(俱胝)란 산스크리트어 코티(koṭi)의 음역으로 준지(准胝)라고도 하는데, 천만억(千萬億)이라는 뜻이다.

〈그림 5-20〉 준제관음　　　　　〈그림 5-21〉 대용맹보살

　불안불모의 덕을 크게 발전시키는 준제관음은 다비상(多臂像)이다. 많은 팔에 의해 무한대로 제불을 유출시킨다는 의미이다.

④ 대용맹보살(大勇猛菩薩) : 보주(寶珠)
　인간의 진실한 마음을 여의보주(如意寶珠)라 하며 이것을 신격화시킨 것이 대용맹보살이다. 이 보살은 오른손으로 미혹한 마음을 잘라 없애기 위해 검을 잡고 있다. 그리고 왼손에는 청순한 마음을 상징하는 보주를 얹어놓았다. 불안불모는 지혜의 눈이 열려 불타가 유출되었다. 지금의 보주, 즉 청순한 마음으로 불타의 행동을 유출하는 것이다. 특히 이 보주는 월륜(月輪)과 동일한 의미로 사용된다. 이때의 월륜은 정보리심을 상징한다.

⑤ 보현연명보살(普賢延命菩薩)→금강부(金剛部)

보현보살이 가진 증익연명(增益延命)의 덕을 상징화하여 보현연명보살이라 한다. 대용맹보살의 덕을 발전적으로 나타내기 위하여 준제관음과 대칭되게 배치하였다. 이 보살은 5불의 화불이 있는 보관을 쓰고 있으며, 20개의 팔이 있다. 5불의 관에는 대일·아축·보생·아미타·불공성취의 금강계 5불이 있다. 손에 든 지물은 금강계만다라에 등장하는 제보살을 상징한다. 이

〈그림 5-22〉 보현연명보살

러한 보현연명보살은 지혜가 모든 곳에 미치도록 활동하여 구극에는 금강계까지 이르도록 한다.

이상으로 편지원의 제존(諸尊)을 개관하였다. 이 원의 특색은 삼각지인(三角智印)으로 나타낸 대일의 활동인 지혜가 근본이다. 이 지혜의 활동으로 모든 것을 불타로 화(化)하도록 하며, 일체를 광명의 세계로 인도하는 것이다. 이러한 지혜의 활동은 마음의 내면을 비추어 일체의 번뇌를 항복시키는 것이다. 이 항복에 대한 면을 강조하는 것이 지명원(持明院)이다.

1 승삼세명왕
2 대위덕명왕
3 반야보살
4 항삼세명왕
5 부동명왕

〈그림 5-23〉 태장계 만다라의 지명원

### 3-2. 지명원(持明院)

#### 3-2-1. 지명원의 개요

분노원(忿怒院)이라고도 말하는 지명원은 편지원에 대응하는 위치에 있다. 편지원은 여래 지혜의 활동이다. 이것은 대일여래의 자증의 경계에서 나와서 일체의 중생을 이익 되게 한다. 이러한 여래의 지혜는 자기의 마음의 번뇌와 대결하여 항복을 받는다는 의미를 가지고 있다. 이 항복에 의해 중대8엽원의 연화가 피어나 대공(大空)의 세계를 증득하게 되는 것이다. 이 항복을 강조하여 나타낸 것이 지명원이다.

지명원의 중존은 반야보살(般若菩薩)이다. 반야보살의 오른쪽에 항삼세명왕·부동명왕이 있으며, 왼쪽에 대위덕명왕·승삼세명왕이 배치되어 있다. 여기서 명왕(明王)이란 산스크리트어 비드야-라쟈(vidyā-rāja)를 의역한 것이다. 여기서 비드야(vidyā → wise)는 '알다[知]'라는 동사로 명(明) 또는 진언과 동일한 의미이다. 명왕(明王)이란 명주(明呪), 즉 진언을 인격화한 것이다. 명왕은 여래를 대신하여 중생에게 부처님의 지시를 전달해서 구제하는 역할이다. 분노의 상은 번뇌를 굴복시키고 수행을 방해하는 것을 조복하기 위한 것이다.

3-2-2. 지명원 존상의 상징 의미

① 반야보살(般若菩薩)

반야보살은 지혜를 뜻하는 반야를 인격화한 것이다. 반야의 지혜는 공(空)이다. 우주의 만물은 모두 실체가 없는 공(空)이므로 모든 번뇌를 끊어버리는 지혜이다. 이 결과로 현현하는 것이 허공장원의 허공장보살이다.

반야보살은 현교의 반야와 성격이 동일하나, 존상은 밀교화하여 세 개의 눈과 여섯 개의 팔을 가지고 있다. 세 개의 눈은 불부·연화부·금강부의 3부를 눈뜨게 한다는 의미이다. 즉 대정(大定)·자비·지혜를 열어주는 지혜의 눈을 상징한다.

여섯 개의 팔은 6바라밀을 뜻한다. 6바라밀은 사실상 반야의 활동이다. 활동 중에서 가장 중요한 것은 닫혀 있는 자아심(自我心)에 대하여 여래는 청정한 분노로 교화한다. 그 교화의 활동이 부동명왕·대위덕명왕처럼 지명원의 분노상으로 행하는 것이다. 그래서 반야보살을 반야불

〈그림 5-24〉 반야보살

모(般若佛母)라 불러서 모든 것을 중대(中臺)의 세계로 인도하는 것이다.

② 부동명왕(不動明王)

부동명왕은 대일여래의 권화(權化 : 불보살이 중생구제를 위해 자신의 모습을 바꾸어 나타나는 것)이다.

대지나 바위와 같이 움직이지 않는[不動] 위엄을 가진 이 명왕은 중생의 번뇌를 이글거리는 불꽃으로 태워버린다. 또 검으로 번뇌를 베어버리고, 끈으로는 묶어버린다. 끈의 또 다른 용도는 불도에서 밀어지는 중생을 끈으로 묶어 강제로 진실의 세계로 데려오는 데 쓰인다.

〈그림 5-25〉 부동명왕

③ 항삼세명왕(降三世明王)

항삼세명왕에서 삼세(三世)는 과거·현재·미래를 뜻하며, 항삼세명왕은 삼세에 사람들의 마음에 있는 삼독(탐·진·치)의 번뇌를 항복시키는 역할이다. 분노의 얼굴이 셋인 것은 근본번뇌인

〈그림 5-26〉 항삼세명왕

탐·진·치를 항복시키는 것을
의미한다. 몸의 색깔이 흑색 또는
청색인 것은 조복(調伏)의 뜻을
나타낸다. 사방의 불꽃은 지혜의
불로서 번뇌를 태워버린다. 여덟
개의 팔 중에서 여섯 개의 팔은 6
바라밀을 상징하며, 여섯 개의 손
에 들고 있는 삼고저·검·활·
화살·끈·금강령 등은 구제를
위한 보조물이다. 가슴 부위에서
결합된 두 개의 손을 족구인(足鉤
印)이라 한다.

〈그림 5-27〉 승삼세명왕

　족구인은 양손을 앞으로 보이게 모은 뒤 새끼손가락을 결합한 것이다. 이것은 여래와 중생이 서로 부정하면서 일체가 되는 것을 상징한다. 즉 여래가 지혜와 대비의 서원으로 중생을 본래의 청정한 마음으로 인도하나 중생이 거부하자 최후로 분노한 모습에 의해 강제로 제도하려 한다. 여래가 분노하는 모습은 여래의 마음의 부정이며, 대비와 방편의 부정이다. 중생 또한 아(我)가 부정되는 것에 의해 중생 그 자체도 부정된다. 즉 여래가 여래가 아니고 중생이 중생이 아닐 때 그 마음이 하나로 결합하여 일여(一如)의 세계가 열린다. 족구인과 분노의 상이 이것을 상징한다.

④ 승삼세명왕(勝三世明王)
　승삼세명왕은 항삼세명왕의 다른 이름이다. 상징하는 내용은 동일하나 상의 모습은 다르다. 즉 팔이 두 개이며, 지물은 삼지창과 금강저이다.

⑤ 대위덕명왕(大威德明王)

〈그림 5-28〉 대위덕명왕

대위덕명왕은 산스크리트어 야만타카(Yamāntaka)를 음역한 염만덕가(焰曼德迦)로 불리는 분노존이다. 야마(Yama)는 죽음의 신[死神]이고 안타카(Antaka)는 파괴의 신으로 이 두 신이 결합한 존(尊)이다. 죽음의 신까지도 타파하는 위력을 가진 분노존이어서 대위덕명왕(大威德明王)이라 한다.

이 존상은 여섯 개의 얼굴, 여섯 개의 팔과 다리를 가지고 있다. 여섯 개의 다리는 6취(六趣 : 지옥·아귀·축생·수라·사람·천)를, 6비(六臂)는 6신통을, 6면(六面)은 6바라밀을 상징한다. 대위덕명왕의 여섯 개의 팔 중에서 중앙에 있는 두 손의 수인(手印)은 분노인(忿怒印)이다.

3-2-3. 삼륜신(三輪身)

륜신(輪身)이란 수행자가 원하는 모습으로 나타나서 수행자의 근기에 따라 설법하는 법신을 말한다. 밀교에서는 중생의 근기를 셋으로 나눈다. 가장 높은 근기의 중생에게 나타나는 자성륜신(自性輪身)은 수행자의 마음을 통해 법을 보여서 곧바로 부처님의 위(位)에 들게 하는 것이다. 그 다음의 근기에게는 정법륜신(正法輪身)이 나타나 삼라만상이나 보살 등을 통해 법을 보여서 부처님의 위에 들게 한다. 자성이나 정법으로 안 될 때는 마지막으로 교령륜신(敎令輪身)이 나타나 중생을 제도한다. 법신부처님이 분노한 명왕들이 교령륜신이다.

지명원에서 삼륜신에 대해 검토해 보면, 반야보살은 진리 그 자체이므로 대일여래의 자성법신의 성격을 가지고 있다. 동시에 반야보살은 자비로운 마음으로 현실에 참여하여 중생을 제도하므로 정법륜신을 겸한다. 부동명왕과 항삼세명왕 등 4대 명왕은 교령륜신에 해당한다.

### 3-3. 관음원(觀音院)

#### 3-3-1. 관음원의 개요

관음원의 중심존은 관음보살이므로 관음원이라 한다. 3부(불부·연화부·금강부) 중에서는 연화부에 속하여 연화부원이라고도 한다. 관음원은 자비를, 금강수원은 지혜를 표시하므로 이 두 원은 중대8엽원을 중심으로 좌우 대칭으로 배치되어 있다. 관음원은 주요 존상이 21존이고 부속 존상이 15존이어서 전부 36존으로 이루어졌다. 관음원은 관음보살을 중심으로 편인원에서 발동된 지혜를 대비의 활동에 의해 연화부의 세계로 나타낸다.

관음(觀音)의 어의(語義)는 산스크리트어 아발로키테스바라(Avalokiteśvara)의 의역으로 '살펴본(Avalokita : 아발로키타)'과 '세간 중생의 음성(Iśvara : 이스바라)'을 합한 것이다. 즉 대자대비(大慈大悲)를 근본서원으로 중생이 괴로울 때 그 이름을 외우면 그 음성을 듣고 곧 구제한다는 보살이다. 또 다른 해석으로 관자재(觀自在)가 있다. 이것은 이스바라(Iśvara)를 '자기의 존재'로 해석한 것이다. 이때는 자기의 내면 깊숙한 곳으로 눈을 돌려 진실의 세계를 관(觀)한다는 의미이다.

관세음보살은 성관음〔聖〕·천수관음〔千手〕·마두관음〔馬頭〕·11면관음·준제관음〔準提〕·여의륜관음〔如意輪〕의 6관음으로 분류한다. 성관음(聖觀音)이 본신이고 나머지는 변화신이다. 관음의 호칭은 다음의 표와 같이 번역자에 따라 다르다.

〈표 5-11〉 관음보살의 번역자별 호칭

| 고역(古譯) : 축법호 | 구역(舊譯) : 구마라집 | 신역(新譯) : 현장법사 |
|---|---|---|
| 광세음(光世音) | 관세음 · 관음 | 관자재(觀自在) |

〈표 5-12〉 관음원의 보살 배치표

| 피엽의(被葉衣) | 대수구(大隨求) | 연화부발생(蓮華部發生) |
|---|---|---|
| 백관자재(白觀自在) | 대탑길상(大搭吉祥) | 대세지(大勢至) |
| 풍재(豊財) | 야륜타라(耶輪陀羅) | 비구지(毘俱胝) |
| 불공견삭(不空羂索) | 여의륜(如意輪) | 성관자재(聖觀自在) |
| 수길상(水吉祥) | 대길상대명(大吉祥大明) | 다라(多羅) |
| 대길상변(大吉祥變) | 대길상명(大吉祥明) | 대명백신(大明白身) |
| 백처(白處) | 적류명(寂留明) | 마두관음(馬頭觀音) |

관음원         금강수원

〈그림 5-29〉 태장계만다라의 관음원

### 3-3-2. 관음원 존상의 상징 의미

① 성관자재보살(聖觀自在菩薩)

성관자재는 관음원의 주존이다. 관자재의 오른손은 연꽃을 꽃피우는 개화인(開花印)이고, 왼손은 연화를 잡고 있으며, 화불(化佛)이 안치된 관을 쓰고 있다. 오른손의 개화인은 여래의 지혜를 나타낸다. 왼손에 잡은 연화는 길러야 할 중생의 마음이다. 관자재보살의 두 손은 여래의 지혜에 의해 중생의 마음이 여래의 마음으로 길러짐을 나타내는 것이다. 이렇게 하여 여래와 중생은 일여(一如)

〈그림 5-30〉 성관자재보살

가 되며, 중생의 마음은 대비의 마음이 되어 고뇌에 빠진 사람들을 교화하게 된다.


② 마두관음(馬頭觀音)

보살 중에서 진귀한 분노형의 변화관음이다. 인신마두(人身馬頭) 또는 머리 위에 말머리를 얹은 분노형으로 3면2비(三面二臂), 또는 3면8비(三面八臂) 등 다양한 모습이다.

말의 머리를 이고 있는 것은 전륜성왕의 보마(寶馬)가 사방으로 내달리면서 위력으로 적들을 굴복시키는 것과 같이, 생사의 큰바다를 건너다니면서 4마(四魔)를 항복시키는 큰 위신력과 정신력을 상징한다. 또는 무명

〈그림 5-31〉 마두관음

의 무거운 업장을 먹어치운다는 의미도 있다.

말은 고대 인도에서 사자·코끼리·소와 더불어 신성한 동물이었다. 베다신화에서는 천계(天界)의 대왕 일천(日天)을 하루 동안에 동쪽에서 서쪽으로 운반한다. 또 석존이 출가할 때도 백마였다. 여기에서 일천을 만물을 비쳐주는 예지로 보면 준마는 지혜의 활동이다. 또 석존의 출가는 깨달음의 제1보이다. 이 때의 말 역시 지혜의 활동이다. 분노의 전쟁신(戰爭神)을 숭배하는 사람들이 말의 활동과 번뇌를 제거하는 것을 동일시한 데에서 이러한 사상이 생겨나 마두명왕(馬頭明王)의 존상을 탄생시킨 것으로 보고 있다.

③ 대세지관음보살(大勢至觀音菩薩)

왼손은 대비를 상징하는 연화를 잡고 오른손은 꽃봉오리가 힘있게 피어 오르도록 하는 모습이다. 꽃봉오리는 보리심이 세력 좋게 뻗어 가는 형태이다. 이 존상의 상징인 꽃봉오리는 비로자나불의 진실한 지혜의 과실로부터 생긴 종자와 같다. 이 종자가 일체중생의 마음속에 싹을 틔우듯이 미혹한 마음을 없애서 깨달음에 이르도록 하는 것이다. 결론적으로 말하면 대세지관음보살은 대비의 마음을 가지고 본래 구유(具有)하고 있는 청정심을 계발하고 육성하는 활동을 인격화한 것이다.

〈그림 5-32〉 대세지보살   〈그림 5-33〉 여의륜관음

성관음보살은 화불이 있는 관을 쓰지만 대세지보살은 정병이 들어 있는 관을 쓴다.

④ 여의륜관음(如意輪觀音)

여의륜이란 산스크리트어 신타마니-차크라(cintamani-cakra)를 의역한 것으로 여의보주(如意寶珠 : 신타마니)와 법륜(法輪 : 챠크라)을 인격화하여 여의륜관음이라 한다.

여의륜관음은 여섯 개의 팔을 가지고 있다. 그중에서 첫째의 오른손은 생각하는 로댕처럼 사유수(思惟手)의 형태이고, 둘째 손 위에는 여의보주가 있으며, 셋째 손에는 염주가 있다. 첫째 왼손은 연화를 잡고 있고, 둘째 왼손은 광명산, 즉 대지를 가리키며, 셋째 왼손에는 법륜을 올려놓았다.

먼저 사유수(思惟手)는 자신의 실체를 고요히 생각해서 자기의 내심에 정보리심의 보주가 있음을 자각하여 가는 모습이다. 둘째 손에 얹어 놓은

보주는 마음 깊숙한 곳에 비장되어 있는 여래의 마음이다. 또 염주는 인간이 갖기 쉬운 자만심을 눌러 여의륜의 마음을 염하는 것이다. 왼손의 연화는 본성의 청정함을 나타내고, 법륜은 새로운 세계에 눈뜸을 의미한다. 대지에 발을 고정시키고 자신이 앉아 있는 광명산, 즉 대지를 가리키는 것은 여래가 비장된 마음의 대지이다.

⑤ 불공견삭관음(不空羂索觀音)

불공(不空)은 '빈틈이 없는', '틀림이 없는'이란 뜻이며, 견삭(羂索)은 금구(金具)가 붙어 있는 줄이라는 뜻이다. 여기서 견삭은 끈으로 한 사람도 빠짐없이 구제하겠다는

〈그림 5-34〉 불공견삭관음

서원(誓願)을 뜻한다.

불공견삭관음은 변화관음의 하나이다. 이 관음은 8비(八臂)로서 두 손은 합장하고 두 손은 여원인이며, 다른 손에는 견삭·연화·석장(錫杖)·불자(拂子)를 가지고 있는 것이 일반적이다.

관음원의 존상은 36존이나 중요한 존상 다섯 보살만 설명하였으며, 〈표 5-13〉에 관음원 보살이 지닌 지물의 상징을 요약하였다.

〈표 5-13〉 관음원 보살의 상징 요약

| | | |
|---|---|---|
| 피엽의보살 : 번뇌 파괴<br>• 일체 유정의 고통 제거<br>• 봉(棒) · 삭(索) : 번뇌 제거를 상징 | 대수구보살 : 여의륜덕 완성<br>• 금강저 · 도끼 · 검 · 삼고극 : 번뇌 항복<br>• 윤보 · 경전 · 당 · 사삭(蛇索) : 진리의 세계 인도 | 연화부발생보살 : 자비의 덕 성취<br>• 행자 스스로 자비의 주체로 연화 부의 덕 성취 |
| 백관자재보살 : 자심의 청정<br>• 백황색연화 : 본래 청정의 덕 | 대탑길상보살 : 자비 육성<br>• 대비에 의해 보리심이 육성되어 개화 | 대세지보살 : 청정한 보리심의 육성<br>• 꽃봉오리 : 불심이 중생에게 발생<br>• 개화인 : 중생의 불심 양육<br>• 정병 : 물에 의해 본유의 종자 양육 |
| 풍재보살<br>(豊財菩薩) | 야륜타라보살<br>• 대비 자유의 덕을 상징<br>• 여의륜보살의 사유의 덕을 받아 청순한 본성을 육성하며 희망을 주는 상 | 비구지보살 : 분노화한 자비<br>• 염주 : 108번의 선정에 들게 함<br>• 여원인 : 중생에게 기쁨 제공<br>• 연화 : 대비심<br>• 수병 : 물에 의해 본유의 종자 양육 |
| 불공견삭보살 : 중생 구제<br>• 여원인 : 기쁨 제공<br>• 견삭 : 구원 | 여의륜보살 : 자심불성 관조<br>• 보주 : 여래의 마음<br>• 법륜 : 신세계 개안 | 성관자재보살 : 여래와 중생의 일여<br>• 개화인 : 여래의 마음<br>• 연화 : 중생의 마음 |
| 수길상 : 자비로 보리심 육성<br>• 물에 의해 육성되는 연화 | 대길상대명보살 : 자비 육성<br>• 뱀 위의 연화 : 물에 의해 연화가 생육됨을 상징 | 다라보살 : 대비심으로 번뇌 파괴<br>• 다라 : 자비 · 청정한 눈의 의미<br>• 청련화 : 청정한 마음의 생명력 |
| 대길상변보살<br>• 길상존은 무한한 발전을 약속하는 존상 | 대길상명보살<br>• 대비에 의해 보리심이 육성되어 개화 | 대명백신보살 : 자성청정심의 덕<br>• 여원인 : 중생에게 기쁨 제공<br>• 개연화 : 대비심 |
| 백처보살 : 백정의 덕<br>• 백련화 : 청정무구<br>• 연화부의 모(母) | 적류명 : 적정심에 머무름<br>• 금강저 : 번뇌를 항복시키는 명왕의 성격 | 마두관음보살 : 자아심의 항복<br>• 마구인 : 번뇌와 탐욕 타파<br>• 마두(馬頭) : 분노의 지혜 |

## 3-4. 금강수원(金剛手院)

### 3-4-1. 금강수원의 개요

금강수원의 중심 존상(尊像)은 금강살타이기 때문에 살타원(薩陀院) 또는 금강수원이라고 말한다. 금강부에 속하여 금강부원이라고도 한다. 앞에서 설명한 관음원이 대비의 덕을 맡은 것에 대하여 금강수원은 지혜의 덕을 발휘하는 곳이다. 관음원의 연화부와 금강수원의 금강부는 중대의 좌우에 있으며 부처의 자비와 지혜의 덕을 나타내고 있다.

금강수원의 제존(諸尊)들의 배치와 지물(持物)은 다음의 〈표 5-14〉와 〈그림 5-35〉와 같다.

금강수원 제존상(諸尊像)의 지물(持物)인 금강저 등은 고대 인도에서 사용하던 무기이다. 밀교에서 이 무기가 수행하는 행자의 지물로 된 것은 무기로 번뇌를 없애버리거나, 번뇌의 악마가 교단의 신성지역인 결계(結界) 내로 들어가지 못하도록 하는 것이다. 지물 중에서 가장 중요한 것은 금강저(金剛杵)이다. 금강저에는 독고저(獨鈷杵)·3고저(三鈷杵)·5고저(五鈷杵)가 있다.

일본의 진언밀교에서는 결계를 하고, 단(壇)에 금강반(金剛盤)을 설치한다. 그 위에 금강령[五鈷鈴]을 중심에 배치하고, 수행자가 보았을 때 좌측에 독고저(獨鈷杵), 우측에 3고저(三鈷杵), 행자 앞에 5고저(五鈷杵)를 둔다.

다음의 〈그림 5-36〉은 금강저의 배치도이다.

금강저라고 하는 고대의 무기가 밀교의 만다라에서는 중요한 상징물로 사용된다. 먼저 독고저는 연화부(蓮花部)에서 부처의 자비를 상징한다. 3고저는 부처의 신·구·의가 삼위일체가 되는 불부(佛部)를 표현한다. 결국 3고저란 부처의 신·구·의 삼밀을 상징한다. 5고저는 부처의 다섯 가지 지혜를 나타낸다. 이것은 금강부를 표현하는 데 사용된다.

〈표 5-14〉 금강수원의 존상 배치표

(궁서체는 존상의 지물)

| 발생금강부 | 허공무구지 | 금강륜지 |
|---|---|---|
| 독고저 | 독고저 | 금륜보(金輪寶) |
| 금강구녀 | 금강뢰지 | 금강예 |
| 3고저 | 독고저 | 3고저 |
| 금강수시금강 | 문노지금강 | 역열금강 |
| 5고저 | 3고저 | 독고저 |
| 금강수보살 | 허공무변초월 | 금강아 |
| 3고저 | 3고저 | 연상아(蓮上牙) |
| 지금강봉 | 금강쇄 | 이희론 |
| 삭(槊) | 금강쇄 | 독고저 |
| 금강권 | 금강지 | 지묘금강 |
| 독고십자 | 독고저 | 갈마진단(羯磨鎭壇) |
| 분노월염 | 주무희론 | 지금강리 |
| 3고극 | 독고저 | 3고저 |

〈그림 5-35〉 태장계만다라의 금강수원의 위치

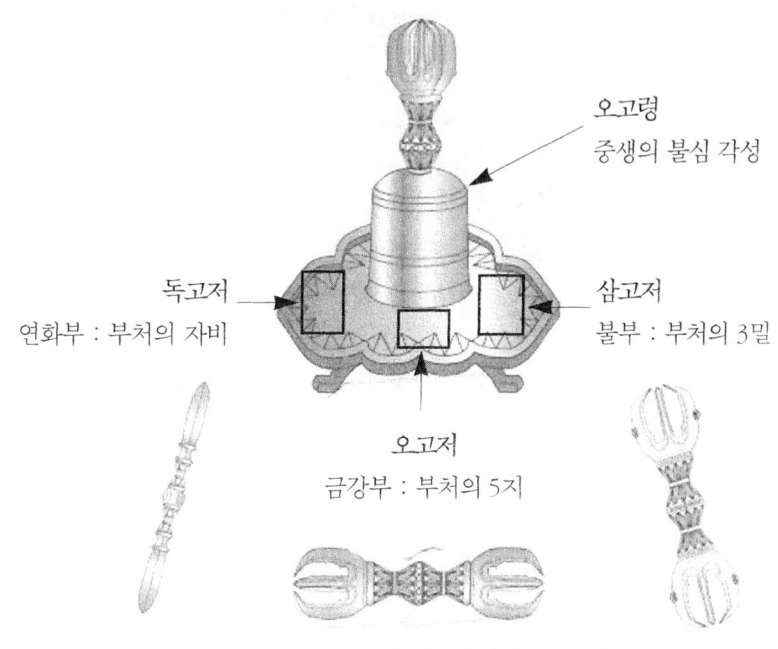

〈그림 5-36〉 금강반 위의 금강령과 금강저

또 중앙의 금강령[五鈷鈴]을 수행자가 흔들어 삼사고 있는 불성을 깨운다. 이러한 것을 얹어 놓은 금강반은 청정한 연화와 같은 중생의 불심(佛心)을 상징하는 것이다.

### 3-4-2. 금강수보살(金剛手菩薩)

금강수원에서의 핵심 존상은 금강수보살이다. 원래 금강(金剛)에는 두 가지의 뜻이 있다. 첫째는 금강석, 즉 다이아몬드의 의미로 쓰인다. 다이아몬드는 가장 단단하여 파괴되지 않는 최고의 보석이다. 밀교에서 금강승(金剛乘)이라 할 때는 다이아몬드에 비유해 가장 뛰어난 가르침이란 뜻이다. 두 번째로 '금강수(金剛手)'나 '집금강(執金剛)' 등으로 쓰일 때 금강은 무기인 금강저를 뜻한다.

금강수보살의 도상(圖像)은 티베트나 일본 등의 불교권에서는 동일하다. 즉 오른손에 금강저를 잡고 있다. 그 의미는 위에서 설명했다.

### 3-4-3. '태장삼매야도(胎藏三昧耶圖)'에 의한 금강수원의 상징 해석

〈그림 5-38〉의 '태장삼매야도'에서 금강부별단(金剛部別壇)은 연화대좌 위에 금강저로 둘러싸인 황색으로 된 사각형

〈그림 5-37〉 금강수보살

의 단이 있다. 화대 위에는 보병이 있고 그 위에 반월형의 흑풍(黑風)이 분다. 그 안에 연화대좌가 다시 있고, 삼각지화(三角智火)가 타서 금강저를 빛나게 하고 있다.

상징을 해석해 보자. 먼저 연화는 청정심에 의하여 열리어 가는 대생명을 뜻한다. 황색의 사각형은 대지를 가리킨다. 대지가 만물의 기초인 것처럼 인격 형성의 기반은 정보리심이다. 금강저로 주위를 에워싼 것은 견고한 지혜에 의해 정보리심이 보다 견실하게 되는 것을 나타낸 것이다.

연화대좌 위의 병에는 물이 들어 있다. 물이 만물을 육성하는 것에 비유한 것으로, 정보리심은 대비(大悲)의 지혜로운 물〔智水〕이 되어 깨달음의 핵심이 된다.

병 위의 반월형은 흑풍(黑風)이다. 흑풍은 번뇌를 날려 보내는 바람을 상징한다. 반월형은 5륜탑파 중에서 풍륜(風輪)을 의미한다. 바람은 제각각의 인연을 불어 날려 보내 우주의 진리를 자각하도록 한다.

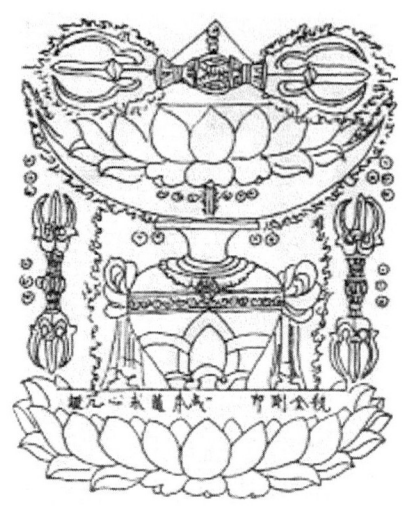

〈그림 5-38〉 금강수원의 삼매야도

흑풍(黑風) 중에 있는 삼각화(三角火)와 그 안에 있는 홍련화(紅蓮花), 그리고 금강은 번뇌의 바람 속에서도 의연하게 서 있는 예지(叡智)의 주체를 상징하면서, 일체의 번뇌를 바람으로 날려 보내는 분노지혜(忿怒智慧)의 원동력을 뜻한다. 홍련화와 금강의 지혜로운 움직임은 대비(大悲)를 마음속에 감추면서 겉으로는 분노항복(忿怒降伏)의 모습으로 나타난다.

흑풍이 부는 것을 글자화(化)하면 훔(hūṃ)이다. '훔' 자는 번뇌를 항복시키는 것을 상징한다. 불이 일체의 더러움을 깨끗이 태워버리는 것과 같이 '훔' 자는 모든 마음의 장애를 제거하여 내 본성을 정화시켜 준다. 이처럼 금강지혜의 활동은 분노명왕(忿怒明王)의 성격을 가진다. 그래서 금강수원의 각 존상(尊像)은 금강저를 가지고 번뇌와 대결하여 극복하는 것이다.

## 4. 제2중의 6대원 :
### 석가원 · 문수원 · 제개장원 · 지장원 · 허공장원 · 소실지원

### 4-1. 석가원(釋迦院)

#### 4-1-1. 석가원의 개요

석가원부터 제2중이 된다. 석가모니불이 중심존이어서 석가원이라 한다. 석가원은 석존의 10대 제자 · 연각승 · 불정존(佛頂尊)과 여래의 덕을 나타내는 존상들을 합하여 39존으로 구성되어 있다.

중대8엽원과 제1중의 각 원들은 대일의 세계를 나타냄과 동시에 그 이면에는 지명원처럼 분노항복을 명시했다. 이것은 중생 스스로 해결해야 할 것을 암시한 것이다.

석존은 3중(三重)으로 전개된다고 구카이는 말했다 제1중은 8엽인의 친고뢰음불로서 자성법신의 부처이다. 모든 중생은 대일의 세계인 중대8엽원이 지향해야 할 목표이다. 스스로 수행을 통해 석존이 깨달은 세계를 얻는 것이 대일의 세계를 체득하는 것이다. 따라서 깨달음을 얻은 석존은 대일여래로 나타난다. 대일여래의 일문(一門)인 천고뢰음불인 것이다. 제2중은 석가원의 석가로서 변화법신의 부처이다. 제2중은 자비로서 중생

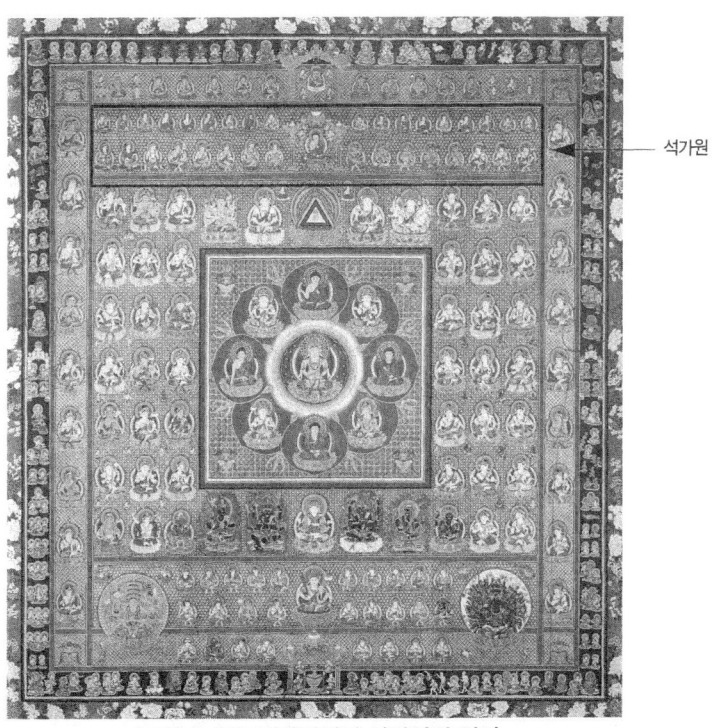

〈그림 5-39〉 태장계에서 석가원의 위치

을 제도하기 위해 실천을 행하는 곳이다. 상구보리(上求菩提)한 석존이 하화중생(下化衆生)의 실천자로 표시한 것이 석가원이다. 제3중은 보리수 아래에서 성도한 생신의 석가이다. 밀교경전에 의하면 생신의 석가는 밀교의 보살보다도 아래인 천부(天部) 제존(諸尊)의 일부로서 나타난다. 천부로 표시되는 생신 석존은 힌두교의 신들과 동일한 레벨이다. 따라서 석가원의 중심불인 석가모니불은 생신불이 아니라 변화법신이다.

석가원은 많은 존상으로 구성되어 있다. 즉 석가모니불을 중심으로 39존이 배치되어 있다. 그중에서 중요한 존상(尊像)만 언급한다.

4-1-2. 석가원 존상의 상징 의미

① 석가모니불과 친근의 존

밀교경전에서는 석가모니불에 대해 다음과 같이 기록하였다. "동방의 초문(初門) 중에 석가모니를 그린다. 주위에는 자금색을 칠하고 32상을 구유하며, 황색 옷을 입고 백련대에 앉아서 설법을 한다." 이때의 석존은 생신의 석존이 아니고 대일여래의 마음을 받아서 현실에서 설법하는 여래의 뛰어난 활동을 인격화한 것이다.

석가모니불 주위에는 관자재보살·허공장보살 등의 4존이 있다. 관자재는 오른손에 불자(拂子)를 들고 있고 왼손은 설법인을 하고 있다. 허공장보살은 오른손에 불자, 왼손에 보주를 가지고 있다. 두 보살의 지물이 상징하는 것은 불자로 번뇌의 열기를 꺼버리고 청정의 법을 설한다는 것이다. 여기서 석존은 불보(佛寶)가 되고, 관자재는 법보(法寶)이며, 허공장은 승보(僧寶)이다.

② 교화활동을 나타내는 불정존(佛頂尊)

또 석가원에는 백산개불정(白傘蓋佛頂)·보주·여래호상(如來毫相)

〈그림 5-40〉 석가모니불과 그 친근의 존

등을 인격화한 존상이 그려져 있다. 중대8엽원의 교리를 결말짓는 석존의 상징은 불안(佛眼)·호상(毫相 : 보주)·극(戟)이다. 불안은 진리의 세계에 눈을 뜨는 것이고, 호상은 청순한 본성을 나타내며, 극은 번뇌를 물리치는 것이다. 이것은 여래의 덕을 의미한다.

산개(傘蓋), 즉 일산은 보통 귀인이나 왕에게 받혀 주는 것으로 햇볕을 가리거나 비를 막는 것이 아니라 권위를 상징하는 것이다. 이 권위는 전륜

〈그림 5-41〉 백산개불정

성왕이라고 하는 왕권사상을 배경으로 하여 생긴 것이다. 이 권위를 석존과 동일시하여 불정존(佛頂尊)이라는 새로운 존상이 생겼다.

이 불정존이 확대되어 5불정(五佛頂)이 되었다. 5불정은 백산개(白傘蓋) · 승(勝) · 최승(最勝) · 제장(除障) · 화광취(火光聚)이다. 5불정은 순백 청정한 마음에 의해 유출되는 자비로움의 우산[白傘]으로 공(空)의 세계를 보호하고, 지혜로 번뇌와 싸워서 제거하며[勝], 크게 마음을 바꾸어 대공(大空)의 세계로 들어가고[最勝], 번뇌와 더러운 마음을 없애며, 큰 지혜의 광염이 번쩍이는 청정한 대공의 세계와 일여(一如)가 되는 것이다[火光聚].

③ 성문승인 석존의 10대 제자와 연각승 · 벽지불

석가원의 존상 중에 성문승 · 연각승 · 벽지불이 있다. 성문승과 연각승은 석존의 가르침을 듣고 실천 수행하는 존이다. 특히 성문은 석존의 가르침을 듣는 수행자로서 10대 제자가 여기에 해당한다. 석가원의 중앙에 석가모니불을 중심으로 10대 제자 중에서 9명이 배치되어 있다. 밀교에서 표현된 10대 제자는 근본불교 당시의 석존의 제자가 아니라, 석존이 가진 여러 가지 덕을 인격화하여 표현한 것이다. 그러므로 밀교에서 부르는 호칭도 다음의 〈표 5-15〉와 같이 현교와는 다르다.

연각승(緣覺僧)은 12인연법을 체득한 존자(尊者)로 석존의 10대 제자보다 수행의 정도가 높다. 연각승은 스스로 깨달음을 얻어 독각승(獨覺

〈표 5-15〉 10대 제자의 현교와 밀교의 호칭

| 현교의 호칭 | | 밀교의 호칭 |
|---|---|---|
| 호칭 | 성격 | |
| 우바리(優波利) | 지계제일(持戒第一) | 시라금강(尸羅金剛) |
| 가전연(迦旃延) | 논의제일(論議第一) | 변재금강(辯才金剛) |
| 아난(阿難) | 다문제일(多聞第一) | 집법금강(集法金剛) |
| 목건련(目建連) | 신통제일(神通第一) | 묘용금강(妙用金剛) |
| 수보리(須菩提) | 해공제일(解空第一) | 무상금강(無相金剛) |
| 가섭파(迦葉波) | 고행제일(苦行第一) | 이진금강(離塵金剛) |
| 사리불(舍利弗) | 지혜제일(智慧第一) | 반야금강(般若金剛) |
| 구희라(拘稀羅) | 학문제일(學問第一) | 오성금강(悟性金剛) |
| 지구치라(智拘締羅) | 정진제일(精進第一) | 정원금강(正圓金剛) |

僧)이라고도 한다. 연각승은 다른 사람에게 불법을 설하지 않는다. 그래서 벽지불(辟支佛)은 연각승의 다른 호칭이다. 이러한 자리(自利) 중심의 성문·연각승은 이타행(利他行)을 행하는 보살이 되어 중생교화에 힘쓰게 된다. 이러한 보살행의 결과로 부처가 되는 것이다. 석가원에서 석존을 둘러싼 성문·연각·보살은 수행을 완성하면 불과(佛果)를 얻어 여래가 된다. 이것은 중생들의 신앙이 발전하여 가는 방향을 가리키는 것이다.

　석가원은 석존을 통하여 상구보리(上求菩提) 하화중생(下化衆生)이라는 대승불교의 보살도를 명확히 함과 동시에 밀교의 근본취지가 이 보살도의 실천에 있음을 알려 주는 것이다. 이 실천을 통하여 대일여래의 마음, 즉 깨달음에 이를 수 있음을 보여 주고 있다. 또한 육신을 가진 중생이 보살도를 실천할 때 그것은 석존의 모습이며, 대일여래의 마음이다. 정신은 육체를 떠나서 활동을 할 수 없듯이, 대일여래가 현실의 육신 중에 있다는 것을 깨달으면 바로 우리의 바른 생활이 즉신성불의 길임을 알 수 있는 것이다.

## 4-2. 문수원(文殊院)

### 4-2-1. 문수원의 개요

문수보살이 중심이기 때문에 문수원이라 한다. 문수원은 4개의 그룹으로 나눌 수 있다. 1그룹은 문수보살과 그의 시자(侍者)이며, 2그룹은 지혜의 활동을 나타내는 5사자(五使者)와 그들의 배우신(配偶神)이다. 3그룹은 만덕(萬德)을 장엄하게 하는 보관보살·월광보살 등 5존이며, 4그룹은 텀브루(Tumburu)천과 시자이다.

### 4-2-2. 문수원 존상의 상징 의미

① 문수보살과 그의 시자(侍者)

태장계만다라에는 문수보살이 상징하는 지혜가 4종이 있다. 그중 첫 번째인 8엽원의 문수는 자성법신의 문수이다. 두 번째인 지명원의 지혜를 상징하는 반야보살은 자수용법신의 문수이다. 세 번째는 금강수원에서 지혜를 의미하는 금강이란 타수용법신의 문수이다. 네 번째인 문수원의 문수는 석존의 권속이며, 변화법신의 문수이다.

문수사리는 산스크리트어 만주스리(Mañjuśrī)를 음역한 것이다. 그 뜻은 묘덕(妙德)이며, 밀교에서는 묘길상(妙吉祥)으로 번역된다.

『대일경』에 묘사된 문수의 모습은 다음과 같다. "그의 몸 색은 금색이며, 머리에는 다섯 개의 상투형 관을 썼다. 모습은 12~13세의 동자형인데 왼손에 청련화를 잡고 있고 청련화 위에는 금강저가 있다. 대좌는 백련(白蓮)이다." 이 기록에서 금색은 번뇌를 극복하는 견실한 금강 지혜의 빛이다. 다섯 개의 상투형은 금강계에서 5불의 지혜를 상징한다. 아마도 금강계 사상을 반영한 것으로 보인다. 또 문수를 어린 소년으로 표현하였는데, 번뇌를 극복하는 반야의 지혜는 동정의 소년처럼 청순한 것을 의미한

〈그림 5-42〉 태장계 문수원의 위치

다. 손에 든 청련(靑蓮)은 문수의 이상을 실현하는 것이다. 청련은 침과 같은 돌기가 있어 번뇌와 투쟁을 의미한다. 이것은 자기를 확립하는 길이다. 청련 위의 금강저는 이러한 청련의 활동을 나타낸 것으로 보인다.

정법금강이라 불리는 시자(侍者)인 관자재(觀自在)는 왼손에 개연화(開蓮華)를 잡고 있다. 진여금강(眞如金剛)이라 불리는 보현(普賢)은 연화를 잡고 있는데 연꽃 위에는 삼고저가 있다. 관자재와 보현의 두 존상은 청순한 대비와 지혜를 나타내고 있다. 양존을 문수의 협시로 배치한 것은 반야(般若)라고 하는 부처의 본체인 대비(大悲)와 대지(大智)가 상

관자재보살
보현보살
문수보살
사자대호문

〈그림 5-43〉 문수보살과 그의 시자

즉불이(相卽不離 : 서로 관계를 맺어 떨어지지 않음)하다는 것을 보여 주기 위함이다.

 문수보살의 아래에 있는 시자(侍者)는 대호문(對護門)이라고 불리는 분노존(忿怒尊)이다. 또 다른 이름은 대면문(對面門)이다. 대면(對面)이란 선정(禪定)과 지혜의 대면과, 존재(實相)와 인식(觀照)의 대면을 통해 끝없는 생사(生死)를 단절한다는 의미를 가지고 있다. 문수의 상징은 반야이다. 반야는 지혜와 자비의 발현(發現)이므로 이것을 인격화하여 문수의 시자로 한 것이다. 또 분노존으로 하는 것은 지혜와 자비심은 번뇌를 항복시켜야만 얻어지는 것이기 때문이다.

1 문수원
2 석가원
3 편지원
4 중대8엽원
5 지명원
6 허공장원

〈그림 5-44〉 문수사상의 종적 연결

이러한 사실은 태장계만다라에서 문수의 사상이 세로로 연결되어 있다는 사실로도 분명해진다. 문수원 아래 석가원의 석가모니불 → 편지원의 삼각인 → 중대의 대일여래 → 지명원의 반야보살 → 허공장원의 허공장보살로 연결된다. 백련화에 앉은 문수는 손에 청련을 잡고 있다. 청련 위에는 금강저가 있다. 백련화에 앉은 문수는 본래 청정한 지혜를 의미한다.

제5장 밀교의 인식론(認識論) 325

이것은 금강저에 의해 번뇌가 극복되었을 때 얻어지는 것이다. 이 지혜를 체득한 것이 석가원의 석가모니불이다. 즉 석존의 깨달음을 열어 간 지혜는 문수에 의해 나타난 지혜인 것이다. 그러나 이 지혜는 석존 혼자서만 체득할 수 있는 지혜가 아니고, 중생 모두가 깨달아야 할 지혜로서 일체여래의 지혜이다. 편지원의 삼각인은 모든 사람의 번뇌를 극복하여 본성인 청정심을 열어 간 것을 보여 준다. 그것은 중대8엽원의 대일여래로 나타난다. 또한 지혜는 번뇌라고 하는 마성(魔性)을 극복해야만 얻어진다. 이 마성은 지명원의 명왕에 의해 파괴되어 반야보살로 나타난다. 여기에 공(空)의 마음이 체득된다. 이것이 허공장원(虛空藏院)의 중심 존상인 허공장보살이다.

문수원의 구극의 목표는 여래의 지혜, 즉 보주를 현현하게 하는 것이다. 또 허공장원·제개장원·지장원도 문수원과 마찬가지로 여래의 마음을 나타내는 것이다.

② 지혜의 활동을 나타내는 5사자(五使者)와 배우신
● 5사자(五使者) 배우존(配偶尊) : 반야의 활동을 사마 번뇌와 대견하여 투쟁하는 남성적 성격을 가진 것으로 표현하나 사실은 자기 안에 있는 불성을 육성하는 것이다. 이것은 여성적 성격이므로 케스니·우파케스니 등 5사자의 배우신을 배치한 것이다. 5사자와 그들의 배우존의 관계 형성으로 사랑과 애정이 생기면서 새로운 생명이 탄생하는 것처럼 지혜와 자비가 일체화되어 창조적 인격의 반야가 유출된다.

③ 만덕(萬德)을 장엄하게 하는 존상
● 광강보살(光綱菩薩) : 광강(光綱)의 본질은 문수지혜의 세계이다. 이것은 보석으로 된 망과 같은 것으로 제석천의 궁전을 의미한다. 이

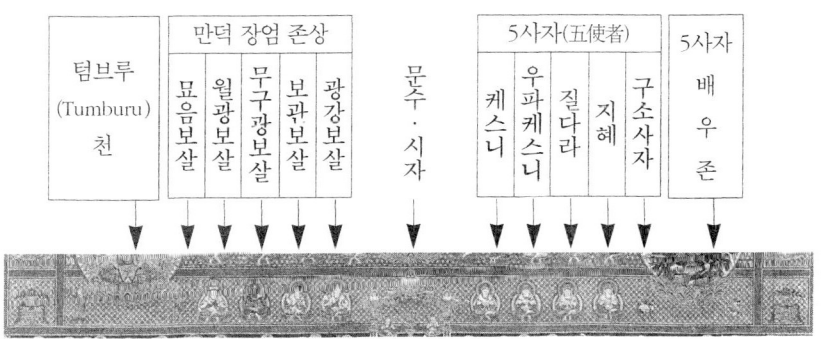

〈그림 5-45〉 문수원에서의 존상의 위치

〈표 5-16〉 존상의 상징

| 존상명(尊像名) | 역할 | 지물(持物)의 상징 의미 |
|---|---|---|
| 케스니 | 사물의 본성 파악 | 창(槍) : 현상계 통찰→자아 집착의 극복<br>청련(靑蓮) : 번뇌 극복의 활동 |
| 우파케스니 | 자아 극복→혜안 | 당(幢) : 지혜를 인도하는 역할<br>청련 : 여래의 마음[知慧]을 얻으려는 활동 |
| 질다라(質多羅) | — | 장(杖) : 자아 집착의 극복<br>청련 : 지혜의 활동<br>보주 : 공(空)의 마음의 체득[如來心] |
| 지혜(地慧) | 삶의 목표→소원 만족 | 창(槍) : 자아 극복<br>개련(開蓮) : 여래 마음[知慧]의 습득 |
| 구소사자<br>(鉤召使者) | 혜안 습득→해탈의 세계로 들어감 | 구(鉤) : 중생의 구제<br>청련(靑蓮) : 구제 활동 |
| 5사자 배우존 | 자신의<br>불성 양육 | — |

궁전은 인드라망으로 되어 있는데 망의 연결점에 주옥이 있다. 이 주옥에서 빛이 발하여 서로를 비추어 주면서 원융의 관계가 형성된다. 이것은 장엄한 지혜의 빛으로서 인간 본성의 지혜를 주옥에 비유한 것이다. 이 보살의 지물은 줄[索]과 청련이다. 줄은 구제를 상징한다.

- 보관보살(寶冠菩薩) : 문수보살의 뛰어난 지혜를 화려하게 장식된 보관으로 인격화한 존상이다.
- 무구광보살(無垢光菩薩) : 공(空)의 리(理)를 인격화한 보살이다. 공의 리는 본성이 청정하여 무구(無垢 : 결함이 없음)로 표현했다. 광(光)은 깨달음이 무구하면 바깥으로 빛이 넘친다는 의미이다. 이 존상은 오른손에 마노로 된 그릇[鉢]을, 왼손에 연화의 꽃봉오리를 잡고 있다.
- 월광보살(月光菩薩) : 반야의 덕을 달에 비유한 것이다.
- 묘음보살(妙音菩薩) : 묘음보살이란 문수사리보살과 동일한 존으로 아름다운 소리를 낸다는 뜻을 가지고 있다.

이상의 만덕을 장엄하게 하는 다섯 존상을 종합하면 다음과 같다. 광상보살은 일체의 모든 마음을 하나로 융합하여 조화의 세계를 만든다. 보관보살은 인간 본성의 지혜인 문수가 보관(寶冠)으로 현현한 것이다. 즉 보관은 내부에 있는 여래의 마음, 즉 보주가 나타남으로써 지혜의 눈이 열린 것을 의미한다. 무구광보살의 지물은 보리심을 기른다는 것을 뜻한다. 월광은 항상 여래의 지혜를 추구하여 원만한 인격을 완성하는 것을 목표로 한다. 묘음은 일체를 공으로 하여 대공(大空)의 세계를 증득하는 등의 반야의 덕을 표시하여 문수보살의 활동을 나타내는 것이다.

④ 텀브루(Tumburu)천과 시자

텀브루(Tumburu)천을 음역하여 동모로천(瞳母嚕天)이라고도 한다. 동모로천은 4명의 시자를 거느리고 있다. 이들은 모두 독고저가 있는데 전투적인 천신들로 번뇌 항복의 활동을 나타낸다.

문수원은 본래 전투적 성격을 가진 신들이다. 이것은 지혜를 의미하는 금강 또는 반야의 활동을 밀교적으로 나타낸 것이다. 반야는 인간 내부에 대해서는 번뇌를 극복하여 청정한 본성을 나다내고, 밖으로는 5지(五智)의 눈을 열어 현상계의 무자성(無自性)을 깨닫게 하는 것이다. 결국 문수원에서 반야는 중생의 본성을 열어 제개장원 · 지장원 · 허공장원으로 전개된다.

### 4-3. 제개장원(除蓋障院)

#### 4-3-1. 제개장원의 개요

제개장원은 제개장보살이 중심 존이다. 제개장(除蓋障)이란 일체의 장애에 덮개를 씌워 번뇌를 없애는 것[除滅]을 뜻한다. 이 보살은 모든 번뇌를 없애는 것을 서원하기 때문에 번뇌를 떠난 금강이라 말할 수 있다. 제개장원은 문수원의 지혜와 금강수원에서의 금강의 활동에 의해 모든 장애를 제거하여 청순한 본성을 나타내는 곳이다.

이를 위해서는 두 가지 방법이 있다. 하나는 문수보살의 지혜를 받아 계승 발전시키는 것이다. 문수원의 문수는 왼손에 청련을 잡고 있으며, 청련 위에 금강이 있다. 오른손은 여원인(與願印)이며, 시자(侍者)는 검을 갖고 있다. 이것은 일체번뇌를 없애는 금강의 지혜를 중생에게 주는 것이며, 시자의 검으로 번뇌와 싸워 제거하는 것을 나타낸 것이다. 다른 문수보살도 청련 · 창 · 검 등의 지물(持物)을 가지고 있다. 이것 역시 번뇌와 싸우는 것을 의미한다. 또 하나는 금강수원의 활동을 받아 금강의 힘으로 지혜를 얻어 자아를 극복하여 구극의 청순한 마음이 되는 것이다. 제개장원은 문수원과 금강수원의 지혜의 활동을 받아 본성인 여래의 마음이 자비로 나타난 것을 보여 주는 것이다.

태장계만다라에서 제개장원 9존의 존상 배치는 〈그림 5-46〉과 〈표 5-17〉과 같다.

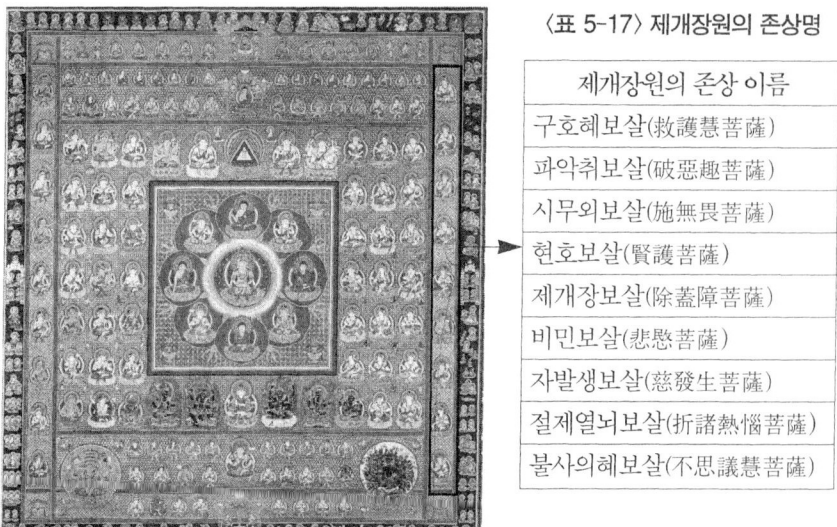

〈그림 5-46〉 태장계만다라에서의 제개장원의 위치

〈표 5-17〉 제개장원의 존상명

| 제개장원의 존상 이름 |
| --- |
| 구호혜보살(救護慧菩薩) |
| 파악취보살(破惡趣菩薩) |
| 시무외보살(施無畏菩薩) |
| 현호보살(賢護菩薩) |
| 제개장보살(除蓋障菩薩) |
| 비민보살(悲愍菩薩) |
| 자발생보살(慈發生菩薩) |
| 절제열뇌보살(折諸熱惱菩薩) |
| 불사의혜보살(不思議慧菩薩) |

4-3-2. 제개장원 존상의 상징 의미

● 제개장보살(除蓋障菩薩)

제개장보살은 여의보주로 상징된다. 즉 모든 번뇌를 제거한 후에 청순한 본성이 나타난다. 청순한 본성이 여의보주이며, 여래의 마음이다.

제개장보살의 상징 의미를 그린 삼매야도(三昧耶圖)에는 구름 사이로 두 마리의 용이 나타나고, 그 사이로 연꽃이 솟아올랐다. 연꽃은 삼각인(三角印) 안에 있고, 연꽃 위에는 여의보주가 있다. 두 마리의 용은 보주를 비장하고 있음을 상징하고, 구름은 불법의 비를 뿌려 대지를 촉촉히 적셔 주니 연이 솟았다. 즉 일체의 장애인 번뇌를 제거하고 인간 본성이 자라남을 뜻한다. 삼각은 지화(智火)를 나타낸다. 앞의 문수보살의 지혜를 받고 스스로 번뇌를 멸하니 청순한 본성의 마음이 나타난다. 이것이 여의보주이다. 삼매야도의 밑에 있는 사각형은 견실한 정보리심의 확립을 의미한다.

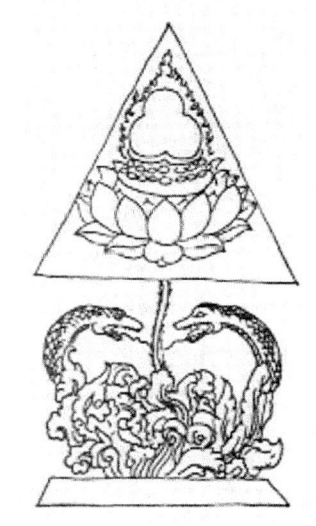

〈그림 5-47〉 제개장보살 삼매야도

4-4. 지장원(地藏院)

### 4-4-1. 지장원의 개요

지장원은 지장보살이 중심이 되는 존상이다. 지장(地藏)이란 산스크리트어 크쉬티가르바(Kṣitigarbha)로 지지(持地)·묘동(妙幢)·무변심(無邊心)으로 해석된다. 지장(地藏)에서 지(地)는 대지처럼 흔들림이 없음을 뜻하고, 장(藏)은 비밀스럽게 감추고 있다는 의미이다. 따라서 지장(地藏)은 대지의 깊은 곳에 심오하고 은밀하게 감추어진 보물이란 뜻이다.

모든 유정과 무정은 대지에 근거를 둔다. 대지는 삼라만상을 싣고서도 그 무거움을 참고 견딘다. 대지는 모든 생명체를 육성하는 근본이다. 대지는 항상 새로운 생명체를 길러 이 대지를 낙토로 만들어 준다. 또 더러운 것을 정화하여 생명체에게 새로운 영양소를 공급한다. 이러한 대지의 덕을 신격화한 것이 지장보살이다. 이러한 대지의 덕은 자기의 밑바탕에 있는 청정심과 같으며, 이 청정심은 여의보주로 나타난다. 여의보주가 나타

<표 5-18> 기타 보살들의 상징 의미

| 보살명 | 수인 · 지물 | 상징 의미 |
|---|---|---|
| 구호혜보살 | 비수(悲手) | 대비의 마음으로 일체의 고통을 제거하고 구제하여 구호(救護)의 지혜라고 함 |
| 파악취보살 | 왼손 : 發起手<br>오른손 : 여원인 | 6도윤회하는 무명 중생을 신앙 · 노력 · 억념(憶念) · 선정 · 지혜의 힘에 의해 청정세계로 인도 |
| 시무외보살 | 시무외인 | 현호보살의 덕을 받아 청순한 본성에 눈뜨게 하여 있는 그대로의 자기를 깨닫게 함 |
| 현호보살 | 오른손 : 독고저<br>왼손 : 정병 위 독고저 | 오른손의 독고저는 여래의 무차별평등의 세계로 인도하는 지혜를, 정병은 정보리심을, 정병 위의 독고저는 정보리심에 의한 번뇌 극복을 상징 |
| 비민보살 | 오른손 : 연<br>왼손 : 꽃대 | 대비(大悲)의 마음으로 일체의 장애를 덮어서 분별의 마음을 제거하는 활동 |
| 자발생보살 | 오른손 : 보주<br>왼손 : 꽃봉오리 | 꽃봉오리는 청정한 마음을 기르는 것을 의미하며, 청정한 마음을 보주로 상징 |
| 절제열뇌보살 | 왼손 : 경전<br>오른손 : 여원인 | 경전은 지혜의 덕을 상징하고, 여원인은 자비의 마음으로 지혜의 교화를 나타내는 것 |
| 불사의혜보살 | 보물 | — |

나면 어떠한 운명이나 박해도 이겨낼 수 있다.

태장만다라에서 지장원의 9존은 이러한 입장을 나타낸 것이다. 제개장원이 금강수원의 상징인 지혜의 덕을 받았다. 이 지혜는 문수의 지혜와 마찬가지로 평등한 진리의 세계를 관조하여 부처의 마음이 나타나는 것을 강조한다. 그러나 지장원은 관음원의 대비심을 받아서 반야의 지혜를 실천하는 것이다.

〈그림 5-48〉은 태장만다라에서 지장원의 위치를 나타낸 것이며, 〈표 5-19〉는 지장원에 배치된 존상의 이름이다.

〈표 5-19〉 지장원에 배치된 존상명

| 지장원의 존상 이름 |
| --- |
| 제일체우명보살(除一切憂冥菩薩) |
| 불공견보살(不空見菩薩) |
| 보수보살(寶手菩薩) |
| 보광보살(寶光菩薩) |
| 지장보살(地藏菩薩) |
| 보인수보살(寶印手菩薩) |
| 지지보살(持地菩薩) |
| 견고심심보살(堅固深心菩薩) |
| 일광보살(日光菩薩) |

〈그림 5-48〉 태장계만다라에서의 지장원의 위치

4-4-2. 지장원 존상의 상징 의미

● 지장보살

지장보살은 대지(大地)의 덕을 인격화한 것이다. 그 덕은 자기 본래의 청정심이다. 이것을 여의보주로 상징화한 것이다. 그래서 지장보살은 왼손에 보주(寶珠), 오른손에 보당(寶幢 : 보배로 만든 깃발)을 가지고 있다. 지혜의 정보리심을 발하여 자기를 극복해서 일체의 번뇌를 제거했을 때 보주가 나타나는 것이다. 이것은 자아의 집착을 버리고 진실한 본래의 마음을 확립하는 것을 의미한다. 당(幢)이 상징하는 것은 지혜의 활동이다. 자기를 부정하는 지혜는 대비(大悲)의 활동을 위해 필수적이다. 여래의

제5장 밀교의 인식론(認識論) 333

서원에 답하는 것은 자신의 깨달음에 머물지 않고 중생들에게 자비의 활동을 전개하는 것으로 참다운 여의보주가 상징하는 것이다.

밀교의 지장보살은 현교의 지장보살과 성격과 형상이 다르다. 현교의 지장은 사문형이나, 밀교는 보살형이다. 또 지물도 현교는 육환장과 보주이고 밀교는 당(幢)과 보주이다.

지장보살의 삼매야도에는 사각형의 단 위에 연꽃이 있다. 그 위에 당이 세워지고 당 위에는 보주가 있다. 사각형은 견고한 대지인 지륜(地輪)을 뜻한다. 대지의 견고함을 정보리심의 견고함에 비유한 것이다. 즉 사각형은 정보리심을 상징한다. 견고한 정보리심에서 무한한 보물을 나타낸 것이 빛을 발하는 보주이다. 여기서 연꽃은 정보리심이 가진 청순한 마음과 거기에서 발생하는 새로운 생명의 잉태를 의미한다. 당은 이러한 보리심의 현현(顯現)을 진리의 세계로 인도하기 위한 것이며, 그 위의 보주는 보

〈그림 5-49〉 지장보살

〈그림 5-50〉 지장보살 삼매야도

리심이 실제로 활동하는 모습을 상징한 것이다.

지장보살의 덕을 확대·발전시킨 모습이 지장원의 여러 존상이다. 즉 정보리심의 여러 가지 활동을 인격화시킨 것이 보인수(寶印手)보살을 비롯한 8존이다. 8존의 상징 의미를 〈표 5-20〉으로 나타내었다.

〈표 5-20〉 지장원 8보살들의 상징 의미

| 보살명 | 수인·지물 | 상징 의미 |
|---|---|---|
| 보인수보살<br>(寶印手菩薩) | 오른손: 가슴 앞에 보물<br>왼손: 연(蓮) 위에 금강저, 그 위에 보주 | 오른손의 보주는 여래가 있는 곳이 중생의 마음이며 현실임을 상징한 것이다. 왼손의 금강저 위에 있는 보주는 정보리심의 현현이다. 이 보주는 현실을 조명하여 세간을 벗어나 5지(五智)를 열어 감을 상징한다. |
| 지지보살<br>(持地菩薩) | 연꽃 위에 삼고금강저(三鈷金剛杵) | 일체를 싣고 있는 대지(大地)를 의미하는 보살이다. 정보리심의 심지(心地)를 열어 번뇌를 타파하는 것을 상징한다. |
| 견고심심보살<br>(堅固深心菩薩) | 오른손: 연 위에 갈마저<br>왼손: 손을 쥐고 무릎 위에 얹음 | 갈마저는 십자금강의 변형이다. 십자금강은 모든 방향에 금강의 활동을 실현함을 의미한다. 이러한 활동은 견실한 자기를 잃지 않을 때 실현된다. 이것은 다음의 허공장보살의 공의 체득에 의해서 이루어진다. |
| 일광보살<br>(日光菩薩) | 왼손: 당(幢) 위에 보주 | 지장보살이 가진 덕을 발전시키는 보살이다. 지장의 덕을 높이 휘날려 지혜와 생명의 주체가 표현된 것을 상징한다. |
| 보광보살<br>(寶光菩薩) | 왼손: 연 위에 금강저<br>오른손: 여원인 | 연 위의 금강저는 번뇌를 극복하여 중생의 본성이 청정한 혜안으로 열림을 상징한다. 여원인은 이러한 혜안을 다른 중생에게 나누어 주는 것을 의미한다. |

| | | |
|---|---|---|
| 보수보살<br>(寶手菩薩) | 오른손 : 보주(가슴 앞)<br>왼손 : 연 위에 독고저 | 오른손은 자기가 여의보주의 주체임을 나타낸 것이다. 왼손은 여실하게 자기의 마음을 자각함으로써 번뇌를 극복함을 의미한다. 이것은 앞의 보광보살의 덕을 계승한 것이다. |
| 불공견보살<br>(不空見菩薩) | 왼손 : 연 위에 사람 머리〔人頭〕 | 중생과 여래는 같다고 보는 것이 불공견(不空見)이다. 연 위에 있는 사람의 머리〔人頭〕는 5안(五眼)으로 진리의 세계를 볼 때 중생과 여래가 동일하다는 것을 관하는 것이다. |
| 제일체우명보살(除一切憂冥菩薩) | 나뭇잎과 나무줄기 | 우명(憂冥)이란 번뇌를 말한다. 이 보살은 지장의 덕을 결론적으로 제시한 것이다. 여기서 나뭇잎과 줄기는 중생세계이다. 중생이 부처요, 번뇌가 보리이며, 열반이 현실이라는 것을 상징한다. |

## 4-5. 허공장원(虛空藏院)과 소실지원(蘇悉地院)

### 4-5-1. 개요

앞의 지장원을 상징하는 9존은 문수원에서 나타낸 반야가 활동한 결과의 덕이다. 이것은 제개장원에서 번뇌를 떠나 진리의 세계를 체득한 것과 궤를 같이한다. 이러한 세계가 허공장원의 세계로 연결된다.

허공장원과 소실지원은 하나의 원(院)으로 볼 수 있다. 이것은 중대8엽원의 상방에 위치한 문수원과 석가원에 대응하여 2원(二院)으로 한 것이다. 허공장보살을 중심으로 좌우에 10바라밀존상을 비롯한 28존상이 배치되어 있다. 세로로 보면 위로는 지명원의 반야보살 → 중대8엽원 → 편지원 → 석가원 → 문수원으로 연결된다. 이것은 반야사상과 밀접히 연관되어 있음을 보여 준다. 즉 불부(佛部)인 중대는 반야의 궁극적인 세계이며, 이 반야가 연화부와 금강부를 거쳐 허공장원에서 결론적으로 강조된 것이다.

허공장원은 허공장보살을 중존으로 하여 좌우에 천수천안관자재보살(千手千眼觀自在菩薩)과 일백팔비금강장왕보살(一百八臂金剛藏王菩薩)이 배치되어 있다. 두 보살의 크기는 태장계만다라의 중존인 대일여래와 같다. 이것은 태장만다라 전체를 3존으로 결론지은 것이다.

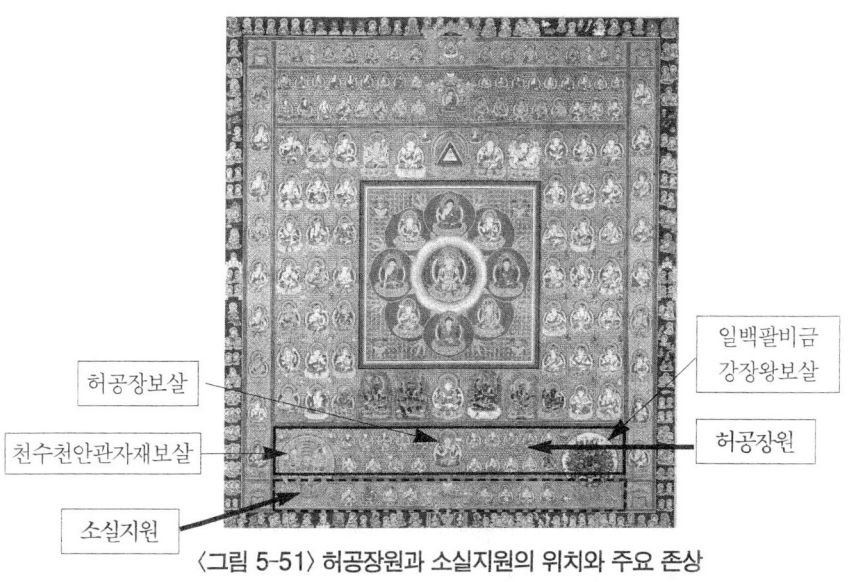

〈그림 5-51〉 허공장원과 소실지원의 위치와 주요 존상

허공장원의 각 존상이 나타내는 것은 칼[刀]·윤보(輪寶)·나패(螺貝)·백련화·청련화·금강련(金剛蓮) 등이다. 여기서 칼은 번뇌를 절단하고 지혜의 세계로 들어감을, 윤보는 불타의 세계로 들어감을, 나패는 불타의 교화가 널리 퍼짐을, 백련화는 청정심의 개시를, 청련화는 정보리심의 활동을, 금강련은 지혜의 체득을 상징한다.

### 4-5-2. 주요 존상의 상징 의미

● 허공장보살(虛空藏菩薩)

허공이란 보살이 가지고 있는 지혜와 자비의 광대무변(廣大無邊)함이 우주의 공간처럼 크다는 의미이다. 장(藏)이란 무한하게 뻗어 나가는 힘을 말한다. 청순한 마음을 가지고 번뇌와 싸워 가는 힘이므로 장(藏)을 검으로 나타낸다. 이 검은 문수의 지혜와 상통한다. 문수의 이검(利劍)을 인(因)으로 하면 허공장보살의 검은 과(果)이다. 보주는 청순한 마음을 상징한다. 보주는 제개장이나 지장보살의 마음과 통한다. 두 보살의 마음은 인이 되며, 허공장보살은 과이다. 또 허공장보살은 5불관(五佛冠)을 썼다. 이것은 중대8엽원의 대일여래의 5불관과 의미가 같다.

중대8엽원에서 보리심이 생겨서, 문수원과 관음원 등에서는 대비의 마음으로, 허공장원에서는 세속에서 실천하는 활동으로 나타내는 것이다. 즉 허공장의 세계는 무수한 중생을 섭수(攝受)하는 현실세계이므로 태장계만다라의 과위(果位)가 된다.

〈그림 5-52〉 허공장보살

● 천수천안관자재보살

이 존은 천 개의 손과 눈을 가지고 있다. 얼굴은 27개이며, 팔은 42개이다. 42개의 손에는 태장계에서 언급된 기물이 다 보인다. 이것은 대지(大智)의 활동으로 일체의 번뇌를 조복하고, 대비의 활동으로 교화하고 구제하는 덕을 나타낸 것이다. 즉 대비의 구극적 활동이 여기에서 완성된 형태로 나타났다. 천수관음의 권속인 11면관음 등의 제존은 고대 인도의 히두신들이다. 이러한 신들의 제덕을 총합하여 무한한 능력과 위력을 가진 존상으로 천수관음이 형성된 것이다. 태장계의 천수관음은 대비의 권화(權化)이며, 교화의 원천으로 연화부의 덕을 모두 완성한 보살이다.

〈그림 5-53〉 천수천안관자재보살

● 일백팔비금강장왕보살

천수천안보살은 연화부의 자비의 덕을 완성한 보살이다. 반면에 이 존상은 금강부의 지혜의 덕을 완성한 보살이다. 이 존상에서 108이란 무한한 번뇌를 의미한다. 이 번뇌를 금강, 즉 지혜의 주체가 되는 것으로 나타낸 것이다. 지혜의 주체는 공(空)이다. 공의 마음은 자기와 여래가 하나로 융합된 무차별 평등의 세계이다. 그 마음은 또 일체를 포

〈그림 5-54〉 일백팔비금강장왕보살

함한 대비의 마음이다. 금강장왕의 구극의 마음은 그대로 허공장보살의 마음이고, 천수관음의 마음이며, 중대8엽원에서의 대일여래의 마음이기도 하다.

### 5. 최외원(最外院) : 외금강부원(外金剛部院)

5-1. 최외원의 위치와 존상 배치도

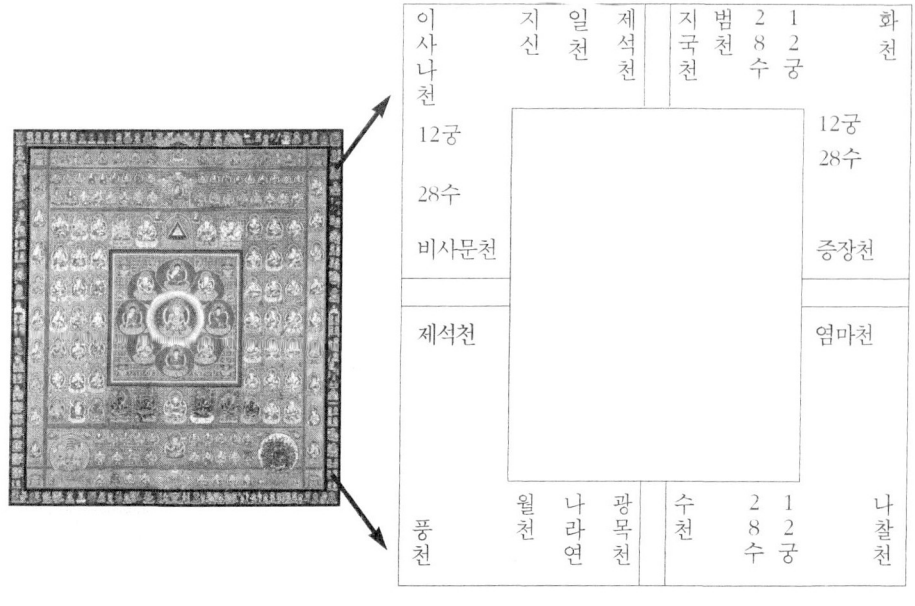

〈그림 5-55〉 최외원의 위치와 천신들의 배치도

5-2. 최외원(最外院)의 개요

외금강부원(外金剛部院)이라고도 한다. 외금강부원은 금강계의 외부에 있다고 해서 붙여진 이름이지만 태장계에서는 초중(初重), 2중(二重) 등의 구분은 있어도 금강부원과 외금강부원과 같이 원(院) 사이에 종속개념의 구분은 없다. 따라서 최외원(最外院)으로 부르는 것이 타당하다.

최외원은 태장계만다라의 가장 바깥부분을 장벽같이 둘러싼 부분이다. 마치 왕성(土城)을 보호하듯이 사방을 둘러치고, 동서남북 사빙에는 가가 문을 두었다. 이 문은 대일여래의 세계를 보호하며, 문밖으로 일체의 만상에게 대일여래의 빛과 생명이 퍼져 나감을 상징한다.

밀교의 세계는 위로는 부처에서 아래로는 6도(지옥·아귀·축생·수라·사람·천)에 이르기까지 대일법신의 본체[當體]인 것이다. 따라서 만다라에 배치한 브라만교나 힌두교의 제신들을 생신인 석존과 같은 계층[同列]으로 볼 수 있다. 이것은 즉사이진(卽事而眞)과 당상즉도(當相卽道)의 교리를 천명한 것이다.

## 5-3. 최외원의 존상

### 5-3-1. 사천왕(四天王)

여기서 천(天)이란 산스크리트어 데바(devāh)를 의역한 것으로 고대 인도의 브라만교에서 신앙되어 온 신들이다. 이 천신(天神)들은 불교에서 수용하여 생겨난 존격이다. 이러한 천신들은 여래나 보살보다 한 단계 낮은 위치에서 불법을 신봉하는 동시에 불법을 보호하는 역할을 한다. 천신의 역할 중의 또 하나는 현세이익을 주는 복덕신(福德神)의 활동이다.

이러한 천신들은 밀교의 교리에 의해 생겨난 존격이 아니기 때문에 여래나 보살 등과는 다르게 확정된 형식이나 모습은 존재하지 않는다. 그래서 인간에 가까운 귀신이나 새[鳥]·동물의 얼굴 등의 형태가 많다. 이것을 크게 구분하면 신장형(神將形)과 천녀형(天女形)으로 나눌 수 있다.

신장형은 호법신으로 무장을 한 것이 많다. 천녀형은 복덕신으로 보살의 모습과 유사하다.

밀교에서 사천왕이란 동서남북 사방의 문을 수호하는 존격(尊格)이다. 사천왕의 배치는 동방에 지국천(持國天), 남방에 증장천(增長天), 서방에 광목천(廣目天), 북방에 비사문천(毘沙門天)이다. 비사문천을 다문천(多聞天)이라고도 한다.

통상 지국천은 오른손에 검을 잡은 신장형이다. 증장천은 왼손에 삼지창을 잡고 있다. 또 광목천도 삼지창을 잡고 있다. 비사문천은 왼손바닥 위에 보탑(寶塔)을 올려놓았다.

사천왕의 모습은 아래의 그림과 같다.

〈그림 5-56〉 지국천　　　　〈그림 5-57〉 증장천

### 5-3-2. 힌두의 방위신인 8방천(八方天)과 12천(十二天)

8방(八方)을 방위하는 사상은 중세 인도의 『마누법전』에 설해져 있다. 이것에 의하면 이사나천(伊舍那天)·재석천·화천(火天)·야마천〔閻魔天〕·나찰천·수천(水天)·풍천(風天)·비사문천〔多聞天〕의 8대 호방신(護方神)이다. 8대 호방신은 인도의 서사시 마하바라타를 거쳐 만다라에시 8방에 배치된다. 그리고 상방(上方)의 범천과 하방(下方)의 지천(地天)이 더해져 시방천(十方天)이 되며, 일천(日天)과 월천(月天)이 더해져 12천 사상이 완성된다. 〈표 5-21〉에 12천에 대한 의미를 요약하였다.

〈그림 5-58〉 광목천　　〈그림 5-59〉 비사문천

〈표 5-21〉 12천의 상징 내용

| 구분 | | 천신명 | 방위 | 상징 내용 |
|---|---|---|---|---|
| 12천 | 8천 | 이사나천 | 북동 | 폭풍을 신격화. 대일의 빛에 의해 폭풍은 자비로운 비로 화함. 폭풍과 같은 자기의 마음이 대일에 의해 풍부한 인간성을 회복 |
| | | 제석천 | 동 | 폭풍과 번개의 신. 비를 동반하여 풍요를 가져다주는 신 |
| | | 화천 | 동남 | 태양의 아들로, 불을 신격화. 일체를 태워 정화→고뇌·죄악을 태움 |
| | | 야마천 | 남 | 인류 최초로 죽은 자를 신격화. 모든 유정(有情)을 사(死)의 세계로 소환하는 지옥의 왕이며, 귀신의 수령. 죽음의 자각으로 생의 세계에 눈을 떠 번뇌를 타파하여 사즉생(死卽生), 생사즉여래(生死卽如來)를 체득하게 하는 신 |
| | | 나찰천 | 남서 | 살해(殺害)를 주로 하는 신으로, 밀교에서는 번뇌를 파괴하는 신 |
| | | 수천 | 서 | 우주의 물을 신격화. 물은 만물을 길러 주는 것처럼 청정심을 길러 줌 |
| | | 풍천 | 서북 | 움직임·변화를 신격화. 불법을 전하여 여래의 세계로 인도하는 신 |
| | | 비사문천 | 북 | 야차귀신(藥叉鬼神)과 재산복덕을 신격화. 야차는 나무의 요정으로 창조와 생산을 의미. 여기서는 귀신과 나찰의 수령으로 번뇌를 살해하여 불법을 지키는 신 |
| | 4천 | 범천 | 상방 | 연화를 가진 범천을 만물창조의 신으로 상징 |
| | | 지천 | 하방 | 자기의 내면에 있는 견고한 보리심을 상징 |
| | | 일천 | — | 만물을 창조하는 태양의 신격화. 태양의 빛은 번뇌를 파괴 |
| | | 월천 | — | 달의 청량함은 정신적 열반적정의 세계로 유도 |

### 5-3-3. 천문우주(天文宇宙)의 신들

천문우주의 신들이란 태양계 운행의 신비성을 신격화한 것이다. 1년 동안 태양이 운행할 때 관계되는 9요(九曜)와 12궁(十二宮) 그리고 28수(二十八宿) 등이 있다.

7요는 일요(日曜)·월요(月曜)·화요(火曜)·수요(水曜)·목요(木

曜)·금요(金曜)·토요(土曜)이다. 여기에 일식과 월식에 관계되는 나후성(羅睺星)과 계도(計都)를 더하여 9요라 한다. 요(曜)라는 것은 빛난다는 의미이다.

최외원에 표시된 12궁과 28수(宿)는 인도의 천문학이 중국으로 들어와 융합된 것이다. 12궁이란 태양의 높이를 황도상(黃道上)의 성좌(星座)의 위치로 나타낸 것이다. 지구는 23.5도의 경사로 자전하면서 태양을 공전한다. 태양의 공전궤도를 황도라 한다. 황도를 12로 나눈 위치를 성좌(星座)라 하며, 이것을 12궁이라 한다. 28수는 태양과 달(月)의 운행과 관계되는 수로서 황도를 28로 나눈 위치를 성좌로 한 것이다.

### 5-3-4. 문신(門神)

최외원에는 동서남북 각각에서 만다라 내부로 들어오는 문이 있다. 왕성의 문을 모방하여 만든 4문은 진리의 세계, 여래의 세계로 들어오는 문이다. 이 문의 양측에는 4천왕이나 8호방신(護方神)이 수호하고 있다.

● 동방의 문

이 문은 만다라의 정문이다. 문수원에서 최외원에 걸쳐 있는 문으로서 석가원으로 들어가는 문이다. 문의 중앙에는 문수보살이 앉고 보현과 관자재 그리고 그들의 시자가 문수 주위에 앉아 있다. 이 문의 중앙에는 마신(魔神)을 막는 귀면(鬼面)이 있으며, 그 위에 연화대좌가 있고, 그 양측에 보주와 보물이 있다.

이것은 지혜의 체득으로 마신(魔神)을 물리치니 보주가 나타나서 청정한 연화대좌에 앉을 수 있다는 것을 보여 준다. 그것은 또 태장만다라의 진수를 체득하는 길임을 보여 준다.

● 남방과 북방의 문

이 두 개의 문은 용왕이 수호한다. 용왕은 불법을 수호하는 신이며, 여의주로 상징된다. 이 문으로 들어가면 역시 여의보주로 상징되는 제개장보살과 지장보살이 있다. 결국 태장만다라의 체득은 여래의 마음, 즉 여의보주를 체득함을 나타낸 것이다.

● 서방의 문

이 문의 중앙에는 큰 보병이 있고, 보병의 4방에는 두 용왕과 대면문(對面門)과 난파문(難破門)이 배치되어 있다. 보병의 입구는 금강저와 연화로 봉해져 있다. 이것은 정보리심이라는 재보(財寶)가 가득 들어 있음을 나타낸 것이다. 태장만다라의 구극은 수행자 자신이 정보리심으로 채워지는 것을 나타낸 것이다.

## 제4절 금강계만다라

### 1. 『금강정경』과 금강계만다라

#### 1-1. 『금강정경』의 개요

1-1-1. 개요

『금강정경』이란 단일경전이 아니라, 18곳의 다른 장소에서 설했던 10만 송으로 된 여러 경전을 집대성한 것이다. 그 첫 번째 경전이『진실섭경(眞實攝經)』으로 통상 이 경전을『금강정경』이라 부른다.『금강정경』의 광본(廣本)이었던 10만 송은 금강지가 당나라로 올 때 폭풍우를 만나 바다 속에 버리고 남은 4000송의 약본(略本)을 금강지가 구술하고 불공삼장이 기술했다고 전해진다.

- 『금강정경[眞實攝經]』의 성립 : 인도에서 7세기 말이나 8세기 초에 완성된 것을 720년경에 처음 한역한 후 8세기 말에 완성됨.
- 『금강정경』의 원명 : 『금강정일체여래진실섭대승현증대교왕경(金剛頂一切如來眞實攝大乘現證大敎王經)』

〈표 5-22〉 의궤분의 구성과 내용

| 구분 | 품 명 | 내 용 |
|---|---|---|
| 제1품 | 금강계품<br>(金剛界品) | • 6개의 만다라에 대해서 설함<br>① 대만다라 : 오상성신관·만다라화법·입단관정의 작법을 설법<br>② 삼매야만다라 : 대비를 발현시키는 상징에 대해 설법<br>③ 법만다라 : 여래의 세계가 큰 지혜에 의해 열림을 설법<br>④ 갈마만다라 : 여래의 세계는 공양에 있다는 것을 설법<br>⑤ 사인만다라(四印曼茶羅) : 4종류의 만다라를 종합<br>⑥ 일인만다라(一人曼茶羅) : 만다라를 하나의 체계로 종합 |
| 제2품 | 항삼세품<br>(降三世品) | • 자아심을 항복시키기 위한 금강분노의 활동을 나타냄<br>• 항삼세회와 항삼세삼매야회 등 10종의 만다라를 설함 |
| 제3품 | 변조복품<br>(遍調伏品) | • 연화부 관자재보살의 조복 활동으로 청정 체득<br>• 근본번뇌를 종교적 생명으로 고양시키기 위한 설법<br>• 6종의 만다라를 설함 |
| 제4품 | 일체의성취품<br>(一切義成就品) | 금강의 지혜, 항삼세의 분노항복의 활동, 변조복의 청정세계로의 인도로 본성의 마음이 성취된 것을 나타냄 |

1-1-2. 『금강정경[眞實攝經]』의 구성과 내용

교리 부분과 의궤분으로 구성되어 있으며, 그중 의궤분은 금강계만다라의 세계를 체득하기 위한 관상법(觀想法)과 실수법(實修法)을 나타낸 것으로 이 경전의 핵심 부분이다.

### 1-2. 『금강정경』과 금강계만다라의 관계

태장계만다라는 『대일경』이 제시한 진리의 실상(實相)을 구현하였다. 이것에 대하여 금강계만다라는 『금강정경』에 기반을 둔 진리의 관상(觀想)을 전개한 것이다. 즉 『대일경』이 깨달음의 본질에 관해서 논한 것이라면 『금강정경』은 깨달음을 얻기 위한 실천법을 논한 것이다. 또 태장계만다라가 『대일경』의 중관사상을 전개한 것이라면 금강계만다라는 『금강정경』의 유식사상을 전개한 것이다.

금강계만다라는 유식설의 전식득지(轉識得智)에 의해서 전개된다. 전식득지란 5식(五識)에서 번뇌만 제거하면 5식이 5지혜로 바뀌는 것을 말한다. 여기서 5식이란 전5식·6식·7식·8식·9식이다. 5지혜를 인격화한 것이 금강계만다라의 중심 부처인 대일여래와 4방인 아축여래·보생여래·아미타여래·불공성취여래이다.

5불을 중심으로 한 현도(現圖) 금강계만다라는 9개의 블록으로 나뉘어져 있다. 그래서 9개의 만다라라 하는 의미로 9회(九會)만다라라고 부른다. 9개의 블록은 ①갈마회(羯磨會) 또는 성신회(成身會), ②삼매야회(三昧耶會), ③미세회(微細會), ④공양회(供養會), ⑤4인회(四印會), ⑥1인회(一印會), ⑦이취회(理趣會), ⑧항삼세갈마회(降三世羯磨會), ⑨항삼세삼매야회이다.

금강계만다라는 『금강정경』을 소의(所衣)로서 그린 것이다. 이 경전의 중심은 『금강정경』의 4대품(四大品) 중에서 금강계품이다. 9회의 만다라 중 대만다라·삼매야만다라·법만다라·갈마만다라·4인회만다라·1인회만다라의 6회 만다라가 금강계품에 의하여 그려진다. 6회 중에서 대·삼매야·법·갈마의 4개 만다라를 금강근본4회라 부른다. 갈마회 또는

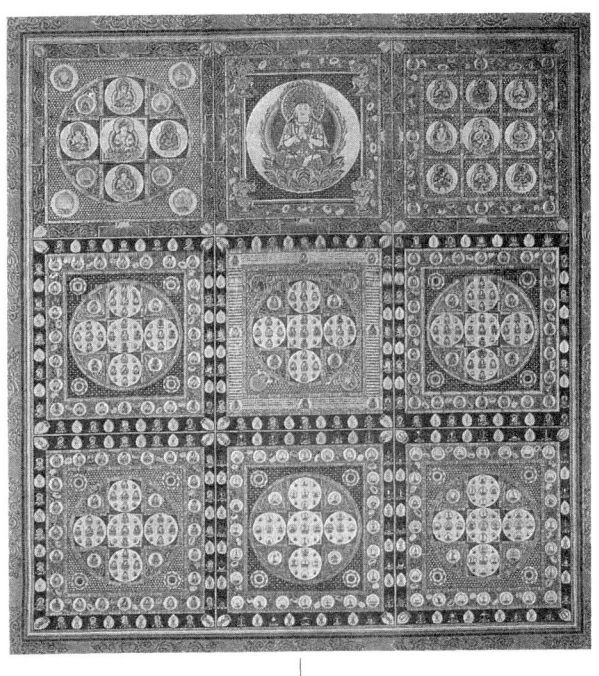

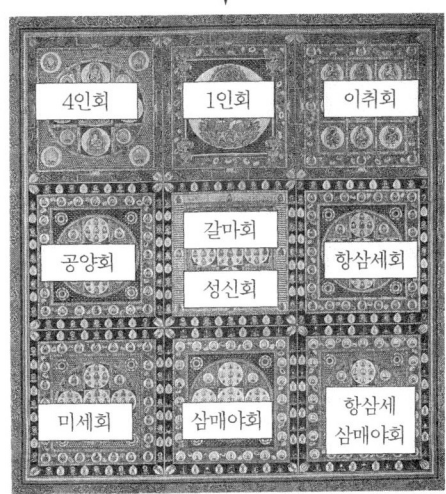

〈그림 5-60〉 현도 금강계만다라의 구조

제5장 밀교의 인식론(認識論) 349

성신회라고 불리는 대만다라는 전체를 총괄하는 만다라이며, 삼매야는 대비(大悲)의 본질을 상징으로 나타낸다. 또 미세회는 법만다라로서 대지(大智)의 상징으로 각 존의 배후에 금강저와 함께 나타내며, 공양회는 실천면을 강조한 만다라이다. 이 4종의 만다라는 동일한 내용을 다른 관점으로 나타내어 근본만다라라 하는 것이다.

4인회와 1인회의 두 만다라는 금강계 전체를 집약한 만다라이다. 금강계만다라에서 성신회의 주요 존상은 37존이다. 중앙 대일여래의 권능을 37존으로 나누어 나타낸 것이다. 37존을 중존 대일여래와 네 분의 여래로 집약한 것이 4인회만다라이며, 대일여래 한 분으로 집약한 것이 1인회만다라이다.

7번째의 이취회는 『이취경(理趣經)』을 소의경전으로 그린 만다라이다. 『이취경』은 대일여래의 구극의 세계를 실현하기 위한 실천교화에 중점을 둔 경전이다. 실천의 중심에는 금강살타가 있다. 원래 9회만다라에서는 1인회의 대일여래로 집약된다. 이취회에서는 대일여래의 실천자로서의 금강살타가 등장한다. 대일과 금강살타는 하나이면서 둘이고, 둘이면서 하나이다. 물론 이취회에서의 금강살타는 하나의 존상이 아니고, 17존으로 나타내었다.

8번째의 항삼세갈마회와 9번째의 항삼세삼매야회는 『금강정경』의 항삼세품을 소의로 하여 그린 만다라이다. 항삼세갈마회는 금강살타가 구제불능의 중생을 제도하기 위해 안으로는 자비심을 가지면서 밖으로는 분노형의 항삼세명왕이 되어 활동하는 상을 나타낸 것이다. 즉 대일여래의 교화를 명왕의 활동으로 표현했다. 그리고 대일의 교화를 명왕의 마음 활동으로 나타낸 것이 9번째의 항삼세삼매야회이다.

이상의 금강계 9회에 관한 설명은 부처가 스스로 깨달은 세계에서 중생을 제도하기 위하여 현실세계로 나오는 종과향인(從果向因)이다. 이것을 향하문(向下門)이라고도 한다. 향하문일 때 출발점이 되는 만다라를 갈마회라 한다. 갈마란 업(業)·작업을 의미하는 산스크리트어 카르마(karma)를 음역한 것이다.

이와는 반대로 항삼세삼매야회에서 시작하여 성신회에서 마치는 것을 향상문(向上門)이라 한다. 즉 항삼세갈마회는 중생이 일체의 장애를 물리치고 보리심을 일으키는 위치이다. 보리심을 일으킨 중생이 두 번째 단계인 항삼세갈마회에서 용맹정진한다. 그 결과에 의해 번뇌를 극복하는 위치가 이 만다라이다. 세 번째 단계인 이취회는 한번 깨달으면 일체의 번뇌가 곧 보리임[煩惱卽菩提]을 아는 위치이다. 네 번째의 1인회는 번뇌가 보리임을 체득하는 단계이다. 그것은 중생과 1인으로 대표되는 법신 대일여래와 동일체가 되는 것이다. 이 대일여래의 깨달음의 세계를 4방면에서 구체적으로 해설한 것이 다섯 번째의 4인회이다. 4인회를 다른 관점으로 나타내는 것이 제6 공양회, 제7 미세회, 제8 삼마야회, 제9 성신회이다. 향하문에서의 갈마회는 향상문에서 성신회가 된다. 항삼세삼매야회에서 출발한 중생이 수행 정진하여 불신(佛身)의 성취를 나타낸 것이기 때문에 이것을 성신회(成身會)라 한다.

이것을 그림으로 나타내면 다음과 같다.

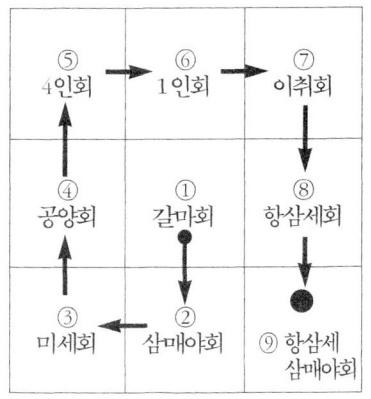

〈그림 5-61〉 향하문

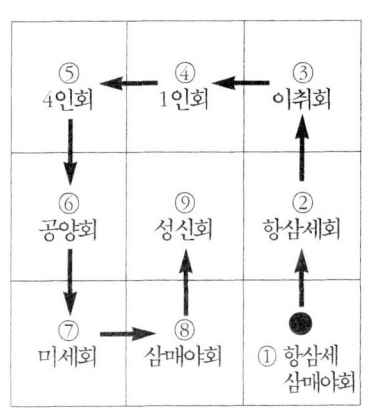

〈그림 5-62〉 향상문

금강계만다라의 조직을 종합적으로 말하면 먼저 갈마회 또는 성신회는 9회의 중심이다. 그래서 근본회라고도 한다. 근본회는 향상문의 극치임과 동시에 향하문의 출발점이다. 따라서 향상문일 때는 성신회라 하며, 향하문일 때는 갈마회라 한다.

밀교에서는 우주의 현상을 4개의 만다라로 나타낸다. 그중에서 우주 전체를 불보살의 존형으로 나타내는 것이 대만다라이다. 금강계에서는 갈마회 또는 성신회가 대만다라이다. 종합적으로 표현한 대만다라를 우주의 신구의(身口意)로 분류하여 나타낸 것이 삼매야회 · 미세회 · 공양회이다. 즉 삼매야회는 의밀인 삼매야만다라이며, 미세회는 구밀인 법만다라이다. 또 공양회는 신밀인 갈마만다라이다.

펼쳐진 4개의 만다라를 하나로 종합하면 4인회가 된다. 4인회는 대일여래의 지혜를 네 분의 여래로 표현한 것으로 4지인(四智印)이라고도 한다. 4인회까지의 다섯 개의 만다라는 최종적으로 지권인을 한 대일여래 한 분으로 수렴된다. 이것이 1인회이다.

다음의 이취회는 인간의 이성을 나타낸 것이다. 이취(理趣)란 이성으로 귀의한다는 의미이다. 즉 제존이 귀의해야 할 보리심이다.

태장계만다라와 마찬가지로 금강계도 삼륜신(三輪身) 사상이 내포되어 있다. 즉 갈마회 · 성신회로부터 1인회까지는 스스로 깨달음을 이루는 자성륜신(自性輪身)이다. 그리고 이취회는 부처의 세계를 보여 주거나 보살에 의해서 깨닫게 하는 정법륜신(正法輪身)이며, 항삼세갈마회와 항삼세삼매야회는 분노한 명왕에 의해 깨달음에 들게 하는 교령륜신(敎令輪身)이다.

이러한 관계를 다음의 그림으로 요약하였다.

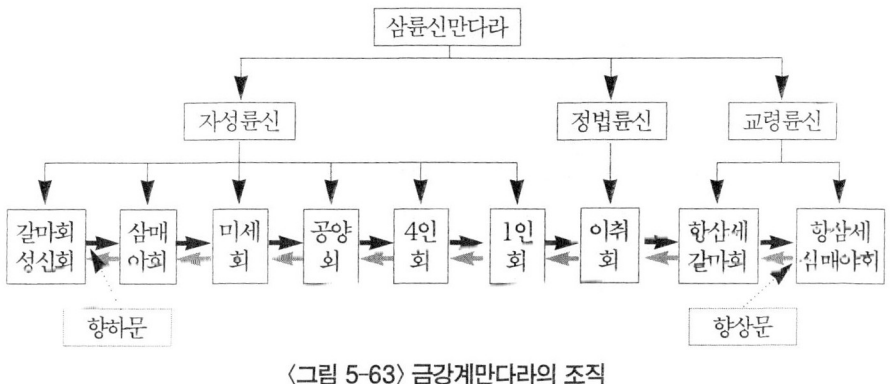

〈그림 5-63〉 금강계만다라의 조직

## 2. 성신회(成身會)

### 2-1. 구성

성신회는 금강계만다라 교리의 근본이다. 성신회 다음에 오는 삼매야회·미세회·공양회는 성신회의 교리를 전개한 것이다. 금강계에서 가장 기본이 되는 성신회만다라의 구조는 아래와 같다.

성신회의 중앙에 대원륜이 그려져 있다. 이것은 5부처가 머무는 보루각이면서 동시에 중생의 마음을 상징하는 것이다. 그 가운데 있는 5개의 작은 월륜은 5해탈륜이며, 5지5불(五智五佛)의 상징이다. 5불 중에서 대일여래의 주위에 4바라밀보살이 그려져 있다. 또 아축불을 비롯한 4불의 주위에 16대보살의 존상이 그려져 있다. 이 존상들이 앉은 연화는 중생이 본래 가지고 있는 보리심의 상징이다.

대원륜의 4구석에 위치한 지천(地天)·수천(水天)·화천(火天)·풍천(風天)의 4대신(四大神)은 원륜을 지지하고 있다. 이것은 지수화풍의 4대(四大)를 상징한 것이다. 대원륜이 공대(空大)를 나타낸 것이므로 5대(五大)를 전부 표현한 것이다.

〈그림 5-64〉
성신회만다라

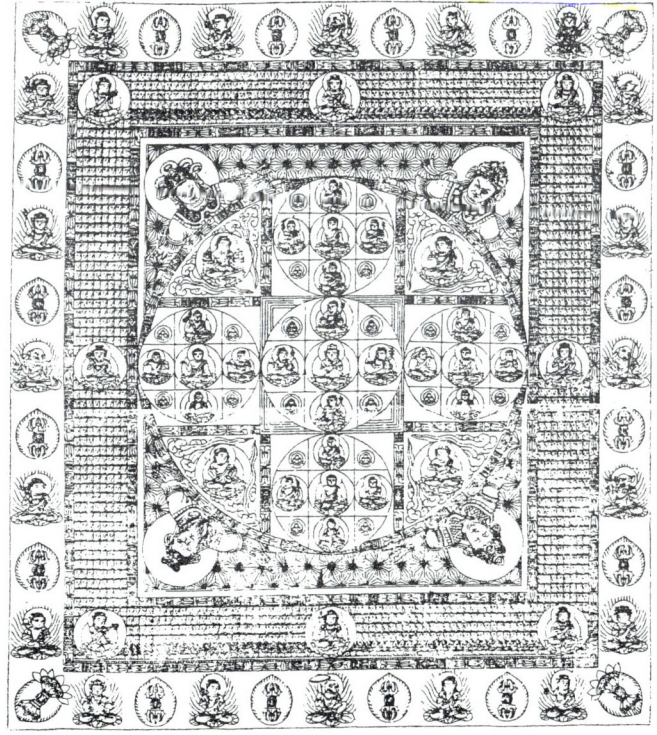

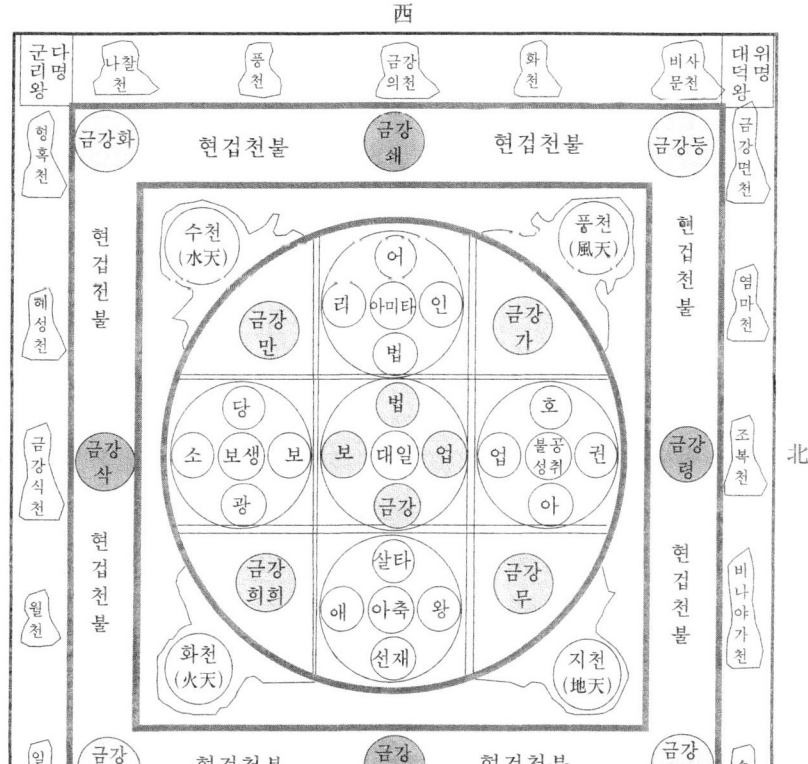

〈그림 5-65〉 성신회만다라의 구성

## 2-2. 5불

　대원륜 안에는 5개의 소원륜이 있다. 각각의 소원륜 중앙에는 대일여래를 비롯한 아축여래·보생여래·아미타여래·불공성취여래 등의 5불이 있다. 이 5불에 대해서는 이미 제5장 불신론에서 설명하였으므로 여기서는 생략한다.

## 2-3. 16대보살(十六大菩薩)

### 2-3-1. 개요

다섯 개의 해탈륜 내의 동심원에 있는 5불은 5지(五智)의 구현을 상징한다. 5해탈륜의 중앙 원에는 대일여래와 4친근바라밀보살이 사방에 그려져 있다. 또 대일여래의 동서남북 4방에는 4개의 소원륜이 있다. 이 소원륜의 각각에 아축불을 비롯한 4여래가 그려져 있다. 4여래의 동서남북 4방에는 4친근보살이 배치되어 있다. 이들을 전부 합하면 16분이다. 이들을 16대보살(十六大菩薩)이라고 한다.

대원륜에서 동방의 소원륜에는 아축여래를 중심으로 금강살타보살·금강왕보살·금강애보살·금강선재보살의 4대보살이 그려져 있다. 남방에는 보생여래를 중심으로 금강보보살·금강광보살·금강당보살·금강소보살이 있으며, 서방에는 아미타여래를 중심으로 금강법보살·금강리보살·금강인보살·금강어보살이, 북방에는 불공성취여래를 중심으로 금강업보살·금강호보살·금강아보살·금강권보살이 그려져 있다. 이상이 4불과 16대보살이다.

### 2-3-2. 아축여래와 그의 4친근보살(四親近菩薩)

아축여래의 수인은 촉지인이다. 촉지인은 여래의 근본서원인 보리심이 일어남을 상징한다. 4친근보살은 아축여래의 서원을 실현하기 위한 활동을 묘사한 것이다.

① 금강살타(金剛薩陀)

만다라에서 금강살타는 왼손에 금강령을, 오른손에 금강저를 잡고 있다. 이 존은 중생들에게 보리심을 일으켜 여래가 내 마음속에 있다는 것을 알도록 하는 것이다. 금강령은 잠자고 있는 보리심을 불러일으키고, 금강

⟨그림 5-66⟩ 아축여래와 그의 4친근보살

금강살타

금강애보살　　아축여래　　금강왕보살

금강선재보살

저는 견고한 보리심을 육성시켜 일체의 번뇌 극복을 상징하는 것이다.

② 금강왕보살(金剛王菩薩)

금강왕보살의 상징형은 금강구(金剛鉤)이다. 두 손을 가슴 앞에서 교차하였는데 이것을 금강구인(金剛鉤印)이라 한다. 가슴 앞의 두 손은 일체여래를 모셔서 자기를 향상하기 위한 자리행(自利行)과 일체중생을 교화하기 위한 이타행(利他行)의 서원을 나타낸 것이다. 구(鉤)는 이것을 나타낸 것이다. 이타행은 위대한 구제의 마음을 가진 불공왕(不空王 : 대일여래의 별칭)의 활동이다.

③ 금강애보살(金剛愛菩薩)

이 보살의 상징형은 활과 화살이다. 활과 화살은 큐피트의 화살처럼 사랑하는 마음을 상징한다. 금강왕보살의 이타행의 활동을 이어받아 사랑하는 마음으로 중생을 구제하는 것을 나타낸 것이다. 진실한 구제는 자비의 마음으로 애염(愛染)의 활동을 하되, 마음뿐만 아니라 육체적 접촉에 의해 상대의 마음을 이끌어 여래의 세계로 인도하는 것도 중요하다. 애염(愛染)은 마(魔)적인 것으로 피해야 할 것으로 생각되나, 마(魔)가 가진 인간적인 매력은 교화활동의 중요한 요소가 되는 것이다.

금강애와 금강왕보살의 교화는 대비의 마음을 숨기고 활동하기 때문에 분노의 형상을 한 애염명왕으로 발전한다.

〈그림 5-67〉 애염명왕 (고야산 금강삼매원)

④ 금강선재보살(金剛善哉菩薩)

금강희보살(金剛喜菩薩)이라고도 한다. 이 보살은 두 손은 주먹을 쥐고 가슴 앞에 두었다. 이 두 주먹은 금강애보살에 의해 구제되는 기쁨을 나타내는 것이다. 애보살의 애염에 의한 구제활동은 무한한 기쁨을 체득하게 한다. 최고의 기쁨은 깨달음을 얻어 진리의 세계로 들어가는 것이다. 이러한 기쁨은 환희왕(歡喜王 : 아축여래의 별칭)의 마음을 체득하는 것이며, 대일여래의 대만족(大滿足)을 얻는 것이기도 하다.

〈그림 5-68〉 코끼리를 탄 보현보살

이상의 4존은 모두 보리심의 덕을 나타낸 것이다. 통상 아축여래가 타고 다니는 것은 코끼리이다. 코끼리는 온화하나 힘은 대단히 강하여 불타의 상징이며, 보리심의 상징이다. 이 보리심을 인격화하여 코끼리를 타게 한 것이다.

2-3-3. 보생여래와 그의 4친근보살(四親近菩薩)

보생여래는 중생이 원하는 것을 준다는 의미인 여원인을 하고 있다. 여원인은 아축여래에 의해서 전개된 보리심의 세계를 중생들에게 나누어 주는 것을 나타낸다. 보생(寶生)이 뜻하는 보물의 세계를 열어 주는 것은 불법의 교화이다. 이 교화를 관정(灌頂)이라 한다. 원래 관정은 정수리에 여래의 지수(智水)를 붓는 의례이다. 따라서 보생여래를 보좌하는 4보살을 관정대사(灌頂大士)라고 부른다.

〈그림 5-69〉 보생여래와 그의 4친근보살

금강당보살

금강소보살　　보생여래　　금강보보살

금강광보살

360 제1편 밀교의 철학

① 금강보보살(金剛寶菩薩)

이 보살은 오른손에 보물을 잡고, 왼손은 중생에게 보물을 준다는 의미인 여원인을 하고 있다. 상징은 화염에 싸인 보주이다. 화염은 번뇌이며, 보주는 청정한 마음이다. 즉 번뇌를 불태우고 청정한 마음을 육성하여 원만한 인격을 형성하는 것을 나타낸 것이다. 청정한 보물의 마음은 보생여래의 마음이며, 대일여래의 마음이다. 결국 보물이란 공의 체득으로 허공장보살의 마음에서 생긴다.

② 금강광보살(金剛光菩薩)

이 보살은 가슴 앞에 두 손을 벌려서 손바닥이 앞으로 오도록 하였다. 이것은 일광(日光)을 나타내는 것이며, 상징은 일륜(日輪)이다. 밝은 빛의 태양이 무지의 어둠을 비추어서 나타난 것이 일륜이다. 이것은 청정한 여래의 본성이 나타난 것을 의미한다. 즉 금강보보살의 청정심을 이어받아 자기의 내부에 감추어진 여래의 마음을 밖으로 드러낸 것이 금강광보살이다.

③ 금강당보살(金剛幢菩薩)

이 보살의 상징은 깃발인 당(幢)이다. 그래서 깃발(幢)을 들고 있다. 지혜의 혜안이 열려 자기가 갈 길이 확립되어 용맹정진(勇猛精進)함을 당(幢)으로 나타낸 것이다. 여기서 당(幢)은 달을 상징하기도 한다. 달은 월륜(月輪)으로서 정보리심을 상징한다. 정보리심은 만물을 지지하는 대지에 비유되어 심지(心地)로도 불린다. 심지(心地)를 인격화하여 나타낸 것이 지장보살이다. 태장만다라의 지장보살은 보주가 있는 당으로 나타내었다.

④ 금강소보살(金剛笑菩薩)

이 보살은 주먹을 쥔 양손을 어깨 위에 두었다. 상징은 금강소이다. 보생여래가 평등성지의 활동으로 서원을 이루고 기쁨을 표현하는 것을 인격화한 보살이다. 즉 금강당보살의 덕을 이어받아 보부(寶部)의 세계를 체득하여 그 기쁨을 나타낸 것이 금강소보살이다.

이상 보생여래를 중심으로 사방에 배치된 4보살을 살펴보았다. 이들 4보살은 중생들의 청정한 마음을 나타내었다. 청정심을 보주로 상징하였는데, 이것은 마음의 태양이기도 하다. 『5부심관(五部心觀)』에서 4보살은 모두 보생여래와 동일하게 말을 탄 상으로 묘사되었다. 베다신화에서 말은 태양을 수레에 실어 하루 동안에 동에서 서로 운반한다. 말이 태양을 운반하는 그 빠르기처럼 마음속에 있는 보주를 재빨리 깨닫도록 하는 것을 의미한다. 즉 말은 깨달음으로 인도하는 예지의 상징이다. 예지의 체득을 보주의 증득으로 나타낸 것이 보생여래와 4친근보살이다.

### 2-3-4. 아미타여래와 그의 4친근보살(四親近菩薩)

아미타여래는 수인이 법계정인이다. 이것은 보리심을 일으켜 마음속에 있는 여래의 마음을 깨달으면 영원한 생명을 얻게 되는 것을 상징한다. 이것이 아미타이다. 이러한 깨달음을 자비심으로 실현하는 것이 4친근보살이다.

① 금강법보살(金剛法菩薩)

이 보살은 왼손으로는 연화를 잡고 오른손으로는 연화를 꽃피우는 개세인(開勢印)을 하고 있다. 연화는 생명·대비·보리심을 상징한다. 개세인은 불법을 설하여 보리심을 길러 주는 것을 의미한다. 이러한 것은 관자재보살의 활동이다.

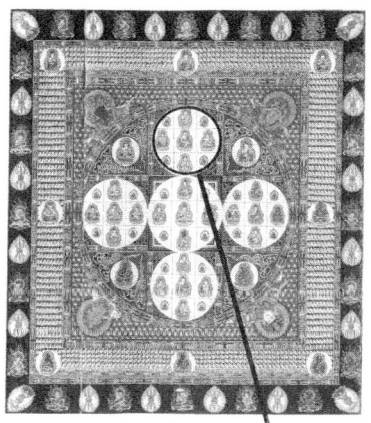

〈그림 5-70〉 아미타여래와 그의 4친근보살

금강어보살

금강리보살   아미타여래   금강인보살

금강법보살

제5장 밀교의 인식론(認識論) 363

② 금강리보살(金剛利菩薩)

이 보살은 왼손에 경전을, 오른손에 검을 잡고 있다. 금강법보살의 덕을 계승하여 청정심을 길러 검으로 번뇌를 끊어 버린다. 번뇌가 없어질 때 반야의 지혜가 생긴 것을 경전으로 나타내었다. 이러한 활동을 하는 보살은 문수이다. 문수의 이검(利劍)은 모든 희론(戲論)을 끊어 번뇌를 없애는 지혜의 활동을 상징한다.

③ 금강인보살(金剛因菩薩)

이 보살은 가슴 앞에서 륜인(輪印)을 하고 있다. 륜(輪)이 나타내는 것은 금강이라고 하는 견실한 지혜이다. 금강인보살은 금강리보살이 수행하는 번뇌 단절의 덕을 계승하여 견실한 지혜로 불타의 세계를 전개한다.

④ 금강어보살(金剛語菩薩)

이 보살은 왼손은 주먹을 쥐고, 오른손은 가슴 앞에서 설인(舌印)을 하고 있다. 상징형은 금강설(金剛舌)이다. 금강인보살의 덕을 계승하여 스스로 모든 신리를 말하는 보살이다. 중생을 교화시키는 진실한 말은 대일여래의 언어이며, 이것은 어떠한 무기보다도 강력하다. 이 진실한 말로써 법부(法部)의 덕을 완성한 것이다.

지금까지 아미타여래를 둘러싼 4친근보살에 대해서 설명했다. 종합적으로 다시 말하면 금강법보살은 청정심의 육성, 금강리보살은 진실세계의 체득, 금강인보살은 부처세계의 전개, 금강어보살은 진실한 말에 의한 교화로 요약된다.

『5부심관(五部心觀)』에서 4보살은 모두 아미타여래와 동일하게 공작새를 타고 있다. 공작은 독사를 먹어치우듯이 번뇌를 먹어서 청정함을 얻는 것을 상징한다.

## 2-3-5. 불공성취여래와 그의 4친근보살(四親近菩薩)

불공성취여래는 시무외인을 하고 있다. 이것은 금강의 가르침을 체득하여 중생들에게 실천하는 것을 상징한다. 불공성취여래의 뜻을 받들어 이러한 실천을 실현하는 것이 4친근보살이다.

① 금강업보살(金剛業菩薩)

이 보살의 수인은 머리 위에서 합장을 한 인(印)이다. 불공성취여래를 둘러싼 4존의 인은 금강무용(金剛舞踊)이라는 일련의 동작이다. 업보살의 인은 금강호보살의 수인이 된 뒤 다시 금강아보살의 수인으로 변하며, 마지막으로 금강권보살의 수인이 된다. 금강업보살의 합장인은 위로는 보리를 구하고 아래로는 중생이 원하는 여러 가지 보배를 베풀어 주는 것을 서원한 것이다. 이러한 활동은 공양의 의미이다.

② 금강호보살(金剛護菩薩)

이 보살은 가슴 앞에서 금강권을 하고 있다. 상징은 갑주(甲冑)이다. 금강의 지혜를 체득하는 것은 갑주에 의해 신체가 보호되는 것과 같이 번뇌의 공격과 유혹에 의연하게 대처함을 의미한다. 이것을 정진(精進)이라고 말할 수 있다.

③ 금강아보살(金剛牙菩薩)

원래 아(牙)는 난폭한 귀신의 상징이다. 이것은 마치 번뇌가 귀신의 난폭한 행위에 의해 극복됨과 같음을 의미한다. 즉 방어만 하는 것이 아니라 적극적으로 번뇌를 공격하여 파괴하는 것이다. 귀신의 행위는 대일여래의 방편활동을 나타낸 것이다.

〈그림 5-71〉 불공성취여래와 그의 4친근보살

금강호보살

금강업보살   불공성취여래   금강권보살

금강아보살

④ 금강권보살(金剛拳菩薩)

이 보살의 수인은 권인(拳印)이다. 이것은 금강아보살의 활동인 번뇌 파괴의 덕을 계승하여 자기와의 싸움을 통해 번뇌로부터 해방되는 것을 의미한다. 이 보살은 금강세 16내보살 중에서 최후에 나타난 존성이므로 금강을 완성한 것을 나타낸 보살이다. 최초로 나타난 금강살타가 금강인 지혜세계의 출발점이다. 금강살타에 의해 보리심의 발현으로 금강계를 열었다면 지금의 금강권보살은 보리심의 실천을 완료한 존상이다. 보리심의 실천이란 일체여래의 구제활동을 의미한다.

〈그림 5-72〉 가루라

불공성취여래를 중심으로 한 그의 4친근보살은 금강의 실천이다. 즉 만다라세계를 깨닫게 하기 위해 교화의 활동을 나타낸 것으로, 4존은 공양 → 정진 → 방편 → 구제로 그 실천이 완료되는 것이다.

『5부심관(五部心觀)』의 4보살은 불공성취여래와 동일하게 가루라를 타고 있다. 가루라는 화염을 상징화한 새〔鳥〕로, 모든 번뇌를 태워서 어떠한 장애도 없는 무한한 자유의 세계로 들어감을 의미한다.

### 2-4. 16공양보살

#### 2-4-1. 개요

불교에서 불공(佛供)을 드린다는 말을 자주 사용한다. 여기서 불공이란 중생들이 원을 성취하기 위해 부처님에게 귀의하고 서원하며 공양하는 것을 말한다. 현교에서의 불공은 불법승 삼보에게 공양하는 것을 의미한다. 공양은 불당을 장엄하게 하는 경공양(敬供養), 불경을 읽는 행공양(行供養), 그리고 음식을 제공하는 이공양(利供養)이 있다. 이러한 공양은 중생들이 일방적으로 부처님에게 행한다.

밀교의 공양은 현교와는 다르게 중생과 불법승이 상호공양을 한다. 즉 중생이 불법승에게 공양을 올리면 불법승도 중생에게 공양을 하는 것이다. 이 상호공양은 종교철학자인 슈라이어 마커가 말한 직관과 감정의 관계로 그 의미를 설명할 수 있다. 그는 종교적 생명의 충실한 내용을 식물의 성장에 비유했다. 즉 "토지는 야생화의 뿌리를 받아들여 양분을 공급해 준다. 야생화는 자라서 꽃을 피워 감사의 마음으로 토지를 장식하며, 흩어진 꽃들의 향기는 꽃을 지탱해 준 줄기에게 새로운 회상을 일으킨다."

인간이 우주의 체·상·용 삼밀을 직관할 때 인간은 종교적 감정으로 발전하고, 이것은 다시 고차원적인 직관을 유발한다. 이렇게 얻어진 직관에 의해 우리의 마음이 내면으로 향할 때 항상 감사의 마음, 경건한 마음이 뒤따른다. 이로부터 우리의 마음은 여래의 본성으로 진전된다. 여래는 중생의 인간성 바로 그것이다. 이것은 밀교의 상호공양의 본질이며, 부처와 중생이 상호공양을 하는 가운데 일치가 되는 것이다. 불공은 결코 복을 구하는 것이 아니다. 어두운 중생들의 마음을 부처와 같은 밝은 마음으로 닦아서 부처와 중생의 3밀(三密)이 일치가 되었을 때 불공은 완성되는 것이다.

이러한 밀교의 16공양보살은 4바라밀보살(四波羅蜜菩薩)·내4공양보살(內四供養菩薩)·외4공양보살(外四供養菩薩)·4섭보살(四攝菩薩)로 이루어졌다.

상호공양에서 처음 대일여래는 중생을 제도하고자 그가 가진 지혜와 자비를 넷으로 나누어 아축여래를 비롯한 네 분의 부처를 출생시켜 방위별로 안치하였다. 그러자 네 분의 부처는 지혜를 상징하는 4바라밀보살(금강·보·법·갈마)을 출생시켜 대일여래의 사방에 공양을 올려 답한다. 4불로부터 4바라밀보살을 공양받은 대일여래는 그 보답으로 아축여래 등의 4부처님에게 희·만·가·무의 4보살을 다시 공양한다. 이 4보살을 내4공양보살이라 한다. 다시 이에 대한 보답으로 4부처님은 향·화·등·도향 4보살을 출생시켜 대일여래에게 공양한다. 그러자 대일여래는 또다시 구·삭·쇄·령의 4보살을 출생시켜 4부처님에게 공양한다. 이 4보살을 4섭공양보살이라 한다.

이러한 공양보살의 관계를 아래의 〈그림 5-73〉으로 나타내었다.

○ : 섭4공양보살
△ : 외4공양보살
□ : 내4공양보살
○ : 4바라밀공양보살

〈그림 5-73〉
성신회의 16공양보살의 구성도

### 2-4-2. 4바라밀보살(四波羅蜜菩薩)

　대원륜의 중앙에 소원륜이 있다. 그 원의 중앙에 대일여래가 있고, 대일의 사방에 금강바라밀보살·보바라밀보살·법바라밀보살·업바라밀보살의 4바라밀보살이 있다.

　4바라밀보살은 대일의 4친근보살이라고 하며, 아축여래를 비롯한 4부처가 대일을 공양하기 위하여 출생시킨 것이다.

　바라밀은 산스크리트어 파라미타(pāramitā)를 음역한 것이다. 바라밀의 의미는 '피안의 세계에 도달하는 것' 또는 '완전하고 바른 행동' 등으로 해석된다.

　4바라밀보살은 대일여래의 사방에 배치된 4불의 배우녀(配偶女)로 아름다운 여신(女神)들이다. 대일여래의 매력 있는 교화를 인격화한 것으로 4불의 덕을 실천하는 보살이다. 그러므로 4바라밀보살의 활동은 4불과 일체이다.

　대일여래가 가르침을 실현할 때 근기가 낮은 중생은 무관심하거나 태만하다. 이때 우아하고 사랑에 넘치는 아름다운 여신의 모습으로 접근하여 불법을 설교하면 중생들은 쉽게 교화된다. 즉 공양의 실천이 우아함과 애정 그리고 존경심에서 우러날 때 중생들은 성신회의 세계를 체득하게 되는 것이다.

　4바라밀보살은 갈마의(羯磨衣)라는 독특한 상의를 입고 있다. 이것은 4존이 여성존이기 때문에 몸을 가리기 위한 것이다. 그러나 인도나 티베트에서는 풍부한 상체를 나타내기도 한다. 또 4존의 지물은 5고금강저·보주·연화·갈마저 등이다.

　〈그림 5-74〉는 대일여래와 4바라밀보살을 나타낸 것이다.

### ① 금강바라밀(金剛波羅蜜)

　이 보살은 대일여래의 동방에 있으며, 왼손은 연꽃 위에 5고저를 올려

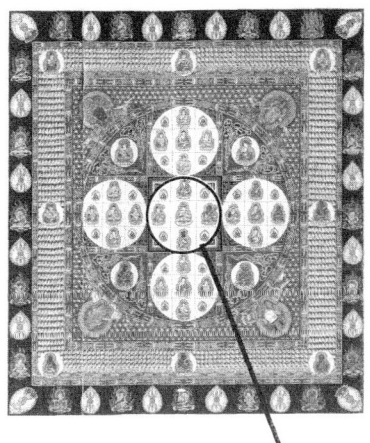

〈그림 5-74〉 대일여래와 그의 4바라밀보살

법바라밀보살

보바라밀보살   대일여래   업바라밀보살

금강바라밀보살

제5장 밀교의 인식론(認識論) 371

놓았고, 오른손은 촉지인을 하고 있다. 대일여래의 금강의 덕을 실천하기 위해 아축여래가 우아한 애정과 아름다움으로 금강의 보리심을 불러일으키는 것이다. 이것을 인격화한 것이 금강바라밀보살이다.

② **보바라밀보살(寶波羅蜜菩薩)**

이 보살은 대일의 남방에 위치하며, 왼손은 연화 위에 보주를 올려놓았고, 오른손은 여원인이다. 보주라는 것은 본래부터 구유하고 있는 청순한 마음이다. 중생의 청순한 마음을 기르는 것이 여원인이다. 이것은 대일여래의 보부(寶部)의 덕을 실현함과 동시에 보생여래의 활동을 나타낸 것이다. 보생여래가 대일여래에게 공양하기 위해 일체여래의 지혜를 체득하여 애정으로 중생에게 교화활동하는 모습을 아름다운 여존(女尊)으로 나타내었다. 이것을 인격화한 것이 보바라밀보살이다.

③ **법바라밀보살(法波羅蜜菩薩)**

이 보살은 대일의 서방에 위치하며, 수인은 법계정인이다. 그 수인에서 연 줄기를 잡고 있다. 연꽃에는 경선이 있다. 수인의 의미는 법의 세계를 실현하기 위하여 구극인 보바라밀보살의 마음을 계승 발전시키는 것이다. 이것은 대일과 아미타여래의 덕을 실현시키는 것이다. 아미타여래는 대일에게 공양하기 위해 일체여래의 지혜를 체득하여 자비와 애정으로 중생들이 깨달음을 얻게 한다. 이것을 인격화한 것이 법바라밀보살이다.

④ **업바라밀보살(業波羅蜜菩薩)**

이 보살은 대일의 북방에 위치하며, 왼손은 연화 위에 십자금강저를 올려놓았고, 오른손은 여원인을 하고 있다. 십자금강저는 금강의 활동, 즉 불공성취여래의 활동을 상징한다. 불공성취여래는 대일에게 공양하기 위해 일체여래의 지혜를 체득하여 애정으로 중생의 태만하고 미혹한 마음과 싸워 진실한 인격을 형성하도록 한다. 이것을 인격화한 것이 업바라밀보살이다.

이상의 4바라밀보살은 대일여래의 덕을 계승하여 아축여래를 위시한 4불의 활동을 돕는 것이 임무이다. 또 수인인 촉지인 · 여원인 · 법계정인 등은 4불의 서원을 표현한 것이며, 연화 · 보주 · 경전 · 5고저 등의 지물은 4불이 나타낸 이상을 발전시켜 중생들에게 금강의 견실한 마음을 심어 인간 본성인 청정심에 눈뜨도록 하여 대일의 세계로 인도함을 나타낸 것이다.

### 2-4-3. 내4공양보살(內四供養菩薩)

5해탈륜의 4방에 금강희희 · 금강만 · 금강가 · 금강무의 4보살을 그린다. 이들을 내4공양보살이라 하며, 아축여래 등의 4불(四佛)이 4바라밀보살을 공양한 데 대하여 대일여래가 4불에게 감사와 기쁨의 표시로 출생시킨 보살이다.

#### ① 금강희희보살(金剛嬉戱菩薩)

이 보살은 두 손으로 허리를 잡고 있는 모습으로 기쁨을 상징한다. 금강희희보살은 대일여래가 아축불이 공양한 금강바라밀에 대한 보답으로 준 아름다운 미녀이다. 대일은 아축불에게 무한한 쾌락과 기쁨을 주기 위해 이 보살로 공양한 것이다.

쾌락을 공양한다는 것은 여래의 마음에 내장된 기쁨을 맛보게 하는 공양이다. 그 기쁨이란 보리심의 체득을 의미한다. 대일은 이러한 기쁨을 주는 것에 의하여 감사의 마음과 경건한 마음을 우주에 나타낸다. 이를 통해 중생은 보리심을 길러 무상의 행복을 주는 대일여래의 덕에 답하는 것이다.

다음의 〈그림 5-75〉는 내4공양보살을 나타낸 것이다.

② 금강만보살(金剛鬘菩薩)

이 보살은 두 손에 화만(華鬘)을 가지고 있다. 화만이란 화초로 만든 줄 모양의 장식에 보주를 결합한 것이다. 여기서 보주는 여래의 마음이며, 화만은 여래의 마음을 화려하게 장엄해 주는 것이다. 장엄된 여래의 마음이 미녀의 모습으로 변해 보생여래에게 공양되었다. 이것은 보생여래가 여래에게 받은 보리심을 더욱 육성하여 중생들에게 보물을 뿌리듯이 보리심을 일으키라는 의미이다.

③ 금강가보살(金剛歌菩薩)

이 보살은 현악기를 연주하고 있는 모습이다. 신비한 음악소리에 의해 진실의 세계에 눈이 뜨이도록 하는 것이다. 이 소리는 대일의 마음이다. 대일의 마음을 노래하는 아름다운 보살로 인격화하여 아미타여래에게 공양한 것이다. 아미타여래는 진리의 묘음이 되는 마음의 소리를 공양받아 중생들을 청정한 세계로 인도한다.

④ 금강무보살(金剛舞菩薩)

이 보살은 갈마(羯磨)의 무용을 하는 보살이다. 갈마의 무용이란 금강의 지혜가 실천되는 기쁨을 표현한 것이다. 즉 무용은 마음의 육체적 표현이다. 대일의 마음을 춤추는 아름다운 보살로 인격화하여 불공성취여래에게 공양한 것이다.

지금까지 설명한 내4공양보살은 기쁨 · 화려함 · 노래 · 춤 등으로 세속적 쾌락을 나타낸 것이다. 원래 구도자는 세속의 기쁨이나 쾌락을 버렸음에도 밀교에서 현세의 즐거움을 표현했다. 중생들이 구도의 길을 걷는다

〈그림 5-75〉 내4공양보살

하여도 세속의 쾌락을 완전히 버리기는 사실상 어렵다. 이럴 때 품위 있는 아름다운 여인과의 정신적 쾌락은 세속적인 즐거움에서 벗어나게 해줄 수 있다. 또 여래의 마음으로 볼 때 모든 것은 청정하여 깨끗함과 더러움이 별도로 있는 것이 아니다. 이것은 즐거움과 쾌락을 통하여 여래의 교화가 가능함을 의미한다. 이것은 대일여래의 진실한 교화로서 비밀공양이라고도 한다.

### 2-4-4. 외4공양보살(外四供養菩薩)

금강분향·금강화·금강등·금강도향의 4보살을 외4공양보살이라 한다. 앞에서 기술한 내4공양보살은 대일여래가 4불에게 감사의 마음으로 공양한 보살이다. 이 보살들은 세속의 쾌락을 통하여 중생들을 만다라의 세계로 인도한다. 그들은 일체여래의 무상의 기쁨, 화만으로 장식한 장엄, 노래와 춤의 즐거움을 통하여 여래의 행동을 보여 준 것이다. 이것은 세속을 긍정함으로써 진리의 세계로 들어오게 하려는 대일여래의 비밀공양으로 볼 수 있다. 대일여래가 아축불 등의 4불에게 희희·만·가·무 등의 4공양보살을 공양한 데 대하여 4불은 분향·화·등·도향의 보살을 공양한 것이다. 앞의 내4공양보살이 나타낸 감사의 뜻은 내면적인 행동이 주(主)이나, 외4공양보살은 향을 피운다든가 등불을 밝히는 등의 외면적인 행동이 주(主)가 된다.

〈그림 5-76〉은 외4공양보살을 나타낸 것이다. 외4공양보살도 내4공양보살과 마찬가지로 아름다운 여성존(女性尊)이다.

### ① 금강분향보살(金剛焚香菩薩)

이 보살은 양손으로 향로를 받들고 있다. 대일이 희희보살을 공양한 데 대하여 아축불은 향을 피우는 것으로 답을 한 것이다. 향을 피운다는 것은 번뇌를 태우는 것이며, 이때 나오는 향기는 다른 사람의 번뇌도 깨끗하게

〈그림 5-76〉 외4공양보살

해줌을 의미한다.

### ② 금강화보살(金剛華菩薩)

이 보살은 양손으로 연잎과 꽃을 받들고 있다. 대일이 만보살을 공양한 데 대하여 보생불이 화보살(華菩薩)로 답한 것이다. 화보살은 도량(道場)을 아름답게 장엄하듯이 자기 자신의 마음의 도량을 장엄하게 하는 것이다. 그것은 자신의 보물과 같은 마음을 나타내게 하려는 보생불의 활동이다. 화(華)는 보리심의 육성을 상징한다.

### ③ 금강등보살(金剛燈菩薩)

이 보살은 오른손으로 등명(燈明)을 받들고 있다. 대일이 가보살을 공양한 데 대하여 아미타여래가 광명의 덕을 가진 금강등보살로 보답한 것이다. 등명이 어두움을 없애고 밝음을 두루 비추듯이 지혜의 빛은 인생의 길을 밝혀 주는 등불과 같은 것이다. 등명은 아미타여래의 정법을 열어 보이는 활동을 상징한 보살이다.

### ④ 금강도향보살(金剛塗香菩薩)

이 보살은 오른손으로 도향기(塗香器)를 받쳐 들고 있다. 도향을 몸에 바르면 자신이 매우 청정하게 되어 부처의 몸이 되며, 계(戒)·정(定)·혜(慧)·해탈·해탈지견(解脫之見)의 덕을 갖추게 된다. 이러한 도향은 중생에게 청정한 덕을 주어 교화함을 상징한 것이다. 이것을 인격화하여 불공성취불이 대일에게 공양한 것이 금강도향보살이다.

이상의 외4공양보살은 분향·화·등·도향을 받들어 중생들에게 감화력으로 덕을 쌓게 하여 장엄한 정토인 부처의 세계로 들어오도록 인도한다. 이러한 교화의 업에 의해 대일여래의 세계가 체득되는 것이다.

### 2-4-5. 4섭보살(四攝菩薩)

섭(攝)이란 여래의 세계로 끌어들인다는 의미이다. 즉 구원을 뜻한다. 4섭(四攝)이란 대일여래가 중생을 구원하기 위한 4가지 활동이다. 대일은 아축 등 4불로부터 분향·화·등·도향의 외4공양보살의 공양을 받았다. 이에 금강구·금강삭·금강쇄·금강령의 4보살을 나타내어 중생의 마음속으로 들여보내 모두를 구원하여 4불의 덕에 답하는 것이다. 4섭의 보살은 현교의 보시(布施)·애어(愛語)·이행(利行)·동사(同事)에 해당한다.

티베트만다라에서의 4섭보살은 수호신적 성격이 강하여 무서운 형상이나, 일본의 4섭보살은 온화한 보살로 표현되었다.

〈그림 5-77〉은 4섭보살의 모습을 나타낸 것이다.

#### ① 금강구보살(金剛鈎菩薩)

이 보살은 오른손은 구(鈎)를 잡고 있고, 왼손은 주먹을 쥐고 허리 부근에 두었다. 대일은 아축불이 보낸 분향보살에 대한 답례로 금강구보살을 다시 아축불에게 공양하였다. 여기서 구(鈎)란 갈고리를 말한다. 지혜라는 갈고리로 모든 중생을 구원하는 것을 금강구보살로 인격화한 것이다.

#### ② 금강삭보살(金剛索菩薩)

이 보살은 오른손은 끈[索]을 잡고 있고, 왼손은 주먹을 쥐고 있다. 삭(索)은 원래 뱀에서 나온 것이며, 뱀은 수신(水神)을 상징한다. 물은 만물을 양육하는 보물이다. 그러므로 끈[索]을 인격화한 금강삭보살을 보생여래에게 공양하는 것이다. 여기서의 삭은 번뇌를 결박하여 부동의 마음을 확립하는 것을 나타낸다. 불공견삭관음(不空羂索觀音)과 같은 개념의 보살이다. 이 보살은 많은 팔과 지물을 가지고 있다. 이 지물은 번뇌를 극복

<그림 5-77> 4섭보살

하기 위한 무기이다.

③ 금강쇄보살(金剛鎖菩薩)

이 보살은 오른손은 쇄(鎖)를 잡고 있고, 왼손은 주먹을 쥐고 허리 부근에 두었다. 쇄(鎖)란 결박하는 기구이다. 쇄(鎖)로 중생을 결박하여 만다라의 세계로 올라오게 만드는 것을 인격화한 것이 금강쇄보살이다. 즉 지혜의 개안(開眼)에 의해 얻은 보리심을 다시 잃어버리지 않고 영원히 부처의 세계에 안주하도록 하는 보살이다.

④ 금강령보살(金剛鈴菩薩)

이 보살은 오른손은 금강령을 잡고 있고, 왼손은 주먹을 쥐고 있다. 금강령이란 흔들면 소리가 나는 법구이다. 부처님의 설법인 령의 소리는 마음 깊은 곳까지 들어와 잠자고 있는 불성을 깨워 영원한 부처의 세계로 들어가게 한다. 이것을 인격화한 것이 금강령보살이다.

지금까지 4바라밀보살부터 4섭보살까지 16공양보살에 대한 개략적인 설명을 했다. 일본의 진언밀교에서는 16공양보살을 정문(定門)의 16존이라 한다. 마음의 내면에서 종교의 세계가 열리는 것을 나타내기 때문이다. 이러한 종교의 체험이 심화되어 진리가 증득(證得)되는 활동을 상호공양이라고 부른다.

정문의 16존에 대하여 아축불과 보생불 등 4불에 각각 배치된 16존은 혜문(慧門)의 16보살이라 부른다. 지혜에 의해 눈이 열리어 진실세계를 바라본다는 의미이다.

다음의 〈표 5-23〉에 5불 그리고 정문과 혜문의 보살 37존을 요약하였다.

〈표 5-23〉 5불 · 정문 · 혜문의 37존 요약

| 5 불 | 대일여래 · 아축여래 · 보생여래 · 아미타여래 · 불공성취여래 |
|---|---|
| 16대보살<br>(혜문의 16존) | 금강살타보살 · 금강왕보살 · 금강애보살 · 금강선재보살 · 금강보보살 · 금강광보살 · 금강당보살 · 금강소보살 · 금강법보살 · 금강리보살 · 금강인보살 · 금강어보살 · 금강업보살 · 금강호보살 · 금강아보살 · 금강권보살 |
| 16대공양보살<br>(정문의 16존) | 4바라밀보살 | 금강바라밀보살 · 보바라밀보살 · 법바라밀보살 · 업바라밀보살 |
| | 내4공양보살 | 금강희희보살 · 금강만보살 · 금강가보살 · 금강무보살 |
| | 외4공양보살 | 금강분향보살 · 금강화보살 · 금강등보살 · 금강도향보살 |
| | 4섭보살 | 금강구보살 · 금강삭보살 · 금강쇄보살 · 금강령보살 |

　공양이란 상호 인격을 존중하면서 경건하고 감사하는 마음을 가지고 봉사하는 활동을 말한다. 상호공양이란 여래와 중생 간의 상호 봉사하는 활동이다. 중생은 스스로 번뇌를 극복하는 것에 의해서 중생의 마음을 버리고 여래의 마음이 되며, 여래는 항상 중생을 구제하기 위해서는 여래의 마음을 버리고 중생과 마음이 융화되는 것이다. 여기서는 여래도 아니고 중생도 아닌 일여(一如)의 영원한 세계가 된다. 이 경지가 대일여래의 세계이며, 만다라의 세계이다.

2-5. 금강계37존에 부가되는 존상

2-5-1. 4천(四天)
고대 인도에서 만물의 구성 요소인 지수화풍의 4원소를 인격화한 것이 지천·수천·화천·풍천의 4천이다. 여기에 밀교의 공(空)을 더하여 5원소로 우주를 나타낸다.

2-5-2. 현겁(賢劫) 천불(千佛)
성신회의 제2중에 외4공양보살과 4섭보살이 배치된 사이에 현겁의 천불이 그려져 있다. 현겁이란 현(賢)이 되는 긴 시간이란 뜻이다. 여기서 현이란 진리를 증득한 것을 의미한다. 즉 여래의 설법을 듣고 시간을 초월해 천불의 현인이 출현하여 중생을 구제함을 의미한다.
원래 불교에서는 과거·현재·미래 3겁을 통하여 차례대로 출세한 삼천불 사상이나, 밀교에서는 현재만을 중시하므로 현겁 천불만 그린다. 또

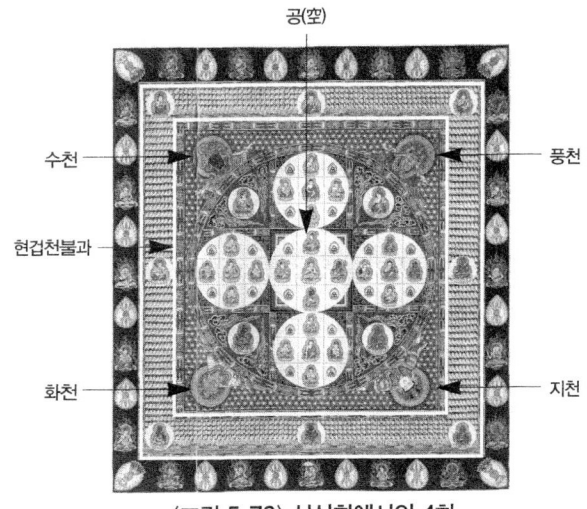

〈그림 5-78〉 성신회에서의 4천

제5장 밀교의 인식론(認識論) 383

천불은 촉지인을 한 석존의 모습으로 나타낸다. 그 형태는 일즉일체(一即一切) 일체즉일(一切即一)을 나타내기 위하여 천불 전체가 동일한 모습이다. 이러한 천불은 개(個)와 보편의 문제로서 하나는 전체이며 전체는 바로 하나라는 것을 상징한다.

### 2-5-3. 외금강부 20천(天)

금강계만다라의 가장 외측의 제3중에 그려진 존상이 외금강부 20천이다. 외금강부 20천은 힌두신을 대표한다.

외금강부 20천의 내용을 다음의 〈표 5-24〉로 요약하였다.

## 3. 삼매야회(三昧耶會)

### 3-1. 개요

삼매야회는 성신회의 아래쪽에 위치한 만다라로서 4만 가운데서 삼매야만다라에 해당한다. 이것은 부처의 삼매야를 그린 것이다. 삼매야란 산스크리트어 삼마야(samaya)를 음독한 것이다. 뜻은 평등·서원(誓願)·경각·제장(除障)의 4가지가 있으나 여기서는 서원의 의미이다. 즉 삼매야회는 여래가 중생을 구제하는 서원을 상징적인 기물로 나타낸 것이다.

통상 부처의 세계는 성신회처럼 인간의 모습을 한 존상으로 표현한다. 그러나 부처의 세계는 형상으로 나타낼 수 없는 세계이다. 본래 불상은 부처의 세계를 상징적인 물체로써 나타내는 것이므로 불상이라는 실체가 없는 것이다. 따라서 상징을 통해서 부처의 세계를 체득해야만 한다. 그러므로 인간의 형을 한 불상 대신 상징적 기물로써 여래의 세계를 나타내는 것이 더 본질적이다.

〈표 5-24〉 외금강부 20천

| 구 분 | 방위 | 내 용 |
|---|---|---|
| 상계천<br>(上界天) | 동방 | ① 나라연천 : 비슈뉴신의 화신<br>② 구마라천 : 시바신의 화신<br>③ 범천 : 우주의 창조신<br>④ 제석천 : 우주의 기후를 지배하는 신 |
| 비행천<br>(飛行天) | 남방 | * 초월서 영력(靈力)을 가진 비행천은 분노신을 대표<br>① 일천(日天) : 창조신<br>② 월천(月天) : 태음신(太陰神)<br>③ 혜성천 : 천체의 운영을 어지럽히는 별로 천변지변(天變地變)을 상징하나, 혜성의 큰 힘은 운명의 극복을 뜻하기도 함<br>④ 형혹천 : 화성으로 재보의 산출을 상징 |
| 지거천<br>(地居天) | 서방 | * 지상에 있으면서 천상계와 천지를 결합하는 신<br>① 나찰천 : 나찰은 폭력과 파괴적인 신이나, 여기서는 악귀와 번뇌를 파괴하는 신<br>② 풍천 : 비바람을 몰고 다니는 풍천은 일체의 더러움을 불어서 없애 줌<br>③ 화천 : 신과 인간을 결합하는 사자. 공양물을 천상에 날라 주며, 일체의 번뇌와 더러움을 태워 깨끗하게 함<br>④ 비사문천 : 지옥의 왕으로 부(富)를 주관. 지옥은 현실의 반영이므로 현실 생활을 행복하게 하는 신 |
| 지하천<br>(地下天) | 북방 | ① 금강면천 : 멧돼지 모습으로 변한 비슈뉴신의 화신. 악마와 싸워 물에 빠져 대지를 받치는 신으로 자기를 희생한 신<br>② 염마천 : 사람을 죽음의 세계로 인도하는 공포의 신이나 여기서는 번뇌를 살해하는 신<br>③ 비나야가천 : 장애의 극복과 부를 창출하는 신<br>④ 수천 : 우주의 물을 지배하는 신. 중생의 지혜의 갈증을 해결 |

아래의 〈그림 5-79〉는 금강계만다라 중에서 상징적 기물로 그린 삼매야회만다라이다.

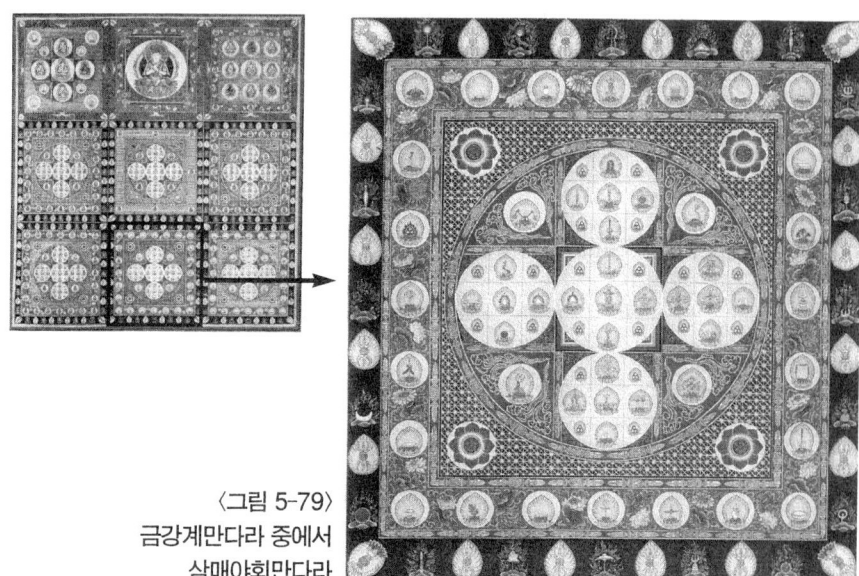

〈그림 5-79〉
금강계만다라 중에서
삼매야회만다라

3-2. 삼매야회의 5불

3-2-1. 대일여래

삼매야회의 5불은 인간형인 존상 대신 상징적인 기물로 표현하였다. 그 중에서 대일여래는 연(蓮) 위에 금강저를 가로로 놓고 그 위에 탑을 놓았다. 삼매야회의 대일은 탑으로 상징된다.

탑은 산스크리트어로 스투파(stūpa)라 한다. 스투파는 사리를 안치하는 곳이다. 그러나 스투파, 즉 탑은 묘가 아니다. 묘는 시체나 유골을 매장하는 곳이다. 비록 유골인 사리를 넣으나, 이것은 사리신앙에 관련된 것이다. 이때의 사리는 유골이 아니고 법계탑파(法界塔婆)로서 영원한 진리의 세계, 부처의 세계이다. 통상 번뇌만 사라지고 육신이 있을 때를 유여열반이라 하고, 번뇌도 없고 육신도 없을 때를 무여열반이라 한다. 무여열반이 완전한 니르바나인 것이다. 탑은 바로 완전한 니르바나의 세계를 상징한다.

죽음은 열반과 해탈, 그리고 정각(正覺)의 경지로 나아감을 뜻한다. 결국 유골을 매장하는 스투파는 무여열반의 세계를 의미한다. 무여열반의 세계로 들어가는 것이 여거(如去)이다. 그리고 진리의 세계에서 중생의 제도를 위하여 이 세상에 다시 태어나는 것이 여래(如來)이다.

〈그림 5-80〉 대일의 상징인 불탑

탑은 죽음과 재탄생(再誕生)으로 여거와 여래를 거듭하는 나무의 의미와 서로 통한다. 또 나무는 하늘과 땅을 연결한다. 신(神)은 그 나무를 통하여 천상과 천하를 오르내린다. 환웅이 내려온 태백산 신단수(神檀樹)도 그러한 의미이다. 또 기독교의 뾰족한 첨탑도 신이 왕래하는 통로이다. 결국 탑은 생명을 창조하는 우주의 나무이다. 또 나무는 가을에 죽고 봄에 다시 재생한다. 이것은 열반과 재탄생인 해탈·정각과 연관된다. 그러한 의미로 석존이 탄생할 때 마야부인이 나무를 잡았다. 석존이 정각을 이룰 때도 보리수 아래였으며, 열반에 들 때도 사라쌍수 아래였다. 기독교에서 예수가 탄생한 크리스마스 때 나무가 등장하는 것도 동일한 의미이다.

또 탑은 빛을 내는 불[火]의 신 아그니(인도신화에서 火神)의 성격도 가지고 있다. 아그니는 천지를 연결하는 신으로 태양의 분신이며, 만물을 창조하는 근원인 태양을 의미한다. 또 태양은 천공(天空)에 있는 물[水]과 일체화되어 나무의 요정인 약시, 그리고 대지신모(大地神母)와 연결된다.

이처럼 탑은 불교의 구극의 세계를 나타낸다. 그것은 바로 대일여래의 세계를 나타낸 것이다. 이러한 이유로 밀교의 만다라에서 대일여래는 탑으로 상징된다.

### 3-2-2. 아축여래·보생여래·아미타여래·불공성취여래

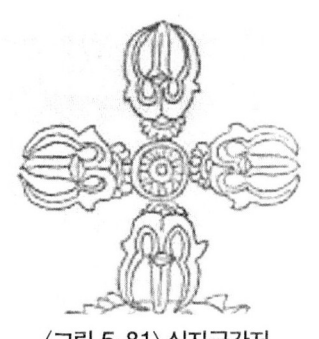

〈그림 5-81〉 십자금강저

아축여래를 비롯한 4불의 서원을 나타내는 삼매야회는 성신회의 4불이 나타낸 수인이나 지물로 표현하였다. 아축여래는 금강저를, 보생여래는 보주를, 아미타여래는 금강저 위에 독고금강저를 세우고 그 위에 연화로 나타내었다. 불공성취여래는 금강저 위에 갈마금강저인 십자금강저로 표현하였다. 특히 금강저에 금강저를 포개어 십자금강저로 하는 것은 보리심에 의하여 깨우친 금강의 활동이 자리와 이타를 겸하기 때문이다. 즉 안으로는 번뇌를 극복하는 자리와, 밖으로는 타인을 이롭게 하는 이타행을 표현하는 것이다.

### 3-3. 삼매야회의 16대보살

삼매야회도 성신회와 마찬가지로 아축여래 등 4부처들의 주위에 16대보살이 나타나 있다. 성신회의 보살은 인간형이나, 삼매야회는 상징형으로 그려져 있다. 삼매야회란 여래의 마음과 하나가 되는 세계를 말하는 것이다. 그것은 여래가 서원하는 대비의 마음이다. 이 마음으로 일체의 중생을 구제하는 애정이 삼매야의 세계이다.

16대보살의 서원을 다음의 〈표 5-25〉에 요약하였다.

### 3-4. 삼매야회의 16대공양보살 및 제존상 : 성신회의 지물 상징 참조.

〈표 5-25〉 삼매야회 16대보살의 상징 의미

| 4불 | 16대보살 | 삼매야의 내용 |
|---|---|---|
| 아축<br>여래 | 금강살타보살 | 5고금강저 : 보리심이 일어나게 하여 5지를 생기게 함 |
| | 〃 왕 〃 | 2개를 포갠 금강구 : 보리심의 활동으로 여래의 세계로 인도 |
| | 〃 애 〃 | 〃 〃 금강저 : 애염에 의한 교화로 무상의 기쁨 획득 |
| | 〃 희희 〃 | 희인(喜印) · 지혜의 체득과 중생구제에 의한 기쁨 획득 |
| 보생<br>여래 | 〃 보 〃 | 보주 : 여래의 미음인 보주를 체득하여 중생들에게 나타냄 |
| | 〃 광 〃 | 일광 : 일광처럼 진실지혜가 갖추어져 중생에게 행복 부여 |
| | 〃 당 〃 | 당번(幢幡) : 보주가 휘날리듯이 번뇌 극복을 위한 정진 |
| | 〃 소 〃 | 옆으로 누인 금강저 : 보주의 현현은 신비한 기쁨을 줌 |
| 아미<br>타여<br>래 | 〃 법 〃 | 독고저 위의 연 : 번뇌와 대결하여 청정한 마음의 꽃을 피움. 청정한 꽃이 핀다는 것은 정토를 의미. 정토란 청정심 · 대비 · 진실지혜 활동의 세계를 뜻함 |
| | 〃 리 〃 | 이검(利劍) : 희론(戱論)을 깨고 진실의 세계를 열어 감 |
| | 〃 인 〃 | 윤(輪) : 집착하는 마음을 열어 진리의 세계로 들어감 |
| | 〃 어 〃 | 설인(舌印) : 진실어에 의한 교화활동 |
| 불공<br>성취<br>여래 | 〃 업 〃 | 갈마저 : 수행으로 금강심에 눈떠 타인을 이롭게 하는 활동 |
| | 〃 호 〃 | 갑주(甲冑) : 갑옷으로 보호하듯이 번뇌로부터 보호 |
| | 〃 아 〃 | 2개의 금강아 : 강한 의지로 번뇌를 물리침 |
| | 〃 권 〃 | 권인 : 금강의 지혜 완성 |

## 4. 미세회(微細會)

### 4-1. 미세회의 개요

이 회는 금강미세회라고도 불린다. 9회의 동남방에 위치한 만다라이다. 미세회는 부처의 미묘한 지혜로써 중생을 섭화(攝化)하는 모습을 나타낸 것이다. 미세(微細)의 의미에 대해서는 다음의 2가지 뜻이 있다.

① 제존(諸尊)의 형상이 미세하다.
② 제존 각각은 미세한 지혜에 머무른다.
통상 미세란 금강의 미세지(微細智)를 의미한다. 미세지는 단순히 물건을 알고 이해하는 지식이 아니고, 진리의 세계인 부처의 세계를 체득하는 지혜이다. 그것은 마음의 밑바탕에 미세하고 묘하게 존재하는 자기의 마음이다. 이러한 자기의 마음을 광명으로 화(化)하는 지혜가 미세지(微細智)이다.

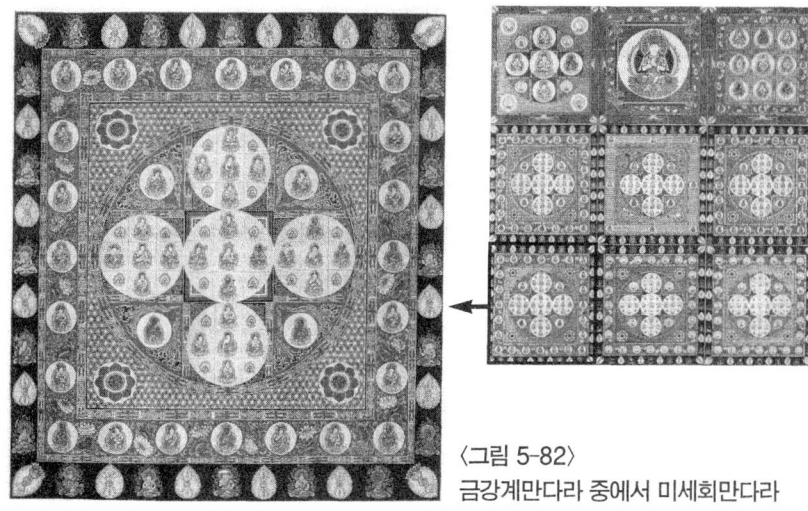

〈그림 5-82〉
금강계만다라 중에서 미세회만다라

앞의 삼매야회에서는 여래의 마음을 상징으로 나타내었다. 여래 구극의 마음은 대비의 서원이다. 대비심의 발현에 의하여 중생들을 깨달음의 세계인 성신회로 끌어들이는 것이다. 이러한 여래의 지혜 활동은 중생의 마음 안에 있는 것이다. 중생의 미세한 마음이 여래의 마음으로 화하므로 이것을 미세지라고 한다. 4만다라 중에서 법만다라에 해당한다.
미세회만다라의 37존은 성신회의 존상과 같으나 모두 광배의 위치에 금강저를 두고 있다. 또 각 존상이 상징하는 기물은 삼매야회의 기물과 같다. 미세회는 성신회를 문자 또는 음으로 표현한 것이다. 성스러운 것과 파장을 합하여 공명이 일어나는 바이브레이션의 세계라 할 수 있다.

4-2. 미세회의 대일여래와 4바라밀보살

존상은 성신회(成身會)와 동일한 수인(手印)을 하고, 배후에 금강저가 그려져 있다. 금강과의 일체를 의미한다. 금강은 지혜를 상징한다.

〈그림 5-83〉에『5부심관(五部心觀)』에 그려진 미세회의 대일여래와 4바라밀보살을 나타내었다.

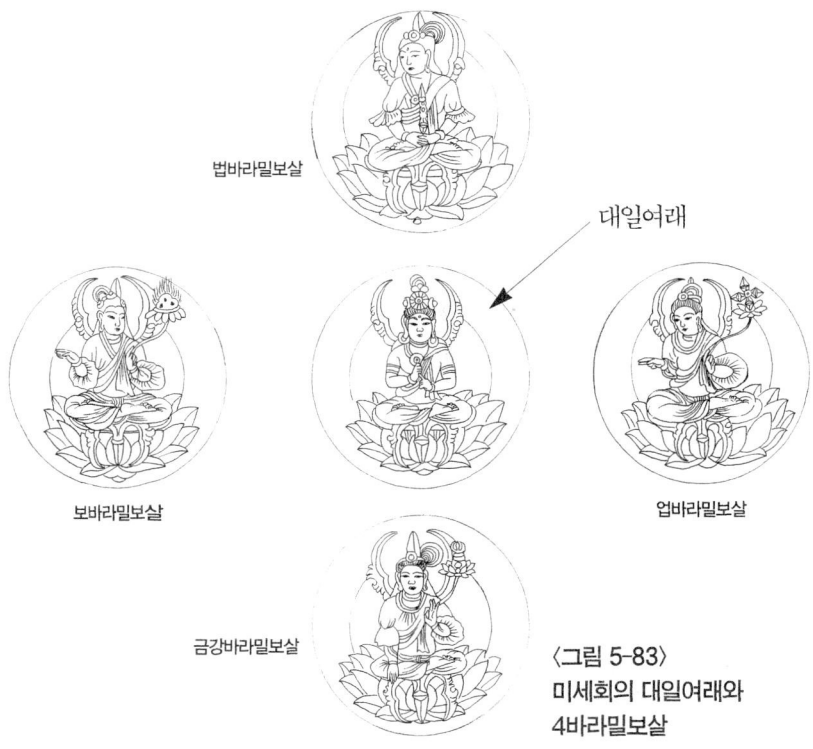

〈그림 5-83〉
미세회의 대일여래와
4바라밀보살

삼매야회에서는 여래의 서원을 표현한 것이며, 미세회는 삼매야회의 서원에 따라 금강의 세계를 체득하는 것이다. 즉 아집과 번뇌를 극복하여 금강의 지혜가 얻어지는 것이다. 지혜에 바탕을 두고 자기를 버릴 때 자비의 마음이 생긴다. 이것이 미세회의 내용이다. 지혜와 자비로 본격적인 실천이 행해진다. 이 활동이 공양회이다.

5. 공양회(供養會)

5-1. 개요

공양회는 금강계만다라의 남방에 그려진 만다라이다. 이 회는 제존이 각각 자기의 서원을 상징하는 지물을 받들고 5부처에게 공양하는 모습을 그린 것이다. 앞에서 설명한 삼매야회와 미세회는 대지(大智)와 대비(大悲)의 체득을 나타낸 만다라이다. 공양회는 대지와 대비의 실천을 강조한 만다라이다.

공양회는 5불 이외의 제존(諸尊)을 모두 여성의 모습으로 표현하였다.

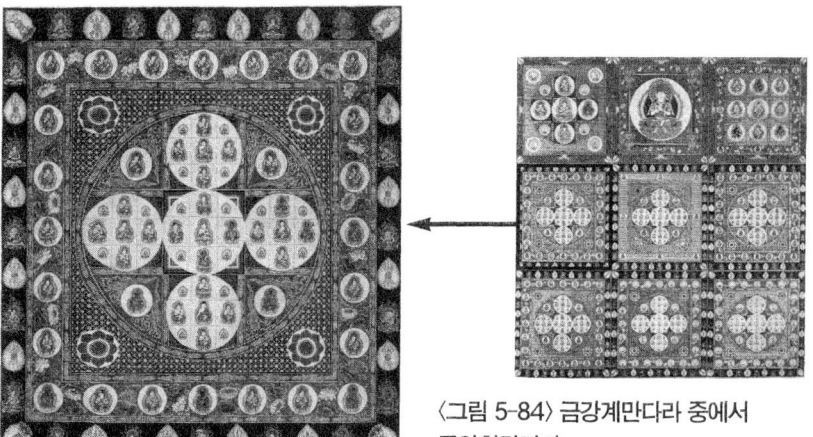

〈그림 5-84〉 금강계만다라 중에서 공양회만다라

16대보살 등의 제존상들은 모두 갈마의(羯磨衣)를 입고 있다. 갈마의는 여성들이 입는 옷이다. 또 존상들은 각자의 상징물을 연화(蓮花) 위에 얹어서 받들어 올리는 모습이다. 이 회의 제존들의 활동은 성신회의 내용을 실천하는 것이다.

5-2. 공양회의 대일여래와 4바라밀보살

현도에서 공양회는 성신회와 다른 점이 없다. 그러나 『5부심관(五部心觀)』에 그려진 공양회의 제존(諸尊)은 아름다운 여성 존상이다. 또 각 존상 모두가 월륜(月輪) 안에 있으며, 그 안에는 연화가 그려져 있다.

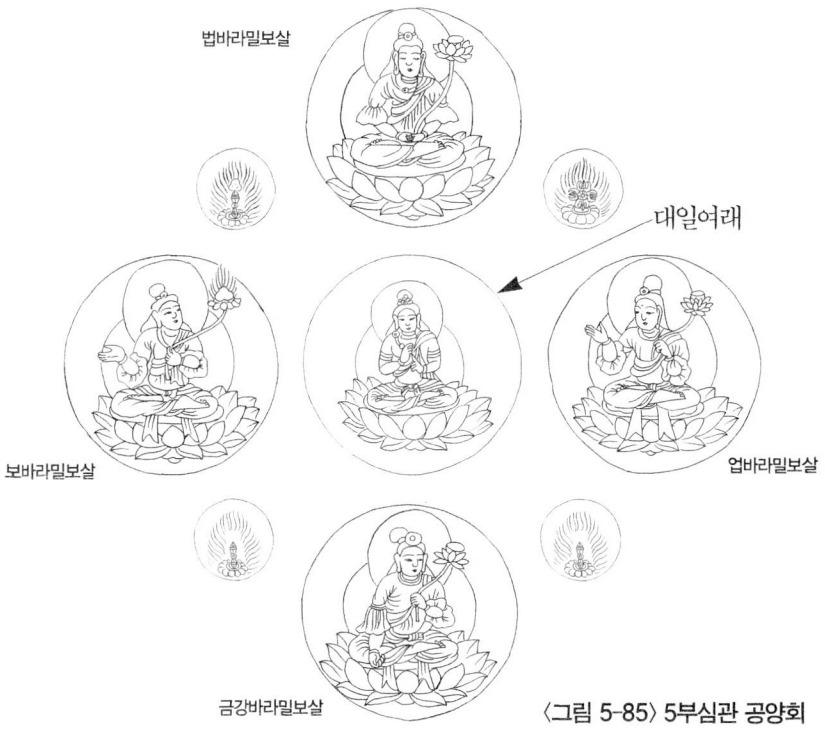

〈그림 5-85〉 5부심관 공양회

제5장 밀교의 인식론(認識論) 393

## 6. 4인회(四印會)

4인회는 금강계의 남방에 위치한 만다라이다. 이 앞에 나온 4개의 만다라 중에서 성신회는 대만다라이며, 삼매야회는 삼매야만다라이다. 또 미세회는 법만다라이며, 공양회는 갈마만다라로서 우주를 4개의 만다라로 표현한 것이다. 우주, 즉 부처의 세계를 보는 관점에 따라 4개의 만다라로 표현하였으나, 실제는 분리할 수 없는 하나의 세계이다. 이 의미로 그린 만다라가 4인회이다.

4인회는 대일여래를 중존(中尊)으로 사방에 금강살타·금강보(金剛寶)·금강법(金剛法)·금강업(金剛業)의 4보살을 배치하였다. 이러한 4보살은 대일여래의 활동을 금강부(金剛部)·보부(寶部)·법부(法部)·갈마부(羯磨部)의 4부 세계의 실현으로 나타낸 것이다. 즉 4인회는 성신회를 간략화하여 대표적인 존격으로 표현한 것이다. 본래의 4부는 아축여래·보생여래 등 4불로 나타내는 것이나, 4보살로 나타낸 것은 실천의 입장을 중요시한 것이다. 또 4바라밀보살·내4공양보살·외4공양보살·4섭보살이 16보살은 존상이 아닌 상징형으로 나타내었다. 이렇게 존상과 상징형으로 나타낸 것은 성신회와 삼매야회의 입장을 대표한 것이다.

4인회의 4인(印)은 결정이란 뜻으로 지혜와 같은 말이다. 따라서 4인은 아래의 〈표 5-26〉과 같이 그대로 4지혜와 4부처의 상징이다.

〈표 5-26〉 4인과 4만·4지·4불의 관계

| 4인(四印) | 4만(四曼) | 4지(四智) | 4불(四佛) |
|---|---|---|---|
| 대지인(大智印) | 대만다라 | 대원경지 | 아축여래 |
| 삼매야지인(三昧耶智印) | 삼매야만다라 | 평등성지 | 보생여래 |
| 법지인(法智印) | 법만다라 | 묘관찰지 | 아미타여래 |
| 갈마지인(羯磨智印) | 갈마만다라 | 성소작지 | 불공성취여래 |

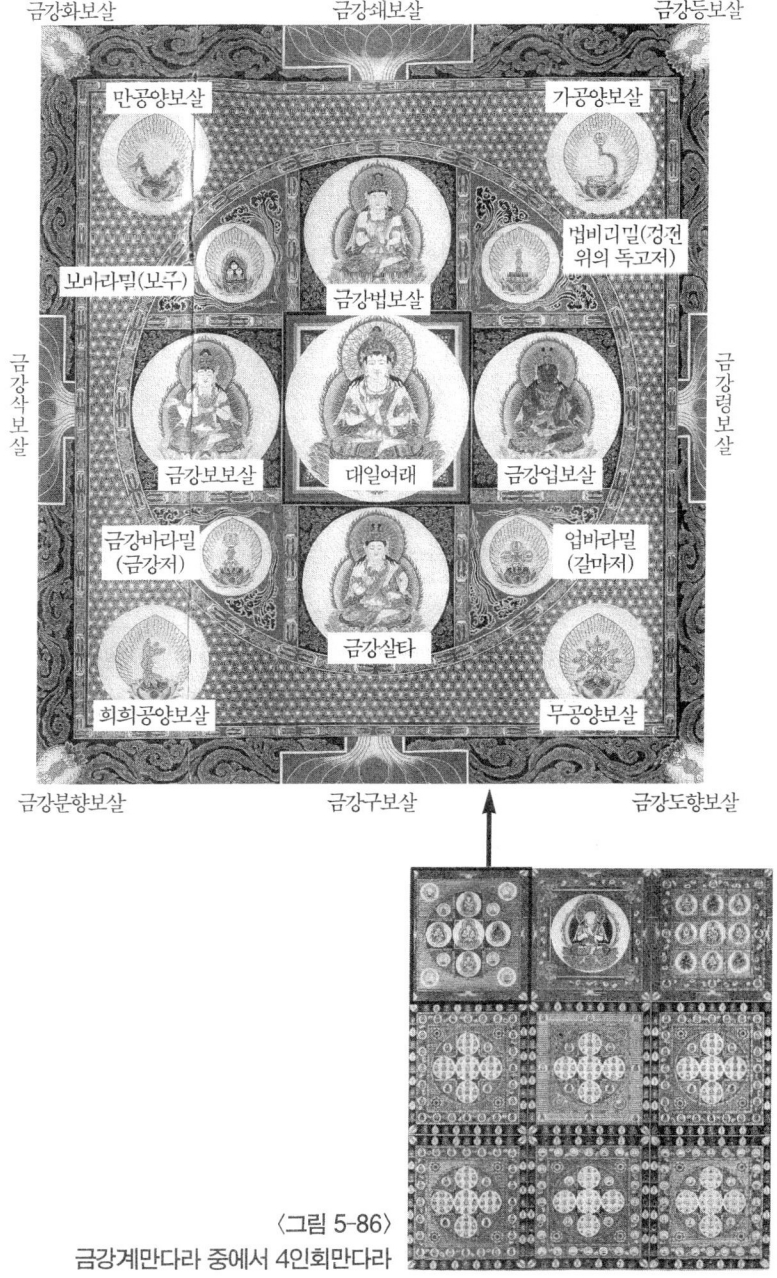

〈그림 5-86〉
금강계만다라 중에서 4인회만다라

대지인(大智印)은 대만다라인 성신회의 지혜를 상징한다. 삼매야지인(三昧耶智印)은 삼매야회의 상징으로 중생을 구제하기 위한 여래(如來)의 서원을 나타낸다. 또 법지인(法智印)은 미세회의 상징으로 지혜를 나타내 보인 것이다. 갈마지인(羯磨智印)은 공양회의 상징으로 신구의(身口意)의 행위가 여래의 행위와 일치된 것을 나타낸 것이다. 이러한 4인회는 금강의 성취가 이루어지는 것을 나타낸 것으로 여기서 얻어지는 공덕은 다음의 4가지이다.

### 6-1. 일체여래인삼매야(一切如來印三昧耶) : 성신회 세계의 체득

일체여래인삼매야란 중생인 자신의 신구의(身口意)와 여래의 신구의(身口意)가 일치하는 경지이다. 여래와 수인(手印)을 동일하게 하여 신밀이 일체가 되도록 한다. 또 여래의 언어인 진언을 염송하여 여래의 구밀과 일체가 되도록 하며, 여래가 원하는 생각과 동일하게 관(觀)하여 의밀이 일체가 되도록 한다. 이것은 금강계만다라 중에서 성신회의 세계를 체득한 것이다. 이것에 의해 일어나는 일체의 행동은 금강계를 실천하는 금강수보살이 된다.

### 6-2. 일체인심묘비밀(一切印深妙秘密) : 삼매야회의 체득

**일체인심묘비밀**은 여래가 궁극적으로 추구하는 대비심(大悲心)을 체득하는 것이다. 이 경지는 중생의 마음이 청정하고 견실하여 여래의 마음과 일여(一如)가 되어 사랑의 세계를 실천하는 것이다. 그것은 여래의 깊고 신묘한 비밀구제로서 금강계의 9회 중에서 삼매야만다라의 체득을 말하는 것이다.

### 6-3. 일체인법성(一切印法性) : 미세회의 체득

일체인법성은 여래가 궁극적으로 추구하는 지혜를 체득하는 것이다. 중생이 지혜를 체득한다는 것은 자기는 금강저, 즉 지혜의 세계에서 항상 살고 있다는 생각을 깊게 한다. 그리고 이러한 지혜가 여래의 지혜와 같다는 일여(一如)의 마음이 일어날 때 미세회의 세계가 체득되는 것이다.

### 6-4. 일체인갈마법(一切印羯磨法) : 공양회의 체득

일체인갈마법이란 중생의 행동 자체가 여래의 행동이라고 보는 것이다. 중생이 마음을 청정하게 하고 일상생활을 충실하게 하는 그 자체가 부처의 행동이다. 그리고 이러한 청정한 생활을 여래에게 공양하는 것이다. 이것을 갈마의 활동이라 하며, 금강계 중에서 공양회의 세계를 실현하는 것이다.

4인회의 세계는 위에서 기술한 4종이 성취될 때 중생의 신구의(身口意)와 여래의 신구의(身口意)가 합일이 된다. 이때 중생은 그대로 만다라의 세계를 체득하여 그 스스로가 만다라가 된 것이다.

결국 4인회는 금강계 중에서 성신회 · 삼매야회 · 미세회 · 공양회의 4종의 만다라를 간략하게 하나로 표현한 것이다. 4인회의 세계는 다시 1인회(一印會)로 집약된다.

## 7. 1인회(一印會)

1인회는 지권인을 결한 대일의 일법신(一法身)을 그린 것이다. 여기서 1인(一印)이란 지권인을 말한다. 결국 금강계만다라는 4불보살로 표현한

4인회(四印會)로 집약되며, 다시 대일여래 한 분의 부처로 집약된다. 이 것이 1인회만다라이다. 다시 말하면 대일여래의 세계를 4종의 방면으로 열어서 4만·4지혜로 나타낸 후, 이것이 다시 대일로 돌아가는 것이다. 이 의미를 나타낸 것이 1인회이다.

〈그림 5-87〉은 금강계만다라 중에서 1인회만다라를 나타낸 것이다.

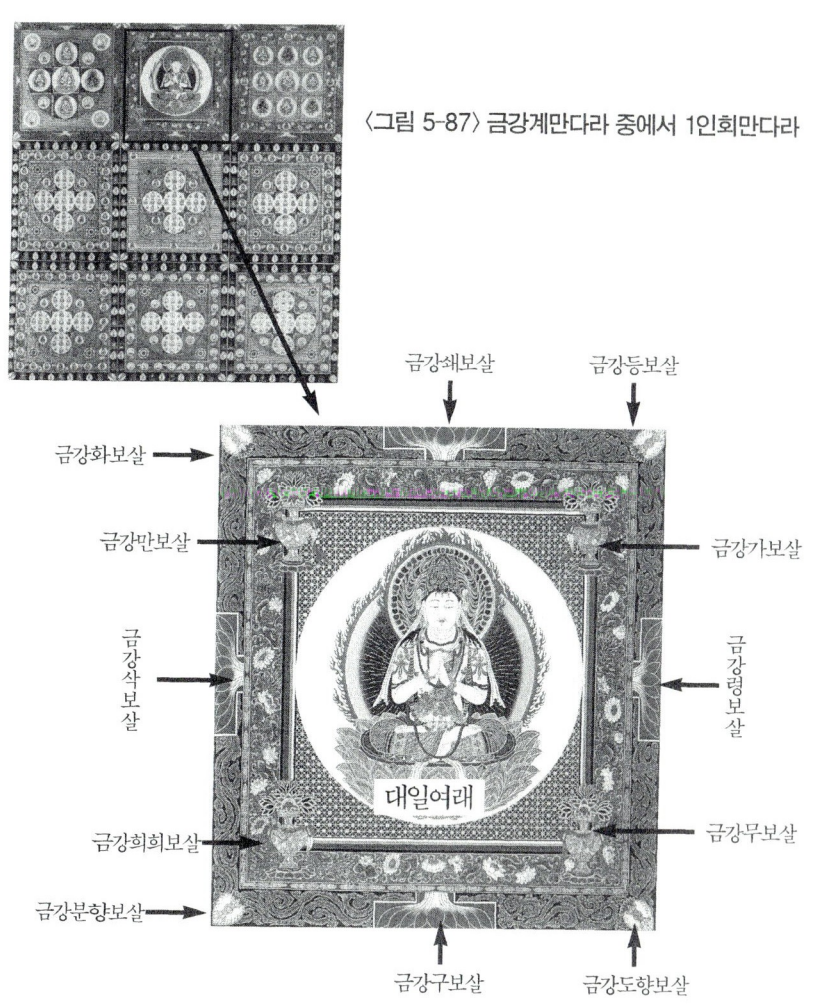

〈그림 5-87〉 금강계만다라 중에서 1인회만다라

1인회는 대일여래 1존을 크게 그리고 다른 존상은 상징물로 표현한 만다라이다. 안쪽 네 귀퉁이의 보병은 희희·만·가·무의 내4공양보살이지만 4바라밀보살을 겸한다. 바깥쪽 네 귀퉁이의 금강저는 분향·화·등·도향의 외4공양보살이며, 4방 4문의 연화는 구·삭·쇄·령의 4섭보살을 상징한다.

현도(現圖)의 1인회는 대일여래로 표시되었으나, 원래『금강정경』이나『5부심관(五部心觀)』은 금강살타로 표현하였다. 이것은 실천을 중시한 결과로서, 대비(大悲)·대지(大智)로 괴로운 중생을 구제하기 위한 모습인 것이다. 이것은 중생 자신이 체득한 무주처열반(無住處涅槃 : 열반에 住하지 않고 중생을 이롭게 하는 활동)의 세계를 사회에 환원하여 봉사하는 활동을 의미한다. 이것을 금강살타로 나타낸 것이다. '현도(現圖)'에서의 대일여래는 머리에 5지(五智)의 보관을 쓰고 몸에는 여러 가지 장신구로 장엄하였다. 이것은 세속의 모습으로 금강살타가 현실세계에서 실천 교화하는 것을 상징화한 것이다.

1인회에 표시된 대일여래 또는 금강살타는 인식객체인 우주를 나타낸 것이 아니라 금강계의 세계를 체득한 행자 자신을 표현한 것이다. 즉 만다라란 우주의 진리와 하나가 된 중생 그 자체이다. 청정심을 가지고 대비를 실천하는 중생이 대일여래요, 금강살타라는 것이 1인회의 의미이다. 금강계만다라에서 성신회와 삼매야회 등의 6회 37존은 1인회에서 대일여래 1존으로 결론지어진다. 이 1존이 자기 자신이 되는 것이다.

금강계만다라에는 성신회·삼매야회·미세회·공양회의 4회와 이 4회를 집약한 4인회·1인회의 6종의 만다라가 있다. 이 중에서 4회의 상호관계에 대해서 알아보겠다. 성신회에서는 우주의 신구의(身口意) 모두가 여래의 활동이라는 것을 나타낸 것이므로 전체를 종합하였다고 볼 수 있다. 그러므로 성신회는 금강계만다라의 9회의 원천이며, 여래의 모든 지혜의 활동을 나타내었다. 그 활동을 펼치면 37존의 활동이 되며, 또 현겁천불 그리고 최외원의 여러 천신들과 천계를 포함한 우주에 지혜의 빛이 뻗어 나간다.

삼매야회는 여래의 서원을 상징으로 나타낸 것으로 여래 지혜의 내적 활동을 표현한 것이다. 중앙의 대일여래는 탑으로, 아축여래는 지혜 실천의 주체를 상징하는 금강저로 나타내었다. 보생여래는 중생에게 감추어져 있는 부처의 마음을 상징하는 보주로 표현하였다. 이것은 여래가 궁극적으로 서원하는 것을 나타내 보인 것이다.

미세회는 여래의 지혜를 스스로 체득하여 지혜의 주체로서 행동을 나타낸 것이다. 지혜의 체득은 중생 자신에게 비장된 청정심을 보는 것이며, 이것이 여래의 진실한 세계이다. 이것을 깨달은 중생은 자아의 집착을 벗어 던지고 자타를 끝없이 포용하는 대공(大空)의 마음이 우러나온다. 이것은 대비와 사랑의 마음으로 미세회가 추구하는 세계이다.

공양회는 깨닫게 되어 지극한 즐거움과 쾌락을 맛보게 된 중생이 타인에게 이러한 즐거움을 맛보게 하고자 펼친 교화활동을 표현한 것이다. 지혜를 체득하여 자기 혼자만 즐기면 아무런 가치가 없다. 안으로는 스스로 향상 정진하고 밖으로는 중생을 교화하는 것이 공양회가 추구하는 실천 행동이다. 공양회의 활동에는 보리심을 일으키는 보리심공양, 보성(寶性)을 나타내어 무한의 보물을 나타나게 하는 보공양(寶供養), 청정진실한 마음으로 인도하는 법공양(法供養), 자기의 완성과 중생의 교화에 힘쓰는 갈마공양(羯磨供養)이 있다. 이러한 공양은 금강부·보부·법부·갈마부를 열어 성신회의 4불이 체득되는 것이다. 그것은 금강계만다라의 실현이며, 대일여래의 체득이다.

이와 같은 성신회·삼매야회·미세회·공양회는 중생 자신의 깊은 종교적 체험의 세계이다. 여기에서 성신회는 전체를 나타내며, 삼매야회는 사랑을, 미세회는 지혜를, 공양회는 실천을 나타낸 것이다. 이것을 집약한 것이 4인회와 1인회이다.

금강계만다라의 성신회 · 삼매야회 · 미세회 · 공양회와 4인회 · 1인회의 관계를 아래의 그림으로 나타내었다.

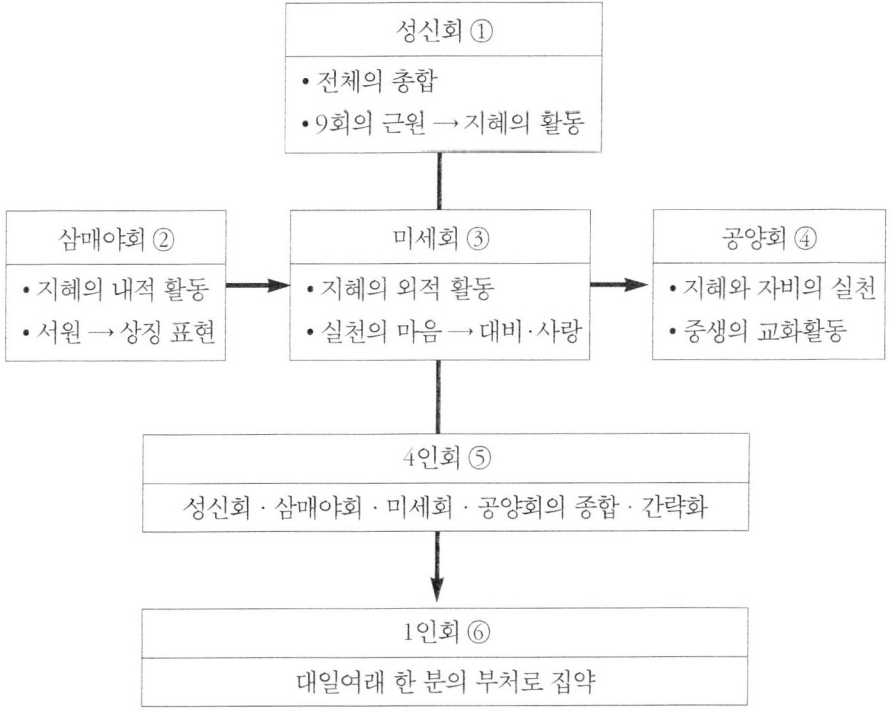

〈그림 5-88〉 성신회 · 삼매야회 · 미세회 · 공양회와 4인회 · 1인회의 관계도

7-1. 금강계만다라 6회의 종합

대일여래는 지혜의 세계를 상징적으로 나타낸 것이다. 상징의 내용을 4방면으로 표현한 것이 4불이다. 4불이 의미하는 것을 다음의 그림으로 나타내었다.

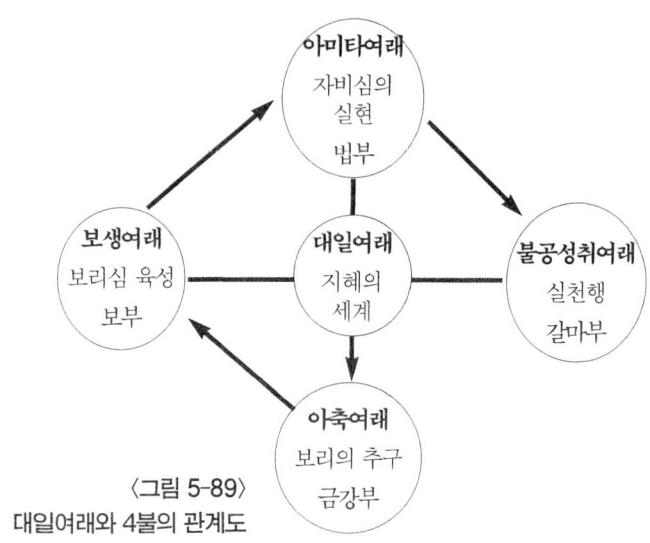

〈그림 5-89〉
대일여래와 4불의 관계도

　대일여래를 둘러싼 4부처의 각각의 활동을 세분하면 아래의 그림과 같다.

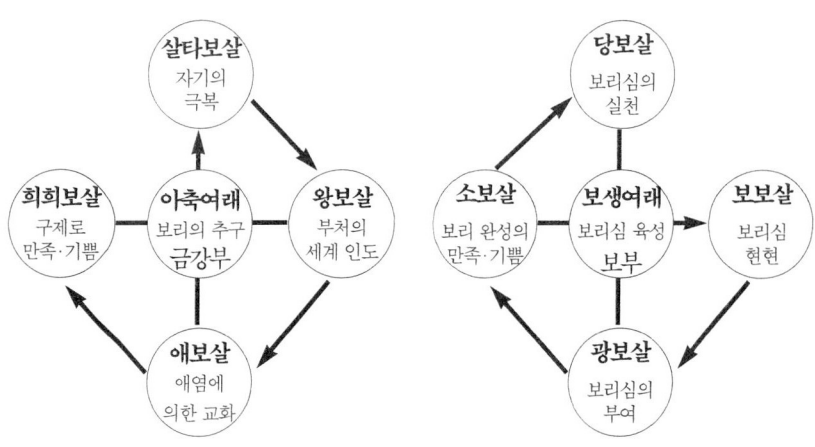

〈그림 5-90〉 아축여래와 4보살의 관계도　　〈그림 5-91〉 보생여래와 4보살의 관계도

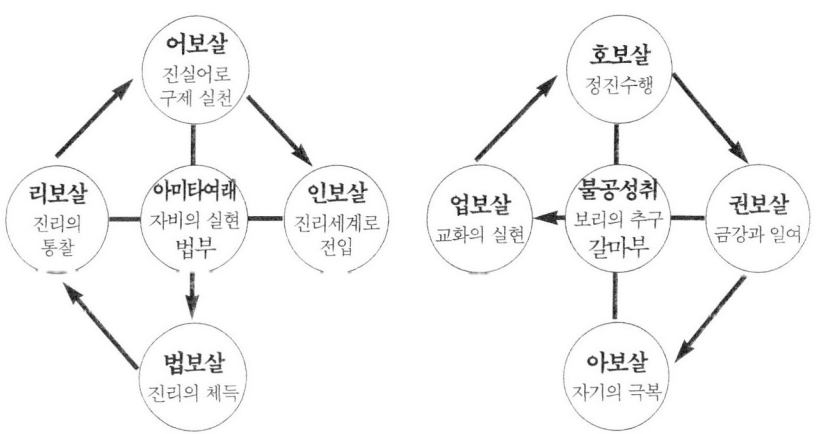

〈그림 5-92〉 아미타여래와 4보살의 관계도    〈그림 5-93〉 불공성취여래와 4보살의 관계도

앞의 그림들을 종합하면 대일여래는 4불에 의해 그의 덕을 나타내었으므로 4불은 대일여래와 다르지 않다. 또 4불을 둘러싼 4보살은 4불의 세계를 출현시킨 것이므로 4불 그 자체이며, 동시에 대일여래가 되는 것이다. 만일 아축여래가 대일여래라고 보면 아축여래를 둘러싼 금강살타보살은 아축여래를, 금강왕보살은 보생여래를, 금강애보살은 아미타여래를, 금강선재보살은 불공성취여래를 대신한 것이다. 그 외 보생여래·아미타여래·불공성취여래가 대일여래이므로 그들을 둘러싼 4보살들도 각각 4불이 된다. 4불을 둘러싼 4보살들 중에서 첫 번째 시작되는 보살인 아축여래의 금강살타보살, 보생여래의 금강보보살, 아미타여래의

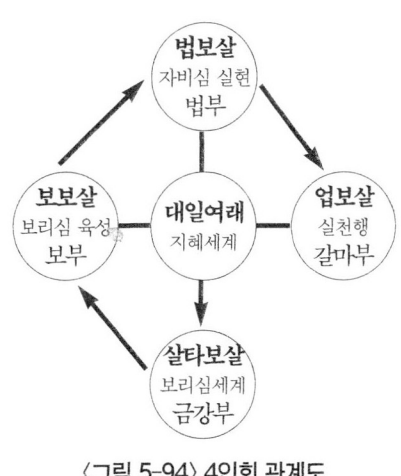

〈그림 5-94〉 4인회 관계도

금강법보살, 불공성취여래의 금강업보살을 대일여래의 4방에 배치한 것이 4인회이다. 여기에서는 대일여래와 4보살로 금강계 5불, 16보살의 세계를 나타내었다.

위의 5불은 금강계의 정신을 모두 내포하고 있으며, 이것을 16보살로 상세히 설명하는 것이다. 그러나 동밀(東密)의 교학(敎學)에서는 아축여래의 4불을 둘러싼 16보살을 혜문(慧門)의 16존이라고 한다. 혜문이란 지혜로 들어가는 법문(法門)이란 뜻이다. 결국 혜문 16존이란 지혜의 덕을 맡고 있는 열여섯 분의 보살을 말한다. 이 16존은 중생이 깨달음의 세계로 들어갔을 때 그의 근기가 16보살을 만날 좋은 인연으로 16보살의 덕이 성취되었음을 의미한다.

또 4바라밀보살 · 내4공양보살 · 외4공양보살 · 4섭보살의 16존을 정문(定門)의 16존이라 한다. 정문에서 정(定)이란 선정(禪定)의 뜻이며, 문(門)은 차별의 의미이다. 중생이 수행을 통하여 종교적 체험이 심화되었을 때 나타나는 존상이다. 이 존상들은 4인회 및 1인회와 관련을 맺는다. 4인회에서 대일여래를 중심으로 한 4보살은 혜문의 16존을 대표하고, 상징으로 표현된 16존은 정문의 16존이다. 1인회에서도 대일여래는 혜문을 대표하고, 상징으로 표현된 16존은 정문이다.

금강계만다라가 4인회로 정리되고 다시 1인회로 귀결된다. 동밀(東密)에 의하면 1인회는 혜문의 16존을 통일한 것이며, 그것은 종교적 기연(機緣 : 중생의 근기가 교법을 받을 만한 인연이 있음)에 의해 깨달은 세계를 대일여래로 나타낸 것이다. 비록 1인회에서는 대일여래로 표현했으나, 아축여래 또는 명왕, 또는 정토종의 아미타도 주존으로 할 수 있다. 뿐만 아니라 탑파로도 가능하며, 옴마니반메훔이라는 진언도 주존이 될 수 있다.

일본의 밀교사원에서는 수행자가 수건으로 눈을 가리고 만다라 위에 꽃을 던진다. 이때 꽃이 떨어진 존상(尊像)이 인연의 존상으로 받아들여져 그 존상의 행법을 수행하는 것이다. 만약 만다라 위의 가보살(歌菩薩)

에 떨어지면 노래를 통하여, 무보살(舞菩薩)에 떨어지면 무용에 의해 수행하게 된다.

이러한 기연은 밀교사원의 본존(本尊) 문제와 관련이 있다. 밀교종파의 본존은 일정하게 정해진 것이 없다. 부동명왕·아미타불·석가모니불·관세음보살·옴마니반메훔·원상 등이 본존으로 모셔진다. 본존이라고 하는 것은 수행자가 자성청정심(自性淸淨心)의 상대에서 자기의 본성을 바라볼 때 가장 존귀한 모습을 말한다. 이 상징이 사원에서 기도하는 본존이면 그것은 수행자에게 종교적 기연을 주며, 이를 통해 부처의 세계로 들어간다.

혜문 16존이 깨달음의 세계로 들어가게 한다면 정문 16존은 깨달은 내용을 심화시켜 준다. 정문의 16보살은 상호공양의 보살로 불린다. 앞에서 설명한 내용을 요약하면 대일의 세계를 구체화한 것이 아축불을 위시한 4불이다. 이 4불의 세계를 실현하는 것을 나타낸 것이 4바라밀보살이다. 즉 금강부의 금강바라밀보살은 깨달음을, 보부의 보바라밀보살은 여래의 마음을, 법부의 법바라밀보살은 청정심에 의한 자비를, 갈마부의 업바라밀보살은 지혜와 자비로 실천행(實踐行)을 상징한다. 4불이 이상으로 하는 이러한 세계를 중생 스스로 감사의 마음으로 실현하는 것이다. 그 감사의 마음이 희만가무(嬉鬘歌舞)라는 내4공양보살로 상징된다. 감사의 마음을 가지고 자기 자신을 깊이 성찰할 때 부처의 세계로 몰입(沒入)이 이루어진다. 이때 외4공양보살인 향화등도(香華燈塗)의 세계가 열린다. 또 감사의 마음으로 우주를 관조할 때 영원한 진리의 세계로 재탄생(再誕生)하게 된다. 이것은 깊은 체험에 의한 구제(救濟)의 세계이다. 이 세계를 4섭의 보살인 구삭쇄령(鉤索鎖鈴)으로 상징하였다.

1인회는 중앙에 대일여래 1존과 그 주위에 보병·금강저·연화가 각각 4개씩 그려져 있다. 이것은 상호공양의 보살을 상징적으로 나타낸 것이다. 대일여래에 의해 나타낸 종교의 진리가 수행자의 유한한 마음과 상호

공양을 통하여 합일이 이루어지면서 비밀의 세계가 열리는 것이다.

수행자에게 있어서 기연(機緣)이 있는 본존상은 개인마다 다르다. 아축여래도 될 수 있으며, 금강살타도, 관음보살도, 부동명왕도, 옴마니반메훔도, 원불교처럼 원상(圓像)도 가능하다. 이러한 본존상에 체험의 내용이 심화되는 것을 나타내는 8공양보살과 4섭보살을 병행하여 표현한다. 이 때 본존에 따라서 아축여래만다라, 관음만다라, 부동명왕만다라, 옴마니반메훔만다라 등이 성립한다. 금강살타는 『이취경(理趣經)』에서 5비밀(五秘密) 일체(一切)의 존상으로 나타난다. 여기에 내외의 8공양과 4섭보살을 그리면 이취회(異趣會) 17존만다라가 성립한다.

1인회의 1존과 공양존상은 보편성과 특수성의 관계로도 설명된다. 대일여래 1존은 일체의 만상을 하나로 표현한 것으로, 보편성을 나타내었다. 공양상은 일체의 중생을 섭취해서 나타낸 것이므로 특수성의 입장으로, 성신회의 현겁천불(賢劫千佛)과 같은 개념이다. 이것은 밀교와 현교, 즉 불교의 가장 근원적인 사상을 내포하고 있다. 대체로 불교의 우주관 하면 수미산 중심의 세계를 이야기한다. 사실 수미산 중심의 우주관은 고대 인도의 것을 불교에서 빌려 온 것뿐이다. 불교의 우주관은 중중무진연기(重重無盡緣起)의 세계이다. 중중무진연기를 형상화시킨 것이 3천대천세계(三千大天世界)이다. 3천대천세계를 부처로 표현한 것이 3천불이다. 3천불을 과거·현재·미래로 펼칠 수 있다. 이때 현재의 천불이 현겁천불이 된다. 여기서 현재라는 것은 개념상으로 존재할 뿐이지 실제로 현재란 없다. 오직 과거와 미래만 있다. 그러면 불교에서 말하는 현재란 무엇인가? 시간의 개념이 없을 때인 무아(無我)가 현재이다. 무아란 깨달은 상태이다. 결국 현겁천불이란 깨달은 상태를 말하는 것이다.

삼천불이나 천불이 모셔진 불전도 매우 특이하다. 기림사의 삼천불전(三千佛殿)이나 전남 대흥사의 천불전(千佛殿)의 부처상들은 한결같이 크기나 모양이 동일하다. 또 성신회의 현겁천불 하나하나의 모습도 똑같다. 이것은 일체즉일(一切卽一), 일즉일체(一卽一切)를 표현한 것이다. 일(一)은 보편성이며, 일체(一切)는 특수성을 나타낸 것이다. 하나(一)가 전체(一切)이므로 그 어느 것 하나도 중요하지 않은 것이 없다. 모든 양을 버리더라도 길 잃은 양을 찾아 나서는 것이 중요한 이유가 여기에 있다. 여기에서 우주의 만상은 그 가치가 동일하다는 일심사상(一心思想)으로 발전한다. 이것은 만상이 부처요, 진리라는 밀교의 즉사이진(卽事而眞)과 당상즉도(當相卽道)를 표현하는 말이기도 하다.

## 8. 이취회(理趣會)

### 8-1. 개요

이취(理趣)란 도리지취(道理旨趣)를 줄인 말로 '바른길로 인도하는 신묘한 뜻'이라는 의미이다. 이것은 산스크리트어 나야(naya)를 의역한 것이다.

이취회는 『이취경』에 의해 그려진 만다라이다. 『이취경』은 밀교의 대표적인 경전으로 『금강정경』의 일부분이다. 『금강정경』의 18회 설법 중 6회에서 이루어진 설법이 『이취경』이다. 이 경전은 밀교의 의궤(儀軌)가 중심이다. 즉 밀교의 수행 실천에 역점을 둔 경전이다.

이취회는 금강계 9회의 오른쪽 위에 있는 만다라이다. 이취회는 1인회의 대일여래가 금강살타의 몸으로 나타나 실천 교화하는 모습을 표현한 것이다. 이취회는 지혜와 자비의 실천을 상징하는 금강살타를 중심으로 한 17존의 만다라이다.

〈그림 5-95〉는 이취회만다라를 나타낸 것이다.

이취회만다라의 중심에는 5비밀존상(五秘密尊像)이 있다. 5비밀존은 금강살타와 그를 중심으로 그 둘레에 위치한 욕촉애만(欲觸愛慢)의 4금

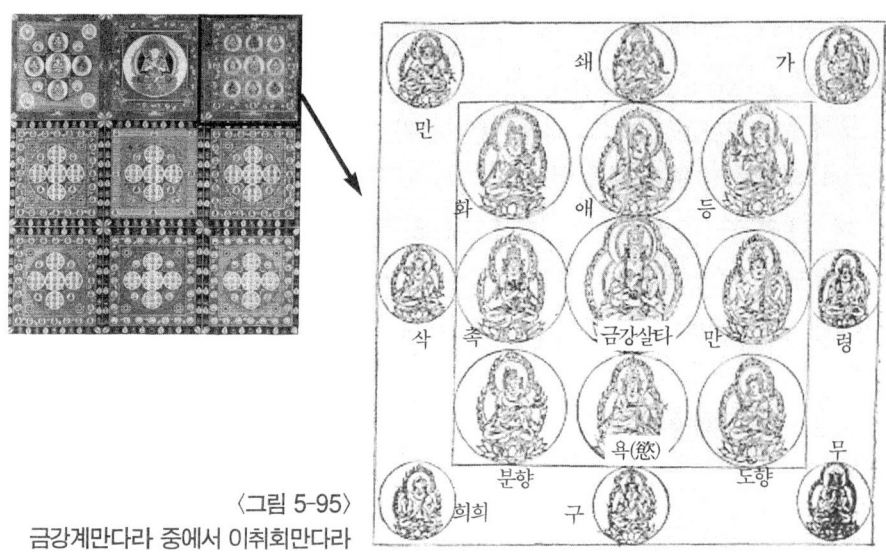

〈그림 5-95〉
금강계만다라 중에서 이취회만다라

강보살이다. 금강보살들의 배우여신(配偶女神)인 향화등도(香華燈塗)의 4금강녀(金剛女)가 네 귀퉁이에 배치되어 있다. 이 여신을 일명 4명비(四明妃)라고도 하는데, 명(明)은 지혜의 의미이며 비(妃)는 지혜에 의해 유출된 대생명(大生命)을 뜻한다. 바깥의 방형(方形)에는 4공양보살과 4섭보살이 배치되어 합계 17존의 만다라를 형성하고 있다. 이러한 이취회의 구성과 기능은 4인회만다라와 유사하다. 금강살타는 대일의 세계를 실현하는 실천자이며, 욕촉애만(欲觸愛慢)의 4명비는 금강부·보부·법부·갈마부의 세계를 실현하는 존이다.

8-2. 『초회금강정경』의 금강살타

『초회금강정경』의 금강살타는 이취회의 정신을 추구한다. 이 경전에 의하면 ①금강살타는 수행자 스스로 성취하는 것이며, ②수행자는 금강살타와 일체가 되어 일체의 욕망과 대락(大樂)을 얻으며, ③월륜관(月輪觀)을 보면서 정보리심을 관상하면 그 자신은 금강살타와 동일한 금강의 상이 되며, ④금강살타가 된 수행자는 환희·애염(愛染)·애락(愛樂)·애욕을 맛볼 수 있다. ⑤금강의 성취가 이루어진 수행자는 노래〔歌〕·춤〔舞〕·음식·열락(悅樂) 등의 현실생활을 즐긴다. ⑥금강살타가 궁극적으로 추구하는 마음은 남녀를 떠나지 않는 것이다. 즉 염오(染汚)와 청정을 떠나지 말 것을 설하고 있다.

이처럼 『초회금강정경』이 지향하는 것은 수행자가 금강살타의 몸과 마음을 체득하는 것이다. 이것이 대일여래의 세계를 실현하는 것이다. 결국 금강살타로 상징되는 이상의 인간상은 깨끗함과 더러움을 초월하고, 현실의 모든 것을 긍정하고 시인하는 것이다. 이때 수행자는 대락(大樂)을 맛본다. 여기서 대락이란 상대적이 아닌 절대적인 기쁨을 의미한다. 이것이 이취회에서 추구하는 정신이다.

### 8-3. 이취회의 17존상

#### 8-3-1. 금강살타

금강살타는 금강계만다라를 체득한 수행자를 나타낸 것이다. 이것을 체득하기 위해서 오상성신관(五相成身觀)을 수행해야 한다. 오상성신관은 ①통달보리심(通達菩提心 : 내 본래의 청정심에 통달) → ②수보리심(修菩提心 : 보리심을 일으킴) → ③성금강심(成金剛心 : 금강의 마음을 이루었음) → ④증금강신(證金剛身 : 우주와 일체를 증득) → ⑤불신원만(佛身圓滿 : 내가 부처이며, 우주임을 성취)이다. 이때 수행자는 금강살타가 된다.

이취회의 금강살타는 오상성신관의 관상(觀想)을 수행하고 금강계만다라를 체득하여 금강의 세계를 실현하는 수행자를 의미한다. 이때 금강살타가 된 수행자는 지혜와 자비가 하나로 되어 대락(大樂)을 추구하는 현실긍정의 입장에 서게 된다. 이러한 금강살타는 열반이라는 안락(安樂)의 세계에 머무르지 않고 생사의 고해에 뛰어들어 중생의 교화에 진력하여 보살도를 실천한다.

### 8-3-2. 4금강보살 : 욕촉애만(欲觸愛慢)

① 금강욕보살(金剛慾菩薩)

이 보살은 화살을 들고 있다. 화살은 원래 사람을 쏘아 살상하는 무기이나 여기서는 사랑의 교화를 의미한다. 서양에서 사랑을 의미하는 큐피트의 화살처럼 사랑으로 중생을 받아들여 영원의 생명을 주는 교화를 나타낸다. 이 보살은 지혜인 금강의 세계를 자각시켜 주므로 금강부를 상징한다.

〈그림 5-96〉 금강욕보살    〈그림 5-97〉 금강촉보살

② 금강촉보살(金剛觸菩薩)

이 보살은 금강저를 가슴에 안고 있다. 사랑하는 사람을 포옹하여 무한의 기쁨을 주는 것에 비유한 것이다. 진리의 교화에 포옹되었을 때 중생은 무한한 기쁨에 눈을 뜬다. 이때 여래의 마음인 보주가 나타나므로 이 보살은 보부를 상징한다.

③ 금강애보살(金剛愛菩薩)

이 보살은 당(幢)을 들고 있다. 당 위에는 탐욕을 상징하는 큰고기인 마카라(Makara)가 있다. 마카라라는 고기는 계속 먹어도 배부르지 않는 큰고기이다. 금강애보살은 마카라가 탐욕을 부리듯이 대비의 마음으로 탐욕스럽게 중생을 구제 교화하는 것을 나타낸 것이다. 무명의 중생이 단 한 사람도 없을 때까지 교화에 진력하여 금강살타의 이상을 실현하는 보살이다. 이것은 또 무한의 자비심을 가지고 활동하는 아미타여래와 통하므로 법부(法部)의 활동이기도 하다.

〈그림 5-98〉 금강애보살

〈그림 5-99〉 금강만보살

④ 금강만보살(金剛慢菩薩)

이 보살은 두 주먹을 쥐고 있다. 주

먹을 쥔다는 권(拳)은 모든 것을 이루었다는 수인이다. 이때 자만심이 일어난다. 금강만보살은 자신에게 만족한 모습이며, 이때 만(慢)은 자기 자신을 존경하는 마음이다. 이 마음은 자신을 높이며, 용기가 일어나 어떠한 장해에도 좌절하지 않는다. 금강의 체득은 진실한 자기의 확립이다. 이것은 불공성취여래의 이상을 실현하는 세계이다. 그래서 금강만보살의 활동은 여래의 행동인 갈마부의 활동이기도 하다.

## 9. 항삼세갈마회만다라(降三世羯磨會曼茶羅)

### 9-1. 개요

항삼세(降三世)란 현실세계의 근본번뇌인 탐욕[貪]·진에[瞋 : 노여움]·우치[痴 : 어리석음], 즉 탐진치(貪瞋痴)의 삼독(三毒)을 항복시켜서

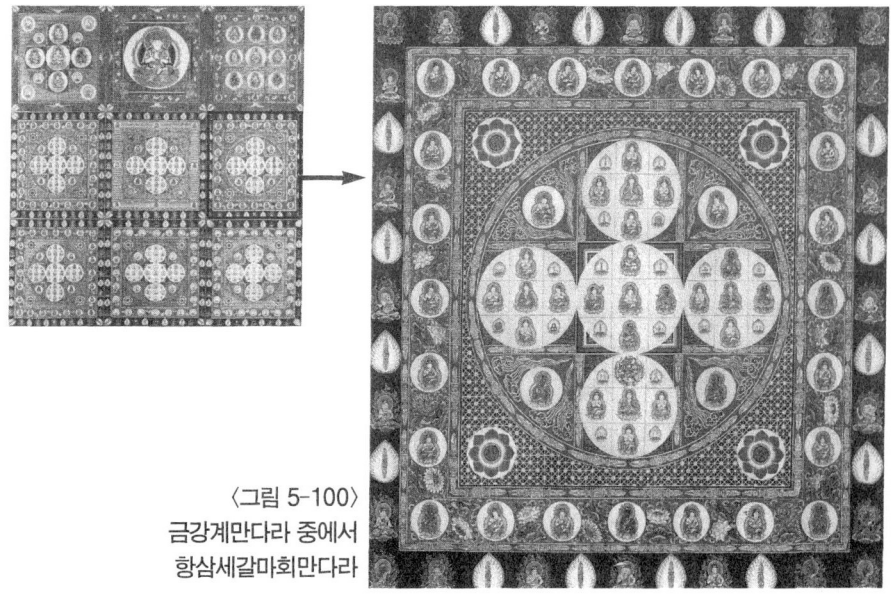

〈그림 5-100〉
금강계만다라 중에서
항삼세갈마회만다라

본래의 청정심을 얻는다는 의미이다. 이 회는 9회의 왼쪽 중앙에 위치한 만다라이다.

금강살타가 자성륜신이나 정법륜신으로 구제가 되지 않는 중생을 제도하기 위하여 안으로는 자비심을 가지고 밖으로는 분노형인 항삼세명왕(降三世明王)으로 나타난 것이다.

아래의 〈그림 5-101〉은 금강계만다라의 항삼세갈마회 중에서 성신회의 아축불의 위치를 나타

〈그림 5-101〉
금강계 항삼세갈마회
만다라 중에서 항삼세명
왕이 있는 아축여래 존상군

낸 것이다. 아축불에서 금강살타 대신에 항삼세명왕이 그려져 있다.

### 9-2. 항삼세명왕(降三世明王)

항삼세명왕(降三世明王)에서 삼세는 과거·현재·미래를 뜻한다. 밀교에서 진언다라니를 일심(一心)으로 부르면 소원을 성취한다는 신앙이 있는데 이 진언을 명(明)이라 하며, 이것을 인격화한 것이 명왕(明王)이다.

항삼세명왕은 3면(三面) 8비(八臂)의 모습이며 두 손은 분노의 수인을 취하고 있다. 분노인은 자비를 감추고 성스러운 분노로 구제함을 서원하는 것이다. 3면은 탐진치 삼독을 항복시킨다는 의미이고, 그밖에 지물은 번뇌를 끊어 버리는 것을 상징한다. 대자재천(大自在天)과 그의 비(妃)인 오마(烏摩)를 밟고 있는 모습이다. 경전에서는 항삼세명왕의 의미를 다음과 같이 설하고 있다.

"대자재천을 비롯한 제천(諸天)은 자아심(自我心)이 강하여 자성(自性)이나 보살의 자비로움으로는 교화할 수 없었다. 그래서 금강살타는 삼세(三世)의 여러 천신을 항복시키기 위해서 분노야차(忿怒藥叉)형인 항삼세명왕의 몸으로 현신한다. 금강살타는 제천들의 탐진치를 교화시키기 위해 대일여래의 가르침을 설하나 대자재천은 삼계(三界) 여러 천신들 중의 주(主)로서 오만한 태도를 버리지 않는다. 그래서 명왕이 된 금강살타는 진언(眞言)을 마음의 본체로 삼아 제천들에게 '불법승의 삼보에 귀의하여 나의 명에 복종하라' 고 하니, 대자재천은 '항삼세명왕의 명령에는 따를 수 없다' 고 했다. 대일여래가 말하기를 '너희들을 구할 수 있는 것은 항삼세명왕 이외에는 없다' 고 하자, 다른 제천들은 그 명령에 따랐으나 대자재천은 명왕과 대결한다. 그러자 명왕은 매우 흉측한 분노형으로 나타나 대명(大明:진언)을 염송하며 대자재천과 그의 비 오마(烏摩)를 자빠뜨렸다. 항삼세는 다시 진언을 염송하면서 왼발로 대자재천을, 오른발로 오마를 밟아서 거의 죽음 직전까지 다다랐다. 여러 천신들은 이것을 보고 '나의 주(主) 대자재천은 항삼세명왕에게 항복한다'고 했다. 이때 대일여래는 대자비심을 내어 진언을 염송하면서 대자재천을 구제하였다. 그리고 대자재천을 위시한 여러 천신들에게 관정(灌頂)을 주어 만다라세계로 편입시켰다."

여기서 왼발로 대자재천을 밟는 것은 번뇌장(煩惱障)을 끊는 것을 나타내고, 오른발로 오마를 밟는 것은 소지장을 제거하는 것을 나타낸다. 번뇌장은 크기 때문에 남자로 비유하고, 소지장(所知障)은 작기 때문에 여자로 비유하여 약하게 밟는다. 다만 분노형으로 나타내더라도 마음은 자비에 머무는 것이다.

10. 항삼세삼매야회(降三世三昧耶會)

이 회는 9회의 왼쪽 아래에 있는 만다라이며, 항삼세명왕의 서원을 나타내는 삼매야형이다. 따라서 이 회는 8회의 제존들이 들고 있는 지물 등으로 표현하였다. 8회인 항삼세명왕회가 중생의 교화를 위한 명왕의 몸의 활동이라고 한다면, 9회는 명왕의 마음의 활동을 나타낸 것이다.

다음의 그림은 항삼세삼매야회의 위치와 대일여래의 상징인 탑을 나타

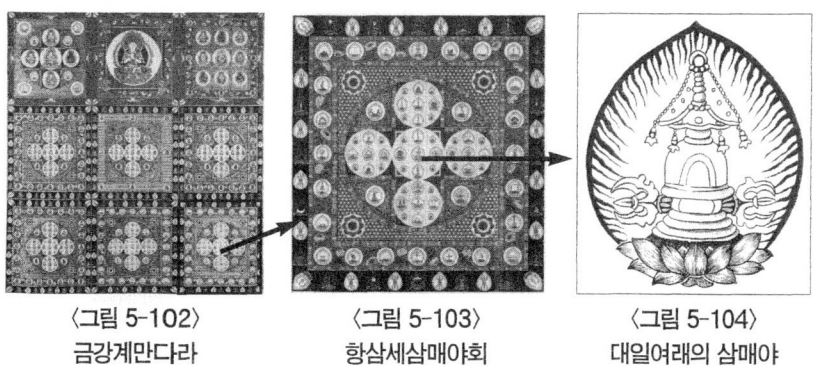

〈그림 5-102〉
금강계만다라

〈그림 5-103〉
항삼세삼매야회

〈그림 5-104〉
대일여래의 삼매야

낸 것이다.

## 제5절 만다라의 장식문양

### 1. 개요

밀교의 만다라는 평면에 그려진 그림이다. 그러나 만다라는 구체적인 우주의 사물을 법(法)의 상징으로 나타낸 것이므로 입체적으로 볼 수 있어야 한다. 따라서 밀교는 만다라의 관법(觀法)을 통해서 우주만상이 그려져 있는 만다라를 내 마음속에 그려 넣어 그 공간에 있는 내가 부처와 만나는 것이다. 이것이 관불(觀佛) · 관법(觀法)이다. 여기에서 이사불이(理事不二) · 불아일여(佛我一如) · 인법일체(人法一體)의 밀교교학의 근본이 이루어지는 것이다.

밀교에서는 우주를 부처의 현현으로 본다. 만다라는 부처의 모습인 우주를 그린 것이다. 따라서 불 · 보살이 머무는 도량으로서의 만다라는 성역(聖域)이다.

이러한 입체적이며 성역인 만다라의 결계(結界) · 문(門) · 보생초 · 보병(寶甁) · 영지운(靈芝雲) · 4대신(四大神) · 삼고계도(三鈷界道) 등의 장식문양을 다음의 〈그림 5-105〉에 표시하고 개요를 소개한다.

### 2. 결계(結界)

불보살이 머무르는 성역에 마귀와 같은 악의 무리나 번뇌가 들어오지 못하도록 하는 것이 결계이다. 밀교의 결계법(結界法)은 대체로 다섯 종류이나 여기서는 현재 활용되는 세 종류만 소개한다.

〈그림 5-105〉 금강계만다라의 중요한 장식문양

## 2-1. 금강궐(金剛橛)

지결(地結)이라고도 하며 그림상의 만다라에서는 나타내지 않는다. 통상 일본 진언종의 대단(大壇)의 네 귀퉁이에 금강저를 세우고 줄을 쳐서 성스러운 공간을 확보한다. 이것을 결계(結界)라 하며, 지중(地中)의 마귀와 더러운 것들을 모두 청정하게 한다는 의미이다.

아래의 사진은 일본 진언종의 대단(大壇)과 결계를 나타낸 것이다.

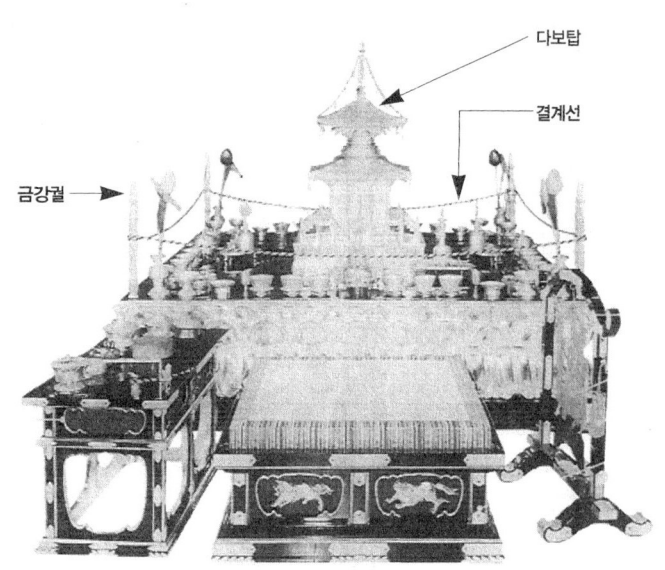

일본 진언종의 대단(大壇)과 결계

2-2. 금강망(金剛網)

무수한 삼고금강저(三鈷金剛杵)를 옆으로 단단하게 서로 접하게 하여 금강계선(金剛界線)을 만들고 그 내부에 망을 형성한다. 즉 만다라에서 불·보살의 상방(上方) 또는 배후에 그물망 형태로 그려진 것을 금강망이라 한다. 또 이 망은 허공을 덮으므로 허공망(虛空網)이라고도 한다.

금강망은 금박(金箔)·은박(銀箔)을 수매씩 열로 붙여 가늘고 긴 선 형태나 삼각 또는 사각의 작은 절편으로 한 뒤 그것을 조합해 문양으로 하는 장식기법이다.

여러 천신(天神)들이 있는 최외원(最外院)에는 금강망이 없다. 그 이유는 천신들 자신이 금강저로 불·보살을 보호하는 결계의 역할을 하며, 법문(法門)을 수호하는 수호신인 결계존(結界尊)이기 때문일 것이다.

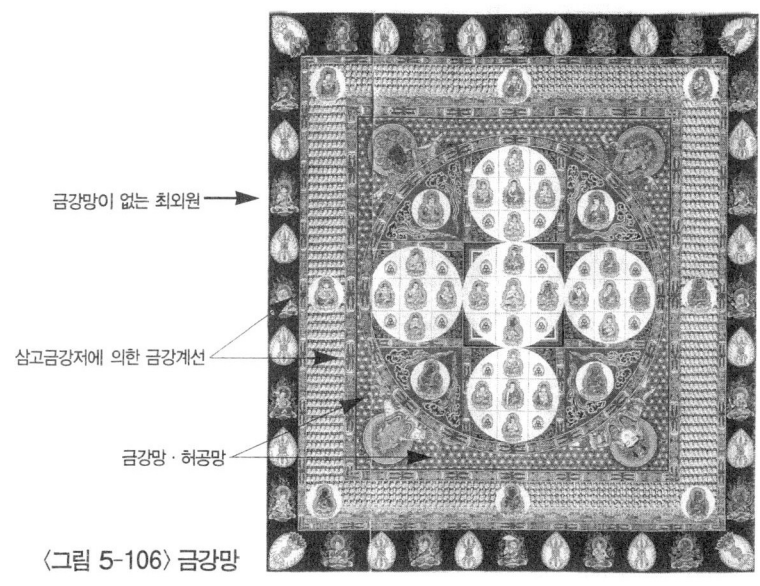

〈그림 5-106〉 금강망

2-3. 금강염(金剛炎)

티베트나 네팔의 만다라에서는 외부로부터 적을 막아 성스러운 공간을 확보한다는 의미의 화염륜(火炎輪)과 금강저륜(金剛杵輪)이 그려져 있다. 화염륜과 금강저륜을 합하여 금강염이 되며, 이것에 의해 결계가 형성된다.

제5장 밀교의 인식론(認識論) 419

〈그림 5-107〉 금강염(화염륜과 금강저륜)에 의한 결계

## 3. 문(門)

만다라는 왕성(王城)을 모방한 것이므로 사방에는 문이 있다. 금강계만다라는 태장계를 상징하는 연화문(蓮華門)이 그려져 있으며, 태장계만다라는 금강계를 상징하는 금강문이 그려져 있다. 연화문은 금강계의 지(智)의 세계로 들어가기 위해서는 태장계의 이(理)의 문으로 들어가는 것을 의미한다. 또 금강문은 태장계의 이(理)의 세계로 들어가기 위해서는 금강계의 지(智)의 문으로 들어가는 것을 상징한다. 또한 4문(四門)은 발심·수행·보리·열반과 상락아정(常樂我淨)의 4덕(四德)을 나타낸다.

### 3-1. 연화문(蓮華門)

금강계만다라에서 1인회·4인회·이취회의 3회의 사방(四方)에 그려진 9엽의 연화(蓮華)가 연화문이다. 3회 이외의 6회는 연화문이 생략된 것으로 추정된다. 9엽은 태장계의 9존과 금강계의 9식(九識)을 상징한다. 9엽의 연화는 수련(睡蓮)의 일종인 청련화(靑蓮華)이다. 수련은 백련화(白蓮華)와는 다르게 꽃잎이 가늘고 긴 것이 마치 불·보살의 눈과 같아서 자비로움을 상징한다.

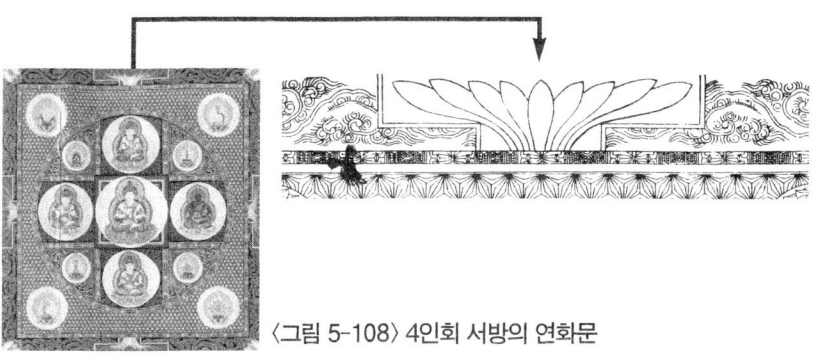

〈그림 5-108〉 4인회 서방의 연화문

3-2. 금강문(金剛門)

태장계만다라의 사방에 그려진 문으로 석가원의 문을 합하여 전체 다섯 개의 문이 있다. 각각의 문에는 상징물이 있다. 동서의 문은 불부(佛部)에 들어가는 문으로 현병(賢甁) 또는 여의보주가 있다. 남문은 금강부에 들어가는 문으로 금강륜이 있으

〈그림 5-109〉 태장계 서문의 금강문과 현병

며, 북문은 연화부에 들어가는 문으로 나패(螺貝)가 있다. 그러나 이것은 만다라에 따라 다소 다르게 그려져 있다.

### 4. 보생초(寶生草)와 모란초(牡丹草)

만다라의 외연(外緣), 식도(食道)에는 당초문양(唐草紋樣)이 그려져 있다. 식도(食道)는 공양물을 놓아두는 곳이므로 이곳을 보생초나 모란초로 장엄하게 하는 것으로 추정된다. 원래 당초(唐草)는 당풍(唐風) 또는 이국풍의 덩굴이라는 의미이다. 당초문양(唐草紋樣)은 만초(蔓草)의 덩굴이 뻗어 가는 모습을 형상화시킨 것으로, 주엽은 계속 굴절되고 지엽은 파생하여 반전되고 있는 형상이다.

### 4-1. 보생초

금강계만다라의 식도(食道)와 연화문(蓮華門)의 양측에 그려져 있다. 이 풀은 덩굴이 끝없이 이어지므로 불교의 우주관인 중중무진연기(重重無盡緣起)를 상징한 듯하다. 만다라에 실제 그려진 보생초의 형상은 길상초와 비슷하다. 길상초란 보리수 아래에서 고타마 싯다르타가 성도(成道)할 때에 깔고 앉은 풀이름이다. 길상동자(吉祥童子)가 이 풀을 드렸다 하여 길상초라 한다. 인도에서는 고대부터 공양물을 얻는 용구로 길상초가

고구려 진파리1호무덤의 당초문

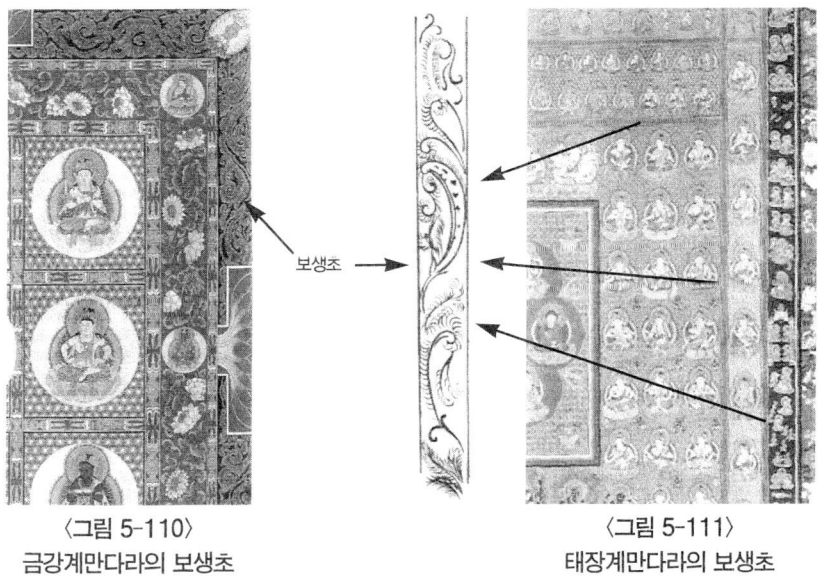

〈그림 5-110〉
금강계만다라의 보생초

〈그림 5-111〉
태장계만다라의 보생초

활용되었다.
　결국 보생초란 무진장하게 뻗어 가는 덩굴 풀에 길상초의 뜻이 가하여져 일종의 결계(結界)의 역할을 하는 것으로 보인다.


　4-2. 모란초(牡丹草)


　태장계만다라의 식도(食道)에 모란초가 그려져 있는 것은 사자가 이 풀을 좋아하기 때문이라고 한다. 모란초는 사자의 좋은 먹이이므로 다른 독충 등이 모란에 근접하지 않아서 결계의 의미를 가지고 있다. 또 여래가 깔고 앉는 것으로도 사용되므로 길상초의 뜻도 가지고 있다.
　중국인들은 모란을 꽃의 왕[花王]으로 본다. 대일여래나 석존은 사람 중에서 가장 존귀한 분이다. 그러므로 여래를 꽃 중의 왕인 모란으로 상징하기도 한다.

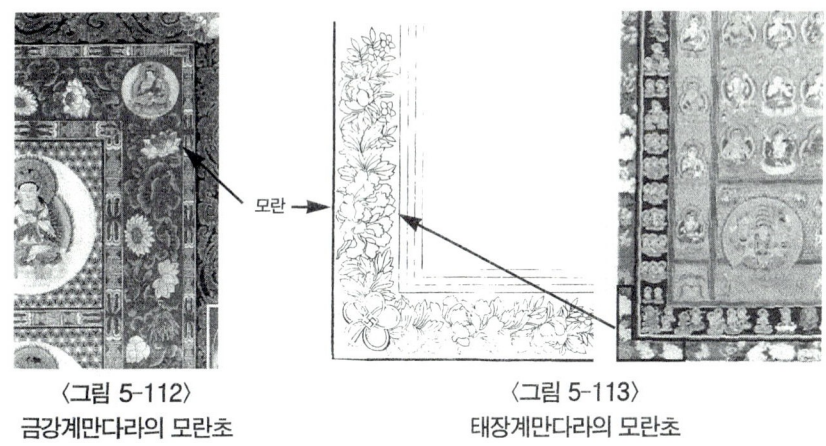

〈그림 5-112〉
금강계만다라의 모란초

〈그림 5-113〉
태장계만다라의 모란초

5. 보병(寶甁)

보병은 현병(賢甁)이라고도 한다. 금강계만다라에서는 1인회 대일여래의 네 귀퉁이에, 태장계는 중대8엽원과 제2중의 네 귀퉁이와 서문에 보병이 그려져 있다. 보병에는 5보(五寶)·5약(五藥)·5곡(五穀)·5향(五香)의 20종의 물품을 넣고 정수를 가득 채운 후 연화(蓮華)를 꽂아 마개로 한다. 병의 모양은 지대(地大)인 정보리심의 이(理)의 덕을, 병 속의 물은 지(智)의 덕을, 연화는 이지불이(理智不二)를 상징한다. 만다라의 네 귀퉁이에 그린 것은 제존(諸尊)을 공양함과 동시에 4문(四門)과 동일하게 4지(四智)를 표현한 것이다.

5-1. 금강계의 보병

1인회에 그려진 보병에는 다섯 개의 연화가 꽂혀 있다. 여기서 다섯은 5지(五智)를 상징한다.

### 5-2. 태장계의 보병

보병에 꽂힌 연화 위에 삼고저(三鈷杵)가 있다. 삼고저는 감로군다리명왕(甘露軍茶利明王)을 의미한다. 군다(軍茶)에는 물그릇[水器]과 병(甁)이라는 두 가지 뜻이 있다. 병 안에는 감로수(甘露水)가 들어 있다.

〈그림 5-114〉 금강계의 보병

〈그림 5-115〉 태장계의 보병

### 6. 영지운

영지운은 영지버섯과 같은 구름으로 상서로운 징후를 나타낸다. 간혹 석가모니의 양미간으로부터 뻗어 나오는 광명(光明) 속에 구름이 있다. 그 구름 속에 화불[雲中化佛] 또는 공양보살이 그려진 모습을 볼 수 있다. 이때

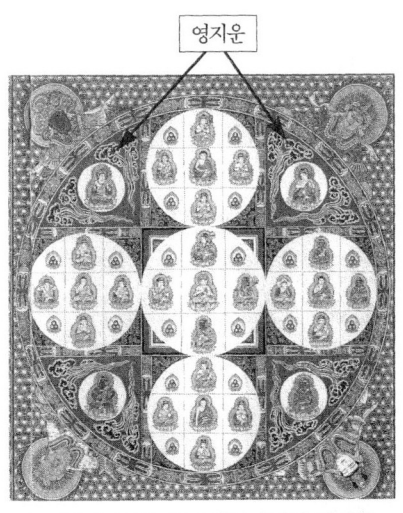

〈그림 5-116〉 금강계만다라의 영지운

불국사의 卍문양

의 구름을 영지운(靈芝雲)이라 한다. 금강계만다라에서는 희·만·가·무의 내4공양보살의 배후에 그려진 것이 영지운이다. 내 4공양보살은 대일여래가 아축불을 위시한 4불에게 공양하기 위한 보살이므로 대일여래에서 4불 쪽으로 영지운이 용출(湧出)하는 곳 위에 보살이 그려져 있다.

### 7. 만(卍)자

만(卍)은 산스크리트어로 시바스티카(Svastika)라 하며, 원래는 글자가 아니라 고대 인도를 비롯한 그리스 등에서 장식문양으로 사용되었다. 특히 힌두교에서는 비슈뉴신의 가슴에 있는 선모(旋毛)의 상서로운 빛에 그 기원

〈그림 5-117〉
태장계만다라 편지원의 卍자

을 두고 있다. 불교에서는 석가모니부처의 가슴과 발 등에 나타나는 이 문양을 길상의 상징으로 삼았으며, 동시에 부처의 경지를 나타내는 불심인(佛心印)으로도 사용하였다.

만다라에서는 태장계 편지원의 삼각인(三角印)에 오른쪽으로 회전하는 두 개의 卍자가 그려져 있다. 이것은 우주 전체를 표현하는 **अ**(아)자 대신 쓰인 것이다. 2개의 卍자 중에서 삼각(三角) 속에 있는 것은 자수용지(自受用智)를, 위에 있는 卍자는 타수용지(他受用智)를 나타낸다. 식도(食

道)에 그려진 모란초의 네 귀퉁이에도 卍자가 그려져 있다.

8. 삼고계도(三鈷界道)

금강계만다라 성신회에서는 5해탈륜·대원륜·내공양·외공양 등의 경계에 삼고금강저(三鈷金剛杵)를 그려서 구분하고 있다. 이것을 계도(界道)라 한다. 대원륜에는 16개의 삼고저가 그려져 있다. 5해탈륜과 내공양의 계도에도 16개가 있

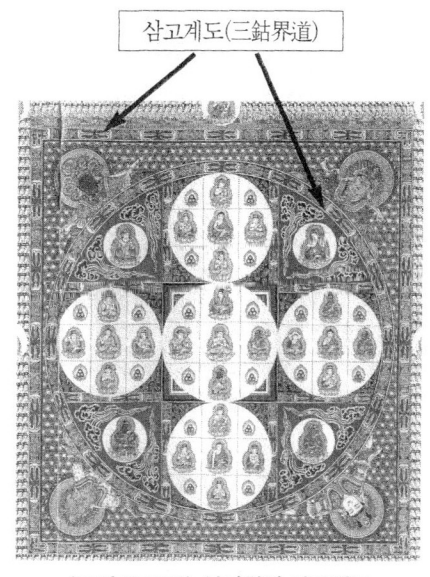

〈그림 5-118〉 성신회의 삼고계도

다. 이것을 대원륜과 합하면 32개이다. 여기에 5해탈륜을 더하면 37개가 되는데 이것은 37존을 나타낸 것이다. 또 대원륜과 외4공양4섭(外四供養四攝) 사이의 계도에는 24개, 외4공양 및 4섭과 천부 사이의 계도에도 32개의 금강저가 그려져 있다. 삼고계도는 금강계 9회 중에서 1인회를 제외한 각각의 회에 다 그려져 있다.

9. 오색계도(五色界道)

만다라에는 다섯 가지 색을 칠한 계도가 있다. 금강계만다라에는 이취회를 제외한 성신회·삼매야회·미세회 등 8회에서 대일여래의 주위에 오색계도가 있다. 태장계는 중대8엽원의 외주에 오색계도가 배치되어 있다.

이러한 계도를 그린 이유는

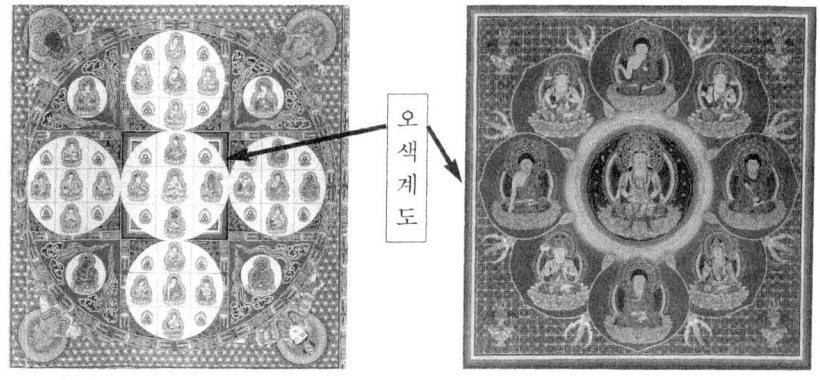

〈그림 5-119〉 금강계만다라의 오색계도   〈그림 5-120〉 태장계만다라의 오색계도

① 수행자가 제존(諸尊)에게 공양을 드리는 통로,
② 제존이 출입하는 통로,
③ 공양물을 나열하는 장소 등이라고 주장되어 왔다.

오색계도의 색은 안에서 바깥으로 태장계는 백·적·황·청·흑이며, 금강계는 백·청·황·적·흑의 순서이다. 그러나 겐로쿠본[元祿本] 현도만다라의 태장계는 백·황·적·청·흑이며, 금강계는 백·황·청·적·흑이다. 겐로쿠본 만다라는 관정만다라이므로 보부(寶部)를 중시하여 황색을 백색 다음에 배치한 것이다.

## 10. 중대8엽원

태장계의 중대8엽원은 적련화(赤蓮華)이다. 원래 『대일경』에는 백련(白蓮)으로 되어 있는데 적련(赤蓮)으로 한 것은 적(赤)이 자비를 상징하기 때문일 것이다. 또 적색은 유정(有情)을 사랑으로 물들이며 심장을 상징하는 색이기 때문에 중대8엽원을 적색으로 하였다. 또 8엽의 연잎 사이에는 삼고금강저에 의해 계(界)가 이루어진다. 여기서 8연엽(八蓮葉)은 이(理)가 되고 금강저는 지(智)를 상징하여 이지불이(理智不二)를 나타낸다.

# 제6장 성불론(成佛論)

## 제1절 성불의 원리

### 1. 성불(成佛)의 의미

#### 1-1. 여실지자심(如實知自心)

불교에서 '성불(成佛)하세요'라는 인사말을 많이 사용한다. 불(佛), 즉 붓다가 되란 말이다. 붓다(Buddha)란 '눈뜬 사람'을 의미한다. 붓다(Buddha)의 어원은 산스크리트어로 '알다'를 의미하는 부드(Buddh)라는 동사의 과거분사형이다. 결국 붓다란 '진리를 아는 사람', '진리에 눈뜬 깨달은 사람'이란 뜻이다. 붓다라는 말이 중국에 처음 전해질 때 한자로 음역한 것이 부도(浮屠·浮圖)였다. 그후 붓다가 별도로 불타(佛陀)로 음역되다가 중국의 현장법사(600~664) 이후 불타가 주로 사용되었다. 여기서 부처를 의미하는 불의 한자인 佛(亻: 사람, 弗: 아니다)은 사람이면서 사람이 아닌, 즉 '사람을 초월한 것'을 의미한다.

깨달았다든가 사람을 초월했다는 것은 법(法)을 체득했다는 것을 의미한다. 다시 말하면 붓다란 법(dharma)을 알고 있는 사람인 것이다. 여기서 말하는 법(法), 즉 다르마(dharma)는 유지(維持)한다는 의미의 산스크리트어 드흐르(dhr)라는 동사에서 파생된 명사이다. 이러한 법(dharma)은 불교의 중심개념으로 어느 때 어느 곳에서도 준수해야 할 영원한 법칙을 뜻한다.

근본불교에서는 법의 권위가 최고로서 붓다 위에 위치하고 있었다. 불교에서는 법에 대해서 다음과 같이 말하고 있다. "법은 영원한 진리이다. 여래가 세상에 왔거나 또는 아직 세상에 나오지 않았거나 그 이치는 변하지 않는 것이다. 여래는 오직 이 법을 깨달아 중생을 위하여 설교를 하고 이를 열어 보인 것에 불과하다." 결국 붓다는 법을 설한 것이지 새로운 법을 창시한 것은 아니다. 『아함경』에서 "법을 본 자는 나를 본 것이요, 나를 본 자는 법을 본 것이다"라고 석존이 말한 것처럼 석존 또한 법을 증득했기 때문에 붓다가 된 것이다. 다시 말하면 우주의 진리인 법의 체험자가 곧 붓다이다. 따라서 중생인 우리들도 법을 깨달으면 어떠한 사람이라도 석존처럼 붓다가 되는 것이다.

우주의 진리인 법을 인격화한 것이 법신(法身)이다. 법신의 성격에 대해서 현교와 밀교는 서로 다르게 해석한다. 현교에서 주장하는 법신은 색깔·형체·소리가 없으며 설법도 없다. 그러나 밀교에서의 법신 대일여래는 색형(色形)이 있으며 소리도 있어서 설법을 한다는 것이다. 밀교에서의 법이란 진리와 우주의 삼라만상을 합한 의미로 우주의 삼라만상이 진리 그 자체라는 것이다. 곧 일체의 존재 속에 내재되어 있는 것이 법신 대일여래이다. 모든 존재들은 대일여래가 보문시현(普門示現)한 모습인 것이다. 따라서 붓다는 추상적인 공간에 존재하는 것이 아니라 우리의 눈앞에 보이는 모든 것이 여래이다. 너도 여래이며 나도 여래이다.

밀교에서 석존이 깨달았다는 법은 결국 대일여래의 세계를 체득한 것이다. 그것은 다름 아닌 6대체대의 경계이며, 아자본불생의 경지이다. 이 세계는 일체중생이 곧 대일여래이며, 내가 바로 대일여래임을 증득(證得)할 때 얻어지는 것이다. 다르게 말하면 내 마음을 여실하게 자각하는 것인 여실지자심(如實知自心)이 석존이 깨달은 내용이다. 밀교에서 어떻게 성불할 것인가 하는 문제도 결국 어떻게 하면 '참다이 자심(自心)을 아는 것인가' 이다. 따라서 밀교는 여실지자심(如實知自心) 이 한 구절을 근간으로 이론 및 수행체계를 구축한 것이다. 따라서 밀교의 성불론은 어떻게 하면 여실하게 내 마음을 알 수 있을까[如實知自心]에 대한 방법의 모색이다.

### 1-2. 삼밀(三密)에 의한 법아일여(法我一如)

여실지자심이란 '여실하게 자기의 마음을 안다' 는 의미이다. 이러한 세계를 명확하게 설법하신 분은 석존(釋尊)이다. 석존이 사라쌍수 아래에서 열반하기 직전에 하신 최후의 말씀은 자등명(自燈明)과 자귀의(自歸依)였다. 자기의 마음속에 빛이 빛나는 진리의 법을 등명(燈明)으로 하고, 스스로 이것에 귀의하라는 것이다. 자기 안에 있는 진리에 귀의하여 깨달음〔菩提〕을 체험하라는 이 말은 여실지자심의 정확한 표현이다.

여실지자심의 세계는 밀교의 체계인 본체론〔體〕· 인식론〔相〕· 실천론〔用〕 중에서 실천론에 해당한다. 수행자는 객체인 본체와 자기로 인식되는 주체가 삼밀(三密)을 통해 합일되는 신비현상의 체험으로 진리에 귀의하는 것이다. 삼밀인 신체〔身密〕· 언어〔語密〕· 의식〔意密〕은 본래 법신 대일여래가 갖추고 있는 것이다. 이것을 실존(實存) 또는 본유(本有)라고도 한다. 신체에 의한 활동은 우주 전체의 활동이고, 언어는 우주의 삼라만상이 내는 소리이며, 의밀은 우주의 질서 · 이법(理法)이다. 삼밀은 이처럼 실존(實存)의 인식이라는 점으로 볼 때는 우주의 실체이며 작용이다. 밀교의 우주관은 우주가 그대로 진리이며, 우주의 활동은 부처의 진리를 표현하는 것이다. 이것이 법신 대일여래이다.

밀교에서는 우주가 부처이면서 우리들 중생도 부처이다. 우리들은 본래부터 이지불이(理智不二)의 대일여래이다. 또 몸은 태장계이며, 정신은 금강계인 양부불이(兩部不二)의 만다라이다. 중생이 여래라는 것은 실존, 즉 본유의 차원에서 바라볼 때이다. 그러나 현상계에서의 중생은 무명과 번뇌로 얼룩진 범부에 불과하다. 중생을 일컬어 수생(修生)이라 함은 중생이 본래 부처임을 자각하고 끊임없이 정진 노력하는 것을 의미한다.

여래의 삼밀은 시간으로는 삼세(三世)에, 공간으로는 시방(十方)에 충만하게 존재한다. 즉 편재성(遍在性)과 보편성을 가지고 있다. 이것을 비밀의 의미인 밀(密)로 나타낸 것이다. 중생의 삼밀은 여래의 삼밀과 무차별 평등하여야 하나, 미혹한 범부는 번뇌의 고통에 시달리는 중생일 뿐이다. 중생이 성불했을 때 비로소 여래의 삼밀과 동일하게 되는 것이다. 중생이 중생일 때에는 여래의 삼밀은 경험할 수 없는 하나의 신비이다. 이 신비성은 중생의 입장으로 보면 알 수 없는 비밀이다. 이것을 중생의 삼밀이라 한다.

여래가 갖추고 있는 본유(本有)로서의 삼밀과 미혹한 중생의 삼밀을 합일하는 것이 밀교의 성불론이며 실천철학이다. 성불론은 다름 아닌 삼밀의 수행인 것이다. 삼밀의 수행이란 수행자의 삼밀을 우주의 활동인 여래의 삼밀에 일치토록 하는 훈련을 말한다. 이때 가장 중요한 것은 여래의 삼밀이 나의 마음속에 있다는 것을 깨닫는 것이다. 부처로서의 자기를 발견하는 것, 이것이 여실지자심이다.

이처럼 본유로서의 우주의 활동과 현상으로서의 중생의 활동이 일치하는 경지를 삼밀유가(三密瑜伽)·삼밀상응(三密相應)·삼밀가지(三密加持) 등으로 부른다.

## 2. 밀교수행의 구조

### 2-1. 삼매야계(三昧耶戒)란

불교는 수행이 근본이다. 수행을 하지 않고 이론이나 믿음만을 주장한다면 불교는 종교로서 성립할 수 없다. 불교에서의 수행은 계율(戒律)에 의힌다. 계율은 성불을 위한 실천수행의 출발점인 동시에 목표점이기도 하다. 밀교에서의 계율은 삼매야계(三昧耶戒)이다. 삼매야계는 발보리심(發菩提心)을 근간으로 한다.

발보리심이란 보리(菩提)를 일으키는 마음이다. 깨달음을 구하려는 마음이며, 부처님을 믿는 마음을 일으키는 것이다. 이것은 인생에 대한 각성에서부터 시작된다. 우리들 중생이 본래부터 부처라는 것을 각성할 때 보리심이 일어난다는 것이다. 그러나 중생이 부처라는 것은 당위(當爲)와 본유(本有)의 입장에서 볼 때 부처일 뿐이다. 생로병사의 번뇌에 물든 육체적 현상으로서의 중생이 부처일 수 없다. 이러한 미혹된 중생이 자신의 내면에 있는 정신적 존재인 부처를 각성할 때가 발보리심(發菩提心)인 것이다. 성불의 출발점인 보리심의 내용이 삼매야계이다.

삼매야계는 3종류의 보리심(菩提心)을 계율로 한다. 3종의 보리심은 승의(勝義) · 행원(行願) · 삼마지(三摩地) 보리심이다. 나가르쥬나〔龍樹〕가 지은 『보리심론』에서 3종의 보리심을 다음과 같이 설명하고 있다.

① 승의보리심(勝義菩提心) : 보리심을 지식적 방면에서 보는 것을 말한다. 승의심(勝義心)이란 용렬한 가르침을 버리고 뛰어난 뜻을 가지는 마음이다. 이것은 중생이 종교적 자각을 하는 것으로, '나는 보리(菩提) 바로 그것이다'라는 자리(自利)의 마음이다.

② 행원보리심(行願菩提心) : 행원심이란 보리심을 감정적 방면에서

본 것으로 동체대비(同體大悲)의 마음이다. '나는 대비 바로 그것이다'라고 믿는 마음이다. 모든 중생을 내 몸과 같이 보며, 대비의 마음으로 널리 법계의 중생을 구제한다는 이타(利他)의 마음이 행원보리심이다.

③ 삼마지보리심(三摩地菩提心) : 현교에서는 삼마지(samādhi)가 등지(等持)로 해석된다. 등(等)이란 가지런함을 의미하며, 지(持)란 산란하지 않음을 뜻한다. 즉 등지의 뜻인 삼마지는 마음을 한곳에 머무르게 하는 것이다. 밀교의 삼마지란 주체인 자기와 객체인 우주의 일체감을 말한다. 이것은 보리심을 의지적 방면에서 본 것으로, 결국 내 육신은 그대로 부처의 본존신(本尊身)을 실현한 것이며, 마음[心]과 몸[身]이 부동의 경지에 도달함을 의미한다.

이상과 같이 보리심에는 승의 · 행원 · 삼마지의 3종이 있지만 근본적인 것은 삼마지보리심이다. 승의와 행원보리심은 자리와 이타를 내용으로 하므로 현교에도 통하는 것이다. 그러나 삼마지만은 밀교의 사상으로 6대체대론과 아자본불생의 근본이다. 삼마지는 보리심의 본체로서 우주의 실체를 깨닫고, 범즉시불(凡卽是佛)의 관념에 입각해서 상구(上求 : 自利 → 승의보리심)와 하화(下化 : 利他 → 행원보리심)의 두 보리의 마음을 일으키는 것이다.

2-2. 삼매야계(三昧耶戒)의 계율성

삼매야(samaya)는 원래 보편성을 의미하는 말이다. 그래서 티베트에서는 삼매야를 이념과 규범으로 해석한다. 여기서 말하는 보편성은 보편적인 인간이 이념에 따라 지켜야 할 도덕적 규범이다. 밀교에서 삼매야를 계율로 한다는 것은 이 단어가 의미하는 보편성, 즉 인간이 지켜야 할 정통성을 말한다. 이처럼 밀교의 삼매야계는 지켜야 할 규칙이라기보다는 이념적인 성격을 가지고 있다.

『대일경』에 이념적인 성격을 가진 삼매야계가 있다. 즉 반드시 지켜야 할 네 가지의 계가 아래와 같이 제시되어 있다.

> 언제나 정법(正法)을 버리지 말 것이며, 보리심을 버리거나 이탈하지 말 것이며, 일체법(一切法)에 인색하지 말 것이며, 중생들에게 불리하게 하지 말아야 한다. 이것이 불설(佛說)의 삼매야이다.

위의 『대일경』에서 설한 4계(四戒)가 밀교에서 모든 계율의 구극(究極)이다. 이것을 위반하는 것은 교단에서 추방당하는 가장 큰 죄이다. 이와 같이 삼매야계의 이념은 세 종류의 보리심이며, 그 계율은 4중금계(四重禁戒)이다. 4중금계는 다시 10중금계(十重禁戒)로 전개된다. 당나라의 선무외삼장(善無畏三藏)이 삼매야계의 정신을 기반으로 다음과 같이 10개의 계를 제시했다.

> ① 진정으로 보리심을 버리지 말아야 한다. 보리심을 버리면 성불을 할 수 없기 때문에.
> ② 진정으로 삼보[佛法僧]를 버려서 외도(外道)에 귀의하지 말아야 한다. 그것은 사법(邪法)이기 때문에.
> ③ 진정으로 삼보 및 삼승(성문승·연각승·보살승)의 교전(敎典)을 훼손하고 비방하지 말아야 한다. 그것은 불성(佛性)에 위배되기 때문에.
> ④ 뜻이 깊은 대승경전을 해석한 내용에 대해서 진실로 의혹이 생기지 말아야 한다. 범부의 경지여서 의혹이 생기므로.
> ⑤ 혹 중생 모두에게 보리심을 내려면 진실로 여래의 법을 설하되 보

리심을 물리쳐 2승(二乘)에 편향되게 하지 마라. 삼보의 종자를 끊어 없애므로.

⑥ 아직 보리심이 일어나지 않는 자에게는 여래의 법을 설하여 그로 하여금 2승(二乘)의 마음을 발하지 않도록 하여라. 본래의 원(願)과 다르므로.

⑦ 소승의 사람과 바르지 못한 생각을 하는 사람에게 마땅히 심묘(深妙)한 대승을 설하지 마라. 그들의 비방으로 큰 재앙을 불러일으킬 수 있으므로.

⑧ 진실로 모든 바르지 못한 법을 일으키지 마라. 선근(善根 : 좋은 과보를 받을 원인)을 끊어 없애므로.

⑨ 타종교의 사람 앞에서 진실로 내가 무상(無上)의 보리의 묘계(妙戒)를 깨달았다고 말하지 마라. 성내는 마음으로 보리심을 물리쳐 두 개의 종교를 손상시키므로.

⑩ 일체중생에게 손해가 나거나 이익이 없더라도 수행자를 깨우치게 하되, 그 깨우침을 보고 기쁘게 느끼지 마라. 다른 사람을 이롭게 하는 방법과 자비심은 관점에 따라서 서로 다르게 보기 때문에.

위에 기록한 선무외의 10중금계(十重禁戒)는 보리심의 함양과 행동의 규범을 제시했다는 것을 알 수 있다. 이것은 4중금계(四重禁戒)의 이념과 합하여져 일본밀교의 계율을 형성했다.

4중금계(四重禁戒)인 삼매야계는 본래 이념적 규범이다. 계율보다는 생활규범이며, 종교적 실천 중심의 이념이었던 것이 서서히 율법적 규범으로 변하여 갔다. 현교에서 사미계나 구족계를 받듯이 밀교에서도 계를 받는 의식을 행하면서 삼매야계가 사용되었다. 예를 들면 일본의 진언밀교에서는 관정의식(灌頂儀式)을 행할 때 삼매야계가 주어진다. 또 티베트불교는 바라밀다승(派羅蜜多乘)과 금강승(金剛乘)으로 분류되는데, 바라밀다승은 현교로서 6바라밀(보시·지계·인욕·정진·선정·지혜)의 수행에 의해 성불하는 것이다. 금강승은 무상(無上)의 보리인 금강살타의 내증(內證: 스스로 진리를 깨달음)에 직접 들어가므로 밀교승이다. 삼매야계는 밀교승이 바라밀다의 수행을 끝내고 금강승에 들어갔을 때 받는 계이다.

2-3. 신심(信心)과 보리심의 관계

보리심은 일체의 정신을 의미한다. 나가르쥬나[龍樹]는 일체의 정신을 지(知)·정(情)·의(意)로 분류해서 승의·행원·삼마지 보리심으로 각각 배치했다. 이러한 3종의 보리심을 신심(信心)의 입장에서 구카이[空海]가 재정립하였다. 구카이는 『삼매야계서(三昧耶戒序)』에서 보리심을 4종심(四種心)으로 분류하였다. 그에 의하면 4종의 보리심 중에서 첫째가 신심(信心)이다. 둘째가 승의심이다. 그리고 나머지의 2종심은 명칭을 다르게 했다. 즉 행원심은 대비심, 삼마지는 대보리심(大菩提心)으로 명명한 것이다. 3종의 보리심에 신심을 더하여 4종으로 분류했다.

구카이는 신심(信心)이 보리심의 전체이며 다른 3종은 보리심의 한 부분을 나타낸다는 것이다. 밀교를 비롯한 모든 종교에서 가장 중요시하는 것은 신심(信心)이다. 신심(信心), 즉 믿는 마음이 없으면 종교는 성립할 수 없다. 따라서 신심이야말로 모든 종교의 성립 근거이다. 통상 신심이라 하면 이성을 무시한 감정적인 믿음을 의미한다. 다르게 말하면 심신이란 무지의 상태에서 절대적 귀의를 요구하는 것으로 여겼다. 이것은 잘못된 종교적 관행이다. 신심이란 절대자에 대한 경외심으로 나타나는 종교적인 의식을 의미한다. 다시 말하면 이론적 탐구에 의해 최후로 나타나는 불안 없는 정신상태가 신심(信心)이다.

신심은 3종 보리심의 출발점이며, 보리심의 총화(總和)이다. 특히 밀교에서의 신심이란 중생과 부처가 다르지 않고[生佛平等], 범부와 성자는 둘이 아니라[凡聖不二]는 확신이다.

신심을 포함한 4종심과 3종심의 관계를 〈그림 6-1〉로 나타내었다.

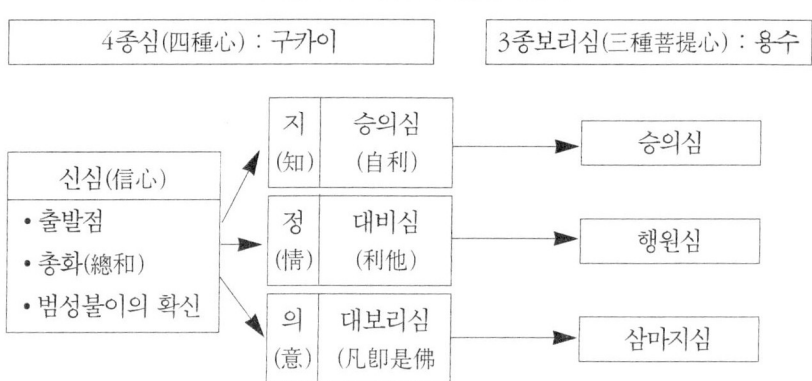

〈그림 6-1〉 4종심과 3종심의 관계

## 제2절 수행과 성불의 방법

### 1. 3구(三句)와 5전(五轉)

#### 1-1. 3구(三句)의 사상(思想)

밀교의 수행과 성불은 모든 종교와 마찬가지로 신심(信心)으로부터 출발한다. 보리를 구하는 마음인 신심으로부터 성불하기까지의 과정이 『대일경』 「주심품」에 다음과 같이 3구(三句)의 사상으로 언급되어 있다.

세존이시여, 이와 같은 지혜는 무엇을 인(因)으로 하며, 무엇을 근

(根)으로 하며, 무엇을 구경(究竟)으로 삼으십니까? 금강수비밀주여, 나는 보리심을 인(因)으로 하며, 대비를 근(根)으로 하며, 방편을 구경(究竟)으로 삼느니라. 그리고 내가 깨달으려고 하는 보리란 여실지자심(如實知自心→自心卽是大日如來 : 자신의 마음이 바로 대일여래라는 것을 아는 것)이니라.

『대일경』의 핵심사상인 3구(三句)는 인(因)·근(根)·구경(究竟)이다. 3구의 첫 번째가 인(因), 즉 보리심위인(菩提心爲因)이다. 보리를 구하는 마음인 발보리심(發菩提心)을 성불의 원인으로 하겠다는 뜻이다. 보리심을 인(因)으로 삼겠다는 제1구는 3구의 가장 근본이며, 성불의 제1조건이다.

보리심을 일으킨다 하더라도 수행이 없으면 성불할 수가 없다. 이러한 수행에 관한 것이 3구의 두 번째인 근(根), 즉 대비위근(大悲爲根)이다. 여기서 근(根)이란 조건이며 연(緣)이다. 제1구인 보리심의 인(因)은 원인(原因)이다. 이것을 돕는 조건이나 연(緣)이 없을 때는 결코 성불이라는 결과가 생기지 않는다. 이것은 초목의 종자가 열매를 맺는 과정으로 설명할 수 있다. 초목의 종자는 인(因)이다. 이 종자는 적당한 토양·수분·온도·영양이 있어야만 꽃이 피고 과실을 맺는다. 이때 토양·수분·온도·영양은 종자가 꽃이 피고 열매를 맺는 조건이다. 이것이 없으면 결코 열매를 맺지 못한다. 종자의 토양·수분·온도·영양에 해당하는 것이 3구 중에서 근(根)인데, 이것이 대비(大悲)이다. 보리심의 원인에 대한 수행의 연(緣)에 해당하는 것이 대비라는 것이다. 대비가 발심과 성불을 연결하는 수행의 내용이다. 발심이 성불의 제1조건이라면 대비는 종교적 실천수행의 중심이다.

3구의 첫 번째인 보리를 구하는 마음은 깨달음을 구하는 것이다. 이것은 상구보리(上求菩提)인 자리(自利)의 실천이다. 깨달음을 얻으면 대비의 마음으로 타인을 이롭게 해야 한다. 하화중생(下化衆生)인 이타(利他)

의 실천이다. 이것이 3구의 두 번째인 대비위근(大悲爲根)이다. 이처럼 자리와 이타가 완성된 경지가 곧 성불이다. 보리심의 인(因)과 대비의 연(緣)이 완성되어 그 경지에 안주(安住)하는 것이 방편위구경(方便爲究竟)인 여래의 세계인 것이다.

구경(究竟)의 세계인 최종적인 이상의 세계를 방편(方便)이라고 표현했다. 이것은 밀교가 근본적으로 추구하는 것과 연관된다. 밀교의 이상(理想)은 우주의 본체와 현상이 개인의 경험에서 합일되고 통일되어 모순이 없는 것을 추구한다. 통상 불교에서는 본체를 반야(般若)라 하고 현상을 방편(方便)이라 한다. 여래의 세계가 개인에게 구현되었다는 것은 중생이 살고 있는 세속인 방편세계와 보편적 원리가 적용되는 반야의 세계가 합일되었음을 의미한다. 결국 부처의 세계는 멀리 떨어진 천당이나 극락이 아니라 우리가 살고 있는 현실세계이다. 이러한 의미를 방편위구경(方便爲究竟)으로 표현한 것이다.

### 1-2. 3구(三句)와 5전(五轉)

『대일경』의 인(因)·근(根)·구경(究竟)의 3구는 밀교 실천철학의 모든 것이다. 이 3구를 『대일경소』에서는 '아자(阿字)의 5전(五轉)'이라고 했다. 5전(五轉)이란 발심·수행·보리·열반·방편을 의미한다. 여기서 발심은 3구의 인(因)에 해당하며, 수행은 근(根)에 해당한다. 불과(佛果)의 세계인 구경을 보리·열반·방편으로 세분한 것이다. 따라서 3구와 5전은 열면 5전, 수렴하면 3구이다.

5전(五轉)을 해석하는 방법은 동인발심설(東因發心說)과 중인발심설(中因發心說) 두 종류가 있다. 동인발심설은 선무외가 주장한 것으로 시각상전(始覺上轉)의 5전 또는 수생(修生)의 5전이라 한다. 이 설에 의하면 아축불이 발심의 위치가 된다. 아축불은 깨달음인 보리를 구하는 위치이다. 그리고 보생불·아미타불·불공성취불의 수행·보리·열반을 거쳐 방편위구경의 대일여래로 올라가는 방법이다.

동인발심설을 〈그림 6-2〉와 〈표 6-1〉로 나타내었다.

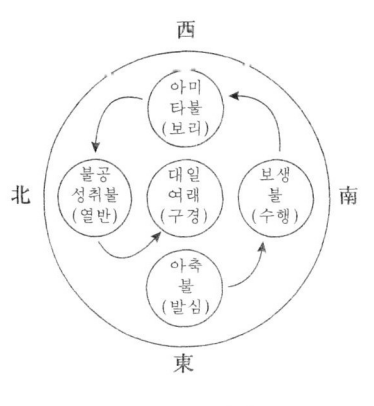

〈그림 6-2〉 동인발심설의 구성

〈표 6-1〉 동인발심설의 내용

| 구분 | 내용 | | | | |
|---|---|---|---|---|---|
| 5방 | 동 | 남 | 서 | 북 | 중앙 |
| 5대 | 지(地) | 수(水) | 화(火) | 풍(風) | 공(空) |
| 5불 | 아축불 | 보생불 | 아미타불 | 불공성취불 | 대일여래 |
| 5위 | 발심 | 수행 | 보리 | 열반 | 방편 |
| 5지 | 대원 | 평등 | 묘관 | 성소 | 법계체 |
| 5자 | 𑖀 | 𑖁 | 𑖂 | 𑖃 | 𑖄 |
|  | A(아) | Ā(아-) | Aṃ(암) | Aḥ(악) | Āḥ(암악) |

중인발심설(中因發心說)은 금강지·불공 계통의 학설이다. 이것을 본각하전(本覺下轉)의 5전 또는 본수합론(本修合論)의 5전이라고 말한다. 이 설에 의하면 발심의 위치는 중앙의 대일여래이다. 수행의 위치가 아축불이며, 보리는 보생불, 열반은 아미타불, 방편은 불공성취불이 된다. 이 학설은 대일여래가 중생을 제도하기 위해 발심하여 아래로 내려가는 하전향하문(下轉向下門)이다.

중인발심설을 〈그림 6-3〉과 〈표 6-2〉로 나타내었다.

동인발심설은 수행자의 노력과 각성에 의해 발심(發心)하여 단계별로 수행하는 것을 말한다. 즉 범부가 부처의 단계로 상승함이니 향상문(向上門)이 되는 것이다. 이것에 대하여 중인발심설은 자심(自心)을 진실로 알아서 여래와 직접 감응한다. 그러므로 발심 그 자체가 보리이므로 현교로

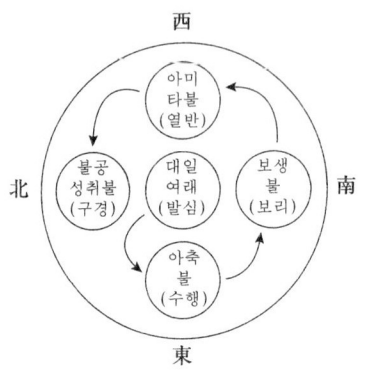

〈그림 6-3〉 중인발심설의 구성

〈표 6-2〉 중인발심설의 내용

| 구분 | 내용 | | | | |
|---|---|---|---|---|---|
| 5방 | 동 | 남 | 서 | 북 | 중앙 |
| 5대 | 공(空) | 풍(風) | 화(火) | 수(水) | 지(地) |
| 5불 | 아축불 | 보생불 | 아미타불 | 불공성취불 | 대일여래 |
| 5위 | 방편 | 열반 | 보리 | 수행 | 발심 |
| 5지 | 대원 | 평등 | 묘관 | 성소 | 법계체 |
| 5자 | ऄ | अं | अः | आः | अ |
| | Ā(아-) | Aṃ(암) | Aḥ(악) | Āḥ(암악) | A(아) |

말하면 돈오(頓悟)이다. 발심은 그대로 어떠한 수행도 하지 않고 깨달음에 이른다. 이것이 향하문인 중인발심설이다.

3구·5전의 구성을 〈그림 6-4〉로 나타내었다.

## 2. 삼밀유가행(三密瑜伽行)

### 2-1. 유상삼밀유가행(有相三密瑜伽行)

밀교에 있어서 수행의 근본은 삼밀(三密)의 수행이다. 이 수행은 유상(有相)과 무상(無相)으로 나누어진다. 유상이란 규정된 형식에 의한 수행법이다. 예를 들면 손으로 인(印 : mudrā)을 맺고, 입으로 진언(眞言 : mantra)을 외우며, 뜻으로 삼매의 경지[삼매야(三昧耶 : samādhi)]에 머무르는 것이 유상수행법이다. 유가(瑜伽)란 상응(相應)을 의미하는 산스크리트어 요가(yoga)의 음역이다. 유가는 여래와 중생이 서로 감응하여 하나로 합일이 된다는 것을 뜻한다. 결론적으로 유상삼밀유가행(有相三密

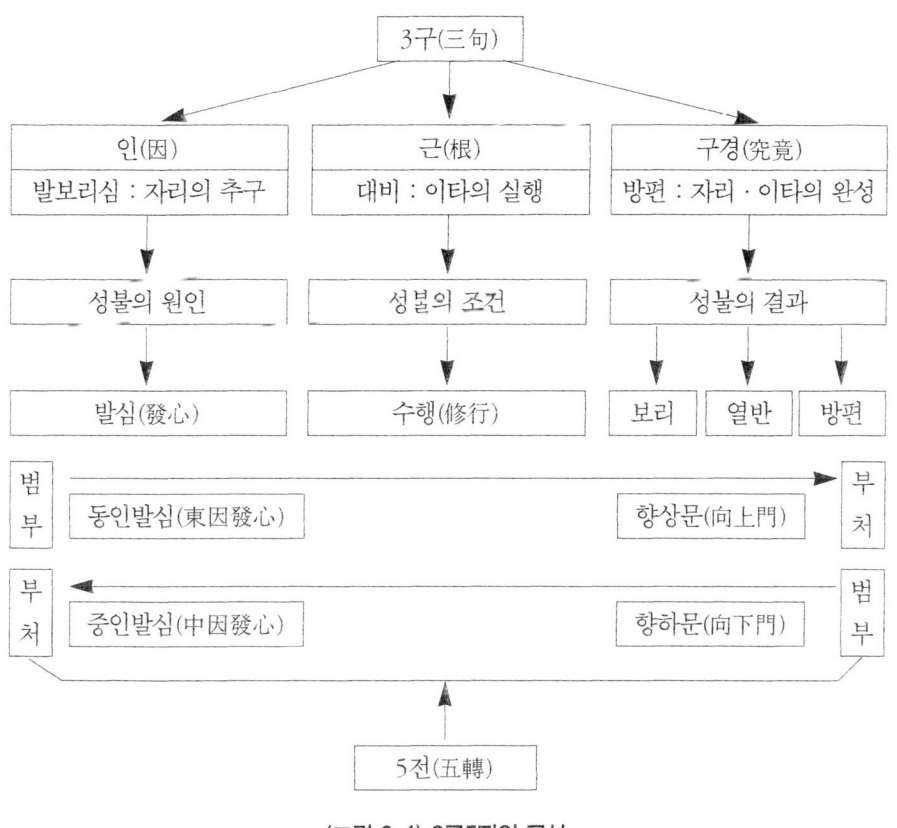

〈그림 6-4〉 3구5전의 구성

　瑜伽行)이란 수행자가 규정된 형식에 의한 신(身)·구(口)·의(意) 삼밀을 행하여 여래의 삼밀과 합일시키는 수행법이다.

　수인을 맺는 것은 신구의(身口意) 삼밀 중에서 신밀(身密)에 해당한다. 부처와 보살의 수인은 중생을 구원하려는 서원이며 실천을 상징한다. 따라서 수행자가 수인을 맺는 것은 부처의 서원과 실천을 그대로 자기의 이상으로 삼아 여실하게 실현하겠다는 표현이다. 수인에서 왼손과 오른손 및 그 손가락이 상징하는 것을 다음의 〈표 6-3〉에 나타내었다.

⟨표 6-3⟩ 수인에서 손과 손가락의 상징

| 오른손 : 여래 | | | | | 왼손 : 중생 | | | | |
|---|---|---|---|---|---|---|---|---|---|
| 엄지 | 검지 | 중지 | 약지 | 소지 | 엄지 | 검지 | 중지 | 약지 | 소지 |
| 공(空) | 풍(風) | 화(火) | 수(水) | 지(地) | 공(空) | 풍(風) | 화(火) | 수(水) | 지(地) |
| 식(識) | 행(行) | 상(想) | 수(受) | 색(色) | 식(識) | 행(行) | 상(想) | 수(受) | 색(色) |
| 지(智) | 력(力) | 원(願) | 방편 | 지혜 | 선정 | 정진 | 인욕 | 지계 | 보시 |

    입으로 진언을 외우는 것은 수행자의 구밀이다. 원래 진실의 세계인 부처의 경지를 세속의 말과 언어로는 표현할 수 없다. 단지 부처의 언어인 진언과 다라니로 나타낼 수 있을 뿐이다. 따라서 수행자가 진언과 다라니를 염송한다는 것은 그의 구업(口業)이 부처의 구밀과 동일하게 한다는 것을 의미한다. 이를 통해 부처와 합일을 이루는 것이다.

    고대 인도에서는 우주를 구성하고 있는 기본적인 단위를 소리라고 생각했다. 따라서 소리를 현대의 전기처럼 만물을 움직이는 요소로 보았다. 특수한 주문을 외우면 바위가 움직이는 알리바바의 이야기는 이것을 비유한 것이다. 또 현대에서도 군대가 긴 다리를 지나갈 때는 행진곡이나 군가를 부르지 않고 조용히 지나간다. 그것은 행진곡의 진동과 다리의 진동이 일치할 때, 즉 공명이 될 때 다리가 무너지기 때문이다. 또 통일신라시대에 명랑법사에 의한 문두루비법과 주문에 의해 당나라 수군이 전멸한 것도 같은 맥락에서 설명이 가능하다. 현재의 밀교 아사리들이 진언에 의해 양재초복(禳災招福)이 가능하다는 것도 소리의 효능을 믿고 있기 때문일 것이다. 이처럼 수행자가 진언을 통해 특별한 소리를 만들어낼 때 알리바바의 바위처럼 수행자의 가슴을 막고 있던 바위가 사라지고 진리의 세계인 부처와 합일을 이루는 것이 구밀이다.

    뜻〔意〕이 삼마지에 머무는 것을 의밀이라 한다. 삼마지는 이미 앞에서 서술했듯이 정신을 통일하여 우리의 마음을 6대체대와 아자본불생의 경지에 머무르게 하는 것이다. 삼마지에 머물러 내가 곧 대일여래[我卽大日如來]이고, 내 마음이 곧 본존[自心卽本尊]이며, 여래는 진실로 자기의 마음을 아는 것[如實知自心]을 관하는 것이 의밀이다. 이를 통해 수행자의 마음을 여래와 일치시킬 때 수행자와 부처는 둘이 아닌 하나가 된다. 삼마지에 머무는 관법에 대해서는 나중에 설명하겠다.

### 2-2. 무상삼밀유가행(無相三密瑜伽行)

유상삼밀행은 수인[身密]·진언[口密]·삼마지[心密]라는 외형적인 형식을 갖춘 수행법이다. 이에 반해 무상삼밀행은 어떠한 형식도 없이 수행자의 일상생활 속에서 모든 행위·말·생각을 여래와 동일하게 하는 것을 말한다. 즉 수행자의 일거수일투족은 부처의 행위이고, 입을 열어 소리를 내면 그것은 모두 부처의 언어인 진언이며, 마음에 한 생각을 일으키면 그것은 여래의 마음이다. 유상삼밀이 이처럼 무상삼밀로 될 때 비로소 우리들의 현실생활은 그대로 참된 종교생활이 되는 것이다. 밀교에서 궁극적으로 추구하는 생활종교의 본질은 무상삼밀의 실천에 있다.

### 2-3. 삼밀관행의 예 : 대한불교진각종

| 신밀 1 : 자성참회(自性懺悔) ||
|---|---|
| 의미 | 탐진치의 근원을 뽑고 영원히 탐진치를 행하지 않기로 약속하는 참회 |
| 자세 | 길상좌　　　　　　　　　　　　　금강합장 |
| 참회내용 | • 교리참회(종지를 굳게 세우고 마음속에 일어나는 마와 번뇌를 항복시키는 참회)<br>"육대 사만 삼밀. 우주본체인 지수화풍공식 6대를 체로 하고, 대만다라·삼매야만다라·법만다라·갈마만다라 4만을 상으로 하고, 신어의의 3밀을 용으로 하여 유위·무 |

| | |
|---|---|
| 참회 내용 | 위 일체의 일과 이치에 지혜가 밝고, 대비결정코 용예(勇銳)하여 6행으로 내 종지를 굳게 세워 마군을 항복시키고 외도를 제어하여 구경성불하겠나이다." <br>• 회향참회(만다라를 이루는 불보살에게 귀명하면서 현실생활을 충실히 하겠다는 참회) <br>"5불 4바라밀 16대보살 8공양 4섭에 귀명하나이다. 탐하고 성내고 어리석은 마음 없애고 부모에게 복업 짓고 삼보에 단시하여 가정 안에 진에 없고 빈곤 없게 하겠으며, 항상 3밀을 행하여 뜻으로 악한 마음과 입으로 악한 말과 몸으로 악한 행동은 결정코 끊어 없애겠으며, 상대자의 저 허물은 내 허물의 그림자로 알겠습니다. 6대 4만 3밀. <br>• 실천참회(탐진치를 없애고 현실생활을 안락하게 하겠다는 서원의 참회) <br>"무시광대겁으로부터 금일에 이르기까지 무아에 어두워서 탐심과 진심과 사견으로 말미암아 몸과 입과 뜻으로 지은 죄를 다 드러내어 참회하나이다. 이제부터 단시(檀施)의 실지(悉地)를 성취하여 간탐심(慳貪心)을 없애고 안인(安忍)에 미묘한 공덕을 내증하여 진에(瞋恚)를 없애고 인과의 이치를 신해(信解)하여 사견을 없애겠사오며 신심으로 정례(頂禮)하나이다. 6대 4만 3밀." |

위의 자성참회 후 합장을 풀고 법계의 불보살을 수행자의 몸에 정좌하는 신밀 수행을 다음과 같이 행한다.

| 신밀 2 : 불보살을 수행자의 몸에 정좌 | |
|---|---|
| 의미 | 법계의 모든 불보살과 중생 내심의 불보살과 일치 |
| 자세 | 길상좌 |
| 점안 순서 | 몸의 중앙인 배꼽에 옴 비로자나불, 그 왼편에 마 아축불, 명문에 니 보생불, 오른편에 반 아미타불, 단전에 메 불공성취불, 인후에 훔 금강보살이라 부르면서 모심. 이렇게 점안한 불보살은 관행하는 나 자신과 하나 됨을 의미. |

신밀을 행한 후 길상좌에 지권인을 하고 구밀을 행한다.

| | 구밀 : 법신불의 본심진언인 옴마니반메훔 염송 |
|---|---|
| 의미 | 중생 마음의 소리는 법신불 마음의 소리와 같은바, 붓다의 본심진언을 염송하여 붓다의 본심과 중생의 본심이 합일이 되도록 하는 것 |
| 자세 | • 길상좌<br>• 수인 : 금강지권인 |
| 염송 | • 법신붓다의 본신진언 **옴마니반메훔**을 염송(옴마니반메훔은 관음보살의 진언이나 관음은 법신의 응신이므로 법신의 본심진언이 됨)<br>• 음성염송→금강염송(소리를 내지 아니하고 자신의 귀에 들릴 정도로 염송)→삼마지염송(금강염송보다 한 차원 높은 것으로 소리를 내지 않고 입 속에만 진언이 가득 차게 염송)→진실염송 |

옴마니반메훔의 구밀을 행하면서 의밀인 부처님의 마음을 관한다.

| | 의밀 : 붓다의 마음을 관(觀)하는 것 |
|---|---|
| 자세 | 길상좌. 금강지권인 |
| 관법<br>(觀法) | 옴마니반메훔을 염송하면서 관념함. 많은 관법 중 한 방법이 몸의 중앙인 배꼽에 비로자나불, 왼편에 아축불, 명문에 보생불, 오른편에 아미타불, 단전에 불공성취불, 인후에 금강보살을 차례로 관하여 가는 것과 동시에 나 자신이 부처님과 하나라는 생각을 함 |

## 2-4. 밀교의 가지기도(加持祈禱)와 수인(手印)의 의미

### 2-4-1. 가지기도(加持祈禱)

『장아함경』에 의하면 석존은 제자들에게 사문은 브라만 교도처럼 운세의 길흉을 점치거나 주술로 원하는 바를 성취하려는 기도를 해서는 안 된다고 설하였다. 지금도 현교인 조계종에서는 세속적인 원망성취(願望成

就)를 위한 기도나, 사주로 운세를 점치는 것을 금지하고 깨달음을 추구하고 있다.

그러나 밀교에서는 석존이 설한 무아(無我)의 근저에 대아(大我), 즉 욕망부정의 구극에는 대욕(大欲)의 청정함을 설한다. 그래서 욕망성취를 위한 주문은 여래의 삼매로부터 유출된 진실의 언어이며, 생명을 축복하는 기도는 불교의 진수(眞髓)라고 하였다. 이것은 석존이 설한 내용과 상반되는 것처럼 보인다. 그러나 밀교는 불교가 최후에 개화한 대승불교이다. 따라서 석존이 설한 기도에 대한 부정적인 말의 의미, 즉 석존의 흉중을 헤아려 대긍정(大肯定)의 사상을 전개한 것이 밀교이다.

깨달음에 이르기 위해서는 일체의 세속적 욕망을 단절하는 길이 정도일 것이다. 그러나 욕망에도 귀를 기울여 이것을 승화하여 깨달음을 얻는 길도 있다. 그 비밀은 가지(加持)에 있다.

밀교에서 세속적인 원망성취(願望成就)를 위한 기도는 식재법(息災法)·증익법(增益法)·경애법(敬愛法)·조복법(調伏法) 등으로 분류한다. 이것의 원형은 고대 인도에 있었던 베다시대의 가지기도(加持祈禱)이다. 베다시대의 인도인들은 자기의 원망(願望)을 신들에게 기도하면서 자기는 변화하지 않는 것이었다. 그러나 밀교의 가지기도는 기도하는 수행자의 심적인 변화를 기조로 한다. 구카이[空海]는 『즉신성불의(卽身成佛義)』에서 이렇게 말했다. "가지라는 것은 여래의 대비와 중생의 신심(信心)을 말한다. 부처의 빛의 그림자가 중생의 마음의 물[心水]에 나타나는 것을 가(加)라 하며, 행자의 마음의 물[心水]이 부처의 빛에 감응하는 것을 지(持)라 한다." 즉 부처가 나에게 들어오고 내가 부처에게 들어감[入我我入]을 의미한다. 중생이 자기의 원망달성을 위하여 부처를 이용하거나 수단화하는 것이 아니라 부처에게 귀의하여 삼매에 들어가 본존과 입아아입(入我我入)하는 것이 가지기도이다.

밀교의 근본원리에 의하면 우주만상의 지수화풍공식의 6대와 나 자신의 6대는 본래 무애(無碍)하여 일체이다. 또 온 우주근원의 현현인 대일여래는 지혜와 자비로 6대를 우리들 중생에게 계속적으로 공급해 준다. 그러나 중생들은 욕망과 집착으로 우주만상과는 멀어져 자신은 4대만다라와의 조화가 깨어지고, 아집에 의해 대일여래의 현현인 자연마저도 파괴하고 있다.

집착과 아집에 미혹된 중생들은 가지(加持)에 의해 우리의 근본인 대일여래에 귀명한다. 이때 아집의 두꺼운 껍질이 깨트려져 몸과 마음이 대일여래와 일체가 되어 진정한 기쁨을 맛볼 수 있다. 이것이 밀교에 있어서 가지기도의 진면목이다.

밀교의 가지기도를 하는 부류는 욕망성취를 주(主)로 하는 세속의 중생들과 깨달음을 추구하는 출가자의 둘로 나눌 수 있다. 중생들이 성취하고자 하는 것은 무병장수·가내행복·인간관계 원만 등의 양재초복(禳災招福)이다.

이러한 중생들의 소원성취를 기원하는 가지기도는 부처와 소원을 주관하는 원주(願主)와 수행자의 3인의 관계에서 이루어진다. 3인이 일체가 되도록 관념을 한곳에 집중하여 삼밀상응(三密相應)하면 거리가 아무리 멀어도 가지감응이 이루어진다. 이때 기도의 효험은 빨리 일어날 수도 늦게 일어날 수도 있다. 또 때로는 효험이 금생(今生)이 아닌 후생(後生)에 일어날 수도 있다. 모든 것은 인연에 의해 일어나기 때문이다.

효험이 바로 나타나면 그 기쁨 후에 다시 새로운 원을 기도하게 된다. 이러한 세간의 욕망이 이루어지면 그에 따라 새로운 책임과 중요한 일들이 생겨난다. 이러한 기도가 계속적으로 이루어질 때 최후에는 진실로 부처에 귀명(歸命)하여 최고 최대의 이익인 깨달음을 성취하게 되는 것이다. 이것이 가지기도의 진정한 의미이다.

### 2-4-2. 수인(手印)

수인(手印)이란 불상의 손이나 손가락의 형태를 말한다. 인(印)의 어원은 산스크리트어 무드라(mudrā)를 의역한 것이다. 그 어원은 알 수 없지만 『잡아함경』에 "승려는 무드라인 인장(印章)을 금·은·유리·수정 등의 값비싼 귀금속이나 보석으로 만들지 않았다"는 기록이 있다. 이것을 보면 근본불교에서 무드라는 인장을 지칭하는 글자로 추정된다. 이것이 대승경전에서는 인장(印章)과 같이 진실을 뜻하는 말로 사용되었다. 또 밀교경전에서는 인(印)을 법계(法界)의 상징 혹은 불보살의 깨달음의 상징으로 표현하였다. 여기서 인(印)이란 수인(手印)을 비롯한 불보살의 지물인 검·연화·금강령 등의 지물이며, 종자진언도 인(印)이 된다.

불교에 있어서 인(印)의 기원은 인도 서북지역에 있는 간다라에서 출토된 불상이다. 석존 입멸 후 5백여 년간 석존을 표현하는 방법은 보리수나 법륜 등이었다. 인간적인 존상을 만든 곳은 기원 전후에 그리스의 영향을 받은 간다라지역이다. 이때 불상의 수인은 합장인·선정인·여원인·설법인·촉지인·시무외인이었다. 그후 6세기경에 밀교의 『모리만다라주경(牟梨曼茶羅呪經)』에서 16개의 인(印)이 소개되었고, 『다라니집경(陀羅尼集經)』에서는 3백여 개의 수인이 제시되었다.

인(印)은 진실의 세계인 법계로서 깨달음의 경지를 상징하므로 수인을 결하는 손과 손가락의 하나하나에는 깊은 의미가 있다. 그러한 인(印)에 진언과 관념을 집중하여 수행을 행한다. 이때 부처의 삼매와 일체화가 되는 깨달음의 경지에 이르면 도장을 찍는 것처럼 확실하게 수행자의 마음도 부처의 마음이 되는 것이다.

### 3. 밀교의 관법(觀法)

불교에서는 명상하는 것을 관법(觀法)이라 한다. 밀교의 관법은 명상을 통하여 모든 존재 속에 내재되어 있는 자심(自心)을 찾아내는 작업이다. 이러한 관법에는 여러 가지가 있으나 중요한 것은 아자관(阿字觀)과 오상성신관(五相成身觀)이다. 아자관은 『금강정경』의 요소가 가미된 『대일경』계통의 관법이며, 오상성신관은 『금강정경』계통의 관법이다.

3 1. 아자관(阿字觀) : 월륜관(月輪觀) · 아자관(阿字觀)

아자관은 아자(阿字)를 자심(自心)의 실체로 하는 관법이다. 자심이란 본불생(本不生)이면서 연화(蓮花)처럼 청정하고 월륜(月輪)처럼 빛나는 수행자 자신의 본체이다. 이 본체를 진여라 한다. 진여를 자신 속에서 찾기 위해 자신 밖에 있는 아자나 월륜 그리고 연화 속에서 진여실상(眞如實相)을 찾은 다음 그것을 자심과 일체화시키는 수행법(修行法)이다. 일체화가 되었다는 것은

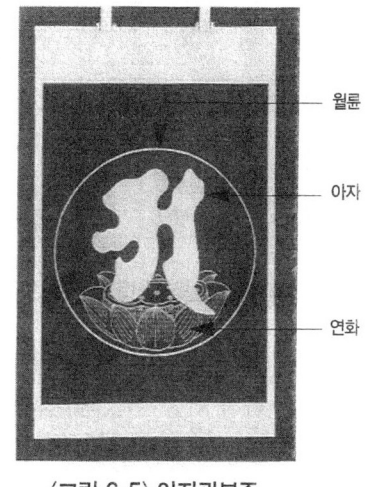

〈그림 6-5〉 아자관본존

부처가 내게 들어오고[佛入於我] 내가 부처에게 들어가[我入於佛] 대일여래와 합일이 되는 것을 말한다.

아자관본존(阿字觀本尊)의 구성은 〈그림 6-5〉와 같이 먼저 직경 약 45cm의 만월과 같은 흰 원을 그린다. 이것을 월륜(月輪)이라 한다. 원 안에는 8엽의 연화가 있으며 그 위에 아자(阿字)가 올려져 있다. 여기서 아자관의 월륜은 대일여래의 지혜를 상징하고, 8엽의 연꽃은 만물을 생육시키는 자비를 상징한다. 아자는 우주(宇宙)를 뜻하는데 우(宇)는 무한한 공간을, 주(宙)는 무한한 시간을 의미한다. 그러므로 아자는 결국 일체의 공

간과 시간을 상징하는 글자이다.

### 3-1-1. 월륜관(月輪觀)

〈그림 6-6〉 길상좌 법계정인

월륜관은 일본 진언종의 기본적 명상이다. 아자관을 명상할 때도 그 전 단계로 월륜관부터 들어간다. 월륜이란 만월(滿月)을 가리킨다. 진리를 완전무결한 둥근 거울에 비유한 것이다. 그러한 무결점(無缺點)의 만월이 자신의 마음이 된다. 만월을 통해 자심은 청정한 깨달음에 이른다. 수행은 다음과 같이 한다.

아자관본존의 1m 뒤에서 반가부좌인 길상좌를 하고 법계정인의 수인을 한다. 아자관본존의 월륜(月輪)이 수행자의 눈높이가 되도록 한다. 눈은 반쯤 감고 입으로는 대일여래의 진언을 염송하며 월륜을 관상한다. 수행자의 신체 전체가 월광에 싸인 것처럼 달과 자기를 분별하지 못하는 단계까지 관상을 계속한다. 드디어 명상은 자아를 초월한 심화된 단계로 접어든다. 모든 것은 공으로 고정된 실체가 없는 무아의 경지가 되며, 이것을 초월하여 자아가 진여의 세계인 월광(月光)의 세계로 들어간다. 이때 자신이 곧 법계이며, 법계가 자신임을 체득한다. 이러한 관법을 월륜관이라 한다.

### 3-1-2. 아자관(阿字觀)의 작법례(作法例) : 일본 진언종

아자관행의 순서는 아래와 같이 한다.

① 입당(入堂) : 손을 깨끗이 씻고, 입을 헹구고, 몸과 마음을 청결히 하고 조용히 도량으로 들어간다.
② 착좌(着座) : 합장하고 아자관본존에 공손하게 삼례(三禮)를 올린 후 아자관본존의 1m 뒤에서 반가부좌인 길상좌를 한다.
③ 서원(誓願) : 합장하고 다음의 5대원(五大願)을 염송한다.
중생무변서원도(衆生無邊誓願度) : 중생이 끝이 없을지라도 제도를 서원하며
복지무변서원집(福智無邊誓願集) : 복지가 끝이 없을지라도 모으기를 서원하며
법문무변서원학(法門無邊誓願學) : 법문이 끝이 없을지라도 깨치기를 서원하며
여래무변서원사(如來無邊誓願事) : 여래가 끝이 없을지라도 섬기기를 서원하며
보리무상서원증(菩提無上誓願證) : 깨달음이 위가 없을지라도 증득을 서원한다.
④ 염송 : 본존진언을 108번 염송한다.
⑤ 조식(調息) : 법계정인을 결하고 조용히 호흡하며 마음을 안정시킨다.
⑥ 정관(正觀) : 법계정인과 길상좌의 상태에서 아자의 의미를 관하는 실상관(實相觀)으로서 본불생(本不生)의 진리를 관상(觀相)한다. 아를 명상하는 아자관은 월륜관을 좀더 심화하여 미혹에 물든 소아(小我)를 해체해서 대일여래의 본체인 우주와 합일을 이루는 관법이다. 처음에는 만월을 명상하는 월륜관을 수행하고, 다음에는 아자에 정신을 집중하여 자기의 마음과 아자가 합일을 이룰 때까지 명상을 한다. 합일이 이루어질 때가 깨달음이 실현된 것이다.

*종혁스님이 쓴 『밀교학개론』에서는 정관(正觀)을 다음과 같이 설명

했다.

본존불 → 자심(自心) → 우주 → 자심 → 본존의 순으로 관한다.
㉮ 아자본존불(阿字本尊佛)을 관한다.
㉯ 살그머니 눈을 감는다.
㉰ 그 상태에서 월륜을 보면서 '자심이 바로 월륜이다'〔自心卽是月輪〕라 관한다.
㉱ 월륜 속에 연화 있고 연화 위에 아자 있어 오색광(五色光)을 내뿜고 있다고 관한다.
㉲ 5지(五智)를 상징하는 오색광이 중생성(衆生性)인 식(전5식·6식·7식·8식·9식)을 차례차례 깨트리고 있다고 관한다.
㉳ 본존의 아자가 바로 자심의 아자〔本尊阿字卽是自心阿字〕이니 아자가 내게 들어오고 내가 아자에 들어간다〔阿字入我我入阿字〕고 관한다.
㉴ 아자가 우주에 가득 차 있다고 관한다. 곧 일체중생이 바로 부처이다〔一切衆生卽是佛〕라고 관한다.
㉵ 가슴속에 안치해 둔 아자본존을 서서히 제자리로 환원시킨다.

⑦ 출정(出定) : 아자관의 명상을 계속하여 피로감을 느낄 때 서서히 선정을 풀고, 좌석에 앉은 채로 본존에게 예배한다. 그후 2, 3회 심호흡을 하고 가볍게 몸을 풀고 조용히 일어나 입당(入堂) 때와 동일하게 합장예배하고 도량(道場)을 나간다.

위와 같이 아자관을 수행할 때에는 밀교의 지도자인 아사리(阿闍梨)의 지도하에 이루어져야 한다.

### 3-2. 오상성신관(五相成身觀)

오상성신관은 『금강정경』의 대표적 관법(觀法)이다. 5단계로 나누어진 관법으로 수행자가 자기의 몸과 마음은 본래 청정하여 여래와 동일하다는 것을 깨달아 가는 것이다. 오상(五相)을 차례로 통과하여 범부의 신구의(身口意)가 그대로 여래의 신구의가 되는 관법이다. 방법은 마음을 집중히고 다음과 같이 5개의 상(相)을 관상(觀想)하여 여래의 지혜를 자성(自性)으로 체득시킨다.

● 제1단계 : 통달보리심(通達菩提心)

'인간의 마음은 본래 만월과 같이 청정하나 탐욕과 성냄과 우매함으로 번뇌라는 구름에 감추어져 있을 뿐이다' 라는 것을 관한다.

● 제2단계 : 수보리심(修菩提心)

명상수행을 계속하며 조금씩 번뇌의 구름을 벗겨내니 만월의 모습이 보이기 시작하는 단계이다.

● 제3단계 : 성금강심(成金剛心)

번뇌의 구름은 다 벗겨지고 만월이 나타난다. 우주를 뜻하는 만월은 나와 일체이다. 나는 우주 그 자체이다라고 관한다. 동시에 5지(五智 : 대원경지 · 평등성지 · 묘관찰지 · 성소작지 · 법계체성지)의 상을 관상할 수 있어야 한다.

● 제4단계 : 증금강신(證金剛身)

3단계에서 관상한 다섯 가지의 지혜를 오고금강저(五鈷金剛杵)로 대체하여 관한다. 즉 자신이 대일여래의 분신인 금강살타라고 관하는 단계이다.

● 제5단계 : 불신원만(佛身圓滿)

5지를 완전히 체득하여 내가 곧 부처라는 것을 관하는 단계이다.

오상성신관(五相成身觀)을 다음의 〈그림 6-7〉로 나타내었다.

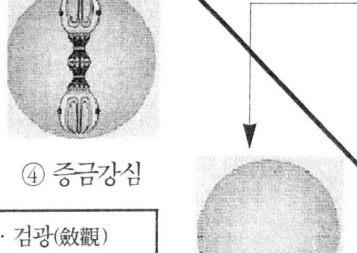

③ 성금강심

만월 안에 5지혜를 관상

- 대원경지 : 영원한 생명을 가진 인간이 큰 둥근 거울〔滿月〕에 비친 것을 관하는 지혜
- 평등성지 : 인간을 누구나 평등한 가치를 지닌 존재로 관하는 지혜
- 묘관찰지 : 인간을 자비의 마음을 가진 존재로 이해하는 관
- 성소작지 : 인간을 개성을 가진 존재로 이해하는 관
- 법계체성지 : 4지혜를 총합한 지혜

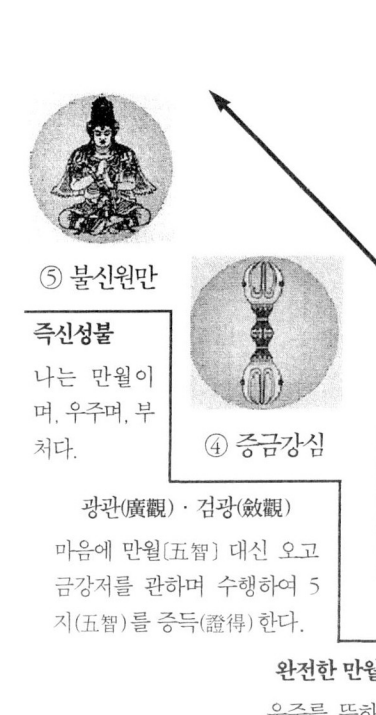

⑤ 불신원만

**즉신성불**
나는 만월이며, 우주며, 부처다.

④ 증금강심

**광관(廣觀)ㆍ검광(歛觀)**
마음에 만월〔五智〕 대신 오고 금강저를 관하며 수행하여 5지(五智)를 증득(證得)한다.

③ 성금강심

**완전한 만월 : 5지(五智)**
우주를 뜻하는 완전한 만월은 나와 일체이다. 나는 우주 그 자체이다.

② 수보리심

**번뇌의 구름을 제거**
나는 번뇌에 싸인 중생임을 깨닫고 발심ㆍ명상수행을 계속하여 번뇌의 구름을 벗겨낸다.

① 통달보리심

**만월륜**
나의 마음은 본래 청정한 보름달인데 탐진치라는 번뇌의 구름에 가리어 보이지 않을 뿐이다.

〈그림 6-7〉 오상성신관

## 4. 성불을 위한 3밀구궐(三密具闕)의 문제

3밀구궐이란 성불을 위한 수행에 있어서 신구의(身口意) 3밀을 모두 갖춘 3밀쌍수(三密雙修)라야만 하는가, 그렇지 않으면 구밀・신밀・의밀 중에서 하나 또는 두 개의 밀(密)로 수행할 때 성불이 가능한가 하는 문제이다. 일본에서의 이 논쟁은 12세기에 농밀의 고야산 진언종에서 분파된 신의진언종(新義眞言宗)과 고의진언종(古義眞言宗)에서 벌어졌다. 신의파에서는 하나 또는 두 개의 밀로도 성불할 수 있다 하였고, 고의파에서는 3밀쌍수(三密雙修)로만 성불할 수 있다고 했다.

수행자의 말과 신체 그리고 마음의 전체적인 활동을 현교에서는 3업(三業)이라 한다. 그러나 밀교에서는 3밀이라 한다. 수행자 각각의 신구의의 전신적(全身的) 개인경험이 성립하는 배후에는 온 우주의 생명인 법신이 있다. 온 우주공간과 과거・현재・미래 전 시간의 본체인 법신과의 감응에 의해 수행자 개인의 모든 행동이 성립되는 것이다. 이러한 개인경험과 우주적 생명의 동일성은 논리적으로 이해되고 설명될 수 있는 것이 아니다. 그래서 이것을 밀(密)이라 한다.

이러한 밀은 신구의 3밀로 구성되어 있다. 3밀에 의해서 경험된 우주와의 합일이라면 성불도 3밀 전체에 의한 수행일 때만 가능하다는 것이 고의파에서 주장하는 3밀쌍수이다. 그러나 신의파에서는 3밀쌍수가 아니어도 성불이 가능하다고 주장한다. 예를 들면 일본에는 구밀만으로 수행하는 진언종(眞言宗)이나 신밀로 수행하는 유가종(瑜伽宗)이 있다. 진언종에 의하면 구밀이란 일상생활에서 사용하는 언어가 아니다. 구밀은 진언(眞言)으로 진실의 세계인 여래의 세계를 언어로 상징한 것이다. 신밀과 의밀도 여래의 세계를 구밀과는 방법만 다르게 나타낸 것이다. 3밀이 각각 각도를 달리하여 진실의 세계를 상징하였기 때문에 구밀, 신밀 또는 의밀의 1밀(一密)은 3밀을 대표한다고 할 수 있다. 따라서 1밀(一密)의 수행만으로도 성불이 가능한 것이라고 주장한다.

일본 진언종의 구카이는 『성자실상의(聲字實相義)』에서 언어와 문자가 어떻게 여래의 세계를 상징하는가를 체계적으로 서술했다. 그 내용을 아래에 소개한다.

여래의 설법은 반드시 문자로 기록한다. 문자의 소재(所在)는 6진(六塵)에 있다. 6진이란 안·이·비·설·신의 5관과 의식(意識)이다. 문자란 눈으로 보는 보통의 문자가 아니라 감각과 의식에 의하여 인식된 것이며, 6진의 본체는 여래의 3밀을 가리키는 것이다. 또 만물은 울림인 진동이 수반되어 소리가 난다. 성자실상(聲字實相)이란 여래의 3밀이며, 중생이 본래부터 갖춘 만다라이다. 결국 부처의 진리는 소리가 되어 우주를 울리게 되고, 이것이 문자로 나타나 중생들에게 평등하게 설법을 하는 것이다. 따라서 삼라만상은 여래의 울림인 구밀로 그 모습을 드러낸 것이다. 이것을 구카이는 다음의 게송으로 나타내었다.

| | |
|---|---|
| 5대(五大)에 모두 울림이 있어 | (만다라의 제존인 5대는 모두 울림이 있어) |
| 10계(十界)에 언어가 갖추어졌네. | (성속의 모든 세계에 진리의 언어가 갖추어졌네.) |
| 6진(六塵) 모두는 문자가 되어, | (사물의 형·색·움직임을 문자로 나타내니,) |
| 이것이 바로 법신의 실상이라네. | (법신이란 부처의 광명을 전세계에 비추는 몸체라네.) |

『성자실상의』의 내용을 〈그림 6-8〉로 요약하였다.

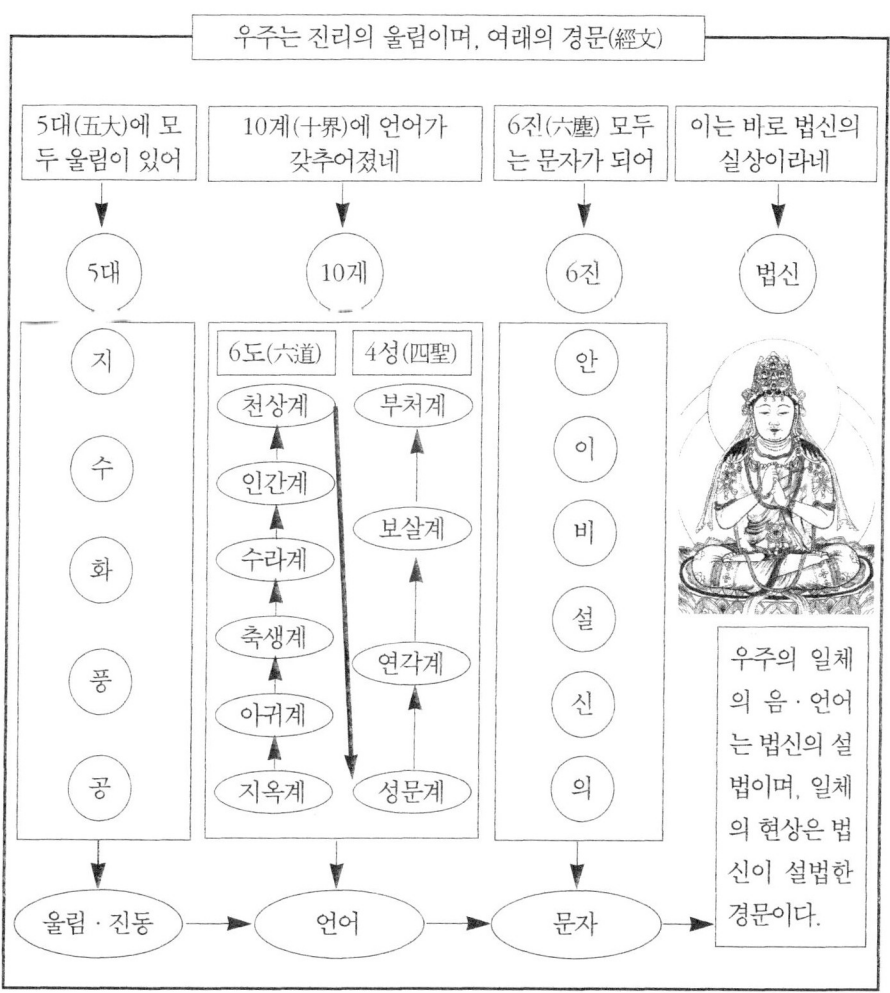

〈그림 6-8〉『성자실상의』의 구성

제6장 성불론(成佛論) 459

## 제3절 성불의 단계

### 1. 번뇌의 제거와 불법의 증득(證得) : 단혹론(斷惑論)과 증리(證理)

밀교수행은 본유(本有)와 수생(修生)의 방법이 있다. 본유의 입장으로 보면 보리는 본래 중생이 갖추고 있는 것이므로 특별한 수행이 없어도 성불할 수 있다. 그러나 수생의 입장은 보리란 3밀의 수행에 의해서만 성불할 수 있다고 주장한다. 본유는 범부를 곧 부처로 본다. 따라서 본유로 보면 범부는 부처의 모든 덕을 완전히 갖추고 있어서 결함이 없음을 의미한다. 수생이란 범부는 범부이고 부처는 부처로 보는 것이다. 범부가 부처라 하더라도 부처가 가능하다는 뜻이며, 사실은 미혹한 번뇌에 시달리는 범부라고 보는 것이 수생이다. 본유는 광석 가운데 금이며, 수생은 광석의 때를 없애고 금을 얻는 것과 같은 것이다.

우리들 중생은 본유의 입장에서는 깨달은 부처이나 현실로 보면 분명 미혹한 범부이다. 따라서 여래인 자기를 발견하기 위해서는 수행이 필요하다. 수행의 근본문제는 번뇌, 즉 무명(無明)을 없애는 것이다. 번뇌가 있다면 결코 부처로서 참된 자기를 여실하게 알 수 없다. 참된 자기를 아는 여실지자심(如實知自心)이란 결국 번뇌를 단절시키는 것에서부터 시작한다. 결국 성불에 대한 단계의 문제는 실천수행에 의해 번뇌인 미혹을 없애는 단혹론(斷惑論)과 불법의 증득(證得)인 증리(證理)를 취급하는 것이다.

밀교에서는 단혹(斷惑)과 증리(證理)의 문제를 부정적이고 소극적인 방법인 차정문(遮情門)과 긍정적이고 적극적인 방법인 표덕문(表德門)의 두 가지로 해설한다. 차정문에 의한 설명은 3겁(三劫)과 6무외(六無畏)이며, 표덕문에 의한 방법은 10지(十地)로 설명하고 있다.

## 2. 차정문(遮情門) : 3겁(三劫)과 6무외(六無畏)

### 2-1. 3겁(三劫)

3겁은 3개의 겁(劫)이란 의미이다. 겁(劫 : kalpa)은 고대 인도의 리그-베다에서부터 인도의 대서사시 마하바라타에 이르기까지 등장하는 시간의 단위이나. 이때의 1겁은 42억 3천만 년을 의미하였다. 이것이 불교에 들어와 앞에서 기술한 바와 같이 반석겁(磐石劫)이나 겨자겁(芥子劫)으로 비유한 것처럼 무한한 시간의 의미로 사용되었다. 3개의 겁을 현교에서는 3대아승기겁(三大阿僧祇劫)이라 말한다. 여기서 아승기는 산스크리트어 아-삼키야(a-samkhya)를 음역한 것이다. 아(a)는 무(無)의 뜻이며, 승기인 삼키야(samkhya)는 수(數)를 의미한다. 따라서 아승기겁(阿僧祇劫)이란 '쉽게 헤아릴 수 없는 무한의 시간'을 뜻한다.

무한의 시간을 의미하는 겁(劫)은 밀교에 도입되어 의미가 다르게 변하였다. 현교에서는 성불을 위해 무한대의 시간인 3아승기겁 동안 수행을 해야 한다는 의미이나, 밀교에서의 겁은 수행자의 마음속에서 일어나는 인식의 문제로 본다. 이러한 인식은 개인의 근기(根機)에 따라 3개의 단계가 있다. 이 3개의 단계를 밀교에서는 3겁이라 한다. 현교에서는 겁이란 번뇌를 끊어 버리는 데 필요한 시간의 관념으로 보고 있으나, 밀교에서는 성불을 이루는 마음의 변화과정을 세 개로 분류한 것이 3아승기겁이다.

『대일경소』에서는 1, 2, 3아승기겁은 3개의 과정을 의미한다고 기술했다. 그 과정은 추망집(麤妄執) · 세망집(細妄執) · 극세망집(極細妄執)이라고 하는 3단계의 망집(妄執)이다. 여기서 망집이란 허망한 집념 또는 허망한 법에 집착하는 것을 말한다. 결국 3아승기겁 또는 3겁이란 현교처럼 시간의 문제가 아니라, 마음에서 일어나는 인식상의 집착의 정도를 추

(麤)·세(細)·극세(極細)의 3종으로 분류한 것이다.

제1겁인 추망집(麤妄執)이란 인무아(人無我), 즉 아공(我空)의 이치를 알지 못하는 무명이다. 이것을 인집품(人執品)의 미혹이라고도 한다. 인식의 주체인 우리들을 일컬어 자아(自我)라고 부르나, 사실은 5온(五蘊)이 연기에 의해 이루어진 것이므로 그 실체는 없다. 이것을 아공(我空) 또는 인공(人空)이라 한다. 10주심(十住心)으로 보면 제1주심부터 제3주심까지 세간의 3주심은 아직 아공의 도리를 깨우치지 못해 추망집에 머물러 있다. 그러나 제4주심의 성문승과 제5주심의 연각승은 추망집의 미혹을 끊어 아공(我空)의 이치를 깨달은 것이다.

제2겁인 세망집(細妄執)이란 법무아(法無我), 즉 법공(法空)의 이치를 알지 못하는 무명이다. 이것을 법집품(法執品)의 미혹이라고도 한다. 인식의 객체인 우주의 삼라만상을 일컬어 법(法)이라 한다. 일체의 제법은 인연에 의해 생긴 가유(假有)이므로 실체, 즉 자성(自性)이 없다. 제1겁에서 인식의 주체인 사람도 공[人空]인 것처럼, 객체인 우주만상도 공[法空]이다. 10주심으로 보면 제6주심의 법상종(法相宗)과 제7주심의 삼론종(三論宗)은 세망집의 미혹을 끊어 법공의 이치를 깨달은 것이다.

제3겁인 극세망집(極細妄執)이란 무명품(無明品)의 미혹을 말한다. 무명품은 진여가 일여평등(一如平等)한 것을 알지 못하고 현상의 차별적인 모습[能所]에 집착하여 현실세계의 온갖 번뇌와 망상(妄想)의 근본이 되는 미혹을 말한다. 능소(能所)에 집착하여 일체의 제법(諸法)에 공(空)도 가(假)도 아닌 중도(中道)의 원리가 작용함을 알지 못하는 것을 극세망집(極細妄執)이라 한다. 10주심으로 보면 제8주심의 천태종과 제9주심의 화엄종은 진여평등(眞如平等)의 이치를 체득하여 극세망집의 미혹을 끊어 중도의 이치를 알고 있는 것이다.

이러한 3겁의 사상은 현교의 시간론과 대비되는 밀교 독자의 실천철학이다. 3겁사상은 현교에서는 수행의 기간을 의미하나, 밀교에서는 수행에 있어서 질적으로 얕고 깊음을 뜻한다. 밀교에서 3겁을 초월한다는 것은 3개의 망집을 끊는다는 의미이다. 그러므로 밀교의 단혹은 점단(漸斷)이 아니라 돈단(頓斷)으로, 이것이 즉신성불이다. 이것을 『대일경소』에서는 다음과 같이 기술했다. "3망집을 제거하면 일생에 성불하는 것이니, 어찌 시분(時分)을 논하겠는가? 곧 깨달은 경지의 깊고 얕음은 수행의 길고 짧음에 있는 것이 아니라 수행의 질의 깊고 얕음에 있는 것이다."

3겁의 내용을 아래의 〈표 6-4〉로 요약하였다.

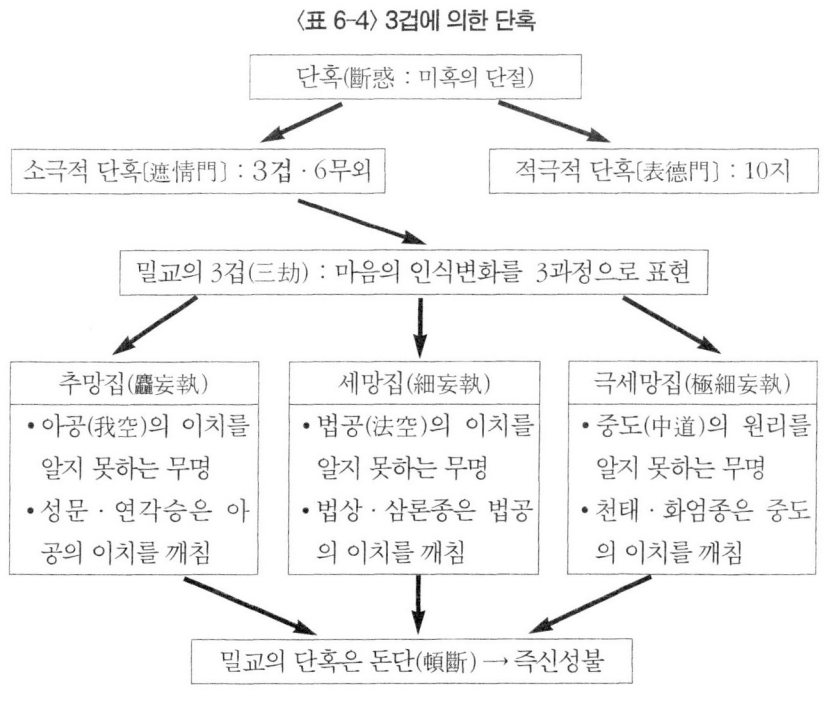

### 2-2. 6무외(六無畏)

앞의 3겁사상(三劫思想)은 밀교의 실천수행 중에서 주로 이성의 도야에 관계되는 수행이라 할 수 있다. 즉 자신의 이성 속에 있는 헛된 집착을 끊어 버리는 것을 말한다. 6무외는 3겁사상의 연결선상에 있다. 3겁설을 구체화하여 이성이 아닌 감성과 의지에 의한 전신적(全身的) 수행이 6무외이다. 6무외에 의한 수행을 통해 대일여래의 세계인 보리심을 체득하기 위한 것이다. 결국 6무외는 3겁사상을 6단계로 펼쳐 놓은 것이며, 이를 다시 밀교의 10주심교판에 연계시킬 수 있다.

현교에서의 6무외(六無畏)는 여섯 개의 두려움이 없는 마음의 상태를 말한다. 원래 무외(無畏)란 산스크리트어 니르바야(nirbhaya)를 의역한 것으로, 공포나 긴박감이 없는 자유로운 마음의 상태를 가리킨다. 밀교에서는 무외를 좀더 적극적인 의미로 나타낸다. 즉 무외는 아스바사(āsvāsa)를 의역한 소식(蘇息) 또는 니르바야-스타나(nirbhaya-sthāna)를 의역한 소식처(蘇息處)의 뜻으로 해석한다. 원래 소식 또는 소식처의 의미는 몸을 태우고 지(智)를 멸하여 적멸(寂滅)의 상태에 머무는 무여열반(無餘涅槃)을 말한다. 밀교에서는 번뇌에 의해 속박된 중생이 본래 자신에 내재된 보리심에 눈을 떠 죽음과 같은 번뇌에서 벗어나 진실한 자기를 깨닫는 것을 소식이라 한다. 이것은 종교의 본질인 한번 죽어서 다시 자기가 깨어나는 것으로, 자기의 부정에 의하여 큰 자기를 발견하는 것이다. 결국 6무외란 진실한 자기를 발견하는 과정을 6종으로 분류한 것을 말한다.

무외의 6종은 선무외(善無畏) · 신무외(身無畏) · 무아무외(無我無畏) · 법무외(法無畏) · 법무아무외(法無我無畏) · 평등무외(平等無畏)이다. 그 구체적인 내용은 다음과 같다. 첫 단계인 선무외에서부터 네 번째 단계인 법무외까지는 3겁 중에서 1겁에 해당한다. 이 단계는 인식주체에 의해 일어나는 번뇌인 번뇌장(煩惱障)에서 벗어나는 것이다. 또 다섯 번째 단계인 법무아무외는 제2겁에 해당하며, 인식객체에 의해서 일어나는 번뇌인 소지장(所知障)에서 벗어나는 것이다. 마지막인 평등무외는 제3겁에 해당하며, 근본무명에서 벗어나는 것이다.

2-2-1. 1겁(一劫) : 번뇌장(煩惱障)

① 선무외(善無畏)

도덕적으로 선한 생활로 들어가는 경지를 말한다. 먹을 것과 색욕을 탐하는 동물적 생활로부터 벗어나 인간으로서 이상을 추구하는 단계가 선무외이다. 살생을 하지 않고, 도둑질을 하지 않고, 삿된 음행을 행하지 않고, 거짓말을 하지 않고, 술을 마시지 않는 5계나, 살(殺)·도(盜)·음(淫)·망(妄)·기(綺)·양설(兩舌)·악구(惡口)·탐(貪)·진(瞋)·치(痴)를 행하지 않는 10선계(十善戒)를 지키는 것이 무외를 얻는 길이다. 즉 도덕적 선에 의한 신심(信心)에 소식(蘇息)을 얻은 것으로, 3밀의 수행에 눈이 뜨인 단계이다. 이 단계는 10주심으로 보면 제1주심에서 제3주심까지의 세간 3주심에 해당한다.

② 신무외(身無畏)

앞의 선무외는 단지 선과 악을 판별하여 도덕적 생활을 하는 단계이다. 신무외는 도덕적 생활에서 종교적 경험의 초보단계로 들어가는 경지이다. 그 첫 단계로 자기의 신체에 대한 집착을 끊어야 한다. 이것을 신무외(身無畏)라 하며, 이것을 성취한 것은 가장 낮은 단계인 성문승(聲聞僧)에 해당한다. 성문승은 부정관(不淨觀)을 비롯한 5정심관(五停心觀)에 의하여 육체에 대한 집착에서 벗어날 수 있다. 이 단계는 10주심으로 보면 제4주심에 해당한다.

5정심관이란 다섯 개의 마음을 통제하고 길들이는 관념이다. 그 첫째가 부정관이다. 부정관은 자기의 신체는 깨끗하지 못한 것들에 의하여 만들어졌다고 관념하는 것이다. 두 번째는 자비관(慈悲觀)이다. 이것은 일체의 만물에 대해서 자비의 생각을 지어서 성냄을 정지하는 관법이다. 셋째는 인연관(因緣觀)이다. 일체가 인연에 의해 생기는 것에 불과하다고 관하여 아견(我見)을 정지하는 것이 인연관이다. 넷째는 계차별관(界差別觀)이다. 이 몸은 오온(五蘊 : 색·수·상·행·식)과 12처(안·이·비·설·신·의+색·성·향·미·촉·법) 그리고 18계(앞의 12처에 眼識·耳識·鼻識·舌識·身識·意識을 합한 것)의 화합으로 이루어져 육체의 실체가 없다는 것을 아는 것이 계차별관(界差別觀)이다. 다섯째가 수식관(數息觀)이다. 이것은 들이쉬고 내쉬는 숨을 세어서 마음의 산란을 정지시키는 관법이다.

성문승은 5정심관에 의해 신체에 대한 집착을 벗어난 것이다. 이는 현교의 경지인 소기재(所寄齋)이며, 밀교의 경지인 능기재(能寄齋)로 보면 3밀수행의 결과 본존의 모습을 관득(觀得)하는 위치이다. 이것을 유상(有相 : 형식을 갖춘 삼밀)의 실지(悉地 : 삼밀이 상응하여 성취하는 묘과)라 한다. 또 소기재와 능기재는 밀교에 있어서 진리를 이해하는 방법으로, 직접 설명하기 어려운 밀교의 심오한 내용을 이해하기 쉬운 불법에 기대어 해석하는 것[寄齋]을 말한다. 즉 어려운 밀교의 내용이 능기재이며 이것을 쉬운 내용인 소기재로 해석하니, 소기재는 현교의 내용이다.

③ 무아무외(無我無畏)

우리의 몸은 본래 실체(實體)가 없다는 것을 알면 자기에 대한 집착으로부터 벗어날 수 있다. 집착을 떠나면 당연히 무아의 이치를 체득하는 것이다. 이 단계는 신무외(身無畏)가 더욱 심화된 것으로 현교의 성문승에 해당한다. 성문승은 무아의 이치를 완벽하게 체득하였으므로, 일체법(一切法)에 있어서도 무아의 상을 관(觀)한다. 이때 아(我 : 인식주체인 자아)와 아소(我所 : 인식객체인 일체법)의 속박을 벗어나는 것이다. 여기서 성문승을 소기재로 하면, 아(我)와 아소(我所)의 속박을 탈피하는 것은 능기재가 된다. 능기재인 밀교의 입장에서 무아무외(無我無畏)는 3밀수행의 성취로 자기 앞에 나타난 본존에 대하여 애착의 마음을 일으키지 않는 단계이다. 10주심으로 보면 신무외와 같이 제4주심에 해당한다.

④ 법무외(法無畏)

무아무외(無我無畏)는 인식주체인 인간은 실체가 없다는 인무아(人無我)를 관하는 경지였다. 이러한 인공(人空)의 세계에서 인식객체인 우주도 공(空)이라고 관하는 법공(法空)의 경지가 법무외(法無畏)이다. 소기재인 현교로 말하면, 객관세계는 인연에 의해 생겼다는 것을 아는 연각승(緣覺僧)의 위치가 법무외이다. 이것을 능기재인 밀교의 입장에서 보면, 수행자 앞에 나타난 본존은 물속에 비친 달이나 거울 속의 그림과 같이 자성(自性)이 없다는 것을 관하는 경지이다. 10주심으로 보면 제5주심에 해당한다.

2-2-2. 제2겁(第二劫) : 소지장(所知障)

⑤ 법무아무외(法無我無畏)

제3의 무아무외와 제4의 법무아가 합하여져 체득된 경지이다. 객체와 주체의 구별이 없이 만법(萬法)이 일심(一心 : 객체와 주체가 동일함)이라고 보는 것이 법무아무외이다. 이 단계에 이르면 철저한 공관(空觀)에 의해 비로소 집착에서 벗어나 자유자재(自由自在)로운 경지에 이른다. 소기재로 보면 유식종과 삼론종의 권대승(權大乘)의 위치가 법무아무외이다. 이것을 능기재인 밀교의 입장에서 보면 수행자 앞에 나타나는 일체의 제불(諸佛)은 모두 자심의 공덕상(功德相)이라고 관한다. 10주심으로 보면 제6주심과 제7주심에 해당한다.

## 2-2-3. 제3겁(第三劫) : 근본무명(根本無明)

### ⑥ 일체법평등무외(一切法平等無畏)

지금까지의 무외는 심(心)과 색(色), 인식의 주체와 객체의 구별이었다. 이 단계는 심본색말(心本色末 : 주체가 근본이고 객체가 지엽말단)의 구별이 없는 색심평등(色心平等)과 능소불이(能所不二 : 중생과 부처는 둘이 아님)의 경지이다. 소기재인 현교로 보면 천태종과 화엄종이 해당되며, 능기재인 밀교의 입장은 수행자가 제법본불생(諸法本不生)의 관에 머물러 마음의 실상을 알고, 제법평등에 안주(安住)하여 심신의 절대적 평화를 이루는 단계이다. 10주심에서는 제8주심과 제9주심, 그리고 제10주심이 해당된다.

이상의 6무외를 〈표 6-5〉로 요약하였다.

〈표 6-5〉 6무외(六無畏)

| 3겁(三劫) | 6무외(六無畏) | 10주심 | 현교 소기재 | 밀교 능기재 |
|---|---|---|---|---|
| 제1겁 | 선무외 | 제1주심<br>제2주심<br>제3주심 | 세간삼심<br>(世間三心) | 삼밀실천(三密實踐) |
| | 신무외 | 제4주심 | 성문승 | 유상의 실지(悉地) |
| | 무아무외 | 〃 | 〃 | 〃 |
| | 법무외 | 제5주심 | 연각승 | 무상의 본존관 |
| 제2겁 | 법무아무외 | 제6주심<br>제7주심 | 법상종<br>삼론종 | 제불은 자심의<br>공덕상 |
| 제3겁 | 일체법평등무외 | 제8주심<br>제9주심<br>제10주심 | 천태종<br>화엄종<br>밀교 | 제법본불생<br>제법평등 |

## 3. 표덕문(表德門)에 의한 단혹 : 10지(十地)

앞에서 기술한 3겁과 6무외는 마음(心)의 연마에 의해 번뇌를 단절시키는 것이었다. 이것은 소극적인 차정문(遮情門)의 방법이다. 이에 반해 적극적인 표덕문의 방법으로 증리(證理 : 불법의 증득)의 문제를 나타내는 것이 10지(十地)의 사상이다. 10지사상은 『화엄경』에서 보살의 계위(階位)를 10지로 나누어 설명한 것이다. 따라서 먼저 『화엄경』의 10지(十地)에 대해 서술하겠다.

### 3-1. 『화엄경』의 10지(十地)

『화엄경』은 보살이 수행해야 할 단계인 10신(十信) → 10주(十住) → 10행(十行) → 10회향(十廻向) → 10지(十地)에 대해서 설하고 있다.
다음의 〈표 6-6〉에 각각의 의미를 요약하였다.

〈표 6-6〉 『화엄경』에서 보살의 수행단계

| 10신(十信) | 10주(十住) | 10행(十行) | 10회향(十廻向) | 10지(十地) |
|---|---|---|---|---|
| • 보살이 믿어야 할 10종<br>- 믿음의 대상 : 여래의 身口意<br>- 믿음의 因 : 解行證 | • 보살이 수행해야 할 10종<br>- 올바른 관을 정립하여 청정한 원을 세우고 보살행을 실천 | • 법계에 들기 위한 실천도<br>- 제법무차별의 진리 체득<br>- 만상은 일체 유심조임을 체득 | • 차안에서 피안의 세계로 도달하는 방법<br>- 자비행의 실천<br>- 보시행의 실천<br>- 진리에의 증입 | 보살이 구경의 정각을 향해 수행하는 단계 |

보살의 수행단계 중에서 마지막이 10지(十地)이다. 10지란 가장 높은

보살의 길이며 가장 밝고 깨끗한 진리의 문이다. 10지의 초지(初地)인 환희지부터 10지인 법운지까지 그 주요 내용을 아래에 기술한다.

### 3-1-1. 10지의 내용

① 환희지(歡喜地) : 보살이 처음으로 중도(中道)의 진리를 체득하여 마음속에 환희가 충만한 단계이다. 이 경지에 들어선 환희지보살은 일체중생을 구제하겠다는 원을 세워야만 한다. 이것은 보시바라밀을 통해 자비행을 실천하고, 이념적으로는 미혹을 끊어 인법이공(人法二空)의 진실을 습득하는 경지이다.

② 이구지(離垢地) : 번뇌망상의 잡념에서 벗어난 단계이다. 출세간적 생활에 눈이 열린 환희지보살이 10선법을 닦아 일체의 더러움에서 벗어나 이구지보살이 된다. 이구지보살에게 가장 중요한 실천행은 부드러운 말로 중생을 섭수하는 것과 계바라밀을 성취하여 청정한 계율을 지키는 것이다.

③ 발광지(發光地) : 광명지(光明地)라고도 불린다. 번뇌의 망집을 버리고 지혜의 광명이 계발되는 경지이다. 발광지에 주(住)하는 보살의 실천행은 4섭법 중에서 남을 이롭게 하는 이타행과 10바라밀에서 인욕바라밀을 행하는 것이다. 발광지에 올라가면 불가사의한 신통력이 생긴다.

④ 염혜지(焰慧地) : 제3의 발광지에서 생긴 지혜의 불꽃이 점점 치성해져서 모든 번뇌망상을 태워 없앨 수 있는 경지이다. 보살이 이 지(地)에 주하게 되면 비로소 여래의 집에 들어갔다고 할 수 있다. 염혜지보살에게는 부지런히 노력하는 정진행(精進行)이 요구된다.

⑤ 난승지(難勝地) : 세간에 관한 지혜와 종교적인 절대지혜가 일치하는 위치이다. 출세간의 진리를 아는 지혜를 무분별지(無分別智)라 하고, 이 세상의 일을 아는 지혜를 분별지(分別智)라 하는데, 이 두 가지를 갖추어 알기가 대단히 어렵다. 그래서 이 위치에 오른 것을 난승지(難勝地)라 한

다. 난승지에 올라간 보살은 중생교화를 위해 기예나 병을 치료하는 방법을 배우기도 한다. 이것은 선정(禪定)바라밀의 성취에 의해 얻을 수 있는 경지이다.

⑥ 현전지(現前地) : 반야바라밀행에 의해서 큰 지혜가 바로 눈앞에 나타났기 때문에 현전지(現前地)라고 이름을 붙였다. 제5지의 보살이 현전지에 들어가기 위해서는 존재하는 모든 것들이 본질적으로 평등하다는 것과 12인연을 관(觀)해야 한다. 이럴 때 반야지혜의 눈이 열리게 된다.

⑦ 원행지(遠行地) : 삼계(三界)를 떠나 멀리 법왕(法王)의 지위에 가까이 와 있는 경지라는 뜻에서 심원지(深遠地)라고도 한다. 다시 말하면 성문이나 연각의 이승의 경지를 멀리 뛰어넘어 붓다의 경지에 거의 와 있다는 뜻으로 원행지라고 하는 것이다. 7지에 머무는 보살은 붓다의 무상정등각은 갖추지 못했지만 대원력 · 대지혜력 · 대비방편력으로 중생들을 구제한다. 이 지(地)는 방편바라밀을 성취한 위치이다.

⑧ 부동지(不動地) : 수행이 완성되어 흔들림 없이 보살행이 이루어져서 부동지라 한다. 부동지에 들어간 8지보살은 자기의 의도대로 하는 것이 아니라 자연의 흐름대로, 자연의 순리대로 중생의 근기에 따라 그 몸을 나타내어 중생을 제도하면서 그것에 집착하지 않는다. 부동지는 원(願)바라밀을 성취하는 위치이다.

⑨ 선혜지(善慧地) : 지혜가 아주 뛰어나서 언제 어디서라도 불법을 설하는 단계이다. 이 지에 머무는 보살은 모든 중생들의 근기를 잘 살펴서 그에 맞게 법을 설한다. 이 선혜지보살은 붓다가 가르친 법에 걸림이 없으며, 진리의 내용을 이해하는 데 막힘이 없으며, 그 가르침을 말로 표현하는 데 걸림이 없으며, 자유자재로 설법하는 데 걸림이 없다. 이 경지의 보살은 역(力)바라밀을 성취한 단계이다.

⑩ 법운지(法雲地) : 하늘의 구름이 널리 비를 뿌리듯이 지혜의 구름에

서 널리 감로수와 같은 단비를 뿌려 줄 수 있는 단계이므로 법운지(法雲地)라 한다. 보살이 10지 가운데 가장 높은 단계인 법운지에 오르면 대법신(大法身)을 얻어 자유자재할 수 있다. 법운지는 지(智)바라밀을 성취하여 10바라밀이 완성되는 곳에 나타나는 경지이다.

### 3-2. 밀교의 10지(十地)

10지(十地)에서 지(地)는 대지(大地)를 의미한다. 붓다의 10지(十地)의 위(位)는 지혜를 생성하고 머물러 움직이지 않으며, 모든 중생의 짐을 져서 이롭게 하는 것이 마치 대지(大地)가 만물을 생성하고 머물게 하여 짐을 지는 것과 같아서 땅이라는 뜻으로 10지(十地)의 지(地)가 되는 것이다. 따라서 10지는 상구보리(上求菩提)와 하화중생(下化衆生)이 거의 완성된 경지이다.

밀교에서 10지별로 그 내용을 해석하는 것은 현교와 차이가 없지만 전체로서 그 내용을 해석할 때는 다소 차이가 있다. 그 차이는 실천철학상의 차이라기보다는 이념적인 특색으로 볼 수 있다. 현교에서의 10지는 초지(初地)인 환희지(歡喜地)부터 순차적으로 수행하여 10지인 법운지(法雲地)에 이르는 실천수행이다. 이렇게 10지에 이르렀을 때 자리(自利)와 이타(利他)는 거의 구별이 없으며, 제11지의 붓다와도 극히 작은 차이이다. 이러한 단계적인 수행을 현교에서는 지지천등(地地遷登)의 10지라고 본다.

밀교에서도 이것을 그대로 채용하여 '수생현득(修生顯得)의 10지설(十地說)'이라 부른다. 밀교에서 10지를 또 다르게 해석하여 10개의 단계는 높고 낮음이 없고, 얕고 깊음이 없다고 보는 방법이다. 이것을 '본유무구(本有無垢)의 10지설(十地說)'이라 한다. 이것은 10지의 모든 것을 밀교즉극(密敎卽極)의 경지로 보는 것이다. 초지인 환희지에도 붓다가 들어 있다고 보는 '초지즉극(初地卽極)'의 입장이다. 결국 밀교의 10지에 대한 견해는 ① 수생현득의 10지, ② 본유무구의 10지 2종이 있다.

10지에서 10이라는 숫자는 모든 것을 포함 또는 함유한다는 절대의 의미가 있다. 그래서 밀교가(密敎家)에서는 본유무구의 10지를 '무대(無對=絶對)의 10지'라 부른다. 이것은 무혹(無惑)의 10지로도 불린다. 이에 대해 수생현득의 10지를 '유혹(有惑)의 10지'라 부른다. 이것은 현교적·수생적(修生的)인 10지의 입장이다.

이것을 아래의 〈표 6-7〉로 요약하였다.

〈표 6-7〉 10지사상의 대비

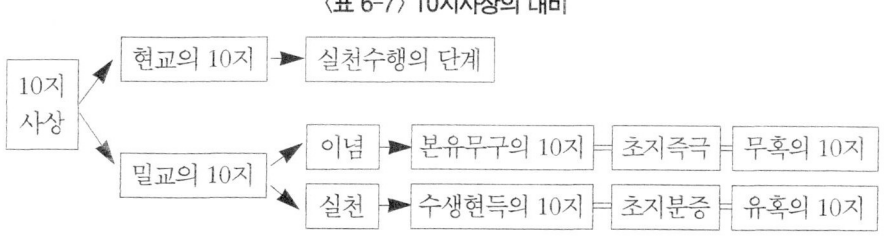

앞에서 나온 유혹(有惑)의 10지란 추망집·세망집·극세망집의 3망집에 미세망집을 세워 지전(地前)에 이미 3망집을 끊더라도 근본무명인 미세망집을 10지 사이에 단계별로 증득하는 것을 말한다. 무혹(無惑)의 10지란 지전(地前)에 벌써 3망집을 끊어 없앴기 때문에 10지에는 끊을 망집이 없는 것을 말한다.

결론적으로 밀교에서는 10지로 증리(證理)의 수행단계를 말할 경우 현교의 10지사상을 빌려서 설명한다. 그러나 밀교의 이념적인 입장은 수생현득의 초지분증설(初地分證說)과 본유무구의 초지즉극설(初地卽極說)이 있다. 초지분증은 지지천등(地地遷登)의 10지이며, 초지와 10지 사이에 고하천심(高下淺深)을 인정하는 것이기 때문에 동인발심설(東因發心說)이다. 초지즉극설은 초지와 10지 사이에 고하천심이 없기 때문에 중인

제6장 성불론(成佛論) 473

발심설(中因發心說)에 의한 것이다.

## 제4절 즉신성불(卽身成佛)

### 1. 즉신성불(卽身成佛)송

종교에서 가장 중요한 것은 이론이나 원리가 아니라 실천수행이다. 불교에 있어서도 핵심은 실천수행이다. 수행의 최종목적은 부처가 되는 성불이다. 실천수행의 귀결점인 성불론은 크게 두 가지로 나뉜다. 하나는 현세의 이 땅에서 부처가 되는 차토입성(此土入聖 : 이 땅에서 성불)의 사상이며, 또 하나는 상상(想像)의 이상경(理想境)에서 성불하는 사차왕피(捨此往彼 : 현세의 이 땅을 떠나 피안으로 가서 성불)의 사상이다.

밀교의 성불론은 당연히 차토입성의 즉신성불 사상이다. 실천밀교의 핵심인 즉신성불을 가장 분명하게 제시한 것은 일본 진언밀교의 개조인 구카이〔空海〕가 지은 『즉신성불의(卽身成佛義)』이다. 이 책의 본론이자 핵심은 '즉신성불송(卽身成佛頌)'이라고 하는 8구의 게송(偈頌)이다. 그 내용은 다음의 〈표 6-8〉과 같다.

즉신성불송(卽身成佛頌)의 8구 중에서 전반의 4개의 구는 즉신(卽身)을, 후반의 4개의 구는 성불(成佛)을 말하고 있다. 즉신을 표현한 전반의 4구 중에서 1구는 즉신(卽身)의 본체를, 2구는 즉신의 현상을, 3구는 즉신의 작용을, 4구는 원융무애(圓融無碍)한 상호작용을 노래하고 있다. 이 중에서 수행이라는 관점에서 중요한 것은 제3구의 '신구의(身口意) 3밀로 붓다와 행자가 서로 상응〔入我我入〕하면 부처의 세계는 즉시 나타나네'이다. 마음의 세 활동을 가리키는 신구의(身口意) 3밀은 현교에서는 3업(三業)이라 부른다. 밀교에서는 삼라만상으로 나타나는 현상을 심오하

〈표 6-8〉 구카이의 즉신성불송

| 구 | 게송(偈頌) | 해 석 | 비고 |
|---|---|---|---|
| 1 | 6대무애상유가 (六大無碍常瑜伽) | 6대의 융합에는 어떤 걸림도 없이 항상 조화되고, *6대 : 지수화풍공식으로 물질·신체와 정신의 제요소 | 법신의 본체 |
| 2 | 4종만다각불리 (四種曼茶各不離) | 4종 만다라는 떠나지 않아,(일체가 되어) *4종 : 제불보살의 현현을 4종의 만다라로 표현 | 법신의 현상 |
| 3 | 3밀가지속질현 (三密加持速疾顯) | 신구의 삼밀로 붓다와 행자가 서로 상응〔入我我入〕하면 부처의 세계는 즉시 나타나네. | 법신의 활동 |
| 4 | 중중제망명즉신 (重重帝網名卽身) | 제석천의 겹치고 겹친 보배 그물망처럼 부처와 인간은 일체이네. 이것을 즉신이라 이름하네. | 법신의 원융 |
| 5 | 법연구족살반야 (法然具足薩般若) | 일체의 만상에는 불보살의 지혜가 모두 갖추어져 있는바. | 법이(法爾)의 부처 성립 |
| 6 | 심수심왕과찰진 (心數心王過刹塵) | 그것은 대일여래〔心王〕와 그의 모든 권속〔心數〕이 무수한 국토에 현현(顯現)하신 것이네. | 불보살의 현현 |
| 7 | 각구5지무제지 (各具五智無際智) | 그들 제각각은 여래의 끝없는 지혜를 모두 갖추어, | 윤원(輪圓)의 정지 (正智) |
| 8 | 원경력고실각지 (圓鏡力故實覺智) | 사물을 원만하게 비추는 거울의 힘을 부처도 중생도 모두 갖추고 있는 까닭에 모두는 동등하게 지혜를 깨닫게 되네. | 성불이 처하는 곳 |

고도 은밀한 부처의 신구의(身口意) 활동으로 보는 동시에 삼라만상 중의 하나인 중생의 신구의(身口意) 활동도 부처의 활동이라 보아 3밀이라 한다.

계속해서 구카이는 말하기를 "가지(加持)란 여래의 대비와 중생의 신심(信心)을 표현한 것이다. 부처의 빛[佛日]이 중생의 마음의 물[心水]에 현현하는 것을 가(加)라 하며, 수행자의 마음의 물[心水]이 부처의 빛[佛日]에 감응하는 것을 지(持)라고 이름한다"고 했다. 결국 가지(加持)란 부처와 인간이 서로 감응하는 것이다.

삼밀가지는 구체적으로 손으로는 수인을 결하고, 입으로는 진언을 염송하며, 마음으로는 부처를 관념하는 것이다. 이렇게 하면 수행자의 신구의 3밀실행이 부처의 3밀과 상응하여 깨달음의 세계가 즉시 나타나게 된다. 단적으로 말하면 원융무애이며, 이것이 4구가 의미하는 내용이다.

후반의 4구인 5구에서 8구까지는 성불의 까닭을 나타낸 것이다. 후반 4구의 중심단어는 반야, 즉 지혜이다. 초목을 비롯한 우주만상에 부처의 지혜가 갖추어져 있다. 그러므로 모든 존재는 5지(五智)가 있는바, 그것이 높고 넓어서 막힘이 없다는 의미를 무제시(無際智)로 표현했다. 그리고 8구에서 '사물을 원만하게 비추는 거울의 힘을 부처도 중생도 모두 갖추고 있는 까닭에 모두는 동등하게 지혜를 깨닫게 되네'라는 구절로 즉신성불의 이유를 나타내었다.

부처의 지혜는 우주의 꼭대기에 있는 거울에서처럼 뿜어지는 빛이 우주의 만상을 비춘다. 중생도 그 빛을 받아 부처의 모습을 마음에 비추어 진리를 자각하게 된다. 즉 생신(生身)인 이 몸이 이대로 어떠한 변화도 없이 부처가 되는 것이 즉신성불의 진정한 의미이다.

## 2. 즉신성불의 종류

구카이(空海)의 『즉신성불의(卽身成佛義)』는 즉신성불의 원리를 시간과 공간으로 설한 것이다. 이러한 즉신성불의 내용을 3종으로 분류하여 구체적으로 설명한 것이 『이본즉신의(異本卽身義)』이다. 여기에 기록된 3종성불설(三種成佛說)이란 이구성불(理具成佛)·가지성불(加持成佛)·현득성불(顯得成佛)이다. 이것은 즉신성불의 의미를 가장 명확히 표현한 것이다. 그 구체적인 내용은 다음과 같다.

① 이구성불(理具成佛)
이치로 보면 우리들 중생은 본래 부처의 모든 것을 갖추고 있다. 그러나 현실의 중생은 부처나 보살보다도 아귀나 축생이 될 가능성을 다분히 가지고 있다. 이러한 중생이 끝없는 퇴폐와 타락의 길로 갈 수 있다 하더라도 대일여래의 이법(理法)은 본래부터 모두 갖추고 있다. 밀교의 입장은 부처도 중생도 그 본체는 지수화풍공식의 6대로 이루어졌으며, 그 모습은 대·법·삼매야·갈마의 4종의 만다라이며, 그 작용은 신구의 3밀이다. 그러므로 이론적으로 보면 부처와 범부는 하나이다.

이처럼 자기의 심중이 십계(十界)의 구족(具足)을 믿고, 자기 안에 6대가 무애(無碍)하며 4만을 모두 갖추었으니, 모든 대일여래의 이법은 본유(本有)로서 자신에게 구족(具足)되었음을 안다. 이러한 대전제(大前提)하에 즉신성불, 또는 즉신성불의 가능성, 또는 실존으로 본 자기의 즉신성불, 또는 이념으로서의 성불 등등을 이치적으로 갖추어진 성불, 즉 이구성불(理具成佛)이라 한다.

이론적으로 중생이 부처와 똑같은 몸을 갖고 있다는 것을 단적으로 설명하면 생신인 석존을 예로 들 수 있다. 우리의 몸이 지수화풍공식이라는 6대의 성품으로 이루어져 있듯이 법신불로부터 중생을 교화하기 위해 나타난 화신불인 석존도 우리와 똑같이 6대로 구성되어 있다. 이러한 6대는 법신불의 성품이나 화신불의 육신이나 우리 중생들의 육신이나 똑같은 원리로 이루어져 있다. 이와 같이 우리의 모습이 부처와 다를 바가 없기 때문에 이치적으로 부처가 되는 것이다. 이것을 이구성불(理具成佛)이라 한다.

② 가지성불(加持成佛)

이념으로서의 성불인 이구성불을 현실에서 실현하기 위한 실천의 과정이 가지성불이다. 즉 삼밀가지(三密加持)라는 과정에 의해 성불한다는 것이 가지성불이다. 여기서 가지(加持)의 가(加)는 여래의 대비이며, 지(持)는 중생의 신심(信心)을 말한다.

이때 가지는 심화의 정도에 따라서 일시적으로 성불을 실현하는 경우도 있으며, 항상 성불의 상태로 있을 수도 있다. 일시적 성불은 3밀의 수행을 할 때만 부처와 수행자가 가지섭입(加持涉入), 즉 부처가 수행자에게 들어오고 수행자가 부처에 들어가는 것〔入我我入〕이다. 그러나 삼밀관행이 원숙해지면 수행자는 신구의(身口意) 모든 면에서 대일여래와의 사이에 항상 감응이 오고 간다. 타인의 지도 없이 자기 마음속으로 진리를 증득하고자 하는 서원〔佛陀內證의 本誓〕과 수행자의 보리심이 은연중에 일치하는 경지에 이른다. 이것이 진정한 가지성불이다.

이 경우 가지란 『대일경』과 『대일경소』에서 말하는 세 가지의 힘, 즉 자기의 공덕력(功德力)·여래의 가피력·법계력이 서로 인연을 가지고 합해질 때 불가사의한 업을 성취하는 것을 말한다. 여기서 말하는 '자기의 공덕력'은 병을 치료하는 과정을 통해서 설명할 수 있다. 병은 환자 자신의 회복력(回復力)이 없으면 아무리 좋은 약도 효력이 없다. 약은 환자의 회복력을 촉진시킬 뿐이다. 죽은 사람에게 어떠한 좋은 약도 효력이 없는 것은 회복력이 없기 때문이다. 결국 자기의 공덕력이란 환자의 회복력에 해당하며, 여래의 가피력이란 의약에 해당한다. 또 환자가 잘 치료되려면 가정적·경제적인 조건이 수반되어야 한다. 이러한 조건은 법계력에 해당한다.

### ③ 현득성불(顯得成佛)

현득성불은 결과로서의 즉신성불이다. 즉 수행자가 체득한 즉신성불의 경지를 말한다. 본래 이치로서 갖추어진 수행자가 삼밀가지의 힘과 인연에 의해 여실하게 본래 갖추어진 부처의 덕을 원만하게 이루는 경지가 곧 현득성불이다. 이 세계는 이구(理具)의 원인과 가지(加持)의 인연에 의해 나타나는 결과의 경지이다.

이상은 밀교 독자의 설인 3종성불설의 개요이다. 이 설은 즉신성불의 내용을 가장 구체적으로 설명한 것이다. 이들 3종의 성불인 이구·가지·현득은 별개의 성불이 아니라 서로 의지하며 즉신성불의 내용을 구성하고 있다. 그럼에도 일본에서는 3종의 성불설 중에서 어떤 것이 옳은가에 대해 여러 학설이 있었다. 예를 들면 법성(法性)·도범(道範) 같은 분은 이구성불을, 뇌유(賴瑜)·성헌(聖憲) 같은 분들은 가지성불을, 신일(信日)·과보(果寶)는 현득성불을 주장했다. 그러나 유쾌(宥快)는 세 종류 똑같이 즉신성불에서 빠트릴 수 없는 것이라고 주장했다. 즉 즉신성불을 본유내증(本有內證)의 입장에서 보면 이구성불이다. 그러나 수생외용(修生外用)의 입장에서 보면 가지성불이다. 그러므로 이구(理具)의 철학적 근거가 없으면 가지(加持)의 종교적 수행도 효과가 없으며, 수행도 없이 현득성불이 이루어지기는 불가능하다.

또 이구성불의 원인이 있다 하더라도 인연인 종교적 실천이 없다면 성불의 결과는 나타나지 않는다. 이러한 의미를 발전시키면 3종성불을 범부·보살·부처에 연결시킬 수 있다. 즉 이구성불은 범부의 세계이고, 가지성불은 보살의 세계이며, 현득성불은 부처의 세계를 나타낸 것이라고 말할 수 있다.

이것을 아래의 〈표 6-9〉로 나타내었다.

〈표 6-9〉 성불의 종류와 내용

| 성불의 종류 | 이구성불(理具成佛) | 가지성불(加持成佛) | 현득성불(顯得成佛) |
|---|---|---|---|
| 내 용 | 원인 | 인연 | 결과 |
| | 이념 | 실천 | 이념과 실천의 합일 |
| | 범부 | 보살 | 부처 |

고 2 편

# 밀교의 유적

# 제1장 『삼국유사』의 기록을 통해서 본 신라시대의 밀교

1. 밀교 전래 이전의 무속신앙과 불교

불교가 전래되기 이전에 신라의 전통신앙은 샤머니즘, 즉 무속신앙이었다. 샤먼이라고 하는 것은 무병(巫病)을 거쳐 엑스타시(脫魂·忘我)의 기술을 터득한 사람이다. 그들은 신비적이고 밀의적(密儀的)인 주술을 이용하여 인간의 길흉화복을 조정한다. 이러한 무속신앙은 경전이나 교의 없이 주술로 병을 치료하거나 재앙을 없애고 복을 불러들이는 양재초복(禳災招福)의 현세이익을 추구하였다. 그 일환으로 신라인들은 오악(五嶽)과 대천(大川) 등의 토속신을 섬기고 제사를 지냈다.

무속신앙을 믿는 신라에 처음 외래종교인 불교가 도입되자 무속인들은 격렬한 저항을 한 듯하다. 또한 대신들을 비롯한 신라인들도 생소한 불교에 거부감을 느꼈을 것이다. 이 때문에 이차돈의 순교를 거쳐 법흥왕 14년(527)이 되어서야 불교가 정식으로 공인받게 되었다. 그 당시 처음 도입된 불교사상은 주술을 통한 치병과 영험한 이적(異蹟) 중심이었다. 이때 도입된 경전도 주술적(呪術的) 신앙 위주였을 것이다. 상당한 기간이 경과된 후에 전륜성왕(轉輪聖王)이나 미륵신앙 중심의 합리적인 업설(業說)이 전래되면서 대승경전도 도입되었다.

처음 전래된 불교는 치병과 이적 그리고 주술적 신앙을 통한 현세이익을 추구하였는데, 이 점은 전통신앙인 무속신앙과 일맥상통하는 것이었다. 두 종교가 서서히 융합되면서 마음은 무속에 있으되 의식과 의례는 불교로 바뀌어 갔다. 무속이 담당하던 치병과 자식을 구하는 기도는 불승(佛僧)으로 대체되고, 호국집회도 불교의 호국법회인 백고좌회(百高座會)로 바뀌게 되었다. 이에 따라 법회의 주관도 종래의 제사장에서 불승으로 교체되었다. 또 무속들의 주가(呪歌) 대신 승려들이 향가를 지어 주술적 기능을 담당하였다.

이처럼 불교는 현세이익적(現世利益的)인 무속과 융합하면서 밀교색채가 짙은 불교로 전개되었다. 생소한 불교가 처음 전래되어 일반인들에게 받아들여지려면 전통종교인 무속과 유사한 밀교가 최적이었기 때문이다. 이러한 현실에 부응한 것이 초기밀교였다. 초기밀교는 불교의 궁극적 목표인 해탈보다는 주술을 이용한 양재초복의 현세이익을 추구한다. 신라인들은 불교를 통한 현세이익을 추구하기 위하여 무속의 천신을 제석천과 사천왕으로 대체하고, 무속의 신앙의례인 제사·점술·주술 등은 불교의 점찰·문두루 등으로 대체하였다.

이상의 내용을 다음의 〈표 1-1〉에 요약하였다.

## 2. 『삼국유사』 기록으로 본 초기밀교

### 2-1. 원광서학(圓光西學)조의 산신 및 주술승에 관한 설화

(상략) 법사의 속성은 설씨로 서울 사람이다. 처음에 승려가 되어 불법을 배웠는데 나이 30이 되자 조용히 살면서 수도할 것을 생각하고 홀로 삼기산에 살았다. 그후 4년이 지나 어떤 비구가 와서 멀지 않은 곳에 따로 암자를 짓고 2년을 살았다. 그의 사람됨이 모질고 사나웠으며 주술로 수련하는 것을 좋아했다. 원광법사가 밤에 홀로 앉아 불경을 외웠

〈표 1-1〉 밀교 전래 이전의 무속신앙과 불교의 관계

| 불 교 | 무 속 신 앙 |
|---|---|
| • 묵호자가 전한 불교사상<br> - 치병·신이하고 영험한 이적 중심<br>• 그후 경과 율이 진보된 불교 전래<br> - 전륜성왕·미륵신앙 등 업설 전래<br>• 주술적 신앙이 포함된 경전 도입 | • 경전이나 교의가 없는 주술적인 것<br> - 치병·양재초복 등의 현세이익 추구<br> - 오악(五嶽)·대천(大川)·용신(龍神) 등의 토속신을 섬기고 제사 주관 |

불교와 무속신앙의 융합 → 현세이익을 추구하는 초기밀교가 성장할 기반 조성
• 무속이 불교에 흡수·융합되면서 재래신앙은 불교신앙으로 대체
 - 무속이 담당하던 치병·자식을 구하는 것 등은 불승(佛僧)으로 대체
 - 호국법회인 백고좌회(百高座會)의 주관도 종래의 제사장에서 불승이 주관
• 무속들의 주가(呪歌) 대신 승려들이 향가를 지어 주술적 기능을 담당
• 불교가 무속과 융합하면서 밀교적 색채가 짙은 불교로 전개
 - 무속의 천신은 제석천·사천왕으로 대체
 - 무속의 신앙의례인 제사·점술·주술 등은 불교의 점찰·문두루 등으로 대체

더니 홀연히 신(神)의 목소리로 그의 이름을 부르면서 "그대의 수행은 참으로 좋구나! 대체로 수행하는 자는 많으나 법대로 하는 사람은 드물다. 지금 이웃에 있는 비구는 곧잘 주술을 닦고 있지만 얻는 것이 없을 것이며, 시끄러운 소리가 다른 사람의 고요한 사념을 뒤흔들고, 그가 머무르고 있는 곳은 내가 다니는 길에 방해가 되어 오고 갈 때마다 미운 생각이 날 지경이다. 법사께서 나를 위하여 그 사람에게 말하여 옮겨가게 해주게나. 만일 오래 머문다면 어쩌면 내가 갑자기 죄 되는 일을 저지를 것 같다"고 했다.

이튿날 법사가 가서 말하기를 "제가 어젯밤에 신(神)의 말을 들었는

데 스님은 다른 곳으로 옮기는 것이 좋을 것 같습니다. 그렇지 않으면 반드시 큰 재앙이 있을 것입니다"라 하자 그 비구가 대답하기를 "수행이 지극한 사람도 마귀에 현혹됩니까? 법사께서 어찌하여 여우귀신의 말을 근심합니까?"라 했다. 그날……밤중에 벼락같은 소리가 났다. 그 다음날 가서 보니 산이 무너져 비구가 거처하던 암자를 덮어 버렸다.

 신이 또 와서 말하기를 "법사가 보기에는 어떠하던가?"라 하니 법사가 대답하기를 "보기에 매우 놀랍고 두려웠습니다"라 했다. 신이 말하기를 "내 나이가 거의 3천 살로서 술법이 가장 왕성하다네. 이것은 하찮은 일인데 뭐 그리 놀랄 게 있겠는가? 또 장래의 일도 모르는 것이 없고 천하의 일에 통달하지 않은 것이 없네. ……그러자 원광법사가 청하기를 "신의 참모습을 볼 수 있겠습니까?"라 하니 신(神)이 말하기를 "법사가 만약 내 모습을 보려거든 내일 아침에 동쪽 하늘 끝을 보게나"라고 했다. 법사가 다음날 아침 동쪽 하늘을 바라보니 커다란 팔뚝이 구름을 꿰뚫고 하늘 끝에 닿아 있었다. 그날 밤 신이 또 와서 말하기를 "법사는 내 팔을 보았는가?"라 하니 법사가 대답하기를 "보았는데 매우 기이하고 더할 수 없이 신이(神異)하였습니다"라고 했다. 이 때문에 삼기산을 세속에서는 비장산(臂長山)이라고 불렀다.

 신이 말하기를 "비록 이런 몸을 가졌다 해도 덧없는 죽음을 면할 수 없다네. 그래서 나는 얼마 안 가서 그 고개에 이 몸을 버릴 것이니 법사는 와서 영원히 떠나는 내 영혼을 전송해 주시게나"라고 했다. 약속한 날을 기다려 법사가 가서 보니 옻칠을 한 것과 같은 검고 늙은 여우 한 마리가 헐떡거리며 숨도 제대로 쉬지 못하다가 마침내 죽었다. ……원광은 나이 80여 세로 정관 연간에 세상을 뜨니 부도는 삼기산 금곡사에 있다. (하략)

여기에 등장하는 주술승은 잡밀 계통의 밀교승으로 추정된다.

### 2-1-1. 신(神)과 원광 사이의 설화 의미

이 설화는 여우신으로 상징되는 토착신(土着神)이 불교로 수용되는 과정을 서술한 것이다. 토착신이 어떻게 불교에 복속되어 가는지를 살펴보기 위해서는 여우신의 자기 인식과 위상의 변화, 그리고 원광의 위치를 점검해 보아야 한다. 여우신은 자기의 신술이 으뜸이고 미래를 예측하며 천하의 일을 통달하고 있다고 했다. 즉 자신을 신(神)이라고 여긴다. 하지만 신은 자신의 죽음이라는 무상의 해를 극복하지 못한다고 말함으로써 그 역시 불교의 진리에 대해서 결코 자유로운 존재가 아님을 나타내고 있다.

토착신격과 불교의 관계를 좀더 뚜렷이 하기 위해서는 각각의 위상이 어떻게 변화하는가에 초점을 맞추어야 한다. 원광은 산에서 도를 닦는 한 승려에 불과했지만 중국에 유학 가서 학덕이 높은 고승으로 돌아온다. 그러나 원광의 도가 높아짐에 따라 신이었던 여우는 반대로 죽어 가는 비참한 모습으로 나타난다.

여우가 신(神)이었던 전반부에서는 목소리와 위력으로만 현현(顯現)하는 관념적인 형태로 존재하다가 후반부에 이르러서 비로소 형체를 가진 구체적 대상으로 등장한다. 처음에 신은 원광법사에게 목소리로만 나타난다. 눈으로 볼 수 없으며 다만 소리로만 그 존재를 알 수 있다는 것은 절대 파악할 수 없는 대상인 신을 인식하는 하나의 방법이다. 그러나 원광의 도가 높아짐에 따라 신은 자신의 모습을 서서히 보이기 시작했다. 커다란 팔뚝으로 나타났다가 나중에는 숨을 가쁘게 몰아쉬며 죽어 가는 검은 여우로 자신의 모습을 완전히 드러내는 것이다. 눈으로 직접 본다는 것은 그 대상의 본질을 아는 것이다. 소리 외에는 그 존재를 파악할 수 없었던 절대적인 존재였다가 차츰 원광에게 그 모습을 드러내고 마침내 나약하게 죽어 가는 모습을 보인다는 데에서 그 신격의 하락을 뚜렷이 감지할 수 있다.

이 설화에서는 토착신과 불교 사이에 갈등의 요소가 전혀 보이지 않는다. 오히려 원광과 여우신은 매우 우호적인 사이로 나타난다. 하지만 원광의 도가 높아짐에 따라 여우신의 위상은 점점 낮아진다. 여우신은 절대적 신의 위치에서 무상이라는 불교적 진리 앞에서는 어쩔 수 없는 존재가 되어 불교의 권위를 인정하는 결과를 가져왔다. 다시 말하면 토착신의 불교적 복속은 토착신격의 지위를 낮추어 불교를 상대적으로 높이는 구조이다.

### 2-2. 밀본최사(密本摧邪)조에서의 설화

선덕왕 덕만이 병에 걸려 오랫동안 낫지 않자 흥륜사 승려 법척이 임금의 부름을 받아 병의 치료를 맡은 지 오래되었으나 효험이 없었다. 이때……신하들이 법척을 밀본법사와 바꾸기를 왕에게 청하였다. 왕이 조서를 내려 그를 궁중으로 맞아들였다. 밀본은 왕의 침실 밖에서 『약사경』을 읽었다. 경을 다 읽자마자 가지고 있던 육환장이 왕의 침실 안으로 날아 들어가 늙은 여우 한 마리와 법척을 찔러 뜰 아래로 던져 거꾸러뜨리니 왕의 병이 씻은 듯이 나아 버렸다. 이때에 밀본의 머리 위로 다섯 색깔의 신비로운 빛이 뻗치니 보는 사람들이 모두 놀랐다. 또 승상 김양도가 어렸을 때 갑자기 입이 붙고 몸이 굳어져 말도 못 하고 움직이지도 못했다. 김양도가 늘 보니 큰 귀신 하나가 작은 귀신을 거느리고 와서 집안의 상 위에 있는 음식들을 맛보고 먹으면서, 무당이 와서 제사 지내면 떼를 지어 모여들어 저마다 욕했다. 양도는 귀신들에게 물러가라고 명령하고 싶었으나 입으로 말을 할 수가 없었다. 그의 부친이 법류사의 이름이 전해지지 않은 승려를 청하여 경을 읽게 하자 큰 귀신이 작은 귀신을 시켜 쇠몽둥이로 승려의 머리를 쳐 땅에 넘어뜨리니 승려는 피를 토하고 죽어 버렸다. 며칠 후에 사람을 보내 밀본법사를 맞아오게 했다. 그 사람이 돌아와서 말하기를 "밀본법사가 우리 청을 받아들여 곧 올 것입니다"라 하자 귀신의 무리들은 이 말을 듣고 모두 얼굴색이 변하였다. 작은 귀신이 말하기를 "법사가 오면 이로울 것이 없으니 그를 피하는 것이 어쩌면 다행한 일일 것입니다"라 했다. 큰 귀신은 거만을 부리며 태연하게 말하기를 "무슨 해로운 일이 있겠는가?"라 했다. 그러자 갑자기 사방에서 모두 쇠로 된 갑옷과 긴 창으로 무장한 대력신이 와서 귀신의 무리들을 잡아 묶어 가지고 갔다. 그 다음에는 수많은 천신들이 둘러서서 기다렸다. 조금 후에 밀본이 도착하여 경을 펼 사이도 없이 양도의 병은 즉시 나아서 말을 하고 몸도 움직일 수 있게 되니 지난일들을 자세히 이야기하였다. 이로 인해 양도는 불교를 독실하게 믿어서 한평생 게으르지 않았으니 흥륜사 법당의 주불인 미타부처상과 좌우보살을 빚어 만들었으며 아울러 법당 안에 금빛으로 벽화를 가득 그렸다. …… 밀본은 일찍이 금곡사에 머물렀다.
(하략)

밀본은 이 조목에서만 등장한다. 밀본의 의미가 '밀교의 본질'이라는 뜻이 되어 실존의 인물이 아니라 만들어진 이름인 듯하다.

여기서 나오는 다섯 색깔[五色]은 밀교의 5색을 의미하는 듯하다. 밀교에서 색채는 중요한 요소 중의 하나로서 순도를 극대화하여 우리의 잠든 영혼을 일깨워 준다. 밀교에서 의밀(意密)에 사용되는 만다라의 색채는 5색, 즉 청·황·적·백·흑색(녹색)이 기본이다.

삼기산 금곡사에서 밀교를 수행하고 온 밀본은 흥륜사 승려와 법류사 승려가 제어하지 못한 여우나 귀신이 들린 병을 고쳤다. 이는 치병활동에 있어 다른 승려보다 탁월한 면모를 보여 준 것이다. 또한 여우와 귀신이 토속신앙세력을, 법척이 당시 왕실과 결탁한 불교세력이었음을 상징한다면 이들을 제거했다는 기록은 곧 밀교가 차츰 왕실·귀족계층으로 다가가고 있음을 나타낸 것이다. 이것은 당시 밀교가 가진 속성인 주술에 의한 치병활동을 통해 토속신앙에 파고들어 이미 대중에게 널리 알려지게 되

없음을 보여 주는 것이다. 또한 밀교승려의 모습은 원광 당시 삼기산에서 권력층과 일정한 거리를 두고 주술을 닦는 데 매진하였던 양상과는 상당한 차이를 보여 주고 있다.

### 2-3. 혜통항룡(惠通降龍)조의 설화

(상략) 혜통이 당나라에 가서 무외삼장을 찾아뵙고 배우기를 청하니 삼장이 말하기를 "신라 사람이 어찌 감히 불법을 닦을 그릇이 되겠느냐" 하고는 끝내 가르쳐 주지 않았다. 혜통이 쉽사리 물러나지 않고 3년 동안 열심히 섬겼으나 끝내 허락하지 않았다. 이에 혜통이 알고 싶어 애가 타서 뜰에 서서 머리에 화로를 이고 있으니 조금 후에 이마가 터지면서 우레와 같은 소리가 났다. 무외삼장이 이 소리를 듣고 와서 화로를 치우고 터진 곳을 손으로 어루만지면서 신비스런 주문을 외우자 상처가 전과 같이 아물면서 왕자 모양의 흉터가 남았다. 이로 인하여 왕화상으로 불리었다. 혜통의 재질이 뛰어나므로 삼장이 심법의 비결을 전해 주었다.

이때 당나라 황실의 공주가 병이 나서 고종이 무외삼장에게 치료를 청하니 삼장은 자기 대신 혜통을 천거했다. 혜통이 고종의 명을 받고 별실에 거처하면서 흰콩 한 말을 은그릇에 담고 주문을 외우자 흰콩이 흰 갑옷을 입은 신병으로 변하여 병마를 쫓으려 했으나 이기지 못하였다. 또다시 검은콩 한 말을 금으로 된 그릇에 담고 주문을 외우자 검은콩이 검은 갑옷을 입은 신병으로 변했다. 흰색과 검은색의 병사들이 힘을 합쳐 병마를 쫓으니 갑자기 교룡이 뛰쳐 나오고 마침내 병이 나았다. (중략)

천마산의 총지암과 모악의 주석원 등이 모두 거기에서 갈라져 나온 후예들이다. (하략)

설화에 등장하는 화로는 밀교의 호마법으로 추정된다. 호마법(護摩法)에서 호마는 태운다는 뜻으로 밀교에서는 화로에 나무를 태우는데, 이는 지혜의 불로 번뇌를 태우는 의식이다.

혜통의 치병과 갑병을 물리친 주술은 밀교경전인 『다라니집경(陀羅尼集經)』에 등장하는 모방주술(模倣呪術)로 추정된다. 혜통의 주술은 과거세의 원한을 푸는 것으로, 이는 무속의 해원주술(解怨呪術)과 불교의 인과응보가 결합된 것으로 보인다.

총지암, 즉 총지종은 혜통 → 명효(明曉) → 의림(義林) → 현초(玄超) → 혜일(惠日) 등으로 이어지는 밀교의 한 종파이다.

2-4. 밀교승 명랑에 의한 문두루비법

2-4-1. 『삼국유사』의 기록
『삼국유사』의 명랑에 관한 기록은 문무왕 법민조와 명랑신인조 두 곳에 있다.
문무왕 법민조의 내용은 다음과 같다.

(상략) 당나라 유격병과 여러 장병들이 주둔지에 머물면서 장차 우리를 습격하려 하자, 왕이 이를 깨닫고 군사를 일으켰다. 이듬해 당나라 고종이 사람을 시켜 인문 등을 불러 꾸짖어 말하기를 "너희들이 우리 군사를 청하여 고구려를 멸하였거늘 어찌하여 우리 군사를 해치는가?"라 하고는 즉시 감옥에 가두고 군사 50만을 훈련시켜 설방을 장수로 삼아 신라를 치려고 하였다.
이때 의상대사가 당나라에 불법을 공부하러 갔다가 인문을 찾아뵙자 인문이 이 사실을 그에게 알려 주었다. 의상이 즉시 귀국하여 이것을 왕에게 알려 주니 왕이 이를 매우 염려하여 여러 신하들을 모아 놓고 방어

할 계책을 물었다. 각간 김천존이 말씀드리기를 "근래에 명랑법사가 용궁에 들어가 비법을 전수받아 왔으니 그를 불러 물어보옵소서"라 했다. 명랑이 "낭산의 남쪽에 신유림이 있사온데 그곳에 사천왕사를 짓고 도량을 개설하면 될 것이옵니다"라고 말씀드렸다.

이때 정주에서 사람이 달려와 보고하기를 "수많은 당나라 군사들이 우리나라 국경까지 와서 바다 위를 돌고 있사옵니다"라 했다. 왕이 명랑을 불러 말하기를 "일이 급하게 되었으니 어찌하면 좋겠는가?"라고 물으니 명랑이 말씀드리기를 "여러 가지 무늬가 있는 비단으로써 임시로 절을 지으셔도 됩니다"라고 했다. 왕이 무늬 있는 비단으로 절 집을 꾸미고 풀로 오방신상을 만들어 유가에 밝은 12명의 승려들이 명랑을 우두머리로 삼아 문두루비법을 쓰게 했다.

이때 당나라의 군사와 신라의 군사가 아직 싸움도 하지 않았는데 바람과 물결이 사납게 일어나서 당나라 배가 모두 침몰하였다. 그후에 절을 고쳐 다시 짓고 이름을 사천왕사라 하였으니 지금까지도 불단의 법석이 없어지지 않았다. 그후 신미년(671)에 당나라가 다시 조헌을 장수로 임명하여 역시 5만의 병사로 쳐들어오매 또다시 그 비법을 썼더니 배들이 전과 같이 침몰되었다. (하략)

명랑신인(明朗神印)조의 내용은 다음과 같다.

신라에서 걸출하게 태어난 명랑법사는 당나라로 건너가 불도를 배웠다. 돌아오는 길에 바다용의 요청으로 용궁에 들어가 비법을 전하고 황금 천 냥을 시주받아 땅 밑으로 잠행하여 자기 집 우물 밑으로 솟아 나왔다. 곧 자기 집을 희사하여 절을 만들고 용왕이 시주한 황금으로 탑과 불상을 꾸미니 번쩍이는 광채가 빼어나게 특이해서 절 이름을 금광사라 하였다. (중략) 문무왕이 이것을 듣고 두려워하여 법사를 청해 비법을 써서 이를 물리치게 했다. (이 사실은 문무왕 전기 중에 있다.) 이로 인해서 그는 신인종의 시조가 되었다.

　고려 태조가 나라를 세울 즈음에 또한 해적이 나타나 소란을 피우므로 즉시 안혜와 낭융의 후예인 광학과 대연 두 큰스님을 청해 비법으로 빌어서 진압시키니 모두 명랑법사의 계통을 이어받은 것이다. 이 때문에 명랑법사와 아울러 위로 용수에 이르기까지 9조가 된다. 또 태조가 이들을 위해 현성사를 창건하여 한 종파의 토대로 삼았다. (하략)

### 2-4-2. 사천왕사의 밀교적 성격

『삼국유사』 기록에 의하면 사천왕사는 당나라 대군 50만이 670년에 침략했을 때 이를 물리치고자 그해에 황급히 지었다. 너무 급해서 비단으로 했다가 679년에 다시 세웠다. 당나라의 침입을 막기 위해 세웠기 때문에 소의경전은 호국의 성격을 가진 『금광명경』으로 추정된다. 이 경전의 사천왕품(四天王品)에서 사천왕이 불법을 수호하고 있다. 이러한 사천왕이 국가를 수호하는 것과 관련되었을 것이다.

　절의 창건을 주관한 명랑은 밀교승이므로 사찰의 구성도 밀교의 사상을 반영한 것으로 볼 수 있다. 즉 사천왕사는 당나라와의 전쟁에서 승리의 의지를 담은 사찰이다. 따라서 밀교의 조복(調伏)을 위한 형태로 구성할 필요가 있다. 조복의 기본 구조는 삼각형이다. 사천왕사의 조복을 위한 삼각형은 〈그림 1-1〉과 같다. 삼각형의 구조를 만들기 위해서 쌍탑가람 형태를 취했을 것이다. 통일신라에서 최초의 쌍탑가람은 사천왕사로 추정된다. 이후에 망덕사 그리고 감은사로 이어진다. 이들은 모두 호국을 위해 창건한 사찰이다.

　또 금당의 뒤에 두 개의 경루를 세워서 금강계만다라의 5방불 개념을 도입한 것으로 볼 수 있다. 즉 사천왕사는 만다라의 개념을 도입한 구조이다. 원래 만다라는 8세기에 신라에 도입된다. 그러나 초기의 만다라는 『대일경』이나 『금강정경』의 번역이 이루어지기 전에 이미 나타났을 가능성이 높다. 그 한 예로 명랑법사 이전에 자장을 통한 오대산신앙의 도입에서 볼 수 있듯이 만다라가 완성되기 전에 만다라적 밀교사상이 신라에 전해진 것으로 추정된다.

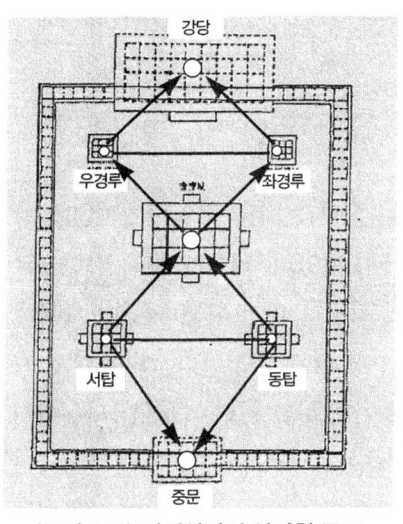
〈그림 1-1〉 사천왕사의 삼각형 구조

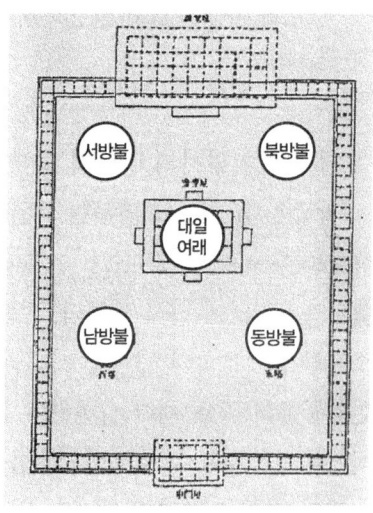
〈그림 1-2〉 사천왕사의 5방불 개념

2-4-3. 문두루비법(文頭婁秘法)

둥근 나무에 오방신(五方神)의 이름을 써 넣는 것을 문두루라 하는데 어원에 관한 학설은 〈표 1-2〉와 같다.

문두루비법은 『관정경(灌頂經)』의 권7인 「복마봉인대신주경(伏魔封印 大神呪經)」의 다음과 같은 기록에 근거한다.

동방에는 단차아가(亶遮阿加)로 청색 옷을 입고 푸른 기운을 토한다. 남방에는 마가기두(摩呵祇斗)로 적색의 옷 …… 서방에는 이두열라(移 兜涅羅)로 백색 …… 북방에는 마가가니(摩訶加尼)로 흑색 …… 중앙

〈표 1-2〉 문두루의 어원에 관한 학설

| 내　　용 | 주장학자, 『저서』 |
| --- | --- |
| • 수인(手印)을 뜻하는 산스크리트어 무드라(mundra)의 음을 빌림.<br>– 수인은 밀교 수행의 삼밀(三密) 중 신밀(身密)에 해당 | 비로영우, 『신라밀교』 |
| 무드라로서 신인승(神印乘)의 의미 | 김싱현, 『사천왕사의 창건과 의의』 |
| 부처의 제자인 16나한 중 첫째인 빈두로(賓頭盧)에서 유래 | 미시나(三品), 『삼국유사고증(三國遺事考證)』 |

에는 오저라내(烏咀羅嬭)로 황색 …… 이들은 모두 키가 12자이며 각각 권속이 7만이나 있어 전부 35만의 귀신이 있다. 이들이 모든 어려움으로부터 구해 준다.

오방신상은 금은진보(金銀珍寶)로 만드는 것이 제일 좋으나, 본문에서 풀로 만든 것은 급해서 임시로 만들었다는 뜻이다. 또한 「복마봉인대신주경」에서 문두루작법에 대하여 기술하고 있다. 그 내용을 허일범의 논문 「한국밀교의 특성과 만다라」에서 다음과 같이 요약했다.

- 제1단 : 오방신단에서 신인을 통하여 외부로부터 들어오는 장애를 제거한다.
- 제2단 : 칠신단(七神段)에서 수행자와 도량을 정화한다.
- 제3단 : 사천왕단에서 도량을 결인한다.
- 제4단 : 칠불단에서 부처님의 가피로 정법의 도로 들어간다.

사천왕사의 문두루는 외부의 침입으로부터 방어하고 또한 공격하여 물리치는 성격이므로 제1단의 오방신으로 하여금 적을 퇴치하고, 제2

단의 칠신단(七神段)에서 수행자와 도량을 정화하고, 제3단의 사천왕단(四天王段)에서 도량을 결인하며, 제4단의 칠불단(七佛段)에서 부처님의 가피로 정법의 도로 들어간다. 사천왕사의 문두루는 외부의 침입으로부터 방어하고 또한 공격하여 물리치는 성격이므로 제1단의 5방신으로 하여금 적을 퇴치하고, 제3단의 사천왕단에서 국토를 수호하는 방법으로 문두루법을 시행하였을 것이다.

이것을 근거로 김상태·박언곤의 논문「사천왕사의 밀교적 특성에 관한 연구」에서 문두루작법을 다음과 같이 기술했다.

비단으로 절을 만들었다 함은 사찰의 경계, 즉 회랑을 의미하는데, 여러 가지 색의 의미는 각 방위별 색을 의미한다. 비단으로 사찰의 경계를 만든 다음 5방신을 풀로 만들어 문두루의 1단인 5방신단을 만든다. 『관정경(灌頂經)』의 권7인「복마봉인대신주경(伏魔封印大神呪經)」에서는 부처가 5방신을 만든 후 제석천에게 종횡으로 7등분하여 문두루형을 만드는데 이것이 2단인 칠신단(七神段)의 모습이다. 그후 3단인 사천왕이 이 사택(舍宅 : 문두루를 행하는 것은 일반적으로 집안의 화를 막는 데 쓰인 밀교의 주술방법이다. 여기서의 사택은 집을 의미하지만 사천왕사에서의 사택은 신라를 의미할 것이다.)의 화를 보호하고 있다. 바로 현재의 사천왕사는 앞의『관정경』의 해석 순서에 따라 사찰을 지어 나라를 보호하였던 것이다.

〈그림 1-3〉에『관정경』에 따른 사천왕사의 문두루비법을 나타내었다.

### 2-4-4. 사천왕(四天王)의 특성

사천왕의 기원은 인도의 하급정령(下級精靈)인 약차(藥叉), 즉 야차에서 유래한다. 그들은 베다나 힌두교의 신들이었으나 조금씩 불교에 도입

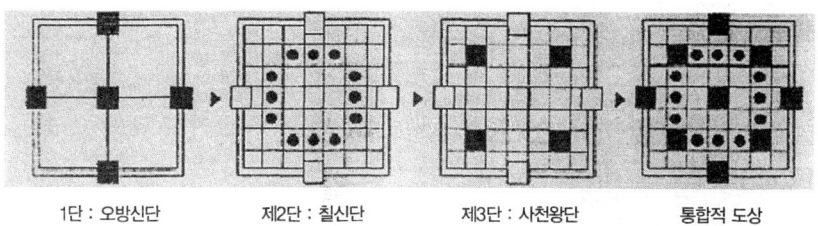

〈그림 1 3〉『관정경』에 따른 사천왕사의 문두루비법

되었으며, 사천왕은 비교적 빠른 시기에 불교에 들어와 사방을 수호하는 신들이 되었다. 사천왕이란 불교세계의 동서남북을 수호하는 존격(尊格)으로 옛날부터 신앙되었던 신이다. 이것이 밀교만다라에서는 외변부(外邊部)를 지키는 천신으로 등장한다.

그들의 이름과 배치 및 특색은 아래 〈표 1-3〉과 같다.

〈표 1-3〉 사천왕의 방위별 배치와 특색

| 방위 | 천왕명 | 지물(持物) | 거느리는 신(神) | 역 할 |
|---|---|---|---|---|
| 동방 | 지국천왕 | 비파 | 건달바·부단나 | 선한 이에게 복을, 악한 자에게 벌을 줌 |
| 남방 | 증장천왕 | 칼 | 구반다·폐려다 | 만물을 소생시키는 덕을 베풂 |
| 서방 | 광목천왕 | 용·여의주 | 용·비사사 | 악인에게 고통을 주어 구도심을 일으킴 |
| 북방 | 다문천왕 | 탑 | 야차·나찰 | 어둠 속을 방황하는 중생 구제 |

인도에서 사천왕의 모습은 왕과 같은 귀인으로 나타난다. 그러나 한국이나 일본에서는 불법을 지킨다는 의미로 무장의 형태이다. 형태나 지물은 사찰이나 시대에 따라 다소 다르게 나타난다. 이를테면 석굴암의 사천왕상과 오늘날 사찰의 사천왕상의 지물은 다르다. 다만 다문천〔毘沙門天〕이 들고 있는 탑만은 대체로 동일하다.

지국천왕

증장천왕

광목천왕

다문천왕

불국사의 사천왕상

① 지국천왕

고대 인도 서사시에서 눈이 보이지 않는 왕으로 등장하는 지국천은 왕위를 선양하고 장로로서 부족을 인도하려 했으나 이 일이 빌미가 되어 전쟁이 일어나자 산림 속에 숨어 살았다. 그후 산림에 불이 나서 타 죽은 후 천국으로 올라가서 천왕이 되었다는 설화가 있다. 지국천은 국가를 편안하게 하는 공덕이 있으며, 태장계만다라에서 건달바를 권속으로 오른손으로 검을 잡고 동문에 있다.

② 증장천왕

오곡을 풍성하게 하는 신으로 만물을 성장하게 하는 힘을 가진 존격이다. 또 자기나 타인의 덕이나 선을 키우므로 이 이름이 붙여졌다. 경전에는 구반다왕의 모습으로 등장하는데, 이 때문에 만다라에서는 구반다를 권속으로 한다. 태장계만다라에서는 오른손으로 대도 또는 왼손으로 삼지창을 잡고 남문을 지키고 있다.

③ 광목천왕

인도의 신화에서는 나찰천(羅刹天)이나 아수라의 이름을 가지며, 통상 악마로 나타난다. 광목(廣目)은 이상한 눈[目]을 가졌다는 의미로 눈[目]에 중점이 주어져 있다. 즉 수미산의 서방에 있으면서 예리한 눈으로 세계를 감시하며, 변설로써 중생을 교화한다. 만다라에서는 용왕을 권속으로 삼지창을 들고 서문을 지키고 있다.

④ 다문천왕〔毘沙門天王〕

다문천이란 항상 설법의 현장을 수호하며 많이 듣는다는 의미로서 지혜가 있어서 금강수보살과 같은 뜻을 내포하고 있다. 야차와 나찰의 왕이므로 이 둘을 권속으로 삼고 왼손에 탑을 지물로 가지고 있다.

## 3. 화엄밀교(華嚴密敎)의 전개

### 3-1. 현교인 화엄과 밀교의 융합

신라에 화엄사상을 처음 도입한 사람은 자장율사로 보인다. 그는 636년에 중국의 오대산에서 문수보살로부터 불법을 전수받았다. 문수보살이 등장하는 것으로 보아 그가 전수받은 것은 화엄사상일 것이다. 그리고 돌아와 황룡사9층탑을 세웠다. 이것의 소의경전은 『화엄경』일 것이다. 그후 자장은 화엄사상을 밀교 계통으로 볼 수 있는 오대산신앙으로 수용하였다.

밀교와 현교의 화엄사상은 체계와 원리가 유사한 점이 많다. 예를 들면 『화엄경』에서 설법은 물론 석가모니불이 행하나, 주체가 되는 부처는 법신 비로자나불이다. 밀교의 주불도 역시 법신불이다. 또 『화엄경』의 원명인 『대방광불화엄경(大方廣佛華嚴經)』을 한 마디로 줄이면 일심(一心)이며 한 자로 줄이면 법(法)이다. 여기서 법(法) 또는 일심(一心)은 인연에 의해 만들어진 우주의 삼라만상은 어떠한 차별도 없는 동등한 가치가 있다는 의미이다. 밀교에서도 우주의 만상은 동등한 가치를 가지고 있는 부처의 현현이라고 본다. 즉 현교와 밀교의 근본사상은 동일하다.

화엄의 우주관은 중중무진연기(重重無盡緣起)이다. 삼라만상은 겹치고 겹쳐 끝이 없는 인연에 의해 생겨난다. 이것이 중중무진연기이다. 밀교의 우주관도 또한 중중무진연기이다. 차이점이 있다면 화엄은 관념적이고 철학적으로 무진연기를 제시하나 밀교는 만다라에 의해 우리들의 눈으로 볼 수 있도록 표현한다. 이처럼 우주의 본체[體]와 현상[相] 그리고 작용[用], 즉 체·상·용을 화엄에서는 철학적이고 관념적인 방법으로 논한다. 반면에 밀교는 구체적이다. 체는 단순한 체가 아니라 지수화풍공식의 6대로 구성되었으며, 상은 4개의 만다라로, 그리고 용은 신구의(身口意) 3밀로 되어 있다는 것이 밀교이다. 즉 화엄은 관념적인 반면 밀교는 종교적이다. 경전의 구성도 확연히 다르다. 『화엄경』은 관념적 이론으로 신앙의례는 없다. 그러나 밀교의 대표적 경전인 『대일경』과 『금강정경』은 이론에 의한 교리는 일부분에 지나지 않고 대부분은 신앙의례 중심이다.

　결론적으로 말하면 화엄과 밀교는 주불(主佛)과 종지(宗旨) 그리고 우주를 유사한 관점에서 바라보고 있으나, 표현하는 방법은 다르다. 즉 화엄은 밀교에 비해 철학적이고 관념적이다. 관념체계가 심오하여 전문적인 학승 이외에는 접근하기가 쉽지 않다. 그러나 밀교는 모든 교리를 일반 대중이 접근하기 쉽도록 그림으로 표현하며, 또 교리보다도 신앙의례 중심이므로 종교적이다. 화엄의 심오한 철학은 종교적인 관점에서는 결정적인 결함이 된다. 화엄의 이러한 단점을 보완하기 위해서는 밀교의 신앙의례를 받아들일 필요가 있다.

　이러한 관계를 아래의 〈표 1-4〉로 요약하였다.

〈표 1-4〉 현교(顯敎)인 화엄종과 밀교(密敎)의 관계

| 현교(顯敎) → 화엄종 | 밀교(密敎) |
|---|---|
| • 주불(主佛) : 비로자나불(법신 중심)<br>• 종지(宗旨) : 일체(一體)·일심(一心)<br>• 인식론 : 유심론(唯心論)<br>　→ 철학적·관념적<br>　- 체(體)·상(相)·용(用)<br>• 우주관 : 무진연기(無盡緣起)<br>• 경전의 구성 : 관념적 이론으로 신앙의례는 없음 | • 주불 : 대비로자나불(법신 중심)<br>• 종지 : 만상은 부처<br>• 인식론 : 마음과 사물의 융합<br>　→ 종교적<br>　- 6대체·4만상·3밀용<br>• 우주관 : 무진연기+만다라<br>• 경전 : 교리보다 신앙의례 중심 |

| 현교와 밀교의 융합 : 철학적·관념적 현교에 밀교의 종교성 부여 |
|---|
| • 현교의 문제점 : 종교성 부족<br>　- 관념체계가 심오하여 전문적인 학승 외에는 대중 신봉 곤란<br>• 사상원리가 유사하여 밀교의 신앙의례를 화엄이 채용할 수 있음<br>　* 불상의 밀교양식 도입 → 비로자나불 |

## 3-2. 신라 화엄만다라의 전개

### 3-2-1. 황룡사의 창건 : 화엄만다라 세계의 추구

● 황룡사 창건에 관한 『삼국유사』의 기록

　신라 제24대 진흥왕이 왕위에 오른 지 14년 되는 계유(553) 2월에 용궁 남쪽에 장차 궁궐을 지으려 하는데 황룡이 나타나자 그만 고쳐서 절을 만들어 황룡사라 불렀다. 기축년(569)이 되어서 주위에 담을 쌓으니 17년 만에 완공한 것이다.
　얼마 후 남쪽 바다로부터 큰 배 한 척이 와서 하곡현의 사포에 정박했다. 이 배를 조사해 보니 첩문이 있었는데 거기에 쓰여 있기를 "인도 아육왕이 황철 5만 7천 근과 황금 3만 푼을 모아 장차 석가삼존상을 주조하려다 이루지 못하고 배에 실어 바다에 띄우면서 축원하기를 부디 인연 있는 나라에 가서 장육의 존귀한 모습을 이루소서"라 하였다. 아울러 부처 하나와 보살상 둘의 견본도 함께 실려 있었다.
　고을의 관리가 모든 것을 글로 써서 왕에게 보고하니 왕이 칙사를 보내 그 고을의 성 동쪽에 높고 밝은 땅을 골라 동축사를 세우고 세 불상을 모셔 안치했다. 금과 철은 서울로 실어가 태건 6년 갑오(574) 3월에 장육존상의 주조가 단 한 번에 이루어졌다.
　신라 제27대 선덕왕이 왕위에 오른 지 5년 되는 정관 10년 병신(636)에 자장법사가 중국에 유학 가서 바로 오대산에서 감응하여 문수보살로부터 불법을 전수받았다. 문수보살이 또 말하기를 "너희 나라 왕은 바로 인도의 크샤트리아 계층의 왕족으로서 이미 불기(佛記)를 받았기 때문에 특별한 인연이 있으므로 동쪽의 오랑캐나 공공의 족속과는 다르다. 그러나 산천이 험하기 때문에 사람들의 성격이 거칠고 사나우며 많은 사람들이 미신을 믿어서 이따금 천신이 화를 내린다. 하지만 다문비구가 나라 안에 있기 때문에 임금과 신하들이 매우 편안하고 모든 백성들이 평화롭다"고 하였다. 말을 마치자 보이지 않으니 자장은 이것이 바로 보살의 화신임을 알고 감격의 눈물을 흘리며 물러 나왔다.

　자장이 중국 태화지 옆을 지나는데 홀연히 신인이 나와 묻기를 ……"그대의 나라에 무슨 어려운 일이 있소?"라 하니 자장이 말하기를 "저의 나라는 북쪽으로는 말길에 닿아 있으며 남쪽으로는 왜나라 사람들과 접해 있고 고구려와 백제 두 나리가 빈길아 국경을 침범하여 이웃나라 적들이 함부로 날뛰니 이것이 백성들의 걱정입니다"라 했다. 신인이 말하기를 "그대의 나라는 여자를 왕으로 삼았기 때문에 덕은 있으나 위엄이 없소. 그래서 이웃나라가 침략을 도모하는 것이니 속히 본국으로 돌아가야 할 것이오"라 했다. 자장이 묻기를 "본국으로 돌아가 무엇을 해야 이익이 되겠습니까?" 하니 신인(神人)이 말하기를 "황룡사의 불법을 옹호하는 용이 나의 맏아들로 범천왕의 명령을 받고 가서 이 절을 보호하고 있소. 본국에 돌아가 절 안에 9층탑을 세우면 이웃나라들은 항복할 것이고 9한이 와서 조공할 것이며 왕위가 길이 편안할 것이오"라고 했다.

● 황룡사 창건의 의의

　신라 왕경인 경주에 수많았던 사찰들 중에서 가장 중요한 절인 황룡사는 신라사를 이해하는 데 절대적인 위치를 차지한다. 왜냐하면 황룡사는 삼국 중 후진성을 면치 못하였던 신라가 비약적인 발전을 시작하게 된 진흥왕 대에 시작하여 통일 직전의 선덕왕 대에 걸쳐 모든 국력을 들여 건립한 사찰일 뿐만 아니라 그 건립 과정에 투영된 신라인들의 사상이 다양하게 반영되었기 때문이다.

　황룡사의 창건연기(創建緣起)와 그 경영에서 투영된 사상은 크게 세 가지로 나눌 수 있다. 첫째는 신라문화가 뛰어나다는 것을 강조하는 것이다.

석가모니가 태어나기도 전에 가섭불이 이 절터에서 좌선을 했다든가 아육왕도 이루지 못한 장육존상을 만들었다는 것은 신라인의 우월한 문화의식의 표출로 볼 수 있다. 물론 이 사상은 『삼국유사』가 쓰일 당시 몽고 침략에 대한 정신적 극복을 위한 것일 수 있다. 즉 신라의 전통을 이어받은 고려의 문화는 야만족인 몽고에 비할 바가 아니며, 중국은 물론 인도보다도 불연(佛緣)이 깊다는 대단한 자부심을 나타낸 것이다.

둘째는 불교와 토착신앙과의 융합이다. 『삼국유사』 전편에 흐르고 있는 것은 사상의 통합이다. 황룡사 창건 부분에서도 고유의 재래신앙과 불교의 융합이 두드러지게 나타난다. 이를테면 왕궁을 지으려다 황룡이 나타나 황룡사를 지었다든가 신라인들은 미신을 믿어 천신이 화를 내나 다문비구가 있어 모두들 편안하다고 하는 것은 토착신앙과 불교의 융합을 의미하는 것이다.

셋째는 정치집단 간 대립관계의 극복을 들 수 있다. 즉 여자인 덕만이 선덕왕으로 즉위하자 백제와 고구려가 빈번히 침략해 오고, 당태종은 선덕여왕 등극에 대한 문제를 제기했다. 이렇게 위기의식이 높아진 신라인들은 그 모든 원인이 여왕의 권위 부족에 기인한 것이라 생각했을 것이다. 이에 자장을 비롯한 여왕의 측근들은 황룡사9층탑이라는 대형 건축물을 지어서 선덕왕은 비록 여자이나 남성 이상의 능력이 있다는 것을 보여 주어 왕권을 강화함으로써 정치집단 간 대립관계를 극복할 필요가 있었을 것이다.

이러한 대립을 극복하기 위한 방안을 자장은 화엄사상에서 찾았다. 불교에서 통합의 원리를 제시하는 것은 화엄만다라사상이다. 화엄을 한마디로 요약한다면 일체(一體)·일심(一心)이다. 즉 화엄만다라는 중심에 있는 비로자나불에서 주변의 불·보살로 전개된 후 다시 비로자나불 하나로 통합된다. 비로자나불은 석가모니불로 대치할 수 있으니 찰리종인 석가모니불과 불기를 받은 찰리종 선덕여왕은 동일하게 된다. 따라서 화엄만다라의 정점인 국왕을 중심으로 샤먼을 포함한 모든 사상이 포용되며, 헐벗은 민중과 귀족뿐만 아니라 9한까지도 포용된다. 이러한 화엄사상에 의한 가람 배치가 황룡사이다.

황룡사장육과 황룡사9층탑 건립의 구성과 의의를 아래의 〈표 1-5〉와 〈표 1-6〉에 요약하였다.

〈표 1-5〉 황룡사 및 장육존불 건립

| 창건 가람<br>진흥왕 14년(553)~진흥왕 30년(569) | 중건 가람<br>진흥왕 35년(574)~진평왕 6년(584) |
|---|---|
| 신궁을 지으려 할 때 황룡이 나타나 황룡사로 고쳐 짓다.<br>• 불교 수용을 통한 왕권의 강화<br>왕즉룡(王卽龍) → 왕즉불(王卽佛)<br>- 황룡의 출현 : 종래의 용신앙(龍信仰)이 불교의 호법룡신앙(護法龍信仰)으로 승화 | 아육왕이 바다에 띄운 황철로 어느 나라도 만들지 못한 장육존상을 만들다.<br>• 세계사적 입장에서 신라불교문화의 우월성 강조<br>• 진흥왕의 불교홍포(佛敎弘布)가 아육왕의 불교홍포를 능가 |

〈표 1-6〉 황룡사 9층탑 건립 사상(최종 가람 : 선덕여왕 14년인 645)

| 불교와 토착신앙의 대립 | 국내외 정치집단 간 대립 |
|---|---|
| • 문수보살이 자장에게 말하기를<br>- 너희 나라 왕은 불기(佛記)를 받아서 동쪽의 오랑캐와는 다르다. → 신라는 불교를 수용하여 높은 문화의식을 지녔다는 의미<br>- 불교가 도입되었으나 많은 사람들이 미신을 믿어서 이따금 천신이 화를 내린다.→ 불교와 토착신앙의 대립 | • 태화지의 신인(神人)이 자장에게 말하기를<br>- 신라는 여왕이어서 덕은 있으나 위엄이 없다. → 선덕여왕의 권위 부족으로 고구려·백제·왜 등의 주변국 침략 및 반정세력 등장 |

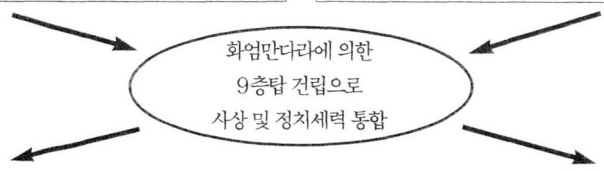

화엄만다라에 의한 9층탑 건립으로 사상 및 정치세력 통합

| 사상의 통합〔一心〕 | 정치세력 통합〔一體〕 |
|---|---|
| • 천신이 자장에게 말하기를 "황룡사의 호법룡은 나의 맏아들이다."→ 호법룡은 재래의 용신앙을 수용한 불교형태의 용이나 아직 양자간의 대립 상존<br>• 9층탑 건립으로 화엄만다라의 완성<br>  - 화엄만다라 : 개(個)와 전(全), 반야(般若)와 방편(方便), 이상(理想)과 현실(現實)의 통일→토착신앙과 불교의 통합<br>  - 만다라의 중심인 국왕을 정점으로 각 계층에의 무한한 전개 후 다시 하나로 통일 | • 왕실의 권위와 국력 과시<br>  →정치집단 간 대립관계 극복<br>  - 황룡사 건립으로 남자 이상의 능력 보유<br>  - 여자이기 때문에 위엄이 없다는 국내외 여론 무마<br>• 9층탑 건립 후 귀족측의 합리주의를 왕실측의 신비주의적 체계로 수용→왕권강화<br>• 황룡사에 9층탑을 건립하면 일본·중국 등 9나라의 침해를 막을 수 있다. → 화엄사상 수용으로 9한(九韓)을 누를 만한 문화능력을 지니고 있음을 표현 |

● 황룡사의 창건 · 중건 · 최종가람 배치도

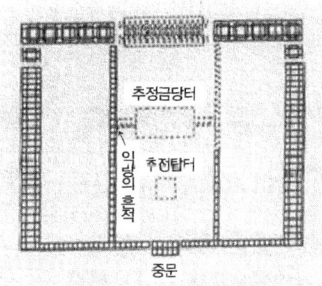

〈그림 1-4〉 창건가람 배치도

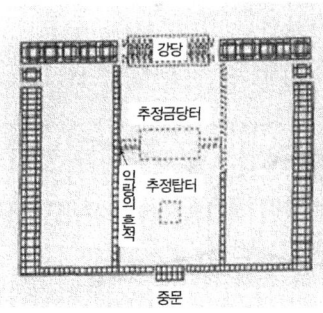

〈그림 1-5〉 중건가람 배치도

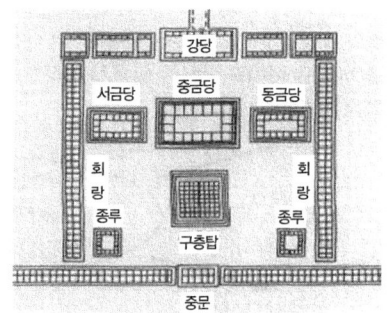

〈그림 1-6〉 최종가람 배치도

〈그림 1-7〉 황룡사 복원 모형도

3-2-2. 오대산과 화엄만다라

● 자장이 화엄신앙을 오대산신앙으로 수용
- 『삼국유사』의 기록 : 대산 5만진신조 · 자장정률조

(상략) 자장법사가 중국 오대산의 문수보살의 진신을 친견하려고 정관 10년(636)에 중국으로 들어갔다. 처음 중국의 태화지에 있는 문수보살 석상에 이르러 경건하게 7일 동안 기도했더니, 꿈에 홀연히 문수보살이 4구계를 주었다. …… 그러고는 "그대 본국의 동북방에 있는 명주 땅 오대산에 1만의 문수보살이 상주하고 계시니 그대는 가서 뵙도록 하라" 하고는 사라졌다. …… 자장법사는 정관 17년(643)에 강원도 오대산에 와서 문수보살의 진신을 보려고 했으나 3일 동안 날이 어두워 뜻

을 이루지 못하고 돌아갔다. 다시 원녕사에 머물면서 비로소 문수보살을 뵈었다고 한다. 그후 칡덩굴이 얽혀 있는 곳으로 갔으니 지금의 정암사이다.

…… 자장이 태백산으로 가서 찾다가 큰 구렁이가 나무 아래에 서리어 있는 것을 보고 수행하는 자에게 말하기를 "여기가 바로 갈반지이다" 하고는 석남원을 창건하고 문수보살이 내려오기를 기다렸다. 그러자 어떤 늙은 거사가 남루한 도포를 입고 칡으로 만든 삼태기에 죽은 강아지를 담아 메고 와서는 자장을 수행하는 제자에게 말하기를 "자장을 만나 보려고 왔다"라 했다. 제자가 말하기를 "스승을 받들어 모신 이래로 우리 스승님의 이름을 부르는 사람을 아직까지 보지 못했는데 너는 어떤 사람이기에 미친 말을 하느냐?"라 하자 거사가 말하기를 "너의 스승에게 알리기만 해라" 하여 마침내 들어가 고하니 자장이 깨닫지 못하고 말하기를 "아마 미친 사람인 모양이다"라 했다. 제자가 밖으로 나가 꾸짖어 내쫓자 거사가 말하기를 "돌아가리라, 돌아가리라! 아상을 가진 자가 어찌 나를 볼 수 있겠는가?" 하고는 삼태기를 뒤집어 떨자 개가 변하여 사자보좌가 되니 그 위에 올라앉아 빛을 발하며 사라졌다. 이 사실을 들은 자장이 그제야 놈가심을 바로 갖추고 빛을 찾아 남쪽 고개 위로 달려 올라가니 벌써 까마득해서 따라가지 못하고 마침내 몸을 던져 죽었다. 시체는 화장하여 유골을 돌구멍 속에 모셨다.


- 『삼국유사』 기록의 의미 : 화엄신앙을 오대산신앙으로 수용

자장이 중국에서 돌아올 때 신라의 당면 과제는 두 가지였다. 첫째는 사상적인 문제로 불교와 토착신앙인 샤먼과의 대립이었으며, 둘째는 정치·사회적인 문제로 국가간·계층간 대립이었다. 자장은 이러한 대립을 해소하기 위해서 통합의 원리를 내포한 화엄사상을 도입하여 오대산신앙으로 수용하였다.

중국에서 시작된 오대산신앙의 교학적 근거는 『화엄경』 「보살주품처」에 "동북방의 청량산에는 옛날부터 모든 보살이 거주하고 있었는데, 현재는 문수사리보살이 그 권속 1만을 거느리고 설법하고 있다"라 한 것과 밀교 경전인 『문수사리법보장다라니경(文殊師利法寶藏多羅尼經)』에 "그때 세존께서 금강밀적주보살에게 말하기를 내가 멸도한 후에 이 염부주 동북면에 대진나국이라는 나라기 있고 그 나라 안에 오정(五頂)이라는 산이 있으니, 문수시리동자가 유행 거주하면서 모든 중생을 위하여 설법한다"라고 한 교설에서 시작된다. 즉 현교(顯敎)인 청량산과 밀교(密敎)인 오대산(五頂)의 융합으로부터 오대산신앙이 출발한다.

자장이 중국에서 화엄의 설주인 문수보살을 만났을 때 오대산에 문수보살이 있으니 만나 보라고 했다. 이것은 자장이 화엄밀교에 의해 신라의 현안이었던 사상적·정치적 대립을 통합하려는 의도일 것이다. 그러나 그 뒤 자장의 행적에서 문수보살을 만나기도 하나 최후에는 자장의 분별심으로 문수보살은 떠나가고 자장은 입적하게 된다. 그 의미는 자장에 의해 오대산신앙이 도입되기는 하지만 크게 발전하거나 정착되지 못하고 정신대왕과 그 두 태자인 보천과 효명에 의해 발전되었을 것으로 추정된다.

● 보천에 의한 오대산신앙의 사회적 전개
- 『삼국유사』의 기록 : 대산 5만진신조

보천이 세상을 떠나는 날, 후에 산중에서 시행할 행사로서 국가에 도움이 될 일을 기록하여 남겨 놓았는데 그 내용은 다음과 같다. "이 산은 바로 백두산의 큰 줄기로서 각 대에는 보살의 진신이 상주하고 있다. 청색 방위인 동쪽 대에 …… 관음방을 설치하고 원만하신 관음보살상을 모시고 …… 5명의 승려로 하여금 …… 관음예찬을 외우게 하고 그곳을 관음사로 하라. 적색 방위인 남대에는 지장방을 설치하고 원만하신 모습의 지장보살을 그려 …… 5명의 승려로 하여금 …… 점찰경예참을 외우게 하며 그곳을 금강사라 하라. 백색방위인 서대에 …… 미타방을 설치하고 원만하신 모습의 아미타여래를 그려서 …… 5명의 승려로 하여금 …… 아미타경예참을 외우게 하며 그곳을 수정사라 하라. 흑색방위인 북대에는 나한당을 설치하고 원만하신 석가여래상을 그려 …… 5명의 승려로 하여금 …… 열반경예참을 외우게 하고 그곳을 백련사라 하라. 황색방위인 중대의 진여원에는 문수보살과 부동명왕의 소상을 모시고 …… 5명의 승려로 하여금 …… 문수예참을 외우게 하고 그곳을 화엄사로 하라. 보천암에 …… 승려 5명과 …… 또 하원에 문수갑사를 더 배치하여 결사의 본사로 삼고 법력 있는 승려 7명으로 …… 이상 승려 37명이 (하략)."

- 오대산신앙의 사회적 전개

오대산신앙이란 현교인 화엄과 밀교가 융합한 화엄밀교사상이다. 서윤

오대산의 겨울 모습

길의 『한국밀교 사상사연구』에서 "중앙에 비로자나와 문수보살을 모시고 이를 중심으로 사방불(四方佛)이 배치되고 있다. 뿐만 아니라 그에 상응되는 경전과 참법(懺法)이 주야로 구분되어 정연한 일대 만다라를 형성하고 있다. 이러한 체계정비가 보천 대에 와서 이루어진 것인데 이 오대산은 공간적으로 5방(동·서·남·북·중앙)에 상하(上院·下院)를 연결하여 온 우주를 상징하고 시간적으로는 그 우주의 핵에 법신 비로자나불을 안치하여 영원을 상징하고 있다. …… 특히 복전(福田)의 37원(三十七員)은 금강계만다라의 37존(三十七尊)을 상징한 것으로 보인다"라고 했다.

대산 오만진신조의 만다라에서 사방불의 배치는 〈표 1-7〉에서 보듯이 금강계 밀교와 다르다. 밀교에서는 중앙에 비로자나불, 동쪽에 아축(阿閦)여래, 서쪽에 아미타여래, 남쪽에 보생(寶生)여래, 북쪽에 불공성취(不空成就)여래가 있다. 여기서 불공성취여래의 경우 밀교에서는 석가여래와 동체(同體)로 생각하고 있다. 그러나 오대산신앙은 아축여래 대신 관음보살을, 보생여래 대신에 지장보살을 택했다. 이렇게 변화된 것은 그 당시의 교계 형편과 신앙의 태도가 고려된 듯하다.

〈표 1-7〉 보천의 오대산만다라와 금강계만다라의 불보살 배치

| 구분 | | | | | 금강계만다라(성신회) | |
|---|---|---|---|---|---|---|
| 방위 | 색 | 절 이름 | 부처·보살 | 복전 | 주 부처 | 보살 |
| 동쪽 | 청 | 관음방 | 관음보살 | 5명 | 아축불 | 금강살타보살 등 4보살 |
| 남쪽 | 적 | 지장방 | 지장보살 | 〃 | 보생불 | 금강보보살 등 4보살 |
| 서쪽 | 백 | 미타방 | 아미타불 | 〃 | 아미타불 | 금강법보살 등 4보살 |
| 북쪽 | 흑 | 나한당 | 석가모니 | 〃 | 불공성취불 | 금강업보살 등 4보살 |
| 중대 | 황 | 진여원 | 문수보살 | 〃 | 대일여래 | 법바라밀보살 등 4보살 |
| 복전 → 상원 : 5명, 하원 : 7명 | | | | | 성신회 최외원 | 금강분향보살 등 8보살 |
| 복전 : 총 37명 | | | | | 총 37존의 불보살 | |

지금의 중대 사자암

지금의 서대 염불암(보천이 이곳에 머물렀다고 권근이 기록)

 서윤길은 "당시에 중요시되던 신앙사상들을 화엄의 입장에서 포섭하고 밀교적으로 재정립한 것이 오대산신앙이다. 그 당시 존중되었거나 상당한 세력을 갖고 사회적으로 실천되고 있던 신앙 중에서 관음과 지장신앙은 무시할 수 없었다. 오대산신앙을 처음으로 개진시켰던 자장이 관음상을 조성한 공덕으로 탄생했고, 화엄학계의 주류였던 의상이 낙산에서 관음도량을 전개시켰다. 또한 신라에서 진평왕 대의 원광 이래로 지장신앙의 일환으로 행해졌던 점찰교법이 9세기 초에는 매우 융성했던 일련의 사실들을 감안할 때 관음과 지장이 오대산신앙의 한 위치를 갖게 되었던 것은 당연한 일이다"라고 했다. 오대산신앙의 사방불뿐만 아니라 굴불사지나 칠불암의 사방불이 각기 다른 것도 그 당시 신앙을 제각기 반영한 것으로 볼 수 있다.

　사방불은 만다라의 표현이다. 만다라란 우주의 삼라만상을 한눈으로 통일하여 볼 수 있다. 만다라의 이 같은 원리로 불교와 토착신앙 및 다양한 사회계층이 통일의 원리에 의해 체계적 수용을 기하는 것이다. 만다라의 또 다른 원리는 우주를 체계적이고도 다양하게 전개하여 보는 것이다. 이것에 의해 다양한 사상과 정치세력의 인정뿐만 아니라 적재적소의 배치와 활용이 가능하다는 것이다.

　보천이 나라에 도움이 될 방안을 기록한 연대는 대체로 경덕왕 때이다. 경덕왕 시대는 신라사에 있어서 문물이 최전성기이나 귀족세력 간의 반목으로 사회적인 분열이 일어나던 시기이다. 또 사상적으로는 선불교와 화엄의 대립이 일어나던 때이기도 하다. 이 시기에 보천이 제안한 것은 자장계의 화엄사상을 다시 부흥시켜 왕권을 중심으로 사상의 통일을 기하고 대립되는 세력을 일체화시키는 방안으로 보인다. 이를 위해 보천은 오대산신앙을 전개해 나갔다고 볼 수 있다.

# 제2장 돌에 새겨진 사방불(四方佛) 유적

1. 사불산(四佛山)과 굴불사지의 사방불

1-1. 『삼국유사』 사불산·굴불산·만불산조의 기록

  죽령 동쪽 백여 리쯤 되는 곳에 우뚝하게 솟은 높은 산이 있다. 진평왕 9년(587) 갑신(624)에 4면이 한 길이며 4방에 여래의 상이 새겨지고 모두 붉은 비단으로 싸인 커다란 돌 하나가 홀연히 하늘로부터 그 산꼭대기에 떨어졌다. 왕이 이 소문을 듣고 친히 행차하여 돌을 쳐다보며 절을 하고는 그 돌 옆에 절을 세우고 절 이름을 대승사라 했다. 곧 법화경을 염송하는 이름이 알려지지 않은 비구승을 청해 주지로 삼아 그 돌을 깨끗이 쓸고 공양을 하여 분향이 끊어지지 않게 했다. 그 산 이름을 역덕산 또는 사불산이라 했다. 비구승이 죽어 장사를 치르고 나니 그 무덤 위에 연이 돋았다.

  또 경덕왕이 백률사로 행차했을 때 산 밑에 도착하였더니 땅 속에서 염불하는 소리가 들렸다. 사람을 시켜 땅을 파서 커다란 돌을 얻었는데 4면에 4방불이 새겨져 있었다. 이로 인해 절을 세우고 절 이름을 굴불사로 했으나 지금은 잘못 전달되어 굴석사라 한다. (하략)

1-2. 사불산과 굴불사지 사방불의 의미

우리나라에 전래된 불교의 내용은 불(佛)·법(法)·승(僧)의 삼보(三寶)에 대한 신앙이었다. 이를 당시 사회가 어떻게 수용하였는가를 『삼국유사』에서 볼 수 있다. 즉 사문 묵호자가 "향을 피우면 신성에게 정성이 통하는데 그 신성은 불·법·승 삼보보다 나은 것이 없다"라 한 것은 삼보에 대한 중요성을 일깨워 줌과 동시에 재래의 신성관념을 삼보에 의해 설명함으로써 재래신앙이 불교로 수용 또는 융합되는 것을 일러주는 것이기도 하다.

우리의 재래신앙은 천신(天神)·지신(地神)을 숭배하는 것이다. 『삼국유사』에서 불교가 토착신앙인 천신을 수용했다는 것은 하늘로부터 탑상이 출현한 것을 표현한 것이다. 하늘에서 떨어진 사불산의 사방불이 대표적이다. 하늘은 토속신앙의 천신을 의미하고 사방불은 밀교의 핵심사상을 나타낸 것이다. 즉 천신은 토속신앙과 유사한 성격의 밀교를 매개체로 불교로 수용한 것이다. 하늘에서 떨어진 사방불 옆에 대승사를 세웠다는 것은 대승불교가 밀교를 매개로 천신을 수용했다는 것을 의미한다. 불교가 지신을 수용했다는 것은 땅으로부터 탑상이 출현한 것을 표현한 것이다. 굴불산의 사방불이 대표적이다.

다음의 〈표 2-1〉은 사불산과 굴불사지 사방불의 의미를 요약한 것이다.

1-3. 사불산의 사방불

사불산(四佛山)은 경상북도 문경시 산북면에 있다. 이 산 정상에 높이 2.95m, 너비 1.5m 되는 돌기둥 사면에 4구의 불상이 새겨져 있다. 동면의 불상만 얼굴의 윤곽과 머리 위의 육계(肉髻)가 확인될 뿐이다. 1966년에 조사된 진홍섭의 논문에는 "동면과 서면에는 불좌상(佛座象)이, 남면

〈표 2-1〉 사불산 · 굴불사지 사방불의 의미

| 불교가 토착신앙을 수용 | |
|---|---|
| 사 불 산 | 굴 불 산 |
| 토착신앙인 천신이 사방불로 전환 | 토착신앙인 지신이 사방불로 전환 |
| • 붉은 비단에 싸인 사방여래가 하늘에서 떨어지다. → 밀교를 매개로 천신과 불교의 융합<br>  - 붉은색 : 태양 · 불 등으로 토착신앙적 요소 상징<br>  - 사방불 : 밀교의 핵심사상<br>• 사방불 옆에 대승사를 세우다.<br>  → 현교의 대승사상으로 꽃피움 | • 땅에서 염불하는 소리가 들려 땅을 파서 사방불을 얻다. → 밀교를 매개로 지신과 불교의 융합<br>  - 굴불사 사방불 : 전통적인 밀교 사방불에서 변화 · 발전된 사방불로 전환 |

과 북면에는 입불상(立佛象)이 조각되어 있다"고 했다.

사불산의 사방불의 조성연대가 『삼국유사』에는 진평왕 9년(587) 갑신(624)이라고 기록되어 있는데, 연대와 간지가 서로 맞지 않아 완전히 믿을 수는 없지만 신라 사방불에 관한 최초의 기록이다. 이것은 6세기 후반 또는 7세기 초반에 사방불이 출현하였을 가능성을 보여 준다. 또 심요섭의 논

사불산의 사방불

문에서 사방불의 개념이 정립된 『금광명경』이 신라에 전래된 시기를 565년으로 보고 있으므로 6세기 후반에 사방불이 조성됐을 가능성이 있다.

### 1-4. 굴불사지 사방불

#### 1-4-1. 굴불사의 연혁

1900년대에 사방불이 매몰된 상태로 있던 굴불사지에서 조선시대 기와가 수습됨으로써 이 건물이 조선 중엽에 이르기까지 목조기와 건물로 존재했음이 밝혀졌다. 유물로 볼 때 굴불사는 경덕왕 때 창건되어 신라가 망할 때까지 존속하다가 고려 명종 13년(1183)에 한 차례의 불사가 이루어지고, 이때 굴석사로 불리었다. 이 절은 몽고의 침략으로 1238년 또는 1250년대에 당시 중요 불구를 땅에 매장하고 승려들은 사찰을 떠남으로써 폐사되었던 것으로 판단된다. 그 뒤 조선의 숙종 때인 1681년에 다시 불사가 이루어진 후 100년가량 존속되었던 것으로 보인다. 그후 폐사가

굴불사지 사방불

동방 약사여래좌상

〈그림 2-1〉 동방 약사여래

되었고, 사방불은 자연적으로 매몰되고 겨우 머리부분만 노출되어 있던 것을 1900년대 일본인들이 발굴하여 오늘에 이르고 있다.

### 1-4-2. 사방불의 도상

굴불사지의 사방불 도상은 금강계도 태장계도 아니다. 금강계의 동방불이라면 아축불이어야 하나 굴불사지는 약사여래이다. 이것은 아마도 통일시대 이후로는 약사여래신앙이 널리 퍼짐에 따라 신라의 사방불 형식이 변한 듯하다.

● 남방 : 미륵불입상으로 추정

금강계의 남방불은 보생여래이다. 굴불사지의 경우 본존불로 추정되는 불상은 보생여래의 수인이 아니다. 이 불상을 석가불 또는 미륵불로 보고 있다. 금강계의 북방불은 불공성취불로서 석가모니불과 성격이 동일하

남방의 본존불과 좌협시불

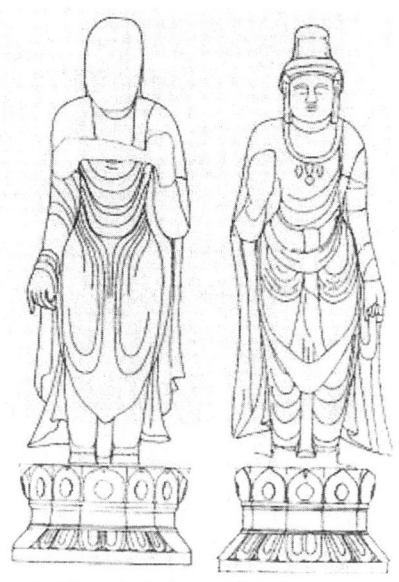
〈그림 2-2〉 남방 본존불과 좌협시불

다. 또 경북 영주시 신암3리 미륵댕이라는 마을에 있는 사방불은 남면의 불상이 중심이다. 미륵댕이라는 마을 이름으로 추측해 보면 남면의 불상이 미륵불인 듯하다. 또 경덕왕 당시 미륵불신앙도 널리 퍼졌을 것이다. 삼화령에서 미륵세존에게 차를 공양하고 돌아가던 충담사가 이 향차를 경덕왕에게 진상하였다는 사실로도 알 수 있다. 이러한 사실들을 고려해서 남방불을 미륵불로 추정한다.

● 서방 : 아미타삼존불상

금강계나 태장계의 서방불은 아미타불이다. 그러나 밀교의 아미타불은 현교의 아미타불과 이름만 같을 뿐 그 성격이나 도상은 다르다. 굴불사지의 서방불인 아미타삼존불은 현교의 부처이다. 이것은 아마도 신라인들이 밀교의 서방불을 현교의 아미타불로 대치한 듯하다.

서방의 아미타삼존불상 〈그림 2-3〉 서방의 아미타삼존불상

● 북방 : 11면6비관음보살상과 보살입상

　북면에는 부처상이 없고 2구의 보살상만 있다. 특히 왼쪽에 선각으로 표현된 11면의 얼굴과 6개의 손이 달린 11면6비의 관음보살상이 특이하다.

〈그림 2-4〉 북면 보살입상과 11면6비관음보살상

　다면다비상(多面多臂象)에 관한 최초의 기록은 6세기에 번역된 『모리만다라주경(牟梨曼茶羅呪經)』을 시작으로 4종류의 한역경전이 있다. 이들 경전에 기록된 대체적인 특징은 "정면 3면은 자비상을, 왼쪽 3면은 진노상(瞋怒相)을, 오른쪽 3면은 흰 치아를 드러내어 미소 짓는 모습을, 뒷면 1면에는 크게 웃는 상을, 정상에는 하나의 불면(佛面)을 나타낸다"고 기록되어 있다.

11이라는 숫자는 11지(地)의 불과위(佛果位)를 상징한다는 설이 보편적이다. 이 설에 의하면 11면이란 10품(品)의 무명을 끊고 11바라밀을 얻은 정법명여래(正法明如來)의 과(果)를 설하는 데서 유래되었다는 것이다.

팔이 6개인 6비는 변화관음의 하나인 여의륜관음에서 흔히 볼 수 있는 도상이다. 여의륜관음에서 6비의 상상에 관한 내용은 제5장 인식론이 태장계만다라 관음원을 참조 바린다.

## 2. 경북 영주시 이산면 신암3리 사방불상

이 불상은 삼국시대 말기 또는 통일신라시대 초기의 사방석불이다. 바위의 4면에 돋을새김을 한 사방불 중에서 3면은 마멸이 심하고 남면의 3존상 모습은 뚜렷하다.

결가부좌한 본존불은 시무외인과 여원인을 하고 있다. 협시보살은 불꽃무늬가 새겨진 보주형의 두광과 삼면보관을 썼다. 이러한 특징은 다른 3면에서도 보인다.

이 불상이 있는 곳의 지명이 미륵댕이이다. 이 이름을 근거로 사방불의 정면이며, 가장 뚜렷하게 남아 있는 남방의 3존상은 미륵삼존상으로 추정할 수 있다.

 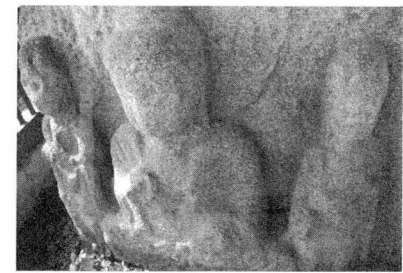

신암3리 미륵댕이의 삼존불상

## 3. 경주 남산 탑골의 부처바위

### 3-1. 탑골을 중심으로 한 신라시대의 밀교 벨트

신라시대의 밀교 신앙지는 두 곳으로 추정된다. 하나는 원광과 밀본이 머무른 경주시 안강읍 금곡사이다. 또 한 곳은 명랑이 살았고 또 그가 세웠던 남간사가 있는 탑정동에서부터 신인사(神印寺)라는 글자가 쓰인 기와가 발견된 탑골의 부처바위를 거쳐 사천왕사지와 능지탑까지가 밀교 신앙지역으로 추정된다. 이 지역을 신라시대 밀교 벨트라 칭하겠다.

신라시대 밀교 벨트를 〈그림 2-5〉에 나타내었다.

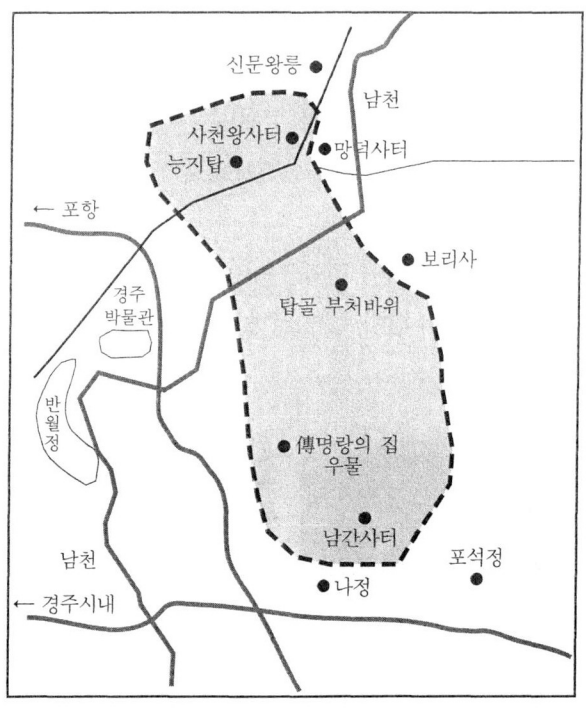

〈그림 2-5〉 신라시대 밀교 벨트(점선 안쪽)

### 3-2. 탑골 부처바위 각면의 배치 현황

#### 3-2-1. 북면

경주 남산 탑골의 부처바위는 높이가 10m에 달하는 거대한 암석이다. 4면에 30여 구의 불보살·신장상·승려상·비천상·사자·탑 등이 조각되어 있다.

그중 북면은 부처바위의 정면으로 생각된다. 가장 아래쪽에 두 마리의 사자상이 배치되고, 그 위로 9층·7층탑이 좌우로 배치되어 입구로서의 성격이 강하다. 두 목탑 사이의 상부 공간에는 천개가 있고 그 밑에 여래좌상이 있으며, 9층탑 위에 천인상(飛天像)이 상하로 배치되어 있다.

아래의 사진은 북면을, 〈그림 2-6〉은 북면의 모습을 그린 것이다.

부처바위 북면 모습

〈그림 2-6〉 부처바위 북면의 그림

제2장 돌에 새겨진 사방불(四方佛) 유적 523

### 3-2-2. 동면

동면에는 여래좌상과 보살좌상 2존상을 중심으로 6, 7구의 비천상과 봉로승상(捧爐僧像) 또는 목탁을 들고 있는 승려상을 비롯하여 나무 아래에서 참선하는 승좌상 등 총 3구의 승려상, 그리고 신장입상 1구 등이 묘사되어 있다.

아래의 〈그림 2-7〉은 동면의 모습을 그린 것이다.

부처바위 동면 모습

〈그림 2-7〉 불보살·신장상·승좌상·비천상 등의 모습

### 3-2-3. 남면

남면은 감실형으로 얕게 판 바위면에 3구의 존상을 돋을새김 하였다. 이 존상의 우측에 수목이 배치되고 이 바위의 좌측에 있는 별도의 바위에 승좌상 1구가 있다. 이 삼존상에는 마애조상군 중 유일하게 주칠한 흔적이 남아 있다.

아래의 사진은 남면을, 〈그림 2-8〉은 남면의 모습을 그린 것이다.

**부처바위의 남면 모습**

〈그림 2-8〉 부처바위 남면의 그림

### 3-2-4. 서벽

서벽은 이 바위에 조각할 수 있는 면적이 가장 좁다. 여래좌상을 중심으로 좌우에 수목이 배치되고 그 상방에는 좌우에 각각 1구씩 비천상이 표현되었다. 여래의 위에 있는 비천상은 하체가 완전하게 묘사된 유일한 상이다.

여래좌상은 다른 세면의 여래상과 동일한 도상이나, 두광의 형식이 다르다. 즉 원형이 아닌 첨두보주형(尖頭寶珠形) 광배로 주연부에는 화염문이 시문되고 중심에는 단판 연화문이, 외구에는 타원문이 음각되어 있다.

아래의 사진은 서면을, 〈그림 2-9〉는 서면의 모습을 그린 것이다.

서면 모습

〈그림 2-9〉 서면의 그림

### 3-3. 탑곡 사방불암의 밀교적 성격

『삼국유사』의 기록에 의하면 6세기인 진평왕 대에 문경 대승사에 사방불을 새긴 큰 돌이 하늘로부터 떨어졌다고 하며, 또 경덕왕(742~764) 때 왕이 백률사에 행차하여 산 아래에 이르렀을 때 땅 속에서 염불하는 소리가 들리므로 사람을 시켜 파 보니 사면에 사방불이 새겨져 있었다 한다. 이 기록이 사실이라면 신라에서는 이미 6세기 후반에 사방불이 출현하고 있었음을 알 수 있다.

7세기에 이르러 탑곡의 사방불인 마애조상군이 조성되면서 이후 사방불 전개에 수요한 역할을 했다고 볼 수 있다. 특히 사방불 부근에서 오사카 긴타로〔大板 金太郞〕에 의해 발견된 신인사(神印寺)라고 쓰인 기와를 근거로 이 사찰을 밀교의 신인종 계통으로 추정하기도 한다.

신인종은 용(龍)·바다〔海〕·사천왕과 깊은 관계를 가진 밀교로 명랑에 의해 성립되었다는 설과 고려 초 광학(廣學)·대연(大緣)에 이르러 확립되었다는 두 설이 있다. 신인종은 과거세의 죄를 없애고 깨달음을 이루게 하는 십이신왕결원신주법(十二神王結願神呪法)인 무드라신인비법을 위주로 한다. 소의경전은 『관정경(灌頂經)』·『금광명경(金光明經)』·『관불삼매해경』·『다라니집경』 등이며, 8세기 이후에 또 하나의 밀교 종파인 총지종과 선무외·금강지·불공 등의 밀교를 흡수하여 발전했다.

탑곡의 사방불이 명랑과 관련된 신인사 또는 신인종 계통이라면 조성 연대는 7세기 후반으로 추정할 수 있다. 왜냐하면 명랑이 당나라에서 신라로 돌아온 시기가 660년대이기 때문이다. 또한 이때는 중기밀교의 『대일경』이나 『금강정경』의 한역이 이루어지지 않았기 때문에 금강계나 태장계만다라와 같은 사방불이 구성될 수 없고, 밀본·혜통·명랑에 의해 도입된 『금광명경』·『관불삼매해경』·『다라니집경』에 의해 사방불을 조성했을 것이다. 이들 경에 의한 오방불의 배치는 다음의 〈표 2-2〉와 같이 동방에 아축불, 남방에 보상불, 서방에 아미타불, 북방에 미묘성불이다.

〈표 2-2〉 경전별 오방불의 배치

| 경전명 | 중앙 | 동방 | 남방 | 서방 | 북방 |
|---|---|---|---|---|---|
| 『금광명경』·<br>『관불삼매해경』·<br>『다라니집경』 | - | 아축 | 보상 | 아미타 | 미묘성 |
| 『대일경』 | 비로자나불 | 보당 | 개부화왕 | 아미타 | 천고뢰음 |
| 『금강정경』 | 비로자나불 | 아축 | 보생 | 아미타 | 불공성취 |

탑곡의 사방불 이후에 조성된 칠불암의 사방불이나 굴불사지의 사방불은 밀교경전을 정확히 따른 사방불이 아니라 그 당시의 신앙을 반영하여 약사불·아미타불·석가모니불 등을 배치한 것으로 보인다.

## 4. 칠불암의 사방불

### 4-1. 개요

칠불암은 남산 불적 중 규모가 대단히 크며 솜씨도 뛰어나다. 신라시대 유적으로 일곱 불상이 남아 있는 곳에 근래에 칠불암이라는 암자를 지었으므로 칠불암(七佛庵)이라고 부르는데 실상 신라 때 절 이름은 알 수 없다.

칠불암

칠불암은 앞의 사진에서 보듯이 뒤쪽에 삼존불이 있으며 앞쪽에는 사방불이 있다.

### 4-2. 마애삼존불

아래의 사진에서 보듯이 돔형대의 임석을 반 자른 듯한 면에 삼존상이 부조(浮彫)되어 있다. 중앙에 항마촉지인의 여래좌상이 있고, 좌우에 협시보살이 여래를 향해 시립하였다.

삼존 모두 장식이 없는 보주형 두광(頭光)을 갖추고 있으며, 반원형 암벽면을 곱게 다듬어 삼존의 광배처럼 처리하였다. 삼존불은 절벽 바위면에 입체불만큼이나 높은 돋을새김을 하였는데 규모나 솜씨가 남산 불상 중 으뜸으로 손꼽히고 있다.

삼존불 중 본존은 대체로 석가모니불로 보고 있으며, 이때의 협시보살은 명확히 누구라고 지칭하지 않으나 간혹 관음보살과 대세지보살로 보

마애삼존불

〈그림 2-10〉 마애삼존불 그림

제2장 돌에 새겨진 사방불(四方佛) 유적 529

우협시보살

좌협시보살

는 경우도 있다. 이럴 경우 본존불은 아미타 부처가 된다.

본존불의 수인은 항마촉지인으로 현존하는 촉지인 중 가장 오래된 것이다. 이것을 시발로 8세기와 9세기에 걸쳐 석굴암 본존불을 비롯한 불상에 집중적으로 만들어져 경주를 포함한 경상도의 불상 중 80퍼센트가 촉지인이다. 또 촉지인은 석존에만 한정되지 않고 약사여래에도 다수 나타나고 있으나 금동불에는 없다.

● 협시보살

① 본존불 오른쪽 협시보살 : 협시보살이란 본존불의 양옆에 배치되어 여래의 뜻을 받들어 중생들을 제도하는 보살이다. 이 보살이 들고 있는 정병은 깨끗한 정수 또는 감로수를 담는 병이다. 스님의 필수품인 18지물의 하나로 관정의식에 쓰이는 불구였으나 점차 그 용도가 변하여 불전에 바치는 깨끗한 물을 담는 그릇으로 사용하게 되었다. 이 정병은 불교의식을 집전하는 스님이 솔가지로 감로수를 뿌림으로써 모든 마귀와 번뇌를 제거할 때 사용된다. 또한 부처님 앞에 바치는 공양구로서 관음보살과 대세지보살을 상징하는 지물의 기능도 있다.

② 왼쪽 협시보살 : 큰 복련대좌 위에 서서

오른손은 연꽃을 들어 가슴 앞에 올리고 왼손은 떨어트린 채 천자락을 들고 있다. 흙탕물에서도 때를 타지 않는 연꽃처럼 깨끗한 마음으로 세상을 제도하겠다는 의미일 것이다. 이 보살상은 다리 길이에 비해 가슴이 넓고 길다. 신라의 보살상은 8세기 중엽에 이르러 가슴이 짧아지고 다리가 길어 몸맵시가 날씬해진다.

4-3. 칠불암의 사방불

● 동면 (약사)여래상

밑으로 처진 복련 꽃잎과 위로 향해 핀 앙련 꽃잎들이 생생하게 피어 있는 연꽃대좌 위에 결가부좌로 앉아 있다. 왼손의 수인은 약그릇을 들어 무릎 위에 놓은 약기인이며, 오른손의 수인은 설법인이다. 손에 약그릇을 들고 동향으로 앉아 있으므로 약사여래불임을 알 수 있다.

동면 약사여래상

〈그림 2-11〉 약사여래 그림

제2장 돌에 새겨진 사방불(四方佛) 유적 531

서면 아미타여래상　　　　〈그림 2-12〉 아미타여래 그림

● 서면 (아미타)여래상

이 불상은 몸체만 돋을새김으로 나타내었고 연화대좌는 선각으로 표현했다. 수인은 설법인이다. 다른 상들보다 높이 앉아 삼존불을 마주보는 이 불상은 약사여래의 반대편인 서쪽을 향해 앉아 계신 것으로 보아 서방정토 교주인 아미타여래로 보인다.

● 남면 여래상

사실적으로 생기 있게 새겨진 연꽃 위에 결가부좌로 앉아 있으며, 두 손은 설법인이다. 이 모습은 아미타여래와 유사하다. 무릎을 덮고 아래로 흘러내린 옷자락들이 연꽃대좌 위에 물결치듯 덮여 있는 것은 5세기 말 내지 6세기 초엽 중국 남북조시대 불상의 흔적이다. 이 부처님의 존명은 『관불삼매해경』을 소의경전으로 하면 보상불이요, 『대일경』이면 개부화왕불이요, 『금강정경』이라면 보생불이요, 통일신라시대에 유행한 부처라

남면 여래상

〈그림 2-13〉 남면 여래 그림

북면 여래상

〈그림 2-14〉 북면 여래 그림

제2장 돌에 새겨진 사방불(四方佛) 유적 533

면 미륵불이므로 확실하게 어떤 부처님인지 말할 수 없다.

### ● 북면 여래상

북면은 이 바위에서 가장 좁은 면이다. 서쪽 아랫부분이 떨어져 나갔기 때문이다. 따라서 불상도 동쪽 윗면에 조그맣게 만들어졌다. 이중으로 핀 연꽃 위에 결가부좌로 앉아 설법인을 취한 두 손을 아래위로 들고 있는 형태이다. 이 불상의 존명도 남면 불상과 같이 정확히 알 수 없다.

### 4-4. 제작연대에 관한 학설

칠불암 마애삼존불상은 8세기 중엽의 석굴암 본존불로 이어지는 통일신라시대의 대표적인 항마촉지인 불상이다. 이 불상은 알맞은 신체비례나 이상화된 부처의 얼굴 등에 비추어 조성연대를 7세기 말 또는 8세기 전반으로 보는 것이 통설이다. 사방불 역시 마애삼존불상과 같은 시기에 조성된 것으로 보고 있다.

  * 편년에 대한 학자들의 학설
  - 김리나 : 719년 이전
  - 문명대 : 750년 전후
  - 마쓰하라〔松原〕: 7세기 말
  - 박홍국 : 679년경(나원리오층석탑에서 발견된 의봉 4년 개토(679)의 기와 편과 같은 시기로 보이는 수막새가 칠불암 근처에서 발견된 것을 근거로 함)

### 4-5. 칠불암 사방불상의 밀교적 성격

칠불암의 사방불상은 불상의 형식과 두 손의 형태가 유사하여 도상적 특성이 없으므로 각 상의 존명을 정확히 알 수 없다. 특히 사방불이 취하고 있는 수인은 신라의 전통적인 사방불에서는 전혀 볼 수 없었던 요소로서 새로운 도상이 유입되었음을 암시하고 있는 듯하다. 즉 칠불암의 사방불은 『금강정경』계통의 금강계 오불(五佛)이 완전히 성립되기 이전의 단계로 볼 수 있을 것이다. 이는 중국으로부터 새로운 도상이 전해지기는 했으나 그 수인의 의미를 제대로 이해하지 못한 단계에서 나타나는 초기형태로 추정된다.

칠불암은 마애삼존불이 주존일 것이다. 그리고 주존불 앞에 사방불이 배치된 것이므로 오방불의 개념으로 볼 수 있다. 이는 결국 사방불에서 오방불로의 발전을 보여 주는 통일신라시대 최초의 예로 해석할 수 있겠다. 다시 말하면 이 사방석불상은 탑골 부처바위와 마찬가지로 사방 불국정토를 나타낸 것이다. 그러나 부처바위에서 그처럼 다양하게 나타났던 불국정토들이 이 바위에서는 그 정토를 대표하는 부처님들로 단순화되어 나타났던 것이다. 칠불암에서 본존인 삼존불의 석가모니는 비로자나불로 대치가 가능하다. 따라서 본존여래는 사방불의 중앙인 비로자나가 될 수 있기 때문에 칠불암은 오방불의 개념이 되는 것이다.

### 5. 파주 마애사방석불(磨崖四方石佛)

파주 마애사방석불은 천연의 화강암 바위 위에 동서남북 사방에 한 구씩의 불상을 새겨 넣었다. 이 사방석불(四方石佛)은 얼굴과 손모양이 많이 마모되었지만 각 상(像)의 세부는 분명한 편이다. 불상의 크기는 동면상이 111cm, 서면상이 90cm, 남면상이 99cm, 북면상은 가장 큰 126cm이다.

각 상들은 모두 두광(頭光)과 원형신광(圓形身光)을 갖추고 연꽃모양 위에 책상다리를 하고 앉아 있다. 수인은 금강계(金剛界) 사방불의 형태〔手印〕이다. 즉 남방은 오른손을 내려 손가락을 편 보생여래이다. 이 보생여래는 한국의 불교조각으로는 처음 등장하는 유일한 예로서 중기밀교의 수용을 보여 주는 중요한 의미를 가지고 있다. 동방은 촉지인(觸地印)을 한 아축여래이며, 서방과 북방의 불상은 파손 상태가 심해서 수인을 알아볼 수 없다. 특히 서면의 불상은 사방불 중에서 마멸이 가장 심하여 광배와 대좌의 윤곽만 확인될 뿐이나

파주 사방불

아마도 선정인(禪定印)을 한 아미타여래일 것이다. 북면은 오른손을 가슴 위쪽으로 올린 듯해서 불공성취여래로 추정된다.

파주 사방불의 조성연대는 불상의 양식적 특성에 의존해야 하나 비교

남방 보생여래

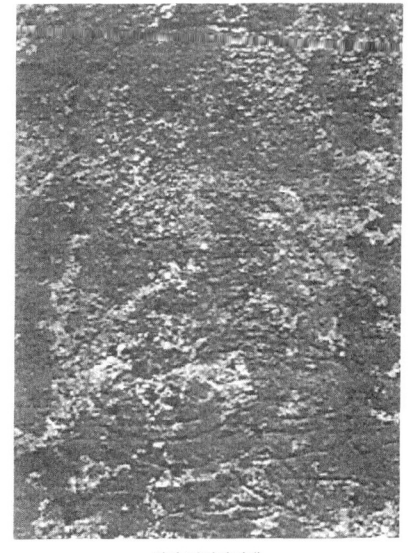

서방 아미타여래

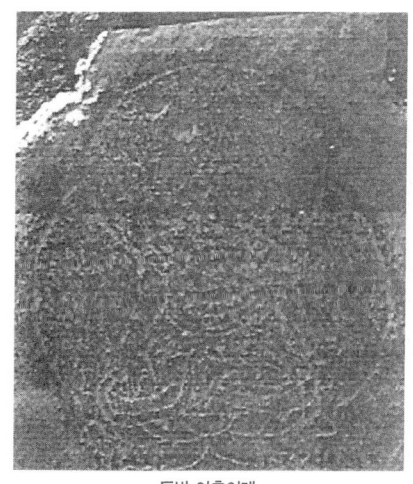
동방 아축여래

북방 불공성취여래

가 될 만한 예도 찾아보기 힘들다. 단지 사방불 중에서 비교적 잘 남아 있는 아축불과 보생불의 조각기법이 진전사지의 사방불과 영주 흑석사의 석조약사불좌상과 유사하여 통일신라 후기로 추정된다.

## 6. 능지탑 사방불

현재의 능지탑은 1969년에 복원하였는데, 복원하기 전에 방단(方壇)의 밑부분에 약 2.5m로 추정되는 사방불의 결가부좌한 두 다리와 양 대퇴부들이 남아 있었다. 이들 사방불 가운데 상태가 좋은 서방과 북방의 소조불은 국립경주박물관에서 보관하고 있다.

이들 사방불은 하반신만 부분적으로 남아 있어서 얼굴의 모습이나 수인은 알 수 없지만 통일신라에서 가장 오래된 사방불(7세기 말경)로 추측된다. 아마도 능지탑은 자연석으로 방형 기단을 쌓고 네 변에 사방불을 안치하고 감실을 꾸몄을 것이다. 감실의 아랫부분을 점토와 자연석으로 쌓아 올리고 방단을 포함한 사방불 전체에 목조건물의 지붕을 씌웠을 가능

복원한 능지탑

북쪽 소조불의 노출 전경

서방불 파편

성이 크다. 능지탑 북면의 소조불 주위에서 수습된 파편들의 명문 중에서 서방불(西方仏)이라는 글자가 있어서 능지탑에 사방불을 안치한 것임을 알 수 있다.

## 7. 동화사 비로암 삼층석탑 금동사리함의 사방불

동화사 비로암 삼층석탑의 탑신석에 금동으로 만든 사라함이 안치되어 있었다. 사리호에는 863년에 민애대왕을 위해 봉안되었다는 사실이 음각으로 기록되어 있다.

사리함의 사면에 사방불이 새겨져 있는데 동방에는 항마촉지인을 한

비로암 삼층석탑

삼층석탑에서 나온 사리호

아축불이, 서방에는 아미타불이, 남방에는 보생불이, 북방에는 비로자나불이 새겨진 것으로 추정된다.

북방 비로자나불

남방 보생불

동방 아축불

서방 아미타불

## 8. 창림사지 석탑의 앙화(仰花)

경주 포석곡 창림사지 부근에서 발견된 앙화석에는 극락조(極樂鳥)와 함께 사방불이 교대로 배치되어 있는데, 그중 약함을 들고 있는 동방의 약사불과 선정인을 한 아미타불만 존명이 확인된다.

창림사지 석탑의 앙화(仰花)

## 9. 충남 예산군 화전리 사방석불

이 석불은 높이 310cm, 너비 110~140cm의 자연석 4면의 동서남북에 각각 1기씩의 불상을 조각한 것이다. 남면에 결가부좌한 주존불이 안치되었으며, 동서북면에는 각각 여래입상이 배치되어 있다. 남면의 서불은 현재 흉부와 광배만이 비교적 원형을 유지하고 있을 뿐 머리 부분, 두 손, 허리 아랫부분은 모두 유실되었다. 불상의 높이는 약 1m 정도이고 어깨 너비는 53cm인데 법의는 통견으로 무릎 밑까지 내려와 있다. 거신광에는 전면에 화염문이 뚜렷하며, 머리 부분에는 원형의 두광이 단판연화문으로 조각되어 있고, 그 주위로 고사리 무늬가 표현되어 있다. 동면과 북면의 입상은 높이 약 165cm로 거의 비슷한 모양을 하고 있는데, 역시 머리 부분과 손 부분은 유실된 상태이다. 두 불상 모두 통견에 법의는 'U'자 형으로 옷주름이 흘러내리고 있으며, 단판연화문으로 된 원형두광의 광배를 하고 있다. 서면의 여래입상은 불신 높이가 약 110cm인데 마모가 심하여 원형은 거의 남아 있지 않으나 조각수법은 다른 여래입상과 비슷한 것으로 보인다. 이 불상 역시 손과 머리 부분은 유실되었고 단판연화문의 원형 두광 광배가 표현되어 있다.

이 사면석불은 자연의 석재를 깎아서 4면에 불상을 조각한 것으로 따로 대좌는 설치되어 있지 않고 75cm 정도 높이의 자연석

**화전리 사방석불**

남면 주존불 서면 입상불

동면 입상불 북면 입상불

재 위에 조각되어 있다. 백제 유일의 사면석불로 현재는 마모가 심하여 원형은 남아 있지 않으나, 형태가 크고 백제 특유의 조각수법이 나타나고 있는 석불로 평가되고 있다. 수인이 없어져서 밀교의 사방불인지는 알 수 없다.

## 10. 당동리 사지 석조여래좌상 사방불

이 불상은 전남 곡성군 죽산면 당동리에 있다. 이 절터는 통일신라 말부터 고려시대까지 운용되었던 절터로 밝혀졌다. 이곳에 있던 2기의 석조여래좌상 중 1기는 불신(佛身)의 사방에 부처가 새겨져 있다.

사방불이 새겨진 석조여래좌상 자체는 법신 비로자나불로 볼 수 있다. 왼팔과 등에 새겨진 불상은 결가부좌로서 윤곽과 수인을 분별할 수 있으나, 오른쪽 팔과 정면에 새겨진 불상은 마멸이 심하여 분별이 불가능하다.

2기 중 왼쪽 석조여래좌상의 불신에 사방불이 새겨짐

배면불상

오른팔에 새겨진 불상

왼팔에 새겨진 불상

정면불상

# 제3장 탑파(塔婆)의 밀교적 성격

## 1. 탑파의 기원과 전개

### 1-1. 탑파의 기원

 탑파는 팔리어 투파(thūpa)의 음역(音譯)이다. 이것을 한국에서는 흔히 탑이라고 부른다. 산스크리트어로는 스투파(stūpa)라고 한다. 탑파는 불사리(佛舍利)신앙으로부터 출발한다. 사리는 산스크리트어 사리라(śarīra)를 음역하여 '사리라' 라 하였다가 줄여서 '사리' 라 부르게 된 것이다. 사리는 본래 몸 그 자체를 의미하였으나, 이것을 폭넓게 해석하여 인체를 화장하고 난 뒤에 남겨진 뼈 전체 또는 가루가 된 뼛조각을 모두 사리라 부른다.
 불교에서 사리의 종류는 불법승(佛法僧)에 따라 분류한다. 즉 석존의 사리를 불사리 또는 진신사리라 부르는데 이것은 불(佛)에 해당한다. 그 후 사리를 장엄하기 위한 불탑이 대대적으로 건립되면서 수량이 한정적인 불사리 대신 법신사리가 등장하게 된다. 이것은 법에 해당한다. 또 선종에서는 승려도 깨달으면 부처이므로 승려를 화장하고 난 뒤의 뼈를 승신사리라 한다. 이것은 승에 해당한다.
 이처럼 불법승(佛法僧)에 따라 사리를 분류하면 〈표 3-1〉과 같다.

〈표 3-1〉 사리의 종류

| 구 분 | | 내 용 |
|---|---|---|
| 불(佛) | 진신사리(眞身舍利) | 석가모니불에서 나온 사리 |
| 법(法) | 법신사리(法身舍利) | 부처의 말씀을 담은 일체의 경전 |
| 승(僧) | 승신사리(僧身舍利) | 부처의 말씀을 실천하는 승려의 몸에서 나온 사리 |

사리신앙은 석가모니불이 쿠시나가라에서 열반에 들면서부터 시작되었다. 석존은 유언으로 법과 자기 자신을 등불로 삼으라고 했으나 일반신자들에게는 불가능한 일이었다. 출가자들은 부처가 남긴 법을 부처인 양 가슴에 새기고 수행을 할 수 있다. 그러나 재가신자들은 부처를 만나고 싶어했다. 그들은 부처의 몸을 보고 음성을 듣고 싶어했다. 사리는 그 역할을 대신하여 사람들의 간절한 그리움을 달래 주었다. 그들은 석존의 사리를 마치 석존을 대하듯 하였다.

가섭존자의 주재로 석존의 다비가 이루어진 후 마르타족은 자기 영내에서 석존이 돌아가셨다 하여 쿠시나가라에 사리탑을 세우려 했다. 그러자 여덟 부족이 달려와 쿠시나가라성을 에워싸고 사리를 서로 빼앗으려 하였다. 이때 드로나라고 하는 바라문의 중재로 여덟 곳으로 사리가 분배되어 각지에 사리탑이 건립되었다. 또한 드로나는 사리의 양을 달았던 단지를 자기 고향으로 가지고 가서 병탑(甁塔)을 세웠으며, 늦게 달려온 한 부족은 사리 분배가 끝났으므로 재[灰]를 가지고 돌아가 회탑(灰塔)을 세워 모두 10개의 탑이 건

드로나상(7세기)

립되었다.

그 이후 출현한 아쇼카왕은 일곱 곳의 탑을 개봉하여 사리를 나누어 8만 4천 기의 탑을 세웠다. 이러한 과정을 거쳐 부처의 사리는 인도를 넘어 전세계로 퍼져 나가게 되었다.

중국은 현장법사가 150과를, 의정이 20과를 가져왔으며, 신라와 고려는 『삼국유사』에 〈표 3-2〉와 같이 사리가 들어왔다고 기록되어 있다.

〈표 3-2〉 신라와 고려에 들어온 사리

| 신라시대 | | | 고려시대 | | |
|---|---|---|---|---|---|
| 시 기 | 가져온 사람 | 보관 | 시 기 | 가져온 사람 | 보관 |
| 549(진흥왕) | 심호 | 불명 | 1119 (예종) | 정극영 이미지 | 자장이 선율에 의뢰 천제에게 빌림→당나라 궁중 보관→송나라 때 정극영이 가져옴→몽고와 삼별초의 난을 거쳐 국청사에 보관 |
| 643 (선덕왕) | 자장율사 | 황룡사 태화탑 통도사 | | | |
| 851 (문성왕) | 원홍 | 불명 | | | |

1-2. 불경에 나타난 사리탑신앙

불경에 나타난 사리탑신앙을 〈표 3-3〉에 요약하였다.

1-3. 불사리·탑파·불상·불경의 상관관계

불사리·탑파·불상·불경의 상관관계를 다음의 〈표 3-4〉에 요약하였다.

〈표 3-3〉 불경에 기록된 사리탑신앙

| 경전 | 성립 시기 | 사리탑관(舍利塔觀) |
|---|---|---|
| 『아미타경』 | B.C. 2세기~<br>A.D. 2세기 | • 사리공양이나 불탑신앙에 대한 언급 전무<br>  - 정토신앙은 극락왕생을 염원하므로 사리에 대한 예배보다 부처에 대한 예배가 현세이익이라서 불탑신앙으로부터 탈피 |
| 『반야경』 | 기원 전후~<br>A.D. 2세기 | • 불탑신앙의 소극적 긍정<br>  - 불교의 본질은 지혜의 완성이므로 법신사리를 중요시하며, 최종적으로 지혜의 완성에서 생긴 여래의 유골에 대한 공양을 긍정. 불상보다는 유골을, 유골보다는 지혜의 완성을 중요시<br>* 대중들의 요구에 따라 불상이나 사리탑 조성의 교리적 근거 확립 |
| 『법화경』 | A.D. 1세기<br>전후 | • 탑을 세우고 불상을 만들고 불상을 그리는 행위 자체가 깨달음과 해탈에 이르는 길임을 강조<br>• 『법화경』을 지니면 부처님의 몸을 가진 것<br>→ 사리 없이도 탑파 건립 가능. 복장유물과 연관 |
| 『무구정광<br>대다라니경』 | 704년에<br>한역(漢譯) | • 통일신라시대 조탑(造塔)의 소의경전<br>• 이 경전에 의거 조탑의 구체적 의궤(儀軌)가 정하여짐<br>• 낮은 근기의 대중을 위하여 조탑의 공양과 공덕을 강조<br>  - 법이란 다라니이며, 다라니를 써서 99소탑 혹은 77소탑 속에 넣어 공양하면 장수하고, 극락왕생하며, 성불한다는 것 |

〈표 3-4〉 불사리 · 탑파 · 불상 · 불경의 상관관계

| 불사리〔佛身舍利〕 |
|---|
| 신앙의 대상으로 불교가 종교일 수 있는 핵심요소 |
| • 사리는 진리와 정각 그 자체이고, 지혜의 완성이며, 무상정등각의 결정체<br>　- 불멸 당시부터 불사리를 공경하여 예배<br>• 석존이 법을 의지처로 삼으라 했으나 중생들은 석가, 즉 불사리에 의지<br>　- 불교교단에서는 불사리 · 불탑신앙 · 불상숭배 거부<br>　- 승려의 깨달음은 교와 선에 의해서 가능하나, 중생은 불사리를 친견함으로써 석존을 뵙는 것이며, 그것으로 구원을 받는다고 생각함 |

| 탑파〔佛塔〕 | 불상〔佛像〕 |
|---|---|
| 불사리의 장엄으로 구원 | 예배의 대상이 탑파에서 불상으로 |
| • 석존의 분사리로 탑파의 확산<br>　- 불법의 확산이며, 불신(佛身)의 확산<br>• 대중에게는 불사리를 모신 탑파가 석존에 대한 존경과 예배의 대상<br>　- 불교는 법에 의지하여 득도하므로〔無神論〕 초기에 승려들은 불탑신앙을 배척했으나, 신자들의 요구와 현실적 필요에 의거 참여<br>• 깨달음과 해탈은 현세에서 실현 불가능하므로 내세를 위해 건탑의 공덕과 주술에 의존<br>• 불신사리와 법신사리 봉안으로 불교의 근본인 법으로 회귀 | • A.D. 1세기 전후에 간다라 마투라 지역에서 불상 제작 시작<br>　- 그리스문화의 영향과 재가신자들이 부처의 형상을 대하고 싶어하는 염원에 의함<br>• 7세기 말부터 주된 예배대상이 불탑에서 불상으로 변화<br>　- 탑파에 법신사리를 봉안하는 경향이 뚜렷하게 나타나면서 불상은 시각적인 면에서 탑파에 비해 예배대상으로 우수<br>　- 쌍탑 일금당(一金堂)의 배치는 금당, 즉 불상 중심<br>• 고려 때 불상이 미(美)의 결여로 숭배대상이 약화되자 불상 내에 사리 및 불경 안치 |

| 불경(佛經) |
|---|
| • 탑파와 불상에 불법〔佛經〕, 즉 법신사리를 봉안함으로써 법을 예배대상으로 삼음<br>　- 구원의 타력신앙과 법 및 자기 자신에 의지한 자력신앙의 공존 |

1-4. 탑파의 전개

탑파의 인도·중국·한국에서의 전개를 아래의 〈표 3-5〉로 요약하였다.

〈표 3-5〉 탑파의 전개

| 인 도 | |
|---|---|
| • 석존 당시 탑사(塔事)의 기록<br>　- 급고독장자인 수달이 석가모니를 친견하지 못하자 석존의 조발(爪髮)을 얻어서 탑을 일으킴<br>　- 석존이 가섭불의 칠보탑을 지목하여 설명<br>• 불멸 후 불사리 분배에 의한 근본8탑 건립과 아쇼카에 의한 8만 4천의 탑 건립으로 탑파 건립이 크게 성행 | *탑의 형태 : 복발형<br> |

| 중 국 | |
|---|---|
| • 중국의 불교 전래와 조탑(造塔)<br>　- 후한 명제 영평 연간(58~75)으로 기록되어 있으나 실제는 B.C. 1세기 전후로 추정<br>　- 후한 영제 때인 189년부터 193년 사이에 탑을 세웠다는 설과 247년 설이 있음<br>• 탑의 형태는 고층누각형(高層樓閣形)으로 추정 |  숭악사12각15층전탑 523년에 건립. 현재 남아 있는 가장 오래된 중국의 탑 |

| 한 국 | |
|---|---|
| 백 제 | 古 신 라 |
| • 목탑의 양식을 기본으로 한 석탑<br>　- 600년경에 세운 익산 미륵사지석탑이 백제탑파의 시원<br>* 탑의 형태는 중국의 고층누각형에 영향 받은 것으로 추정<br>* 부여의 정림사지오층석탑은 미륵사지석탑의 발전형  | • 목탑형의 중국식 전탑을 모방한 석탑<br>　- 634년에 세운 분황사 모전석탑이 신라탑파의 시원<br>* 황룡사9층목탑을 거쳐 신라 전형 석탑으로 전개 |

## 2. 신라석탑의 밀교적 요소

### 2-1. 신라석탑의 전개

신라석탑의 전개과정을 아래의 〈표 3-6〉으로 요약하였다.

〈표 3-6〉 신라석탑의 전개

| 현존 신라 최초 탑 | 신라석탑 표본 | 정형화 | 축소·생략화 |
|---|---|---|---|
| 634(선덕왕) | 7세기 중엽 | 8세기 | 9세기 이후 |
| 분황사모전석탑 | 감은사지삼층석탑 | 불국사석가탑 | 기림사삼층석탑 |
| - 전탑양식<br>- 고층누각형<br>* 지금은 3층이나 원래 7층 또는 9층임 | - 목조건축의 집약 정돈<br>- 2층 기단, 3층 석탑<br>- 웅장하며 힘이 넘침<br>- 쌍탑식 가람 등장 | - 복잡한 양식의 간략화<br>- 세련되고 우아함의 극치 | - 기단부·탑신 축소.<br>상하 기단에 탱주 1주 모각<br>- 옥개받침 층급 4단 |

* 쌍탑식 가람은 권위건물에 대한 대칭성으로 국력의 외형적 표출이라는 설과 금당에 대한 탑의 가치저하라는 설, 또는 법화사상에 의한 이불병좌(二佛竝坐)라는 설이 있다.

2-2. 신라석탑의 밀교적 요소

2-2-1. 석탑부조상(石塔浮彫像)의 발생 과정

석탑의 부조상은 부처의 세계인 탑파를 장엄하기 위한 것이다. 이것이 처음 유래된 곳은 인도이다. 인도에서 3세기경에 만들어진 산치대탑의 문이나 난간에 석존의 불전(佛傳)과 본생의 이야기가 부조되어 있다. 이러한 것에 영향을 받아 신라석탑에도 부조상(浮彫像)이 발생되었을 것이다.

신라에서는 탑파를 장엄하기 위해서 다른 나라에서는 볼 수 없는 다양한 신상(神像)과 불보살을 부조하였다. 즉 토속적 요소인 방위신으로 12지신이, 밀교의 영향을 받아 현교의 호법신으로 채용된 사천왕상·팔부신중·비천상이 부조되었다. 그리고 석탑의 사방에 부처를 부조한 사방불이 등장하게 된다. 이것은 밀교경전인『금강정경』과『대일경』의 핵심이며, 밀교의 우주관을 반영한 것이다.

신라석탑의 기본형은 방형(方形)이다. 방형인 기단부의 면석은 통상 총 8면 또는 12면이다. 따라서 여기에 적합하도록 8부신중 또는 12지신을 부조하며, 1층 탑신부는 4면이므로 사천왕상 또는 사방불을 부조하여 부처의 세계를 표현하였다.

다음의 〈표 3-7〉에 석탑부조상의 발생 과정을 요약하였다.

2-2-2. 신라석탑의 부조상 양식 변천

석탑을 장엄하기 위한 부조의 형태는 시대의 변천에 따라 변화를 보인다. 신라탑의 시원이라고 할 수 있는 분황사모전석탑은 탑의 4방에 석문을 달고 문의 좌우에 2구씩 총 8구의 인왕상을 배치했다. 그후 8세기 전반의 장항리오층석탑을 거쳐 8세 중반에는 인왕·사천왕·팔부신중·12지 등이 결합된 형태가 등장한다. 그리고 9세기가 되면서 밀교의 사방불탑이

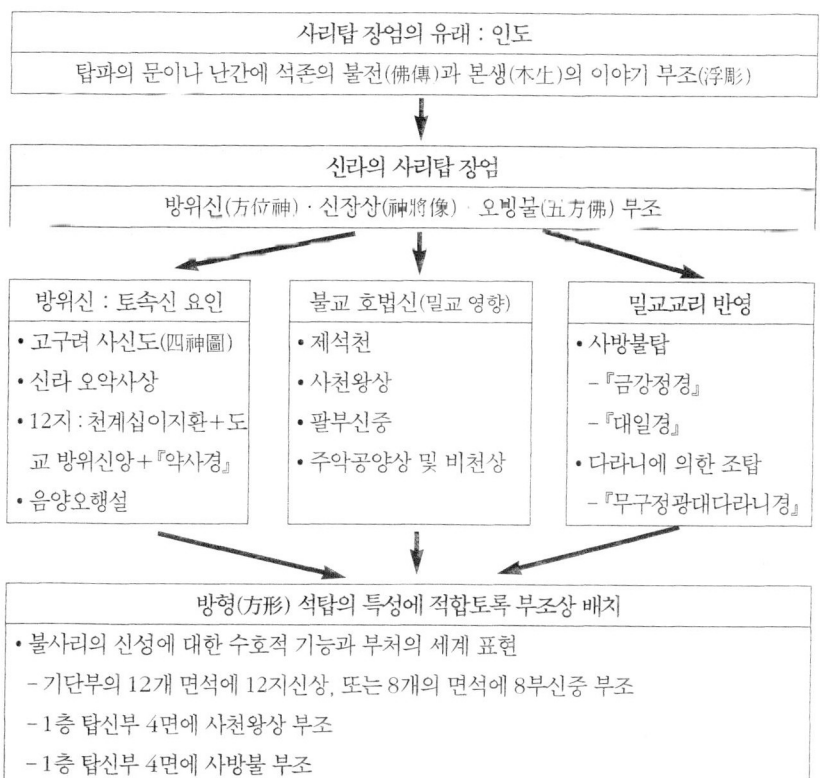

〈표 3-7〉 석탑부조상의 발생 과정

출현한다.

다음의 〈표 3-8〉에 신라석탑의 부조상 양식 변천을 나타내었다.

## 3. 석탑의 사방불

### 3-1. 양양군 진전사지삼층석탑

진전(陳田)이라는 명문기와가 발견됨으로써 진전사지라고 알려졌다.

<표 3-8> 신라석탑의 부조상 양식 변천

| 수문장 인왕상 | | 사천왕·팔부신중·12지 | 사방불+팔부신중 등 |
|---|---|---|---|
| 분황사모전석탑 643년 | 장항리오층석탑 8세기 전반 | 원원사지삼층석탑 등 8세기 중엽 이후 | 진전사지삼층석탑 등 9~10세기 |
| • 신라 최초의 부조상<br>- 탑의 사방에 감실을 내어 석문을 달고 문의 좌우에 2구씩 총 8구의 인왕상 배치 | • 부조 형태와 감실 구조 변화<br>- 감실과 석문은 없어지고, 문비는 모각으로 변화 | • 기단부의 12개 면석에 12지신상, 또는 8개의 면석에 8부신중 부조<br>• 1층 탑신부 4면에 사천왕상 부조 | • 밀교의 사방불 개념 도입<br>- 1층 탑신부에 부조<br>• 기단부에 사천왕상 또는 8부신중 부조 |

진전사는 도의선사가 머물렀던 곳으로 현재는 삼층석탑과 도의선사의 것으로 알려진 부도탑만 남아 있다. 이곳의 진전사지삼층석탑은 현존하는 사방불탑 중에서 가장 오래된 것으로 알려져 있다.

이 탑은 신라시대의 석탑양식을 따른 2층 기단의 3층 석탑이다. 1층 기단에는 8구의 비천상이, 2층 기단에는 8부신중이, 1층 탑신석에는 사방불이 부조되어 있다.

진전사지삼층석탑

동방불

남방불

서방불

●동방불 : 약사여래로 추정된다. 본래 밀교의 동방불은 아축불 또는 보당불이다. 그러나 이 탑에서 동방불의 수인은 밀교의 여래가 아니라 현교의 약사여래이다. 약기인(藥器印)의 약사여래상은 인도 및 중국의 예에서 볼 때 사방불의 구성에 포함되지 않으나, 한국에서는 당시 널리 신앙되던 약사여래상을 사방불의 구성에 포함시킨 것으로 볼 수 있다. 물론『공작왕주경』의 사방불에 약사여래상이 오는 경우도 있지만, 이 경에 의한 것보다 당시 성행하던 신앙의 존상을 사방불에 포함시킨 것으로 추정된다.

금동삼존판불(안압지 출토)

제3장 탑파(塔婆)의 밀교적 성격 555

북방불

●남방불 : 남방불은 우견편단의 법의를 입고 오른손은 여원인을 하고 왼손은 가슴 쪽으로 붙이고 옷자락을 잡고 있다. 이 불상은『금강정경』에 의한 남방불인 보생여래가 아니나,『불공견삭신변진언경(不空羂索神變眞言經)』의 보생여래와 유사한 점이 있다.

●서방불 : 안압지 출토 금동삼존판불의 본존상에서 볼 수 있는 설법인을 맺고 있어 아미타여래상으로 판단된다. 본래 금강계나 태장계의 서방불은 아미타여래이며, 수인은 법계정인이다. 물론 현교의 아미타여래와는 성격이 완전히 다르다.

●북방불 : 시무외인을 한 금강계의 북방불인 불공성취불로 추정된다.

금강계 불공성취여래의 수인

진전사지의 사방불에서 동방불과 남방불은『불공견삭신변진언경(不空羂索神變眞言經)』의 영향을 받은 것으로 보이며, 서방불과 북방불은『금강정경』의 사방불의 형태를 띠고 있다. 이것은 아마도 그 당시 신라인들의 신앙을 반영한 것으로 보인다.

진전사지 사방불의 편년은 8세기 후반 또는 도의선사 시대인 821년 이후로 설정되어 있다.

### 3-2. 강릉 오죽헌 탑신석 사방불

사방불이 새겨진 탑신석을 비롯한 석탑재는 강릉시 옥천동에 있었던 것을 1992년에 강릉 오죽헌시립박물관으로 이전하였다. 기단으로 보이는 판석에는 사천왕상이 새겨지고 초층 탑신석의 판재 1매에 사방불 중 1구가 양각되어 있다. 이 부처는 원형의 두광과 신광을 구비한 좌상으로, 나발의 머리에 육계가 표현되어 있고 원만한 상호를 보이고 있는데 눈·코·입 등의 부분에 마멸이 심하다.

이 석탑재의 옥개석 양식이나 사천왕상 그리고 사방불은 진전사지의

오죽헌 사천왕상과 탑신석 사방불

삼층석탑과 유사하므로 9세기 전기에 조성된 것으로 보인다.

### 3-3. 김천시 청암사 수도암 삼층석탑의 사방불

수도암은 경북 김천시 증산면 수도리에 있다. 수도암의 대적광전과 약광전(藥光殿) 앞에 동서삼층석탑이 있다. 서삼층석탑은 초층탑신석의 사방에 보살상을 표현하고 있다. 동삼층석탑의 초층탑신석 사방에는 감실(龕室)을 마련하고 사방불을 돋을새김 하였다.

● 동방불 : 통견의 법의에 약기인(藥器印)을 하고 있어 약사여래로 추정된다.
● 남방불 : 지권인을 한 비로자나불로 우견편단의 법의를 걸치고 있다.
● 서방불 : 항마촉지인을 하고 있다. 부석사 무량수전의 아미타불이 항마촉지인이듯이 이곳의 서방불도 아미타불일 수 있다. 다른 상과는 달리 원형의 두광과 신광의 광배가 있다. 이 상은 신체의 굴곡이 비교적 풍부하게 표현되어 있어 자연스런 모습이다.
● 북방불 : 우견편단에 지권인으로 추정된다.

동삼층석탑의 사방불에서 남방불과 북방불은 지권인을 한 비로자나불이다. 이것은 동화사 비

수도암 동삼층석탑

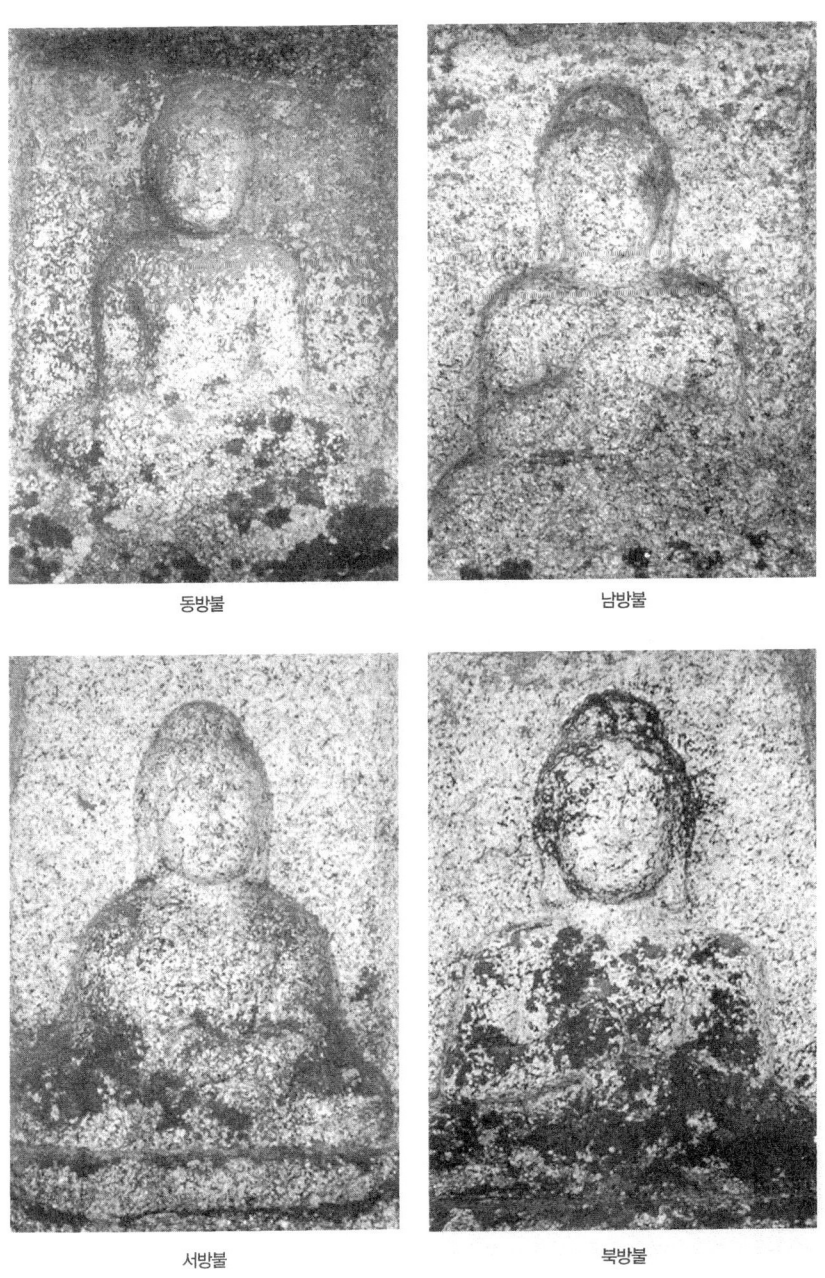

동방불   남방불

서방불   북방불

제3장 탑파(塔婆)의 밀교적 성격

로암 삼층석탑에서 발견된 사리함에 표현된 사방불 중에서 북방불이 비로자나불인 것처럼 통일신라 후기에 비로자나불상이 유행하면서 수도암의 사방불에 도입된 것으로 보인다.

이 탑은 헌안왕 3년인 859년에 도선국사에 의해 조성되었다는 설이 전해지고 있으나, 상승감과 안정감이 결여되어 9세기 중엽 이후의 것으로 추정된다.

### 3-4. 광양시 중흥산성 삼층석탑의 사방불

이 탑은 원래 쌍사자석등(국보 제103호)과 함께 있었으나, 석등은 서울 국립중앙박물관으로 옮기고 석탑만이 남아 있다. 탑은 2단의 기단 위에 3층의 탑신(塔身)을 올린 형태이다. 위층 기단에는 모서리 기둥[隅柱]을 굵직하게 조각하였다. 한 면을 둘씩 나누어서 앞면에는 인왕상(仁王像)을, 양 측면에는 사천왕상을, 뒷면에는 보살상을 도드라지게 새겼다. 탑신부는 몸돌[塔身石]과 지붕돌[屋蓋石]이 각각 하나의 돌로 되어 있으며, 각 층 몸돌에는 두꺼운 모서리 기둥[隅柱]을 조각하였다. 1층 탑신석에는 연꽃대좌 위에 앉아 있는 사방불을 조각하였다.

중흥산성 삼층석탑

● 동방불 : 약함을 들고 있는 약기인(藥器印)의 수인을 하고 있어 약사여래로 추정된다.
● 남방불 : 합장인을 하고 통견의 법의를 걸치고 있다.
● 서방불 : 시무외인을 하고

동방불   남방불

서방불   북방불

제3장 탑파(塔婆)의 밀교적 성격

남방불과 동일하게 통견의 법의를 입고 있다.

● 북방불 : 선정인이며, 의좌상(倚坐像)으로 추정되어 미륵불일 수 있다. 다른 상과는 달리 두광과 신광이 이어지는 부분에 화염문이 표현되어 있다.

이들 사방불은 결가부좌한 자세 및 손과 발을 비롯한 상의 표현에서 생동감과 자연스러움이 결여되어 있다. 얼굴은 양감이 풍부하나 다소 추상적이다. 서방불은 균형이 잘 맞으며, 남방불은 인자함이 어려 있고 눈·코·입의 비례가 적당하다.

이 탑을 건립한 시기는 9세기 이후인 듯하다.

### 3-5. 청주시 탑동 삼층석탑 사방불

청주시 탑동 현풍 곽공의 효자정 안에 세워져 있는 삼층석탑의 1층 탑신에 사방불이 조각되어 있다. 원래 이 탑은 오층석탑이었다고 한다. 근래에 4층의 옥개석과 상륜부를 새로 보수하였다. 탑동사지는 문헌기록이 전해지지 않아 절의 이름과 연혁에 대해서는 전혀 알 수 없으나, 석탑과 그 주변에서 기와 조각이 많이 출토된 것으로 미루어 대규모 사찰이 있었던 곳으로 보인다. 사방불은 1층 탑신의 연화대좌 위에 결가부좌하고 있으며, 비교적 균형이 잡혀 있어 안정감을 주는 모습이다.

탑동 삼층석탑

●동방불 : 부석사 무량수전의 아미타불처럼 항마촉지인을 하고 동쪽을 향하고 있다. 따라서 탑동의 동방불도 아미타불로 추정된다.
●남방불 : 금강계 사방불일 경우 남방불은 보생불이어야 하나 이 부처의 수인은 전법륜인이다. 따라서 이 부처의 이름을 정확히 알 수 없다.
●서방불 : 손에 약함을 들고 있으므로 약사여래로 보인다. 즉 동방에 있는 약사여래가 서방을 향해서 앉아 있는 것으로 추정된다.
●북방불 : 지권인의 대일여래이다.

탑동 삼층석탑의 사방불이 북방의 비로자나불, 서방의 약사여래 등으로 표현된 것은 밀교의 5불사상이 신라적으로 변용한 것으로 보인다. 즉 당시에 유행하던 예배대상을 수용했던 것으로 해석된다.

탑동사지의 석탑은 옥개석의 층급받침이 5단이나, 사방불의 양식이 867년에 조성된 봉화 축서사의 석조비로자나불상에 비해 형식적으로 처

동방불

남방불

서방불　　　　　　　　　　　북방불

리된 것으로 보아 9세기 후반에 만들어진 것으로 추정된다.

### 3-6. 양평 지평리 삼층석탑 사방불

이 석탑은 원래 지평리 야산에 있었던 것을 1945년에 양평군 지평초등학교로 옮겨와 2001년에 지금의 석탑 형태로 복원한 것이다. 기단과 상륜부 일부가 없어진 상태로 2층과 3층의 탑신은 새로운 석재로 보강하였으며 초층탑신에 사방불이 조각되어 있다.

- ●동방불 : 약함을 들고 있는 약기인(藥器印)의 수인을 하고 있어 약사여래로 추정된다.
- ●남방불 : 시무외인과 유사한 수인이어서 보생여래로 추정된다.
- ●서방불 : 항마촉지인을 하고 있어 아미타불로 추정된다(부석사의 아미

타불도 촉지인).

● 북방불 : 전법륜인으로 통상 아미타불의 수인이다. 그러나 석가모니부처가 처음 녹야원에서 설법하던 수인이 선법륜인이므로 석가모니불로 추정된다.

지평리 사방불상은 진전사지 삼층석탑의 사방불에 비해 전체적으로 양감이 줄어들었으며, 두광(頭光)만 이중의 원형 광배로 표현되어 9세기 후반에 만들어진

지평리 삼층석탑

동방불

남방불

서방불　　　　　　　　　　　　　북방불

것으로 보인다.

### 3-7. 경주시 금곡사 삼층석탑 사방불

경주 안강읍 두류리 삼기산에 있었던 사찰로 창건연대는 미상이나 신라시대 원광법사가 수행했던 곳이다. 『삼국유사』에 의하면 원광은 30세 때부터 4년간 이 절에서 수행하였고 산신의 권유에 따라 중국에 유학하였다. 귀국한 뒤에도 이 절에 머물렀는데 뒷날 그의 부도를 이곳에 세웠다고 기록하고 있다.

경내 한가운데 무너진 탑재들을 복원하여 3층석탑으로 만들었다. 이 탑은 지대석과 1층 탑신 그리고 옥개석 일부만 원래의 탑재에 해당하고 나머지는 새로 만든 것이다. 1층 탑신의 사면에는 감을 파서 불상 1구씩을 돋을새김 하였다.

복원하기 전의 탑

복원한 후의 삼층석탑

●동방불 : 약함을 들고 있는 약기인(藥器印)의 수인을 하고 있어 약사여래로 추정된다.

●남방불 : 촉지인으로 어느 부처인지 불분명하다.

●서방불 : 오른손은 무릎 위에 두고 왼손은 가슴 앞에 두고 있는데 어느 부처인지 알 수 없다.

●북방불 : 오른손은 가슴 부근에 두었으며, 왼손은 선정인이다. 어느 부처인지 불분명하다.

사방불이 새겨진 삼층석탑을 정영호는 7세기 초의 원광법사 부도라고 인정하고 있다. 그러나 옥개석의 양식이 4단의 층급받침을 하고 각 층급받침의 두께가 얇아지고 있는 것으로 보아 조성 시기는 9세기말경으로 추정된다. 따라서 원광법사의 부도가 아닌 일반형의 삼층석탑이다.

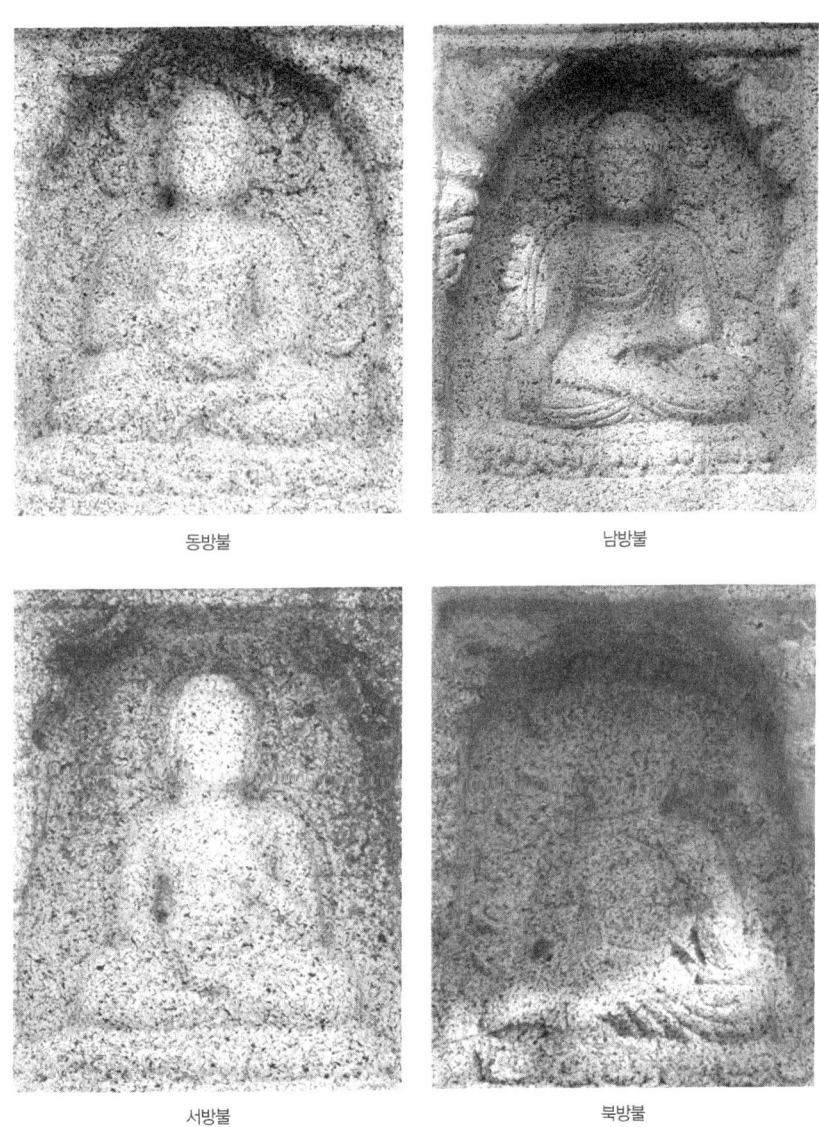

| 동방불 | 남방불 |
| --- | --- |
| 서방불 | 북방불 |

금곡사 삼층석탑 사방불

## 3-8. 경주 동촌동 사방불 탑신석

동촌동 사방불 탑신석은 본래의 사찰 이름을 알 수 없어 현재의 지명에 의해 붙여진 이름이다. 이 탑신석은 위치가 다소 이동된 것으로 밝혀졌다. 동천동 탑신식은 위와 아랫부분에 연꽃이 조각된 지붕과 받침이 같은 돌로 구성되어 있는 특이한 형태로, 탑신부 4면에 양쪽에 우주를 새기고 그 사이에 불상을 조각하였다.

동촌동 사방불 탑신석

● 동방불 : 약함을 들고 있는 약기인의 수인을 하고 있어 약사여래로 추정된다.

동방불

남방불

제3장 탑파(塔婆)의 밀교적 성격 569

서방불　　　　　　　　　　　　　북방불

- 남방불 : 시무외인을 한 보생여래이다.
- 서방불 : 전법륜인의 아미타불이다.
- 북방불 : 원래 금강계의 북방불은 불공성취여래이어야 하나, 여기서는 불공성취여래와 성질이 같은 항마촉지인의 석가모니불로 추정된다.

가장 완성도가 높은 서방불을 제외하고, 나머지 3부처상은 신체 각각의 비례감과 안정감이 떨어진다. 특히 하반신에서 공간적 거리를 분명히 표현하지 않고 하나의 덩어리로 나타내었다. 이러한 형태는 9세기 이후의 불상에 자주 나타난다.

3-9. 경주국립박물관 사방불 탑신석

경주국립박물관 사방불 탑신석은 다른 사방불과는 달리 사방의 불상이 같은 모습을 취하고 있다. 즉 통견의 법의에 의해 상반신의 일부를 제외하고 전체가 가려져 있어서 수인의 형태가 불분명하다. 따라서 사방불의 존

경주국립박물관 사방불 탑신석

명을 알 수 없다.
　이 불상들은 평면적이어서 입체적이지 못하고, 간략한 옷 주름 등의 특징으로 보아 9세기 말 이후에 조성된 것으로 판단된다.

### 3-10. 간송미술관 사방불 탑신석

　간송미술관에 안치된 석조비로자나불조상의 대좌는 상·중·하대로 구성되어 있는데, 불상에 비해 유난히 높은 편으로 크기도 각각 달라서 석탑의 부재였던 것으로 보인다. 사각 대좌의 중대(中臺)에 사방불(四方佛)이 조각되어 있다. 항마촉지인의 형태인 동방불을 아축불로 추정하여 방위를 정하였다.

- 동방불 : 항마촉지인의 아축불로 추정된다.
- 남방불 : 보주를 손에 든 보생불인 듯하다.
- 서방불 : 법계정인의 아미타불로 추정된다.
- 북방불 : 지권인을 한 비로자나

간송미술관 석조비로자나불조상

제3장 탑파(塔婆)의 밀교적 성격　571

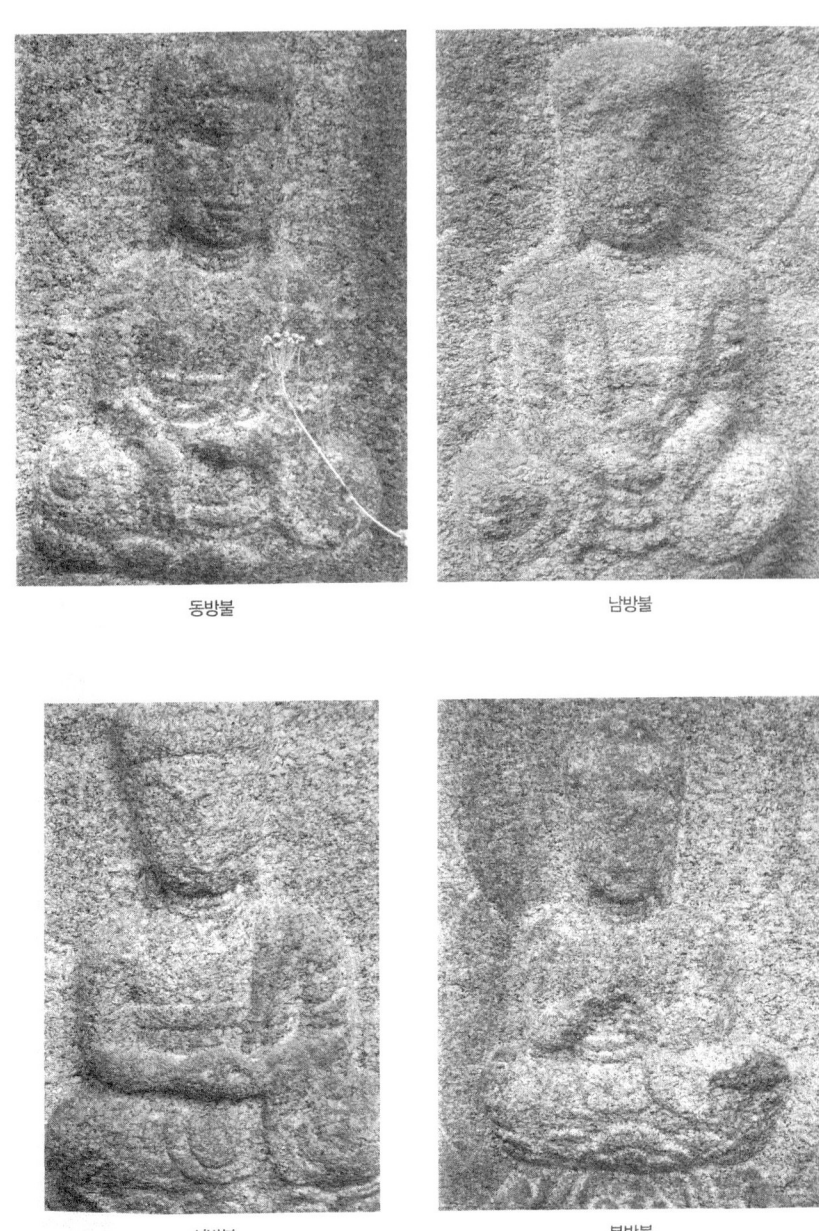

동방불 　　　　　남방불

서방불 　　　　　북방불

불이다.

간송미술관의 사방불 탑신석이 조성된 시기를 학계에서는 통일신라 후기로 보고 있다.

3 11. 마곡사 오층석탑 사방불

공주시 태화산 기슭의 마곡사에는 고려 후기에 만들어진 오층석탑이 있다. 일명 다보탑이라고도 불리는 8.67m 높이의 탑으로, 그 상륜부에는 라마 계통의 풍마동(風磨銅)이라는 특수한 구조물이 올려져 있어 더욱 유명하다. 이 탑의 2층 탑신에 사방불이 새겨져 있다.

마곡사 오층석탑    1 동방불 2 남방불 3 북방불

- 동방불 : 아축여래 또는 약사여래로 추정된다.
- 남방불·서방불·북방불은 어떤 부처인지 알 수 없다.

### 3-12. 동부동 삼층석탑 사방불

이 탑은 경주 경찰서 정문 오른편의 정원에 전시되어 있으며 경주시 현곡면의 소현재 서편에서 옮겨온 것이다. 여러 개의 장대석 위에 각 면마다 우주(隅柱)와 사면(四面)에 불상이 새겨져 있다. 사방불의 존명은 알 수 없다. 사방불(四方佛) 탑신석 위에 옥개석 세 점을 올려놓았다. 이 세 점의 옥개석 가운데 두 점은 같은 탑의 것으로 보이며, 2단의 층급받침을 만들어 놓았다. 양쪽 우주가 정연한 점으로 보아 이 탑은 통일신라시대 부재임에는 분명한데 옥개석과 그 위의 탑신이 한 돌로 되어 있는 것은 고려시대에 흔히 볼 수 있어 통일신라시대 석탑으로서는 희귀한 예라 하겠다.

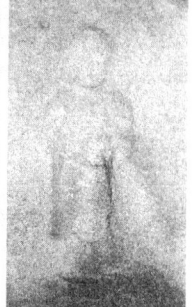

동부동 삼층석탑 사방불

## 4. 『무구정광대다라니경(無垢淨光大陀羅尼經)』과 무구정석탑(無垢淨石塔)

### 4-1. 『무구정광대다라니경』 개요

『무구정광대다라니경』은 704년 실차난타(實叉難陀)가 한역하였는데, 그 내용을 요약하면 다음과 같다.

어떤 관상쟁이가 카필라전다에게 말하기를 "브라만이여, 당신은 7일 후에 세상을 떠나도록 운명지어졌소"라 했다. 이에 그는 석가를 찾아가니 석가가 말하기를 "그대는 아비지옥에 떨어질 것이다"라 했다. 브라만이 구제를 요청하자 석가가 말하기를 "길거리에 오래된 탑이 있고 그 속에는 사리가 있다. 그 탑이 무너져 가고 있으니 그 탑을 중수하면서 상륜당을 만들고 그 속에 다라니를 써 넣고 공양을 베풀고 법에 의지하여 일곱 번 다라니를 외우면 수명이 오래 갈 것이며, 목숨을 마치면 극락세계에 왕생하게 되리라"라고 했다. 그리고 석가는 말하기를 "근본다라니 주문을 외우고 사리탑을 오른쪽으로 77바퀴 돌면서 다라니를 77번 외우며, 다라니를 77번 쓰고 그 주문을 탑 속에 넣고 그 탑에 공양하며, 혹은 진흙으로 작은 탑 77개를 만들어 주문 한 벌씩 작은 탑 속에 넣어 공양하라. …… 먼저 주문을 외고 이 주문을 99벌 써서 상륜당 속에 넣어 두면 9만 9천의 상륜당을 세우는 것이 되고 9만 9천의 불사리탑을 조성하는 것이 된다. 만일 진흙으로 작은 탑을 만들고 그 안에 이 다라니를 모시면 곧 9만 9천의 보배탑을 만드는 것과 같다"라고 했다. …… 제개장보살·집금강주·사천왕·제석·범천·팔부중 등이 석가에게 말하기를 "저희들이 세존의 보호하심을 입사와 이 주법과 조탑법을 받았사오니, 모두 수호하고 머물러 지니고 읽고 외우고 쓰고 공양하겠사오며……

이 경전 이전에 한역된 『법화경』이나 『금광명경』에는 조탑에 관한 내용은 있으나 구체적인 의궤가 없으므로 대중의 요구에 의해 이 경이 만들어진 듯하다. 이 경에서는 다라니를 써서 77소탑 혹은 99소탑에 봉안해 넣으면 장수하고 극락왕생한다고 했는데, 이는 낮은 근기의 대중을 위하여 조탑의 공양과 공덕을 강조한 으로 보인다. 특히 77소탑은 탑신부에, 99소탑은 상륜부에 봉안한다는 기록이 있어 사리를 안치했던 장소를 유추할 수 있다. 이 경전은 법신사상이 성행한 산물이며, 다라니로서 밀교적 요소가 강하다.

〈표 3-9〉는 통일신라시대의 무구정석탑(無垢淨石塔) 현황이다.

〈표 3-9〉 무구정석탑 현황

| 탑 이름 | 건탑연도 | 소탑의 수 | 탑 이름 | 건탑연도 | 소탑의 수 |
|---|---|---|---|---|---|
| 황복사지삼층석탑 | 706 | 99기 | 불국사석가탑 | 751 | 12기 |
| 창림사지삼층석탑 | 855, 8세기 말 | | 동화사비로암삼층석탑 | 863 | 3기 |
| 봉화 축서사삼층석탑 | 867 | | 황룡사구층목탑 | 871 | 99기, 찰주기 |
| 해인사길상탑 | 895 | 157기 회수 | 선림원지삼층석탑 | 9세기 초 | 66기 회수 |
| 동화사금당서탑 | 9세기 | 99기 | 봉화 서동리동탑 | 9세기 | 99기 |
| 성주사석탑 | 9세기 | | 공주 동원리삼층석탑 | 9세기 | 7기 |

4-2. 무구정석탑(無垢淨石塔)별 특징

4-2-1. 황복사지삼층석탑

1937년 일본인이 이 지역에서 수습된 와당편(현재 국립경주박물관 보관)에 황복사(皇福寺)라는 명문이 음각된 것을 보고 황복사의 위치를 알게 되었다. 1943년에 이 탑을 해체 수리했는데 그때 나온 사리함의 뚜껑 내부에 새겨져 있는 명문에 효소왕 원년(692년)에 건립되었다 했으나 『삼국유사』의 기록과 상이하여 검토가 요구된다. 또 이 명문에 『대다라니경』이 있다 했으나 출토되지 않았다.

『삼국유사』 의상전교조의 기록 중에 밀교와 관계된 내용이 있다. 즉 "표훈은 일찍이 불국사에 머물면서 항상 천궁을 오고 갔다. 의상이 황복사에 있을 때 여러 사람들이 함께 탑을 돌면서 항상 허공을 밟고 올라갔

황복사지 삼층석탑

으며 층계를 밟지 않았기 때문에 그 탑에는 사다리와 돌계단을 설치하지 않았다. 그 무리들도 계단에서 3자나 떨어져서 허공을 밟고 돌았다. 의상이 그들을 돌아보며 말하기를 '세상 사람들이 이것을 본다면 필시 괴이하다고 여길 터이니 세상에 가르칠 것은 못 된다'고 했다." 신라에서는 화엄사상이 재래신앙을 수용하면서 화엄밀교(華嚴密敎)로 발전했는데, 화엄밀교는 다즉일(多卽一)의 측면에서 보지 않고 일즉다(一卽多)의 입장에서 본 것으로 『삼국유사』 곳곳에 화엄밀교적 수행이 기록되어 있다. 의상의 제자들이 허공을 밟고 도는 것이란 밀교적 수행과 의식을 뜻하는 것으로 볼 수 있다. 의상이 그러한 것은 세상에 가르칠 것이 못 된다 함은, 의상은 화엄사상의 거대한 체계 자체를 중요시하고 화엄밀교에 대해서는 달가워하지 않았음을 의미한 것으로 추정된다.

### 4-2-2. 불국사 석가탑의 무구정광대다라니경

불국사는 751년에 김대성이 공사를 시작해서 774년에 김대성이 죽자 나라에서 완공했으며, 1592년 임진왜란 때 불탄 후 1659년 극히 일부만 중건된 뒤 1973년에 현재와 같이 복원되었다.

불국사 석가탑 사리기는 1966년 9월 도굴범의 석가탑 도굴 시도에 의해 석탑이 훼손되자 이의 수리작업 때 발견되었다. 탑의 2층 탑신부 중앙의 사리공 안에서 금동제 사리함, 작은 목탑 12개, 동경(銅鏡) 2점, 청동 비천상, 곡옥, 각종 구슬 등의 공양품이 나왔다. 사리기는 금동제 사리외함, 은제 이중의 계란형 사리함, 녹색 유리 사리병으로 구성되어 있었다 (46과의 사리 내장).

참고로 석가탑의 사리기(舍利器) 구조는 외함 → 외합 → 내합 → 사리병으로 되어 있다.

금동사리외함    은사리외합    은사리내합    녹색 유리 사리병

통일신라 전성기의 찬란한 금속 공예술과 직조술의 정수를 엿볼 수 있다.

『무구정광대다라니경(無垢淨光大陀羅尼經)』은 금동제 사리함 위에 비단에 싸인 채 놓여 있었는데, 세로 약 8cm, 전체 길이 620cm 정도의 두루마리에 1행 7~9자를 찍은 목판 인쇄로 된 다라니경문이다.

석가탑에서 나온 「무구정광대다라니경」

### 4-2-3. 창림사지삼층석탑

창림사의 창건연대는 알 수 없으나 문성왕 17년(855) 때의 무구정탑원기(無垢淨塔願記)가 나왔다. 이것은 석공들이 탑재를 건축에 쓰려고 허물다가 그 속에서 나온 것을 추사 김정희가 입수하여 소개한 것이다. 국왕경응조무구정탑원기(國王慶應造無垢淨塔願記)로 시작되므로 국왕이 탑을 세워 축원한 글을 새긴 것임을 알 수 있다. 탑을 세운 해가 당 대중 9년(855)이어서 신라의 연대로는 문성왕 17년이다. 뒷면에는 탑을 세우는 데

창림사지삼층석탑

제3장 탑파(塔婆)의 밀교적 성격 579

창림사지삼층석탑의 아수라상

관계한 사람의 이름과 계급이 적혀 있다. 이 탑기가 창림사탑에서 나온 것이라 하여 탑의 조성연대를 855년으로 하여 왔으나, 윤경렬 등은 탑의 힘찬 기운과 볼륨, 그리고 기백이 넘치는 석탑의 부조로 볼 때 늦어도 8세기 후반이라고 주장했다.

『삼국유사』에 의하면 이 절터에서 박혁거세와 알영부인이 13세 되던 해까지 성장했다고 한다. 이 터에서 삼층석탑을 비롯하여 비석받침으로 쓰였던 두 마리의 거북이와 국립경주박물관으로 이전된 두 구의 비로자나불상·탑지석 1매·법화경석 다수·명문화 등이 출토되었나.

### 4-2-4. 봉화 서동리동탑

통일신라시대의 전형적인 탑으로 1962년에 탑을 해체하여 수리했을 때 1층 몸돌의 사리공에서 작은 토탑 99개가 나왔다. 『무구정광대다라니경』은 나오지 않았으나 소탑 99개는 이 경에 의한 것으로 볼 수 있으므로 이 탑은 무구정석탑이라 할 수 있다.

### 4-3. 석탑에 새겨진 신장상

통일신라의 석탑이나 사리구에 등장하는 신장상은 『무구정광대다라니경』 중 다음의 내용에 의해 영향 받았을 것으로 판단된다.

서동리동탑

서동리 동탑에서 나온 99개의 소탑

향을 사르며 계속하여 이 다라니를 스물여덟 번을 외우면, 즉시 팔대보살·팔대야차왕·집금강야차주·사천왕·제석천왕·범천왕·나라연·마혜수라들이 손으로 그 탑과 상륜당을 호지할 것이며 (중략) 그때 부처님께서 제개장보살·집금강집주·사천왕·제석천왕·범천왕과 그 권속들·나라연천·마혜수라들에게 말씀하셨다. "선남자여, 내가 이 주문의 왕으로 너희들에게 부촉하노니, 너희들이 마땅히 수호하고 머물러 있으면서 옹호하되, 어깨에 짊어지고 좋은 상자에 담아서 이 다음 세상까지 끊어지지 말게 하며, 잘 유지하고 보호하여 (중략)" "저희들이 세존의 보호하심을 입사와 이 주문을 외우는 법과 탑을 조성하는 법을 받았사오니 모두 수호하고 머물며 지니고 읽고 외우고 쓰고 공양하겠사오며 (후략).

원원사터삼층석탑에 관한 내용을 살펴보자. 『삼국유사』에서는 이 절이 김유신·김의원·김술종 등 삼국통일 전쟁 때 활약하던 인물들이 함께

원원사지삼층석탑

원원사지삼층석탑의 부조상

세운 절이라는 전승을 싣고 있다. 그러나 석탑의 12지신상이나 사천왕상으로 보아 8세기 이후에 세워진 것으로 추정하는 것이 보통이다. 이 절은 문무왕 때 문두루비법을 써서 당나라 군대를 물리친 명랑법사의 밀교를 이어받은 안혜·낭융 등의 승려들과 관련된 곳이기도 하다.

동서로 마주한 2기의 석탑 기단에는 12지신상이 부조로 새겨져 있고, 탑 몸돌의 사방에는 사천왕상이 부조되어 있다. 이 탑에 새겨진 12지신상은 무복이 아닌 평복을 입고, 자세 또한 앉아 있는 것이 특징이다. 통상 능묘에 둘러진 12지신상은 모두가 서 있는 자세를 취하고 있다. 또한 12지신상과 사천왕상을 함께 새긴 석탑도 원원사가 유일한 것이다.

# 제4장 불·보살상의 밀교유적

## 1. 비로자나불(毘盧遮那佛)

### 1-1. 비로자나(Vairocana)의 연원

비로자나란 산스크리트어 바이로차나(Vairocana)의 음역이다. 넓다·많다라는 접두어 바이(Vai)와 빛나다·비추다라는 의미를 가진 로차나(rocana)의 합성어이다. 원래는 태양의~, 빛나는~, 혹은 태양의 아들 등의 의미로 쓰이나 후에 광명편조(光明遍照)·대일여래(大日如來)로 부르게 된 것이다.

비로자나(毘盧遮那)와 노사나(盧舍那)는 같은 의미로 쓰인다. 비로자나는 실차난타가 『80화엄경』을 번역하면서 사용한 이름이며, 노사나(盧舍那)는 불타발타라가 『60화엄경』을 번역하면서 등장하게 되었다.

비로자나불의 또 다른 명칭으로 대일여래(大日如來)가 쓰이는데, 이것은 인도승 선무외삼장이 『대비로자나성불신변가지경』의 주석서인 『비로자나성불소경』에 근거해 밀교 계통에 사용하는 명칭이다. 아수라와 비로자나는 원래 동일하게 태양과 관련이 있는 광명의 신이었으나 아리아인에 의해 데바와 대적하는 악신으로 전락하였다. 그후 불교에 흡수되면서 아수라는 초라한 신격으로 강등되나 비로자나는 원래의 지위를 회복하여 진리의 당체(當體)이며 온 우주의 법계를 아우르는 대일여래로 발전했다.

불교교단에서는 최고의 진리를 깨달은 석존과 그의 가르침에 대한 경외를 인간이 감지할 수 있는 최고의 발광체인 태양에 비유하도록 했다. 이러한 광명의 이미지가 마침내 『화엄경』의 등장으로 결실을 보게 되었다. 비로자나라는 명칭은 인도의 고내 신인 아수라에 연원을 두고 있지만, 하나의 신격에 불과했던 이 명칭이 불교에 이르러 법신 비로자나여래라는 고차원적인 개념으로 수용, 변형됨으로써 새로운 철학체계를 형성했다고 볼 수 있다.

1-2. 밀교의 비로자나불

『화엄경』 속에서 비로자나불은 포괄적인 의미를 가진 부처이다. 이것은 밀교사상이 의도하는 것과 일치하게 되어 최초의 조직적인 밀교경전인 『대일경』의 중심 존재로 등장했다. 즉 기존의 경전에서 교주는 석존이었음에 반해 『대일경』 및 『금강정경』을 비롯한 밀교경전에서는 법신인 비로자나불이 대일여래로 형상화된다. 현교의 교주인 석가모니불과는 다른 법신인 비로자나불이 교주로 새롭게 등장한 것이다. 또한 밀교 계통의 경전에서 비로자나불상에 관해 구체적인 형상을 묘사하고 있다. 특히 『섭진실경(攝眞實經)』에 지권인의 결인방법이 다음과 같이 자세히 묘사되어 있다.

> 왼손의 검지를 세우고 그 왼주먹의 등은 가슴 위에 둔다. 그 손바닥을 돌려서 왼쪽을 향한다. 즉 오른주먹의 새끼손가락으로 왼손 검지의 첫마디를 쥔다. 또 오른주먹의 검지의 머리를 오른주먹의 엄지의 마디에 대어 역시 가슴에 둔다. 이것을 보리인도제일지권인(菩提引導第一

智拳印)이라고 한다.

수인뿐만 아니라 법신불상의 전체적인 모습도 현교와 밀교는 다르다. 현교의 비로자나불은 여래형이다. 보관도 쓰지 않으며 일체의 장식도 없다. 그러나 밀교의 대일여래는 머리카락이 많은 장발에 보관을 쓰며, 몸에는 영락을 비롯하여 팔과 다리에 장신구로 치장을 한다. 마치 화려한 왕자의 모습을 보는 듯하다. 이것은 밀교의 근본사상인 즉사이진(即事而眞)을 표현하는 방법이다. 세속의 중생이 살고 있는 현실이 바로 진리의 세계라는 것을 표현한 것이 화려한 보살형의 비로자나불이다. 깨달았다는 것은 현실의 화려함과 동일한 것이며, 동시에 왕자의 모습이라는 것이다.

### 1-3. 한국의 비로자나불

부석사 무량수전의 본존불

#### 1-3-1. 개요

의상과 원효가 활동하던 시기는 화엄학의 시기였으나 두 분은 모두 난해한 화엄사상을 직접 대중에게 전하지 않고 아미타신앙을 전하고 있다. 이 시기에 중국에서는 현장법사와 같은 구법승에 의해 인도에서 촉지인을 한 새로운 불상이 전해져 항마촉지인을 한 성도상이 다수 만들어진다. 또한 성도상은 아미타신앙과 융합되어 아미타여래상으로도 만들어지게 된다. 이러한 영향은 당시 신라에도 전해져서 부석사의 본존상에서 그 예를 찾아

볼 수 있다. 무량수전은 통상 아미타여래를 모신다. 그러나 부석사 무량수전의 수인은 석가모니의 성도상인 항마촉지인이다. 성도상이 아미타신앙과 융합된 결과일 것이다. 또 한편 항마촉지인상은 미륵불로도 만들어지는데 용장사지 삼륜대좌불이 여기에 해당한다. 이러한 항마촉지인상은 8세기부터 성행했다.

8세기 중엽이 되면 지권인을 맺은 비로자나불상이 등장하고 9세기 이후에는 지권인의 비로자나불상이 성행하게 된다. 현존하는 통일신라시대의 지권인 비로자나불상은 40여 점이 있는 것으로 알려져 있다. 이들 불상들은 크게 세 부분으로 나눌 수 있다. 첫째는 여래형 비로자나불상이다. 둘째는 보관을 쓴 여래형이며, 셋째는 보관을 쓰고 있는 보살형이다. 물론 수인은 모두 지권인이다. 이 중에서 보관을 쓴 보살형과 여래형이 밀교와 관련이 깊은 비로자나불이다.

### 1-3-2. 여래형 비로자나불상

통일신라시대의 비로자나불상은 약 40여 구로서 대부분이 여래형이다. 보살형 비로자나는 그림 1점만 남아 있다.

한국에 현존하는 비로자나불상 중에서 가장 오래된 것은 석남사에서 출토된 것으로 현재는 내원사에 봉안된 석조비로자나불상이다. 이 불상은 766년에 만든 여래형으로 동아시아에서 가

석남사 석조비로자나불상

장 오래된 것이다.

### 1-3-3. 보관형 비로자나불상

보관여래형의 비로자나불은 머리에 보관을 쓰고 있으나 장신구가 없는 여래의 착의법을 하고 있다. 통일신라시대의 보관여래형은 동화사 비로암에서 출토된 금동판에 선조한 비로자나불상뿐이다. 현존하는 신라와 고려시대의 보관여래형 비로자나불상은 다음과 같다.

비로암 사리함 비로자나불선조상

● 동화사 비로암 사리함 비로자나불선조상

비로암 삼층석탑에서 발견된 사리함의 북면에 선조된 것으로 한국에서 현존하는 보관형 비로자나불상 중에 가장 오래된 것이다.

● 청암사 수도암 약광전(藥光殿) 석불좌상

수도암 석불좌상

머리에 관을 쓰고 있는 이 불상은 선으로 표현된 법의를 걸치고 있으며, 좁은 어깨는 굴곡이 없이 단정하게 표현되어 다소 경직된 느낌을 준다. 머리에 관을 쓰고 있어 보살처럼 보이지만 전반적인 형태나 손가짐으로 볼 때 여래상에 가깝다. 특히 태장계 대일여래는 보관을 쓰고 법계정인을 하므로 이 불상은 태장계 비로자나불로 보인다.

불상은 전체적으로 경직된 신체에

도식적인 옷주름으로 표현되고 광배나 앉아 있는 모습이 형식화되어 있는 것으로 보아 10세기경에 조성된 듯하다.

● 청주시 청화사 석조비로자나불상
청주시 모충동 산 36에 있는 고려시대 불상이다. 머리에 보관을 쓴 보살형의 비로자나불좌상이라는 점에서 특이한 불상인데, 출토지는 알려져 있지 않다.

청화사 석조비로자나불상

머리에 높은 삼면보관을 썼고 그 위로 보발이 보인다. 얼굴은 갸름하면서도 양감이 있어 고운 인상이나 상호는 마멸되어 알 수 없다. 어깨는 넓지 않고 목에 삼도가 있으며 몸에는 부드러운 양감이 드러나고 있다. 법의는 통견으로 가슴이 벌어지지 않게 입었고 옷주름은 깊은 음각선으로 밀집되게 표현되어 있다. 제작시기는 양식적으로 고려불상의 특징이 드러나고 있어서 고려시대 초기로 추정된다.

### 1-3-4. 보살형 비로자나불 : 신라화엄경변상도 비로자나불

보살형 지권인의 비로자나불상은 금강계 밀교의 주존이다. 현존하는 한국에서의 보살형 지권인은 호암미술관이 소장하고 있는 신라화엄경변상도의 중존 하나밖에 없다. 이 그림은 754~755년에 그려졌으므로 동아시아에서 현존하는 것 중에 가장 오래된 것이다.

〈그림 4-1〉은 전 경주박물관 관장이었던 강우방이 부분적으로 추정 복원한 신라화엄경변상도이다. 현재 단편적으로 남아 있어 전체적인 모습은 알 수 없으나, 본존불은 왼손을 약간 위로 들고 있어 지권인으로 추정된다. 지권인으로 보기에는 손의 위치가 낮은 듯이 보이나 석남사의 지권인 비로자나불의 손의 위치와 유사하므로 지권인으로 볼 수 있다. 또 왼팔

〈그림 4-1〉 신라화엄변상도

에 환천(環釧 : 손과 다리를 치장하는 원형의 장신구)이 있어 보살형임을 알 수 있다.

### 1-4. 한국에서 비로자나불상과 밀교의 관계

한국조각사에서 통일신라 중기 이래로 항마촉지인의 석가성도상과 지권인의 비로자나불이 주류를 이루었다. 고려 이후에는 항마촉지인상을 주존으로 하고 아미타·약사여래가 협시하는 석가삼신불과 지권인비로자나불을 중심에 두고 석가·노사나불이 협시하는 비로자나삼신불이 성행했다. 이러한 비로자나불상은 통일신라 이래 조선시대 말기까지 계속 조성되었다.

한국에서 비로자나불이 성행한 것은 한국불교의 근본적인 교의(敎義)가 『화엄경』이기 때문이다. 또한 『화엄경』은 밀교와 깊은 연관성이 있다. 그렇기 때문에 화엄의 비로자나불은 밀교의 경전과 의궤에 의해 형상화되었다고 볼 수 있다. 밀교의 의궤 중에서 지권인의 도상을 취하되 여래형의 불상으로만 조성하여 화엄의 비로자나불로 삼았을 가능성이 있다.

### 2. 변화 관음보살

#### 2-1. 관음신앙의 개요

인도에는 『법화경』의 성립시기 이전에 관음신앙이 있었을 것으로 추정된다. 중국에서는 286년 축법호(竺法護)에 의해 번역된 『정법화경(政法華經)』「광세음보문품(光世音普門品)」에 관음신앙이 처음 등장한다.

관음(觀音)은 산스크리트어 아발로키테스바라(Avalokiteśvara)의 의역이다. 즉 '살펴본'의 뜻인 아발로키타(Avalokita)와 '세간 중생의 음성'의 뜻인 이스바라(Iśvara)가 합하여져 '세간 중생의 음성을 살핀다'는 의미가 된다. 다시 말하면 대자대비(大慈大悲)를 근본서원으로 중생이 괴로울 때 그 이름을 외우면 그 음성을 듣고 곧 구제한다는 보살이 관세음보살이다.

관음은 6관음으로 분류된다. 6관음이란 성(聖)관음·천수관음·마두관음·11면관음·준제관음·여의륜관음이다. 이 중에서 성관음이 본신이고 나머지는 변화관음이다. 특히 11면관음과 천수관음은 밀교에서의 대표적 관세음보살이다.

2-2. 11면관음보살

11면관음상은 인도에서 4, 5세기 사이에 만들어졌다. 즉 초기 밀교시대에 성립한 도상이다. 산스크리트어로는 에카다샤-무카(Ekādaśa-mukha)로서 '11면(十一面)의 얼굴을 지닌 자' 라는 의미이다. 그 기원은 힌두신인 루드라와 시바신에서 파생된 것으로 보고 있다.

11면관음보살에 대한 한역경전은 〈표 4-1〉에서 보듯이 6세기 중반에 처음 이루어졌다. 따라서 이후부터 11면관음상이 만들어졌을 것으로 보고 있다.

〈표 4-1〉 11면관음에 대한 한역경전

| 경 이름 | 번역자 | 번역시기 |
| --- | --- | --- |
| 『불설11면관세음보살신주경』 | 야사굴다 | 564 |
| 『다라니집경(11면관세음신주경)』 | 아지구다 | 7세기 중엽 |
| 『11면신주심경』 | 현장 | 656 |
| 『11면관자재보살심밀언염송의궤경』 | 불공 | 8세기 중엽 |

11면관음은 신주독송에 의해 모든 장애가 사라진다고 하는데, 이를 내용으로 한 한역경전은 현세이익적(現世利益的)인 밀교의 경전이다.

현재 남아 있는 통일신라시대의 11면관음보살로는 중생사 부근에서 발견되어 경주박물관에 보관된 것과 석굴암의 11면관음상 및 영남대학교에

석굴암의 11면관음상

서 소장 중인 석조11면관음보살 그리고 굴불사지의 11면6비관음보살상이 있다.

굴불사지의 11면6비관음보살상

제4장 불·보살상의 밀교유적 593

# 참고문헌

## 제1편 밀교의 철학

### 제1장 서론

각훈, 장휘옥 역, 『해동고승전』, 동국역경원, 2002
강성구, 『대지도론』, 동국대학교 부설 동국대역경원, 2002
강우방, 「석굴암에 응용된 조화의 문」, 『원융과 조화』, 열화당, 1996
김동화, 『불교학개론』, 보련각, 1984
    〃 , 『삼국시대의 불교사상』, 민족문화사, 2001
김상현, 「사천왕사의 창건과 의의」, 『신라의 사상과 문화』, 일지사, 1999
서경보, 『불교철학개론』, 명문당, 1963
서윤길, 『한국밀교 사상사 연구』, 불광출판부, 1995
이범교, 『삼국유사의 종합적 해석』, 민족사, 2005
이은구, 『힌두교의 이해』, 세창출판사, 2000
전중배, 「회당사상의 밀교사적 전개」, 『회당사상과 밀교』, 회당학회, 2003
종석스님, 『밀교학개론』, 운주사, 2002
종석스님, 「한국에서의 밀교의 수용과 전개」, 『밀교학 연구』, 대한불교진각종 교육원, 1998

나라 야스아키, 정호영 역, 『인도불교』, 민족사, 1994
나카가와 다카, 양기봉 옮김, 『육조단경』, 김영사, 1994
나카무라 하지메(中村元), 혜원 역, 『불교』, 김영사, 1990
다카가미 가쿠쇼(高神覺昇), 주보연 역, 『밀교개론』, 경서원, 1990
베로니카 이온스, 임웅 옮김, 『인도신화』, 범우사, 2004
스기누마 아기라, 문을식 역, 『힌두교』, 도서출판 여래, 2003
요미토리 모토히로, 김무생 옮김, 『밀교의 역사와 문화』, 민족사, 1994
이시다 마즈마로, 이영자 역, 『일본 불교사』, 민족사, 1995
기무라 기요타카, 장휘옥 역, 『중국불교 사상사』, 민족사, 1995
S.B. 다스굽따, 정승석 옮김, 『딴뜨라불교 입문』, 민족사, 1993

金岡秀友, 『密敎の哲學』, 講談社學術文庫, 1999
松長有慶, 『密敎』, 中央公論新社, 2003
勝又俊敎, 『密敎入門』, 春秋社, 2003
立川武藏, 『密敎の思想』, 吉川弘文館, 1998
中村元·三枝充悳, 혜원 역, 『바웃드하 불교』, 김영사, 1999
NHK 취재반, 『空海の風景』, 中央公論新社, 2005

## 제2장 밀교의 교판론

강우방, 「석굴암에 응용된 조화의 문」, 『원융과 조화』, 열화당, 1996
권영택, 「회당의 불교혁신운동」, 『회당사상과 밀교』, 회당학회, 2003
김동화, 『불교학개론』, 보련각, 1984
김무생, 「회당사상의 체계와 특성」, 『회당사상과 밀교』, 회당학회, 2003
김상현, 『신라화엄사상사 연구』, 민족사, 1993
김성수, 「회당의 수행과 실천」, 『회당사상과 밀교』, 회당학회, 2003
김용옥, 『금강경강해』, 통나무, 1999

김종명,『불교의 실상과 역사 上』, 신아출판사, 1996
김해주,『의상화엄사상사 연구』, 민족사, 1994
김현해,『법화경요품 강의』, 민족사, 1997
서경보,『불교철학개론』, 명문당, 1963
이도업,『화엄사상사연구』, 민족사, 1998
이민수,『법화경』, 홍신신서, 1995
이원섭,『법화경』, 삼중당, 1982
전중배,「회당사상의 밀교사적 전개」,『회당사상과 밀교』, 회당학회, 2003
최종웅,「회당사상과 밀교」,『회당사상과 밀교』, 회당학회, 2003
최종웅,『밀교강좌』, 출판시대, 1998
허일범,「진각종의 성립과 밀교적 교판의 확립」,『회당학보 제8집』, 회당학회, 2003

가마타 시게오,『한국불학사』, 민족사, 1994
다무라 시로, 이영자 옮김,『천태법화의 사상』, 민족사, 1994
나무라 요시토, 이원섭 역,『열반경』, 현암사, 2001
다카가미 가쿠쇼〔高神覺昇〕, 주보연 역,『밀교개론』, 경서원, 1990
森三樹三郎, 오진탁 역,『불교와 노장사상』, 경서원, 1992
松長有慶, 장익 역,『밀교경전 성립사론』, 불광출판부, 1999
기무라 기요타카,『중국불교사상사』, 민족사, 1995

金岡秀友,『密敎の哲學』, 講談社學術文庫, 1999
立川武藏,『日本密敎』, 春秋社, 2005
宮坂宥勝,『密敎世界の構造』, 筑摩書房, 2002
板垣晴己,『眞言宗』, 學習研究社, 2005

## 제3장 밀교의 본체론

서경보, 『불교철학개론』, 명문당, 1963
종석스님, 『밀교학개론』, 운주사, 2002
이기영, 『원효사상』, 홍법원, 1971
이도업, 『화엄사상사연구』, 민족사, 1998

마리 부이제 폰 프란츠, 이윤기 역, 「개성화의 과정」, 『인산과 상징』, 열린책들, 2001
다카가미 가쿠쇼〔高神覺昇〕, 주보연 역, 『밀교개론』, 경서원, 1990
오쇼 라즈니쉬, 이연화 역, 『탄트라 비전』, 태일출판사, 2000

金岡秀友, 『密敎の哲學』, 講談社學術文庫, 1999
立川武藏, 『密敎の思想』, 吉川弘文館, 1998
中村元, 『インド思想史』, 岩波全書, 1999
永坂嘉光, 『巡禮高野山』, 新潮社, 2000

## 제4장 밀교의 불타관

김동화, 『불교학개론』, 보련각, 1984
이중석, 「밀교비로차나불의 연구」, 동국대학교 박사학위 논문, 2003
이승호, 「유식설과 밀교의 실천원리 비교」, 동국대학교 박사학위 논문, 2001
장익, 「밀교형성에서의 중관 유식의 교학적 수용 연구」, 동국대학교 박사학위 논문, 1997
주보연, 「밀교의 구식설에 관한 연구」, 동국대학교 석사학위 논문, 1990

다카가미 가쿠쇼〔高神覺昇〕, 주보연 역, 『밀교개론』, 경서원, 1990
立川武藏, 김구산 역, 『만다라의 신들』, 동문선, 1991

中村元・三枝充悳, 혜원 역, 『바웃드하 불교』, 김영사, 1999

久保田悠羅, 『密敎曼茶羅』, 新紀元社, 2003
金岡秀友, 『密敎の哲學』, 講談社學術文庫, 1999
八田幸雄, 『密敎マンダラの世界』, 平河出版社, 1995
大栗道榮, 『密敎入門』, すすき出版, 2000
大栗道榮, 「密敎僧と兩部曼茶羅」, 『眞言密敎とマンダラ』, 大法輪閣, 平成 10年
勝又俊敎, 『密敎入門』, 春秋社, 2003
賴富本宏, 『曼茶羅の鑑賞基礎知識』, 至文堂, 1996

### 제5장 밀교의 인식론

국립공주박물관, 『고구려 고분벽화 모사도』, 2004
국립경주박물관 도록, 세광인쇄공사, 1996
석도열스님, 『만다라이야기』, 맑은소리, 2000
이승호, 「태장계만다라 연구」, 동국대학교 석사학위 논문, 1987
바짜야아, 정태혁 옮김, 『카마수트라』, 동문선, 2003

加藤精一, 「理趣經と眞言ダラニ」, 『眞言密敎とマンダラ』, 大法輪閣, 平成10年
金岡秀友, 『密敎の哲學』, 講談社學術文庫, 1999
渡辺守順, 『比叡山延曆寺』, 吉川弘文館, 1998
大栗道榮, 『密敎入門』, すすき出版, 2000
　　〃　, 『理趣經入門』, すすき出版, 2004
大栗道榮, 「密敎僧と兩部曼茶羅」, 『眞言密敎とマンダラ』, 大法輪閣, 平成 10年

賴富本宏, 『曼荼羅の鑑賞基礎知識』, 至文堂, 1996
　　〃　　, 「金剛界曼荼羅の見方」, 『眞言密教とマンダラ』, 大法輪閣, 平成10年
　　〃　　, 「圖解 兩部曼荼羅の見方」, 『眞言密教とマンダラ』, 大法輪閣, 平成10年
森雅秀, 『インド密教の佛たち』, 春秋社, 2001
小峰峰彦, 「悟りの展開」, 『眞言密教とマンダラ』, 大法輪閣, 平成10年
小山てんゅう, 「方便りの世界」, 『眞言密教とマンダラ』, 大法輪閣, 平成10年
松長有慶, 『理趣經』, 中央文庫, 2002
兒玉義隆, 『梵字でみる』, 大法輪閣, 平成17年
田村隆照, 『眞言密教のほとけ』, 朱鷺書房, 2004
村岡 空, 「曼荼羅の種類」, 『眞言密教とマンダラ』, 大法輪閣, 平成10年
板垣晴己, 『眞言宗』, 學習研究社, 2005
八田幸雄, 『密教マンダラの世界』, 平和出版社, 1995
　　〃　　, 『密教の象徵世界』, 平和出版社, 1989
花山勝友, 『密教のすべて』, 光文社, 2000


제6장 성불론
이도업, 『화엄사상사연구』, 민족사, 1998
종석스님, 『밀교학개론』, 운주사, 2002
다카가미 가쿠쇼〔高神覺昇〕, 주보연 역, 『밀교개론』, 경서원, 1990


山崎泰廣, 「阿字觀の方法」, 『眞言密教とマンダラ』, 大法輪閣, 平成10年
山崎泰廣, 「印の意味」, 『眞言密教とマンダラ』, 大法輪閣, 平成10年
山崎泰廣, 「密教の加持祈禱」, 『眞言密教とマンダラ』, 大法輪閣, 平成10年
金岡秀友, 『密教の哲學』, 講談社學術文庫, 1999

板垣晴己,『眞言宗』, 學習研究社, 2005

## 제2편 밀교의 유적

강우방,「경주남산론」,『원융과 조화』, 열화당, 1996
　〃 　,「한국미술사 방법론 서설」,『법공과 장엄』, 열화당, 2000
　〃 　,「사리장엄론」,『법공과 장엄』, 열화당, 2000
　〃 　,「한국 비로자나불상의 성립과 전개」,『원융과 조화』, 열화당, 1996
강우방·신용철,『탑』, 솔출판사, 2003
고유섭,『한국탑파의 연구』, 을유문화사, 1954
김길웅,「경주 남산 탑곡조상군에 대하여」,『신라문화 5』, 1988
김상태·박언곤,「사천왕사의 밀교적 특성에 관한 연구」,『대한건축학회논문집』, 2004
김상현,「사천왕사의 창건과 의의」,『신라의 사상과 문화』, 일지사, 1999
　〃 　,「황룡사 9층탑의 건립」,『신라의 사상과 문화』, 일지사, 1999
김리나,「경주 굴불사지의 사면석불에 대하여」,『한국불교조각사 연구』, 일조각, 1989
김봉렬,「이 시대의 업경대-마곡사 탑」,『시대를 담는 그릇』, 이상건축, 1999
김영재,「화엄밀교적 원형으로서의 오대산 만다라」,『한국불교학 25』, 1999
김정진,「통일신라시대의 불상에 표현된 복식」,『경주전문대학 논문집』제6집, 1992
김윤식,「신라 황룡사 경영의 문화적 의미」,『삼국유사와 한국고대문화』, 원광대학교 출판부, 1985
김현주,「경주 남산 탑곡조상군 연구」, 석사학위 논문집, 2001
남궁현,「통일신라 불교조각의 밀교적 요소에 관한 고찰」, 동국대학교 석사학위 논문, 2003

남동신, 「자장의 불교사상과 불교 치국책」, 『한국사연구』 76, 1992
단국대학교·중앙박물관, 『진전사지 발굴보고』, 1989
동국불교미술인회, 『알기 쉬운 불교미술』, 불교방송, 1998
문명대, 『한국조각사』, 열화당, 1980
박경준, 『다비와 사리』, 대원사, 2001
박영규, 『신라왕조 실록』, 웅진닷컴, 2001
박홍국, 「경주 나원리 오층석탑과 남산 칠불암마애불 조성시기」, 『과기고고연구 4』, 1998
비로영우, 『신라 밀교』, 하남출판사, 2001
서윤길, 「신라 사리탑신앙의 밀교성」, 『한국불교학 17』, 1992
신창식, 「마곡사에 관한 연구」, 성균관대학교 석사학위 논문, 1990
신형식, 「신라왕위 계승고」, 『유홍열 화갑기념 논총』, 1971
심홍섭, 「신라 사천왕신앙의 수용과 전개」, 『동국사학』 30집, 1996
양근석, 「신라 사방불상 연구」, 『1996년도 부산국민윤리학회 하계세미나 논문집』, 1997
유동식, 『한국무교의 역사와 구조』, 연세대학교 출판부, 1975
윤경렬, 『겨레의 땅 부처님 땅』, 불지사, 2000
이근직, 『경주의 문화유산』 1집, 경주박물관회, 2000
이기백, 「태백산과 오대산」, 『한국고대사론』, 일조각, 1999
이숙희, 「통일신라시대 오방불의 도상연구」, 『미술사연구』, 2002
〃, 「통일신라시대 밀교계 도상연구」, 홍익대학교 박사학위 논문, 2004
장충식, 「신라석탑의 연구」, 동국대학교 박사학위 논문, 1987
전창범, 「고대 중국불상 장신구의 상징성에 관한 연구」, 동국대학교 박사학위 논문, 1999
정성준, 「인도밀교의 전개에 따른 호마의궤의 변천」, 『불교학보 37』, 2000
정영호, 「신라 사천왕신앙의 수용과 전개」, 『사총』 17, 고려대, 1973

〃 ,『고고미술의 첫걸음』, 학연문화사, 2000

〃 ,『석탑』, 대원사, 2001

조원영,「신라중고기 불교의 밀교적 성격과 약사경」,『부대사학 제23집』, 1999

진홍섭,「사불산 사불암과 묘적암 마애여래상」,『고고미술』, 1966

최완수,『한국불상의 원류를 찾아서』, 대원사, 2002

하일식,『경주역사기행』, book.store, 2000

한국문화유산답사회,『경주』, 돌베개, 1997

허균,『사찰장식 그 빛나는 상징의 세계』, 돌베개, 2002

황수영 · 김길웅,『경주 남산 탑곡의 사방불암』, 통도사성보박물관, 1990

# 찾아보기

[ ㄱ ]

가제 122, 144
가지 240, 476, 478
가지기도 447, 448, 449
가지문 243
가지설 243, 246
가지성불 480
가지세계 243
가지신 239, 240, 241, 242, 243, 245, 246
가쿠반 196
각심불생심 116, 120
간다라 34
간송미술관 사방불 571
갈마만다라 261, 262, 263
갈마의 370
갈마회 352

감고계도 427
감은사지삼층석탑 551
개부화왕여래 228
겁 461
겐로쿠본 279
격의불교 78
견성성불 90
결계 416
경주국립박물관 사방불 570
계차별관 466
고야산 47
고웅만다라 279
공대 194
공성무경심 120
공양 368
공양회 392, 393, 400
공제 122, 144
과거7불 204

과분가설 89
관법 450
관불삼매해경 36, 282
관상만다라 254, 256
관세음보살 305
관음 591
관음원 305
관자재보살 292
관정 359
관정경 494, 496
관정의식 55, 56
광강보살 326
광목천 342
광목천왕 499
광무생멸 213, 236
광학 493
교령륜신 304
교상판석 78
교체신교 205
교판 78, 79
구(鉤) 379
구루 45, 55
구마라집 64
구밀 457, 458
구생승 23
구카이 45, 46, 47, 65, 87, 92, 101, 103, 104, 113, 140, 184, 196, 200, 201, 240, 257, 437, 458
굴불사지 514, 515, 517, 518
궁자비유 83
권(拳) 412
극무자성심 128, 138
극세망집 462
근본분열 33
금강 314
금강가보살 374
금강계 145, 277
금강계 5불 222, 225
금강계만다라 264, 278, 346, 348, 352, 353
금강광보살 361
금강구 358
금강구보살 379
금강권보살 367
금강궐 417
금강근본4회 348
금강당보살 361
금강도향보살 378
금강등보살 378
금강령 26, 314
금강령보살 381
금강리보살 364
금강만보살 374, 411
금강망 418

금강무보살　374
금강문　420, 421
금강바라밀　370
금강바라밀보살　372
금강법보살　362
금강보보살　361
금강분향보살　376
금강삭보살　379
금강살타　61, 66, 312, 356, 367, 399, 408, 409, 413
금강상미다라니경　253
금강선재보살　359
금강소　362
금강소보살　362
금강쇄보살　381
금강수　62, 314
금강수보살　314
금강수원　312, 314
금강승　22
금강아보살　365
금강애보살　358, 359, 411
금강어보살　364
금강업보살　365
금강염　419
금강왕보살　358
금강욕보살　410
금강인보살　364

금강장왕　340
금강저　312, 315, 411
금강저륜　419
금강성경　38, 69, 145, 156, 215, 346, 347, 348, 455
금강지　63, 68, 69, 70
금강지삼장　43
금강촉보살　411
금강호보살　365
금강화보살　378
금강희보살　359
금강희희보살　373
금곡사　489
금곡사 삼층석탑　566
금광명경　36
금광사　492
금선호수설　57
기림사삼층석탑　551
기연　404, 405, 406
길장　80, 81, 117

[ ㄴ ]

나가르쥬나　18, 64, 174, 204, 437
나가족　66
나란다대학　69, 74
나카무라　205

난승지  470
남산종  53
낭융  493
내4공양보살  368, 373, 374
노사나  584
녹원시  85
능산자연  191
능설만다라  256
능성중무  212, 230
능소  191, 192
능조  191
능지탑 사방불  537

[ ㄷ ]

다구설  244
다라니  152, 281, 282
다르마  429
다문천  342
다문천왕  499
다방불  204
다법계  200
다즉일  138
단일신교  205
단혹론  460
달라이라마  45
달마국다  73, 74

담란  80
당(幢)  361, 411
당동리 사지  543
당상즉도  149, 244
당체설법  151, 158
대길의신주경  36
대만다라  258, 263
대방등무상경  36
대비  145
대비위근  439, 440
대산 5만진신조  509
대석동체설  207, 208, 209, 210
대석별체설  207, 208, 209, 210
대세지관음보살  308
대승기신론  164, 165, 166, 168, 201, 231, 248
대승불교비불설  209
대승불교운동  37
대승장엄보왕경  156, 158
대연  493
대용맹보살  298
대원경지  218, 219, 223
대원륜  353, 355
대위덕명왕  304
대일경  38, 73, 92, 95, 97, 144, 155, 175, 215, 257, 283, 439
대일경소  75, 175, 213, 237, 241,

440
대일여래  211, 212, 213, 214, 222,
    226, 227, 399, 401, 402, 403
대자재천  414
대지도론  18, 87, 174
대한불교진각종  54, 148, 185, 186,
    187, 240
대한불교진언종  148
대한불교총지종  148
도우지  47
도향  378
돈교  81, 85
동류무애  195, 196
동밀  48, 147, 208, 210
동부동 삼층석탑  574
동인발심설  293, 294, 440, 441
동중서  105
동촌동 사방불  569
동화사 비로암  538, 588
드로나  546
등류법신  235
등명  378
등지  181

[ ㄹ ]

라마교  44, 45, 55

라자  193
륜신  304
륜인  364
리그-베다  30, 205
링가  29, 39

[ ㅁ ]

마곡사 오층석탑  573
마두관음  307
마등가경  36
마애삼존불  535
마애삼존불상  534
마투라  34
만(卍)자  426
만다라  249, 250, 251, 266, 268,
    273, 416
만트라  281
말  362
말나식  217
망집  461
명랑  50
명랑법사  492, 493
명랑신인  492
명비  237
명왕  25, 300
명주  281

찾아보기 607

명효   50
모란초   423
모리만다라주경   36, 282
묘관찰지   219, 224
묘길상   322
묘음보살   328
무구광보살   328
무구정광대다라니경   548, 575, 578, 580
무구정석탑   576
무드라   450
무상삼밀유가행   445
무소득공   119, 120
무아   108
무아무외   466
무여열반   387
무영탑   209
무외   464
무외삼장   50, 490
무자성   178, 179
무진연기   128, 129
문두루   50
문두루비법   49, 491, 492, 494
문수보살   291, 322, 324, 329
문수사리   322
문수사리법보장다라니경   509
문수원   322

미래불   204
미륵보살   292
미세지   390
미세회   388, 391, 400
밀본   489
밀본법사   488
밀본최사   488
밀엄국토   98
밀엄정토   102

[ ㅂ ]

바가범   241
바라밀   370
바자   193
반야경   82, 548
반야보살   300, 301
반야불모   301
반주삼매경   79, 282
발광지   470
발보리심   433, 439
발업인종심   109, 112
방등경   86
방편   145
방편설법   79, 88
방편위구경   440, 441
번뇌장   218, 222, 415

범신론　203
범자　176
법계법신　235
법계연기　138
법계정인　227, 362
법계체성지　219, 220, 221, 222
법계탑파　386
법등명　161, 163
법만다라　261, 263
법무아무외　467
법무외　467
법바라밀보살　372
법상종　114, 118
법신　87, 206, 208, 209, 230, 232, 430
법신론　231
법운지　471
법유무아　109
법유인공　106
법이　191, 192
법주　244, 246
법화경　83, 86, 122, 126, 548, 591
베다　29
벽화만다라　273
변계소집성　113, 115
변조발휘성령집　180
변현밀2교론　87

변화법신　234, 236, 239
별교　82
별존만다라　264
보관보살　328
보당여래　227
보리　61, 215, 216
보리살타　61
보리심　144, 433, 434, 437
보리심론　87, 156
보리심위인　439
보바라밀보살　372
보병　424
보생여래　223, 359
보생초　422
보시　97
보신불　231
보주　310, 361
보천　509, 513
보현금강살타　62
보현보살　62, 291
보현연명보살　299
복마봉인대신주경　494, 496
본(Bon)교　44
본말선후　148
본불생(本不生)　116, 175, 176, 177, 178, 179, 180, 181, 182, 183, 184, 185

찾아보기　609

본심진언   159
본유   460
본유상주   178, 179, 182, 184
본존   158, 159, 405
본지법신   242
본지설   242, 243, 245
본지수적설   240
본지신   239, 240, 241, 245, 246
본초불   237, 238
본초불생   174
봉화 서동리동탑   580
부동명왕   302
부동지   471
부법   57
부법기   58
부법전   65
부정교   81
부처바위   523
부파불교   33
분노상   301
분노원   300
분노인   304, 414
분황사모전석탑   551, 554
불공   70, 72, 73, 76, 367
불공견삭관음   310
불공견삭다라니경   50
불공성취여래   225, 364

불교총지종   54
불교탄트라   41
불국사석가탑   551
불생(不生)   116
불설관정복마봉인대신주경   49
불성론   221
불신원만   455, 456
불안불모   297
불정존   320
불타   429
불타발타라   282
붓다   429, 430
브라만   171
브라만교   31, 32
비로자나   584
비로자나불   211, 585
비로자나불상   587, 588, 589
비밀공양   376
비밀교   81
비밀승   22
비밀장엄   141
비밀장엄심   94, 138
비사문천   342

[ ㅅ ]

사량식   217, 223

사리   545
사리신앙   546
사마디   152
사방불   515, 516, 518, 529, 535
사불산   514, 515, 516
사사무애법계관   134
사유수   309
사이쵸   45, 59
사제경   79
사천왕   341, 496, 497
사천왕사   492, 493
삭(索)   379
산개   319
살타   61
삼각인   296
삼계불   233
삼교지귀   104, 105, 106
삼구   182
삼론종   80, 117, 118, 119, 120
삼륜신   304
삼마지   181, 184
삼마지법   87
삼마지보리심   434
삼매   152
삼매야   258, 434
삼매야계   433, 435
삼매야계서   437

삼매야만다라   258, 259, 263
삼매야회   384, 386, 388, 390, 392, 400
삼매왕   152
삼밀(三密)   20, 27, 140, 432, 442, 443
삼밀가지   89, 154, 476, 478
삼밀유가관행법   28
삼세불   233
삼세성불   27
삼신불   233
삼아승기겁   27
삼업(三業)   20
삼업묘선인   291
삼장   68
삼제   183
삼제원융   122, 123, 126, 144
삼존불   233
삼처전심   19
상대   167
상입   134
상즉   134
상즉상입   135
상호공양   368, 381, 382
색심실상론   123, 125
생멸문   166
생신   208

샤머니즘　483
샤먼　483
샥티　40, 41
샥티신앙　39
샹키야　188, 190
서산대사　88
석가원　316, 318
석가탑　209
석마하연론　201
석탑부조상　552
선무외　73, 211, 241, 465
선무외삼장　43
선혜지　471
설인　364
섭말귀본　148
섭진실경　585
성관자재보살　307
성금강심　455, 456
성문승　82, 108, 111, 320, 466
성불관상법　277
성소작지　219, 225
성신회　351, 352, 353, 399
성자실상의　176, 458
세망집　462
세친　221
소가계통　200
소설만다라　256

소실지원　336
소원륜　355
소지장　218, 415
손규상　54, 60, 148
손카파　44
쇄(鎖)　381
수능엄경　79
수대　193
수도암　588
수도암 삼층석탑　558
수보리심　455, 456
수생　460
수연　191, 192
수용법신　234
수인　443, 450
수자의설　89
수저만다라　266
수타의설　88
순밀　37
순세파　188
순정밀교　37
순제법사　50
스투파　386
스피노자　203
승삼세명왕　303
승의보리심　433
시륜승　23

시바  40, 41
시바신  29
시바신앙  39
식대  194
신·구·의  20, 140
신라석탑  551, 552
신라화엄경변상도  589
신만성불  90
신무외  465
신밀  184
신비체험  19, 26, 27, 28, 140
신선설  105
신심  437, 438
신암3리 사방불상  521
신인사  522
신인종  49, 50, 52, 53, 493, 527
실담자모병석의  176
실역  282
실차난타  165
실행론  156, 185
심왕  216
심인  152, 153, 250
십일면관세음신주경  283
십현사상  136
십현연기  135

[ ㅇ ]

아금강역사  172
아라한  108
아뢰야식  218, 219, 220
아리아인  29, 31
아말라(amala)식  220, 221, 222
아미타경  548
아미타여래  224, 228, 362
아비달마불교  33
아사리  55
아슈바고샤  164, 165
아승기겁  461
아육왕  502
아자  192
아자관  451, 452, 454
아자본불생  174
아자비석  178, 184
아자체대설  147, 168, 173, 174, 186, 200
아지타  188
아축여래  223
아트만  171, 189
아함경  85, 108
아함시  85
안세고  79
안타카  304

안혜  493
안홍법사  48
알리바바  171
애염명왕  358
야마  304
야사굴다  283
야쿠시  67
양계만다라  278
양부만다라  279
업바라밀보살  372
업인  109
엔닌  46
여래장  238
여실지자심  120, 180, 185, 215, 216, 431
여원인  359, 372
여이륜관음  308
여의보주  330
연각승  110, 111, 320, 467
연등회  51
연화계  215
연화문  420
열반  204
열반경  86
염주  310
염혜지  470
염화시중(拈華示衆)  19

영동무외심  100
영지운  424
오대산신앙  51, 500, 507, 508, 509, 510, 511, 512, 513
오마  414
오상성신관  409, 451, 455
오색계도  427
오온  107
오죽헌 탑신석  557
오중현의  81
옴  171, 173
옴마니반메홈  26, 54, 153, 159, 163, 173
왕생성불  90
외4공양보살  369, 376
외금강부  384
외금강부원  340
요가  28, 29
요니  29, 39
용대  167
용맹  64
용맹보살  63
용수  63, 64, 65, 66, 67, 68, 87, 117, 122
용수보살전  64
용지보살  63, 67, 68
용화수  67

우동지재심   94, 95, 100
우주법계   140
우파니샤드   31, 171, 174
원광법사   566, 567
원광서학   484
원교   83, 85, 86
원성실성   113
원원사지삼층석탑   554
원원사터삼층석탑   581
원융무애   135, 137
원융상즉   82, 83
원행지   471
원효   164, 165
월광보살   328
월륜관   452
유가   28, 442
유가중관파   215
유상   442
유상삼밀유가행   442
유식론   145, 146
유식사상   145, 146, 214, 215, 275, 348
유식종   113
유식파   114, 115
유식학   216, 220
유여열반   387
유온무아심   106, 108

육상원융   136, 137
육자관념도   159
육자진언   153, 158
응신   232
의림선사   50, 51
의밀   184
외타기성   113, 115
이구성불   477, 478, 479
이구지   470
이류무애   195
이법계관   133
이법신   197, 275, 276
이사무애법계관   134
이생저양심   92, 94
이심전심   19
이원상대원리   150
이원상보원리   150
이원원리   150, 151
이원전문원리   150
이취   407
이취경   350
이취회   350, 407
이취회만다라   407
인더스문명   28
인도사상사   205
인드라   30
인드라망   328

인분가설　88, 138
인식론　247, 248
인왕경　72
일구설　244
일념삼천설　123
일다법계설　244
일도무위심　120, 127
일류　361
일백팔비금강장왕보살　339
일법계　200
일승묘법　126
일심법계관　132
일심삼관　122, 123
일자금륜만다라　265
일즉다　138
일체법평등무외　468
일체여래인삼매야　396
일체인갈마법　397
일체인법성　397
일체인심묘비밀　396
일행선사　74, 76
입진언문십주심품　92

[ ㅈ ]

자귀의　431
자내증법　89

자등명　161, 163, 431
자성륜신　304
자성만다라　253, 254
자성법신　158, 234, 239, 241
자수용법신　234
자장법사　502, 507
자장율사　51
자증　243
자타카　33
잡밀　35, 36
잡부밀교　35
장교　82, 86
장식　218, 223
장아함경　447
장항리오층석탑　554
재(齋)　95
적정지　69
전5대　187
전5식　216, 225
전단향화성광묘녀경　48
전법륜경　79
전식득지　214, 218, 348
전지　57
절대공　119
점교　81, 85
정각　181
정문　381, 404, 405

정법금강 323
정법륜신 304
정토만다라 265
정토종 80, 103
제1결집 33
제2결집 33
제개장보살 329, 330, 332
제개장원 329
제암편명 212, 214
족구인 303
존상만다라 258
종가 200
종과향인 350
종조법전 156
종파불교 78
주존 404
준제관음 297
중관 214, 215, 216, 274
중기밀교 37, 38, 43, 50, 51
중대8엽원 289, 290, 291, 293, 317, 428
중도 121
중도설 101
중도종 53
중론 122, 144
중생심 167, 168
중인발심설 293, 294, 440, 441

중제 123, 144
중중무진연기 135, 406
중홍산성 삼층석탑 560
즉사이진(卽事而眞) 19, 148, 149, 244
즉신성불(卽身成佛) 20, 21, 27, 28, 158, 474, 476, 477, 478, 479
즉신성불의 191, 196, 201, 240
증금강신 455, 456
증리 460, 473
증만성불 90
증장천 342
증장천왕 499
지견 180
지결 417
지겸 282
지관법 125
지국천 342
지국천왕 499
지권인 227, 397
지대 192
지루가참 79, 282
지만다라 198
지말분열 33
지명원 299, 300
지법신 197, 275, 276
지분생(支分生)만다라 199

찾아보기 617

지의 81, 86, 122
지장보살 331, 333, 334, 335
지장원 331
시펑리 삼층석탑 564
진각 153
진각종 60, 156, 158, 159, 163
진공묘유 83, 120, 144, 177, 199
진실섭경 38, 346
진언 152, 281, 282
진언밀교 56, 57
진언승 22
진언종 47, 60
진여 126
진여금강 323
진여문 166, 221
진전사지삼층석탑 553, 554
진제 165
진호국가 98
집금강 62, 314

천수경 28, 54
천수천안관자재보살 338
천인상관론 105
천태교학 76
천태밀교 46, 56, 58
천태사교의 81
천태사상 122, 125, 126
천태삼관 177
천태종 81, 122
천태철학 86
청련 323
청화사 석조비로자나불상 589
체관 81
체관록 81
체대 166
초기밀교 35, 36, 43, 48
초기불교 33
초회금강정경 408, 409
총지종 50, 52, 53, 60, 491
최외원 340, 341
추망집 462
칠불암 528, 529, 534, 535

[ ㅊ ]

찬불문학 33
창림사지 540
창림사지삼층석탑 579
천고뢰음여래 229
천만다라 198

[ ㅋ ]

카르마 261
카자 194

## [ ㅌ ]

타력신앙   102, 103
타수용법신   234
타연대승심   113, 115
탄트라   39
탄트라밀교   43, 55
탑   386
탑곡   527
탑동 삼층석탑   562, 563
탕가   273
태밀   147
태장   145, 274, 277
태장계   144, 145, 276, 277
태장계 5불   226
태장계만다라   264, 278, 284, 285, 286, 289
태장삼매야도   315
텀브루(Tumburu)천   328
토단만다라   271
통교   82, 86
통달보리심   455, 456
티베트계 만다라   269

## [ ㅍ ]

파주 마애사방석불   535

팔관회   51
편지원   295, 299, 300
편지인   295, 296, 297
평등성지   219, 223
표덕문   469
푸루샤   169, 170, 189
풍대   194
프라크르티   189

## [ ㅎ ]

하자   194
한국밀교 사상사연구   511
항삼세   412
항삼세갈마회   350
항삼세갈마회만다라   412
항삼세명왕   302, 303, 414, 415
항삼세삼매야회   350, 415
해동고승전   48
해운   58
해탈륜   356
행원보리심   433
향상문   351
향하문   350
허공망   418
허공장보살   337, 338, 340
허공장원   336, 337

현겁(賢劫) 천불(千佛)　383
현도만다라　279, 287
현득성불　479, 480
현밀2교판　86, 90, 153
현밀교판　87
현병　424
현수법장　136
현장법사　73
현전지　471
현초　77
혈만다라　279
형상만다라　256
혜과　76
혜관　81
혜능　55
혜문　381, 404, 405
혜정　60
혜통　50, 490
혜통항룡　490
호마법　491
홍인　55
홍전　180
화대　193
화만　374
화법4교　81, 82
화살　410
화신　232

화엄경　82, 83, 174, 469
화엄만다라　502, 504, 507
화엄밀교　500
화엄사상　132
화엄시　85
화엄류　419
화의4교　81, 82
화적다라니신주경　34, 282
화전리 사방석불　541
환희지　470
황룡사　502, 503, 504, 506
황룡사9층탑　505
황룡사장육　505
황복사지삼층석탑　576
회말이취본　148, 149, 150, 151
회창법난　44
후기밀교　39
훔　173, 194, 316
훔금강역사　172
훔자의　176
힌두교　37, 40

[ 기타 ]

10선계　96
10주심　142
10주심교판　143

10중금계   435, 436
10지   470, 472, 473
10지사상   469
10현   137
11면관음상   592
12인연   110, 111
16공양보살   367
16대보살   356, 388
1인회   397
1인회만다라   350
3겁   462
3겁사상   463
3겁성불   90
3구   438, 439, 440
3구사상   286
3밀   457
3밀구궐   457
3밀쌍수   457
3성설   113, 114
3신론   231
3신설   234
3아승기겁   90, 461
3업   457
3중건립   286
4계   435
4금강보살   410
4만다라   262

4만다라설   257
4만상대론   249
4명비   408
4바라밀보살   368, 370, 391
4법계관   133
4불   401, 403
4섭   379
4섭공양보살   369
4섭보살   379
4신설   235
4인   394
4인회   394
4인회만다라   350
4종심   437
4중건립   287
4중금계   435, 436
5계   96
5교10종   86
5륜9자비석   196
5륜탑파   198, 199
5부심관   362
5불   355, 356
5불정   320
5비밀존상   407
5사자   326
5상   96
5시   83

5시8교  81, 85
5전  438, 440
5정심관  465
5해탈륜  353
60화엄경  131
6대법신  196, 197, 198, 199, 203, 235, 242, 257, 258, 262, 276
6대연기  196
6대체대설  147, 168, 186, 187, 196, 200, 257
6무외  464
6바라밀  89, 301
6진  458
7구지불모  297
80화엄경  131
8불(八不)  119
『금강경』4구게  162
『화엄경』4구게  162

이범교

경북 봉화 출생으로 경동고등학교와 한양대학교를 졸업함
현재 신라문화원 전문위원과 경주박물관회 부회장
『삼국유사의 종합적해석(상하)』 등의 저서가 있음
E-mail: bk77678@hanmail.net

## 밀교와 한국의 문화유적

2008년 3월 5일 | 초판 1쇄 인쇄
2008년 3월 10일 | 초판 1쇄 발행
2016년 1월 30일 | 초판 2쇄 발행

이범교 | 지음
이채영 | 불화
혜정정사 | 감수

펴낸이 | 윤재승
펴낸곳 | 도서출판 민족사

등록 | 1980년 5월 9일(등록 제1-149호)
주소 | 서울시 종로구 수송동 58번지 두산위브파빌리온 1131호
전화 | 02)732-2403~4
팩스 | 02)739-7565
E-mail | minjoksabook@naver.com
홈페이지 | minjoksa.org

※ 글쓴이와 협의하에 인지는 생략합니다.
※ 잘못된 책은 바꾸어 드립니다.

※ 값은 책 뒷면에 있습니다.

ISBN 978-89-7009-420-5    03220